JN272260

紙芝居
登場人物索引

An Index

Of

The characters

In

Kamishibai(Picture-story board)

Compiled by DB-Japan Co., Ltd.

Ⓒ 2009 by DB-Japan Co., Ltd.
Printed in Japan

刊行にあたって

　昨今、各地の小学校、幼稚園・保育所、図書館、児童館、書店などにおいて絵本の読み聞かせやお話会が頻繁に行われているが、それに合わせて紙芝居の実演が盛んに行われるようになってきた。ボランティアの方々の中にもぜひ紙芝居を実演してみたいという人も増えて、それらの方々を対象とした実演の講習会や手作り紙芝居の講習会なども全国的に行われるようになり紙芝居人気は益々高まっている。子育てにおける紙芝居に対する評価が改めて見直された結果であると思われる。

　小社は先に「日本の物語・お話絵本登場人物索引」の各篇、「世界の物語・お話絵本登場人物索引」の各篇を刊行したが、本書はその姉妹版にあたるものである。国内で刊行された様々な紙芝居の中から日本と世界の名作や昔話の紙芝居、幼児向けのお話紙芝居、食育やしつけ紙芝居、行事由来や交通安全紙芝居、動物や虫などを擬人化した物語・お話の紙芝居、戦争と平和の紙芝居、歴史物語や伝記紙芝居、きょうりゅうやおばけ・やまんばなど架空の生き物が登場する紙芝居など物語・お話の紙芝居を選択・収集してそれらの作品に登場する主な登場人物(動物)を採録した人物索引である。

　本書はある特定の人物が登場する紙芝居を知りたい、あるいはお話の名前を忘れたが、「るるちゃん」という少女が登場する紙芝居があったが、そのお話をもう一度読んでみたいなどという読者の要求に答えるための索引である。採録の対象は紙芝居全般の中の物語・お話紙芝居として、1952年(昭和27年)～2009年(平成21年)2月までの58年間に国内で刊行された紙芝居2,745点に登場する主な登場人物のべ5,133人を採録した。児童文学ファンの読書案内としてだけでなく、図書館員のレファレンスツールや紙芝居の読み聞かせやお話会などの参考資料としても大いにご活用頂ければうれしい限りです。

　不十分な点もあるかと思われますが、お気付きの点などご教示頂ければ幸いです。

2009年9月

　　　　　　　　　　　　　　　　　　　　　　　　　ＤＢジャパン

凡　　例

1. 本書の内容
　　本書は国内で刊行された紙芝居に登場する主な登場人物を採録した人物索引である。

2. 採録の対象
　　1952年(昭和27年)～2009年(平成21年)2月までの58年間に刊行された日本国内の紙芝居2,745点に登場する主な登場人物のべ5,133人を採録した。その中には作品の中で主要と思われる人物である男、女の子、お父さん、おばあちゃんなどの呼び名やいぬ、ねこ、くま、きつね、ねずみなど紙芝居では子どもたちの生活を親しみやすく描くために数多く登場する擬人化された動物名、また人形、植物名なども採録した。

3. 記載項目
　登場人物名見出し / 人物名のよみ
　身分・特長・肩書・職業 / 登場する紙芝居名/ 作者名；画家名 / 出版者(叢書名) / 刊行年月
　(例)
　　あいちゃん
　　ベトナム人のツイちゃんと中国人のヤンくんと三人でお月見をした女の子「なぜ、お月さまにおそなえをするの？」　渡辺享子脚本；絵　童心社(なぜ？どうして？たのしい行事)　2001年9月

　1) 登場人物に別名がある場合は( )に別名を付し、見出しに副出した。また、いぬ、ねこ、くま、きつね、ねずみなど紙芝居では見出し数の頻度数が多い動物名については名前を( )に付し、見出しに副出した。
　　(例)　いぬ(ポチ)

　2) 同紙芝居名が複数刊行されている場合は、出版者(叢書名) / 刊行年月を列記した。

4. 排列
　1) 登場人物名の姓名よみ下しの五十音順とした。「ヴァ」「ヴィ」「ヴォ」はそれぞれ「バ」「ビ」「ボ」とみなし、「ヲ」は「オ」、「ヂ」「ヅ」は「ジ」「ズ」とみなして排列した。
　2) 濁音・半濁音は清音、促音・拗音はそれぞれ一字とみなして排列し、

長音符は無視した。

登場人物名目次

【あ】

あい	1
アイアイ	1
アイスくん	1
あいちゃん	1
アイヌ	1
あおおに（おに）	1
青おに（おに）　あおおに（おに）	1
青おに（おに）　あおおに（おに）	2
青鬼（鬼）　あおおに（おに）	2
あおがえる（かえる）	2
アオキンマン	2
あおちゃん	2
青ちゃん　あおちゃん	2
青てんぐ（てんぐ）　あおてんぐ（てんぐ）	2
アオバズクのかあさん	2
あおむし	3
青虫（ちょうちょ）　あおむし（ちょうちょ）	3
あおむしさん	3
あおやま　てっさん　あおやま・てっさん	3
あか	3
あかいたま（たま）	3
あかおに（おに）	3
赤おに（.おに）　あかおに（おに）	3
赤おに（おに）　あかおに（おに）	4
赤鬼（鬼）　あかおに（おに）	4
赤がみ　あかがみ	4
アカキンマン	4
アカくん	4
あかざばんば	4
あかずきん	4
あかずきんちゃん	5
赤ずきんちゃん　あかずきんちゃん	5
あか太郎　あかたろう	5
あかたろう（トマト）	5
あかたろう（ニンジン）	5
あかちゃん	5
あかちゃん	6
赤ちゃん　あかちゃん	6
赤てんぐ（てんぐ）　あかてんぐ（てんぐ）	6
アカナー	6
あかねちゃん	6
アカネちゃん	7
赤ハナのジジ　あかはなのじじ	7
赤ひげ　あかひげ	7
あかリボンちゃん	7
あかんべえ	7
あきこちゃん	7
あきちゃん	7
あきら	7
あきら	8
あきらくん	8
あきらちゃん	8
あきんど	8
あくま	9
あくまの子　あくまのこ	9
アーくん	9
あげはちゃん	9
アゲハチョウ	9
あげはちょう（ルン）	10
あけみちゃん	10
あごさん	10
アコちゃん	10
アーサー	10
あさがお	10
あざらし（オーラ）	10
あずきとぎばば	11
アッカ	11
アッコ	11
あっこちゃん	11
アツシ	11
あっちゃん	11
あっちゃん	12
あっちゃん	13
アテルイ	13
アナンシ	13
あにさ	13
アヌーラ	13
あねこ	14
あねむすめ（むすめ）	14

あひる	14	あり(ありり)	19
あひる(ガアコ)	14	アリ(クロちゃん)	19
あひる(かこちゃん)	14	あり(クン)	19
あひる(ガロ)	14	あり(タアぼう)	20
あひる(バーバちゃん)	14	あり(チイちゃん)	20
あひる(ぴいぴい)	14	あり(ちっぷ)	20
あひる(プップくん)	14	あり(ちょこさん)	20
あひるさん	15	あり(チル)	20
あひるのおばさん	15	あり(てくさん)	20
あひるのこ	15	あり(ブンにいちゃん)	20
あひるの子　あひるのこ	15	アリ(ミミ)	20
あぶのぶんべえ	15	あり(山あり大王)　あり(やまありだいおう)	20
安倍 保名　あべの・やすな	16		
あほうどり	16	あり(ロック)	20
アポローン	16	アリオン	20
あまがえる(かえる)	16	アリサ	21
アマサギ(イビス)	16	ありざえもん	21
あまたろうくん	16	ありさん	21
あまのじゃく	16	ありじ	21
あまんじゃく	16	アリジゴク	21
アミアミおばさん	16	アリス	21
アムンゼン	16	アリ・ババ	21
あめたろう	17	アリババ	21
あめつぶ	17	アリマキ	22
アメーバー	17	アリマキ(マキちゃん)	22
アメフラシ	17	ありり	22
アメンボくん	17	アルビココ	22
アーヤ	17	アルビナ	22
あや	17	アロア	22
あやこ	17	あわぶくちゃん	22
アヤ子　あやこ	17	あわんぶく	22
あやちゃん	17	アンコラ	22
あやちゃん	18	あんざいせんせい	22
アライグマ(アライくん)	18	アン・シャーリー	22
あらいぐま(くー)	18	安寿　あんじゅ	23
アライくん	18	アンドロメダひめ	23
アライパパとアライママ	18	アンナ	23
アラジン	18	アンネ・フランク	23
あらまあおばさん(おばさん)	18	アンパンマン	23
あり	19	アンパンマン	24
あり(あごさん)	19	アンパンマン	25
あり(アリサ)	19	アンパンマン	26
あり(ありざえもん)	19	アンパンマン	27

アンパンマン		28
アンパンマン		29
アンリ		29

【い】

イイコト・アール		30
イエスさま		30
イエンせんせい		30
イカタコン		30
イクレシエ		30
イザク		30
いさむ		30
いさむちゃん		30
石こ太郎　いしこたろう		30
いしづかさん		30
石っこたろう　いしっこたろう		30
いしなげや		31
石のライオン（ライオン）　いしのらいおん（らいおん）		31
いずみおばあちゃん		31
いずみちゃん		31
いそおんな		31
いたずらにんじゃ（にんじゃ）		31
いたずら妖精　いたずらようせい		31
いたち		31
いたち（イタチビッチ）		31
いたちどん		31
イタチビッチ		31
いちごさん		32
一ねん　いちねん		32
一之介　いちのすけ		32
いちろう		32
一郎　いちろう		32
一ろうくん　いちろうくん		32
一郎次　いちろうじ		32
一ろうちゃん　いちろうちゃん		32
いっきゅうさん		32
一休さん　いっきゅうさん		33
いっすんぼうし		33
いったんもめん		33
いっちゃん		33
いっぺい		33
伊東　マンショ　いとう・まんしょ		34
いどほりちょうべえ		34
いぬ		34
いぬ		35
犬　いぬ		35
犬（赤ハナのジジ）　いぬ（あかはなのじじ）		35
いぬ（イノ）		36
いぬ（ウノ）		36
犬（エッチ）　いぬ（えっち）		36
いぬ（カーピ）		36
いぬ（クロ）		36
犬（クロ）　いぬ（くろ）		36
いぬ（クロスケ）		36
いぬ（くろわん）		36
いぬ（クンクン）		36
いぬ（コロ）		36
いぬ（ころちゃん）		37
いぬ（コンビチコ・キャリコ）		37
いぬ（サム）		37
犬（サム）　いぬ（さむ）		37
いぬ（ジョン）		37
いぬ（シロ）		37
犬（ジロ）　いぬ（じろ）		37
いぬ（しろわん）		37
いぬ（ズルタン）		37
いぬ（タマ）		38
犬（タロ）　いぬ（たろ）		38
いぬ（タローくん）		38
いぬ（タンク）		38
いぬ（チーズ）		38
いぬ（ちびちゃん）		38
いぬ（チム）		38
いぬ（チロ）		38
犬（トートー）　いぬ（とーとー）		39
いぬ（トム）		39
犬（トム）　いぬ（とむ）		39
犬（ドン）　いぬ（どん）		39
いぬ（パトラッシェ）		39
いぬ（はなこ）		39
いぬ（バルトー）		39
いぬ（パンチ）		39
犬（ピンキー）　いぬ（ぴんきー）		39

犬（ブチ）　いぬ（ぶち）	40
いぬ（ブーム）	40
いぬ（ブル丸）　いぬ（ぶるまる）	40
いぬ（ペス）	40
犬（ペスくん）　いぬ（ぺすくん）	40
いぬ（ペチ）	40
いぬ（ポインくん）	40
いぬ（ポチ）	40
犬（ポチ）　いぬ（ぽち）	41
いぬ（ポッチィ）	41
いぬ（ボビー）	41
いぬ（ポンポコ）	41
いぬ（マア）	41
犬（マツ）　いぬ（まつ）	41
いぬ（ムクムク）	41
いぬ（ムック）	41
いぬ（やんまる）	41
いぬ（ルイ）	41
イヌ（ロロ）	42
いぬ（ろんろ）	42
いぬ（わんきちたんてい）	42
いぬ（ワンくん）	42
いぬ（ワンタ）	42
いぬ（わんたくん）	42
いぬ（ワンダくん）	42
犬（わんちゃん）　いぬ（わんちゃん）	42
いぬさん	42
犬の大工さん　いぬのだいくさん	42
いねむりしずく（しずく）	43
イノ	43
いのしし	43
いのしし（イノタ）	43
いのしし（ウリボウ）	43
イノタ	43
いばらきどうじ	43
いばらひめ	43
イバンおうじ	43
イソギンチャク（ウメボシイソギンチャク）	43
イビス	43
いぼがえる（かえる）	44
今村先生　いまむらせんせい	44
いも	44

イリオモテヤマネコ	44
イルカ	44
イルカ（ウイック）	44
イルカ（クイック）	44
イルカ（ピー）	44
イルカ（ルカ）	45
いわし	45
いわじいさん	45
岩下さん　いわしたさん	45
イワツバメ	45
イワン	45
イワン王子　いわんおうじ	45
いんちょう先生　いんちょうせんせい	45

【う】

ウー	46
ウイック	46
ウィル	46
ウィルとオーブ	46
ウェンディ	46
ウォー	46
ウオメ	46
ウーカン	46
うぐいす	46
うぐいす	47
うぐいす（ホー）	47
うげんた	47
ウー子　うーこ	47
うさえちゃん	47
うさぎ	47
うさぎ	48
うさぎ	49
うさぎ	50
ウサギ	51
うさぎ（ウー）	51
うさぎ（ウー子）　うさぎ（うーこ）	51
うさぎ（うさぎ）	51
うさぎ（うさきち）	51
うさぎ（ウサコ）	51
うさぎ（うさこちゃん）	51
うさぎ（うさこちゃん）	52
うさぎ（うさすけ）	52

うさぎ（ウサタ）	52	うさぎ（ミミ子先生） うさぎ（みみこせんせい）	58
うさぎ（ウサちゃん）	52	うさぎ（ミミコちゃん）	58
うさぎ（うさぼう）	52	うさぎ（ミミたんてい）	58
うさぎ（うさみみちゃん）	52	うさぎ（みみちゃん）	58
うさぎ（げんじい）	52	うさぎ（ミミちゃん）	59
うさぎ（ケンパ）	52	うさぎ（みんみちゃん）	59
うさぎ（コロスケ）	52	うさぎ（ムク）	59
うさぎ（サチ）	53	うさぎ（めめくん）	59
ウサギ（さっちゃん）	53	うさぎ（モコ）	59
うさぎ（シロ）	53	うさぎ（ラビちゃん）	59
うさぎ（タレミちゃん）	53	うさぎ（らら）	60
うさぎ（たろううさぎ）	53	うさぎ（ららら）	60
ウサギ（チャー）	53	うさぎおばけ	60
うさぎ（チロル）	53	ウサギーくん	60
うさぎ（つきまる）	53	うさぎくん	60
うさぎ（バニラ）	53	うさぎさん	60
うさぎ（パピイ）	54	うさぎさん	61
うさぎ（パピン）	54	ウサギさん	62
うさぎ（ハルオ）	54	ウサギサンタ	62
うさぎ（ぴこたん）	54	うさぎサンタさん	62
うさぎ（ぴこたん）	54	うさぎせんせい	62
うさぎ（ピック）	54	うさきち	62
うさぎ（ピッチ）	54	うさぎちゃん	62
うさぎ（ビットくん）	54	うさぎちゃん	63
うさぎ（ビビ）	54	うさぎのこ	63
うさぎ（ピピン）	55	ウサコ	63
うさぎ（ピョン）	55	うさこちゃん	63
うさぎ（ピョンくん）	55	うさこちゃん	64
ウサギ（ぴょんこ）	55	うさすけ	64
うさぎ（ぴょんすけくん）	55	ウサタ	64
うさぎ（ぴょんた）	55	うさちゃん	64
うさぎ（ぴょんちゃん）	55	うさぼう	64
うさぎ（ピョンちゃん）	56	うさみみちゃん	65
うさぎ（ピョンピョン）	56	うし	65
うさぎ（ポッキー）	56	うし（チッチーさん）	65
うさぎ（ポッケ）	56	うし（ペーテルおじさん）	65
うさぎ（ぽっぽ）	57	うしおに	65
うさぎ（ホモイ）	57	うしかい	65
うさぎ（ミッフィー）	57	牛かい　うしかい	65
うさぎ（ミミ）	57	うしかいさん	65
ウサギ（ミミ）	58	うしかた	66
ウサギ（ミミコ）	58	宇治金太郎さん　うじきんたろうさん	66

うしさん	66
うしわかまる（みなもとの　よしつね）	66
うしわかまる（みなもとの・よしつね）	
うずら	66
うぜん	66
ウソギンチャク	66
うそつき	66
うそつき男　うそつきおとこ	66
うーたん	67
うちゅうじん（オヤコドン）	67
うっかりや	67
ウッキー	67
うなぎやのしゅじん	67
ウノ	67
ウーフ	67
うま	68
馬　うま	68
うま（シロ）	68
うま（つばめとび）	68
うま（とむ）	68
馬（メッカの花）　うま（めっかのはな）	68
馬（リタ）　うま（りた）	69
うまおい（チーコちゃん）	69
うまかたどん	69
うまさん	69
うまどろぼう（どろぼう）	69
ウミウシ（ミウミウ）	69
ウミウシめいたんてい	69
ウミガメ	69
うみがめ（かめ）	69
海幸　うみさち	69
うみのおうさま	69
うみひこ	70
うみへび（サイラス）	70
ウムウム	70
うめちゃん	70
ウメボシイソギンチャク	70
うめぼしさん	70
ウーラ	70
うらしまたろう	70
うらしまたろう	71
うりこひめ	71
ウリボウ	71
ウルトラかめん	71
ウルトラセブン	71
ウルトラマン	71
うわばみ（だいじゃ）	71
うんちくん	71
ウンチくん	72

【え】

英子　えいこ	72
えかき	72
えかきさん	72
エジソン	72
SLマン　えすえるまん	72
エッチ	72
えっちゃん	73
エノッグ	73
えび	73
えびのじょう	73
エーブ	73
エフィムじいさん	73
エフはかせ	73
えみちゃん	73
えみちゃん	74
エミリー	74
エメリヤン	74
エリセイじいさん	74
えりちゃん	74
エレーナ	74
エレーナひめ	74
エレンちゃん	74
えんじ（こども）	74
えんちょう先生　えんちょうせんせい	74
えんどうまめ	75
えんぴつ	75
エンボくん	75
えんまさま	75
えんま大王　えんまだいおう	75
エンリーコ	75

【お】

おいしゃさん	75

おいなりさん	76
おいの森　おいのもり	76
おいも（いも）	76
おうさま	76
おうさま	77
王さま　おうさま	77
王さま　おうさま	78
王さま　おうさま	79
おうじ	79
王子　おうじ	79
王子　おうじ	80
おうじさま	80
王子さま　おうじさま	80
王子さま　おうじさま	81
王女　おうじょ	81
王女さま　おうじょさま	81
おうむ（しろちゃん）	81
オウルはかせ	81
大おとこ　おおおとこ	81
大おとこ　おおおとこ	82
大男　おおおとこ	82
大男（なば）　おおおとこ（なば）	82
大ガニ（カニ）　おおがに（かに）	82
おおかみ	82
おおかみ	83
おおかみ	84
オオカミ	85
おおかみ（ウォー）	85
おおかみ（ドド）	85
おおかみおう	85
オオカミ男　おおかみおとこ	85
おおかみのはいしゃさん	85
大王　おおきみ	85
オオクニヌシノミコト	86
大久保 忠世　おおくぼ・ただよ	86
大グマ（クマ）　おおぐま（くま）	86
おおにゅうどう	86
大庭 源之丞　おおば・げんのじょう	86
大ぶた　おおぶた	86
おおヘビ（ヘビ）	86
大丸（からすのカー）　おおまる（からすのかー）	86
オオムラサキ	87
オオムラサキ（むっくん）	87
大ワシ（ワシ）　おおわし（わし）	87
おかあさん	87
おかあさん犬（犬）　おかあさんいぬ（いぬ）	88
おかか	88
おかみさん	88
おかよちゃん	88
おきく	88
おきさきさま	88
おきみ	88
おくろさん	88
おけやさん	88
オーサ	89
おさき	89
おさじさん	89
おさとちゃん	89
おさむくん	89
おさむちゃん	89
おさむらい（さむらい）	89
おさるさん	89
おさるさん（さる）	89
おサルさん（サル）	90
おさん	90
おさんぎつね	90
おじいさん	90
おじいさん	91
おじいさん	92
おじいさん	93
おじいさん	94
おじいさん（おうじ）	94
おじいさんとおばあさん	94
おじいさんとおばあさん	95
おじいさんりす（りす）	95
おじいちゃん	95
おじいちゃんとおばあちゃん	95
おじさん	95
おじさん	96
おじさん（平野 長靖）　おじさん（ひらの・ながやす）	96
おじとおばば	96
おじぞうさま	96
おしゃかさま	96

お釈迦様　おしゃかさま	96
おしゃれしずく(しずく)	96
おしょうさん	97
おしょうさま	97
おしょうさん	97
おしろさん	97
オズ	98
オセボ・ヒョウ	98
おせんべい	98
織田 信長　おだ・のぶなが	98
おたまじゃくし	98
おたまじゃくし(かえる)	98
おたまじゃくし(たまごろう)	98
おたまじゃくし(101ちゃん)　おたまじゃくし(ひゃくいっちゃん)	98
おだんご	98
おちゃる	98
おーちゃん	99
おちよさん	99
お千代さん　おちよさん	99
おちょん	99
おっかなせんせい	99
おつきさま	99
お月さま　おつきさま	99
オットセイ	99
オットットのおじさん	100
オッペル	100
おとうさん	100
おとうさんがえる(かえる)	100
おとうと	100
おとうとおかあ	100
おとうふさん	100
おとこ	100
おとこ	101
男　おとこ	101
男(おとうと)　おとこ(おとうと)	102
おとこのこ	102
おとこのこ	103
おとこの子　おとこのこ	103
男の子　おとこのこ	103
男の子　おとこのこ	104
おとこの子(カラバこうしゃく)　おとこのこ(からばこうしゃく)	104
男の人　おとこのひと	104
おとのさま	104
おとひめ	104
おとひめさま	104
おとひめさま	105
おどりこ	105
おなかまもるきん	105
おなべ	105
おならぼうや	105
おに　おに	110
おに	105
おに	106
おに	107
おに	108
おに	109
鬼　おに	110
おに(おにろく)	110
おにいさん	110
おにきち	110
おにぎり	110
おにぐも	111
オニタ	111
おにの子　おにのこ	111
おにばば	111
おにろく	111
おネコさん(ネコ)	111
おねしょマン	111
おばあさん	112
おばあさん	113
おばあさん	114
おばあさん(まじょ)	114
おばあさんぐま	114
おばあちゃん	114
おばあちゃん	115
おばけ	115
おばけ	116
おばけ	117
おばけ(アンリ)	117
おばけくじら(くじら)	117
オバケくん	117
おばけざかな	117
おばけちゃん	117
おばけのあかちゃん	117

おばけのこども	117
おばけぼうや	117
おばさん	118
おはじきくん	118
おはつ	118
おはな	118
おひげのコックさん	118
おひさま	118
おひさま	119
お日さま　おひさま	119
おひさまたろう	119
おひなさま	119
おひめさま	120
おひめさま	121
おひゃくしょう	121
おひゃくしょうさん	121
おひゃくしょうさん	122
お百しょうさん　おひゃくしょうさん	122
お百しょうさん(三人のむすこ)　おひゃくしょうさん(さんにんのむすこ)	122
おひゃくしょうのおかみさん	122
おひゃくしょうの亭主　おひゃくしょうのていしゅ	122
おふく	122
おふくちゃん	122
おへそさん	122
おぼうさん	122
おほしさま	123
おまめくん	123
おみつ	123
おむすび	123
おむすびまん	123
おもちゃ	123
おもながさん	123
オヤコドン	123
おやゆびこぞう	123
おやゆびひめ	123
おやゆびひめ	124
おゆき	124
およめさん	124
オーラ	124
オラフ	124
オランウータン(ウータン)	124
オリオン	124
おりひめ	125
オレンジ	125
おろち	125
オロロ	125
オンオンちゃん	125
オンドリ	125
オンドリ(ニワトリ)	126
おんなのこ	126
おんなのこ	127
おんなの子　おんなのこ	127
女の子　おんなのこ	127
女の子　おんなのこ	128
おんなの子(ちょう)　おんなのこ(ちょう)	128
おんなのひと	128
オンブバッタ	128

【か】

カアカア	129
ガアコ	129
かあさんうさぎ(うさぎ)	129
かあさんかみなり	129
かあさんぐまとこぐま(くま)	129
かあさんだぬき(たぬき)	129
かあさんどり(にわとり)	129
かあすけ	129
カイ	129
かいじゅう	129
かいじゅう	130
かいじゅう(ドンキチくん)	130
かいじゅうくん	130
かいじゅうのこども	130
がいとう	130
かいぶつ	130
カイロだんちょう	130
かえちゃん	130
かえる	130
かえる	131
カエル	132
かえる(王子さま)　かえる(おうじさま)	132

かえる（カイロだんちょう）	132	カシュヌール	137	
かえる（カンがえる）	132	かしら	137	
かえる（ケル）	132	かずお	137	
かえる（けろ）	132	一男　かずお	137	
かえる（ケロコ）	132	かずおくん	137	
かえる（ケロスケ）	132	かずくん	137	
かえる（ケロッパ）	132	かーすけ	137	
かえる（ゲロリン）	132	かずこ	138	
カエル（ゲロリンコ）	133	和子（和ちゃん）　かずこ（かずちゃん）	138	
かえる（チッピ）	133			
かえる（トッポ）	133	かずちゃん	138	
かえる（ビッキー）	133	一ちゃん　かずちゃん	138	
かえる（ピヨコ）	133	和ちゃん　かずちゃん	138	
かえる（ピョコちゃん）	133	かずひろくん	138	
かえる（ピョンくん）	133	カスモぼうや	138	
カエル（ピョンタ）	133	かずやくん	138	
かえる（ブンがえる）	133	かぜのおやこ	138	
かえる（ベンがえる）	133	かたつむり	138	
かえる（ポップ）	133	かたつむり	139	
カエル（まめた）	134	かたつむり（ツムツム）	139	
かえる（ルラがえる）	134	カタツムリ（デカ）	139	
かえるくん	134	かたつむり（デンデンくん）	139	
かえるさん	134	かたつむり（ノーラ）	139	
かえるのおかあさん	134	刀かじ　かたなかじ	139	
カエルのおばさん	134	ガチャコ	139	
かえるりゅう	134	がちょう	139	
かおり	134	ガチョウ（モルテン）	139	
かおりちゃん	135	カチン	140	
かおりちゃん	135	カックさん	140	
かかし	135	カッコウ	140	
かきごおりくん	135	かっこちゃん	140	
がくちゃん	135	かっちゃん	140	
かくべえ	135	かっぱ	140	
かぐやひめ	135	かっぱ	141	
かぐやひめ	136	カッパ（かっちゃん）	141	
かげぼうし	136	かっぱ（ガラッパ）	141	
かげんぼう	136	かっぱ（カンペイ）	141	
かこちゃん	136	かっぱ（さごじょう）	141	
かさくん	136	かっぱ（さごじょう）	142	
かささぎ	136	カッパ（じろうカッパ）	142	
カジノモト	136	カッパ（たろうカッパ）	142	
カシム	136	かっぱどん	142	
かじや	137	かっぽちゃん	142	

勝麟太郎　かつ・りんたろう	142	カーピ	148
カトリーヌひめ	142	カビーラ	148
かなこ	142	かびるんるん	148
かなちゃん	142	かびるんるん	149
カナブン（ブーン）	142	ガブくん	149
かなへびくん	143	かぶちゃん	149
カナリヤ（ダイゴロー）	143	カブトムシ	149
かに	143	かぶとむし（かぶちゃん）	149
カニ	144	かぶとむし（ころん）	149
かに（かにこ）	144	かぶとむし（ぶんた）	149
カニ（カニ子）　かに（かにこ）	144	かぶとむしさん	149
かに（かにたろう）	144	ガボガボ	149
かに（カンちゃん）	144	かぼちゃのつる	149
カニ（コメタ）	144	カボチャン	150
カニ（なみこさん）	144	かまえもん	150
かに（やっちゃん）	144	カマキリ	150
かにくん	144	かまきり（マーコ）	150
かにこ	145	カーミ	150
カニ子　かにこ	145	カミイ	150
かにたろう	145	がみがみおばさん	150
かにどん	145	かみさま	151
かにのとこやさん	145	神さま　かみさま	151
ガニラー	145	かみさま（たびびと）	151
金子さん　かねこさん	145	かみなり	151
かねもち	145	かみなりこぞう	151
かねもちじい	145	かみなりさま	151
かば	146	かみなりさま	152
かば（かばおくん）	146	かみなりさん	152
かば（カバタン）	146	かみなりどん	152
カバ（ガブくん）	146	かみなりの子　かみなりのこ	152
カバ（デカオ）	146	かみなりのこども	152
カバ（ピポ）	146	かみなりぼうや	152
かば（ヒポちゃん）	146	かみひこうき（へのへのもへじごう）	152
カバ（ヒポポくん）	146	カミル	152
かば（ゆかりちゃん）	147	カム	152
かばおくん	147	ガムくん	153
かばくん	147	ガムリイ	153
カバ子先生　かばこせんせい	147	かめ	153
かばさん	147	カメ（カメオくん）	154
かばさん	148	カメ（カメコちゃん）	154
かばせんせい	148	カメ（クレオパトラ）	154
カバタン	148	かめ（ジェーン）	154
かばちゃん	148	かめ（てもしー）	154

かめ（トートさん）	154	カレーパンマン	160
カメオくん	154	カーレン	161
かめきち	154	カレン	161
かめくん	154	ガロ	161
カメくん	155	かわうそ	161
カメコちゃん	155	かわうそ（クウ）	161
カメさん	155	かわうそ（ムウ）	161
カメタ	155	かわさき きみおさん　かわさき・きみおさん	161
カメレオン	155		
カメレオン（カミル）	156	川島中隊長　かわしまちゅうたいちょう	162
カメレオン（カメコちゃん）	156	かわのみほし	162
カメレオン（カメタ）	156	かわむらさん	162
カメレオンさん	156	ガン（アッカ）	162
かも	156	カンがえる	162
かも（くうくん）	156	カンガおばさん	162
かも（チビチビ）	156	カンガルー（カンガおばさん）	162
かも（はいいろくび）	156	カンガルー（かんたくん）	162
かもしかさん	156	カンガルー（るる）	162
かもめのおばさん	156	カンガルーぼうや	162
カーヤ	157	かん子　かんこ	162
かやの木　かやのき	157	かん子　かんこ	163
嘉代子　かよこ	157	かんすけ	163
かよちゃん	157	かんたくん	163
がら	157	カンダタ	163
カラカッサ	157	犍陀多　かんだた	163
カラス	158	かんちゃん	163
カラス	158	かんなたろう	163
からす（カアカア）	158	カンナちゃん	163
からす（かあすけ）	158	かんのんさま	164
からす（かーすけ）	158	カンハ　かんぱち	164
からす（カーヤ）	158	カンペイ	164
からす（のんびりがらす）	158	カンボ	164
からすのカー	158	桓武天皇　かんむてんのう	164
ガラッパ	158		
カラバこうしゃく	158	【き】	
カラバこうしゃく	159		
ガランガラ	159	木　き	164
かりたさん	159	キイちゃん	164
ガリバー	159	黄いちゃん　きいちゃん	164
ガリバー	160	きいろちゃん	164
かりゅうど	160	きいろちゃん	165
かるがも（キュウちゃん）	160	きかんしさん	165
かるわざし	160		

機関車君　きかんしゃくん	165	きつね（きっつん）	175
キキ	165	きつね（ギャンこう）	175
ききゅうくん	165	きつね（きょん）	175
キキロン	165	きつね（きんたちゃん）	175
きーくん	165	キツネ（くずのはひめ）	175
きこり	165	きつね（けん）	175
きこり	166	きつね（ココ）	175
木こり　きこり	166	きつね（コッコちゃん）	175
木こり（王さま）　きこり（おうさま）	166	きつね（ゴロザエモン）	175
木こりのおじさん　きこりのおじさん	166	きつね（コン）	175
きこりのきょうだい（きょうだい）	166	きつね（こん）	176
きじ	167	きつね（ゴン）	176
きずっつら	167	きつね（コンキチ）	177
キータ	167	きつね（コン吉）　きつね（こんきち）	177
きたかぜ	167	きつね（コンくん）	177
北風　きたかぜ	167	きつね（コンコ）	177
きたかぜのあんにゃ	167	きつね（コンコン）	177
きたかぜぼうや	167	きつね（紺三郎）　きつね（こんざぶろう）	177
キタキツネ（フレップ）	168	きつね（紺三郎）　きつね（こんざぶろう）	178
北里　柴三郎　きたざと・しばさぶろう	168		
きたさん	168	きつね（こんすけ）	178
きちのすけ	168	きつね（コンスケくん）	178
キーちゃん	168	きつね（コンタ）	178
キッキ	168	きつね（コンタくん）	178
キッキー	168	きつね（こんたろう）	179
きっく	168	きつね（ごんたろう）	179
キッ子　きっこ	169	きつね（コンチ）	179
きっこちゃん	169	きつね（コンちゃん）	179
きっちゃん	169	きつね（こんぺい）	179
きっちょむさん	169	きつね（七どぎつね）　きつね（しちどぎつね）	179
きっつん	169		
キットンくん	169	きつね（たっくん）	179
きつね	169	きつね（たろべえぎつね）	179
きつね	170	きつね（ちょんちょん）	180
きつね	171	きつね（つねこちゃん）	180
きつね	172	きつね（ツネタ）	180
きつね	173	きつね（つん）	180
キツネ	174	きつね（ツンコ）	180
きつね（おさんぎつね）	174	きつね（つんた）	180
きつね（きずっつら）	174	きつね（ヴィクス）	180
きつね（キッ子）　きつね（きっこ）	174	きつね（ぴゅうたろう）	180
きつね（きっこちゃん）	174	きつね（ふうた）	181
キツネ（きっちゃん）	174		

きつね(フォックスおくさま)	181	きょうりゅう(ブラッピ)	187
きつね(へらこいぎつね)	181	きょうりゅう(ブラッピ)	188
きつね(ラル)	181	きょうりゅう(プロン)	188
キツネーくん	182	きょうりゅう(ラノおじいさん)	188
きつねくん	181	きょうりゅう(りゅうくん)	188
きつねくん	182	きょうりゅう(ルル)	188
きつねさん	182	きょうりゅう(レックス)	188
きつねさん	183	きょうりゅうのあかちゃん	188
キツネだいじん	183	きょうりゅうぼうや	188
きつねのこ	183	きょうりゅうぼや	188
キティ	183	きょうりゅうぼうや	188
キヌタ	183	きよ子 きよこ	189
きぬよ	183	ぎょしゃ	189
木のおじさん きのおじさん	183	きょん	189
キノカワガ	183	きょんちゃん	189
キノコ	184	キラキラ	189
君江 きみえ	184	キリ	189
きみおくん	184	キリコ	189
きむらさん	184	キリリ	189
キャッピイちゃん	184	きりん	189
キャベツ(タヌキ)	184	キリン	190
ギャンこう	184	キリン(キリコ)	190
九かんちょう(九すけ) きゅうかんちょう(きゅうすけ)	184	キリン(キリリ)	190
		きりん(ちょうた)	190
きゅうかんちょう(ちゃまる)	185	キリン(ながこさん)	190
九すけ きゅうすけ	185	キリン(ノビくん)	190
キュウちゃん	185	きりん(りんちゃん)	190
ぎゅうまおう	185	きりんくん	190
きょうこちゃん	185	キリンさん	191
きょうだい	185	キル	191
きょうだい	186	キルアひめ	191
兄弟(子ども) きょうだい(こども)	186	きろく	191
きょうだいいも(いも)	186	きろくさん	191
きょうりゅう	186	金色のさかな きんいろのさかな	191
きょうりゅう(カスモぼうや)	187	きんかく	191
きょうりゅう(かみなりぼうや)	187	金かく きんかく	191
きょうりゅう(きーくん)	187	ぎんかく	192
きょうりゅう(チノくん)	187	銀かく ぎんかく	192
きょうりゅう(ティラノサウルス)	187	金角大王 きんかくだいおう	192
きょうりゅう(トゲトゲザウルス)	187	きんざえもん	192
きょうりゅう(トプス)	187	きんすけ	192
きょうりゅう(のんのん)	187	きんたちゃん	192
きょうりゅう(ぴいちゃん)	187	きんたろう	192

きんちゃん	192	クマ	200
きんぴらたろう	192	くま（ウーフ）	200
		くま（王子）くま（おうじ）	200
【く】		くま（クー）	200
		クマ（クーコ）	201
クー	193	くま（くーすけ）	201
クイック	193	くま（クータ）	201
クウ	193	くま（クーちゃん）	201
くうくん	193	くま（くまお）	201
グーグー	193	くま（くまくみちゃん）	201
クーコ	193	くま（くますけ）	202
くさずきん	194	くま（くまたくん）	202
クシベシ	194	くま（くまたろう）	202
くじら	194	クマ（クロ）	202
くじら（クー）	194	くま（こぐちゃん）	202
くじら（ゴン）	194	くま（コーちゃん）	202
くじらさん	195	くま（ころ）	202
くーすけ	195	くま（ゴロ）	202
グスコーブドリ（ブドリ）	195	くま（コロコ）	202
くすのき	195	くま（コロスケ）	202
くずのはひめ	195	くま（コロタ）	203
くずやさん	195	クマ（コロちゃん）	203
薬売り　くすりうり	195	くま（ゴンちゃん）	203
クータ	195	くま（次郎ぐま）くま（じろうぐま）	203
クータ	196	くま（だいちゃん）	203
クダ	196	くま（たきちぐま）	203
くだもの	196	くま（タロ）	203
くだものやさん	196	くま（太郎ぐま）くま（たろうぐま）	203
クーちゃん	196	くま（トボン）	203
くつ	196	くま（とぽんち）	203
クック	197	くま（とぽんや）	204
クック・ドゥードゥルドゥー	197	くま（ハナ）	204
クックママ	197	くま（ビリー）	204
クッション	197	くま（ぴんくまちゃん）	204
くっちゃんとつっちゃん	197	くま（プクン）	204
くつやさん	197	くま（プータ）	204
クツワムシ	197	くま（ブール）	204
くつわむしぼうや	197	クマ（ブンタ）	204
にいおくん	197	くま（ぽんぽ）	204
クーペおじさん	198	くま（まあくん）	204
クーボーはかせ	198	くま（まーくん）	204
くま	198	くま（マーくん）	205
くま	199	くま（マーちゃん）	205

くま（マック）	205	クモ（みちづくり）	211
くま（ミーシカ）	205	くも（もっくん）	211
くま（ムー）	205	クラゲ（プカリ）	211
くま（ムク）	205	クラゲ（フワリ）	212
くま（ムーシカ）	205	くらげくん	212
くま（ララ）	205	くらげくん	212
くま（ルー）	206	クラース	212
クマオ	206	クララ	212
くまおじさん	206	クリ	212
くまくみちゃん	206	クリスティーヌ	213
くまくん	206	クリームパンダ	213
くまくん	207	グリュッペロ	213
くまごろう	207	くーりん	213
くまさん	207	グリンダ	213
くまさん	208	くるみわりにんぎょう	213
くまサンタ	208	クルルン	213
くますけ	208	クルン	213
クマせんせい	208	クレオパトラ	213
クマタ	209	グレータ	213
くまたくん	209	グレーテル	214
くまたろう	209	クレヨン	214
くまちゃん	209	クロ	214
くまどん	209	黒いきこり（きこり）　くろいきこり（きこり）	214
くまのおいしゃさん	209	くろうえもん	214
くまのおじさん	209	黒がみ　くろがみ	215
くまのおとうさん	209	くろさか森　くろさかもり	215
くまのこ	209	クロスケ	215
くまのこ	210	くろずみ小太郎　くろずみこたろう	215
くまのだいくさん	210	くろちゃん	215
くまのぼうや	210	くろねこ（ねこ）	215
クーマラじいさん	210	くろねこくん	215
クマンバチ（ムンボロ・クマンバチ）	210	クロベエ	215
くみちゃん	210	クロムウェル	216
くめ	210	クロメ	216
くも	210	くろわん	216
クモ（アナンシ）	210	黒んぼの王　くろんぼのおう	216
クモ（いしなげや）	211	クワガタ	216
くも（おにぐも）	211	クン	216
クモ（かわのみほし）	211	クンクン	216
クモ（クッション）	211	ぐんた	216
クモ（じけんみつけ）	211		
クモ（なんでもや）	211		
くも（はいとり氏）　くも（はいとりし）	211		

【け】

ケー	216
ケイ子　けいこ	217
けい子先生　けいこせんせい	217
けいこちゃん	217
けい子ちゃん　けいこちゃん	217
圭太　けいた	217
けいたくん	217
ケイちゃん	217
ケーキやさん	217
ケーキ屋さん　けーきやさん	218
ケーコさん	218
けちべえさん	218
ケティ	218
ケート	218
ケムケムちゃん	218
毛虫　けむし	218
けもの（どうぶつ）	218
けやき	218
ケル	218
ゲルダ	218
ケルト	219
けろ	219
ケロコ	219
ケロスケ	219
ケロッパ	219
ゲロリン	219
ゲロリンコ	219
けん	219
ゲン	219
ゲン（中岡 元）　げん（なかおか・げん）	220
けんいち	220
健一　けんいち	220
けんいちくん	220
けんぎゅう	221
ゲンくん	221
ケンケン	221
げんごろう	221
ゲンゴロウ（ゲンちゃん）	221
ゲンゴロウくん	221
ゲンさん	221
げんじい	221
ケンジくん	221
けんじゅう	222
けんた	222
けんたくん	222
けんちゃん	223
けんちゃん	224
けんちゃん	225
けんちゃん	226
ケンちゃん	227
ゲンちゃん	227
ケンちゃんとサブちゃん	227
ゲンナさん	227
けんのすけ	227
ケンパ	227
けんべえさん	227
けんぼう	228
源六　げんろく	228

【こ】

コアジサシ	228
コアラ	228
コアラ（こーちゃん）	228
こい	228
子犬　こいぬ	228
子いぬさん（いぬ）　こいぬさん（いぬ）	228
こいのぼり	228
こういち	229
こういちくん	229
幸吉　こうきち	229
こうくん	229
こうじ	229
こうじ	230
浩二　こうじ	230
こうしちゃん（うし）	230
こうすけくん	230
こうすけさん	230
コウタ	230
こうちゃん	230
コウちゃん	231

ごうちゃん	231	ことり（とり）	238
こうちゃん（こういちくん）	231	小鳥さん（鳥）　ことりさん（とり）	238
皇帝　こうてい	231	こなやのむすこ（カラバこうしゃく）	238
こうへい	232	こねこちゃん	238
こうま（うま）	232	こねこちゃん（ねこ）	238
子うま（うま）　こうま（うま）	232	こねずみ（ねずみ）	238
コオちゃん	232	木のは　このは	239
小おに（おに）　こおに（おに）	232	コノハチョウ	239
コオロギ	232	こひつじ（ひつじ）	239
こぐちゃん	232	こびと	239
こぐま（くま）	232	こびと	240
こぐまさん	232	小人　こびと	240
こぐまさん（くま）	233	こびとのぼうや	240
こぐまのきょうだい（くま）	233	こぶた（ぶた）	240
こくりせんせい	233	こぶたちゃん（ぶた）	240
コケコさん	233	こぶたのきょうだい（ぶた）	240
ココ	233	ごへい	241
こじかくん（しか）	233	ごへいどん	241
ごしきのシカ（シカ）	233	ごぼうさん	241
ゴーシュ	233	コボンちゃん	241
こじゅうろう	233	小丸　こまる	241
コスモスさん	233	ごむまりこちゃん	241
こぞう	234	コメタ	241
こぞうさん	234	こめんぶく	241
こぞうさん（ねこおしょう）	234	小山 三郎太　こやま・さぶろうた	241
こたろう	234	こやまちょうじゃ（ちょうじゃ）	241
こたろう	235	コヨーテ	241
小太郎　こたろう	235	コリ	242
コーちゃん	235	こりす（りす）	242
コックさん	235	ゴリスケ	242
コッコ	235	ゴリラ	242
コッコおばさん	235	ゴリラ（ゴン）	242
コッコさん	235	ゴリラ（じゃんけんゴリラ）	242
コッコちゃん	236	ゴリラくん	242
コッペル	236	ごりらまん	242
ゴテルばあさん	236	コレッティ	242
後鳥羽上皇　ごとばじょうこう	236	コロ	242
こども	236	コロ	243
こども	237	ゴロ	243
子ども　こども	237	ごろう	243
子ども　こども	238	五郎次　ごろうじ	243
子供　こども	238	ごろうちゃん	243
こどものひつじかい（ひつじかい）	238	コロコ	243

ごろざえもん	243	ごんべえさん	250
ころすけ	243	ごんべえさん	251
コロスケ	244	ごんべえだぬき	251
ごろすけ	244	コンラート	251
コロタ	244	ごんろく	251
ゴロタン	244		
ころちゃん	244	【さ】	
ゴロちゃん	245		
ごろべえ	245	さい	251
コロボックル	245	サイ(リノー)	251
ころん	245	サイラス	251
ゴロンニャ	245	左衛門　さえもん	252
コロンブス	245	さかな	252
コン	245	魚　さかな	252
コン	246	サカナさん	253
ゴン	246	さかなやさんご	253
コンキチ	246	坂上 田村麻呂　さかのうえ・たむらまろ	253
コン吉　こんきち	247		
コンくん	247	さぎ	253
コンコ	247	さきちゃん	253
コンコン	247	さくら	253
紺三郎　こんざぶろう	247	さくらの花びら(花びら)　さくらのはなびら(はなびら)	253
ごんじゅうろう	247		
こんすけ	247	さくらんぼうや	253
コンスケくん	248	さーくん	253
ごんぞう	248	サケ(チサ)	254
ごんぞうおじさん	248	さげんた	254
コンタ	248	さごじょう	254
コンタくん	249	佐々木 信綱　ささき・のぶつな	254
ごんたさん	249	ささひめ	254
こんたろう	249	ざしきわらし	254
ごんたろう	249	佐助どん　さすけどん	255
コンチ	249	さそり	255
コンちゃん	249	さだ子　さだこ	255
ゴンちゃん	250	サチ	255
今野 蝗五郎　こんの・いなごろう	250	幸子　さちこ	255
コンビチコ・キャリコ	250	さっちゃん	255
ごんべ	250	サッちゃん	256
こんぺい	250	さといもさん	256
権平　ごんぺい	250	さとくん	256
ごんべえ	250	さとし	256
権兵衛さのおばば　ごんべえさのおばば	250	さとしくん	256
		さとり	256

さとる	256	サル（サル太）　さる（さるた）	264
さとるくん	256	さる（サルル）	264
さなえちゃん	256	さる（サンちゃん）	264
さなちゃん	256	さる（三ちゃん）　さる（さんちゃん）	264
さぬたくろうす	257	さる（ジョリクール）	264
サネカ	257	さる（そんごくう）	264
サブ	257	さる（そんごくう）	265
サファリバス	257	さる（孫 悟空）　さる（そん・ごくう）	265
さぶちゃん	257	さる（ハヌマン）	265
三郎　さぶろう	257	さる（モンキチくん）	265
三郎次　さぶろうじ	257	さる（もんきーちゃん）	266
サボテンおばけちゃん	257	さる（モンキッキ）	266
サム	258	さる（もんくん）	266
さむらい	258	サル（モンタ）	266
さめ	258	さる（もんちゃん）	266
サヤちゃん	259	さる（モンペイちゃん）	267
サヨ	259	さる（モンモン）	267
小夜　さよ	259	サルくん	267
サラ	259	さるた	267
サラミ	259	サルタ	268
サリー	259	サル太　さるた	268
ざりがに	259	さるちゃん	268
ザリガニ（あか）	259	さるどん	268
ザリガニくん	259	さるのおかあさん	268
サリバン先生　さりばんせんせい	260	サル平　さるへい	268
さる	260	ざる森　ざるもり	268
さる	261	サルル	268
サル	262	ザワザワ	268
サル（アイアイ）	262	△　さんかく	268
さる（アーくん）	263	さんかくくん	269
サル（アルビココ）	263	さんきち	269
サル（ウッキー）	263	三久　さんきゅう	269
サル（ウムウム）	263	三じくん　さんじくん	269
さる（おちゃる）	263	山椒大夫　さんしょうだゆう	269
さる（キイちゃん）	263	さんぞうさん	269
さる（キータ）	263	さんぞうほうし	269
さる（キーちゃん）	263	さんぞうほうし	270
さる（キッキ）	263	三ぞうほうし　さんぞうほうし	270
サル（キッキー）	263	三蔵法師　さんぞうほうし	270
さる（キャッピイちゃん）	264	サンタ	270
さる（ごんちゃん）	264	サンタ・クロース	270
さる（サブ）	264	サンタクロース	270
さる（サルタ）	264	サンタクロース	271

サンタクロース八ごう　さんたくろーすはちごう	271
サンタさん	271
サンタ・ニコラスさま（ニコラスさま）	271
サンタのおじいさん	271
さんたろう	271
三太郎　さんたろう	271
サンちゃん	272
三ちゃん　さんちゃん	272
サンドイッチ	272
サンドイッチはくしゃく	272
サンドラおばさん	272
三人きょうだい　さんにんきょうだい	272
三にんきょうだい（きょうだい）　さんにんきょうだい（きょうだい）	272
三人きょうだい（きょうだい）　さんにんきょうだい（きょうだい）	272
三にんのむすこ　さんにんのむすこ	272
三人のむすこ　さんにんのむすこ	272
三人のむすめ（むすめ）　さんにんのむすめ（むすめ）	273
三ねん　さんねん	273
三びきのくま（くま）　さんびきのくま（くま）	273
三びきのこぶた（ぶた）　さんびきのこぶた（ぶた）	273

【し】

しあわせの王子（王子）　しあわせのおうじ（おうじ）	273
じい	273
じいさ	273
じいさま	273
じいさま	274
じいさんだぬき（たぬき）	274
しいちゃん	274
ジィルイイン	274
ジェイミ	275
ジェイン	275
ジェリー	275
ジェーン	275
しか	275
シカ	276
しか（シーちゃん）	276
□　しかく	276
シカせんせい	276
シクシク	276
しげる	276
しげるちゃん	276
じけんみつけ	277
ジゴマ	277
じさ	277
じさま	277
じさまとばさま	277
シシト	278
じじとばば	278
シジュウカラ	278
しずく	278
しずちゃん	278
じぞうさま	278
したてやさん	279
シータひめ	279
七どぎつね　しちどぎつね	279
七ひきの子やぎ（やぎ）　しちひきのこやぎ（やぎ）	279
シーちゃん	279
じっさま	279
じっちゃ	279
シドニー	279
しのださん	279
芝田 兼義　しばた・かねよし	280
シビーくん	280
しほちゃん	280
しまうま（しまりん）	280
シマウマ（トッピー）	280
しまおくん	280
シマくん	280
シマゾウ	280
しまりん	280
ジム	280
ジム	281
ジムジムおばけ	281
じめじめ	281
じゃがいも	281
じゃがいもくん	281
じゃがいもさん	281

シャクシャイン	281	しょうぼうしゃ	288
シャクトリムシ	281	しょうやさん	288
シャチ	281	女王　じょおう	288
ジャッカル	282	じょおうさま	288
ジャック	282	女王さま　じょおうさま	288
ジャップ＝マリー　じゃっぷまりー	282	しょくぱんまん	289
ジャムおじさん	282	ジョージ・ルース	289
ジャムおじさん	283	ショートケーキちゃん	289
じゃんけんゴリラ	284	ジョリクール	289
ジャンボ	284	ジョン	289
じゃんまる	284	ジョン・リトル（ちびっこジョン）	290
11ぴきのねこ（ねこ）　じゅういっぴきのねこ（ねこ）	284	しらゆきひめ	290
じゅうきちくん	284	しりっぽおばけ（おばけ）	290
秋じいさん　しゅうじいさん	284	シルバー	290
ジュウタくん	284	シロ	290
しゅうちゃん	284	シロ	291
じゅうべえ	285	ジロ	291
十べえさん　じゅうべえさん	285	白いきこり（きこり）　しろいきこり（きこり）	291
しゅてんどうじ	285	四郎　しろう	291
しゅん	285	じろう	291
じゅん	285	次郎　じろう	291
しゅんくん	285	二郎　じろう	291
じゅんくん	285	じろうカッパ	291
純子　じゅんこ	285	次郎ぐま　じろうぐま	292
しゅんたろう	285	ジロウちゃん	292
しゅんちゃん	285	しろくまさん	292
シュンちゃん	286	シロくん	292
じゅんちゃん	286	しろずみ仙人　しろずみせんにん	292
ジュンペイ	287	しろちゃん	292
ショウガナイさん	287	白ばら　しろばら	292
しょうがパンぼうや	287	しろわん	293
しょうきちさん	287	しわべえさん	293
正直じいさん　しょうじきじいさん	287	しんかんせん	293
少女　しょうじょ	287	しんし	293
しょうた	287	進次　しんじ	293
正太郎　しょうたろう	287	しんくん	293
しょうちゃん	287	じんすけ	293
聖徳太子　しょうとくたいし	287	しんちゃん	293
少年　しょうねん	288	シンデレラ	294
しょうべい	288	シンドバット	294
正坊　しょうぼう	288	シンドバッド	294
しょうぼうし	288	しんのすけ	295

(22)

ジンベイさん	295
じんべえさん	295
しんや	295

【す】

すいか	295
スイカおばけちゃん	295
すいかつぶしき	295
すいせんの花　すいせんのはな	295
スイッチョせんせい	296
スーおばさん	296
スカンク	296
杉田 玄白　すぎた・げんぱく	296
杉丸　すぎまる	296
スサノオ	296
スザンナ	296
ずし王　ずしおう	296
厨子王　ずしおう	296
すずちゃん	297
すずのへいたい	297
すずのへいたいさん	297
進　すすむ	297
スズムシ	297
すずめ	297
すずめ（おちょん）	297
すずめ（チュピ）	297
すずめ（チュン）	298
すずめ（ちょん）	298
すたこらさっさ	298
スダジイぼうや（どんぐり）	298
スティーヴン	298
ステゴくん	298
スーとクー	298
スナフキン	298
スニフ	298
須原屋市兵衛　すはらやいちべえ	298
スボク	299
スポーツカー	299
すみ	299
ズラミス	299
ズルタン	299

【せ】

政二　せいじ	299
せいそうしゃ	299
せいはち	299
せいはちさん	299
精霊　せいれい	299
せきれん子　せきれんこ	300
セーター	300
セダンくん	300
セッケンマン	300
せなか まるたろうくん　せなか・まるたろうくん	300
ゼペットじいさん	300
せみ	300
せみ（つくつくぼうし）	300
セミくん	301
セミョーン	301
せむしの小うま（うま）　せむしのこうま（うま）	301
セーラ・クルー	301
禅海　ぜんかい	301
ぜんきちおじさん	301
せんた	301
ぜんちゃん	301
せんにん	301
仙人　せんにん	302
せんめんき	302

【そ】

ぞう	302
ゾウ	303
ぞう（アヌーラ）	303
ぞう（ガチャコ）	303
ぞう（カンボ）	303
ゾウ（くろうえもん）	303
ぞう（ジャンボ）	303
ぞう（ジョン）	303
ぞう（ぞうはらさん）	304
ぞう（たかこ）	304
ぞう（トンキー）	304

ぞう(パオ)	304	だいくん	311
ぞう(はな子)　ぞう(はなこ)	304	ダイゴロー	311
ぞう(ハナ子さん)　ぞう(はなこさん)	304	だいこん	311
ぞう(ふぁーくん)　ぞう(ふぁーくん)	304	だいこんさん	311
ぞう(プーくん)	304	だいこんのとこやさん	311
ぞう(ププル)	304	だいこんのはっぱ(ハッパ)	311
ぞう(ポポル)	304	たい作さん　たいさくさん	311
ぞう(ミミ)	304	だいじゃ	311
ぞう(わたるくん)	305	だいじゃ(ばあさま)	311
ぞう(ワンリー)	305	だいじゃ(へび)	312
ぞうおじさん	305	ダイジャン	312
ゾウくん	305	だいすけ	312
ぞうさん	305	だいすけくん	312
ぞうさん	306	だいち	312
ゾウさん	307	だいちゃん	312
ぞうさんおやこ	307	だいちゃん	313
総助　そうすけ	307	大ちゃん　だいちゃん	314
そうちゃん	307	ダイバー	314
ぞうちゃん	307	大八　だいはち	314
ぞうの王さま　ぞうのおうさま	308	大べえ　だいべえ	314
ぞうのこ	308	たいよう	314
ぞうはらさん	308	たいよう	315
ゾウムシ	308	平 清盛　たいらの・きよもり	315
蘇我 馬子　そがの・うまこ	308	平 教経　たいらの・のりつね	315
ソード	308	平 将門　たいらの・まさかど	315
その	308	たえこちゃん	315
そめものやさん	308	タエ子ちゃん　たえこちゃん	315
曽良　そら	308	タカ	315
そらのうんてんしゅ	308	高岸 善吉　たかぎし・ぜんきち	315
そらまめ	308	たかこ	316
そらまめさん	309	たかし	316
そんごくう	309	たかしくん	316
孫 悟空　そん・ごくう	309	たかしちゃん	316
		たかせくん	316
【た】		タガメとイシガメ	316
		たき	317
たぁくん　たあくん	310	たきち	317
たあちゃん	310	たきちぐま	317
タアぼう	310	たきのぬし	317
大吉　だいきち	310	たく	317
だいく	310	たくちゃん	317
だいくさん	310	たくやくん	317
だいくん	310	竹崎 季長　たけざきすえなが	317

たけし	318	たぬき	325
たけしくん	318	たぬき	326
たけしくん	319	たぬき	327
武田 勝頼　たけだ・かつより	319	タヌキ	328
たけちゃん	319	たぬき（おさん）	328
タケル	319	たぬき（キヌタ）	328
たこ	320	たぬき（くろべえ）	328
タコ（タコラ）	320	たぬき（コボンちゃん）	329
たこ（タッコちゃん）	320	たぬき（ごんべえだぬき）	329
たこざえもん	320	たぬき（ごんろく）	329
たこさん	320	たぬき（さぬたくろうす）	329
たこちゃん	320	たぬき（タヌキチくん）	329
タコラ	320	たぬき（タヌくん）	329
たしざんはかせ	320	タヌキ（たぬちゃん）	329
田代 栄助　たしろ・えいすけ	320	たぬき（タロベエ）	329
たすけ	320	たぬき（タン子）　たぬき（たんこ）	329
多助　たすけ	321	タヌキ（だんじろう）	329
太助　たすけ	321	たぬき（タンタ）	330
ただし	321	たぬき（タンタン）	330
だだはち	321	たぬき（タンちゃん）	330
タータン	321	たぬき（ヌー坊）　たぬき（ぬーぼう）	330
だだんだん	321	たぬき（ポコおじさん）	330
ターちゃん	321	たぬき（ボコちゃん）	330
ターちゃん	322	たぬき（ポポ）	330
だちょうくん	322	たぬき（ポン）	330
ダチョウのおばさん	322	タヌキ（ポン吉じいさん）　たぬき（ぽんきちじいさん）	330
タッカリー	322	たぬき（ポンタ）	331
たっきゅうびんしゃ	322	たぬき（ポンちゃん）	331
タック	322	たぬき（ポンちゃん）	332
たっくん	322	たぬき（ポンポコ）	332
タックん	323	たぬき（ポンポン）	332
たつくん	323	たぬきくん	332
タッコちゃん	323	たぬきさん	332
辰次郎　たつじろう	323	たぬきじいさん	332
だっち	323	タヌキチくん	332
たっちゃん	323	たぬきのおにいさん	333
たっちゃん	324	たぬきのおばあさん	333
タッちゃん	325	たぬきのおやこ	333
たつのこたろう（たろう）	325	たぬきの子　たぬきのこ	333
たつや	325	タヌくん	333
たつやくん	325	たぬちゃん	333
たなばたさん	325	タネくん	333
たにしのむすこ	325		

タネコちゃん	333
たのきゅう	333
たびびと	333
たびびと	334
旅人　たびびと	334
タプ	334
ダブスン	334
たへい	334
ターぼう	334
タポルケ	335
たま	335
たまご	335
たまごちゃん	335
たまごはかせ	335
たまごろう	335
たまゴン	336
たまねぎ	336
たまねぎさん	336
たまねぎのぼうや	336
たまむしひめ	336
だまりんちゃん	336
タムタムおばけ	336
田村しょうぐん　たむらしょうぐん	336
タヤン	336
タラ	337
太良　たらあ	337
だらしのない子ちゃん　だらしのないこちゃん	337
タラス	337
だるまさん	337
タレミちゃん	337
タロ	337
タロー	337
たろう	338
たろう	338
太郎　たろう	338
たろう(きんぴらたろう)	338
たろううさぎ	339
たろうカッパ	339
太郎ぐま　たろうぐま	339
たろうくん	339
太郎さん　たろうさん	339
タロキチ	339
タローくん	339
タローちゃん	340
タロベエ	340
たろべえぎつね	340
たろぼう	340
タワ	340
たわら とうた　たわら・とうた	340
タンク	340
たんけんたい	340
タン子　たんこ	340
ダンゴムシ	341
ダンゴムシ(クルルン)	341
だんごむし(ころちゃん)	341
だんじろう	341
たんた	341
タンタン	341
タンちゃん	341
ダンプ	342
ダンプカー(ぷん)	342
タンポポ	342

【ち】

ちいさいおうち	342
ちいさいおばあさん	342
ちいさなこども(こども)	342
チイジャン	342
チイちゃん	342
ちいぶた	342
ちいぶた	343
ちえちゃん	343
チカ	343
チカちゃん	343
ちからたろう	343
力太郎(あか太郎)　ちからたろう(あかたろう)	343
ちく	343
チクリ	343
ちくりん	343
チーコちゃん	343
ちこちゃん	343
チサ	344
チーズ	344

チータ	344	ちゅうた	349
チーター（キキ）	344	チュウ太くん　ちゅうたくん	349
ちーたーくん	344	ちゅうちゅう	349
チチ	344	チュウチュウ	349
ちちちマン	344	中ぶた　ちゅうぶた	349
ちちもみこびと（こびと）	345	チューコちゃん	349
チーちゃん	345	チュースケくん	349
チッチ	345	チュータ	350
チッチーさん	345	チュー太　ちゅーた	350
チッピ	345	チュータくん	350
ちっぷ	345	ちゅーちゅ	350
チッポ	345	チュッ子　ちゅっこ	350
ちはる	345	チュピ	350
ちはる	346	チュラ	350
ちびくろサンボ	346	チュン	350
ちびくん	346	チュンセ	350
ちびしかく	346	ちよ	350
ちびすけ	346	ちょう	351
ちびぞうくん	346	ちょう（あげはちゃん）	351
チビチビ	346	チョウ（ラララ）	351
ちびちゃん	346	ちょう（ルル）	351
ちびっこジョン	346	張おやぶん　ちょうおやぶん	351
ちびっこドラキュラ（ドラキュラ）	346	ちょうじゃ	351
ちびのしたてやさん（したてやさん）	347	ちょうじゃさん	351
チビヘビ（ヘビ）	347	ちょうじゃどん	351
ちびろぼくん	347	ちょうた	351
ちびわにちゃん	347	ちょうちょ	351
チブ	347	ちょうちょ	352
チポリーノ	347	ちょうちょ（きいちゃん）	352
チム	347	ちょうちょ（しいちゃん）	352
チャー	347	ちょうちょ（ピピ）	352
チャスカ	348	ちょうちょ（ララ）	352
チャトラくん	348	ちょうちょさん	352
チャピナ	348	ちょうべえ（いどほりちょうべえ）	352
チャボ	348	ちょきちょきばさみ	353
ちゃまる	348	チョコ	353
チャーリー	348	チョコケーキ大王　ちょこけーきだいおう	353
チャールズ・チャップリン（チャーリー）	348		
チャンダ	348	ちょこさん	353
チュウ	348	チョコレートくん	353
チュウキチ	348	ちょはっかい	353
チュウ子　ちゅうこ	348	ちょ八かい　ちょはっかい	354
ちゅうすけ	348	ちょろきち	354

チョロリ	354
ちょん	354
ちょんちょん	354
ちらかしくん	354
チラノくん	354
チリン	354
チル	354
チルチル	354
チレット	355
チロ	355
チロちゃん	355
チロル	355
チロロ	355
ちんげんさいせんせい	355
ちんねん	355
チンフー	355

【つ】

ツイちゃん	356
月かげ　つきかげ	356
つきまる	356
つくつくぼうし	356
ツグミ	356
つぐみ（ちち）	356
つぐみ（ぴぴ）	356
ツーデン	356
つねこちゃん	356
ツネタ	356
ツネタ	357
つばめ	357
つばめとび	357
つぼ	357
つみき	358
ツムツム	358
つる	358
つるまるせんせい	358
つん	359
ツンコ	359
つんた	359
ツンツンどり	359
ツンツンヒョロリ	359

【て】

ティクちゃん	359
でいだらぼっち	359
ディヴィッド	359
ティム	360
ティラノサウルス	360
でいらんぼう	360
ティンカーベル	360
デカ	360
デカオ	360
でかくん	360
てく	360
デク	360
てくさん	360
てつおくん	361
鉄冠子　てっかんし	361
テッくん	361
でっち	361
てっちゃん	361
てっぺいくん	361
テディ	361
てぶくろくん	361
でぶっちょん	362
テム	362
てもしー	362
デラ	362
てるお	362
てるくん	362
デンキチ	362
てんぐ	362
てんぐ	363
てんぐどん	363
テンコちゃん	363
でんしゃ	363
でんすけさん	363
でんちゃん	363
テンテン	364
デンデンくん	364
でんでん虫　でんでんむし	364
テントウムシ	364
てんとうむし（テム）	364

テントウムシ（テンコちゃん）	364	トキコちゃん	372
てんとうむし（テンペイ）	364	ドキンちゃん	373
てんとうむし（トン）	364	ドクちゃん	373
てんとうむし（ナナホシテントウ）	364	トゲ	373
テントウムシ（ナナホシテントウ）	365	とげとげあくま	373
てんとうむしさん	365	トゲトゲザウルス	373
てんにょ	365	とこちゃん	373
天人　てんにん	365	とこやさん	373
天人のよめさま　てんにんのよめさま	365	トシ	374
天のかみさま　てんのかみさま	365	ドージーえんちょう	374
テンペイ	365	としおくん	374
		としがみさま	374
【と】		としくん	374
		杜子春　とししゅん	374
とうがらしの王さま　とうがらしのおうさま	365	としちゃん	375
とうきち	365	どじょう	375
とうさん	366	ドッガン	375
とうさんかみなり	366	どっこい	375
どうじ丸　どうじまる	366	とっこちゃん	375
とうぞく	366	トッチくん	375
とうちゃん	366	とっと	375
とうふこぞう	366	トットコ	375
どうぶつ	366	トッピー	376
どうぶつ	367	トッポ	376
どうぶつ	368	トーートー	376
どうぶつ	369	ドド	376
どうぶつ	370	トートさん	376
どうぶつ	371	トナカイ（カイ）	376
動物　どうぶつ	371	トナカイ（タワ）	376
とうへいちゃん	371	トナカイ（プルガ）	376
とうべえ	371	トニー	376
とうべえさん	371	とのさま	376
どうまん	371	とのさま	377
とうめいにんげん	372	殿さま　とのさま	377
トオル	372	トノサマガエル	377
とおるくん	372	トノサマバッタ	377
トカゲ（チョロリ）	372	トノサマバッタ（ぴょんこ）	377
トカゲ（フトチョ）	372	鳥羽天皇　とばてんのう	377
トカゲくん	372	トビウオのぼうや	377
トキ	372	トビコさん	378
トキ（キンちゃん）	372	トプス	378
トキオ	372	トボン	378
		とぽんち	378

(29)

とぽんや	378	トリブラチー	385
トーマス	378	トルビン	385
トーマス・アルバ・エジソン（エジソン）	378	トレローニさん	385
トマト	378	ドロシー	385
トマト騎士　とまときし	378	ドロボー	385
トマトはかせ	378	どろぼう	385
とみいくん	378	どろぼう	386
トミ子ちゃん　とみこちゃん	379	どろぼうあり（あり）	386
とむ	379	トロル	386
トム	380	どろろんちゃん	387
ドーム	380	ドロンちゃん	387
トムこう	380	とわだひめこ	387
トムじいさん	380	トン	387
トムテ	380	ドン	387
ともくん	380	トンカチ	387
ともこ	380	トンキー	387
友子　ともこ	381	ドンキチくん	387
ともこせんせい	381	どんぐり	387
ともざえもんさん	381	とん子　とんこ	388
トモさん	381	とんちゃん	388
ともちゃん	381	ドンちゃん	388
友野 与右衛門　ともの・よえもん	381	トン・チン・カン	388
トモミ	382	とんちんけん	388
とよたまひめ	382	トント	388
とら	382	トントン	389
トラ	383	トンペイちゃん	389
とらー	382	トンボ	389
トラ（ツーデン）	383	トンボ（トンちゃん）	389
とら（トラーリン）	383	とんまる	389
トラオ	383		
ドラキュラ	383	【な】	
ドラゴン	383		
トラさん	383	ナイチンゲール	389
とらちゃん	383	なおき	389
トラック	384	なおこ	389
とらの王さま　とらのおうさま	384	なおちゃん	389
トラノスケ	384	ナオト	390
トラーリン	384	中岡 元　なかおか・げん	390
とり	384	中川 実之助　なかがわ・じつのすけ	390
鳥　とり	385	中川 淳庵　なかがわ・じゅんあん	390
とり（おっかなせんせい）	385	ながぐつ	390
とり（コアジサシ）	385	ながこさん	390
とり（フーリー）	385	ながしかくちゃん	390

(30)

中原さん　なかはらさん	391
なきうさぎ（うさぎ）	391
なきむしくん	391
なきむしくん（男の子）　なきむしくん（おとこのこ）	391
なきむししずく（しずく）	391
ナクーラ	391
ナージャ	391
那須 八郎　なすの・はちろう	391
なぞなぞまおう	391
なつき	391
なっちゃん	391
なっちゃん	392
なっとうようかい	392
ナナ	392
ななえちゃん	392
ななちゃん	392
ナナばあさん	392
ナナばあさん	393
7ひきのこやぎ（やぎ）　ななひきのこやぎ（やぎ）	393
七ひきのこやぎ（やぎ）　ななひきのこやぎ（やぎ）	393
ナナフシ	393
ナナホシテントウ	393
なば	393
ナポリターナ	393
並河 成資　なみかわ・しげすけ	393
なみこさん	393
なみだおに（おに）	393
なんでもや	394
なんにもせんにん	394

【に】

にいさんといもうと（きょうだい）	394
におう	394
にくやさん	394
ニコラスさま	394
ニコラスさん（サンタクロース）	394
ニコラ・ネルリ（ネルリ）	394
二ねん　にねん	394
にゃあにゃ	395
にゃおちゃん	395
ニャーオン	395
ニャーシャ	395
ニャータ	395
ニャーちゃん	395
ニヤメ	395
にゃんこ	395
ニャンコたんてい	395
ニャンコちゃん	396
ニャンタロー	396
ニャンたん	396
にゅうどうぐも	396
ニルス	396
二郎次　にろうじ	396
にわとり	396
にわとり	397
ニワトリ	398
にわとり（アルビナ）	398
ニワトリ（カックさん）	398
にわとり（クックママ）	398
にわとり（コケコさん）	398
にわとり（コッコ）	398
にわとり（コッコおばさん）	398
ニワトリ（コッコさん）	398
にわとり（サンドラおばさん）	399
にわとり（とっと）	399
にわとりさん	399
にわとりのおやこ	399
にんぎょ	399
人魚　にんぎょ	399
人形（ミルドレッド）　にんぎょう（みるどれっど）	399
にんぎょひめ	400
にんざえもん	400
にんじゃ	400
ニンジン	400
にんじんさん	400
ニンジンさん	401
にんにんまる	401
にんまる	401

【ぬ】

ぬすと森　ぬすともり	401	ねこ（ニャーオン）	409
ぬすびと（どろぼう）	401	ねこ（ニャーシャ）	409
タヌキ	401	ねこ（ニャータ）	409
ヌー坊　ぬーぼう	401	ねこ（ニャーちゃん）	409
		ねこ（にゃんこ）	409
【ね】		ねこ（ニャンコたんてい）	409
		ねこ（ニャンコちゃん）	409
ねぎそべ	401	ねこ（ニャンタロー）	409
ねこ	401	ねこ（ニャンたん）	409
ねこ	402	ねこ（ネコスキー）	410
ねこ	403	ネコ（ネコロンボ）	410
ねこ	404	ねこ（プー）	410
ネコ	405	ねこ（ぶっち）	410
ネコ	406	ねこ（ペペ）	410
ねこ（おくろさん）	406	ねこ（ミー）	410
ねこ（おしろさん）	406	ねこ（ミー）	411
ネコ（キキ）	406	ねこ（みいこ）	411
ねこ（キットンくん）	406	ねこ（みーくん）	411
ねこ（キティ）	406	ねこ（ミケ）	411
ねこ（クマタ）	406	ねこ（ミケちゃん）	411
ねこ（クリ）	406	ねこ（ミーコ）	411
ねこ（くろちゃん）	406	ねこ（ミーコちゃん）	411
ねこ（くろねこくん）	406	ねこ（ミス・キャット）	411
ねこ（クロベエ）	406	ねこ（ミーちゃん）	411
ねこ（ゴロタン）	407	ねこ（ミーちゃん）	412
ねこ（ごろべえ）	407	ねこ（ミッケ）	412
ねこ（ゴロンニャ）	407	ねこ（ミーボ）	412
ねこ（シマくん）	407	ねこ（ミーミ）	412
ねこ（シマゾウ）	407	ねこ（ミミ）	412
ねこ（シロくん）	407	ねこ（ミーヤ）	412
ねこ（しろちゃん）	407	ねこ（ミャオ）	412
ねこ（たま）	407	ねこ（ミャンタ）	412
ねこ（タマ）	408	ねこ（ミュウ）	413
ねこ（タロキチ）	408	ねこ（レミちゃん）	413
ネコ（チム）	408	ねこおしょう	413
ねこ（チャトラくん）	408	ねこくん	413
ねこ（チレット）	408	ねこさん	413
ねこ（トムこう）	408	ネコさん	414
ねこ（とらー）	408	ネコスキー	414
ねこ（トラオ）	408	ねこたろう	414
ねこ（トラノスケ）	408	ねこちゃん	414
ねこ（にゃあにゃ）	408	ねこのおやこ	414
ねこ（にゃおちゃん）	409	ネコロンボ	414

ネズオ	414	ネズミくん	422
ネズくん	415	ネズミさん	422
ねずみ	415	ネズミちゃん	423
ねずみ	416	ねずみどん	423
ねずみ	417	ねたろう	423
ねずみ	418	ネック	423
ネズミ（アーヤ）	419	ねねちゃん	423
ねずみ（きっく）	419	ねむ	423
ねずみ（さんたろう）	419	ねむりひめ（おひめさま）	423
ねずみ（たっく）	419	ネリ	424
ねずみ（チータ）	419	ネルリ	424
ねずみ（チチ）	419	ネルロ	424
ネズミ（チッポ）	419	ねんどっこ	424
ねずみ（ちびすけ）	419		
ねずみ（チュウ）	419	【の】	
ねずみ（チュウキチ）	419		
ねずみ（チュウ子）　ねずみ（ちゅうこ）	420	のうふ	424
		ノコギリ	424
ねずみ（ちゅうすけ）	420	のぞむちゃん	424
ねずみ（チュウタ）	420	のっぺくん	424
ネズミ（チュウ太くん）　ねずみ（ちゅうたくん）	420	のっぺらぼう	425
		のっぺらぼう（めだらけ）	425
ねずみ（ちゅうちゅ）	420	のねずみ（ねずみ）	425
ねずみ（チュウチュウ）	420	野ねずみ（ねずみ）　のねずみ（ねずみ）	425
ねずみ（チューコちゃん）	420		
ねずみ（チュースケくん）	420	のねずみさん（ねずみ）	425
ねずみ（チュータ）	421	ノビくん	425
ねずみ（チュー太）　ねずみ（ちゅーた）	421	ノブくん	425
		ノブコ	425
ねずみ（チュータくん）	421	のぶこ（のぶちゃん）	425
ねずみ（ちゅーちゅ）	421	のぶちゃん	426
ねずみ（チュッ子）　ねずみ（ちゅっこ）	421	ノボル	426
		ノボルちゃん	426
ねずみ（ネズオ）	421	ノーラ	426
ねずみ（ネズくん）	421	のりこちゃん	426
ねずみ（ねねちゃん）	421	のりもの	426
ねずみ（ねむ）	421	ノロさん	427
ねずみ（のん）	421	ノロマ	427
ねずみ（ぴっく）	422	のん	427
ねずみ（ポストマニ）	422	のんくん	427
ねずみ（みーたん）	422	のんちゃん	427
ねずみ（ミーちゃん）	422	のんのん	427
ねずみ（ミーヤ）	422	のんびりがらす	427
ねずみ（ラッキー）	422		

のんびりや	427

【は】

ばあ	427
ばあさ	428
ばあさま	428
ばあさん	428
ばあちゃん	428
ばあちゃん	428
はいいろおおかみ（おおかみ）	428
はいいろくび	428
ハイエナ	428
バイキン	429
バイキン小人　ばいきんこびと	429
ばいきんだいまおう	429
ばいきんまん	429
ばいきんまん	430
ばいきんまん	431
ばいきんまん	432
ばいきんまん（だだんだん）	432
ばいきんまん（みえないまん）	432
ばいきんまん（もぐりんがー）	432
ハイジ	433
はいとり氏　はいとりし	433
バイ・バイキン	433
パウパウ	433
パオ	433
はかせ	433
袴垂　はかまだれ	433
はくさいさい	433
ばくさん	433
はくちょう	433
白鳥　はくちょう	433
はくちょう（ユーリ）	434
パク・ミアム	434
ハーグレイブさん	434
バケツ	434
ばけねこ（ねこ）	434
ばけもの	434
ばけもの	435
バケラ	435
ハゲワシ	435

バー・コー	435
ばさま	435
はさみ	435
ハサン	435
芭蕉　ばしょう	435
バス	435
バス	436
バスのおばあさん	436
パセリちゃん	436
はたおりぼし	436
バタコさん	436
バタコさん	437
はたらきあり（あり）	437
はち	437
ハチ（ムンボロ・クマンバチ）	437
はちかつぎ（はなよのひめ）	437
はちかつぎひめ	437
ハチコ	437
はちさん	437
はちの王さま　はちのおうさま	437
ハチミさん	437
八郎　はちろう	438
ハック	438
パックン	438
バッタ	438
バッタ（トノサマバッタ）	438
バッタ（ピョン）	438
ばったさん	438
はっちゃん	438
ハッティ	438
バット	438
はっぱ	439
はと	439
はと（ポポ）	439
パトカー	439
ハートちゃん	439
ハトポッポ	439
パトラッシェ	439
バドルールひめ	439
はな	439
ハナ	440
花　はな	440
はなこ	440

はな子　はなこ	440
花子　はなこ	440
ハナ子さん　はなこさん	440
はなさかじいさん（おじいさん）	440
花さかじいさん（正直じいさん）　はなさかじいさん（しょうじきじいさん）	440
はなさかじじい（おじいさん）	440
花さかじじい（おじいさん）　はなさかじじい（おじいさん）	441
はなたれこぞうさま	441
はなちゃん	441
バナナンひめ	441
花びら　はなびら	441
はなよのひめ	441
バニラ	441
はぬきし	441
ハヌマン	441
パパ	442
ばばさま	442
バーバちゃん	442
パパねこ（ねこ）	442
ばぱらんこ（ぶらんこ）	442
バビー	442
パピー	442
パピイ	442
パピ・プペ・ポー	442
パピン	442
パピン	443
はぶくん	443
はブラシ	443
ハボンス	443
浜口 儀兵衛　はまぐち・ぎへえ	443
はまぐりひめ	443
はまひるがお	443
はみがきさん	443
はみがきまん	443
ハムスター（コロ）	443
ハムスター（パピー）	443
ハムスター（ハムちゃん）	444
ハムスター（ミミ）	444
ハムちゃん	444
はやとくん	444
はやとり（くすのき）	444
はらたろう	444
ハリネズミ	444
はりねずみ（ハンフ）	444
はりねずみくん	444
バルー	444
バルー	445
ハルオ	445
はるかちゃん	445
パルくん	445
はるこ	445
バルタンせいじん	445
バルトー	445
バレリーナ	445
パワーショベル（ぴか）	445
ハンカチ	446
パンケーキ	446
ばんじ	446
パンジャ	446
ハンス	446
ハンス（カラバこうしゃく）	446
パンダ	446
パンダ（タンタン）	446
パンダ（テンテン）	447
パンチ	447
パンツくん	447
ハンフ	447
パンプくん	447

【ひ】

ピー	447
ピアナ	447
ぴいちゃん	447
ひいちゃん（あめつぶ）	447
ぴいぴい	448
ぴいぴいくん	448
ヒイヒイちゃん	448
ピエリノ	448
ぴか	448
ピカタ	448
ひかりのこびと	448
ひかりのせい	448
ひかるくん	448

ヒギンスさん	448	秀くん　ひでくん	453
ヴィクス	448	ひとし	454
ひーくん	449	ひとしくん	454
ひげ	449	一つ目こぞう　ひとつめこぞう	454
ひげのおとこ（おとこ）	449	ヒトデくん	454
ピーコ	449	ひとみちゃん	454
ひこいち	449	ヒナタちゃん	454
ひこいちどん	449	ピノキオ	454
彦一どん　ひこいちどん	449	火のとり　ひのとり	454
ピコくん	449	ビビ	454
彦蔵　ひこぞう	450	ぴぴ	454
ひこたろう	450	ピピ	455
彦太郎　ひこたろう	450	ぴぴい	455
ぴこたん	450	ピピン	455
ぴこたん	450	ピポ	455
ひこぼし	450	ヒポちゃん	455
ひさこちゃん	450	ヒポポくん	455
ひさしくん	450	ピーマン	455
ヒシバッタ	451	101ちゃん　ひゃくいっちゃん	456
ひしゃく	451	百姓　ひゃくしょう	456
ピーター	451	ぴゅうたろう	456
ピーターパン	451	ピューマ（ビリー）	456
ビタリスおじいさん	451	ヒョウ	456
ひだりてくん	451	ヒョウ（オセボ・ヒョウ）	456
ピッカリー	451	ひょうくん	457
ピッカリくん	451	兵十　ひょうじゅう	457
ビッキー	451	ひよこ	457
びっき（かえる）	452	ピヨコ	457
ぴっく	452	ひよこ（キッキ）	457
ビックリ	452	ひよこ（クック）	457
ヒッコロ	452	ひよこ（クック・ドゥードゥルドゥー）	458
ひつじ	452	ひよこ（ピーコ）	458
ひつじ（ジェイミ）	452	ひよこ（ぴっぴ）	458
ひつじ（チリン）	452	ひよこ（ぴぴい）	458
ひつじ（フリスカ）	452	ひよこ（ろくちゃん）	458
ひつじかい	452	ひよこちゃん	458
ひつじさん	452	ピヨコちゃん	458
ヒツジさん	453	ヒヨドン	458
ピッチ	453	ピョン	459
ビットくん	453	ピョンきちくん	459
ぴっぴ	453	ピョンくん	459
ピッポ	453	ぴょんこ	459
ひでおくん	453	ぴょんすけくん	459

(36)

ぴょんた	459
ぴょんた	460
ぴょんちゃん	460
ピョンちゃん	461
ピョンピョン	461
平野 長靖　ひらの・ながやす	461
ビリー	461
ヒロ	461
ひろくん	461
ヒロくん	462
ひろ子　ひろこ	462
ひろこちゃん	462
ひろし	462
ひろしくん	462
ひろし君　ひろしくん	462
ひろしちゃん	462
ひろしぼうや	462
ひろみせんせい	463
ひろゆき	463
ピンキー	463
ぴんく	463
ピンクちゃん	463
ぴんくまちゃん	463
びんぼうがみ	463
びんぼう神　びんぼうがみ	463
びんぼうじい	464
びんぼうな男（男）　びんぼうなおとこ（おとこ）	464

【ふ】

プー	464
ふぁーくん　ふぁーくん	464
ファーさん	464
ファティマ	464
フィリップ	465
ぶう	465
ふうくん	465
風神の子ども　ふうじんのこども	465
ふうた	465
ぷうた	465
ぶうたくん	465
ふうちゃん	465

ぶうちゃん	465
ぶうちゃん	466
ふうふ	466
ふえふき男　ふえふきおとこ	466
プー王さま　ぷーおうさま	466
フォックスおくさま	466
ブーカちゃん	466
プカリ	466
プク	466
福沢 諭吉　ふくざわ・ゆきち	466
ふくちゃん	466
ふくのかみ	467
ぷくぷく	467
ふくろう	467
ふくろう（フクちゃん）	467
フクロウじいさん	467
フクロウかあさん	467
フクロウはかせ	468
ブーくん	468
プーくん	468
プクン	468
藤原 秀郷　ふじわらの・ひでさと	468
藤原 秀康　ふじわらの・ひでやす	468
ぶーた	468
ブータ	469
ぶた	468
ぶた	469
プータ	469
ぶた（大ぶた）　ぶた（おおぶた）	470
ぶた（ころすけ）	470
ぶた（ころちゃん）	470
ぶた（たく）	470
ぶた（タプ）	470
ブタ（ダンプ）	470
ぶた（ちいぶた）	470
ぶた（ちく）	470
ぶた（チッチ）	471
ぶた（中ぶた）　ぶた（ちゅうぶた）	471
ぶた（ちょはっかい）	471
ぶた（ちょハかい）　ぶた（ちょはっかい）	471
ぶた（てく）	471
ぶた（とん子）　ぶた（とんこ）	472

ぶた(トンちゃん)	472	ブータン	477
ぶた(トント)	472	ブタンカ	477
ぶた(トントン)	472	ブチ	477
ぶた(トンペイちゃん)	472	ふーちゃん	477
ぶた(はなちゃん)	472	ブーちゃん	477
ぶた(ピコくん)	472	ブーツ	477
ぶた(ぶう)	472	ブッタ	477
ブタ(ぷうた)	473	ぶっち	477
ぶた(ぶうたくん)	473	プッチ	477
ぶた(ぶうちゃん)	473	プップくん	478
ぶた(ブーカちゃん)	473	ふとしくん	478
ぶた(プク)	473	フトチョ	478
ぶた(ブーくん)	473	ブドリ	478
ぶた(ブータ)	473	ふな(うっかりや)	478
ぶた(ブータちゃん)	473	ふな(のんびりや)	478
ぶた(ブタローさん)	474	ふな(ぴょんた)	478
ぶた(ブータン)	474	ふな(ようじんや)	478
ぶた(ブタンカ)	474	ふなたろう	478
ぶた(ブーちゃん)	474	ふね	479
ぶた(ブッタ)	474	フビライ	479
ぶた(ブッチ)	474	ブーフ	479
ぶた(プッチ)	474	ブブ	479
ぶた(ブーフ)	474	ブブリン	479
ぶた(ブブリン)	474	ププル	479
ぶた(ブーヤくん)	474	フミくん	479
ぶた(プワワさん)	475	ふみこ	479
ぶた(ポー)	475	ふみちゃん	479
ぶた(ポコ)	475	ブーム	479
ぶた(るー)	475	ブーヤくん	479
ぶたくん	475	冬じいさん　ふゆじいさん	480
ぶたさん	475	ふらいぱん	480
ブタサンタ	475	プラスくん	480
ブータちゃん	475	フラッグ	480
ブタニシキ	476	ブラッピ	480
ブタのおじさん	476	フララ	480
ぶたのジュースやさん	476	フランケン	480
ふたりのおとこ	476	フランケンシュタイン	480
ふたりの男　ふたりのおとこ	476	ぶらんこ	480
ふたりの男(うそつき男)　ふたりのおとこ(うそつきおとこ)	476	フーリー	481
		プリオ	481
ふたりのしんし(しんし)	476	ブリキのきこり	481
ブタローさん	476	フリスカ	481
ブータン	476	フリーデル	481

ブール	481
ブル	481
プルガ	481
ブルくん	481
ブルーセ	481
ブルブル	481
ブル丸　ぶるまる	482
プルル	482
フレップ	482
フローレンス・ナイチンゲール（ナイチンゲール）	482
プロン	482
フワリ	482
プワワさん	482
ブーン	482
ぷん	482
ブンがえる	483
ぶんきちくん	483
プンくん	483
ぶんた	483
プンタ	483
ブンにいちゃん	483
ぶんぶん	483
ぶんぼうぐ	483

【へ】

へいじ	483
へいたい	484
ベオウルフ	484
ベジ太くん　べじたくん	484
ペス	484
ペスくん	484
ペーター	484
ペータ（もじゃもじゃペータ）	484
ペチ	484
へちまばあさん（おばあさん）	484
ベッキー	484
へっこきよめさま（よめさま）	485
ベッシー	485
ベッティ	485
ペーテルおじさん	485
ベトちゃん	485

ペドロ	485
紅ばら　べにばら	485
へのへのもへじごう	485
へび	485
へび	486
ヘビ（ぺろちゃん）	486
へび（やまたのおろち）	486
へびくん	486
へびちゃん	486
ヘビラー	486
ベーブ・ルース（ジョージ・ルース）	486
ペペ	487
ヘラ	487
へらこいぎつね	487
ペリー	487
ペリカン	487
ペリカン（ユリー）	487
ペリカンさん	487
ベル	487
ペール	487
ペルセウス	487
ベルタ	488
ベルナルド	488
ヘルム署長　へるむしょちょう	488
ヘレン	488
ヘレン・ケラー	488
ペロちゃん	488
ベンがえる	488
ベン・ガン	488
ペンギン	488
ペンギン（プンタ）	489
ペンギン（ペンタ）	489
ペンギン（ペンペン）	489
ペンギン（ポンタ）	489
ペンギン（ルン）	489
べんけい	489
ヘンシンマン	489
ヘンゼル	489
ペンタ	489
ペンネンナーム	490
ペンペン	490

【ほ】

ホー	490
ポー	490
ポインくん	490
ほうきぼし	490
ぼうさま	490
坊さま（神さま）　ぼうさま（かみさま）	491
ぼうさん	491
法師　ほうし	491
ぼうし	491
北条 政子　ほうじょう・まさこ	491
北条 泰時　ほうじょう・やすとき	491
北条 義時　ほうじょう・よしとき	491
ポウセ	491
ほうせん（仙人）　ほうせん（せんにん）	491
ポコ	491
ポコおじさん	491
ボコちゃん	492
ボサツ様（うずら）　ぼさつさま（うずら）	492
ポーさん	492
ほし	492
ほし（チュンセ）	492
ほし（ポウセ）	492
星のおひめさま　ほしのおひめさま	492
ポストマニ	492
ポタモガーレ	492
ホタル（ゲンちゃん）	492
ホタル（ポーさん）	493
ボタンこびと	493
ボタンちゃん	493
ポチ	493
ポッキー	493
ポッケ	493
ぽったん	493
ポッチィ	494
ポットちゃん	494
ポップ	494
ポップくん	494
ぽっぽ	494
ホネホネ	494
ホネホネおじさん	494
ほねほねマン	494
ボビー	494
ボビーちゃん	495
ポポ	495
ポポル	495
ホモイ	495
ポリちゃん	495
ボール	495
ポール	495
ボールくん	495
ホレおばさん	495
ホワピェン	496
ポン	496
ポン吉じいさん　ぽんきちじいさん	496
ポンタ	496
ぼんちゃん	496
ぽんちゃん	496
ぽんちゃん	497
ぽんぽ	497
ポンポコ	497
ポンポン	498

【ま】

マア	498
まあおばあさん	498
まあくん	498
まあちゃん	498
マイケル	498
まいこちゃん	499
マイダス	499
マイちゃん	499
マイナーちゃん	499
マイマイ	499
まえがみたろう（たろう）	499
前野 達　まえの・たつ	499
前野 良沢　まえの・りょうたく	499
マカローニ	499
まきげちゃん	499
まきずし	500
まきちゃん	500

牧野 富太郎　まきの・とみたろう	500
マーくん	500
マーくんとフーちゃん	501
マーコ	501
マコ	501
まごすけ	501
まこちゃん	501
マコト	501
マコトくん	501
まさお	501
まさお	502
まさおさん	502
まさき	502
まさちゃん	502
まさと	502
マサトくん	502
マサル	502
まさるくん	502
マジカちゃん	503
マーシャ	503
マシューさん	503
マシュマロちゃん	503
まじょ	503
まじょ	504
魔女　まじょ	504
ますみちゃん	504
マチアマ	504
まちこ	504
町ねずみ（ねずみ）　まちねずみ（ねずみ）	504
まーちゃん	504
マーちゃん	505
マチルデ	505
マツ	505
まついさん	505
松金　まつがに	505
松木 主人　まつき・もんど	505
マック	505
マッチうりのしょうじょ（おんなのこ）	505
マッチうりの少女（女の子）　まっちうりのしょうじょ（おんなのこ）	505
マッチうりの少女（女の子）　まっちうりのしょうじょ（おんなのこ）	506
マッチ売りの少女（少女）　まっちうりのしょうじょ（しょうじょ）	506
マッツ	506
まつむし	506
まなちゃん	506
まなぶくん	506
マヒコ	506
真人　まひと	506
マーぼう	506
まほうつかい	506
まほうつかい	507
まほうつかい	508
まほうつかいのおばあさん	508
ままむすめ（むすめ）	508
まみ	508
まみちゃん	508
豆吉どん　まめきちどん	508
まめた	508
豆太　まめた	508
豆っ子太郎　まめっこたろう	509
まめまる	509
マーヤ	509
まゆちゃん	509
まゆちゃん（あかちゃん）	509
まゆみ	509
マリー	509
マリアン	509
マリアン	510
マリーおばあさん	510
まりこ	510
マリコちゃん	510
まりちゃん	510
まりちゃん	511
まりちゃん（だまりんちゃん）	511
マリヤ	511
マーリャン	511
マリラ	511
マリリン	511
○　まる	511
まーる	511
丸かげ　まるかげ	512
マルコ	512
まるちゃん	512

まるぱん	512
まるぽちゃさん	512
マロンおうじ	512
マンガラン・グリーン・ベクー	512
まんじゅうや	512
まんまるおに（オレンジ）	512
まんまるおに（みどり）	513
まんまるおに（むらさき）	513
マンマルおばさん	513

【み】

ミー	513
みいこ	513
みいちゃん	513
みいちゃん	514
ミイラ	514
ミイラ男　みいらおとこ	514
ミウミウ	514
みえないまん	514
みかづきまん	514
みかちゃん	514
みきおくん	514
みきくん	514
みぎてくん	515
みーくん	515
みけ	515
ミケちゃん	515
ミーコ	515
ミーコちゃん	516
みー子ちゃん　みーこちゃん	515
みこちゃん	516
ミーシカ	516
ミーシャ	516
みづき	516
ミス・キャット	516
みそさざい	516
みーたん	516
みち子　みちこ	516
みちこちゃん	516
みちづくり	517
ミーちゃん	517
みちよちゃん	517
ミチル	517
みつお	518
みつおくん（みっちゃん）	518
ミッケ	518
ミツコ	518
みつ子　みつこ	518
みっこちゃん	518
みっちゃん	518
三つのほし（ほし）　みっつのほし（ほし）	518
ミツバチ（サリー）	519
ミツバチ（ハチコ）	519
みつばち（ハチミさん）	519
みつばち（ぶんぶん）	519
みつばち（マーヤ）	519
ミツバチ（マリー）	519
ミツバチ（リリー）	519
ミッフィー	519
ミッフィー	520
みつるくん	520
御堂こ太郎　みどうこたろう	520
みどっこたろう	520
みどり	520
みどりいろのバス（バス）	520
みどりちゃん	520
みなこ	520
みなこ	521
みなみかぜのあんにゃ	521
みなもとの　よしつね　みなもとの・よしつね	521
源 義経　みなもとの・よしつね	521
源 義仲　みなもとの・よしなか	521
源 頼朝　みなもとの・よりとも	521
みなもとの　らいこう　みなもとの・らいこう	521
ミニカー	521
ミネ	521
みねこちゃん	521
みのきち	521
みのきち	522
ミノくん	522
ミノムシ（フーちゃん）	522
ミノムシ（ミノくん）	522

みのむしさん	522	むこさん	528
みのるくん	522	むし	528
ミーボ	522	むし	529
みほちゃん	522	むし（スイッチョせんせい）	529
ミーミ	522	ムーシカ	529
ミミ	523	むしばきん	529
ミミ	524	ムシババイキン	529
ミミコ	524	ムシバーマン	529
ミミ子先生　みみこせんせい	524	虫麻呂　むしまろ	529
みみこちゃん	524	むすこ	529
みみず（しまおくん）	524	むすめ	529
みみず（ふとしくん）	524	むすめ	530
みみずく	524	むすめ（おばあさん）	530
みみたろう	525	むすめ（むらびと）	530
ミミたんてい	525	むすめさん	530
ミミちゃん	525	むすめさん	531
みーや	525	ムック	531
ミーヤ	526	むっくん	531
ミャオ	526	ムツ子ちゃん　むつこちゃん	531
宮沢 賢治　みやざわ・けんじ	526	むほっほはかせ	531
みやもと むさし　みやもと・むさし	526	ムーミン	531
ミャンタ	526	むらさき	531
ミュウ	526	むらさきちゃん	531
みゆきちゃん	526	むらびと	531
ミュラ	526	ムルジャーナ	532
美代子さん　みよこさん	526	ムンボロ・クマンバチ	532
みよ子ちゃん　みよこちゃん	527		
みよちゃん	527	【め】	
ミルドレッド	527		
ミンチンせんせい	527	メアリー	532
みんみちゃん	527	めいけんチーズ（チーズ）	532
みんみんぜみ（せみ）	527	メイ子ちゃん　めいこちゃん	532
		命助　めいすけ	532
【む】		メウシ	532
		めがねうり	533
ムー	527	めがねくん	533
ムウ	527	めがみさま	533
むかで	528	めぐみ	533
ムク	528	めぐみちゃん	533
むくどり	528	メーさん	533
ムクムク	528	めしつかい	533
むこさまとよめさま（よめさまとむこさま）	528	めだか	533
		めだらけ	533

メッカの花　めっかのはな	534
滅田切蔵　めったきりぞう	534
めめくん	534
メリーさん	534
メル	534
メルばあちゃん	534
メロンパンナ	534
メンドリ	534
めんどりかあさん（にわとり）	534

【も】

モアチアようせい	535
モアチアようせい（ようせい）	535
もうちゃん	535
もうどうけん（ベルタ）	535
もえこ	535
茂吉　もきち	535
もぐはかせ	535
もぐら	535
もぐら（もぐはかせ）	536
もぐら（モーグル）	536
もぐら（モック）	536
もぐら（モール）	536
もぐらくん	536
もぐらごう	536
もぐらのおばさん	536
モグラン	536
もぐりんがー	536
モーグル	537
モコ	537
もさく	537
もさくじいさん	537
もじゃもじゃのおばけ	537
もじゃもじゃペータ	537
もすけ	537
モック	537
もっくん	537
ものぐさたろうひじかす	537
ものしりばんば	538
物部 守屋　もののべの・もりや	538
もへい	538
もみの木　もみのき	538

ももこちゃん	538
モモ子ちゃん　ももこちゃん	538
ももたろう	538
ももたろう	539
ももちゃん	539
モモちゃん	540
ももひめ	540
モリウル	540
ミリガンふじん	540
モーリーさん	541
モール	541
モルギアナ	541
モルテン	541
モルモット（ミケ）	541
モレ	541
モンキチくん	541
もんきーちゃん	541
モンキッキ	541
もんくん	541
もんた	541
モンタ	542
モンちゃん	542
モンペイちゃん	542
モンモン	542

【や】

やえおばあちゃん	542
やかん	543
やぎ	543
やぎ（ブルーセ）	543
やぎ（メイ子ちゃん）　やぎ（めいこちゃん）	543
やぎ（メーさん）	543
やぎ（メルばあちゃん）	543
やぎさん	543
やぎさん	544
やぎじいさん	544
やぎせんせい	544
やぎの植木屋さん　やぎのうえきやさん	544
ヤクザカマキリ（カマキリ）	544
ヤゴ	544

ヤゴ（ヤン）	544		
弥五兵衛　やごへえ	544		
やさい	544	**【ゆ】**	
やじさん	544	ゆい	550
やじゅう	545	ユイチー	551
やすけ	545	ゆうき	551
やすこちゃん	545	ゆうきち	551
やすざえもん	545	ゆうくん	551
ヤスシ	545	ユウくん	552
安田さん　やすださん	545	勇くん　ゆうくん	552
やっこだこ	545	ゆうこ	552
やっちゃん	545	ゆうこちゃん	552
やっちゃん	546	ゆう子ちゃん　ゆうこちゃん	552
ヤドカリ	546	ゆうさく	552
やどかりさん	546	ゆうじ	552
やど屋の主人　やどやのしゅじん	546	ゆうじ	553
ヤマアラシ	546	佑介　ゆうすけ	553
山あり大王　やまありだいおう	546	ゆうた	553
ヤマイヌ	546	ゆうたくん	553
山犬　やまいぬ	546	ゆうちゃん	553
やまいもさん	546	ゆうびんしゃ	554
山男　やまおとこ	547	ゆうびんやさん	554
山県　昌景　やまがた・まさかげ	547	ゆうや	554
やまがら	547	ゆうやくん	554
山幸　やまさち	547	ゆうらんまる（ふね）	554
やまたのおろち	547	ゆうれい	554
山鳥　やまどり	547	ゆうれい（ばけもの）	555
ヤマネ	547	ゆかちゃん	555
やまねこ	547	ゆかりさん	555
やまねこのおばあさん	547	ゆかりちゃん	555
山の木（木）　やまのき（き）	547	ユキ	555
やまひこ	548	ゆきおくん	555
やまぶし	548	雪女　ゆきおんな	555
山本さん　やまもとさん	548	ゆきおんな（おゆき）	555
やまんば	548	ゆきこ	555
やまんば	549	ユキコ	556
やまんば	550	ゆきだるま	556
山んば　やまんば	550	ゆきちゃん	556
やもり	550	ゆきちゃん	557
ヤン	550	ゆきの子　ゆきのこ	557
ヤンくん	550	雪の女王　ゆきのじょおう	557
やんちゃひめ	550	ゆきむすめ	557
やんまる	550	ゆたか	557

ゆたかくん	557
ユッコ	557
ゆびわの精　ゆびわのせい	558
ゆまくん	558
ゆみ	558
ゆみこ	558
ゆみ子さん　ゆみこさん	558
ゆみ子ちゃん　ゆみこちゃん	558
ゆみちゃん	558
ゆみちゃん	559
ゆめみこぞう（こぞう）	559
ユーリ	559
ユリー	559
ゆり子さん　ゆりこさん	559
ゆりちゃん	559
ユリちゃん	560
ゆりわか	560

【よ】

ようかい	560
ようくん	560
ようこ	560
ようこさん	560
ようこちゃん	561
ようじんや	561
ようせい	561
ようせい（モアチアようせい）	561
よきち	561
よくばりくん	561
よざえもんさん	561
与作　よさく	561
よさくどん	561
よしおくん	561
よしおくん	562
吉川さん　よしかわさん	562
よし子さん　よしこさん	562
よしこちゃん	562
よし子ちゃん　よしこちゃん	562
よしださん	562
よしのは鳥（鳥）　よしのはどり（とり）	562
ヨシぼう	562
よすけ	563
ヨセフ	563
ヨゼファ	563
よだか	563
よっちゃん	563
よっちゃん	564
よっちゃん	564
ヨッホさん	564
四人きょうだい（きょうだい）　よにんきょうだい（きょうだい）	564
四にんのわかもの　よにんのわかもの	564
よへい	565
よめさま	565
よめさまとむこさま	565
よめさん	565

【ら】

ライオン	565
ライオン	566
ライオン（タラ）	566
ライオン（パンジャ）	566
ライオン（ブブ）	567
ライオン（ブルブル）	567
ライオン（メル）	567
ライオン（ライタ）	567
ライオン（ライヤ）	567
ライオン（リョーナ）	567
ライオン（レオ）	567
ライオン（ローズ）	567
ライオン王さま　らいおんおうさま	567
らいおんくん	567
ライオンくん	568
ライオンさん	568
ライオンの王さま　らいおんのおうさま	568
ライタ	568
ライトきょうだい	568
ライトきょうだい（ウィルとオーブ）	568
ライブラリーくん	568
ライヤ	568
ライリン	568
ラク	569

らくがきこぞう	569	りす（チロロ）	574
らくだ（クダ）	569	りす（バビー）	574
らくだ（ラク）	569	りす（フラッグ）	574
らせつじょ	569	りす（リズ）	574
羅刹女　らせつじょ	569	りす（りすけくん）	574
ラッキー	569	りす（リリー）	574
ラッコ（クルン）	569	りすくん	574
ラッコ（ララ）	569	りすけくん	574
ラッコ（ルッケちゃん）	570	りすさん	575
ラッコのあかちゃん	570	りすせんせい	575
ラノおじいさん	570	りすのおやこ	575
ラーバナ	570	りすのこ	575
ラビちゃん	570	りすのゆうびんやさん	575
ラフシュマナ	570	リースヘン	575
ラプンツェル	570	リタ	575
ラーマおうじ	570	リノー	575
らら	570	リブシーせんせい	575
ララ	571	りほ	576
ラララ	571	りゅう	576
ラル	571	竜　りゅう	576
ラルス	571	りゅうくん	576
ランガくん	571	リュウさん	576
ランフィアスさん	571	りゅうじいさん	576
ランプの精　らんぷのせい	571	隆太　りゅうた	576
らんぼうや	571	隆太　りゅうた	577
		りゅうたくん	577
【り】		りゅうちゃん	577
		リョウ	577
リコちゃん	572	りょうかんさま	577
リサ	572	りょうくん	577
リーさん	572	りょうし	577
りす	572	りょうじ	578
りす	573	りょうた	578
リズ	573	リョーナ	578
りす（キキ）	573	リリー	578
りす（キキロン）	573	りりこちゃん	578
りす（コリ）	573	リンカーン（エーブ）	578
りす（シルバー）	573	りんごくん	578
リス（スーとクー）	573	りんごちゃん	578
りす（タック）	573	りんごの木　りんごのき	578
りす（チョコ）	574	りんちゃん	578
りす（ちょろきち）	574		
りす（チロちゃん）	574		

【る】

るー	579
るい	579
るうちゃん	579
ルカ	579
ルッケちゃん	579
ルピナスさん(ランフィアスさん)	579
ルミ	579
ルミちゃん	579
ルラがえる	580
ルル	580
るるこ	580
ルルちゃん	580
ルルル	580
ルン	581

【れ】

レオ	581
レックス	581
レティコ	581
レミ	581
レミちゃん	581
レモン大公　れもんたいこう	581

【ろ】

ロアルト・アムンゼン(アムンゼン)	582
六月のむすこ　ろくがつのむすこ	582
ろくがつろくちゃん(ろくちゃん)	582
ろくちゃん	582
ろくろちゃん	582
ろくろっくび	582
ローズ	582
ロダーリさん	582
ロック	583
ロックどり	583
ロッティ	583
ロッテンマイヤー	583
ろば	583
ロバ	584
ロバくん	584
ロバさん	584
ロビン・フッド	584
ロボ	584
ロボット	584
ロボット	585
ロールパンナ	585
ロロ	585
ろんちゃん	585
ろんろ	585
ロンロン	585

【わ】

ワウケワ	585
わかだんな	585
わかもの	585
わかもの	586
わかもの	587
わし	587
わしのおかあさん	587
わたなべの つな　わたなべの・つな	587
わたるくん	587
わに	587
わに	588
ワニ(クロムウェル)	588
わに(ちびわにちゃん)	588
ワニ(ベオウルフ)	588
わにくん	588
わにこちゃん	588
わにちゃん	589
わら	589
わんきちたんてい	589
ワンくん	589
ワンタ	589
わんたくん	589
ワンダくん	589
わんちゃん	589
わんぱくしずく(しずく)	590
ワンリー	590
わんわんちゃん(いぬ)	590

【あ】

あい
たけしのともだち「にんじゃがやってきた」 今村幸介作;山口みねやす画 教育画劇(教育画劇のかみしばい) 1997年11月

アイアイ
ふたごのウムウムとりんごのたねからそだてた木にたわわにみのったりんごでくだものやをはじめたサルくん「アイアイとウムウムのなんでもくだものや」 西内ミナミ作;黒岩明人画 教育画劇(ゆかいなたべもののおはなし) 1985年9月

アイスくん
じぶんがなんでできてるかしりたくなったアイスクリームのアイスくん「アイスくん」山福朱実作・絵 教育画劇 2006年1月

あいちゃん
おとうとのケンケンとどろだらけになってかえってきてパパといっしょにおふろにはいったおんなのこ「ドロンコちゃんピカピカちゃん-からだの清潔」 尾崎曜子作・画 教育画劇(保健衛生かみしばい けんこういちばんじょうぶなこ) 1996年10月

あいちゃん
キャンプにいく日にねつがでておにいちゃんをおこらせてしまった女の子「あいちゃんのキャンプ-小学生の道徳2年」 相沢るつ子作・画 教育画劇 1996年4月

あいちゃん
ベトナム人のツイちゃんと中国人のヤンくんと三人でお月見をした女の子「なぜ、お月さまにおそなえをするの？」 渡辺享子脚本・絵 童心社(なぜ?どうして?たのしい行事) 2001年9月

アイヌ
蝦夷地を荒らすシャモどもを追いだそうとシャクシャインを総大将に松前藩の城下へ攻めのぼったアイヌたち「シャクシャインの戦い」 山下國幸作;梶鮎太絵 汐文社(紙芝居 日本の歴史16) 1987年12月

あおおに(おに)
こころのやさしいあかおにのともだちのあおおに「ないたあかおに」 浜田広介原作;堀尾青史脚本;佐藤わき子画 童心社(家庭版かみしばい) 1976年10月

あおおに(おに)
やさしいすなおなあかおにのなかまのあおおに「ないたあかおに」 浜田ひろすけ作;野村たかあき絵 教育画劇 2007年1月

青おに(おに)　あおおに(おに)
えんまさまから村へいってりゅうじいさんをひっとらえてくるようにいいつけられた青おにども「おひゃくしょうとえんまさま」 君島久子再話;堀尾青史脚本;二俣英五郎画 童心社(紙芝居ベストセレクション第2集) 2000年5月

あおお

青おに(おに)　あおおに(おに)
おにといっても心のやさしい赤おにの友だちの青おに 「ないたあかおに」 浜田広介原作；立原えりか脚色；奈良坂智子画　NHKサービスセンター(名作民話おはなし広場) 1984年1月

青おに(おに)　あおおに(おに)
とてもやさしいすなおな赤おにのなかまの青おに 「ないた赤おに」 浜田広介作；福島のり子脚色；西原ひろし画　教育画劇 1988年2月

青鬼(鬼)　あおおに(おに)
気だてのやさしい赤鬼のともだちの青鬼 「泣いた赤鬼」 浜田広介原作；松葉八十子脚本；西原比呂志絵画　ほるぷ出版(ほるぷの紙芝居-黄金期名作選) 1984年5月

あおがえる(かえる)
くさの上よりどうろの上でとぼうとしてくるまにひかれてぺちゃんこになっちゃったあおがえる 「ぱんくがえるぺちゃんこがえる」 堀尾青史脚本；二俣英五郎画　童心社(たのしいイソップ) 1975年5月

アオキンマン
ばいきんまんのみかたをするためにバイキンぼしからアカキンマンといっしょにやってきたばいきんまんにそっくりのわるもの 「アンパンマンとぱしぱしぱしーん」 やなせたかし作・画　フレーベル館

アオキンマン
ばいきんまんのみかたをするためにバイキンぼしからアカキンマンといっしょにやってきたばいきんまんにそっくりのわるもの 「アンパンマンとぱしぱしぱしーん」 やなせたかし作・絵　フレーベル館(ワイド版アンパンマンかみしばい)

あおちゃん
こびとのもりのくいしんぼうのこびと 「こびとのりんご」 しばはらち作・画　教育画劇 1991年9月

あおちゃん
ぽかぽかよいてんきできいろちゃんとあかちゃんとちょっとおでかけしたどうぶつむらのしんごう 「あおちゃんきいろちゃんあかちゃん」 冬野いちこ作・絵　教育画劇 2004年1月

青ちゃん　あおちゃん
赤おにの赤ちゃんと黄色おにの黄いちゃんと子おにが三人そろっておにおんようちえんへ行った青おに 「いろいろいろ」 森比左志文；浅沼とおる画　NHKサービスセンター(なぜなぜ童話) 1977年1月

青てんぐ(てんぐ)　あおてんぐ(てんぐ)
ポロシリ山というおかしな名の山に赤いてんぐとふたりですんでいた青いてんぐ 「てんぐのはなくらべ」 堀尾青史作；岡野和画　童心社(家庭版かみしばい) 1979年10月

アオバズクのかあさん
えかきのおじいさんがどうぶつたちのためにおおきなこいのぼりをつくるのをよるのうちにできあがるようにとてつだったアオバズクのかあさん 「よあけのこいのぼり」 古山広子脚本；遠山繁年画　童心社(たのしい季節の行事 ぽかぽか・春のまき) 1990年1月

あおむし
おおきくなってさなぎになってまたへんしんしてモンシロチョウになったあおむし 「あおむしのへんしん」 高家博成脚本;仲川道子画　童心社　1999年9月

あおむし
おかあさんをさがして木のえだでないているうちにねむってしまってあげはちょうになったあおむし 「あおむしだれのこ」 与田準一脚本;武智みつえ画　童心社(小さな生物のせかい)　1978年5月

あおむし
ふしぎのくにの森の中のきのこの上で水ぎせるをすっていたへんなあおむし 「ふしぎのくにのアリス」 キャロル原作;川崎大治脚本;油野誠一画　童心社　1987年7月

青虫(ちょうちょ)　あおむし(ちょうちょ)
はっぱの上でたまごから生まれてきてちょうちょになって空をとんで行った青虫 「たまごとたまご」 森比左志文;甲斐哲也画　NHKサービスセンター(なぜなぜ童話)　1977年1月

あおむしさん
はっぱをたべたあおむしさん 「おくちをあーん」 伊東美貴作・画　教育画劇　1999年8月

あおやま てっさん　あおやま・てっさん
ひめじのだいかんでたいせつなおさらを一まいなくしたといっておきくというむすめをかたなできって井戸になげこんだ男 「さらやしきのおきく」 桂文我脚本;久住卓也画　童心社(紙芝居おおわらい落語劇場)　2004年3月

あか
りっぱなはさみがじまんのざりがにのこ 「ザリガニのあか」 高家博成脚本;仲川道子絵　童心社(ともだちだいすき)　2006年7月

あかいたま(たま)
こいぬのポチがみちにころがっているのをみつけたけんかのすきなあかいたま 「けんかだま」 高橋五山作・画　ほるぷ出版(ほるぷの紙芝居-黄金期名作選)　1984年5月

あかおに(おに)
あるやまのふもとにひとりすんでいたみためはとてもこわそうだがたいそうこころのやさしいあかおに 「ないたあかおに」 浜田広介原作;堀尾青史脚本;佐藤わき子画　童心社(家庭版かみしばい)　1976年10月

あかおに(おに)
やまのがけのところにいっけんたっていたいえにたったひとりですんでいたやさしいすなおなわかいあかおに 「ないたあかおに」 浜田ひろすけ作;野村たかあき絵　教育画劇　2007年1月

赤おに(.おに)　あかおに(おに)
村はずれの山のがけにあった一けんの家にすんでいたおにといっても心のやさしい赤おに 「ないたあかおに」 浜田広介原作;立原えりか脚色;奈良坂智子画　NHKサービスセンター(名作民話おはなし広場)　1984年1月

あかお

赤おに(おに)　あかおに(おに)
えんまさまから村へいってりゅうじいさんをひっとらえてくるようにいいつけられた赤おにども　「おひゃくしょうとえんまさま」　君島久子再話;堀尾青史脚本;二俣英五郎画　童心社(紙芝居ベストセレクション第2集)　2000年5月

赤おに(おに)　あかおに(おに)
むかしむかし山のおくにすんでいたとてもいばりやでじまんやの赤おに　「やっとこどっこい赤おにさん」　足沢良子作;安井康二画　教育画劇(おにごっこシリーズ)　1993年11月

赤おに(おに)　あかおに(おに)
山のがけのところに一けんたっていた家にたったひとりですまっていたとてもやさしいすなおなわかい赤おに　「ないた赤おに」　浜田広介作;福島のり子脚色;西原ひろし画　教育画劇　1988年2月

赤鬼(鬼)　あかおに(おに)
山のがけの下にあった家にひとりですんでいた気だてのやさしい赤鬼　「泣いた赤鬼」　浜田広介原作;松葉八十子脚本;西原比呂志絵画　ほるぷ出版(ほるぷの紙芝居-黄金期名作選)　1984年5月

赤がみ　あかがみ
大むかしのこととわだことの西のはまべにすんでいたいさましいわかもので いつも赤い大きなしかにまたがっていたので「赤がみ」とよばれていた男　「あかがみとくろがみ」　須藤出穂脚色;梶山俊夫画　NHKサービスセンター(名作民話おはなし広場)　1984年1月

アカキンマン
ばいきんまんのみかたをするためにバイキンぼしからアオキンマンといっしょにやってきたばいきんまんにそっくりのわるもの　「アンパンマンとぱしぱしぱしーん」　やなせたかし作・画　フレーベル館

アカキンマン
ばいきんまんのみかたをするためにバイキンぼしからアオキンマンといっしょにやってきたばいきんまんにそっくりのわるもの　「アンパンマンとぱしぱしぱしーん」　やなせたかし作・絵　フレーベル館(ワイド版アンパンマンかみしばい)

アカくん
あかいいろが大きらいなよっちゃんにまだ一どもつかってもらえないクレヨンのアカくん　「クレヨンのアカくん」　安田浩作;横井大侑画　教育画劇(コアラちゃんシリーズ)　1985年6月

あかざばんば
ちょうふく山のやまんばにもちをもっていくことになったむらのだだはちとねぎそべのみちあんないをしたばあさま　「やまんばのにしき」　松谷みよ子作;井口文秀画　童心社　1973年12月

あかずきん
いつもあかいずきんをかぶっていたのであかずきんとよばれていたかわいい女の子　「あかずきん」　森やすじ作・画　教育画劇　1994年6月

あかずきん
むかしあるところにいたかわいらしい女の子　「あかずきん-グリム童話」　田口俊雄脚色;井の上正之画　教育画劇　1989年1月

あかずきんちゃん
いつもあかずきんをかぶっていたかわいい女の子 「あかずきんちゃん」 小林純一脚本；林俊夫画　童心社(家庭版かみしばい)　1986年11月；童心社(世界五大ばなし)　1980年6月

あかずきんちゃん
いつもおばあさんにつくってもらったあかずきんをかぶっていたのでみんなからあかずきんちゃんとよばれていたかわいい女の子 「あかずきんちゃん」 グリム原作；小林純一脚本；篠崎三朗画　童心社(世界の名作・第1集)　1986年4月

赤ずきんちゃん　あかずきんちゃん
赤いずきんを作ってくれたおばあさんがびょうきになってしまっておみまいに行った小さなかわいい女の子 「赤ずきんちゃん」 こわせたまみ文；富永秀夫画　NHKサービスセンター(外国むかしばなし)　1977年1月

あか太郎　あかたろう
ものぐさじいさまとばあさまが体のあかをこすりおとしてこしらえた人形の子どもで大きくなって力だめしの旅に出たわかもの 「ちからたろう」 伊藤海彦脚色；福田庄助画　NHKサービスセンター(NHK小学校国語紙芝居教材 日本の民話Ⅰ)　1979年1月

あかたろう(トマト)
ニンジンのあかたろうとおなじなまえだったのでつやつやあかたろうになまえをかえたトマトのおとこのこ 「やさいむらのあかたろう」 中村ルミ子脚本；久住卓也絵　童心社(ともだちだいすき)　2003年7月

あかたろう(ニンジン)
やさいむらのトマトのあかたろうとおなじなまえだったニンジンのおとこのこ 「やさいむらのあかたろう」 中村ルミ子脚本；久住卓也絵　童心社(ともだちだいすき)　2003年7月

あかちゃん
おとうさんやおかあさんにたいせつにされてそだって一さいになったあかちゃん 「はじめてのたんじょうび」 島本一男脚本；山本まつ子絵　童心社(ともだちだいすき)　2001年3月

あかちゃん
げんきにハイハイしておかあさんのところまでいったあかちゃん 「げんきにハイハイ」 はたよしこ作・画　教育画劇(いないいないばあ乳幼児かみしばい)　2001年11月

あかちゃん
ごはんをじぶんでたべたあかちゃん 「うまうままんま」 長野ヒデ子脚本・絵　童心社(あかちゃんからの食育かみしばい ぱくぱくもぐもぐ)　2008年9月

あかちゃん
たいこやらっぱやすずのおとをきいておやすみするあかちゃん 「トンパプリリンおやすみなさい」 山本和子作；津田直美画　教育画劇　1999年8月

あかちゃん
ないたりわらったりおこったりするあかちゃん 「あかちゃんあかちゃん」 ケロポンズ作；市居みか絵　教育画劇　2005年1月

あかち

あかちゃん
ねんねするかわいいあかちゃん 「ねんねねんね」 いそみゆき作・画　教育画劇　1999年8月

あかちゃん
ハーグレイブさんのかぞくにうまれたからだがよわそうなこどもでアボガドをたべてちからがつよくなったあかちゃん 「アボガドあかちゃん」 ジョン・バーニンガム作；八木田宜子脚本　ほるぷ出版（世界のおはなしシリーズ）　1998年9月

あかちゃん
はいはいしておばあちゃんやおとうさんやおかあさんのところへいったあかちゃん 「はいはいあーん」 和歌山静子脚本・絵　童心社（あかちゃんからの食育かみしばい ぱくぱくもぐもぐ）　2008年9月

あかちゃん
パパとママにあんよやまんまができるのをみてほしいあかちゃん 「みててねみててね」 冬野いちこ作・画　教育画劇　2001年1月

あかちゃん
ぽかぽかよいてんきであおちゃんときいろちゃんとちょっとおでかけしたどうぶつむらのしんごう 「あおちゃんきいろちゃんあかちゃん」 冬野いちこ作・絵　教育画劇　2004年1月

あかちゃん
ほっぺはどーこ？ときかれてじぶんのほっぺをゆびさしたあかちゃん 「ワンワンワン」 とよたかずひこ脚本・絵　童心社（あかちゃんかみしばい ぱちぱちにっこり）　2006年9月

赤ちゃん　あかちゃん
青おにの青ちゃんと黄色おにの黄いちゃんと子おにが三人そろっておにおんようちえんへ行った赤おに 「いろいろいろ」 森比左志文；浅沼とおる画　NHKサービスセンター（なぜなぜ童話）　1977年1月

赤てんぐ（てんぐ）　あかてんぐ（てんぐ）
ポロシリ山というおかしな名の山に青いてんぐとふたりですんでいた赤いてんぐ 「てんぐのはなくらべ」 堀尾青史作；岡野和画　童心社（家庭版かみしばい）　1979年10月

アカナー
沖縄の山のふもとにサルといっしょに住んでいた顔も体もかみの毛も赤いのでみんなからアカナーとよばれていた男の子 「アカナーとおつきさま」 小池タミ子脚色；田木宗太画　NHKサービスセンター（NHK小学校国語紙芝居教材 日本の民話Ⅱ）　1980年1月

あかねちゃん
おかあさんに「きょうのばんごはんなあーに？」ときいたおんなのこ 「きょうのばんごはんなあーに？」 やべみつのり脚本・絵　童心社（あかちゃんからの食育かみしばい ぱくぱくもぐもぐ）　2008年9月

あかねちゃん
ちいさいころからいつもそばにいてくれたいぬのタンクがとしをとってようすがへんなのでしんぱいになったおんなのこ 「ずっといっしょだよ」 宮崎二美枝脚本；鈴木幸枝絵　童心社（ともだちだいすき）　2002年1月

あきら

アカネちゃん
ともだちのマコトくんといっしょにほいくえんのおひるねのじかんにはらっぱへいっておさじさんにあったおんなのこ 「アカネちゃんのうでどけい」 松谷みよ子脚本;土田義晴画 童心社 1990年4月

アカネちゃん
ママにはやさしいこえではなしてもらいたいとおもっているおんなのこ 「オバケちゃんとおこりんぼママ」 松谷みよ子脚本;小薗江圭子画 童心社(ゆたかなこころシリーズ) 1994年4月

赤ハナのジジ　あかはなのじじ
むかしはけいさつ犬としてかつやくしていたのに今では年老いてジジイといわれている犬 「星へとんだ赤ハナのジジ」 松岡励子原作・脚色;深沢省三画 NHKサービスセンター (NHK創作童話集) 1979年1月

赤ひげ　あかひげ
グスコーブドリがやとってもらった百しょうの赤ひげのおやじ 「グスコーブドリの伝記(前編)」 宮沢賢治原作;堀尾青史脚本;滝平二郎画 童心社(かみしばい宮沢賢治童話名作集) 1966年3月

あかリボンちゃん
ひとりでおるすばんをすることになっておかあさんと三つのおやくそくをしたおんなのこ 「あかリボンちゃんきをつけて」 中村徹作;中村陽子絵 教育画劇 2007年5月

あかんべえ
やまのなかのにんじゃえんのえんちょうせんせいのたんじょうびにとくいのにんぽうをみせたこどもたちのひとり 「ちんげんさいせんせいのおたんじょうび」 なかむらとおる作;中村陽子画 教育画劇 1997年11月

あきこちゃん
チューリップこうえんでこうすけくんといっしょにあそんだきんじょの二年生 「チューリップこうえんへあつまれ！」 いしばししずこ作;高橋透画 教育画劇 1992年4月

あきちゃん
しゅうぶんのひにみんなでおばあちゃんのおうちにおはかまいりにいったおんなのこ 「はんぶんこのひ」 塩田守男作・絵 教育画劇 2007年9月

あきちゃん
にわにいたシジュウカラのひなをとべるようになるまでそだててやったおんなのこ 「しじゅうからツツピー－小学生の道徳1年」 椎野利一作・画 教育画劇 1996年4月

アキちゃん
一ねんせいになってしょうがっこうへいってクラスにいたぞうのプーくんとなかよしになったおんなのこ 「一ねんせいってどんなかな？」 なかえよしを作;上野紀子画 教育画劇 (びっくりこどきりんこ) 1989年3月

あきら
あたらしいおうちにひっこしすることになってとうさんのうんてんするトラックにかあさんといぬのムックとのったおとこのこ 「ムックのひっこし」 今関信子脚本;高橋透画 童心社 1999年3月

7

あきら
きょうはおやつをもってこうえんまでおさんぽでせんせいにいってみんなのおやつがはいったリュックをもったおとこのこ 「なくなったリュックサック」 伊藤たまき脚本;尾崎曜子画　童心社　1995年7月

あきら
さくらぐみのみんなとでんしゃみたいにくるまのついたはこぐるまをおしてあそんだおとこのこ 「はしれ、げんきごう」 太田恵美子脚本;渡辺安芸夫画　童心社(健康紙芝居・げんきなこども)　1983年3月

あきら
そらにいっぱいとんでいるあかとんぼをみて地面にあかとんぼのえをかこうとおもったおとこのこ 「あかとんぼみつけた」 伊藤たまき脚本;尾崎曜子画　童心社(げんきななかまシリーズ)　1996年10月

あきら
プールの日にまちがえていもうとのみずぎをもってきてしまったおとこのこ 「いもうとのみずぎ」 伊藤たまき脚本;鈴木幸枝画　童心社　1997年7月

あきら
ホールにかざられたおひなさまにはさまっていたてがみをみつけたおとこのこ 「おひなさまのてがみ」 伊藤たまき脚本;鈴木幸枝画　童心社(童心社の紙芝居 げんきななかまシリーズ)　1994年3月

あきら
ゆうがたのそらにいっぱいあかとんぼがとんでいるのをみつけたおとこのこ 「あかとんぼみつけた」 伊藤たまき脚本;尾崎曜子画　童心社　1996年10月

あきら
一年生ののぶ子さんがくるまにひかれたばしょにともだちと三人でまよけのトーテム・ポールをたてようとした男の子 「雨のトーテム・ポール」 堀尾青史作;井口文秀画　童心社(かみしばい交通安全シリーズ)　1976年9月

あきらくん
えんのみんなとうんどうかいごっこをした年中組の男の子 「うんどうかいってたのしいな」 いしばししずこ作;石橋三宣画　教育画劇(あたらしい行事紙芝居)　1993年9月

あきらくん
ケーキやのチョコレートのおしろがおさまっているショーウインドウのガラスをわったはんにんと思われた男の子 「チョコレートせんそう」 大石真作;伊藤海彦文;高畠博樹画　NHKサービスセンター(創作童話)　1977年1月

あきらちゃん
えきのやねのしたのつばめのおうちにつばめたちがかえってくるのをまっていたおとこのこ 「おかえりつばめさん」 鶴見正夫作;水野二郎画　童心社(美しい心シリーズ)　1976年5月

あきんど
たびに出た二人のえちごのあきんどの一人が見たさどがしまで金をほりあてるゆめを買ったもう一人のあきんど 「ゆめのはち」 能勢紘也脚色;太田大八画　NHKサービスセンター(名作民話おはなし広場)　1984年1月

あけは

あくま
おさとうのいっぱいはいったあまーいおやつをたべたこどもをさがしていたあくま「おやつのじかんだよ」 まついのりこ脚本・画　童心社(かみしばい・たべるのだいすき!)　1989年3月

あくま
クリスマスの前のばんに月をぬすんでよの中をまっくらにしたあくま「つきがきえたはなし－ウクライナ民話」 伊藤海彦脚色；山下勇三画　NHKサービスセンター(名作民話おはなし広場)　1984年1月

あくま
じぬしにたのまれてちからもちのオラフをやっかいばらいしようとしたあくまのいけのあくま「うみからきたちからもち」 神宮輝夫脚本；堀内誠一絵　ほるぷ出版(ほるぷの紙芝居)　1977年4月

あくま
みんながおんがくがだいすきなよいくにでおとなも子どももたのしんでいるのがしゃくにさわってがっきをぬすんだあくま「わっしょいわっしょいぶんぶんぶん」 宮下森画　童心社(かこさとし紙芝居傑作選)　1975年3月

あくま
森にすんでいてにんげんをよくばりにしたりけんかをさせたりすることがしごとのあくま「イワンのばか」 トルストイ原作・横笛太郎脚本；土方重巳画　童心社(かみしばい世界むかしばなし)　1990年2月

あくまの子　あくまのこ
犬にしっぽをかみきられて道でふるえていたところを馬かたのじんべえさんに馬のおなかにいれてもらってたすけてもらったあくまの子「天下一の馬」 豊島与志雄作；宮下全司文；太賀正画　教育画劇(かみしばい児童文学館)　1987年11月

アーくん
おかあさんのまねをしようとしていて木からおちてのらイヌにころされそうになった一さいの子ざる「にほんざるアーくん」 わしおとしこ脚本；藤本四郎絵　童心社(ともだちだいすき)　2007年9月

あげはちゃん
さなぎからでてきておなかがぺこぺこでたべものをさがしにいったちょう「やっとみつけた」 中村美佐子作；田沢梨枝子画　教育画劇(しぜんといきもの)　1986年12月

アゲハチョウ
おかあさんがはっぱのうらにうんだたまごからうまれたアゲハチョウのあかちゃん「アゲハチョウのたんじょう!」 今森光彦写真・作　教育画劇　2006年5月

アゲハチョウ
ひさこちゃんのうちのベランダのうえきばちのみかんのはにうみつけられたたまごからそだったアゲハチョウ「ベランダのアゲハチョウ」 高家博成脚本；横内襄画　童心社　1995年6月

アゲハチョウ
木にうえつけられたたまごからうまれたようちゅうがさなぎになってたんじょうするアゲハチョウ「アゲハチョウがとんだ」 得田之久脚本・写真　童心社　1984年7月

あけは

あげはちょう（ルン）
あおむしからさなぎになってあげはちょうになったむし 「あげはのルン」 得田之久脚本・画 童心社(得田之久かみしばい虫たちのふしぎなせかい) 2001年6月；童心社(自然観察紙芝居ふしぎなむしのせかい) 1967年4月

あけみちゃん
ねこのミミのかいぬしのおんなの子 「おててやあんよは売ってない」 岡上鈴江作；西村達馬画 教育画劇(よいこの交通安全) 1991年10月

あけみちゃん
よし子ちゃんとおにんぎょうさんごっこをしてあそんだとなりの女の子 「いきているおにんぎょう」 岡上鈴江作；野々口重画 教育画劇(夢のふくらむシリーズ) 1974年5月

あごさん
ありんこがっこうへこうつうあんぜんのおべんきょうにいったあり 「ありんこがっこう」 福田和作；石川雅也画 童心社(よいこの保健・安全シリーズ) 1984年9月

あこちゃん
あたらしいおもちゃのまちができたのでおもちゃばこからでていってこうつうじこにあったおもちゃの女の子 「おもちゃのまち」 高橋系吾作；村岡登画 童心社(かみしばい交通安全シリーズ) 1985年6月

あこちゃん
にほんがせんそうをしていたころのとうきょうではることなかよしだったこでうちでいぬをかっていたおんなのこ 「マアをかえしてください」 わしおとしこ脚本；おぼまこと画 童心社(ゆたかなこころシリーズ) 1995年3月

アコちゃん
えんのみんなとがくたいごっこをやっていてキツネさんにタンバリンをかしてあげたおんなの子 「キツネとタンバリン」 安田浩作；おくやまれいこ画 教育画劇(タンバリン・シリーズ) 1980年11月

アコちゃん
ほしぐみのちいさなおんなのこ 「もものせっくのおきゃくさま」 堀内純子作；田沢春美画 教育画劇(四季の行事シリーズ) 1993年1月

アーサー
やさしいミリガンふじんの子でびょうきのおとこの子 「家なき子(前編)(中編)(後編)」 エクトル・マロ原作；高木あきこ文；ながよしかよ画 教育画劇 1988年1月

あさがお
つちのなかにつくられたおうちに一つぶずついれてもらってたねからめをだしたあさがおたち 「あさがおアパート」 清水えみ子作；久保雅勇画 童心社(小さな生物のせかい) 1990年9月

あざらし（オーラ）
ほっきょくぐまのふたごのこぐまのミーシカとともだちになったあざらしの子 「ほっきょくのムーシカ・ミーシカ(前編)(後編)」 いぬいとみこ作；椎野利一画 童心社 1979年12月

あずきとぎばば
やまのあれでらにあらわれてこどもをさらっていくというばけもの 「あずきとぎ-日本民話より」 桜井信夫脚色;ヒサクニヒコ画　教育画劇(日本のおばけ)　1992年8月

アッカ
いつもむれのせんとうにたってとんでいるガン 「ニルスのふしぎなたび(前編)(後編)」 ラーゲルレーヴ原作;上地ちづ子脚本;ユノセイイチ画　童心社　1991年5月

アッコ
まちじゅうがまほうにかかってしまったみたいなきりのあさにおにいちゃんのタローといっしょにたんけんにでかけたおんなのこ 「きりのまちのかいじゅうくん」 しかたしん脚本;津田櫓冬画　童心社(美しい心シリーズ)　1981年6月

あっこちゃん
さむがりやのおにいちゃんのおさむくんとちがってげんきいっぱいのいもうと 「からだぽっかぽっかおうえんだん」 尾崎曜子作・画　教育画劇(食育かみしばい)　2005年4月

あつし
ようちえんのすなばにあるトンネルをしげるたちとくぐってひみつのたんけんをしたおとこの子 「トンネルくぐって」 中村悦子;中臣浩子;河原場美喜子作;富永秀夫画　教育画劇(ちょうちょシリーズ)　1976年4月

アツシ
若葉第三小学校の近くにある小さな山どんぐり山を公園として残してくれるようにお母さん達や友だちといっしょに署名運動をした小学5年生の男の子 「どんぐり山子どもの森公園」 谷田川和夫原案;渡辺泰子脚本;高橋透絵　汐文社(紙芝居日本国憲法5)　1990年3月

あっちゃん
えんそくのひにいちごえんへいちごつみにいったえんじ 「あっちゃんあーんあーん」 西内ミナミ作;相沢るつ子画　教育画劇(コアラちゃんシリーズ)　1985年6月

あっちゃん
えんそくのひにやまをのぼりはじめてすぐにすわりこんでしまったあるくのがにがてなおとこのこ 「なにがあるの？」 吉橋通夫脚本;福田岩緒絵　童心社(ともだちだいすき)　2006年10月

あっちゃん
おたんじょうびにおかあさんとおみせやさんにいってまいごになってしまったおとこのこ 「おおきくなったんだもん」 今関信子脚本;藤枝つう画　童心社　1996年2月

あっちゃん
おとうさんとてをつないでぶーらんぶーらんしてもらったおとこのこ 「ぶーらんぶーらんたのしいね」 山本省三作;笹沼香画　教育画劇(乳幼児かみしばい だっこだいすき)　2001年1月

あっちゃん
おとうさんとてをつないでぶーらんぶーらんしてもらったこ 「ぶーらんぶーらんたのしいね」 山本省三作;笹沼香画　教育画劇　2001年1月

あつち

あっちゃん
お兄ちゃんののんくんについて子ども会のどんど焼きをみにいった女の子 「どんどやき」 野口武徳作;田島司画 ぎょうせい(四季の行事シリーズ紙芝居) 1983年8月

あっちゃん
お母さんからお米を作るための田植えの話をきいた女の子 「たうえ」 野口武徳作;田島司画 ぎょうせい(四季の行事シリーズ紙芝居) 1983年5月

あっちゃん
すずめにおしえてもらったことばをとなえてそらをとんだおとこのこ 「そらとびあっちゃん」 堀尾青史脚本;長島克夫画 童心社(かみしばい・おもしろ劇場) 1987年7月;童心社(堀尾青史幼年創作かみしばい集) 1984年1月

あっちゃん
トイレからでてきたうんちのおばけのうんちくんにうんちのことをおしえてもらったおとこのこ 「うんちくん」 宮﨑二美枝脚本;大和田美鈴絵 童心社(かみしばいからだってすごい!) 2003年8月

あっちゃん
にちようびにおにいちゃんといっしょにおばあちゃんのうちまでおつかいにいったおとこのこ 「げんこつあげるよ」 辻邦脚本;多田ヒロシ画 童心社(ゆたかなこころシリーズ) 1993年6月

あっちゃん
ねこちゃんやうさぎちゃんたちみんなとぴったんこしてあそんだおんなのこ 「ぴったんこってきもちいいね」 田村忠夫脚本;土田義晴絵 童心社(2・3歳児のふれあいあそび ことばとからだであそぼう!) 2004年9月

あっちゃん
パンやさんでもらったふうせんをねこのニャーミやいぬのワンタにもたせてあげたおとこのこ 「あっちゃんのふうせん」 高木あきこ脚本;駒井啓子画 童心社(ひまわりシリーズ) 1983年4月

あっちゃん
プールへいったときに知らない人のタオルでかおをふいてしまったのでめがごろごろしてきたおとこのこ 「めだまをとりにきたかみなりさま」 こわせたまみ作;井川ゆり子絵 教育画劇(びょうきのシグナルわかる?健康紙芝居) 2008年9月

あっちゃん
ぶらんこがだいすきなおんなのこ 「ゆーらんゆーらんあしたもね」 武鹿悦子作;田沢春美画 教育画劇 1996年1月

あっちゃん
もりをとおっておたんじょうびのケーキをとどけてくれたケーキやさんにくっついてきたどうぶつたちといっしょにケーキをたべたおとこのこ 「ケーキだほいほい」 堀尾青史脚本;久保雅勇画 童心社(童心社のベスト紙芝居) 1986年1月

あぬら

あっちゃん
ようちえんのえんそくにもっていくサンドイッチようのパンをかいにはじめてひとりでおつかいにでたおとこのこ 「ひとりでおつかい」 しみずみちを作;いわむらかずお画 教育画劇 1979年11月

あっちゃん
七五三がしたくてお人形のミミちゃんをつれてお宮参りにいった女の子 「しちごさん」 野口武徳作;田島司画 ぎょうせい(四季の行事シリーズ紙芝居) 1983年7月

あっちゃん
春が来て幼稚園のみんなとお花見に行った女の子 「おはなみ」 野口武徳作;田島司画 ぎょうせい(四季の行事シリーズ紙芝居) 1983年9月

あっちゃん
北の海のむこうの大きな島にあるしあわせ村へとくべつ列車しあわせごうにのって行ってみた男の子 「しあわせごうゴーゴー」 堀尾青史作;若林一郎文;黒井健画 NHKサービスセンター(創作童話) 1977年1月

アテルイ
千三百年もの昔東北地方に住んでいたエミシと呼ばれていた人々がヤマトの政府と戦うためにつくった連合軍の総大将になった青年 「エミシのいかり」 後藤竜二作;高田三郎絵 汐文社(紙芝居日本の歴史7) 1987年4月

アナンシ
あるひのことたびにでてかわでおおきなさかなにのみこまれてしまって6ぴきのむすこにたすけられたクモのおとうさん 「アナンシと6ぴきのむすこ-アフリカの民話」 ジェラルド・マクダーモット作;八木田宜子脚本 ほるぷ出版(ほるぷの紙芝居-世界昔ばなしシリーズ) 1983年4月

アナンシ
むかしあらゆるおはなしをきんのはこにいれじぶんのそばにおいておいたニヤメというそらのかみさまからおはなしをかいとろうとおもったくもおとこ 「おはなしおはなし」 ゲイル・E.ヘイリー作;八木田宜子脚本 ほるぷ出版(ほるぷの紙芝居-世界のおはなしシリーズ) 1989年6月

アナンシ
むかしむかしあらゆるおはなしをきんのはこにいれじぶんのそばにおいておいたニヤメというそらのかみさまからおはなしをかいとろうとしたくもおとこ 「おはなしおはなし」 ゲイル・E.ヘイリー作;八木田宜子脚本 ほるぷ出版(ほるぷの紙芝居-世界のおはなしシリーズ) 1989年6月

あにさ
はつゆめにみたとおりのしゃもじをつぎのあさにひろってまちへでかけていったおちょうしもんのあにさ 「しりなりべら」 渋谷勲脚本;福田庄助画 童心社(日本民話かみしばい選) 1984年9月

アヌーラ
びょうきになったがどうぶつえんのなかまのぞうにからだをささえてもらってたすかったぞう 「がんばれアヌーラ」 中川志郎作;ながよしかよ画 教育画劇(心あたたまるほんとにあったどうぶつの話) 1983年9月

あねこ

あねこ
みなしごのきょうだいのおとうとといっしょにやまへくりひろいにいっておににさらわれてしまったあねこ 「おににさらわれたあねこ」 水谷章三脚本；須々木博画 童心社(日本民話かみしばい選・おばけがいっぱい) 1982年10月

あねむすめ(むすめ)
ふゆのさなかにいちごがたべたくなったいもうとむすめのためにままかあさんから山へいっていちごをとってくるようにいわれたあねむすめ 「六月のむすこ」 松谷みよ子脚本；石倉欣二画 童心社(松谷みよ子民話珠玉選第二集) 1998年8月

あひる
おうさまにかしたおかねをかえしてもらいにいくとちゅうであったきつねと川とはちをちいさくしておなかの中にいれていったあひる 「あひるのおうさま-フランス民話から」 堀尾青史脚本；田島征三画 童心社(紙芝居ベストセレクション第1集) 1998年6月

あひる
かぜにとばされてきたあかちゃんのよだれかけをぼうしだとおもったあひる 「これなあに」 神沢利子作；佐野洋子画 童心社(こりすシリーズ) 1974年5月

あひる
はらぺこきつねがふとらせてからくおうとかんがえてうちにつれてかえってかみさまみたいにせわをしたあひる 「きつねのおきゃくさま」 あまんきみこ原作；水谷章三脚本；ヒロナガシンイチ画 童心社(童心社のげんきななかまシリーズ) 1995年10月

あひる(ガアコ)
どうぶつたちみんなとたんぽぽ村のはずれにあるのはらまでえんそくにいったあひる 「みんなでえんそく」 教育出版国語編集部原案；関七美脚色；いもとようこ画 教育画劇(ちいさなちいさなおはなし) 1990年9月

あひる(かこちゃん)
かものくうくんのおともだちでとなりのまちのいけにいるかものおんなのこ 「くうくんのみちあんない」 角田光男作；野々口重画 教育画劇(よいこの交通安全) 1991年10月

あひる(ガロ)
かえるのケルと大のなかよしのあひる 「ガロごめんね」 谷大次郎作；矢野洋子画 教育画劇(たんぽぽシリーズ) 1982年11月

あひる(バーバちゃん)
うさぎのウサコちゃんのところへおみまいにいくとちゅうでふうせんをかいすぎて空たかくまいあがってしまったあひる 「バーバちゃんのおみまい」 神沢利子脚本；山本まつ子画 童心社(神沢利子=メルヘンかみしばい) 1985年4月

あひる(ぴいぴい)
いっしょにたまごのからをやぶってうまれてきたひよこのぴっぴとそろってさんぽにでかけたあひるのあかちゃん 「あひるのぴいぴいとひよこのぴっぴ」 ステーエフ原作；小林純一脚本 童心社(ひよこシリーズ) 1971年5月

あひる(プップくん)
きょうはえんそくでおかあさんあひるに大きなおにぎりをつくってもらったあひる 「プップくんのえんそく」 飯島敏子作；黒岩明人画 教育画劇(おはなしチルチル) 1985年5月

あひるさん
あるひなかよしのにわとりさんとどこかにいなくなってしまってかあさんたちをしんぱいさせたあひるさん 「あひるさんとにわとりさんB のんきなあひるさんとにわとりさん」 村山籌原作；村山亜土脚本；村山知義絵　童心社（村山籌子幼年かみしばい）　2002年5月

あひるさん
きゅうなようじででかけなければならなくなってペリカンさんにたまごをあずかってもらったあひるさん 「ペリカンさんのゆりかご」 中村美佐子作；ながよしかよ画　教育画劇　1989年5月

あひるさん
さんじのおやつのじかんになかよしのにわとりさんにこうちゃをはんぶんもらったあひるさん 「あひるさんとにわとりさんA なかよしのあひるさんとにわとりさん」 村山籌原作；村山亜土脚本；村山知義絵　童心社（村山籌子幼年かみしばい）　2002年5月

あひるさん
なかよしのにわとりさんとピクニックにでかけたのにけんかをしておべんとうをひっくりかえしてしまったあひるさん 「あひるさんとにわとりさんC おこりんぼうのあひるさんとにわとりさん」 村山籌原作；村山亜土脚本；村山知義絵　童心社（村山籌子幼年かみしばい）　2002年5月

あひるのおばさん
ホテルを開いて町へでかけていってせんでんしたあひるのおばさん 「あひるのホテル」 中川正文作；ながよしかよ画　教育画劇（あひるさんシリーズ）　1987年4月

あひるのこ
おかあさんあひるからうまれたひよこたちのなかで一わだけはいいろのみにくいあひるのこ 「みにくいあひるのこ」 アンデルセン原作；与田準一脚本；松成真理子画　童心社（世界の名作第3集）　1999年5月

あひるの子　あひるのこ
おかあさんあひるからうまれたあかちゃんのうち一わだけからだがはいろのみにくいあひるの子 「みにくいあひるの子-アンデルセン童話より」 亜細亜堂；須田裕美子作・画　教育画劇　1995年10月

あひるの子　あひるのこ
おかあさんあひるからうまれたあかちゃんのなかで一わだけ大きくてみにくいあひるの子 「みにくいあひるの子」 アンデルセン原作；長崎源之助文；水沢研画　教育画劇（世界名作童話紙芝居全集第2集）　1994年10月；教育画劇　1991年2月

アヒルの子　あひるのこ
アヒル赤ちゃんたちがかえったたまごの中で一番大きなたまごからころがり出た大きくてみにくい子 「みにくいアヒルの子」 水谷章三文；中村千尋画　NHKサービスセンター（外国むかしばなし）　1977年1月

あぶのぶんべえ
忍術使いくろずみ小太郎のおししょうで炭焼き山に住むしろずみ仙人をおそった盗賊 「くろずみ小太郎旅日記その2 盗賊あぶのぶんべえ退治の巻」 飯野和好作・絵　ポプラ社（ポプラ社のこどもも読める紙芝居）　2004年11月

あへの

安倍 保名　あべの・やすな
しのだの森のキツネがおん返しをしようといいなずけのくずのはひめに化けていっしょにくらしたわかもの　「くずのはぎつね」　若林一郎脚色；石倉欣二画　NHKサービスセンター（NHK小学校国語紙芝居教材　日本の民話Ⅱ）　1980年1月

あほうどり
11ぴきのねこがはじめたコロッケの店にやって来たいちわのあほうどり　「11ぴきのねことあほうどり」　馬場のぼる作・文・画　NHKサービスセンター（創作童話）　1987年1月

アポローン
ずーっとむかしまだせかいにおおぜいのかみさまがおられたころカラスがつかえていた太陽のかみ　「カラスのはねはなぜくろい？−ギリシャ神話」　東川洋子脚色；きよしげのぶゆき画　教育画劇　1990年5月

あまがえる（かえる）
仕事の帰りにとのさまがえるの店でウエスキーを飲んでよっぱらいとのさまがえるのけらいにされてしまった三十ぴきのあまがえるたち　「カイロだんちょう」　宮沢賢治原作；堀尾青史脚色；深沢省三画　NHKサービスセンター（NHK創作童話集）　1978年1月

アマサギ（イビス）
インドサイのリノーのからだにとまっていたアブをたべてくれたアマサギ　「サイのおともだち」　高家博成脚本；どいかや画　童心社（にこにこどうぶつえん）　1998年5月

あまたろうくん
だいすきなあまいおかしをたべすぎておなかがいたくなったおとこのこ　「ぐるぐるおなかのあまたろう」　しばはらち作・画　教育画劇　2004年5月

あまのじゃく
うりこひめがひとりでいえにいると山からあそびにきたこわいあまのじゃく　「うりこひめとあまのじゃく」　松谷みよ子脚本；梶山俊夫画　童心社（松谷みよ子民話珠玉選）　1973年3月

あまのじゃく
たっちゃんと妹のゆりちゃんがおうちの近くの林であそんでいてまよいこんだ森にいたあまのじゃく　「あまのじゃくのもり」　清水たみ子作；西村達馬画　教育画劇　1981年9月

あまんじゃく
じじとばばがるすの間にうりこひめをかっさらって一本すぎにくくりつけうりこひめに化けたあまんじゃく　「うりこひめとあまんじゃく」　松岡励子脚色；清水耕蔵画　NHKサービスセンター（NHK小学校国語紙芝居教材　日本の民話Ⅰ）　1979年1月

アミアミおばさん
もりのあみものが大すきなおばさん　「あみものだいすきアミアミおばさん」　山本省三作・画　教育画劇（コアラちゃんシリーズ）　1985年10月

アムンゼン
北極と南極の両方をたんけんしてせかいの人びとをおどろかせたノルウェーのたんけんか　「アムンゼン」　鈴鹿洋子作；津田光郎画　教育画劇（紙芝居・伝記シリーズ）　1995年6月

あめたろう
びょうきのおばあさんにのませるためにあまのがわのみずをもらおうとてんまでのぼっていったなきむしのおとこのこ「あめたろう」神沢利子作;金沢佑光画　童心社(美しい心シリーズ)　1995年7月

あめつぶ
からからにかわいたむぎばたけでおとうさんとおかあさんとおとこのこがあめをふらせてくださいといっているこえをきいてそらからしたにおりていってあげた男の子のあめつぶ「あめつぶさん」新井早苗脚本;高橋久子画　童心社(よいこの12か月)　1986年6月

アメーバー
どんなかたちにだってなれるおばけのおとこのこ「おばけのアメーバー」北山葉子作・画　教育画劇(かみしばいだいすき)　1993年7月

アメフラシ
紫色の雨をふらせてくろずみ小太郎の体をしびれさせた妖しい海の主の姫「くろずみ小太郎旅日記その3　妖鬼アメフラシ姫の巻」飯野和好作・絵　ポプラ社(ポプラ社のこどもも読める紙芝居)　2004年11月

アメンボくん
おなかからブシューとあめみたいにあまくてとってもいいにおいをだすアメンボくん「あまーいにおいのアメンボくん」中谷靖彦作・絵　教育画劇　2006年9月

あーや
ふゆごもりをするためにどんぐりやくさのみをあつめていてへびやたぬきにたべられそうになったあかねずみ「あかねずみのあーや」高家博成脚本;仲川道子絵　童心社(ともだちだいすき)　2008年10月

あや
たつのこたろうとなかよしのふえのじょうずなおんなの子「たつのこたろう」松谷みよ子原作;瀬川拓男脚色;久米宏一画　童心社(童心社紙芝居傑作選)　1984年12月

アーヤ
ネコにおいかけられてもぐらのモールのトンネルににげこんでいったアカネズミのおんなのこ「もぐらのトンネル」高家博成脚本;仲川道子絵　童心社(ともだちだいすき)　2004年7月

あやこ
ようちえんでやるたなばたさまのげきでおりひめさまのやくがしたかったのにかささぎのやくになってしまったおんなのこ「みんなでたなばた」岩崎京子作;山本まつ子画　童心社(たなばたシリーズ)　1975年7月

アヤ子　あやこ
一九四五年八月九日にナガサキの町におとされた原爆で家族がみんな死んでひとりになった八さいの女の子「二度と」松井エイコ脚本・絵　童心社(平和かみしばい)　2005年6月

あやちゃん
えんのなつまつりのひにゆたかくんといっしょにおばけやしきにはいったおんなのこ「あやちゃんのなつまつり」高橋道子脚本;高橋透画　童心社(よいこの12か月)　1981年7月

あやち

あやちゃん
こうさてんでおばあさんとこねこがじどうしゃにひきにげされるのをみたきょうだいのおんなのこ 「おやねここねこおばけねこ」 北川幸比古作；西村達馬画　教育画劇（おばけだぞ～）1988年4月

アライグマ（アライくん）
たんじょうびにだいこうぶつのザリガニをたべすぎておなかがいたくなったアライグマ 「アライくんのくいしんぼたんじょうび－たべすぎ」 田沢梨枝子作・画　教育画劇（保健衛生かみしばい けんこういちばんじょうぶな？）1996年10月

あらいぐま（くー）
おやつのまえにどろんこあそびをしたてをちゃんとあらったあらいぐま 「おやつのまえに」 高橋道子脚本；いそけんじ画　童心社（2・3歳児しつけかみしばい・みんなは、できるかな？）1993年5月

アライくん
あさごはんのときにじしんがおきてひなんしたどうぶつアパートのアライさんのうちの子ども 「けむりがモクモク－地震による火災発生」 田沢梨枝子作・画　教育画劇　1995年8月

アライくん
たんじょうびにだいこうぶつのザリガニをたべすぎておなかがいたくなったアライグマ 「アライくんのくいしんぼたんじょうび－たべすぎ」 田沢梨枝子作・画　教育画劇（保健衛生かみしばい けんこういちばんじょうぶな？）1996年10月

アライパパとアライママ
あさごはんのときにじしんがおきてひなんしたどうぶつアパートのアライさんのうちのパパとママ 「けむりがモクモク－地震による火災発生」 田沢梨枝子作・画　教育画劇　1995年8月

アラジン
アフリカからやって来たまほうつかいにだまされてほらあなに入りまほうのランプをとって来たわかもの 「アラジンとまほうのランプ」 こわせたまみ文；日向進画　NHKサービスセンター（外国むかしばなし）1977年1月

アラジン
まほうつかいにだまされてあなのなかにまほうのランプをとりにいったおとこのこ 「アラジンとまほうのランプ－原作アラビアン・ナイトより」 若山甲介脚本；中村景児画　童心社（世界の名作第3集）1999年5月

アラジン
むかし中国のある町にいたきかんぼな男の子でまほうつかいにだまされてあなのおくにおいてあるふるいランプをもってきた子 「アラジンとふしぎなランプ（前編）（後編）」 福島のり子文；中村まさあき画　教育画劇　1986年11月

あらまあおばさん（おばさん）
山のてっぺんにふった雨さんをおいかけてもぐらのあなにもぐって地下水といっしょにながれて行ったおばさん 「あらまあおばさんのかさ」 矢崎節夫文；葉祥明画　NHKサービスセンター（なぜなぜ童話）1977年1月

あり

あり
ありのうちのなかからでてしごとをはじめたはたらきあり 「ありのぼうけん」 堀尾青史作；宮下森画　童心社（小さな生物のせかい）　1978年5月

あり
じめんをほってうちを作るあり 「あり」 矢崎節夫文；尾崎真吾作・画　NHKサービスセンター（創作童話）　1977年1月

あり
たかい山の上にいた大へんいばりんぼうのありで海をみにいこうとして山をおりていったあり 「海をみたあり」 はやしたかし作；伊能洋画　教育画劇　1982年4月

あり
はたらきありたちがはこんでいたビスケットをよこどりしたおおきなあり 「ありのぼうけん」 堀尾青史作；宮下森画　童心社（小さな生物のせかい）　1978年5月

アリ
いっしょにさんぽにいったカエルにおよげないのをばかにされたのでともだちのひよこやネズミたちとちいさなふねをつくったアリ 「ちいさなちいさなふね」 ステーエフ原作；松谷さやか訳・脚本　童心社（ともだちだいすき）　2005年4月

アリ
水がなくなってくるしんでいたサカナさんをみんなで力をあわせて川まではこんでいったアリたち 「さかなのおんがえし」 ブンルート作・画　汐文社（アジアの紙芝居シリーズ ラオスの紙芝居）　1998年4月

あり（あごさん）
ありんこがっこうへこうつうあんぜんのおべんきょうにいったあり 「ありんこがっこう」 福田和作；石川雅也画　童心社（よいこの保健・安全シリーズ）　1984年9月

あり（アリサ）
どうぶつたちみんなとたんぽぽ村のはずれにあるのはらまでえんそくにいったあり 「みんなでえんそく」 教育出版国語編集部原案；関七美脚色；いもとようこ画　教育画劇（ちいさなちいさなおはなし）　1990年9月

あり（ありざえもん）
ひとりでたべてばかりいるくいしんぼうのありんこありをおこったあり 「ありんこありりはくいしんぼう」 今森光彦写真・作　教育画劇　2005年5月

あり（ありり）
あまいものがだいすきなくいしんぼうのありんこ 「ありんこありりはくいしんぼう」 今森光彦写真・作　教育画劇　2005年5月

アリ（クロちゃん）
なかよしのアリマキのマキちゃんをいつもまもってあげているアリ 「がんばれアリのクロちゃん」 矢野亮脚本；近藤周平画　童心社　1999年7月

あり（クン）
にわのはずれのくさむらになかまをさがしにでかけていろんなむしにあったあり 「くさむらのなかには」 得田之久脚本・画　童心社（よいこの12カ月）　1985年7月

あり

あり（タアぼう）
ありたちのなかでもういちにんまえのブンにいちゃんと二ひきなかよしだったまだこどものあり「かわをわたったあり」長谷川玲子脚本；田島敬之画　童心社　1981年10月

あり（チイちゃん）
ふるいおてらのひろばのまんなかに大きなチョコレートカステラがおちていたのをみつけておともだちをよんできたありのこども「チョコレートカステラだいじけん」かこさとし作；北田卓史絵　童心社（かこさとし紙芝居傑作選）　1975年3月

あり（ちっぷ）
なかまたちとちからをあわせてえもののあおむしをとろうとした大ありをやっつけたあり「ありのちっぷ」得田之久脚本・画　童心社（得田之久かみしばい　虫たちのふしぎなせかい）2001年6月；童心社　1972年7月

あり（ちょこさん）
ありんこがっこうへこうつうあんぜんのおべんきょうにいったあり「ありんこがっこう」福田和作；石川雅也画　童心社（よいこの保健・安全シリーズ）　1984年9月

あり（チル）
あっちゃんがもっていたふうせんをもたせてもらってそらにとんでいきそうになったあり「あっちゃんのふうせん」高木あきこ脚本；駒井啓子画　童心社（ひまわりシリーズ）　1983年4月

あり（てくさん）
ありんこがっこうへこうつうあんぜんのおべんきょうにいったあり「ありんこがっこう」福田和作；石川雅也画　童心社（よいこの保健・安全シリーズ）　1984年9月

あり（ブンにいちゃん）
ありたちのなかでまだこどものタアぼうと二ひきなかよしだったもういちにんまえのあり「かわをわたったあり」長谷川玲子脚本；田島敬之画　童心社　1981年10月

アリ（ミミ）
あるひじょおうアリにいわれてあかちゃんにのませるあまい水をさがしにでかけたはたらきアリ「あまいみずってどこにあるの？」得田之久脚本・絵　童心社（ともだちだいすき）　2003年6月

あり（山あり大王）　あり（やまありだいおう）
あしのはの上にのって川をながされていたのをたすけてくれたあめやのリーさんにおんがえしをした山ありの大王「ありのおんがえし」中村小坡文；小島貝画　教育画劇（幼児童話傑作選第1集）　1965年9月

あり（ロック）
ふゆごもりのためにえさをあつめていたときにきたかぜにふきとばされてまいごになってしまったくろおおありのこども「ありのふゆごもり」得田之久脚本・画　童心社（よいこの12か月）　1987年11月

アリオン
むかしギリシャのくにのあるおうさまのごてんにいたじんでおんがくかでもあったおとこ「うたのすきないるかたち-ギリシャ神話」鶴見正夫脚色；草間真之介キャラクター　教育画劇　1990年5月

アリサ
どうぶつたちみんなとたんぽぽ村のはずれにあるのはらまでえんそくにいったあり 「みんなでえんそく」 教育出版国語編集部原案;関七美脚色;いもとようこ画　教育画劇(ちいさなちいさなおはなし)　1990年9月

ありざえもん
ひとりでたべてばかりいるくいしんぼうのありんこありをおこったあり 「ありんこありはくいしんぼう」 今森光彦写真・作　教育画劇　2005年5月

ありさん
おおきなびすけっとがおちていたのをみつけてともだちをよびにいったあり 「ありさんわっしょい」 鶴見正夫作;久保雅勇画　童心社(こりすシリーズ)　1974年5月

ありさん
ビスケットやおせんべをいっぱいたべくいしんぼうのありさん 「くいしんぼうのありさん」 ケロポンズ作・画　教育画劇　2004年1月

アリさん
クッキーがたべたかったアリさん 「たべたいのなーに?」 穂高順也脚本;山本祐司絵　童心社(あかちゃんからの食育かみしばい　ぱくぱくもぐもぐ)　2008年9月

ありじ
ゆうじがおるすばんをしているとたたみの下からとびだしてきたでっかいへんな虫のありじごく 「ゆうじとありじ」 西内ミナミ作;なかのひろたか画　教育画劇(おはなしワクワク)　1989年10月

アリジゴク
まるいすなのくぼみのそこにいてアリをつかまえてたべているいきもの 「アリジゴクはすなのなか」 高家博成脚本;横内襄画　童心社(ゆたかなこころシリーズ)　1996年6月

アリス
へんなうさぎのあとをおいかけてあなの中にとびこんでふしぎのくにへいったおんなのこ 「ふしぎのくにのアリス」 キャロル原作;川崎大治脚本;油野誠一画　童心社　1987年7月

アリス
白いウサギのあとをおいかけて草むらのかげのあなへとびこんでふしぎのくにへ行った女の子 「ふしぎのくにのアリス」 伊藤海彦文;伊東美貴画　NHKソフトウェア(世界むかしばなし)　1996年1月;NHKサービスセンター(外国むかしばなし)　1977年1月

アリ・ババ
ペルシアのまちにすむふたりのきょうだいのきのいいおとうとで四十人のどろぼうがいわのなかにかくしたたからをみつけたわかもの 「ひらけ、ごま(前編)(後編)」 堀尾青史脚本;徳田徳志芸画　童心社　1982年2月

アリババ
むかしペルシャの町にいた兄弟の弟でとうぞくが岩穴にかくしたたからものを家へもってかえった男 「アリババと四十人のとうぞく-アラビアン・ナイト」 林たかし文;清水祐幸画　教育画劇(世界名作童話紙芝居全集第1集)　1983年5月

あrima

アリマキ
はたらきアリのミミたちにおしりからあまいみずをたくさんだしてくれたアリマキたち「あまいみずってどこにあるの？」得田之久脚本・絵　童心社（ともだちだいすき）2003年6月

アリマキ（マキちゃん）
せなかからでるあまいみつをアリのクロちゃんにあげてクロちゃんにてきからまもってもらっているアリマキ「がんばれアリのクロちゃん」矢野亮脚本；近藤周平画　童心社　1999年7月

ありり
あまいものがだいすきなくいしんぼうのありんこ「ありんこありりはくいしんぼう」今森光彦写真・作　教育画劇　2005年5月

アルビココ
ワニたちがカメのクレオパトラをひのついたなべのなかにとびこませてスープにしてたべようとわるだくみしているのがわかったサル「クレオパトラのそりすべり」アンドレ・オデール文；トミー・ウンゲラー絵；八木田宜子脚本　ほるぷ出版（ほるぷの紙芝居−世界のおはなしシリーズ）1989年6月

アルビナ
ピエリノがおじいさんにかってもらったひよこがたべてたべておおきくなったげんきなめんどり「げんきなアルビナ」アントネラ・ボリゲール＝サベリ作；八木田宜子脚本　ほるぷ出版（ほるぷの紙芝居−海外秀作シリーズ）1982年9月

アロア
ネルロとなかよしの女の子でむら一ばんのおかねもちのうちの子ども「フランダースのいぬ（前編）（後編）」ウィーダ原作；宗方あゆむ文；森やすじ；伊藤主計画　教育画劇（おはなしきかせて）1989年1月

あわぶくちゃん
たっちゃんのシャンプーのあわがどんどんおおきくなってできたかいじゅう「あわぶくちゃん」青木昭子脚本；駒井啓子画　童心社（げんきななかまシリーズ）1990年11月

あわんぶく
むかしあるところにいたきょうだいのいもうとでいまのかあさんのこどもなのでかあさんにかわいがられていたむすめ「こめんぶくあわんぶく」水谷章三脚本；渡辺有一画　童心社（ゆたかなこころシリーズ）1998年5月

アンコラ
あまいあんこがだいすきなアンコラやまのかいじゅう「アンパンマンとかいじゅうアンコラ」やなせたかし作・絵　フレーベル館

あんざいせんせい
かぜをひいたごろざえもんぎつねがむすめさんにばけてみてもらいにいったしんせつなおいしゃさん「ごろざえもんぎつね」川田百合子脚本；藤田勝治画　童心社　1982年11月

アン・シャーリー
おとうさんもおかあさんもびょうきでなくなってマシューさんというおじさんのいえにもらわれていったおんなの子「赤毛のアン　よろこびの白いこみち」日本アニメ企画絵　童心社（家庭版かみしばい　世界名作劇場）1989年11月

安寿　あんじゅ
つくしの国へ追放された父に会いに一家で旅立ったが人買い船に乗せられて母とはなればなれになってしまった姉弟の姉　「あんじゅとずしおう」松岡励子脚色；箕田源二郎画　NHKサービスセンター（NHK小学校国語紙芝居教材 日本の古典）　1979年1月

安寿　あんじゅ
遠い九州にいる父のところへいく旅のとちゅうで人買いの男にだまされて母とはなればなれになってしまったきょうだいの姉　「安寿とずし王（上）（下）」森鴎外原作；堀尾青史脚本；久米宏一画　童心社（紙しばい 日本児童文学名作選）　1967年9月

アンドロメダひめ
むかしある国にいた花のようにきれいだったおひめさま　「くさりにつながれたおひめさま－ギリシャ神話」　高木あきこ脚色；村田耕一作画　教育画劇　1990年5月

アンナ
おにいさんのポールにいじわるされたのをお月さまにみられていた女の子　「お月さまいくつ」アンデルセン原作；稲庭桂子脚本　童心社（いわさきちひろ画・紙芝居選）　1976年3月

アンナ
まほうつかいのまま母におにいさんのピーターとふたりいえをおいだされたおんなのこ　「まほうつかいとやさしいおんなのこ（前編）（後編）－グリム童話原作」堀尾青史脚本；箕田源二郎画　童心社　1990年1月

アンネ・フランク
ドイツからオランダにひっこしてドイツのひみつ警察ゲシュタポからのがれるためにかくれ家でくらすことになったユダヤ人の少女　「アンネフランクの希望」上地ちづ子脚本；小倉玲子絵　汐文社（平和紙芝居 私たちの声をきいて1）　1994年2月

アンパンマン
あまいあんこがだいすきなかいじゅうアンコラをやっつけるためにかおのなかにからいカレーをいれたアンパンマン　「アンパンマンとかいじゅうアンコラ」やなせたかし作・絵　フレーベル館

アンパンマン
あるひみつけたおおきなたまごからうまれてきたあかちゃんどりのぴいぴいくんにあいさつのことばをおしえてあげたアンパンマン　「アンパンマンとぴいぴいくん」やなせたかし作・絵　フレーベル館

アンパンマン
あるよるにそらからおりてきたたくさんのほしにもちあげられていったジャムおじさんのパンこうじょうをさがしてクロワッサンぼしへいったアンパンマン　「アンパンマンとみかづきまん」やなせたかし作・絵　フレーベル館（フレーベル館のかみしばい）

アンパンマン
アンパンマンそっくりのにせもののアンパンマンとしょうぶをしたアンパンマン　「アンパンマンとそっくりぱん」やなせたかし作・絵　フレーベル館

あんぱ

アンパンマン
アンパンマンそっくりのにせもののアンパンマンとしょうぶをしたアンパンマン「アンパンマンとそっくりぱん」やなせたかし作・絵　フレーベル館(ワイド版アンパンマンかみしばい)

アンパンマン
うさぎもりをふみつぶすロボットだだんだんをやっつけたアンパンマン「アンパンマンとだだんだん」やなせたかし作・絵　フレーベル館

アンパンマン
うさぎもりをふみつぶすロボットだだんだんをやっつけたアンパンマン「アンパンマンとだだんだん」やなせたかし作・絵　フレーベル館(アンパンマンのぼうけん)

アンパンマン
うさぎもりをふみつぶすロボットだだんだんをやっつけたアンパンマン「アンパンマンとだだんだん」やなせたかし作・絵　フレーベル館(ワイド版アンパンマンかみしばい)

アンパンマン
うみでないていたかいのこどもマイマイをたすけたアンパンマン「アンパンマンとまいごのマイマイ」やなせたかし作・絵　フレーベル館

アンパンマン
うみのあくまにさらわれたバタコさんとめいけんチーズをたすけにいったアンパンマン「アンパンマンとうみのあくま」やなせたかし作・絵　フレーベル館

アンパンマン
うみのあくまにさらわれたバタコさんとめいけんチーズをたすけにいったアンパンマン「アンパンマンとうみのあくま」やなせたかし作・絵　フレーベル館(家庭版幼児かみしばい)

アンパンマン
おおきくふくらんだとんぼやかえるがいるぽんぽんじまへいったアンパンマン「アンパンマンとぽんぽんじま」やなせたかし作・絵　フレーベル館

アンパンマン
おおきなみずうみからでてきたまっくろいかいじゅうにたべられてしまったアンパンマン「それいけ！アンパンマン」やなせたかし作・絵　フレーベル館

アンパンマン
おおきなみずうみからでてきたまっくろいかいじゅうにたべられてしまったアンパンマン「それいけ！アンパンマン」やなせたかし作・絵　フレーベル館(ワイド版アンパンマンかみしばい)

アンパンマン
おばけのもりへはいっていっていぬのチーズといっしょにおばけのつきにのみこまれてしまったアンパンマン「アンパンマンとおばけのもり」やなせたかし作・画　フレーベル館(紙芝居アンパンマン第2集)

アンパンマン
カバおくんとピョンきちくんがみちをわたるれんしゅうをするのをてつだったアンパンマン「クーペおじさんとセダンくん」やなせたかし原作　フレーベル館

アンパンマン
クリームパンダとちからをあわせてトンネルにとじこめられてしまったSLマンとこどもたちをたすけたアンパンマン「クリームパンダとSLマン」やなせたかし作・絵　フレーベル館

アンパンマン
クリームパンダとちからをあわせてトンネルにとじこめられてしまったSLマンとこどもたちをたすけたアンパンマン「クリームパンダとSLマン」やなせたかし作・絵　フレーベル館（ワイド版アンパンマンかみしばい）

アンパンマン
こぞうのジャンボにかおのはんぶんをたべさせてあげたアンパンマン「アンパンマンとごりらまん」やなせたかし作・絵　フレーベル館

アンパンマン
こどものまじょのマジカちゃんがのっていたまほうのそうじきにすいこまれてしまったアンパンマン「アンパンマンとマジカちゃん」やなせたかし作・画　フレーベル館

アンパンマン
ことりたちがすむぴいちくもりのおんがくかいのじゃまをするばいきんまんをやっつけたアンパンマン「アンパンマンとぴいちくもり」やなせたかし作・絵　フレーベル館

アンパンマン
ことりたちがすむぴいちくもりのおんがくかいのじゃまをするばいきんまんをやっつけたアンパンマン「アンパンマンとぴいちくもり」やなせたかし作・絵　フレーベル館（アンパンマンのぼうけん）

アンパンマン
さんかくのかおのおむすびまんとともだちになったアンパンマン「アンパンマンとおむすびまん」やなせたかし作・絵　フレーベル館

アンパンマン
さんかくのかおのおむすびまんとともだちになったアンパンマン「アンパンマンとおむすびまん」やなせたかし作・絵　フレーベル館（ワイド版アンパンマンかみしばい）

アンパンマン
ジャイアントアンパンマンになってばいきんまんにかったアンパンマン「アンパンマンとばいきんまん」やなせたかし作・絵　フレーベル館

アンパンマン
ジャイアントアンパンマンになってばいきんまんにかったアンパンマン「アンパンマンとばいきんまん」やなせたかし作・絵　フレーベル館（ワイド版アンパンマンかみしばい）

アンパンマン
ジャイアントアンパンマンになってばいきんまんにかったアンパンマン「アンパンマンとばいきんまん」やなせたかし作・絵　フレーベル館（家庭版幼児かみしばい）

アンパンマン
ジャムおじさんやポットちゃんといっしょにえんそくにでかけたアンパンマン「アンパンマンとポットちゃん」やなせたかし作・絵　フレーベル館

あんぱ

アンパンマン
ジャングルのなかでこどものタータンといっしょにそこなしぬまにはまったこぞうのチビタをひきあげてやったアンパンマン 「アンパンマンとタータン」 やなせたかし作・絵 フレーベル館(アンパンマンのぼうけん)

アンパンマン
ジャングルのなかでこどものタータンといっしょにそこなしぬまにはまったこぞうのチビタをひきあげてやったアンパンマン 「アンパンマンとタータン」 やなせたかし作・絵 フレーベル館(かみしばいアンパンマン 第5集)

アンパンマン
しろいおばけのふくをきてそらをとんであかいおばけのふくをきたばいきんまんをやっつけたアンパンマン 「アンパンマンとおばけさわぎ」 やなせたかし作・画 フレーベル館(かみしばいアンパンマン)

アンパンマン
ちょうのカレンのもりではなのみつをぬすんでいたばいきんまんとたたかったアンパンマン 「アンパンマンとカレンのもり」 やなせたかし作・絵 フレーベル館

アンパンマン
ツンツンどりにつつかれてくうきがぬけてしまったごむまりこちゃんをたすけてあげたアンパンマン 「ばいきんまんとツンツンどり」 やなせたかし作・画 フレーベル館

アンパンマン
とおくのやまのたにそこでないていたぞうのおやこをしょくぱんまんといっしょにたすけにいったアンパンマン 「アンパンマンとしょくぱんまん」 やなせたかし作・絵 フレーベル館

アンパンマン
とおくのやまのたにそこでないていたぞうのおやこをしょくぱんまんといっしょにたすけにいったアンパンマン 「アンパンマンとしょくぱんまん」 やなせたかし作・絵 フレーベル館(ワイド版アンパンマンかみしばい)

アンパンマン
とおくのやまのたにそこでないていたぞうのおやこをしょくぱんまんといっしょにたすけにいったアンパンマン 「アンパンマンとしょくぱんまん」 やなせたかし作・絵 フレーベル館(家庭版幼児かみしばい)

アンパンマン
ドキンちゃんののびちぢみやりでつかれてちいさくなったバタコさんとめいけんチーズをたすけたアンパンマン 「アンパンマンとドキンちゃん」 やなせたかし作・絵 フレーベル館

アンパンマン
ドキンちゃんののびちぢみやりでつかれてちいさくなったバタコさんとめいけんチーズをたすけたアンパンマン 「アンパンマンとドキンちゃん」 やなせたかし作・絵 フレーベル館(ワイド版アンパンマンかみしばい)

アンパンマン
なかよしのカレーパンマンとたすけあっておなかのすいたひとたちをたすけているアンパンマン 「アンパンマンとカレーパンマン」 やなせたかし作・画 フレーベル館(紙芝居アンパンマン第1集)

あんぱ

アンパンマン
なかよしのカレーパンマンとたすけあっておなかのすいたひとたちをたすけているアンパンマン 「アンパンマンとカレーパンマン」 やなせたかし作・絵 フレーベル館(ワイド版アンパンマンかみしばい)

アンパンマン
なかよしのカレーパンマンとたすけあっておなかのすいたひとたちをたすけているアンパンマン 「アンパンマンとカレーパンマン」 やなせたかし作・絵 フレーベル館(家庭版幼児かみしばい)

アンパンマン
なぞなぞのくにへいってなぞをといたアンパンマン 「なぞなぞのくにのアンパンマン」 やなせたかし作・絵 フレーベル館

アンパンマン
なぞなぞのくにへいってなぞをといたアンパンマン 「なぞなぞのくにのアンパンマン」 やなせたかし作・絵 フレーベル館(家庭版幼児かみしばい)

アンパンマン
なんでもかんでもかびだらけにするかびるんるんをやっつけてもらうためおひさまのところまでいったアンパンマン 「アンパンマンとかびるんるん」 やなせたかし作・絵 フレーベル館

アンパンマン
なんでもかんでもかびだらけにするかびるんるんをやっつけてもらうためおひさまのところまでいったアンパンマン 「アンパンマンとかびるんるん」 やなせたかし作・絵 フレーベル館(ワイド版アンパンマンかみしばい)

アンパンマン
なんでもかんでもかびだらけにするかびるんるんをやっつけてもらうためおひさまのところまでいったアンパンマン 「アンパンマンとかびるんるん」 やなせたかし作・絵 フレーベル館(家庭版幼児かみしばい)

アンパンマン
ばいきんまんがパンをやいてつくったニセパンマンとたたかったアンパンマン 「アンパンマンとちくりん」 やなせたかし作・絵 フレーベル館

アンパンマン
ばいきんまんとアカキンマンとアオキンマンの3にんのパンチをうけてたにぞこへおちていったアンパンマン 「アンパンマンとぱしぱしぱしーん」 やなせたかし作・画 フレーベル館

アンパンマン
ばいきんまんとアカキンマンとアオキンマンの3にんのパンチをうけてたにぞこへおちていったアンパンマン 「アンパンマンとぱしぱしぱしーん」 やなせたかし作・絵 フレーベル館(ワイド版アンパンマンかみしばい)

アンパンマン
ばいきんまんにさらわれたりょうりの名人ショウガナイさんをたすけたアンパンマン 「アンパンマンとショウガナイさん」 やなせたかし作・絵 フレーベル館

あんぱ

アンパンマン
ばいきんまんにだまされてばいきんじょうにつれていかれたちびぞうくんをたすけたアンパンマン 「アンパンマンとちびぞうくん」 やなせたかし作・絵 フレーベル館

アンパンマン
ばいきんまんののったちていせんしゃもぐりんのするどいきりでしたからつきささされてたおれたアンパンマン 「アンパンマンともぐりん」 やなせたかし作・絵 フレーベル館

アンパンマン
はみがきまんをてつだってあたらしいはぶらしをみんなにとどけたアンパンマン 「アンパンマンとはみがきまん」 やなせたかし作・絵 フレーベル館

アンパンマン
ふしぎなしまで300ねんもまえにこのちきゅうからいなくなってしまったとりドドをみつけたアンパンマン 「アンパンマンとドドのしま」 やなせたかし作・絵 フレーベル館

アンパンマン
ほうたいでからだをぐるぐるまきにしたかいぶつみえないまんとたたかったアンパンマン 「アンパンマンとみえないまん」 やなせたかし作・絵 フレーベル館（ワイド版アンパンマンかみしばい）

アンパンマン
まいごになったうちゅうじんのこどものぴいちゃんをそらとぶえんばんまでおくってあげたアンパンマン 「アンパンマンとまいごのうちゅうじん」 やなせたかし作・絵 フレーベル館

アンパンマン
まじょのまほうのほうきでまじょのくにまではきとばされてちいさくされたアンパンマン 「アンパンマンまじょのくにへ」 やなせたかし作・絵 フレーベル館

アンパンマン
まじょのまほうのほうきでまじょのくにまではきとばされてちいさくされたアンパンマン 「アンパンマンまじょのくにへ」 やなせたかし作・絵 フレーベル館（ワイド版アンパンマンかみしばい）

アンパンマン
まじょのまほうのほうきでまじょのくにまではきとばされてちいさくされたアンパンマン 「アンパンマンまじょのくにへ」 やなせたかし作・絵 フレーベル館（家庭版幼児かみしばい）

アンパンマン
みずうみにおちたSLマンとらんぼうやをたすけたアンパンマン 「アンパンマンとらんぼうや」 やなせたかし作・絵 フレーベル館

アンパンマン
みみせんせいとこどもたちといっしょにえんそくにいったアンパンマン 「トイレへいこう！」 やなせたかし作・絵 フレーベル館

アンパンマン
みみせんせいとこどもたちといっしょにやまにえんそくにでかけたアンパンマン 「ピーマンとニンジンさん」 やなせたかし作・絵 フレーベル館

あんり

アンパンマン
めいけんチーズをのせてそらをとんでいたときにみつけたつみきのとうをくぐってつみきのくにへいったアンパンマン 「アンパンマンとつみきのしろ」 やなせたかし作・画 フレーベル館

アンパンマン
めいけんチーズをのせてそらをとんでいたときにみつけたつみきのとうをくぐってつみきのくにへいったアンパンマン 「アンパンマンとつみきのしろ」 やなせたかし作・絵 フレーベル館(ワイド版アンパンマンかみしばい)

アンパンマン
めいけんチーズをのせてそらをとんでいたときにみつけたつみきのとうをくぐってつみきのくにへいったアンパンマン 「アンパンマンとつみきのしろ」 やなせたかし作・絵 フレーベル館(家庭版幼児かみしばい)

アンパンマン
メロンパンナがつくったかだんをめちゃくちゃにしたばいきんまんをやっつけたアンパンマン 「メロンパンナとひみつのはなぞの」 やなせたかし作・絵 フレーベル館(ワイド版アンパンマンかみしばい)

アンパンマン
もりのなかでみちにまよっていたこどもにじぶんのかおをたべさせてたすけてあげたアンパンマン 「アンパンマンとこども」 やなせたかし作・絵 フレーベル館

アンパンマン
らくがきこぞうのあかいふでをとりあげたアンパンマン 「アンパンマンとらくがきこぞう」 やなせたかし作・絵 フレーベル館

アンパンマン
らくがきこぞうのあかいふでをとりあげたアンパンマン 「アンパンマンとらくがきこぞう」 やなせたかし作・絵 フレーベル館(ワイド版アンパンマンかみしばい)

アンパンマン
らくがきこぞうのあかいふでをとりあげたアンパンマン 「アンパンマンとらくがきこぞう」 やなせたかし作・絵 フレーベル館(家庭版幼児かみしばい)

アンパンマン
ロールパンナのあやつるリボンにまきつかれてしまったアンパンマン 「アンパンマンとロールパンナ」 やなせたかし作・絵 フレーベル館

アンリ
ともだちみんなをパーティにしょうたいしたおばけ 「おばけパーティ」 ジャック・デュケノワ作；八木田宜子脚本 ほるぷ出版(世界のおはなしシリーズ) 1998年9月

【い】

いいこ

イイコト・アール
かぜにのってたびをしているまほうつかい 「まほうつかいのイイコト・アール」 やすいすえこ作;岡村好文画 教育画劇 2004年5月

イエスさま
いまから二せんねんむかしのことベツレヘムのうまごやでこころのきよいむすめマリヤからうまれたすくいぬしのおとこのこ 「メリークリスマスってなんのこと」 池上摩里子脚本;若山憲画 童心社(童心社の紙芝居 クリスマスものがたり) 1988年11月

イエンせんせい
むかしちゅうごくにいたおいしゃさんである日山おくであったきょうだいの母おやをみてやったせんせい 「トラのおんがえし」 渡辺享子脚本・絵 童心社(ともだちだいすき) 2001年12月;童心社(たのしい世界のおはなし) 2001年12月

イカタコン
うみのなかにいたへんなかいじゅう 「トドラ・トットコだいかつやく」 半沢一枝脚本;仲川道子画 童心社 1984年9月

イクレシエ
たかいいわ山にすみ村の人たちをくるしめていた巨大でおそろしいとりフーリーをたおしたいとおもっていたしゅうちょうのむすこ 「ふしぎないしのおの」 安藤美紀夫原作;渡辺泰子脚本;伊藤和子絵 童心社(紙芝居セレクションむかしむかし) 2003年5月

イザク
クリスマスの日にイエスさまへのおくりもののまきをもってまちのきょうかいへいったふたりのきょうだいのおとうと 「クリスマスのかねのおと」 R.M.オールデン原作;宗方あゆむ脚色;藤田ひおこ画 教育画劇(四季の行事シリーズ) 1992年11月

いさむ
えんのみんなでやまのぼりにいったときにたけしくんとふたりでやまのおくにはいっていってこわいめにあったおとこのこ 「みんなでやまのぼり」 園田とき脚本;山内恵美子画 童心社(よいこの十二か月) 1977年10月

いさむちゃん
かよちゃんといっしょにゆきだるまをつくってゆきだるまにハーモニカをかしてあげたおとこのこ 「ゆきだるまとおほしさま」 小川未明原作;岡上鈴江文;中村景児画 教育画劇(おはなしバラエティ) 1985年1月

石こ太郎　いしこたろう
力だめしの旅に出た力太郎の家来になった手のひらで石をわる大男 「ちからたろう」 伊藤海彦脚色;福田庄助画 NHKサービスセンター(NHK小学校国語紙芝居教材 日本の民話Ⅰ) 1979年1月

いしづかさん
めのみえないおかあさん 「もうどうけんベルタ」 こわせたまみ文;藤本四郎画 教育画劇 2002年12月

石っこたろう　いしっこたろう
ちからくらべのたびにでたちからたろうがでおうたてのひらで石をたたきわるおとこ 「ちからたろう」 川崎大治脚本;滝平二郎画 童心社(童心社のベスト紙芝居第1集) 1969年1月

いしなげや
クモのアナンシの6ぴきのむすこの五ばんめでどんなとおくからいしをなげたってみごともくひょうにめいちゅうするむすこ 「アナンシと6ぴきのむすこ-アフリカの民話」 ジェラルド・マクダーモット作；八木田宜子脚本　ほるぷ出版（ほるぷの紙芝居-世界昔ばなしシリーズ）1983年4月

石のライオン（ライオン）　いしのらいおん（らいおん）
二人のきょうだいのびんぼうだがしょうじきなおとうとがねがいをかけると口から金をはき出した石のライオン 「石のライオン」 奈街三郎文；前田松男画　教育画劇（名作の花束みつばちシリーズ）1976年11月

いずみおばあちゃん
ひとりぐらしをしてまいにちいえでカラオケをしている「ぼく」のおばあちゃん 「いずみおばあちゃん-小学生の道徳1年」 高科正信作；山口みねやす画　教育画劇　1996年4月

いずみちゃん
ちゅうごくからきたてんこうせいのエンボくんといっしょにあそぼうとおもったおんなの子 「また、あおうね」 宮﨑二美枝脚本；高橋透絵　童心社（バリアフリーの紙しばい）2001年3月

いそおんな
ひがしずんだはまにふねをおりてあがったさむらいのまえにあらわれてあかちゃんをだいていてくれるようにたのんだうつくしいおんな 「いそおんながでる海」 北川幸比古脚本；宮本順子画　童心社（日本の妖怪ぞろ～り）1994年9月

いたずらにんじゃ（にんじゃ）
村のうら山にすんでいてときどき山からおりてきてはやさいやおこめをもっていくいたずらにんじゃ 「いたずらにんじゃをつかまえろ」 しばはらち作・画　教育画劇　1997年11月

いたずら妖精　いたずらようせい
クリスマスのころにメアリーをおどかしにいったいたずら妖精 「なぜ、クリスマスツリーをかざるの？」 岩倉千春脚本；アリマジュンコ絵　童心社（なぜ？どうして？たのしい行事）2001年9月

いたち
おなかがぺこぺこでねずみとふたりではたけを作ることになったお人よしのいたち 「ねずみのまえばはなぜ2ほん」 伊藤海彦文；西岡たかし画　NHKサービスセンター（日本むかしばなし）1977年1月

いたち（イタチビッチ）
ねこのきかんしゃにとびのった三にんのわるもののいたち 「ねこのきかんしゃしゅっぱつしんこう」 田沢梨枝子作・画　教育画劇　1989年10月

いたちどん
はるのある日くさはらであったねずみどんといっしょにあわのたねまきをしてあきにはあわもちをたべようといったいたち 「はたらきもののいたちどん」 桜井信夫脚本；宮下森画　童心社（たのしい季節の行事 のびのび・秋のまき）1989年6月

イタチビッチ
ねこのきかんしゃにとびのった三にんのわるもののいたち 「ねこのきかんしゃしゅっぱつしんこう」 田沢梨枝子作・画　教育画劇　1989年10月

いちこ

いちごさん
おしろにすんでいるさくらんぼうやのたったひとりのみかたのじょちゅう「チポリーノのぼうけん（前編）（後編）」ジャンニ・ロダーリ原作；木村次郎脚本；岡本武紫画　童心社　1970年2月

一ねん　いちねん
やまのうえのおてらにいた三にんのこぞうさんのひとり「くいしんぼうのおしょうさん」鬼塚りつ子脚色；藤本四郎絵　教育画劇（日本のユーモア民話）1993年8月

一之介　いちのすけ
木の葉の剣をつかう正太郎にいじわるをするはたもとのむすこ「がんばれ木の葉の剣」岡田ゆたか脚本・画　童心社（ゆたかなこころシリーズ）1992年11月

いちろう
やまねこからめんどうなさいばんをたのまれたおとこのこ「どんぐりとやまねこ」宮沢賢治原作；堀尾青史脚本；渡辺有一画　童心社（宮沢賢治かみしばいの森）1996年5月

一郎　いちろう
やまいでねたきりのおかあさまのために山なしをとりにいった三人のきょうだいの一ばん上の兄さ「なしとりきょうだい－日本民話より」東川洋子脚色；池田げんえい画　教育画劇（日本のおばけ）1992年8月

一ろうくん　いちろうくん
タケちゃんがかんがえたてっきょうの下にぶらさがるあぶないあそびにはんたいしたおとこの子「てっきょうとこいぬ」柴野民三作；西村達馬画　教育画劇（名作の花束みつばちシリーズ）1976年10月

一ろうくん　いちろうくん
まい日ようちえんへいっしょにいくケンジくんとせいくらべをしてみたおとこのこ「つよくなれなれ」柴野民三作；西村達馬画　教育画劇（ちょうちょシリーズ）1976年4月

一郎次　いちろうじ
都へ行くとちゅうの道が三つにわかれていたところでそれぞれの道をあるきだしたなかよし三人きょうだいの一人「三人きょうだい」菊池寛作；矢崎節夫脚色；大野隆司画　教育画劇（おさむらいさんのはなし紙芝居）2003年9月

一ろうちゃん　いちろうちゃん
おまわりさんのいうことをよくきいてこうさてんでこうつうきそくをまもったおとこのこ「おじさんあぶないよ」古寺伸竹作；小島直画　教育画劇（よいこの交通安全）1991年11月

いっきゅうさん
あんこくじのこぞうさんでおとなのひとがちえくらべをしてもかったひとがひとりもいない子ども「いっきゅうさん」福島のり子脚色；鈴木信一作・画　教育画劇　1989年3月

いっきゅうさん
きょうとのあんこくじというおてらにいたとてもかしこいこぞうさん「いっきゅうさん」福島のり子文；森やすじ画　教育画劇　1992年7月

一休さん　いっきゅうさん
あんこくじというおてらにいたとんちがとくいなこぞうさん　「一休さんのとらたいじ」　坂巻貞彦作・画　教育画劇（日本昔話アニメかみしばい）　1987年9月

いっすんぼうし
ある村にいた子どもの大すきなふうふにうまれた小ゆびほどの小さな小さなくいしんぼうの男の子　「くいしんぼうのいっすんぼうし」　本田カヨ子作；藤本四郎画　教育画劇（紙芝居へんてこ日本むかしばなし）　1995年5月

いっすんぼうし
おじいさんとおばあさんがかみさまからさずかったゆびほどの大きさの子である日おわんのふねにのってみやこへ行った子ども　「いっすんぼうし」　坪田譲治脚本；安泰画　童心社（新篇日本五大ばなし）　1987年7月

いっすんぼうし
こどもがほしいおじいさんとおばあさんがかみさまにおねがいしてうまれたゆびにもたりないこであるひのことおわんのふねにのってみやこへいったおとこのこ　「いっすんぼうし」　坪田譲治作；鈴木寿雄画　童心社（家庭版かみしばい）　1987年2月

いっすんぼうし
こどものいないおじいさんとおばあさんがかみさまからさずかった手のひらにのるほど小さなこどもである日おわんのふねにのってみやこへいったおとこのこ　「いっすんぼうし」　浜田留美文；池田仙三郎画　教育画劇（紙芝居むかしばなし第2集）　1986年4月

子すんぼうし
子どもがないふうふがてんじんさまにおねがいして生まれた指先ほどの小さな子でおわんの船にのってみやこへむかった男の子　「いっすんぼうし」　松岡励子文；水沢研画　NHKサービスセンター（日本むかしばなし）　1977年1月

いったんもめん
つきのあかるいよるのみちでたびびとのくびにからみついたしろいぬののようかい　「いったんもめん」　古山広子脚本；石倉欣二画　童心社（日本の妖怪ぞろ〜り）　1994年9月

いっちゃん
あっちゃんのおともだちのえんじ　「あっちゃんあーんあーん」　西内ミナミ作；相沢るつ子画　教育画劇（コアラちゃんシリーズ）　1985年6月

いっちゃん
まちにもりのように木がたくさんあったころやさしい木のおばけザワザワといっしょにあそんだおとこのこ　「木のおばけザワザワ」　秋元美奈子脚本；鈴木博子画　童心社（たのしい季節の行事　ぽかぽか・春のまき）　1990年1月

いっぺい
そつえんしきのひにじぶんのつかったおどうぐばこをねんしょうぐみのまちこちゃんにプレゼントしたおとこのこ　「そつえんしきのプレゼント」　伊藤たまき脚本；夏目尚吾画　童心社（たのしい季節の行事　ぽかぽか・春のまき）　1990年1月

いとう

伊東 マンショ　いとう・まんしょ
戦国時代九州の豊後の国から千々石ミゲルらとともに少年使節としてローマへ派遣された
キリスト教徒「ヨーロッパへ行った少年たち」本多公栄作;伊藤展安絵　汐文社(紙芝居
日本の歴史15)　1987年12月

いどほりちょうべえ
じさまとばさまにたのまれておっそろしくでっかいだいこんをほっていてあなにおちてじごく
までいったおとこ「いどほりちょうべえ」須藤出穂脚色;むかいながまさ画　教育画劇
1984年1月

いぬ
あっちゃんがころんでないているところにかけてきたいぬ「あっちゃんあーんあーん」西
内ミナミ作;相沢るつ子画　教育画劇(コアラちゃんシリーズ)　1985年6月

いぬ
あめがふっておへやでボールがみをあわせてすきなものを作ったえんのどうぶつたちの子
いぬさん「にじのいろってどんないろ？」古寺伸竹作;奥田怜子画　教育画劇(ちいさな
ちいさなおはなし)　1979年7月

いぬ
あるなつの日のことうさぎとさると三びきでうみにいっておよいだいぬ「うみがぶったりくす
ぐったり」武井直紀作;山口みねやす画　教育画劇　1989年8月

いぬ
いいものみつけておすもうのまわしだとおもったいぬ「いいものみつけた」中原収一作・
画　教育画劇　1996年1月

いぬ
おとこのこになまえをつけてもらっていっしょにあそんだかわいいこいぬ「わんわんちゃん」
堀尾青史作;久保雅勇画　童心社(こぐまシリーズ)　1973年5月

いぬ
ごしゅじんがかみさまからもらった宝のたまをよくふかおじがよこどりよこどりしたのでねこと
いっしょにとりかえしにいったいぬ「いぬとねこ-沖縄民話」平沼七美文;池田仙三郎画
教育画劇(夢のふくらむシリーズ3集)　1973年6月

いぬ
じょうずにたっちしたいぬ「じょうずじょうず」なとりちづ脚本;おおともやすお絵　童心社
2006年9月

いぬ
ほっぺにごはんつぶをつけたつっくんについてきたいぬ「おべんとつけてどこいくの」神
沢利子脚本;垂石眞子絵　童心社　2005年11月

いぬ
むかしなかまとすんでいたもりをでてだれかとともだちになろうとしたいぬ「おじいさんとい
ぬ」藤田勝治脚本・絵　童心社(ともだちだいすき)　2007年3月

いぬ

いぬ
むかしむかしのことおじいさんとねこと大へんなかよくくらしていたいぬ「まほうのたま」小松正幸文;西村達馬画　教育画劇(まほうのくにへようこそ)　1991年5月

いぬ
ゆうやくんとおにいちゃんがやまであってなかよしになったいぬ「あたらしいともだち」古山広子脚本;鈴木幸枝絵　童心社(ともだちだいすき)　2004年11月

いぬ
ろばとねことおんどりと四ひきでブレーメンのまちへいっておんがくたいにいれてもらおうとしたいぬ「ブレーメンのおんがくたい-グリム童話より」福島のり子脚色;関修一作・画　教育画劇(家庭版名作アニメかみしばい)　1995年2月

いぬ
ろばとねことにわとりといっしょにブレーメンのまちへいっておんがくたいをやろうとしたいぬ「ブレーメンのおんがくたい」グリム原作;川崎大治脚本;宮本忠夫画　童心社(世界の名作・第2集)　1992年5月

いぬ
ろばとねことにわとりといっしょにブレーメンのまちへいっておんがくたいをやろうとしたいぬ「ブレーメンのおんがくたい」川崎大治脚本;宮本忠夫画　童心社(世界の名作第2集)　1992年5月

いぬ
ろばとねことにわとりとみんなでブレーメンのまちへいっておんがくたいをやろうとしたいぬ「ブレーメンのおんがくたい」川崎大治脚本;井口文秀画　童心社(家庭版かみしばい)　1992年1月

イヌ
むかしほっかいどうのかわのほとりのコタンにすんでいたおじいさんにかわいがられていたイヌ「ぬすまれたおまもり」渡辺享子脚本・絵　童心社(ともだちだいすき)　2005年1月

イヌ
ロバとネコとオンドリといっしょにブレーメンの町へ行って音楽隊に入ろうとしたイヌ「ブレーメンの音楽隊」若林一郎文;岡村好文画　NHKソフトウェア(世界むかしばなし)　1996年1月

犬　いぬ
六ぴきの子犬をうんで四ひきにはなまえをつけたのにあと二ひきになまえをつけるのをわすれていたおかあさん犬「ななしの子いぬ」柴野民三作;石川雅也画　教育画劇(おたんじょう日のかみしばい)　1975年3月

犬(赤ハナのジジ)　いぬ(あかはなのじじ)
むかしはけいさつ犬としてかつやくしていたのに今では年老いてジジイといわれている犬「星へとんだ赤ハナのジジ」松岡励子原作・脚色;深沢省三画　NHKサービスセンター(NHK創作童話集)　1979年1月

いぬ

いぬ(イノ)
アメリカのテネシーしゅうのおおきなもりにじっさまといっしょにくらしていた三びきのいぬの一ぴき 「しりっぽおばけ」 ジョアンナ・ガルドン再話;ポール・ガルドン絵;林克美脚本 ほるぷ出版(世界のおはなしシリーズ) 1998年9月

いぬ(ウノ)
アメリカのテネシーしゅうのおおきなもりにじっさまといっしょにくらしていた三びきのいぬの一ぴき 「しりっぽおばけ」 ジョアンナ・ガルドン再話;ポール・ガルドン絵;林克美脚本 ほるぷ出版(世界のおはなしシリーズ) 1998年9月

犬(エッチ) いぬ(えっち)
らんぼうでちょっといじわるな男の子ゴロちゃんのうちにすんでいる小犬 「いじワンるものがたり」 筒井敬介作;野々口重画 教育画劇 1975年3月

いぬ(カービ)
ビタリスおじいさんがつれていた三びきのいぬの一ぴき 「家なき子(前編)(中編)(後編)」 エクトル・マロ原作;高木あきこ文;ながよしかよ画 教育画劇 1988年1月

いぬ(クロ)
びょうきでかわいいいぬをなくしたタロウのいえにもらわれてきたあたらしいくろいいぬ 「くろいいぬ」 石川光男作;野々口重画 教育画劇 1975年9月

犬(クロ) いぬ(くろ)
ごしゅじんのおおたさんに「まぬけ」っていわれてほめてもらったとのら犬のブチにむねをはった犬 「まぬけな犬クロ」 古田足日原作;今関信子脚本;岡本順画 童心社 1997年9月

いぬ(クロスケ)
えっちゃんといっしょにスキップしたこいぬ 「スキップスキップ」 あまんきみこ脚本;梅田俊作絵 童心社 2007年11月

いぬ(くろわん)
うんどうかいのかけっこにでたくろいいぬ 「くろわんしろわん よーいどん」 伊東美貴作・画 教育画劇(年少版はじめての行事かみしばい) 2003年1月

いぬ(くろわん)
ごはんをたべたあとではみがきをしたくろいいぬ 「くろわんしろわん はみがきシュッシュッ」 伊東美貴作・画 教育画劇(年少版はじめての行事かみしばい) 2003年1月

いぬ(クンクン)
かたつむりさんやライオンさんやゾウさんのまねをしたいぬ 「まねっこクンクン」 塩田守男作・画 教育画劇(おおきくなあれ) 1992年1月

いぬ(コロ)
こねこのミーミととってもなかよしのこいぬ 「ミーミとコロ なかよしなんだもん」 内山晟写真;山本和子文 教育画劇 2002年9月

いぬ(コロ)
どうろにとびだしてひっこしようのトラックにはねとばされてしまった子いぬ 「コロとボール」 香山美子作;西村達馬画 教育画劇(交通安全紙芝居) 1990年3月

いぬ(ころちゃん)
ながいすのまえでおひるねをしていると「ニャオー」ってないておひるねをじゃましたのはだれだかさがしにいったこいぬ「ニャオーといったのはだれでしょう」ステーエフ原作；与田準一脚本；水沢研画　童心社(美しい心シリーズ)　1991年1月

いぬ(コンビチコ・キャリコ)
アメリカのテネシーしゅうのおおきなもりにじっさまといっしょにくらしていた三びきのいぬの一ぴき「しりっぽおばけ」ジョアンナ・ガルドン再話；ポール・ガルドン絵；林克美脚本　ほるぷ出版(世界のおはなしシリーズ)　1998年9月

いぬ(サム)
おおきくなったのでおかあさんいぬとトムとチムといっしょにさんぽにいったこいぬ「おおきくなったこいぬ-こいぬのはなし2」松野正子脚本；横内襄画　童心社(年少版かみしばい・ちいさいおともだち)　1987年5月

いぬ(サム)
トムとチムといっしょにうまれてきたしろいこいぬ「こいぬがうまれた-こいぬのはなし1」松野正子脚本；横内襄画　童心社(年少版かみしばい・ちいさいおともだち)　1987年5月

犬(サム)　いぬ(さむ)
トキオと130ねんまえのさむらいのいるむかしにもどっていった犬「130ねんまえのかねのおと」教育画劇編集部；多田ヒロシ画　教育画劇(おはなしワクワク)　1984年3月

いぬ(ジョン)
けんちゃんたちがはらっぱでやきゅうをしていたらじしんがおきてたおれたブロック塀の下になったいぬ「たすかったジョン」田口俊雄作；水沢研画　教育画劇(よいこの地震紙芝居ぐらぐら)　1981年4月

いぬ(シロ)
ある夜サーカスのトラックからおちてしげるちゃんの家のまえにいた白いいぬ「こいぬのシロちゃん」西山敏夫作；加藤てい象画　教育画劇(心をはぐくむシリーズ)　1972年1月

犬(ジロ)　いぬ(じろ)
日本からなんきょくのことをしらべるためにきた人たちとふねでいっしょにきてなんきょくにおいてきぼりにされたきょうだいの犬「なんきょくのタロとジロ」高木あきこ文；田中秀幸画　教育画劇(心あたたまるほんとうにあったどうぶつの話)　1987年1月

いぬ(しろわん)
うんどうかいのかけっこにでたしろいいぬ「くろわんしろわん　よーいどん」伊東美貴作・画　教育画劇(年少版はじめての行事かみしばい)　2003年1月

いぬ(しろわん)
ごはんをたべたあとではみがきをしたしろいいぬ「くろわんしろわん　はみがきシュッシュッ」伊東美貴作・画　教育画劇(年少版はじめての行事かみしばい)　2003年1月

いぬ(ズルタン)
あるおひゃくしょうのいえにかわれていたがとしをとってやくたたずになったのでころされることになったいぬ「としよりいぬのズルタン」小林純一脚本；箕田源二郎画　童心社(グリム童話傑作選)　1982年4月

いぬ

いぬ(タマ)
にいがたけんのゆきふかいやまでなだれにあったりょうしのかりたさんをたすけだしたりょうけん 「なだれとたたかったいぬ」 滝沢惣衛脚本；伊藤展安画 童心社 1984年12月

犬(タロ)　いぬ(たろ)
日本からなんきょくのことをしらべるためにきた人たちとふねでいっしょにきてなんきょくにおいてきぼりにされたきょうだいの犬 「なんきょくのタロとジロ」 高木あきこ文；田中秀幸画 教育画劇(心あたたまるほんとうにあったどうぶつの話) 1987年1月

いぬ(タローくん)
どうぶつむらのみんなでそだてたさつまいもでうさぎのミミちゃんとねこのチャトラくんとスイートポテトをつくったいぬ 「わくわくスイートポテト」 高科正信作；黒岩章人画 教育画劇 1993年11月

いぬ(タンク)
あかねちゃんがちいさいころからいつもそばにいてくれたいぬ 「ずっといっしょだよ」 宮崎二美枝脚本；鈴木幸枝絵 童心社(ともだちだいすき) 2002年1月

いぬ(チーズ)
たぬきをおいかけておばけのもりへはいっていってまいごになったいぬ 「アンパンマンとおばけのもり」 やなせたかし作・画 フレーベル館(紙芝居アンパンマン第2集)

いぬ(ちびちゃん)
なんでもよくできるおりこうなこいぬ 「ちびちゃん」 高橋五山作・はり絵案；瀬名恵子はり絵 童心社(童心社紙芝居傑作選) 1976年7月

いぬ(チビちゃん)
みんなとかくれんぼしていたこいぬ 「もういいかい」 川島美子作；遠竹弘幸画 童心社(うさちゃんシリーズ) 1979年9月

いぬ(チム)
おおきくなったのでおかあさんいぬとトムとサムといっしょにさんぽにいったこいぬ 「おおきくなったこいぬ-こいぬのはなし2」 松野正子脚本；横内襄画 童心社(年少版かみしばい・ちいさいおともだち) 1987年5月

いぬ(チム)
トムとサムといっしょにうまれてきたしろとくろのぶちのこいぬ 「こいぬがうまれた-こいぬのはなし1」 松野正子脚本；横内襄画 童心社(年少版かみしばい・ちいさいおともだち) 1987年5月

いぬ(チロ)
あおいとりをさがしにいったチルチルとミチルきょうだいのたびのなかまのいぬ 「あおいとり(前編)(後編)」 メーテルリンク作；泉さち子文；高橋透画 教育画劇(おはなしチルチル) 1986年1月

いぬ(チロ)
まるぽちゃさんというおくさんにかわれているいぬ 「みんなのたんじょうび」 村山桂子脚本；長野ヒデ子画 童心社(げんきななかまシリーズ) 1993年12月

犬(トートー)　いぬ(とーとー)
ドロシーのいえの子犬「オズのまほうつかい(前編)(後編)」岡上鈴江文;長島克夫画
教育画劇　1987年4月

いぬ(トム)
おおきくなったのでおかあさんいぬとチムとサムといっしょにさんぽにいったこいぬ「おおきくなったこいぬ-こいぬのはなし2」松野正子脚本;横内襄画　童心社(年少版かみしばい・ちいさいおともだち)　1987年5月

いぬ(トム)
チムとサムといっしょにうまれてきたちゃいろいこいぬ「こいぬがうまれた-こいぬのはなし1」松野正子脚本;横内襄画　童心社(年少版かみしばい・ちいさいおともだち)　1987年5

いぬ(トム)
めんどりのコッコがのはらでひろったてがみをだれかによんでもらうためにいっしょにあるいていったいぬ「かみひこうきはだいじなてがみ」松野正子脚本;鎌田暢子画　童心社(童心社の紙芝居　げんきななかまシリーズ)　1995年1月

犬(トム)　いぬ(とむ)
ひこう木という木にさいた大きな紙ひこうきそっくりの花にたっちゃんといっしょに乗った犬「たっちゃんとトムとチムのふしぎなひこうき」大石真原作;若林一郎脚色;岡村好文画　NHKサービスセンター(NHK創作童話集)　1978年1月

犬(ドン)　いぬ(どん)
けんちゃんのうちのとても大きなセントバーナード犬「それゆけパトカー」神戸淳吉作;椎野利一画　教育画劇(のりものだいすき)　1986年1月

いぬ(パトラッシェ)
フランダースというむらのむらはずれのみちばたにたおれていたところをネルロという男の子とおじいさんにたすけられたいぬ「フランダースのいぬ(前編)(後編)」ウィーダ原作;宗方あゆむ文;森やすじ;伊藤主計画　教育画劇(おはなしきかせて)　1989年1月

いぬ(はなこ)
くるまにひかれてうしろあしがたたなくなったがくるまいすをつけてはしれるようになったいぬ「はしれ!くるまいすのいぬはなこ」坂井ひろ子文;岡本美子画　教育画劇　2002年12月

いぬ(バルトー)
ジフテリアのくすりをつんでアラスカのノームというまちまでふぶきのなかをいぬぞりをひいていったちからづよいいぬ「はしれ!バルトー」渡辺享子脚本・画　童心社(美しい心シリーズ)　1990年3月

いぬ(パンチ)
もうどうけんにはなれなかったけれどかんちゃんのうちのいぬになったレトリーバー「ぼくだってレトリーバー」夏目尚吾脚本・画　童心社(ゆたかなこころシリーズ)　1991年11月

犬(ピンキー)　いぬ(ぴんきー)
けんたくんやかおりちゃんとタイムマシンにのってきょうりゅうのいたころにつれていってもらった犬「がんばれ!きょうりゅうステゴサウルス」伊東章夫作・画　教育画劇　1996年5月

いぬ

犬（ブチ）　いぬ（ぶち）
おおたさんのうちのまぬけな犬クロのともだちののら犬　「まぬけな犬クロ」　古田足日原作；今関信子脚本；岡本順画　童心社　1997年9月

いぬ（ブーム）
パパがしんでママとふたりぐらしのおとこのこのうちにかわれているいぬ　「ごめんね、ブーム」　オセーエワ原作；関谷三佐子訳・脚本；安和子画　童心社　1989年10月

いぬ（ブル丸）　いぬ（ぶるまる）
うさぎのぴこたんのおたんじょうびにいっしょにレストランへいってなぞなぞごっこをしたこいぬ　「ぴこたんのなぞなぞレストラン」　このみひかる作；筒井和歌子画　教育画劇　1988年9月

いぬ（ペス）
かわにおちたぬいぐるみのくまちゃんをたすけてあげたいぬ　「わたしのくまちゃん」　アレクサンドローワ原作；小林純一脚本；山本まつ子画　童心社（うさちゃんシリーズ）　1986年11月

犬（ペスくん）　いぬ（ぺすくん）
かいぬしのたろうくんにとこやさんにつれていってもらったおりこうないぬ　「ガラスの中のおばけ」　関英雄原作；平沼七美脚色；水沢研画　教育画劇（パンダちゃんシリーズ）　1985年2月

いぬ（ペチ）
みちにちょろちょろとでてきてけんちゃんにひろわれたとってもちいさなこいぬ　「こいぬのペチ」　川田百合子作；金沢佑光画　童心社（よいこの12か月）　1984年10月

いぬ（ポインくん）
ユーカリの木からおちてきたみたこともないあかちゃんのおかあさんをさがしてあげたいぬ　「コアラくんおきて！」　田沢梨枝子作・画　教育画劇（コアラちゃんシリーズ）　1985年4月

いぬ（ポチ）
あかリボンちゃんのうちのいぬ　「あかリボンちゃんきをつけて」　中村徹作；中村陽子絵　教育画劇　2007年5月

いぬ（ポチ）
クーちゃんのかわいがっているいぬ　「あんあんふうせん」　古寺伸竹作；西村達馬画　教育画劇（ポッポシリーズ）　1985年6月

いぬ（ポチ）
なかよしのクロちゃんのおうちへあそびにいくとちゅうでみちにあかいたまがころがっているのをみつけたこいぬ　「けんかだま」　高橋五山作・画　ほるぷ出版（ほるぷの紙芝居-黄金期名作選）　1984年5月

いぬ（ポチ）
よしこちゃんにつれられてかわらへさんぽにいってからだにたくさんのたねをつけてきたいぬ　「いろいろなたね」　矢野亮脚本；高橋透画　童心社（ゆたかなこころシリーズ）　1991年10月

犬（ポチ）　いぬ（ぽち）
りっぱなばん犬になろうとにわのお花ばたけのみつをぬすんでいるはちやちょうちょをおいはらおうとした犬「花のともだち」奈街三郎作；西村達馬画　教育画劇　1976年3月

いぬ（ポッチィ）
ある日おばあちゃんちにあそびにいくことにしたとってもくいしんぼうのいぬ「ポッチィはくいしんぼう」木村裕一作・画　教育画劇（みんなもいっしょにね）　1994年1月

いぬ（ポッチィ）
おばけがでるといううわさのゾクゾクもりへこねこのミッケとさるのモンモンと三人でいったこいぬ「おばけかな、ほんとかな？」木村裕一作・画　教育画劇　1989年7月

いぬ（ボビー）
子どもたちのてがみをもって森のおくの冬じいさんのところへいくゆきだるまをあんないするといったいぬ「クリスマスのてがみ」ステーエフ原作；小林純一脚色；高橋透画　童心社（童心社の紙芝居　クリスマスものがたり）　1988年11月

いぬ（ポンポコ）
あるおうちにいっしょにかわれていてまいごになったなかよしのねこのシマゾウをさがしだしたいぬ「まいごのねこはどこだワン？」手島悠介作；末崎茂樹画　教育画劇（おはなしドキドキ）　1986年7月

いぬ（マア）
にほんがせんそうをしていたころのとうきょうではこのなかよしのあこちゃんのうちでかっていたいぬ「マアをかえしてください」わしおとしこ脚本；おぼまこと画　童心社（ゆたかなころシリーズ）　1995年3月

犬（マツ）　いぬ（まつ）
ひとりっ子のかずおのうちに秋田からもらわれてきたほんとうの秋田犬ではない犬「マツとおばあちゃん」戸川幸夫原作；渡辺泰子脚本；田代三善画　童心社（日本の動物記シリーズ）　1987年6月

いぬ（ムクムク）
みなしごのライオンブルブルをお母さんがわりになってそだてたやさしいめすいぬ「やさしいライオン」やなせたかし作・画　フレーベル館

いぬ（ムック）
あきらのおうちがひっこしすることになっていっしょにトラックにのったかいいぬ「ムックのひっこし」今関信子脚本；高橋透画　童心社　1999年3月

いぬ（やんまる）
やんちゃひめのいぬ「やんちゃひめ－おおいそがしのまき」上地ちづ子脚本；徳田徳志芸画　童心社　1987年12月

いぬ（ルイ）
とうきょうへひっこしていったのぼるくんとまゆちゃんきょうだいのにおいをかぎわけてあとをおいかけていったいぬ「ルイ・すばらしいいぬ」堀尾青史脚本；箕田源二郎画　童心社（堀尾青史・幼年創作かみしばい集）　1980年4月

いぬ

イヌ（ロロ）
ある町でウサギのミミとネコのキキとなかよくいっしょにくらしていたのにけんかをしてしまった ちからのつよいイヌ 「ロロとミミとキキ」 柴野民三作；岸田耕造画　教育画劇（夢のふくらむシリーズ3集）　1973年11月

いぬ（ろんろ）
あめのなかかさもささないでどろんこあそびをしていたいぬ 「あめふりぼうず」 小春久一郎作；田中恒子画　教育画劇（ユーモアだいすき）　1988年6月

いぬ（わんきちたんてい）
こじかくんのあたまにこぶを二つこしらえたはんにんをさがしたいぬのたんてい 「こじかくんのこぶじけん－ぼくはわんきちたんてい」 田口俊雄作；加藤晃画　教育画劇（ぞうさんシリーズ）　1981年1月

いぬ（わんくん）
たのしいおさんぽにでかけたこいぬ 「おさんぽわんくん」 しばはらち作・画　教育画劇　1994年1月

いぬ（ワンくん）
ねこのミーちゃんといっしょにシチューをゆっくりかんでたべたいぬのおとこのこ 「もぐもぐごっくん」 宮崎二美枝脚本；久住卓也絵　童心社　2007年5月

いぬ（ワンタ）
なぞなぞまおうにゆうかいされたなかよしのねこのニャンコとかえるのケロッパとたすけにいったいぬ 「なぞなぞまおうをやっつけて」 大高ゆきお文；尾崎眞吾絵　教育画劇　2004年1月

いぬ（わんたくん）
いしころをつかっておかあさんやともだちといろんなあそびをしたこいぬ 「こんなあそびができちゃった」 清水えみ子脚本；藤本四郎画　童心社（童心社の紙芝居 げんきななかまシリーズ）　1993年7月

いぬ（ワンダくん）
おかあさんにつくってもらったしょうぼうしのふくをきてあおぞらえんのぼうかくんれんをみにいった子いぬ 「ワンダくんのしょうぼうし」 小沢正作；水野二郎画　教育画劇（あたらしい行事紙芝居）　1982年9月

犬（わんちゃん）　いぬ（わんちゃん）
うさぎのぴょんちゃんとふたりでじてんしゃにのってうみをみにいった犬 「わんちゃんぴょんちゃん」 石川光男作；石川雅也画　教育画劇（よいこの交通安全）　1991年11月

いぬさん
おくちはどーこ？ときかれてじぶんのおくちをゆびさしたいぬさん 「ワンワンワン」 とよたかずひこ脚本・絵　童心社（あかちゃんかみしばい ぱちぱちにっこり）　2006年9月

犬の大工さん　いぬのだいくさん
まんまるくて赤いものがふわふわと行ってしまうのをおひさまがにげて行くのかとおもってたぬきのポコおじさんといっしょにおいかけた犬の大工さん 「おひさまがにげていく」 小池タミ子原作・脚色；伊東美貴画　NHKサービスセンター（NHK創作童話集）　1979年1月

いねむりしずく(しずく)
のはらからそらにあがっていってねむいねむいくもになったしずく 「むくむくぽっかりほんわりこ」 まついのりこ脚本・画 童心社(とびだすせかい) 1986年9月

イノ
アメリカのテネシーしゅうのおおきなもりにじっさまといっしょにくらしていた三びきのいぬの一ぴき 「しりっぽおばけ」 ジョアンナ・ガルドン再話;ポール・ガルドン絵;林克美脚本 ほるぷ出版(世界のおはなしシリーズ) 1998年9月

いのしし
かわでおおきなさかなをつかまえてきたこぐまのクータにさかなをわけてほしいといったいのしし 「やいてたべよかにてたべようか」 おおともやすお脚本・絵 童心社(ともだちだいすき) 2008年9月

いのしし(イノタ)
十五夜のおつきさまに山のどうぶつたちみんなでげいをみせることになってきょうだいですもうをとったいのしし 「いのししのすもう-月見」 吉田タキノ文;篠崎三朗画 教育画劇 1998年8月

いのしし(ウリボウ)
十五夜のおつきさまに山のどうぶつたちみんなでげいをみせることになってきょうだいですもうをとったいのしし 「いのししのすもう-月見」 吉田タキノ文;篠崎三朗画 教育画劇 1998年8月

イノタ
十五夜のおつきさまに山のどうぶつたちみんなでげいをみせることになってきょうだいですもうをとったいのしし 「いのししのすもう-月見」 吉田タキノ文;篠崎三朗画 教育画劇 1998年8月

いばらきどうじ
おおややまのやまおくにすむおにのかしらしゅてんどうじの四てんのうのひとり 「おおえやまのおに(前編)(中編)(後編)」 関きよし脚本;須々木博画 童心社(長編紙芝居劇場) 1978年3月

いばらひめ
森の中のおしろで百年のあいだねむりつづけているうつくしいおひめさま 「いばらひめ」 岡上鈴江文;工藤市郎画 教育画劇(おたんじょう日のかみしばい) 1975年3月

イバンおうじ
おうさまがだいじにしているきんのりんごをくいあらす火のとりをつかまえにいった三人のおうじのいちばんしたのおうじ 「火のとり(前編)(後編)」 アファナーシェフ原作;堀尾青史脚本;箕田源二郎画 童心社 1986年5月

イソギンチャク(ウメボシイソギンチャク)
うみでうまれたウメボシイソギンチャクのこどもたち 「イソギンチャクとウソギンチャク」 浅沼とおる作・画 教育画劇 2001年5月

イビス
インドサイのリノーのからだにとまっていたアブをたべてくれたアマサギ 「サイのおともだち」 高家博成脚本;どいかや画 童心社(にこにこどうぶつえん) 1998年5月

いほか

いぼがえる（かえる）
頭がちょっと重くなってくると鳴きたくなるんだとにわとりにいったいぼがえる 「いぼがえるとにわとり」 トンミー作・画 汐文社(アジアの紙芝居シリーズ ラオスの紙芝居3) 1998年4月

今村先生　いまむらせんせい
東京本郷の東大地しん学教室で地しんをけんきゅうしていた博士 「関東大しんさい」 石川光男作;輪島清隆画 教育画劇(地震火災安全紙芝居) 1991年7月

いも
おうちの人がでかけてよるのだいどころでるすばんをしたにいさんいもとおとうといもといもうといものきょうだいいも 「いものきょうだい」 浜田広介作;浜田留美脚色;瀬名恵子画 教育画劇(兄弟愛と自然きょうだいシリーズ) 1977年10月

いも
ことし生まれたおいもでしたかずおくんたちがいもほりにくることになっているおいもたち 「がんばったおいも」 中村悦子;河原場美喜子;中臣浩子作;坂本健三郎画 教育画劇(パンダちゃんシリーズ) 1985年1月

イリオモテヤマネコ
おきなわにおきゃくがやってきたのでかんげいのおどりカチャーシーをおどるイリオモテヤマネコ 「カチャーシーをおどろうよ」 真栄城栄子脚本;まついのりこ絵 童心社(まついのりこ・かみしばい ひろがるせかい) 1989年6月

いるか
にんぎょがおうさまからもらったにじのゆびわをいたずらしてとおくのうみへとばしてしまういるかたち 「にんぎょのゆびわ」 神戸淳吉作;岩本圭永子画 教育画劇 1975年8月

いるか
ふねのすいふたちにおかねをうばわれてうみにおちたおんがくかのアリオンをたすけたいるかたち 「うたのすきないるかたち-ギリシャ神話」 鶴見正夫脚色;草間真之介キャラクター 教育画劇 1990年5月

イルカ
むらのはずれにあったネコたろうのさかなやがりょうしからかったイルカのこども 「イルカいらんかさかなやさん」 田沢梨枝子作・画 教育画劇(どうぶつむらのおみせやさん) 1986年4月

イルカ（ウイック）
イルカのクイックのジャンプがとてもじょうずなおにいさんイルカ 「なきむしのイルカ」 千世まゆ子脚本;大和田美鈴画 童心社(にこにこどうぶつえん) 1998年5月

イルカ（クイック）
おにいさんのウイックのようにジャンプがうまくできなくてなきだしてしまったイルカ 「なきむしのイルカ」 千世まゆ子脚本;大和田美鈴画 童心社(にこにこどうぶつえん) 1998年5月

イルカ（ピー）
みなみのちいさなしまにすむおとこのこココとなかよしのイルカ 「イルカのピー」 渡辺享子脚本・絵 童心社(ともだちだいすき) 2006年8月

イルカ（ルカ）
おかあさんイルカにつれられていりえにはいってきてまりちゃんというおんなのことなかよしになったあかちゃんイルカ 「イルカのルカ」 杉浦宏脚本；福田岩緒画 童心社 1992年7月

いわし
いわしがだいきらいなクリスティーヌがないておさらのうえにながしたしおからいなみだでいきかえったいわし 「クリスティーヌといわし」 エレーヌ・レイ文；エヴ・タルレ絵；八木田宜子脚本 ほるぷ出版（ほるぷの紙芝居−世界のおはなしシリーズ） 1989年6月

いわじいさん
むかし中国のある村にいたおひゃくしょうのきょうだいのはたらきものの弟に口をきいてぎんをくれたおじいさんのいわ 「いわじいさん−中国昔話」 松岡励子脚色；福田庄助画 NHKサービスセンター（名作民話おはなし広場） 1984年1月

岩下さん　いわしたさん
せんそう中にアメリカから来た青い目の人形ミルドレッドを柏崎の小学校からつれだしてあずかってくれたおじさん 「あおいめのにんぎょう」 野村昇司原作・脚色；伊東美貴画 NHKサービスセンター（NHK小学校国語紙芝居教材 創作童話） 1980年1月

イワツバメ
おぜをまもるおじさん平野長靖さんのいるところにまいとしはるになるともどってくるイワツバメたち 「いわつばめとおぜのおじさん」 渡辺享子脚本・画 童心社（美しい心シリーズ） 1986年6月

イワン
あるところにいた三人きょうだいの三ばんめではたらくことしかしらないのでふたりのにいさんもむらのみんなもばかとよんでいたわかもの 「イワンのばか」 トルストイ原作；横笛太郎脚本；土方重巳画 童心社（かみしばい世界むかしばなし） 1990年2月

イワン
小さな村にすんでいたおひゃくしょうの三にんのむすこのすえっ子でみんなに「イワンのばか」とよばれていたちびっ子 「せむしの小うま（前編）（後編）」 エルショーフ原作；清水たみ子脚色；エム・ナマエ画 教育画劇 1985年12月

イワン王子　いわんおうじ
ある国の王様の庭にとんできて金のりんごの実をとっていく火の鳥を生けどりにしてくるように言われた三人兄弟の一番下の王子 「ひのとり−ソビエト昔話」 小池タミ子脚色；赤星亮衛画 NHKサービスセンター（NHK小学校国語紙芝居教材 外国の名作） 1979年1月

いんちょう先生　いんちょうせんせい
びょういんのいんちょう先生 「ばけたらふうせん」 三木卓原作；木戸陽子脚色；古川タク画 NHKサービスセンター（名作民話おはなし広場） 1984年1月

【う】

う

ウー
くまのクータのおたんじょうびにプレゼントをなにももってこれなかったうさぎのおんなのこ 「たんじょうびのプレゼント」村山桂子脚本;篠崎三朗絵　童心社(ともだちだいすき) 2003年10月

ウー
もりのすぐそばにあったうちのおとこのこのトニーととってもなかよしだったうさぎのおんなのこ 「たんぽぽすみれ」村山桂子脚本;若山憲画　童心社　1989年4月

ウイック
イルカのクイックのジャンプがとてもじょうずなおにいさんイルカ 「なきむしのイルカ」千世まゆ子脚本;大和田美鈴画　童心社(にこにこどうぶつえん)　1998年5月

ウィル
シャーウッドの森のなかまであかいふくの男 「ロビン・フッドのぼうけん1 ロビンと森のなかまたち-イギリス伝説より」北田伸脚本;篠崎三朗画　童心社　1996年1月

ウィル
シャーウッドの森のなかまであかいふくの男 「ロビン・フッドのぼうけん2 やってきた大男-イギリス伝説より」北田伸脚本;篠崎三朗画　童心社　1996年2月

ウィル
ロビン・フッドのなかまのあかいふくの男 「ロビン・フッドのぼうけん3 ひびけ、つのぶえ-イギリス伝説より」北田伸脚本;篠崎三朗画　童心社　1996年3月

ウィルとオーブ
ひこうきをつくってせかいではじめてそらをとんだきょうだい 「そらをとぶゆめ-子どものころのライト兄弟」上地ちづ子脚本;むかいながまさ画　童心社　1990年7月

ウェンディ
ピーターパンといっしょにゆめとぼうけんのしまネバーランドへいったおんなの子 「ピーターパンの冒険-ゆめの島ネバーランドへ」日本アニメ企画絵画　童心社(家庭版かみしばい・世界名作劇場)　1989年11月

ウォー
こひつじのチリンをでしにしたいわやまにすむきらわれもののおおかみ 「チリンのすず」やなせたかし作・絵　フレーベル館(やなせたかし傑作集)

ウオメ
二世紀の末ごろいまの奈良県田原本町にあった唐古のむらでむらどうしのいくさに備えながら米づくりをてつだっていた若者 「いくさのなかの米づくり」山下國幸作;伊藤和子絵　汐文社(紙芝居日本の歴史3)　1987年4月

ウーカン
まちのしょうぼうしょにいたとてもあわてもののしょうぼうしゃ 「あわてものしょうぼうしゃウーカン」山脇恭作;西村郁雄画　教育画劇(のりものだいすき)　1991年11月

うぐいす
ふえがとてもじょうずなきこりのうちにむすめのすがたになってふえをならいにきたうぐいす 「うぐいすのふえ」神戸淳吉作;池田仙三郎画　教育画劇　1980年9月

うぐいす
山おくで道にまよってしまった木こりをうつくしいむすめのすがたになって大きなおやしきの中にいれたうぐいす 「うぐいすひめ」 立原えりか脚色；松本恭子画 NHKサービスセンター（名作民話おはなし広場） 1984年1月

うぐいす（ホー）
うまれてはじめてのふゆもおわろうとするある日たべものをさがしにとびたったうぐいすの子 「うぐいすのホー」 杉浦宏脚本；松成真理子絵 童心社（ともだちだいすき） 2005年3月

うげんた
おしろのわるがしこいさむらい 「ゆりわかものがたり（前編）（後編）」 さねとうあきら脚本；藤田勝治画 童心社 1986年2月

ウー子　うーこ
山ぐみの子どものうさぎ 「いちばんがすきなサンちゃん」 金明悦子作；中村有希画 教育画劇（あたらしいしつけ紙芝居） 1995年2月

うさえちゃん
おやつをたべてはみがきをしないでねてしまったのではににげられてしまったうさぎのおんなのこ 「は、にげちゃった」 山本省三作・画 教育画劇（四季の行事シリーズ むしば） 1993年5月

うさぎ
アリスが大きな木の下でおねえさんに本をよんでもらっているとあらわれたへんなうさぎ 「ふしぎのくにのアリス」 キャロル原作；川崎大治脚本；油野誠一画 童心社 1987年7月

うさぎ
あるなつの日のこといぬとさると三びきではじめてうみにいっておよいだうさぎ 「うみがぶったりくすぐったり」 武井直紀作；山口みねやす画 教育画劇 1989年8月

うさぎ
うまれてくるまごのためにぼうしをあんでいたおばさんがみていたテレビのなかでしもやけができてみみがいたいといってないていたこうさぎたち 「うさぎのぼうし」 生源寺美子作；藤沢友一画 童心社（美しい心シリーズ） 1978年12月

うさぎ
おおきなぞうさんとおともだちのうさぎ 「おおきなおともだち」 中原収一作・画 教育画劇（おおきくなあれ） 1992年1月

うさぎ
おかあさんうさぎとのはらへさんぽにいきおがわをとびこえようとしてしっぱいしたこうさぎ 「やってごらん」 堀尾青史脚本；若山憲画 童心社（美しい心シリーズ） 1979年3月

うさぎ
おかあさんにあんでもらったなないろのマフラーをしてまんまるいけにあそびにいったななひきのこうさぎたち 「こうさぎと7いろのマフラー」 山本省三作・画 教育画劇（おはなしドキドキ） 1987年2月

うさぎ

うさぎ
おきのしまからいなばの国へわたりたくてさめたちをだまして毛をむしりとられた白うさぎ 「いなばのしろうさぎ」 堀尾青史脚本;若山憲画 童心社(家庭版かみしばい) 1989年2月

うさぎ
おさじさんにてつだってもらわずにひとりでおかゆをたべるといったうさぎのぼうや 「おさじさん」 松谷みよ子作;瀬名恵子絵 童心社(こぐまシリーズ) 1973年5月

うさぎ
おひさまにたのまれておひさまの子どものレティコをいえまでおくりとどけることになったうさぎ 「おひさまのこども-ギリシャ」 宗方あゆむ脚色;河内日出夫作・画 教育画劇 1990年11月

うさぎ
かぜにとばされてきたあかちゃんのよだれかけをマントだとおもったうさぎ 「これなあに」 神沢利子作;佐野洋子画 童心社(こりすシリーズ) 1974年5月

うさぎ
かみなりがそらからおとしてしまったおおきなかみなりパンをのはらでみつけておなかいっぱいたべたうさぎたち 「かみなりパン」 坂本清脚本;中村有希画 童心社(よいこの十二か月) 1977年7月

うさぎ
かめとかけっこをしたうさぎ 「うさぎとかめ」 山本省三作;西内としお絵 フレーベル館(どっちのおはなし紙芝居2)

うさぎ
かめとかけっこをしたうさぎ 「うさぎとかめ-運動会」 やすいすえこ文;秋里信子画 教育画劇 1998年8月

うさぎ
きつねから「こんやもりのひろばでどんどんきらきらをやる」ときいてぶたのところへいったうさぎ 「どんどんきらきら」 森山京脚本;かさいまり絵 童心社 2004年8月

うさぎ
さるくんやさかなくんやたこくんやアリさんとみんなでかくれんぼをしたうさぎ 「みんなでかくれんぼ」 仲川道子脚本・画 童心社(げんきななかまシリーズ) 1993年5月

うさぎ
じいさまとばあさまの山のはたけをあらしてばあさままでころしたわるいたぬきをこらしめてやったうさぎ 「かちかち山」 水谷章三文;清水耕蔵画 NHKサービスセンター(日本むかしばなし) 1977年1月

うさぎ
せいじんのひにゆめでゆいちゃんをおおむかしのせいじんのひにつれていってくれたうさぎ 「ゆいちゃんとせいじんのひ」 新井悦子文;剣持晶子絵 教育画劇 2007年9月

うさぎ
ぞうさんがあたらしいふくをこしらえた「うさぎや」というようふくやのうさぎのしゅじん 「赤いポケット」 浜田広介作;柴野民三脚色;岩本圭永子画 教育画劇 1985年3月

うさぎ
たぬきにだまされてきねでうちころされたばあさまのかたきをじいさまにかわってとってあげたうさぎ 「かちかちやま」 西本鶏介文;遠竹弘幸画 教育画劇(紙芝居むかしばなし) 1993年2月

うさぎ
ちきゅうがふゆなのでおつきさまからちきゅうにきていたふゆのうさぎ 「はるがくる」 山本和夫原作;瀬名恵子脚本・画 童心社(げんきななかまシリーズ) 1996年3月

うさぎ
どんぐりのもりでわなにかかってしまったいつもえばっていじわるなじいさんだぬきをたすけてやったかあさんうさぎ 「たぬきとかあさんうさぎ」 塩原ゆかり作;野々口重画 童心社(日本の動物記シリーズ) 1987年6月

うさぎ
ねんねするうさぎのあかちゃん 「ねんねねんね」 いそみゆき作・画 教育画劇 1999年8月

うさぎ
はらぺこきつねがふとらせてからくおうとかんがえてうちにつれてかえってかみさまみたいにせわをしたうさぎ 「きつねのおきゃくさま」 あまんきみこ原作;水谷章三脚本;ヒロナガシンイチ画 童心社(童心社のげんきななかまシリーズ) 1995年10月

うさぎ
ママにカレーにたまねぎやにんじんをいれないでとかってなことをいいだしたこうさぎたち 「カレーライスがにげだした」 しばはらち作・画 教育画劇(ゆかいなたべもののおはなし) 1993年6月

うさぎ
むかしインドの森の中できつねとさると三びきでほんとうのきょうだいのように仲よくくらしていたうさぎ 「月のうさぎ」 瀬戸内寂聴文;岡村好文絵 講談社(瀬戸内寂聴おはなし紙芝居) 2007年11月

うさぎ
むかしうさぎのみみがまだみじかかったころふゆじたくもせずにあそんでばかりいてきつねにみつかってしまったこうさぎ 「うさぎなぜなぜみみながい」 仲倉眉子作;津田直美画 教育画劇(どうぶつなぜなぜ紙芝居) 1986年9月

うさぎ
ヤシのしげみのなかでドシンと大きな音がしたのでじめんがわれたといってにげだしたおくびょうなうさぎ 「おくびょうなうさぎ-原作インド童話より」 川崎大治脚本;若山憲画 童心社(紙しばい名作選) 1994年9月

うさぎ
ゆうびんきょくでゆうびんはいたつのしごとを手つだうことになった山のうさぎ 「うさぎのゆうびん」 浜田広介作;浜田留美文;安井康二画 教育画劇(民話と名作えほんシリーズ) 1978年1月

うさき

うさぎ
ゆきがこんこんふったあさにかくれんぼをしたしろいうさぎとくろいうさぎとみみくろうさぎ 「うさぎのかくれんぼ」 千世まゆ子脚本;かさいまり絵 童心社 2006年1月

うさぎ
わにざめたちをだましておきのしまから海のむこうのいなばの国までわたろうとして毛をむしりとられた白うさぎ 「いなばのしろうさぎ」 片岡輝脚色;沢井一三郎画 NHKサービスセンター(名作民話おはなし広場) 1984年1月

うさぎ
山でばかりくらしてだいぶ大きくなったのでおとうさんうさぎとおかあさんうさぎがひとりでたびに出すことにした子うさぎ 「びっくりうさぎ」 石川光男作;高橋宏幸画 教育画劇(兄弟愛と自然きょうだいシリーズ) 1977年9月

うさぎ
森のどうぶつたちがみんなでいどをほることになったのにてつだわないでこっそり水をのみにきたなまけもののうさぎ 「いたずらうさぎとタールにんぎょう−アメリカ黒人民話」 木戸陽子脚色;奥田怜子画 NHKサービスセンター(名作民話おはなし広場) 1984年1月

うさぎ
森のなかよしのライオンとさるの三びきで生まれてはじめてにんげんのすんでいる村へ出かけることになったうさぎ 「おさかなへんだよ」 鈴木美也子作;チト・イトー画 教育画劇(パンダちゃんシリーズ) 1986年12月

うさぎ
南のしまでおひるねをしていて大きなやしのみがおちてきたのをじしんとまちがえたおくびょううさぎ 「おくびょううさぎ」 若林一郎文;奈良坂智子画 NHKソフトウェア(世界むかしばなし) 1996年1月

うさぎ
日本にいるうさぎにねんがじょうをかいてつるにとどけてもらおうとしたシベリアのなきうさぎ 「つるのねんがじょう」 上地ちづ子脚本;久保雅勇画 童心社(たのしいお正月シリーズ) 1987年11月

ウサギ
アリス目の前にあらわれてチョッキのポケットから時計を出した白いウサギ 「ふしぎのくにのアリス」 伊藤海彦文;伊東美貴画 NHKソフトウェア(世界むかしばなし) 1996年1月;NHKサービスセンター(外国むかしばなし) 1977年1月

ウサギ
おかあさんがびょうきになったのでともだちのどうぶつたちといっしょに山のフクロウじいさんのところへくすりをもらいにいこうとした子ウサギ 「まちがえたみち」 安田浩作;木曽秀夫画 教育画劇 1981年9月

ウサギ
かあさんウサギのいいつけをまもらないでヘビにかまれてみみがぎざぎざになった子ウサギ 「ぎざみみウサギ」 シートン原作;神戸淳吉文;塩田守男画 教育画劇 1987年1月

ウサギ
カメに「なにひっぱってるの?」ときいて一しょにいいものをひっぱったウサギ 「なにひっぱってるの」 阿部恵作;チト・イトー画 教育画劇(おはなしなーに) 1991年3月

ウサギ
キツネさんやサルさんやクマさんとようちえんのうんどうかいにいったウサギ 「うんどうかいにいこう」 八木田宜子脚本;大野隆司絵 童心社 2000年10月

ウサギ
やしのはやしでおおきなやしのみがおちただけなのにじめんがこわれたとおもってにげだしたウサギ 「あわてんぼうウサギ-インド」 瀬尾七重脚色;中沢正人画 教育画劇(世界のユーモア民話) 1994年5月

うさぎ(ウー)
くまのクータのおたんじょうびにプレゼントをなにももってこれなかったうさぎのおんなのこ 「たんじょうびのプレゼント」 村山桂子脚本;篠崎三朗絵 童心社(ともだちだいすき) 2003年10月

うさぎ(ウー)
もりのすぐそばにあったうちのおとこのこのトニーととってもなかよしだったうさぎのおんなのこ 「たんぽぽすみれ」 村山桂子脚本;若山憲画 童心社 1989年4月

うさぎ(ウー子)　うさぎ(うーこ)
山ぐみの子どものうさぎ 「いちばんがすきなサンちゃん」 金明悦子作;中村有希画 教育画劇(あたらしいしつけ紙芝居) 1995年2月

うさぎ(うさぎ)
おかあさんうさぎとのはらへさんぽにいきおがわをとびこえようとしてしっぱいしたこうさぎ 「やってごらん」 堀尾青史脚本;若山憲画 童心社(美しい心シリーズ) 1979年3月

うさぎ(うさきち)
くまの子のくまおとねこの子のにゃんとききゅうにのってそらのさんぽをしたうさぎの子 「そらのさんぽ」 鶴見正夫作;チト・イトー画 教育画劇(ポッポシリーズ) 1985年6月

うさぎ(うさきち)
ふかーいもりのおくにすんでいたまほうをおしえるせんせいにまほうをならいにいったふたりのうさぎのひとり 「まほうのきょうそう」 瀬名恵子作・画 教育画劇(まほうのくにへようこそ) 1991年5月

うさぎ(ウサコ)
もうすぐひなまつりでおひなさまをだしたうさぎのおんなのこ 「なぜ、おひなさまをかざるの?」 三谷亮子脚本;川上尚子絵 童心社(なぜ?どうして?たのしい行事) 2001年9月

うさぎ(うさこちゃん)
あわてんぼのうさぎのはなやさんにてがみをくれたうさぎのおんなのこ 「あわてうさぎのはなやさん」 矢崎節夫作;ながよしかよ画 教育画劇(どうぶつむらのおみせやさん) 1986年4月

うさぎ

うさぎ（うさこちゃん）
おかあさんのおてつだいをしてケーキをつくったうさぎのおんなのこ 「うさこちゃんのケーキづくり」 相沢るつ子作・画　教育画劇　1994年1月

うさぎ（うさこちゃん）
きゅうにどうろにとびだしてトラックにひかれそうになったうさぎのおんなのこ 「うさこちゃんきをつけて」 相沢るつ子作・画　教育画劇(あたらしい交通安全紙芝居)　1991年1月

うさぎ（うさすけ）
ふかーいもりのおくにすんでいたまほうをおしえるせんせいにまほうをならいにいったふたりのうさぎのひとり 「まほうのきょうそう」 瀬名恵子作・画　教育画劇(まほうのくにへようこそ)　1991年5月

うさぎ（ウサタ）
めんどりのコッコがのはらでひろったてがみをだれかによんでもらうためにいっしょにあるいていったうさぎ 「かみひこうきはだいじなてがみ」 松野正子脚本；鎌田暢子画　童心社(童心社の紙芝居 げんきななかまシリーズ)　1995年1月

うさぎ（うさちゃん）
おかあさんからごちそうをつくるからおかいものにいってきてとたのまれたうさぎのおんなのこ 「うさちゃんのおかいもの」 わらべきみか作・絵　教育画劇　2004年1月

うさぎ（うさちゃん）
ねこのあかちゃんがないていたのでさかだちをしてみせてあげようとしたうさぎのおんなのこ 「うさちゃん」 瀬名恵子作・はり絵　童心社(うさちゃんシリーズ)　1979年9月

うさぎ（ウサちゃん）
七五三の日におかあさんとお宮におまいりにいった三さいのうさぎの女の子 「七五三おめでとう」 安田浩作；チト・イトー画　教育画劇(あたらしい行事紙芝居)　1993年9月

うさぎ（うさぼう）
おともだちのカメさんとこうえんへいってあそぶことにしたせっかちあわてもののうさぎ 「うっかりうさぎとたしかめカメさん」 木曽秀夫作・画　教育画劇(あたらしい交通安全紙芝居)　1997年6月；教育画劇　1991年1月

うさぎ（うさみみちゃん）
ねこのミーちゃんのともだちのうさぎ 「いかのおすし」 にへいたもつ作；たんじあきこ絵　教育画劇(防犯標語かみしばい)　2007年5月

うさぎ（げんじい）
ひとりぼっちの子うさぎサチとなかよしになったおくびょうなとしよりうさぎ 「はるをみつけた」 古山広子脚本；日野多津子画　童心社(美しい心シリーズ)　1980年3月

うさぎ（ケンパ）
ふゆにはしろいけをしていてはるになるとしろいけがぬけてだんだんちゃいろいけにかわるのうさぎ 「のうさぎケンパ」 わしおとしこ作；秋草愛絵　教育画劇　2005年9月

うさぎ（コロスケ）
学校にかわれているかわいい子どもうさぎ 「かわいいみんなのコロスケ」 手島悠介作；鈴木幸枝画　教育画劇　1985年12月

うさぎ（サチ）
おくびょうなとしよりうさぎのげんじいとなかよしになったひとりぼっちの子うさぎ 「はるをみつけた」 古山広子脚本；日野多津子画 童心社（美しい心シリーズ） 1980年3月

うさぎ（さっちゃん）
くまのまあくんとのはらでいっしょにあそんだうさぎのおんなのこ 「おいしいね」 伴弘子脚本；ヒロナガシンイチ画 童心社（2・3歳児しつけかみしばい・みんなは、できるかな？） 1993年5月

ウサギ（さっちゃん）
キツネのきっちゃんへひっこしパーティーをひらくからきてねとちずとウサギマークのはいったてがみをだしたウサギ 「なぞなぞちずのひみつ」 山本省三作・画 教育画劇（びっくりこどきりんこ） 1992年6月

うさぎ（シロ）
びょうきであかちゃんをうんでしんでしまったまいちゃんのうちのメスのうさぎ 「うさぎがうまれたよ」 藤本四郎脚本・絵 童心社（ともだちだいすき） 2001年7月

うさぎ（タレミちゃん）
たんぽぽえんにきんじょのだいがくのおにいさんがつれてきたかたっぽうの耳がダラーンとたれている黒うさぎ 「たんぽぽえんにはうさぎが二ひき」 いしばししずこ作；峰村亮而画 教育画劇（たんぽぽシリーズ） 1982年4月

うさぎ（たろううさぎ）
お山のうさぎたちをころしてまっしろなオーバーをつくっていたおおかみおうをみるために五つの山をこえておおかみのまちへいったうさぎ 「おおかみのおうさま」 川崎大治作；小谷野半二画 童心社 1986年1月

ウサギ（チャー）
えんのりっぱなこやにいれてもらえずにすぐひっかくからとちいさなこやにいれられていつもひとりぼっちだったウサギ 「ひっかきウサギ」 中川美穂子脚本；松成真理子絵 童心社（かみしばい どうぶつの飼い方ふれあい方） 2000年8月

うさぎ（チロル）
さかなつりにいったときにカエルさんが道路に飛び出すのをみたうさぎのおんなのこ 「パピンとチロルのさかなつり」 内閣府政策統括官監修 全日本交通安全協会（こうつうあんぜんかみしばい） 2003年4月

うさぎ（チロル）
サッカー星からやってきたピッポーといっしょにサッカーをやっていてピッポーが道路に飛び出すのをみたうさぎのおんなのこ 「パピンとサッカー」 内閣府政策統括官監修 全日本交通安全協会（こうつうあんぜんかみしばい） 2004年4月

うさぎ（つきまる）
おつきみのひにミミちゃんのいえにあらわれたまほうのうさぎ 「つみきだんごとまほうのぼうし」 山本和子作；菊地清美画 教育画劇 2002年7月

うさぎ（バニラ）
りすのチョコがりんごのりんごちゃんをつれておみまいにいったびょうきのうさぎのこ 「りんごちゃん」 服部幸應作；太田裕子画 教育画劇 2005年4月

うさき

うさぎ(パピイ)
しまりすのタックといっしょにクリスマスのうたをうたっていたしろうさぎ 「クリスマスなんかだいっきらい！」 山崎陽子作；大和田美鈴画　教育画劇(四季の行事シリーズ) 1992年11月

うさぎ(パピン)
さかなつりにいったときにカエルさんが道路に飛び出すのをみたうさぎのおとこのこ 「パピンとチロルのさかなつり」 内閣府政策統括官監修　全日本交通安全協会(こうつうあんぜんかみしばい) 2003年4月

うさぎ(パピン)
サッカー星からやってきたピッポーといっしょにサッカーをやっていてピッポーが道路に飛び出すのをみたうさぎのおとこのこ 「パピンとサッカー」 内閣府政策統括官監修　全日本交通安全協会(こうつうあんぜんかみしばい) 2004年4月

うさぎ(ハルオ)
かいじゅうのドンキチくんのともだちのうさぎ 「ちょっとまって！ドンキチくん-省エネ」 藤本ともひこ作・画　教育画劇(かんきょうかみしばい みんなでまもろうネ!ちきゅうくん) 1999年5月

うさぎ(ぴこたん)
おたんじょうびにパパやママといっしょにレストランへいってなぞなぞごっこをしたこうさぎ 「ぴこたんのなぞなぞレストラン」 このみひかる作；筒井和歌子画　教育画劇 1988年9月

うさぎ(ぴこたん)
えんのなぞなぞうんどうかいにでたうさぎのおんなのこ 「ぴこたんのなぞなぞうんどうかい」 このみひかる作；筒井和歌子画　教育画劇(かみしばいなぞなぞだいすき) 1988年9月

うさぎ(ピック)
どうぶつむらのなつまつりのひにおかあさんといもうとのピッチといっしょにむらのおみやにでかけたうさぎのおとこのこ 「おどれおどれドドンガドン」 上地ちづ子脚本；長島克夫画　童心社(たのしい季節の行事 きらきら・夏のまき) 1988年4月

うさぎ(ピッチ)
どうぶつむらのなつまつりのひにおかあさんとおにいちゃんのピックといっしょにむらのおみやにでかけたうさぎのおんなのこ 「おどれおどれドドンガドン」 上地ちづ子脚本；長島克夫画　童心社(たのしい季節の行事 きらきら・夏のまき) 1988年4月

うさぎ(ビットくん)
うさぎのおんなのこラビちゃんととてもなかよしでいつでもどこでもいっしょのうさぎのおとこのこ 「ラビちゃんのおたんじょうび」 ふりやかよこ作・画　教育画劇 1991年9月

うさぎ(ビビ)
うみべでみつけた大きなたまごのなかからでてきたきょうりゅうのあかちゃんのママのかわりになってあげたうさぎ 「びっくりだいすききょうりゅうくん」 木村裕一作・画　教育画劇(いってみたいなこんなくに) 1989年1月

うさぎ(ピピン)
きょうりゅうトゲトゲのくちのなかにはいってはぶらしではをみがいてあげたやさしいはいしゃさんのうさぎ 「マコがおちたほらあな」 わしおとしこ作;仲川道子画 童心社(たのしい季節の行事 きらきら・夏のまき) 1988年4月

うさぎ(ピピン)
ひとりぼっちでおかあさんをまっているときにきつねにたべられそうになったこうさぎ 「げんきなこうさぎピピン」 わしおとしこ脚本;山本まつ子画 童心社(だいすき!ちいさないきもの) 1997年9月

うさぎ(ピョン)
あらしがすぎさったあさかたっぽのあおいゴムのながぐつをひろってもなににつかうものなのかわからなかったうさぎ 「うさぎとながぐつ」 柴野民三作;西村達馬画 教育画劇 1981年7月

うさぎ(ピョン)
しりとりをしながらハイキングをしたうさぎのおやこのこども 「しりとりハイキング」 椎野利一作・画 教育画劇 1994年5月

うさぎ(ぴょん)
ぶたのぶうとくつもぼうしもぼうしもようふくももってるものもなにからなにまでおんなじのうさぎ 「おんなじおんなじ」 多田ヒロシ作・画 童心社(うさちゃんシリーズ) 1972年3月

うさぎ(ピョンくん)
おかたづけが大きらいなうさぎのおとこのこ 「おかたづけ大すき?」 チト・イトー作・画 教育画劇(じゃんけんシリーズ) 1990年3月

ウサギ(ぴょんこ)
雪がふるころになるとオオカミなんかにつかまりにくいようにちゃいろの毛がわが白くかわった野ウサギ 「クマさんのふゆごもり」 佐藤義美原案;稗田宰子脚色;椎野利一画 教育画劇(しぜんといきもの) 1985年7月

うさぎ(ぴょんすけくん)
きつねのつんたのともだちのうさぎ 「ぼくのひなまつり」 やすいすえこ作;鈴木幸枝画 教育画劇(四季の行事シリーズ ひなまつり) 1993年1月

うさぎ(ぴょんた)
おもちゃやどうぐをかたづけなかったのであそびどうぐがみつからなくてないてしまったうさぎのおとこのこ 「ぴょんたくんのおかたづけ」 川島美子脚本;白川三雄画 童心社(かみしばい・きちんとするのだいすき) 1988年4月

ウサギ(ぴょんた)
雪がふるころになるとオオカミなんかにつかまりにくいようにちゃいろの毛がわが白くかわった野ウサギ 「クマさんのふゆごもり」 佐藤義美原案;稗田宰子脚色;椎野利一画 教育画劇(しぜんといきもの) 1985年7月

うさぎ(ぴょんちゃん)
おかあさんとスーパーへおかいものにいってほしいものがいっぱいあっておおきなこえでなきだしたうさぎのおんなのこ 「ほしいものいっぱい」 伊藤たまき脚本;鈴木幸枝画 童心社(2・3歳児しつけかみしばい・みんなは、できるかな?) 1993年5月

うさぎ

うさぎ（ピョンちゃん）
おくりものでもらったチョコレートをきつねのコンちゃんがもらったこづつみととりかえっこされてしまったうさぎのこ 「ふたつのこづつみ」岩崎京子作；和歌山静子画 童心社（童心社のベスト紙芝居第4集） 1993年1月

うさぎ（ピョンちゃん）
こぶたのブーちゃんといっしょにとおりへでてかけだしていったあわてんぼうのこうさぎ 「あおだよ、ごー」堀尾青史脚本；久保雅勇画 童心社（よいこの12カ月） 1975年4月

うさぎ（ピョンちゃん）
はいいろくびののがもとなかよしのうさぎ 「はいいろくびののがも」川崎大治作；安泰画 童心社（紙しばい名作選） 1988年2月

うさぎ（ピョンちゃん）
まきをもやしてはしるきかんしゃにのせてもらったどうぶつたちのうさぎ 「がんばれきかんしゃ」内山安二作・画 教育画劇（コンスケくんシリーズ） 1981年10月

うさぎ（ぴょんちゃん）
犬のわんちゃんとふたりでじてんしゃにのってうみをみにいったうさぎ 「わんちゃんぴょんちゃん」石川光男作；石川雅也画 教育画劇（よいこの交通安全） 1991年11月

うさぎ（ピョンちゃん）
十五夜さんにおそなえするために育てたおいもをいたずらぎつねのコン吉にとられてしまったうさぎのこ 「十五夜さんのおいも」久保雅勇脚本・画 童心社（よいこの12か月） 1982年9月

うさぎ（ピョンちゃん）
大きなじしんがあってどうぶつたちみんなとはらっぱににげてきたうさぎ 「あっ、けむりがみえる」鶴見正夫作；柿本幸造画 教育画劇（よいこの地震紙芝居ぐらぐら） 1981年4月

うさぎ（ピョンちゃん）
大どおりのむこうにわたろうとしてぴょーんととびだしてくるまにはねられそうになったうさぎのおとこのこ 「うさぎのとびだし」中村悦子作；西村達馬画 教育画劇（こども交通安全紙芝居） 1974年1月

うさぎ（ピョンピョン）
からすのカアカアのひっこしのにもつをぶたやさるたちともってきてくれたうさぎ 「カアカアのひっこし」村山桂子作；可児久子画 教育画劇（げんまんシリーズ） 1984年5月

うさぎ（ポッキー）
おかあさんとデパートにやってきてまいごになってしまったこうさぎ 「まいごうさぎのポッキー」矢崎節夫作；鴨下潤絵 教育画劇 2007年5月

うさぎ（ポッケ）
おにいちゃんのおてつだいをしてげんこつのようなクッキーをつくったうさぎのおとこのこ 「きょうのおやつはげんこつクッキー」茂市久美子作；沢田あきこ画 教育画劇 1993年11

うさぎ

うさぎ（ぽっぽ）
いろんなしっぽをみてうさぎのしっぽはなんのやくにたつのかなとかんがえたうさぎのこ「ぽっぷのしっぽ」神沢利子脚本；駒井啓子画　童心社（神沢利子メルヘンかみしばい）1985年4月

うさぎ（ホモイ）
川におぼれたひばりの子をたすけてやっておれいにとりの王さまからたからものの貝の火というたまをもらった子うさぎ「貝の火」宮沢賢治原作；川崎大治脚本；久保雅勇画　童心社（かみしばい宮沢賢治童話名作集）1966年3月

うさぎ（ミッフィー）
おうちのなかをあんないするうさぎのおんなのこ「ミッフィーのおうち」ディック・ブルーナ作；かどのえいこ訳　講談社（ブルーナのちいさなかみしばい）1998年1月

うさぎ（ミッフィー）
おにわにテントをはってもらってあそんだうさぎのおんなのこ「ミッフィーどうしたの？」ディック・ブルーナ作；かどのえいこ訳　講談社（ブルーナのちいさなかみしばい）1998年9月

うさぎ（ミッフィー）
きのうのよるおばあちゃんがしんでしまってとてもかなしいうさぎのこ「ミッフィーのおばあちゃん」ディック・ブルーナ作；かどのえいこ訳　講談社（ブルーナのちいさなかみしばい 4）1998年11月

うさぎ（ミッフィー）
ぬいぐるみのくまちゃんがみつからなくなってないてしまったうさぎのおんなのこ「ミッフィーのたのしいテント」ディック・ブルーナ作；かどのえいこ訳　講談社（ブルーナのちいさなかみしばい）1998年9月

うさぎ（ミミ）
おうちでみんなといっしょにデコレーションケーキをつくったうさぎ「みんなでつくろうデコレーションケーキ」山崎陽子作；秋里信子画　教育画劇　1993年11月

うさぎ（ミミ）
きつねのコンキチとたぬきのポンタとこうえんでボールあそびをしたうさぎ「コンキチのゆびきりげんまん－水の事故防止」本田カヨ子作；岡村好文画　教育画劇（安全紙芝居 あぶない！そのときどうする？）1996年8月

うさぎ（ミミ）
くまの子ウーフやきつねのツネタたちとうみへいったうさぎ「くまの子ウーフのかいすいよく」神沢利子脚本；井上洋介画　童心社（神沢利子・メルヘンかみしばい）1985年4月

うさぎ（ミミ）
こぎつねコンコのなかまのうさぎ「コンコちゃんとなかまたち」すとうあさえ脚本；福田岩緒絵　童心社（ともだちだいすき）2004年12月

うさぎ（ミミ）
こぎつねのコンとゆびきりしてもういじめっこしないってやくそくしてもらったこうさぎ「ゆびきりげんまん」小春久一郎作；ながよしかよ画　教育画劇（げんまんシリーズ）1984年4月

うさき

うさぎ（ミミ）
しりとりをしながらハイキングをしたうさぎのおやこのこども 「しりとりハイキング」 椎野利一作・画 教育画劇 1994年5月

ウサギ（ミミ）
ある町でイヌのロロとネコのキキとなかよくいっしょにくらしていたのにけんかをしてしまったおどりがじょうずなウサギ 「ロロとミミとキキ」 柴野民三作；岸田耕造画 教育画劇（夢のふくらむシリーズ3集） 1973年11月

ウサギ（ミミコ）
おとうさんとはたけにいってにんじんをたくさんとってたまねぎやじゃがいもとかえっこをしたウサギのおんなのこ 「うさぎのミミコにんじんがいっぱい」 宮西達也作・画 教育画劇（かみしばいだいすき） 1990年1月

うさぎ（ミミ子先生）　うさぎ（みみこせんせい）
なかよし幼稚園のうさぎの先生 「しょくじのじかんですよ」 四方国恵ほか作；福田京二画 ぎょうせい（健康・安全シリーズ紙芝居） 1989年5月

うさぎ（ミミコちゃん）
うさぎのポッケが三じのおやつによんだなかよしのうさぎのおんなのこ 「きょうのおやつはげんこつクッキー」 茂市久美子作；沢田あきこ画 教育画劇 1993年11月

うさぎ（ミミコちゃん）
きつねのコンスケくんのおたんじょうかいにいなりずしをプレゼントにもっていったうさぎ 「コンスケくんのおたんじょうかい」 斉藤瑶子作；いもとようこ画 教育画劇（コンスケくんシリーズ） 1990年9月

うさぎ（みみこちゃん）
のはらでちょうちょたちとなわとびをしてあそんだうさぎ 「ちょうちょとなわとび」 大熊義和作；津田直美画 教育画劇（おはなしチャチャチャ） 1985年1月

うさぎ（ミミたんてい）
ねこさんがなくしてしまったてぶくろをさがしてあげたうさぎのたんていさん 「あるくてぶくろ」 飯島敏子作；末崎茂樹画 教育画劇（おはなしバラエティ） 1983年1月

うさぎ（みみちゃん）
おとうさんとおかあさんとおとうととでんしゃでおでかけしたかえりにどうしてもタクシーでおうちにかえりたいといったうさぎのおんなのこ 「みみちゃんとタクシー」 小林純一原作；上地ちづ子脚本；田代知子画 童心社（よいこの12か月） 1989年10月

うさぎ（みみちゃん）
おにいちゃんといっしょにたなばたかざりをつくったうさぎのおんなのこ 「うさぎのみみちゃんたなばたまつり」 間所ひさこ作；新野めぐみ画 教育画劇（年少版はじめての行事かみしばい） 2003年1月

うさぎ（ミミちゃん）
きつねのコンコンのお山のなかよしのうさぎ 「コンコンのかさ」 篠塚かをり作；福島のり子脚色；鈴木幸枝画 教育画劇（たんぽぽシリーズ） 1979年5月

うさぎ(みみちゃん)
せつぶんのよるにおうちのそとにいたおにたちにまめをまいたうさぎのおんなのこ 「うさぎのみみちゃん おにはそとー!」 間所ひさこ作;新野めぐみ画 教育画劇(年少版はじめての行事かみしばい) 2003年1月

うさぎ(ミミちゃん)
どうぶつむらのみんなでそだてたさつまいもでいぬのタローくんとねこのチャトラくんとスイートポテトをつくったうさぎ 「わくわくスイートポテト」 高科正信作;黒岩章人画 教育画劇 1993年11月

うさぎ(ミミちゃん)
ねこのニャンたんとうーんととおくへいってみたこうさぎ 「とおくへいったよ」 内山安二作・画 教育画劇(おはなしチャチャチャ) 1991年6月

うさぎ(ミミちゃん)
みんなからおみみがねんねしてるといじわるをいわれていっしょにあそんでもらえないうさぎのおんなのこ 「ミミちゃんのおみみ」 チト・イトー作・画 教育画劇(げんまんシリーズ) 1984年6月

うさぎ(みんみちゃん)
みんなでおままごとをしてあそんだうさぎ 「すてきなおままごと」 寮美千子作;冬野いちこ画 教育画劇 1996年1月

うさぎ(ムク)
たんぽぽえんにいる白いムクムクのけをしためすうさぎ 「たんぽぽえんにはうさぎが二ひき」 いしばししずこ作;峰村亮而画 教育画劇(たんぽぽシリーズ) 1982年4月

うさぎ(めめくん)
かぞく四にんでおでかけしたかえりにおとうさんとおねえさんのみみちゃんがタクシーでかえることになったのにおかあさんとあるいてかえることになったうさぎのおとこのこ 「みみちゃんとタクシー」 小林純一原作;上地ちづ子脚本;田代知子画 童心社(よいこの12か月) 1989年10月

うさぎ(モコ)
はるはどこからくるのかな?とおもってはるをさがしにゆきがとけてながれているかわへいったうさぎのおとこのこ 「みつけたはる」 神沢利子脚本;長野ヒデ子画 童心社(げんきななかまシリーズ) 1993年3月

うさぎ(ラビちゃん)
うさぎのおとこのこビットくんととてもなかよしでいつでもどこでもいっしょのうさぎのおんなのこ 「ラビちゃんのおたんじょうび」 ふりやかよこ作・画 教育画劇 1991年9月

うさぎ(ラビちゃん)
うんどうのにがてなやぎのメイ子ちゃんをはげましたともだちのうさぎのおんなの子 「とんではしって」 福島のり子作;西村達馬画 教育画劇(兄弟愛と自然きょうだいシリーズ) 1977年10月

うさぎ(ラビちゃん)
ゆうべおそくまでおきていたのであさごはんもたべないでがっこうにきたうさぎ 「おおきくなるには」 堀尾青史作;前川かずお画 童心社(よいこの保健・安全シリーズ) 1984年9月

うさき

うさぎ（らら）
おばあちゃまにてがみをかいてゆうびんしゃにわたしたこうさぎ 「てがみのまいご」 小春久一郎作；島田明美画　教育画劇（おはなしランド）　1985年9月

うさぎ（ららら）
こねこのみーやがおかあさんにかってもらったかさにいれてもらったうさぎ 「あめふりぼうず」 小春久一郎作；田中恒子画　教育画劇（ユーモアだいすき）　1988年6月

うさぎおばけ
きけんなこうじげんばにはいったさるのもんくんたちをたすけたうさぎのおばけ 「うさぎおばけのパトロール」 山本省三作・絵　教育画劇　2007年5月

うさぎくん
さるくんやきつねさんやくまくんやぶたさんにほめられておやつのホットケーキをみんなあげてしまったうさぎくん 「ホットケーキはみんなだいすき」 木村裕一作；岩切美子画　教育画劇（かみしばいだいすき）　1993年7月

うさぎくん
たぬきさんやきつねさんやしかさんたちとからだのいろやはなやしっぽをかえっこしたうさぎくん 「かえっこかえっこ」 尾崎真吾作・画　教育画劇（みんなもいっしょにね）　1994年1月

うさぎくん
ぶたちゃんのたんじょうかいによばれてウキウキととびはねていってあおしんごうがチカチカしているのにわたっていったうさぎくん 「あわてんぼうのうさぎくん」 宮﨑二美枝脚本；宮﨑耕平画　童心社（交通安全かみしばい・あぶないっ！きをつけて！）　1993年9月

ウサギーくん
きつねのパンやときょうそうしてポスターやの男ツンツンヒョロリにポスターをたのんだもりのパンやさん 「もりのパンやそうどう」 西内ミナミ作；中村景児画　教育画劇（あひるさんシリーズ）　1981年3月

うさぎさん
あわてんぼのうさぎのはなやさん 「あわてうさぎのはなやさん」 矢崎節夫作；ながよしかよ画　教育画劇（どうぶつむらのおみせやさん）　1986年4月

うさぎさん
うみにエビフライにするエビをとりにきたコックのぶたさんにつりざおをかしてくれたうさぎさん 「みんななかよくエビフライ」 木村研作・画　教育画劇（ゆかいなたべもののおはなし）　1985年9月

うさぎさん
おみみにリボンをつけたうさぎさん 「みんなリボン」 なかむらとおる作；津田直美画　教育画劇　2001年1月

うさぎさん
きょうはどうぶつたちのうんどうかいで赤ぐみになったうさぎさん 「がちゃがちゃうんどうかい」 髙木あきこ作；峰村亮而画　教育画劇　1981年9月

うさぎさん
それぞれのきせつにある野原の音楽を楽しんでいるうさぎさんたち 「うさぎのおんがくかい」 矢崎節夫原作・脚色;林蘭画 NHKサービスセンター(NHK創作童話集) 1979年1月

うさぎさん
だぁれかくるおとにおみみをすましたうさぎさん 「だぁれがだぁれがくるのかな」 武鹿悦子作;黒岩章人画 教育画劇 1995年1月

うさぎさん
たぬきさんにかぼちゃばたけのつくりかたをおしえてあげたうさぎさん 「たぬきさんのかぼちゃパイ」 仲倉眉子作・画 教育画劇(おはなしチルチル) 1985年8月

うさぎさん
たぬきのおにいさんにつれられてあおぞらこうえんにやってきたうさぎさん 「あいうえんそくたのしいな」 草間真之介作・画 教育画劇(家庭版かみしばい) 1995年3月

うさぎさん
だれでもすわって休んでいい"どうぞ"のいすを作って山のひろばにおいたうさぎさん 「どうぞのいす」 香山美子作;岩本圭永子画 教育画劇(ちょうちょシリーズ) 1984年4月

うさぎさん
タンバリンをならしていたじゅんちゃんといっしょにトライアングルをがっそうしたうさぎさん 「たんばりんじゃじゃん」 八木田宜子作;和歌山静子画 童心社(こぶたシリーズ) 1976年8月

うさぎさん
ひろこちゃんのぼうしをもっていったうさぎさん 「わたしのぼうし」 加藤晃作・画 教育画劇(かみしばいだいすき) 1993年7月

うさぎさん
みんなですきなコップをえらんでいちごジュースをついでもらってだれのがおおいかくらべっこしたうさぎさん 「いちごジュースでくらべっこ」 西内久典原案;西内ミナミ脚本;和歌山静子画 童心社 1990年5月

うさぎさん
りすさんとさるさんとくまさんみんなにでんわしてもでないのでこまったうさぎさん 「こまったでんわ」 阿部恵作;夏目尚吾画 教育画劇(おはなしチャチャチャ) 1991年6月

うさぎさん
りすのゆうびんやさんがいけにおとしてじがにじんでしまったてがみをじぶんにきたものだとおもったうさぎさん 「はーい、ゆうびんでーす!」 あべはじめ作・画 教育画劇 1989年4月

うさぎさん
天からおりて来た赤いひもをカメさんたちと引っぱったうさぎさん 「ながいながいながーい」 しらねあつこ原作・脚色・画 NHKサービスセンター(NHK創作童話集) 1979年1月

ウサギさん
けっしていいおとなりさんではないブタさんとゾウさんとならんですんでいたウサギさん 「ひっこし-中国の昔話より」 夏目尚吾脚色・画 教育画劇 1991年3月

うさき

ウサギさん
にんじんをたべたウサギさん 「おくちをあーん」 伊東美貴作・画 教育画劇 1999年8月

ウサギさん
バナナがいっぽんおちていたのはらにやってきたウサギさん 「バナナがいっぽん」 山本省三作・画 教育画劇(かみしばいだいすき) 1993年7月

ウサギサンタ
どうぶつサンタむらのおもちゃをつくるのがとくいなウサギのサンタ 「サンタサンタサンタ」 つちだよしはる脚本・絵 童心社 2007年12月

うさぎサンタさん
うさぎのまちのこどもたちにクリスマスのプレゼントをとどけにきたうさぎサンタさん 「うさぎサンタさんのプレゼント」 武鹿悦子作;田頭よしたか画 教育画劇(きれいな花いっぱい) 1990年9月

うさぎせんせい
あめがふってえんのどうぶつたちにボールがみをあわせてすきなものを作らせたうさぎせんせい 「にじのいろってどんないろ？」 古寺伸竹作;奥田怜子画 教育画劇(ちいさなちいさなおはなし) 1979年7月

うさきち
くまの子のくまおとねこの子のにゃんこときゅうにのってそらのさんぽをしたうさぎの子 「そらのさんぽ」 鶴見正夫作;チト・イトー画 教育画劇(ポッポシリーズ) 1985年6月

うさきち
ふかーいもりのおくにすんでいたまほうをおしえるせんせいにまほうをならいにいったふたりのうさぎのひとり 「まほうのきょうそう」 瀬名恵子作・画 教育画劇(まほうのくにへようこそ) 1991年5月

うさぎちゃん
あっちゃんぴったんこしてあそんだうさぎちゃん 「ぴったんこってきもちいいね」 田村忠夫脚本;土田義晴絵 童心社(2・3歳児のふれあいあそび ことばとからだであそぼう!) 2004年9月

うさぎちゃん
あめがあがったのでわにくんやぶたくんたちとみんなでどろんこあそびをしてあそんだうさぎちゃん 「どろどろどろんこおばけ」 仲川道子脚本・画 童心社(げんきななかまシリーズ) 1994年8月

うさぎちゃん
いけにおちたリボンをひろってくれたさかなさんたちをみんなでかさのいけにいれてそとにだしてあげたうさぎちゃん 「ゆうらゆらかさのいけ-魚は、どうして水の中で生きられるの？」 中村美佐子作;西村達馬画 教育画劇(はてな?なぜかしら??) 1989年4月

うさぎちゃん
ちいさなおばけちゃんがあそんであげたちいさなうさぎ 「ちいさなおばけ」 瀬名恵子作・画 教育画劇(ポッポシリーズ) 1982年1月

うさこ

うさぎちゃん
ピクニックにいってみんなでしりとりをしながらおべんとうをたべたうさぎちゃん 「しりとりおべんとう」 しばはらち作・画 教育画劇 1989年9月

うさぎちゃん
ボールをもってのはらにいってみんなといっしょにあそんだうさぎちゃん 「ボールぽん！」 仲川道子作・画 教育画劇(おおきくなあれ) 1992年1月

うさぎちゃん
みかんのかわをひとりでむけたうさぎちゃん 「むきむきおいしい！」 土田義晴脚本・絵 童心社(あかちゃんからの食育かみしばい ぱくぱくもぐもぐ) 2008年9月

うさぎちゃん
やまのひろばにあつまってみんなでおべんとうをたべたうさぎちゃん 「くいしんぼうはだあれ？」 清水えみ子脚本;鈴木幸枝画 童心社 1989年5月

うさぎちゃん
ゆきのさかみちでころんでしまったねずみちゃんといっしょにころころころがってゆきだるまになったうさぎちゃん 「ねずみちゃんのゆきだるま」 仲川道子作・画 教育画劇 1994年1月

うさぎちゃん
りゅうたくんとすすきをもってゆうやけののはらをあるいていったうさぎちゃん 「おつきみのはら」 土田義晴脚本・絵 童心社 2005年9月

うさぎのこ
さくらのはなびらがちっているそのしたではなびらをあつめていたうさぎのこ 「はなびらいっぱい」 森山京脚本;土田義晴絵 童心社 2002年3月

ウサコ
もうすぐひなまつりでおひなさまをだしたうさぎのおんなのこ 「なぜ、おひなさまをかざるの？」 三谷亮子脚本;川上尚子絵 童心社(なぜ?どうして?たのしい行事) 2001年9月

うさこちゃん
あわてんぼうのうさぎのはなやさんにてがみをくれたうさぎのおんなのこ 「あわてうさぎのはなやさん」 矢崎節夫作;ながよしかよ画 教育画劇(どうぶつむらのおみせやさん) 1986年4月

うさこちゃん
おかあさんのおてつだいをしてケーキをつくったうさぎのおんなのこ 「うさこちゃんのケーキづくり」 相沢るつ子作・画 教育画劇 1994年1月

うさこちゃん
きゅうにどうろにとびだしてトラックにひかれそうになったうさぎのおんなのこ 「うさこちゃんきをつけて」 相沢るつ子作・画 教育画劇(あたらしい交通安全紙芝居) 1991年1月

うさこちゃん
くまくんときつねくんとさんにんではるのいいにおいをさがしにいったうさこちゃん 「はるのにおいがするよ」 矢崎節夫作;鈴木幸枝画 教育画劇(きれいな花いっぱい) 1990年3月

うさこ

うさこちゃん
こいぬのチビちゃんたちとかくれんぼしていたうさぎのおんなのこ 「もういいかい」 川島美子作;遠竹弘幸画 童心社(うさちゃんシリーズ) 1979年9月

うさこちゃん
はずかしがりやのきつねくんがいっしょにあそびたいとおもっているうさぎのおんなのこ 「もっともっとよかったな」 矢崎節夫作;岡本美子画 教育画劇(四季の行事シリーズ たなばた) 1993年5月

うすすけ
ふかーいもりのおくにすんでいたまほうをおしえるせんせいにまほうをならいにいったふたりのうさぎのひとり 「まほうのきょうそう」 瀬名恵子作・画 教育画劇(まほうのくにへようこそ) 1991年5月

ウサタ
めんどりのコッコがのはらでひろったてがみをだれかによんでもらうためにいっしょにあるいていったうさぎ 「かみひこうきはだいじなてがみ」 松野正子脚本;鎌田暢子画 童心社(童心社の紙芝居 げんきななかまシリーズ) 1995年1月

うさちゃん
おかあさんからごちそうをつくるからおかいものにいってきてとたのまれたうさぎのおんなのこ 「うさちゃんのおかいもの」 わらべきみか作・絵 教育画劇 2004年1月

うさちゃん
くまさんのおやまのともだち 「かいじゅうがぼがぼ」 内山安二作・画 教育画劇(みんなもいっしょにね) 1994年1月

うさちゃん
ねこのあかちゃんがないていたのでさかだちをしてみせてあげようとしたうさぎのおんなのこ 「うさちゃん」 瀬名恵子作・はり絵 童心社(うさちゃんシリーズ) 1979年9月

うさちゃん
ねずみくんがおおきないけをみつけとたぬきくんにしらせたうさちゃん 「おおきないけ」 小出保子作・画 教育画劇(かわいい八つのおはなし) 1987年2月

ウサちゃん
こぐまのゴンちゃんのなかよし 「おもちゃどろぼう」 しばはらち作・画 教育画劇(おはなしドキドキ) 1987年1月

ウサちゃん
七五三の日におかあさんとお宮におまいりにいった三さいのうさぎの女の子 「七五三おめでとう」 安田浩作;チト・イトー画 教育画劇(あたらしい行事紙芝居) 1993年9月

うさぼう
おともだちのカメさんとこうえんへいってあそぶことにしたせっかちあわてもののうさぎ 「うっかりうさぎとたしかめカメさん」 木曽秀夫作・画 教育画劇(あたらしい交通安全紙芝居) 1997年6月;教育画劇 1991年1月

うさみみちゃん
ねこのミーちゃんのともだちのうさぎ 「いかのおすし」 にへいたもつ作;たんじあきこ絵 教育画劇(防犯標語かみしばい) 2007年5月

うし
かみさまのところへどうぶつたちがあつまる日にまにあうようによどおしあるいていったうし 「ねことねずみ」 奈街三郎作;高雄頼春画 教育画劇 1976年1月

うし
なまけもののまじょのいえのおちちがたまってはちきれそうでくるしそうなめうし 「なまけもののまじょ-イギリス民話」 宗方あゆむ文;島田コージ画 教育画劇 1994年8月

うし
大きくなっておかあさんのおっぱいだけのんでいるのがはずかしくなってたべものをさがしにまきばへいったこうし 「こうしちゃん」 堀尾青史作;久保雅勇画 童心社(こぶたシリーズ) 1984年6月

ウシ
ハチにさされてさわぎだしたおウシとめウシ 「ブーンブンブン」 バイロン・バートン作;八木田宜子脚本 ほるぷ出版(ほるぷの紙芝居-海外秀作シリーズ) 1982年9月

うし(チッチーさん)
アイスクリームのアイスくんににわとりのコケコさんとみつばちのハチミさんとさんにんでいもうとをつくってあげためうし 「アイスくん」 山福朱実作・絵 教育画劇 2006年1月

うし(ペーテルおじさん)
あしをけがしてしまったこぐまのビリーにミルクをもってきてくれたうしのおじさん 「そんなのいらない」 リンデルト・クロムハウト脚本;福田岩緒絵;野坂悦子訳 童心社 2003年11月

うしおに
火のとりにたのまれていのちの水をさがしにいったまえがみたろうにちからをくれたうしのおに 「まえがみたろう」 松谷みよ子脚本;箕田源二郎画 童心社(紙芝居セレクションむかしむかし) 2003年5月

うしかい
天のかみさまがおりひめとふうふにしたがふたりともはたらくことをわすれて天の川のひがしとにしにはなされてしまったうしかい 「天の川にかかるはし」 小野和子文;狩野富貴子画 教育画劇 1995年11月

牛かい うしかい
天から水あびに来た七人の天女たちのすえむすめのおりひめのころもをかくしてふたりの子どもを生ませた牛かい 「うしかいとおりひめ-中国昔話」 松岡励子脚色;深沢省三画 NHKサービスセンター(NHK小学校国語紙芝居教材 外国の名作) 1979年1月

うしかいさん
天のかみさまのむすめのたなばたさんをおよめさんにしたうしかいのわかもの 「うしかいさんとたなばたさん」 金成正子文;白梅進画 教育画劇(おはなしきかせて) 1988年7月

うしか

うしかた
うしのせなかにしおじゃけをつんで山の中を歩いて来たらやまんばが出て来てしゃけもうしも食われてにげ出したうしかた 「うしかたとやまんば」 若林一郎文；岡村好文画 NHKサービスセンター（日本むかしばなし） 1977年1月

うしかた
たくさんのしおさばをうしのせなかにつんでうりにでかけた山みちにでてきたやまんばにさばをなげてにげだしたうしかた 「うしかたとやまんば」 坪田譲治作；福田庄助画 童心社（童心社のベスト紙芝居） 1985年1月

宇治金太郎さん　うじきんたろうさん
佐渡島にやってきたトキをつかまえてほごするまでみまもるしごとをしたとりがだいすきな男の人 「さいごのトキ、キンちゃん」 国松俊英脚本；黒川光広画 童心社 1998年10月

うしさん
おおきなつのにリボンをつけたうしさん 「みんなリボン」 なかむらとおる作；津田直美画 教育画劇 2001年1月

うしわかまる（みなもとの よしつね）
へいけとたたかってまけたげんじの大しょうの子ども 「うしわかまる」 西本鶏介脚色；白梅進作・画 教育画劇（日本昔話アニメかみしばい） 1987年9月

うずら
うずらに生まれかわって何千ばというううずらのかしらとなって森の中に住んでいたボサツ様 「りょうしとうずら−インド昔話」 たなべまもる脚色；西村達馬画 NHKサービスセンター（NHK小学校国語紙芝居教材 外国の名作） 1979年1月

うずら
大むかしインドの草原に一わのかしらを中心になかよくくらしていたなん百なん千のうずらたち 「りょうしとうずら」 足沢良子脚色；横溝英一画 教育画劇（2年の道徳紙芝居） 1993年2月

うぜん
きちのすけのおひゃくしょうさんのちちをきりころしたらんぼうもののさむらい 「あっぱれ！チビッコむさし」 菊地ただし文；毛利将範画 教育画劇 2003年9月

ウソギンチャク
うみでうまれたウメボシイソギンチャクのこどもたちのところへやってきたへんてこなもの 「イソギンチャクとウソギンチャク」 浅沼とおる作・画 教育画劇 2001年5月

うそつき
ある日おしろにやってきておうさまのためにせかいで一ばんりっぱでめずらしいようふくをつくってさしあげますといった二人のうそつき 「はだかのおうさま−アンデルセン童話より」 福島のり子脚色；森やすじ作・画 教育画劇 1989年3月

うそつき男　うそつきおとこ
あるとき王さまのごてんにやってきて自分たちはせかい一のしたてやで美しいふしぎなきものをつくることができるといったふたりのうそつき男 「はだかの王さま」 アンデルセン原作；安田浩文；清水祐幸画 教育画劇 1991年2月

うーたん
おみせやさんでまいごになったあっちゃんがいっしょにおかあさんをさがしてあげたちいさなまいごの子 「おおきくなったんだもん」 今関信子脚本;藤枝つう画 童心社 1996年2月

ウータン
みなみのしまからきてあかちゃんのときからユウちゃんのいえでかわれていた五さいのオランウータンのおんなのこ 「ジャングルへかえったオランウータン」 杉浦宏脚本;福田岩緒画 童心社(ゆたかなこころシリーズ) 1994年10月

うちゅうじん(オヤコドン)
地球そっくりの星を発見したたんけんたいのまえにあらわれたかいじゅうのかっこうをしたうちゅうじんの親子 「だれもいないほし」 北川幸比古原作・脚色;横川康夫画 NHKサービスセンター(NHK創作童話集) 1978年1月

うっかりや
さむい北の国の小川にすんでいてなかよしのふなといっしょにあたたかい南の国へひっこしをしようといったふな 「三びきのふな」 久保喬文;黒崎義介画 教育画劇(幼児童話傑作選第2集) 1966年4月

ウッキー
おしごとなにをしようかんがえていたゾウさんのところへやってきたサル 「ゾウさんのおしごとなーに?」 中谷靖彦作・絵 教育画劇 2005年9月

うなぎやのしゅじん
ともだちのきろくとせいはちがかばやきがたべたくなってはいったうなぎやのしゅじん 「うなぎにきいて」 桂文我脚本;長谷川義史絵 童心社(ともだちだいすき) 2005年7月

ウノ
アメリカのテネシーしゅうのおおきなもりにじっさまといっしょにくらしていた三びきのいぬの一びき 「しりっぽおばけ」 ジョアンナ・ガルドン再話;ポール・ガルドン絵;林克美脚本 ほるぷ出版(世界のおはなしシリーズ) 1998年9月

ウーフ
おかあさんのたんじょう日におかあさんのすきなものをあげようと山へさがしにでかけたくまの子 「おかあさんおめでとう」 神沢利子作;井上洋介絵 ポプラ社(くまの子ウーフ1) 2004年11月

ウーフ
きつねのツネタに「ウーフはねおしっこでできてるのさ」といわれたくまの子 「ウーフはおしっこでできてるか??」 神沢利子作;井上洋介絵 ポプラ社(くまの子ウーフ3) 2004年11

ウーフ
なつのあつい日きつねのツネタやコンやうさぎのミミたちとうみへいったくまの子 「くまの子ウーフのかいすいよく」 神沢利子脚本;井上洋介画 童心社(神沢利子・メルヘンかみしばい) 1985年4月

ウーフ
家の井戸水をくみあげるモーターがこしょうしてうさぎのミミの家に水をもらいにいったくまの子 「くま一ぴきぶんはねずみ百ぴきぶんか」 神沢利子作;井上洋介絵 ポプラ社(くまの子ウーフ2) 2004年11月

うま
うま
あるおひゃくしょうさんのうちにいてうまごやにすむねずみたちにいつもまめやむぎのえさをわけてやっていたやさしいうま 「やさしいおともだち」 武田雪夫原作;瀬田恵子脚本・画 童心社(紙芝居ベストセレクション第2集) 2000年5月

うま
ともだちのいたずらたぬきがばけたスキーにのったこうま 「スキーすき？きらい？」 東川洋子作;きよしげのぶゆき画 教育画劇 1990年1月

うま
めのみえないちょうちょといっしょにお花ばたけへいった子うま 「めのみえないちょうちょ」 大熊義和作;馬場爽脚色;岩本圭永子画 教育画劇(ちょうちょシリーズ) 1976年7月

うま
三人むすこのすえっ子のイワンがはたけをあらすめうまからうんでもらったせむしの小うま 「せむしの小うま（前編）（後編）」 エルショーフ原作;清水たみ子脚色;エム・ナマエ画 教育画劇 1985年12月

馬　うま
ある国の小さな村にいた心のやさしいおひゃくしょうさんにいたわってつかってもらっていた一とうのとしより馬 「こがねのいなたば」 浜田広介作;福島のり子脚色;黒谷太郎画 教育画劇(ひろすけ童話紙芝居全集) 1988年2月

馬　うま
犬にしっぽをかみきられたあくまの子が馬かたのじんべえさんにたのんでおなかにいれてもらった馬 「天下一の馬」 豊島与志雄作;宮下全司文;太賀正画 教育画劇(かみしばい児童文学館) 1987年11月

うま（シロ）
山のむこうのまちへにもつをはこびまちのにもつをもってくるのがしごとのノロマというあだなのおとこがゆきでつくった小うま 「ゆきの小うま」 長崎源之助作;遠竹弘幸画 教育画劇 1976年1月

うま（つばめとび）
どうどの山にすむ火のとりにたのまれていのちの水をさがしにいくまえがみたろうをのせていったそらとぶうま 「まえがみたろう」 松谷みよ子脚本;箕田源二郎画 童心社(紙芝居セレクションむかしむかし) 2003年5月

うま（とむ）
はじめてのはらへでかけてうれしくてかけまわっているうちにおかあさんうまとはぐれてしまったこうま 「はるのこうま」 与田凖一脚本;井口文秀画 童心社 1984年4月

馬（メッカの花）　うま（めっかのはな）
みなしごのソードの馬でペルシャの王さまにかわれて「メッカの花」という名をもらった馬 「メッカの花」 浜田広介作;福島のり子脚色;輪島清隆画 教育画劇(ひろすけ童話紙芝居全集) 1981年7月

馬（リタ）　うま（りた）
インドのハラナという町にやってきた馬商人のつれていた馬がうんだ子馬でひとりぼっちでくらすおばあさんにもらわれたかしこい馬　「おばあさんの馬」　瀬戸内寂聴文；小林豊絵　講談社（寂聴おはなし紙芝居）　2008年3月

うまおい（チーコちゃん）
すすきのしげったくさはらのかげにあったかるかやバレーがっこうのせいとのうまおい　「かるかやバレーがっこう」　こさかしげる画　童心社（かこさとし紙芝居傑作選）　1975年3月

うまかたどん
むらのこどもらにつかまったいたずらこだぬきをたすけてやったうまかたどん　「うまかたどんとたぬきのポンタ」　菊地ただし文；塩田守男画　教育画劇　1997年4月

うまさん
たあちゃんがねんどでつくったぶたみたいなうまでみんながつくったねんどのどうぶつたちにわらわれたうまさん　「へんでもわらいっこなし」　早川元二作；久保雅勇画　童心社（輝く文部厚生大臣賞シリーズ）　1965年3月

うまどろぼう（どろぼう）
あめがふるあるばんのことやまのなかにあったじいさまとばあさまのいえのうまごやにやってきたうまどろぼう　「ふるやのもり」　水谷章三脚本；金沢佑光画　童心社　1989年9月

ウミウシ（ミウミウ）
きのうからいなくなったかわいいウミウシのこ　「ウミウシめいたんてい」　井上よう子作；岡村好文画　教育画劇　2001年5月

ウミウシめいたんてい
うみべ三ちょうめギザキザいわ五ばんちにすんでいるウミウシのめいたんてい　「ウミウシめいたんてい」　井上よう子作；岡村好文画　教育画劇　2001年5月

ウミガメ
おきなわにおきゃくがやってきたのでかんげいのおどりカチャーシーをおどるウミガメたち　「カチャーシーをおどろうよ」　真栄城栄子脚本；まついのりこ絵　童心社（まついのりこ・かみしばい　ひろがるせかい）　1989年6月

うみがめ（かめ）
せかい一の大きさくらべのたびにでた大えびがいいねぐらだとおもってそのはなのあなにもぐりこんだ大うみがめ　「せかい一大きいはなし」　柴野民三文；安井康二画　教育画劇（たのしい民話民話でてこい）　1984年9月

海幸　うみさち
遠いむかしにいたとうとい神様の子どもであるふたりの兄弟の兄で海でさかなをとってくらしていたわかもの　「うみさちやまさち」　たなべまもる脚色；田代三善画　NHKサービスセンター（NHK小学校国語紙芝居教材　日本の古典）　1979年1月

うみのおうさま
ほうきぼしにだまされてうみへおとされたふたごのほしをそらへもどしてくれたうみのおうさま　「ふたごのほし」　宮沢賢治原作；堀尾青史脚本；ユノセイイチ画　童心社（宮沢賢治かみしばいの森）　1996年5月

うみひ

うみひこ
とおいむかしおとうとのやまひことふたりでうみでさかなをつってくらしていたおとこ 「うみひこやまひこ」 紙芝居研究会脚本；田代三善画 童心社（美しい心シリーズ） 1984年7月

うみへび（サイラス）
かいぶつみたいなおっかないすがたをしていたけどちっともこわくなんかなくてふねをあらしやかいぞくからたすけてやったおおきなうみへび 「海へびサイラス」 ビル・ピート作；八木田宜子脚本 ほるぷ出版（ほるぷの紙芝居–世界のおはなしシリーズ） 1989年6月

ウムウム
ふたごのアイアイとりんごのたねからそだてた木にたわわにみのったりんごでくだものやをはじめたサルくん 「アイアイとウムウムのなんでもくだものや」 西内ミナミ作；黒岩明人画 教育画劇（ゆかいなたべもののおはなし） 1985年9月

うめちゃん
ひろばできらいなものをはなしていたこどもたちのひとり 「まんじゅうこわい」 多田ヒロシ文・画 教育画劇 2002年5月

ウメボシイソギンチャク
うみでうまれたウメボシイソギンチャクのこどもたち 「イソギンチャクとウソギンチャク」 浅沼とおる作・画 教育画劇 2001年5月

うめぼしさん
うめの木のみだったのがもがれてしおをふられてうめぼしになっていったうめぼしさん 「うめぼしさん」 神沢利子脚本；ましませつこ画 童心社（神沢利子・メルヘンかみしばい） 1985年4月

ウーラ
むかしノルドンというくにのもりにいたかいぶつナクーラの子どもでおやがしんでひとりでもりをさまよっていて木こりにであったかいぶつ 「ナクーラのもり」 エム・ナマエ作；古味正康画 教育画劇（おはなしきかせて） 1988年9月

うらしまたろう
はまべでかめのこをたすけてやったおれいにうみがめにうみのそこにあるりゅうぐうへあんないされていったわかもの 「うらしまたろう」 若林一郎脚本；西山三郎画 童心社（日本名作おとぎばなし・むかしむかしあったとさ） 1986年9月

うらしまたろう
はまべでむらのわんぱくこぞうにいじめられていたかめをたすけてやったおれいにかめのせなかにのせられてりゅうぐうじょうへあんないされたわかいりょうし 「うらしまたろう」 片岡輝脚本；古川タク絵 ほるぷ出版（ほるぷの紙芝居 日本昔ばなしシリーズ） 1983年4月

うらしまたろう
はまべで村の子どもたちにいじめられていたかめの子をたすけてやったおれいにかめのせなかにのってりゅうぐうじょうへつれていってもらったわかいりょうし 「うらしまたろう」 奈街三郎文；工藤市郎画 教育画劇（紙芝居むかしばなし） 1991年5月

うらしまたろう
むかしあるはまべで子どもたちにいじめられていたかめをたすけてやったおれいにかめのせなかにのせられてりゅうぐうへつれていってもらったわかい男 「うらしまたろう」 伊藤海彦文；加藤英夫画　NHKソフトウェア（日本むかしばなし）　1996年1月；NHKサービスセンター（日本むかしばなし）　1977年1月

うらしまたろう
むかし丹後という国のある村にいたわかもので海でつりあげたかめを助けてやったお礼にりゅうぐうへつれていってもらった人 「うらしまたろう」 小池タミ子脚色；梶山孝明画　NHKサービスセンター（NHK小学校国語紙芝居教材 日本の古典）　1979年1月

うりこひめ
ばばが川へせんたくに行ったところ流れてきたでかいうりから生まれたかわいいむすめっこ 「うりこひめとあまんじゃく」 松岡励子脚色；清水耕蔵画　NHKサービスセンター（NHK小学校国語紙芝居教材 日本の民話Ⅰ）　1979年1月

うりこひめ
むかし子どものいないじいさまとばあさまがさずかった子でうりからうまれたのでうりこひめとなまえをつけたかわいい女の子 「うりこひめとあまのじゃく」 松谷みよ子脚本；梶山俊夫画　童心社（松谷みよ子民話珠玉選）　1973年3月

ウリボウ
十五夜のおつきさまに山のどうぶつたちみんなでげいをみせることになってきょうだいですもうをとったいのしし 「いのししのすもう－月見」 吉田タキノ文；篠崎三朗画　教育画劇　1998年8月

ウルトラかめん
みらいのくにのゆうくんがすべりだいタイムマシンにのってあいにいった百ねんまえのせいぎのみかた 「ウルトラゆうくん」 矢崎節夫作；奥田怜子画　教育画劇（いってみたいなこんなくに）　1989年1月

ウルトラセブン
うちゅうのへいわをまもるウルトラせんし 「ウルトラ戦士VS.怪獣軍団」 円谷プロダクション監修　永岡書店　1990年1月

ウルトラマン
うちゅうのへいわをまもるウルトラせんし 「ウルトラ戦士VS.怪獣軍団」 円谷プロダクション監修　永岡書店　1990年1月

うわばみ（だいじゃ）
たのきゅうというたびやくしゃをたぬきとおもいこんでばけてみせるようにいったとうげのうわばみ 「たのきゅう」 渋谷勲脚本；藤田勝治画　童心社（日本民話かみしばい選・おばけがいっぱい）　1993年4月

うんちくん
トイレからでようとしたあっちゃんをつかまえたうんちおばけ 「うんちくん」 宮﨑二美枝脚本；大和田美鈴絵　童心社（かみしばいからだってすごい！）　2003年8月

うんち

ウンチくん
おなかの中でどんどん大きくなって外に出たくてもがいているウンチくん 「がんばれウンチくん」 はたよしこ作・画 教育画劇 2005年4月

【え】

英子　えいこ
ゲンのお姉さん 「はだしのゲン第一巻」 中沢啓治作・絵 汐文社 1991年4月

英子　えいこ
ゲンのお姉さん 「はだしのゲン第二巻」 中沢啓治作・絵 汐文社 1991年4月

えかき
おひゃくしょうのたい作さんがたびにでてえのかきくらべをしたふたりのえらそうなえかき 「まっくろけのうし」 小野和子文;岡村好文画 教育画劇 2002年5月

えかきさん
おかねがぜんぜんなくなってしまっていちばんきにいったことりのえをおかねもちにうったえかきさん 「えかきさんとことり」 マックス・ベルジュイス作;八木田宜子脚本 ほるぷ出版（ほるぷの紙芝居-海外秀作シリーズ） 1982年9月

えかきさん
せんたくやさんでせんたくものをかんそうきにいれていたベレーぼうをかぶったえかきさん 「コーちゃんのポケット」 ドン・フリーマン作;八木田宜子脚本 ほるぷ出版（世界のおはなしシリーズ） 1998年9月

エジソン
世界の発明王 「エジソン」 はやしたかし脚色;野々口重画 教育画劇（紙芝居・伝記シリーズ） 1989年5月

SLマン　えすえるまん
みみせんせいとこどもたちをのせたままトンネルにとじこめられてしまったきかんしゃ 「クリームパンダとSLマン」 やなせたかし作・絵 フレーベル館

SLマン　えすえるまん
みみせんせいとこどもたちをのせたままトンネルにとじこめられてしまったきかんしゃ 「クリームパンダとSLマン」 やなせたかし作・絵 フレーベル館（ワイド版アンパンマンかみしばい）

SLマン　えすえるまん
らんぼうなこどものらんぼうやにけとばされてみずうみにおちたきかんしゃ 「アンパンマンとらんぼうや」 やなせたかし作・絵 フレーベル館

エッチ
らんぼうでちょっといじわるな男の子ゴロちゃんのうちにすんでいる小犬 「いじワるものがたり」 筒井敬介作;野々口重画 教育画劇 1975年3月

えみち

えっちゃん
かきの木のしたでままごとをしているときに木かげのひかりのもようからとびだしてきたちいさなオレンジいろのこどもたちをおきゃくさんにしてあげたおんなのこ 「すてきなおきゃくさん」 あまんきみこ脚本;アンヴィル奈宝子絵 童心社(ともだちだいすき) 2001年6月

えっちゃん
かぜにさらわれた赤いぼうしをおいかけていって大おとこが口の中に入れるのをみた女の子 「なまえをみてちょうだい」 あまんきみこ原作;鈴木謙二脚色;山本まつ子画 教育画劇(紙芝居民話でてこい第1集) 1979年4月

えっちゃん
スキップができるようになってスキップでまんなかのはらにいくことにしたおんなのこ 「スキップスキップ」 あまんきみこ脚本;梅田俊作絵 童心社 2007年11月

エノッグ
えのぐあそびをしていたけんちゃんのふでのしずくからうまれたえのぐのこびと 「こびとのエノッグ」 小宮山洋夫;早坂忠之原案;織本瑞子脚本;早坂忠之画 童心社(造形教育かみしばい) 1979年3月

えび
せかい一の大きさくらべのたびにでたわしがいいとまり木だとおもってそのひげにとまった大えび 「せかい一大きいはなし」 柴野民三文;安井康二画 教育画劇(たのしい民話民話でてこい) 1984年9月

えびのじょう
花のき村にやってきた五にんぐみのぬすびとのひとりでいえやくらなどのじょうをつくっていたおとこ 「花のき村とぬすびとたち(前編)(後編)」 新美南吉原作;水谷章三脚本;西山三郎画 童心社(ほのぼの新美南吉ランド) 1994年5月

エーブ
アメリカが独立してまだ五十年のころの開拓者の子で、のちの第十六代目の大統領 「リンカーン」 桜井信夫脚色;伊藤展安画 教育画劇(紙芝居・伝記シリーズ) 1978年2月

エフィムじいさん
エルサレムへいってキリストさまにおいのりをしようとたびをしてきたなかのいいふたりのおじいさんのひとり 「ふたりのおじいさん」 トルストイ作;角田光男文;輪島みなみ画 教育画劇(かみしばい児童文学館) 1989年8月

エフはかせ
自分でつくったロボットをつれてうちゅうの旅に出て新しい星へ手つだいに行ったはかせ 「はかせとロボット」 星新一原作;たなべまもる脚色;横川康夫画 NHKサービスセンター(NHK小学校国語紙芝居教材 創作童話) 1980年1月

えみちゃん
ほいくえんのみんなとどうぶつのいるゆうえんちにえんそくにいったおんなのこ 「どっちかな?」 野沢茂脚本;駒井啓子画 童心社 1987年2月

えみち

えみちゃん
まーくんとふたりで六つのおてんきマークがついたさいころをころがしておてんきをかえたおんなのこ 「まーくんのてんきよほう-家の中でみるマーク」 山末やすえ作；田沢春美画 教育画劇 2000年1月

エミちゃん
きんぎょばちのよこにできたにじのなかからでてきた七にんぐみのひかりのこびとにあった女の子 「いろのふしぎ」 岡野薫子脚本・画 童心社（よいこの12か月） 1981年2月

エミリー
ながれぼしロケットのパイロットのピピにトムじいさんとジャックとつきりょこうにつれていってもらったおんなのこ 「おつきさまのともだち」 磯田和一作・画 教育画劇（へんてこなくにのおはなし） 1991年5月

エメリヤン
きれいなけなみのきんのろばをひいてまちへいきおうさまにろばをとりあげられそうになったこなやの男の子 「エメリヤンとたいこ」 トルストイ原作；高橋五山脚本；小谷野半二絵 童心社（紙芝居セレクションむかしむかし） 2003年5月

エリセイじいさん
エルサレムへいってキリストさまにおいのりをしようとたびをしてきたなかのいいふたりのおじいさんのひとり 「ふたりのおじいさん」 トルストイ作；角田光男文；輪島みなみ画 教育画劇（かみしばい児童文学館） 1989年8月

えりちゃん
かずおくんたちとのはらでみつけたダンゴムシやタンポポのことをえはがきにしてしぜんのたよりをつくったおんなのこ 「しぜんのたよりをとどけよう」 江川多喜雄脚本；高橋透画 童心社（かみしばい子どもの生活ひろば） 1990年9月

エレーナ
イバンおうじがドルマートおうから火のとりとひきかえにつれてこいといわれたうつくしいひめぎみ 「火のとり（前編）（後編）」 アファナーシェフ原作；堀尾青史脚本；箕田源二郎画 童心社 1986年5月

エレーナひめ
イワン王子がすきになった美しいひめ 「ひのとり-ソビエト昔話」 小池タミ子脚色；赤星亮衛画 NHKサービスセンター（NHK小学校国語紙芝居教材 外国の名作） 1979年1月

エレンちゃん
アメリカのひろいむぎばたけできゅうこうれっしゃがとおるたびにいつもてをふってむかえるおんなのこ 「てをふるきかんしゃ」 神戸淳吉文；木佐森隆平画 教育画劇（げんまんシリーズ） 1984年10月

えんじ（こども）
ほのかちゃんのたんじょうびにみんなでやさいパーティーをしたたんぽぽぐみのえんじたち 「やさいパーティーしましょ」 徳永満理脚本；長谷川知子絵 童心社 2004年11月

えんちょう先生　えんちょうせんせい
いぬがこわくてにげだしたえんちょう先生 「あっちゃんあーんあーん」 西内ミナミ作；相沢るつ子画 教育画劇（コアラちゃんシリーズ） 1985年6月

えんどうまめ
ある日さやがはじけてひろいせかいにとびだした五つぶのなかよしきょうだいのえんどうまめ 「五つぶのえんどうまめ-アンデルセン童話より」 桜井美知代作・画 教育画劇(世界名作アニメかみしばい) 1990年5月

えんぴつ
だいちゃんがいったらくがきがじゆうのかみのくににいたしゃべるえんぴつ 「だいちゃんのぼうけん」 山本省三作・画 教育画劇(おはなしワクワク) 1990年3月

エンボくん
ちゅうごくのがっこうからてんこうしてきてことばがわからずにひとりでさびしそうにしていたおとこの子 「また、あおうね」 宮﨑二美枝脚本;高橋透絵 童心社(バリアフリーの紙しばい) 2001年3月

えんまさま
おひゃくしょうのりゅうじいさんがしんでいい年なので赤おにどもにひっとらえてくるようにいいつけたえんまさま 「おひゃくしょうとえんまさま」 君島久子再話;堀尾青史脚本;二俣英五郎画 童心社(紙芝居ベストセレクション第2集) 2000年5月

えんまさま
中国のおそなえものが少ないまずしいお百しょうさんをひどいめにあわせてやろうとして小おにをよびつけたえんま大王 「おひゃくしょうとエンマさま」 石山透脚色;深沢省三画 NHKサービスセンター(NHKかみしばい 世界の昔ばなし) 1982年1月

えんま大王　えんまだいおう
じごくけんぶつにきたかるわざしとはぬきしとやまぶしの三人ぐみをくってやろうとしたえんま大王 「じごくけんぶつ」 水谷章三脚本;藤田勝治画 童心社(日本民話かみしばい選・わらいばなしがいっぱい) 1984年9月

えんま大王　えんまだいおう
なまけてねてばかりいてしんでしまったおとこをばつとしてねこにしただいおう 「くろねこのしろいはな-中国民話」 わしおとしこ文;藤本四郎絵 教育画劇(ワッハッハ!ゆかいでおかしい世界の民話) 2009年1月

エンリーコ
ずがの時間にぶつかってきたコレッティにしかえしをしたおとこのこ 「あらそい」 アミーチス原作;堀尾青史脚本;輪島清隆画 童心社(紙かみしばい名作選) 1964年3月

【お】

おいしゃさん
たんけんタンちゃんとふたりでふしぎなくすりをのんでちいさくなってからだのなかのたんけんにでかけたおいしゃさん 「からだのたんけん」 かこさとし脚本;月田孝吉画 童心社 1982年1月

おいな

おいなりさん
おにぎりとまきずしとサンドイッチと四人いっしょにえんそくにでかけたおいなりさん 「おべんとうのえんそく」 矢玉四郎作・画　教育画劇(ゆかいなたべもののおはなし)　1988年11月

おいの森　おいのもり
岩手山のふもとにある四つのマツの森の一つ 「おいの森とざる森、ぬすと森」 宮沢賢治原作;国松俊英脚本;福田庄助画　童心社(宮沢賢治かみしばいの森)　1996年5月

おいも(いも)
ことし生まれたおいもでありましたかずおくんたちがいもほりにくることになっているおいもたち 「がんばったおいも」 中村悦子;河原場美喜子;中臣浩子作;坂本健三郎画　教育画劇(パンダちゃんシリーズ)　1985年1月

おうさま
きもののほかにはなんにもかんがえませんでしたそれはそれはきもののすきなおうさま 「はだかのおうさま」 アンデルセン原作;川崎大治脚本;夏目尚吾画　童心社(世界の名作・第1集)　1986年4月

おうさま
こなやの男の子エメリヤンがまちへつれてきたきんのろばをみてほしくてたまらなくなったよくばりなおうさま 「エメリヤンとたいこ」 トルストイ原作;高橋五山脚本;小谷野半二絵　童心社(紙芝居セレクションむかしむかし)　2003年5月

おうさま
サネカというおとこのこにたいようのところへいってかみのけを三ぼんもらってくるようにいいつけたおうさま 「太陽のかみのけ」 水谷章三脚本;藤田勝治絵　童心社　1997年1月

おうさま
さばきをうけにきたふたりのきょうだいとふうふにたいこをかついでもりをひとまわりしてくるようにいいわたしたおうさま 「たいこのひみつ(中国・タイ族の民話)」 ジイン訳;水谷章三脚本;藤田勝治画　童心社　1989年6月

おうさま
だいせいどうをたてるお金をつかいはたしてしまったときに山の中でまじょにあったおうさま 「まじょ」 滝本つみき脚本;篠崎三朗画　童心社(こわいぞ!世界のモンスター)　1997年5月

おうさま
はたらきもののあひるにかりたおかねをかえそうとしなかったぜいたくなおうさま 「あひるのおうさま-フランス民話から」 堀尾青史脚本;田島征三画　童心社(紙芝居ベストセレクション第1集)　1998年6月

おうさま
ピーンとのびたひげをつけていばっていたおうさま 「おうさまのひげ」 横笛太郎作・画　童心社(美しい心シリーズ)　1978年7月

おうさま
むかしあるくににいたたいへんおしゃれなおうさま 「はだかのおうさま-アンデルセン童話より」 福島のり子脚色;森やすじ作・画　教育画劇　1989年3月

おうさま
むかしあるくににいたまるでロバのみみそっくりなみみをしたおうさま 「おうさまのみみはロバのみみ」 桜井美知代作・画　教育画劇(家庭版名作アニメかみしばい)　1989年11月

おうさま
むかしベトナムのくににいたおうさまでたくさんのひとがけっこんしたいとおもううつくしいひめがいたおうさま 「しあわせの花-ベトナム民話より」 ダン・ミン・ヒエン作・絵　童心社(ともだちだいすき)　2000年10月

王さま　おうさま
あるおしろにいたぼうけんものがたりのほんがだいすきな王さま 「のんびり王さまのわるものたいじ」 仲倉眉子作;長島克夫画　教育画劇　1989年10月

王さま　おうさま
あるくににいたようふくをきるのもおしろのそとにでるのもめんどうくさいすごーくぐうたらな王さま 「ぐうたら王さまとまほうのドングリ」 宮西達也作・画　教育画劇　1989年10月

王さま　おうさま
ある国の一日になん回もいしょうべやに入るとてもおしゃれだった王さま 「はだかのおうさま」 石山透文;伊東美貴画　NHKソフトウェア(世界むかしばなし)　1996年1月

王さま　おうさま
イタリアのくににいたとてもものずきな王さまでふとったのみのかわでながぐつをつくった王さま 「のみのかわでつくった王さまのながぐつ-イタリア民話」 高橋五山脚本;いわさきちひろ画　童心社(いわさきちひろ画・紙芝居選)　1976年3月

王さま　おうさま
けらいたちにひとりずつおもしろいはなしをきかせてくれといった年とったかんしゃくもちの王さま 「春風と王さま」 小川未明原作;清水たみ子脚色;輪島みなみ画　教育画劇(小川未明童話紙芝居全集)　1986年3月

王さま　おうさま
コックさんにつけひげをしてニセモノ王さまになってもらってとなりの国の王さまとオートバイきょうそうをやってもらった王さま 「ニセモノばんざい」 寺村輝夫原作・脚色;和歌山静子画　NHKサービスセンター(NHK小学校国語紙芝居教材　創作童話)　1980年1月

王さま　おうさま
こびとのおじいさんをたけてやったおれいにもらったどんなことでものぞみがかなうまほうのかんむりをかぶって王さまになったよくばりものの木こり 「よくばり王さまのふしぎなかんむり」 小沢正作;夏目尚吾画　教育画劇　1989年10月

王さま　おうさま
コロツケが大すきでまいにちまいにちコロッケばかりたべる王さま 「かしこいおきさきさま」 瀬尾七重作;西村郁雄画　教育画劇(からだのおはなし)　1991年6月

王さま　おうさま
たいそうことりがすきでおしろのにわに大きなことりのうちをつくって森じゅうのことりたちをあつめた王さま 「王さまとことりたち」 安田浩作;牧村慶子画　教育画劇　1974年5月

おうさ

王さま　おうさま
とってもよわむしでこわいことがあるとものすごいうなりごえをあげてなくビクビクこくの王さま「よわむし王さまととうぞく」山脇恭作；宮本えつよし画　教育画劇　1989年10月

王さま　おうさま
ハンバーグがだいすきな王さま「グウグウハンバーグウ」矢崎節夫作；相沢るつ子画　教育画劇（ゆかいなたべもののおはなし）　1985年9月

王さま　おうさま
ポテトサラダが大すきでコックさんがどんなごちそうをつくってもポテトサラダしかたべない王さま「ポテトサラダのすきな王さま」仲倉眉子作；エム・ナマエ画　教育画劇（ゆかいなたべもののおはなし）　1991年3月

王さま　おうさま
まほうつかいの手下のものうりからかったまほうのこなをつかってこうのとりになりにんげんにもどれなくなったバグダッドの王さま「こうのとりになった王さま(前編)(後編)」高木あきこ文；うすいしゅん画　教育画劇（たのしい民話民話でてこい第2集）　1986年2月

王さま　おうさま
むかしあるくににいたロバの耳をした王さまでじぶんの耳をみたとこやさんをおしろのろうやにとじこめた王さま「王さまの耳はロバの耳」福島のり子文；清水祐幸画　教育画劇　1980年4月

王さま　おうさま
むかしある国にいたピカピカひかるあたらしいきものをきるのがなによりもすきだったおしゃれな王さま「はだかの王さま」アンデルセン原作；安田浩文；清水祐幸画　教育画劇　1991年2月

王さま　おうさま
むかしいたジンギスカンというとてもゆうきのある王さまでかりにつかうタカをたいへんかわいがっていた王さま「王さまとタカ」ボールドウィン作；福島のり子脚色；池田仙三郎画　教育画劇（名作の花束みつばちシリーズ）　1976年11月

王さま　おうさま
むかしインドの山おくにすんでいたごしきのシカをつかまえにいった王さま「五色のしか-宇治拾遺物語より」鈴木徹脚本・画　童心社（童心社のかみしばい　ゆたかなこころシリーズ）　2000年2月

王さま　おうさま
めずらしいどうぶつをみんなにみせびらかしてじまんするのがだいすきだった王さま「しまうまなぜなぜしまがある」木村裕一作・画　教育画劇（どうぶつなぜなぜ紙芝居）　1992年4月

王さま　おうさま
十日かんよるあかりをともしてはならないというきまぐれなめいれいをだした王さま「しあわせなきこり-トルコ」岡信子脚色；岡村好文画　教育画劇（世界のユーモア民話）　1994年5月

王さま　おうさま
仙人からまほうのふでをもらったマーリャンに金のごてんをかいてくれとたのんだよくばりな王さま「まほうのふで-中国民話原話」川崎大治脚本;二俣英五郎画　童心社(かみしばい世界むかしばなし)　1990年2月

おうじ
あらしでふねからうみの中へなげだされたところをにんぎょひめにたすけられたわかいおうじ「人魚ひめ」アンデルセン原作;堀尾青史脚本;いわさきちひろ画　童心社(いわさきちひろ画・紙芝居選)　1989年6月

おうじ
アンパンマンのえほんをよんでいるうちにアンパンがたべたくなってないていたつみきのくにのさんにんのおうじたち「アンパンマンとつみきのしろ」やなせたかし作・画　フレーベル館

おうじ
アンパンマンのえほんをよんでいるうちにアンパンがたべたくなってないていたつみきのくにのさんにんのおうじたち「アンパンマンとつみきのしろ」やなせたかし作・絵　フレーベル館(ワイド版アンパンマンかみしばい)

おうじ
アンパンマンのえほんをよんでいるうちにアンパンがたべたくなってないていたつみきのくにのさんにんのおうじたち「アンパンマンとつみきのしろ」やなせたかし作・絵　フレーベル館(家庭版幼児かみしばい)

おうじ
まじょにのろわれてしらがのおじいさんになりどうぶつたちともりのいえにくらしていたおうじ「森のいえ(前編)(後編)」グリム原作;八木田宜子脚本;篠崎三朗画　童心社　1998年1月

王子　おうじ
あるまちのひろばにたっていた「しあわせの王子」といううつくしいぞう「しあわせの王子」ワイルド原作;三谷亮子脚本;中村文子画　童心社(世界の名作第3集)　1999年5月

王子　おうじ
いばらの森のおくのおしろで百年の間ねむりつづけたおひめさまを見つけた王子「ねむりのもりのひめ」ペロー原作;立原えりか脚色;津田光郎画　NHKサービスセンター(NHK小学校国語紙芝居教材　外国の名作)　1979年1月

王子　おうじ
むかしある国の子どもがいない王さまにたんじょうしたろばの耳をした王子「ロバのみみをした王子」石山透脚色;津田光郎画　NHKサービスセンター(NHKかみしばい　世界の昔ばなし)　1982年1月

王子　おうじ
わるいこびとにたからものをぬすまれてくまにされてしまった王子「白ばらと紅ばら-グリム童話(前編)(後編)」安田浩文;峰村亮而画　教育画劇(民話と名作シリーズ)　1994年2月;教育画劇　1988年6月

おうし

王子　おうじ
森の中でどろぼうからもらった三つのたからをもって黒んぼの王をやっつけにいった王子　「三つのたから」　芥川竜之介作;宮下全司文;清水祐幸画　教育画劇(かみしばい児童文学館)　1986年8月

王子　おうじ
町のひろばに立っていたしあわせの王子のぞう　「しあわせの王子」　オスカー・ワイルド原作;高木あきこ脚色;工藤市郎画　教育画劇(2年の道徳紙芝居)　1993年2月

おうじさま
うつくしいおひめさまが百年のあいだねむりつづけているいばらがしげったおしろにやってきたおうじさま　「ねむりひめ」　ペロー原作;稲庭桂子脚本;佐竹美保画　童心社(世界の名作・第3集)　1999年5月

おうじさま
たんけんごっこがだいすきでけらいのオロロとこうえんにたんけんにいったおうじさま　「おうじさまのこうえんたんけん」　山本和子作;中村陽子画　教育画劇　2000年1月

おうじさま
まほうつかいにのろいをかけられて百年のあいだねむりつづけているおひめさまをむかえにきたおうじさま　「ねむりひめ」　ペロー原作;稲庭桂子脚本;武部本一郎画　童心社(童心社の家庭版かみしばい)　1987年7月

おうじさま
もりのおくのとうにとじこめられたラプンツェルのあいくるしいうたごえにききほれてやってきたおうじさま　「ながいかみのラプンツェル(前編)(後編)」　グリム原作;桜井信夫脚本;伊藤悌夫画　童心社　1994年1月

おうじさま
人くいおにのふうふにさらわれたおうじさま　「おにとおひめさま」　堀尾青史脚本;田島征三画　童心社(グリム童話傑作選)　1980年1月

王子さま　おうじさま
インドのくにの王さまからとおいくににいってめずらしいたからものをさがしてきた王子にひめをやろうといわれてたびにでた三人の王子さま　「そらとぶじゅうたん-アラビアンナイトより」　泉さち子文;長島克夫画　教育画劇(まほうのくにへようこそ)　1987年1月

王子さま　おうじさま
うつくしいおひめさまが百年のあいだねむりつづけている森の中のおしろにいった王子さま　「いばらひめ」　岡上鈴江文;工藤市郎画　教育画劇(おたんじょう日のかみしばい)　1975年3月

王子さま　おうじさま
のばらにかこまれたおしろのなかで百ねんもねむっているおひめさまにあいにいった王子さま　「もりのねむりひめ-グリム童話」　おくやまれいこ作・画　教育画劇(世界名作アニメかみしばい)　1990年5月

王子さま　おうじさま
ふかいうみのそこにあったにんぎょのくにの六ばんめのにんぎょひめがあらしのうみでたすけてあげた王子さま「にんぎょひめ」アンデルセン原作;香山美子文;工藤市郎画　教育画劇(世界名作童話紙芝居全集)　1991年2月

王子さま　おうじさま
ふかい海のそこにあったにんぎょのおしろのいちばん下のにんぎょひめがあらしの海でたすけた王子さま「にんぎょひめ」こわせたまみ文;瀬戸口昌子画　NHKソフトウェア(世界むかしばなし)　1996年1月

王子さま　おうじさま
まほうつかいにまほうをかけられてかえるにされていた王子さま「かえるの王子さま-グリム童話」清水たみ子文;伊藤悌夫画　教育画劇　1986年4月

王女　おうじょ
とてもおこりんぼの王さまにおしろをおいだされた三ばんめの王女「王女さまをたすけたまじょ-ドイツ民話より」高木あきこ文;奥田怜子画　教育画劇　1994年8月

王女さま　おうじょさま
王さまのながぐつのかわがなにかをおにいいあてられてごほうびにもらわれていった王女さま「のみのかわでつくった王さまのながぐつ-イタリア民話」高橋五山脚本;いわさきちひろ画　童心社(いわさきちひろ画・紙芝居選)　1976年3月

おうむ(しろちゃん)
女の子のいえにいた「おちゃがはいりましたよ」っていう口まちがとくいのおうむでねこのしろちゃんとなかよしだったおうむ「おうむのしろちゃんねこのしろちゃん」椋鳩十原作;佐伯靖子脚本;上野収画　童心社(日本の動物記シリーズ)　1980年7月

オウルはかせ
まちはずれのこだかいおかのうえにある森にいったナオトとトモミをあんないしてくれたしゃべるふくろう「ふくろうの森はほんの森」水野寿美子脚本;夏目尚吾画　童心社　1996年4月

大おとこ　おおおとこ
おとうさんもおかあさんもびょうきでしんでしまったリコちゃんと一しょにたびをした五人の大おとこ「リコちゃんと5にんの大おとこ」福島のり子作;石川雅也画　教育画劇　1976年2月

大おとこ　おおおとこ
ジャックがたかくたかく天までのびたまめの木をつたってのぼっていくと天のくにのおしろにいた大おとこ「ジャックとまめの木」鈴木信一作・画　教育画劇(家庭版名作アニメかみしばい)　1996年5月

大おとこ　おおおとこ
ながいるすのあいだにまいにちいえのにわにはいってあそんでいた子どもたちをかえってきておいだした大おとこ「こどものきらいな大おとこ」O.ワイルド原作;石川光男文;高橋宏幸画　教育画劇　1980年4月

おおお

大おとこ　おおおとこ
むかしあるところにいたものすごく大きなおとこでおなかがすくといつもむらへやってきてごちそうをたいらげていった大おとこ「山をせおった大おとこ」はやしたかし作；池田仙三郎画　教育画劇（兄弟愛と自然きょうだいシリーズ）1977年11月

大男　おおおとこ
ジャックがひとばんのうちにてんまでとどく大きな木になったまめのきをのぼっていくとくもの上の大きなしろにいた大男「ジャックとまめのき-イギリス民話より」堀尾青史脚本；篠原勝之画　童心社（家庭版かみしばい）1987年7月

大男　おおおとこ
ジャックがひとばんのうちにてんまでとどく大きな木になったまめのきをのぼっていくとくもの上の大きなしろにいた大男「ジャックとまめのき-原作イギリス民話」堀尾青史脚本；かみやしん画　童心社（世界の名作・第1集）1986年4月

大男　おおおとこ
ジャックがふしぎな豆がめをだして天までのびた豆の木をどんどんのぼって行くと雲の上のおしろにいた大男「ジャックと豆の木」若林一郎文；中村千尋画　NHKソフトウェア（世界むかしばなし）1996年1月

大男　おおおとこ
ちびのしたてやさんが王さまからたいじしてほしいとたのまれたふたりのわるものの大男「ひとうち七つ」川崎大治脚本；高橋恒喜画　童心社（グリム童話傑作選）1980年1月

大男（なば）　おおおとこ（なば）
むかしあそ山という山のふもとにばあさまと二人くらしていた村でもひょうばんの力もちの大男「なけばせんにんりき」水谷章三脚色；藤田勝治画　NHKサービスセンター（名作民話おはなし広場）1984年1月

大ガニ（カニ）　おおがに（かに）
うつくしいにんぎょひめをまほうでたかいとうにとじこめたうみのかいぶつ「にんぎょひめをたすけよう」柴野民三作；野々口重画　教育画劇（兄弟愛と自然きょうだいシリーズ）1977年11月

おおかみ
あかずきんがもりをあるいているとやってきたわるいおおかみ「あかずきん」森やすじ作・画　教育画劇　1994年6月

おおかみ
あかずきんが森のみちをいそいでいるとひょっこりかおを出したわるがしこいおおかみ「あかずきん-グリム童話」田口俊雄脚色；井の上正之画　教育画劇　1989年1月

おおかみ
あかずきんちゃんがもりのなかであったわるいおおかみ「あかずきんちゃん」グリム原作；小林純一脚本；篠崎三朗画　童心社（世界の名作・第1集）1986年4月

おおかみ
あかずきんちゃんが森の中であったわるいおおかみ「あかずきんちゃん」小林純一脚本；林俊夫画　童心社（家庭版かみしばい）1986年11月；童心社（世界五大ばなし）1980年6月

おおかみ
あめがふるあるばんのことやまのなかにあったじいさまとばあさまのいえのうまごやにしのびこんだおおかみ 「ふるやのもり」 水谷章三脚本；金沢佑光画 童心社 1989年9月

おおかみ
いつもえものたちにだまされておなかをすかせていたとんまなおおかみ 「とんまなおおかみ-ポーランド民話」 堀尾青史脚本；福田庄助画 童心社(かみしばい世界むかしばなし) 1985年10月

おおかみ
イバンおうじをせなかにのせて火のとりのいるしろへあんないしたふしぎなはいいろおおかみ 「火のとり(前編)(後編)」 アファナーシェフ原作；堀尾青史脚本；箕田源二郎画 童心社 1986年5月

おおかみ
おいしいたべものにありつけるのでおばあさんのいえにいってかわりにはたらいたおおかみ 「おばあさんのたからもの」 瀬尾七重作；山本省三画 教育画劇(きれいな花いっぱい) 1990年9月

おおかみ
おかあさんぶたにいわれてそれぞれじぶんのうちをつくった三びきのこぶたをたべようとやってきたおおかみ 「三びきのこぶた」 関修一作・画 教育画劇(家庭版名作アニメかみしばい) 1997年10月

おおかみ
おかあさんやぎがるすのあいだに七ひきのこやぎをたべてやろうとやってきたおそろしいおおかみ 「おおかみと7ひきのこやぎ-グリム童話より」 関修一作・画 教育画劇 1995年7月

おおかみ
おかあさんやぎがるすのあいだに七ひきの子やぎたちのおうちにきたわるいおおかみ 「おおかみと七ひきの子やぎ」 グリム原作；奈街三郎脚本；スズキコージ画 童心社(世界の名作・第2集) 1992年5月

おおかみ
おかあさんやぎが出かけて7ひきのこやぎがおるすばんをしているとやってきたおおかみ 「おおかみと7ひきのこやぎ-グリム童話」 大木純脚色；加藤晃画 教育画劇 2000年2月

おおかみ
おじいさんとおばあさんと小さなまごがすんでいたいえに馬をねらってやって来たおおかみ 「ふるやのもり」 石山透文；西岡たかし画 NHKソフトウェア(日本むかしばなし) 1996年1月

おおかみ
おばあさんのおみまいに行く赤ずきんちゃんを頭からぺろんとのみこもうとあらわれたおそろしいおおかみ 「赤ずきんちゃん」 こわせたまみ文；富永秀夫画 NHKサービスセンター(外国むかしばなし) 1977年1月

おおかみ
おやゆびこぞうをのみこんでしまったくいしんぼうのおおかみ 「おやゆびこぞう-グリム童話」 市川京子文；吉野健一画 教育画劇 1982年10月

おおか

おおかみ
かわでおおきなさかなをつかまえてきたこぐまのクータにさかなをわけてほしいといったおおかみ 「やいてたべよかにてたべようか」 おおともやすお脚本・絵 童心社(ともだちだいすき) 2008年9月

おおかみ
ごちそうをさがして三びきの子ぶたたちのうちへやってきたおおかみ 「三びきのこぶた」 川崎大治脚本;鈴木寿雄画 童心社(世界五大ばなし) 1980年6月

おおかみ
ごちそうをさがして三びきの子ぶたたちのうちへやってきたおおかみ 「三びきのこぶた-原作イギリス民話」 川崎大治脚本;福田岩緒画 童心社(世界の名作・第1集) 1986年4月

おおかみ
としよりいぬのズルタンのなかよしだった森のおおかみ 「としよりいぬのズルタン」 小林純一脚本;箕田源二郎画 童心社(グリム童話傑作選) 1982年4月

おおかみ
フランスのある村にすんでいた木こりのおじいさんとおかみさんのいえにやってきてにえたぎったスープをかけられたおおかみ 「こわいおおかみのこわいもの-フランス」 福島のり子脚色;鈴木信一作画 教育画劇(民話せかいのたび南欧編) 1990年11月

おおかみ
みんなとぶどうがりにきたぶたのぶうたくんをさらっていった山のはらぺこおおかみ 「ぶどうだいすきぱくんちゅるん!」 こわせたまみ作;鈴木幸枝画 教育画劇 1991年9月

おおかみ
山のむこうのどうぶつむらへクリスマスのおいわいのバイオリンをひきにいくとちゅうでみちにまよったやぎじいさんをうちへひっぱりこんだおおかみ 「やぎじいさんのバイオリン」 ハリス原作;堀尾青史脚本;岡野和画 童心社 1985年1月

おおかみ
森のおくから食べものをさがしにやって来たおなかをすかしたおおかみ 「三びきのこぶた」 若林一郎文;中村美幸画 NHKソフトウェア(世界むかしばなし) 1996年1月

おおかみ
森のどうぶつたちにだまされていつまでもごちそうにありつけないはらペコおおかみ 「ペコペコおおかみ」 田沢梨枝子作・画 教育画劇(ぱくぱくぱっくんシリーズ) 1981年11月

おおかみ
森のはいしゃのりすせんせいをつかまえてじぶんのむしばをなおさせようとしたおおかみ 「りすせんせいははいしゃさん」 神戸淳吉脚本;西村達馬画 童心社(むしばシリーズ) 1986年5月

おおかみ
谷川の上のひとりしかわたれない一本橋でうさぎやさるをまちぶせしていじわるをしていたおおかみ 「はしのうえのおおかみ」 奈街三郎作;伊藤悌夫画 教育画劇(道徳紙芝居総集編) 1986年4月

オオカミ
イワン王子の馬を食べてしまったかわりに王子を乗せて走ったオオカミ「ひのとり-ソビエト昔話」小池タミ子脚色;赤星亮衛画　NHKサービスセンター(NHK小学校国語紙芝居教材　外国の名作)　1979年1月

オオカミ
こうえんでみんなからはなれてしまったねこのミーちゃんにちかづいてきたあやしいオオカミ「いかのおすし」にへいたもつ作;たんじあきこ絵　教育画劇(防犯標語かみしばい)　2007年5月

オオカミ
しあわせ村へ行くとくべつ列車しあわせごうをヤマイヌとのっとったオオカミ「しあわせごうゴーゴー」堀尾青史作;若林一郎文;黒井健画　NHKサービスセンター(創作童話)　1977年1月

オオカミ
やまへはいった男にそれをかざしてみるとそのにんげんのほんとうのすがたがみえるオオカミのまゆげをあげたかしらのオオカミ「オオカミのまゆげ」YUJI文・絵　教育画劇　2008年1月

おおかみ(ウォー)
こひつじのチリンをでしにしたいわやまにすむきらわれもののおおかみ「チリンのすず」やなせたかし作・絵　フレーベル館(やなせたかし傑作集)

おおかみ(ドド)
クリスマスなんかだいきらいなおおかみのおじさん「クリスマスなんかだいっきらい!」山崎陽子作;大和田美鈴画　教育画劇(四季の行事シリーズ)　1992年11月

おおかみおう
すそのながいオーバーがなによりすきでお山のうさぎたちのけをみんなまっしろなオーバーのすそにしていたおおかみのおうさま「おおかみのおうさま」川崎大治作;小谷野半二画　童心社　1986年1月

オオカミ男　おおかみおとこ
まんげつのよるにオオカミにすがたをかえるオオカミ男「オオカミ男」千世まゆ子脚本;おぼまこと画　童心社(こわいぞ!世界のモンスター!)　1997年5月

おおかみのはいしゃさん
おくばのひとつにむしばができてズッキンズッキンうずきはじめたおおかみのはいしゃさん「はいしゃさんなんか、へっちゃらだい」本田カヨ子作;中沢正人画　教育画劇(四季の行事シリーズ　むしば)　1993年5月

大王　おおきみ
住吉(すみのえ)の港を見おろす百舌鳥野の丘に大きな山のような墓をつくることを命じたヤマトの大王「大王の墓」後藤竜二作;きくちひでお絵　汐文社(紙芝居日本の歴史4)　1987年4月

おおく

おおくにぬしのみこと
さめたちをだまして毛をむしりとられたいなばの白うさぎをたすけてやった大きなふくろをかついだ人「いなばのしろうさぎ」堀尾青史脚本；若山憲画　童心社（家庭版かみしばい）1989年2月

オオクニヌシノミコト
白うさぎにいたずらをしたかみさまたちのいちばん下の弟で心のやさしいかみさま「いなばのしろうさぎ」片岡輝脚色；沢井一三郎画　NHKサービスセンター（名作民話おはなし広場）1984年1月

大久保 忠世　おおくぼ・ただよ
武田・徳川軍の徳川の鉄砲隊をさしずする武将「長篠の戦い」山下國幸作；江口準次絵　汐文社（日本の歴史14）1987年12月

大グマ（クマ）　おおぐま（くま）
ひのやまへのぼろうとするひとをかたっぱしからなげとばしてしまうきんぴかの大グマ「ちびっこカムのぼうけん（前編）（中編）（後編）」神沢利子原作；中川美登利脚本；小関俊之画　童心社　1990年9月

おおにゅうどう
かしやをかりたおじいさんをいえからおいだそうとしてでてきたおばけ「おじいさんとおばけ」堀尾青史脚本；瀬名恵子画　童心社（ゆかいなおばけシリーズ）1987年7月

大庭 源之丞　おおば・げんのじょう
江戸時代に水になやむ村々をすくおうと箱根用水の大工事をなしとげたふたりの男のひとりでするが国深良村のしょうや「箱根用水」川崎大治脚本；久米宏一画　童心社（紙しばい日本人の力シリーズ）1976年10月

大ぶた　おおぶた
おかあさんからじぶんでおうちをたてるようにいわれてわらでおうちをたてたなまけものの子ぶた「三びきのこぶた」川崎大治脚本；鈴木寿雄画　童心社（世界五大ばなし）1980年6月

大ぶた　おおぶた
おかあさんからじぶんでおうちをたてるようにいわれてわらでおうちをたてたなまけものの子ぶた「三びきのこぶた-原作イギリス民話」川崎大治脚本；福田岩緒画　童心社（世界の名作・第1集）1986年4月

おおヘビ（ヘビ）
きしゅうのとまがしまにすむかいぶつのヘビ「とまがしま」桂文我脚本；田島征三絵　童心社（紙芝居おおわらい落語劇場）2004年3月

大丸（からすのカー）　おおまる（からすのかー）
にんじゅつでからすにばけたにんじゃがっこうのせんせいでほんとは大にんじゃの大丸「かくれんぼだぞ！にんじゃだぞ！」荒木昭夫脚本；やべみつのり画　童心社（しかけ紙芝居 びっくり劇場）1987年9月

オオムラサキ
はやしのエノキの木がにんげんにきられてしまったのでみずうみをわたりやまをこえてたまごをうむ木をさがしにいったオオムラサキのおかあさん 「オオムラサキのおかあさん」 渡辺享子脚本・画 童心社(ゆたかなこころシリーズ) 1994年7月

オオムラサキ(むっくん)
はやしのなかにあったおおきなエノキの木のはっぱのうえにならんでいたちいさなたまごからでてきたオオムラサキのちょうちょのぼうや 「オオムラサキのむっくん」 渡辺享子脚本・画 童心社 1996年7月

大ワシ(ワシ)　おおわし(わし)
むらのおんなのこチャピナをさらってそだてた大ワシ 「ちびっこカムのぼうけん(前編)(中編)(後編)」 神沢利子原作;中川美登利脚本;小関俊之画 童心社 1990年9月

おかあさん
いえがおみせやさんなのでシゲルがまほうをかけてふたりのおかあさんにしてあげたのにけんかをはじめたおかあさんたち 「ふたりになったおかあさん」 上地ちづ子脚本;月田孝吉画 童心社(よいこの十二か月) 1977年11月

おかあさん
おうちのなかでいなくなったおかあさん 「おかあさんどこかな」 香山美子脚本;鎌田暢子画 童心社 1987年5月

おかあさん
きゅうにおなかがいたくなってびょういんににゅういんすることになったさっちゃんのおかあさん 「さっちゃんのカーネーション」 高木あきこ作;高瀬のぶえ画 教育画劇(あたらしい行事紙芝居) 1995年3月

おかあさん
たっちゃんがちょっと泣くだけで何でも先まわりしてやってあげていたおかあさん 「おはなしできた」 中村博脚本;渡辺享子画 童心社(かみしばい・きちんとするのだいすき) 1981年9月

おかあさん
ははのひにサマーセーターをあんでおばあちゃんにプレゼントしたかなちゃんのおかあさん 「おかあさんありがとう」 神沢利子作;長野ヒデ子画 童心社 1987年5月

おかあさん
びょうきのぼうやをつれていってしまったしにがみからぼうやをつれもどしにいったおかあさん 「おかあさんのはなし」 稲庭桂子脚本;岩崎ちひろ画 童心社(輝く文部厚生大臣賞シリーズ) 1965年3月

おかあさん
まゆちゃんのいつもガミガミキャアキャアいうおかあさん 「がみがみおかあさん」 堀尾青史脚本;水沢研画 童心社(堀尾青史・幼年創作かみしばい集) 1984年10月

おかあさん
村の女の子のびょうきのおかあさん 「ななつのほし」 トルストイ原作;堀尾青史脚本;小谷野半二画 童心社(紙しばい名作選) 1992年5月

おかあ

おかあさん犬（犬）　おかあさんいぬ（いぬ）
六ぴきの子犬をうんで四ひきにはなまえをつけたのにあと二ひきになまえをつけるのをわすれていたおかあさん犬「ななしの子いぬ」柴野民三作；石川雅也画　教育画劇（おたんじょう日のかみしばい）　1975年3月

おかか
大正七年富山県の滑川町で米の安売りをたのむために米問屋へおしかけた漁師のおかかたち「おかかたちの米騒動」山下國幸作；伊藤和子絵　汐文社（紙芝居日本の歴史24）　1988年12月

おかみさん
おひゃくしょうをおどかしてはたけをたがやすうしをたべようとしたトラをうまくだましておいはらったおかみさん「いさましいおかみさんとトラ」イクラム・チュタイ原作・再話；田島伸二訳・脚本；モハマド・ワシム画　童心社（ゆたかなこころシリーズ）　1991年12月

おかよちゃん
むかしてんもく山のふもとにすんでいたおとうもおかあもしんでしまったむすめでまだちいさいのにほかのうちのはたけのくさとりをしたりくさかりのてつだいをしてくらしていたむすめ「てんもく山のおかよちゃん」かこさとし脚本・画　童心社（しかけ紙しばい　びっくり劇場）　1987年9月

おきく
あおやまてっさんというひめじのだいかんのやしきではたらいていたきれいなむすめ「さらやしきのおきく」桂文我脚本；久住卓也画　童心社（紙芝居おおわらい落語劇場）　2004年3月

おきさきさま
まいにち大すきなコロッケばかりたべる王さまになんでもたべさせるよいかんがえをおもいついたかしこいおきさきさま「かしこいおきさきさま」瀬尾七重作；西村郁雄画　教育画劇（からだのおはなし）　1991年6月

おきみ
貧しい小作農の父と町の米屋へそばを売りにいって病気の母に元気の出るうづらを買って来た女の子「うづら」堀尾青史脚本；西正世志画　子どもの文化研究所　1979年6月

おくろさん
うまれついたいろがきらいでまちのけしょうひんやさんでまっしろにそめかえてもらったまっくろなねこ「おしろさんとおくろさん」村山籌子原作；村山亜土脚本；和歌山静子絵　童心社（村山籌子幼年かみしばい）　2002年5月

おけやさん
ある日のこと大きなおけのたがをはめていて天まではじきとばされたおけやさん「おけやのてんのぼり」川崎大治脚本；二俣英五郎画　童心社　1987年4月

おけやさん
大きなふろおけにたがをはめておったらたががはじけたいきおいで空高くはねとばされとうとう天にのぼってしまったおけやさん「かみなりさんのでし」水谷章三脚色；よこかわやすお画　NHKサービスセンター（NHKかみしばい　日本の昔ばなし）　1982年1月

オーサ
まちにきてニルスがともだちになったきょうだいのおんなのこ 「ニルスのふしぎなたび(前編)(後編)」ラーゲルレーヴ原作;上地ちづ子脚本;ユノセイイチ画　童心社　1991年5月

おさき
からだがよわいおとうとのためにあにのゆうさくとげんきになるかしわのはっぱをさがしにいってはっぱにもちをくるんでたべさせたおんなのこ 「げんきがでるよかしわもち-こどもの日」山本省三作・画　教育画劇　2002年7月

おさじさん
おいしいものをおくちにはこんであげるためにうさぎのぼうやのところにやってきたおさじさん 「おさじさん」松谷みよ子作;瀬名恵子絵　童心社(こぐまシリーズ)　1973年5月

おさじさん
おやつのじかんになるとおやまをこえてのはらをこえてやってくるおさじのすがたのおさじさんたち 「アカネちゃんのうでどけい」松谷みよ子脚本;土田義晴画　童心社　1990年4月

おさとちゃん
おしろをつくるこうじでいきうめにされたむらのひとたちのかたきをおとうといっしょにうったおんなのこ 「なくなかわいいおさとちゃん(前編)(後編)」かこさとし脚本・画　童心社(童心社紙芝居傑作選)　1980年1月

おさむくん
いつもおうちのなかにばかりいてそとへいきたがらないさむがりやのおとこのこ 「からだぽっかぽっかおうえんだん」尾崎曜子作・画　教育画劇(食育かみしばい)　2005年4月

おさむくん
おやつのじかんにオーブンでパンがやけるのをまっているうちにねむってしまったおとこのこ 「パンのおやつ」なかえよしを作;おかざきとしお画　教育画劇(ゆかいなたべもののおはなし)　1985年9月

おさむちゃん
としおくんのおとうとで二ねんまえしんごうがないおうだんほどうでじこでなくなったおとこの子 「きいろいはた」福島のり子作;小谷野半二画　教育画劇(交通安全紙芝居)　1990年3月

おさむらい(さむらい)
わたし舟にいっしょにのっていたこどもたちがだだをこねてさわいだのでこしのかたなをぬいてあめだまをまっぷたつにきってやったおさむらい 「あめだま」新美南吉作;野村たかあき画　教育画劇(おさむらいさんのはなし紙芝居)　2003年9月

おさるさん
しっぽがひゅーんとのびたおさるさん 「のーびたのびた」福田岩緒脚本・絵　童心社(あかちゃんかみしばい ぱちぱちにっこり)　2006年9月

おさるさん(さる)
おかあさんとうらのお山へあそびにいったみよ子ちゃんがおとした赤いおくつをひろったおさるさん 「おくつがどんぶりこ」伊東挙位作;高瀬のぶえ画　教育画劇(おはなしおもちゃばこ)　1978年6月

おさる

おサルさん(サル)
ゾウさんとふたりでじぶんたちのどちらがえらいのか森のフクロウはかせにききにいったおサルさん 「どちらがえらい」 後藤栖根作;西村達馬画 教育画劇 1978年3月

おさん
ばかすことにかけちゃすごうでのなんたか山のたぬき 「おさんだぬきとかりゅうど」 秋元美奈子脚本;水野二郎画 童心社(美しい心シリーズ) 1988年1月

おさんぎつね
お寺のおしょうさんをばかしておみやげのあぶらげをとった古きづね 「おさんぎつね」 折口てつお作;若菜珪画 教育画劇(とんちばなし) 1992年7月

おじいさん
あみの中から金色のさかなを海へもどしてやったかわりになんでもねがいをかなえてあげるといわれたりょうしのおじいさん 「きんいろのさかな」 プーシキン原作;堀尾青史脚本;久米宏一画 童心社(紙しばい名作選) 1994年9月

おじいさん
あるばんぼろぼろのきものをきたおとこの人をとめてあげたおれいにまほうのたまをもらったおじいさん 「まほうのたま」 小松正幸文;西村達馬画 教育画劇(まほうのくにへようこそ) 1991年5月

おじいさん
ある日のこと森へ木をきりにでかけてふしぎな小人にたのまれて木をきらなかったかわりに三つのねがいがかなうやくそくをしてもらった心のやさしいおじいさん 「三つのねがい」 吉野弘子文;長島克夫画 教育画劇(たのしい民話民話でてこい第2集) 1990年10月

おじいさん
ある日のこと村の子どもたちにつかまっていじめられていたたぬきをたすけてやったまずしいおじいさん 「ぶんぶくちゃがま」 伊藤海彦脚色;奈良坂智子画 NHKサービスセンター(NHK小学校国語紙芝居教材 日本の古典) 1979年1月

おじいさん
いたずらずきな三ちゃんという子ざるにらっぱをあげたおとうふやさんのおじいさん 「オサルノラッパ」 川崎大治作;羽室邦彦画 ほるぷ出版(ほるぷの紙芝居-黄金期名作選) 1984年5月

おじいさん
おばあさんがしんでひとりぼっちになってにわのていれをしなくなったおじいさん 「おじいさんの花」 中村ルミ子脚本;夏目尚吾絵 童心社(ともだちだいすき) 2002年3月

おじいさん
おばあさんとふたりでねこをかうことにしてねこをいっぴきさがしにいったおじいさん 「ひゃくまんびきのねこ」 ガァグ原作;高橋五山脚色;川本哲夫画 童心社(童心社のベスト紙芝居) 1986年1月;童心社(美しい心を育てる名作選) 1959年7月

おじいさん
おばけやしきにひっこしたおてつだいのひとづかいのあらいひとりぐらしのおじいさん 「おばけやしき-古典落語より」 小沢正脚色;勝又進画 教育画劇(日本のおばけ) 1992年8月

おじいさん
きにのぼってはいをまいてかれきにはなをさかせてとのさまからごほうびをもらったやさしいおじいさん 「はなさかじじい」 瀬名恵子脚本・絵 ほるぷ出版（ほるぷの紙芝居-日本昔ばなしシリーズ） 1983年4月

おじいさん
ころげたおだんごをおいかけてあなの中にはいっていっておじぞうさんにおだんごをさしあげてたからものをもらってきたやさしいおじいさん 「おだんごころころ」 竹崎有斐作；吉野弘子脚色；西原ひろし画 教育画劇（道徳紙芝居総集編） 1982年7月

おじいさん
ざるのはいをまいてかれきにはなをさかせてとおりかかったおとのさまからごほうびをもらったおじいさん 「はなさかじいさん」 高橋五山作；久保雅勇画 童心社（家庭版かみしばい） 1988年7月

おじいさん
ジュウタくんがおじさんとさがしにいったおむすびころりんのネズミのくにのよいおじいさんとわるいおじいさん 「おむすびころりん大はっけん」 等門じん作；津田直美画 教育画劇（紙芝居へんてこ日本むかしばなし） 1995年5月

おじいさん
なつのある日のことけがをしてとべないつばめをたすけてやったこころのやさしいおじいさん 「つばめのおんがえし」 国松俊英脚本；藤本四郎画 童心社 1994年5月

おじいさん
ネズミにおにぎりをわけてやってネズミのごてんにまねかれてたからのでるうちでのこづちをもらってかえったおじいさん 「ねずみちょうじゃ」 川崎大治脚本；久保雅勇画 童心社 1992年1月

おじいさん
ぱっぱとはいをまいてかれきにはなをさかせてとおりかかったとのさまからごほうびをたくさんもらったおじいさん 「はなさかじいさん」 与田準一脚本；岡野和画 童心社（日本名作おとぎばなし・むかしむかしあったとさ） 1986年9月

おじいさん
はらっぱのくさのなかのねずみのいえにとめてもらってもちつきをてつだったおれいにこばんをもらったおじいさん 「ねずみのおもちつき」 杉本由紀子文；西村達馬画 教育画劇 1989年12月

おじいさん
ひとのやっていることをみるとなんでもやってみたくなるくせがあったおじいさん 「ものまねじいさん」 仲倉眉子作・画 教育画劇（ユーモアひろば） 1986年6月

おじいさん
ひとりぼっちですんでいたみずうみのそばのこやにオオカミにおいかけられてとびこんできたクマといっしょにくらすようになったおじいさん 「しろいくびわのクマ」 プリシビン原作；鶴見正夫文；椎野利一画 教育画劇（心あたたまるほんとうにあったどうぶつの話） 1987年1月

おしい

おじいさん
むかしいたしょうじきもののおじいさんととなりのよくのふかいおじいさん 「天からのおくりもの」 市川京子文;すずきはつお画 教育画劇(民話と名作シリーズ) 1980年10月

おじいさん
むかしインドの森の中で仲よくくらしていたうさぎときつねとさるの三びきの目の前でたおれてしまった旅のおじいさん 「月のうさぎ」 瀬戸内寂聴文;岡村好文絵 講談社(瀬戸内寂聴おはなし紙芝居) 2007年11月

おじいさん
むかしなかまとすんでいたもりをでてだれかとともだちになろうとしたいぬがであったおじいさん 「おじいさんといぬ」 藤田勝治脚本・絵 童心社(ともだちだいすき) 2007年3月

おじいさん
むかしフランスのある村におかみさんとふたりですんでいた木こりのおじいさん 「こわいおおかみのこわいもの-フランス」 福島のり子脚色;鈴木信一作画 教育画劇(民話せかいのたび南欧編) 1990年11月

おじいさん
むかしほっかいどうのかわのほとりのコタンにすみかみさまからいただいたぎんのふねのおまもりをたいせつにしていたおじいさん 「ぬすまれたおまもり」 渡辺享子脚本・絵 童心社(ともだちだいすき) 2005年1月

おじいさん
やまでひろったこすずめをだいじにかわいがってそだてていたおじいさん 「したきりすずめ」 岡信子脚本;織茂恭子絵 ほるぷ出版(ほるぷの紙芝居-日本昔ばなしシリーズ) 1983年4月

おじいさん
やまにかこまれたしずかなむらにすみうまれてきたこどものためにこいのぼりをつくってあげていたえかきのおじいさん 「よあけのこいのぼり」 古山広子脚本;遠山繁年画 童心社(たのしい季節の行事 ぽかぽか・春のまき) 1990年1月

おじいさん
やまの一けんやでさびしくくらすいえにたぬきがばけてでてきたのをおもしろがってうんとこわがってやったおじいさん 「このつぎなあに」 山中恒作;こせきはるみ画 教育画劇 1973年7月

おじいさん
ゆうれいがでてもいいといってやちんがタダのかしやをかりたおじいさん 「おじいさんとおばけ」 堀尾青史脚本;瀬名恵子画 童心社(ゆかいなおばけシリーズ) 1987年7月

おじいさん
寒いばんに旅人を一ばんとめてあげてとなりの家の庭からだいこんを一本とってきて食べさせてやったそまつな家のおじいさん 「あとかくしのゆき」 小池タミ子脚色;林蘭画 NHKサービスセンター(NHK小学校国語紙芝居教材 日本の民話Ⅰ) 1979年1月

おじいさん
空にまだなんにもいろがついていなかったころある小さな町に住んでいたほんとうは神さまのやさしいおじいさん 「そらのいろはなぜあおい」 今西祐行作;小谷野半二画 教育画劇 1979年11月

おじいさん
山のなかで心のやさしい太郎さんがうさぎにあんないされたふしぎなごてんにいた白いひげのおじいさん 「ふしぎな山のおじいさん」 浜田広介作;福島のり子脚色;野々口重画 教育画劇(ひろすけ童話紙芝居全集) 1974年2月

おじいさん
山の中でおにたちとおどりをおどってほっぺたについている大きなこぶをとってもらったきこりのおじいさん 「こぶとりじいさん」 鶴見正夫文;西原ひろし画 教育画劇(紙芝居むかしばなし第2集) 1993年2月

おじいさん
山へしばかりに出かけておむすびを落としたあなの中へ落ちてねずみたちからお礼のおみやげをもらったおじいさん 「おむすびころりん」 若林一郎脚色;宇野文雄画 NHKサービスセンター(NHK小学校国語紙芝居教材 日本の民話Ⅰ) 1979年1月

おじいさん
山へ木をきりに出かけておむすびがころころころがっておちてしまったあなの中にころがっていってねずみのくににいったおじいさん 「おむすびころりん」 柴野民三文;安井康二画 教育画劇(紙芝居むかしばなし) 1993年2月

おじいさん
森で小人のたからものがはいった木をきらないでやったかわりに三つのねがいがかなうやくそくをしてもらったおじいさん 「三つのねがい」 吉野弘子文;長島克夫画 教育画劇 1981年9月

おじいさん
川にたきぎをなげこんだごほうびにりゅうぐうのかみさまからなんでもねがいをかなえてくれるはなたれこぞうさまをさずかったたきぎうりのおじいさん 「はなたれこぞうさま」 安田浩文;若菜珪画 教育画劇 1993年12月;教育画劇 1987年12月

おじいさん
村の沼にますを育てて村の人にのこしたいと思いますのこをたらいでかって沼にはなしたよいおじいさん 「ますとおじいさん」 浜田広介作;安泰画 童心社(紙しばい名作選) 1964年3月

おじいさん
町はずれのあるはしのそばでこいを売っていたひとりのおじいさん 「千代紙の春」 小川未明原作;菱田かづこ脚色;水野二郎画 教育画劇(小川未明童話紙芝居全集) 1986年3月

おじいさん
土間のネズミのあなにころんとおちたまめをおいかけてあなのおくに入っていくとネズミやおににであいきものやお金を手に入れたおじいさん 「まめこばなし」 伊藤海彦脚色;清水耕蔵画 NHKサービスセンター(名作民話おはなし広場) 1984年1月

おしい

おじいさん
年とったかんしゃくもちの王さまのごてんにやってきた世界中の国という国をあるいてきたというふしぎなおじいさん 「春風と王さま」 小川未明原作;清水たみ子脚色;輪島みなみ画 教育画劇(小川未明童話紙芝居全集) 1986年3月

おじいさん
木の上にのぼってはいをまいてかれ木に花をさかせてとのさまからごほうびをもらったおじいさん 「はなさかじい」 浜田広介文;黒崎義介画 教育画劇(紙芝居むかしばなし) 1983年3月

おじいさん(おうじ)
まじょにのろわれてしらがのおじいさんになりどうぶつたちともりのいえにくらしていたおうじ 「森のいえ(前編)(後編)」 グリム原作;八木田宜子脚本;篠崎三朗画 童心社 1998年1月

おじいさんとおばあさん
あるところにすんでいていつもいつもいっしょだった小さいおじいさんと小さいおばあさん 「りゅうになりたかったへび」 松谷みよ子原作;水谷章三脚本;藤田勝治画 童心社 1987年9月

おじいさんとおばあさん
あるひこどもがひとりもいなかったのでしょうがパンをやいてしょうがパンぼうやをつくったおじいさんとおばあさん 「しょうがパンぼうや-イギリスの昔ばなし」 ポール・ガルドン作;八木田宜子脚本 ほるぷ出版(ほるぷの紙芝居-世界昔ばなしシリーズ) 1983年4月

おじいさんとおばあさん
おおみそかのばんのこいえをたずねてきたまずしいみなりのおぼうさんをいえにいれてあげたしんせつなおじいさんとおばあさん 「おおみそかのおきゃくさま-大みそか～正月」 矢崎節夫文;藤本四郎画 教育画劇 1998年8月

おじいさんとおばあさん
きたかぜのふくさむい日にとおりをあるいていたおじいさんとおばあさん 「かぜのいたずら」 上沢謙二原作;花井巴意脚色;西村達馬画 教育画劇(タンバリン・シリーズ) 1980年12月

おじいさんとおばあさん
むかしあるところにいた一わのおんどりをかっていたおじいさんと一わのめんどりをかっていたおばあさん 「おんどりと二まいのきんか」 クリャンガ作;直野敦翻訳;福島のり子脚色;若菜珪画 教育画劇(たのしい民話民話でてこい) 1985年2月

おじいさんとおばあさん
むかし山のふもとにいたびんぼうぐらしのしょうじきもののおじいさんとやさしいおばあさん 「ねずみのすもう」 こわせたまみ文;宇夫方隆士画 NHKサービスセンター(日本むかしばなし) 1987年1月

おじいさんとおばあさん
よくねずみをつかまえるねこのタマとなかよくくらしていたおじいさんとおばあさん 「てつだいねこ」 水谷章三脚本;大和田美鈴絵 童心社(ともだちだいすき) 2004年9月

おじいさんとおばあさん
山ですもうをとっていた二ひきのねずみのためにもちをついてあげたびんぼうなおじいさんとおばあさん 「ちゅうちゅうハッケヨイー秋田の民話」 菱田かづこ作;いもとようこ画 教育画劇(おにごっこシリーズ) 1987年3月

おじいさんりす(りす)
クリスマスのばんに七ひきのりすのきょうだいがいるおうちにとめてもらったおおきなバスケットをもったおじいさんりす 「十ぴきのりすとクリスマス」 高橋五山脚本;久保雅勇画 童心社(家庭版かみしばい) 1989年10月

おじいちゃん
あっちゃんのいればのおじいちゃん 「げんこつあげるよ」 辻邦脚本;多田ヒロシ画 童心社(ゆたかなこころシリーズ) 1993年6月

おじいちゃん
えんでひらかれるぼんおどりたいかいにくみちゃんといっしょにいったおじいちゃん 「おじいちゃんとぼんおどり」 辻邦脚本;久保雅勇画 童心社 1992年8月

おじいちゃん
くみちゃんとえんのぼんおどりたいかいにいったおじいちゃん 「おじいちゃんとぼんおどり」 辻邦脚本;久保雅勇訳 童心社 1992年8月

おじいちゃん
こうちゃんのいえにいるむかしのとのさまみたいにひげをはやしていばっているおじいちゃん 「おじいちゃんはとのさま」 西本鶏介作;勝又進画 教育画劇(たんぽぽシリーズ) 1982年9月

おじいちゃん
びょうきでおやすみしたがくちゃんのかわりにやぎぐみのことりとうばんをしたおじいちゃん 「ことりとうばん」 川島美子脚本;駒井啓子画 童心社 1980年5月

おじいちゃん
ぼんやりしだして夜の公園でぼーっとしていたのでユウレイとまちがえられたけんじのおじいちゃん 「ユウレイなんかじゃない」 マオアキラ原作;上地ちづ子脚本;長野ヒデ子画 汐文社(紙芝居障害者といっしょに5) 1995年3月

おじいちゃんとおばあちゃん
けいろうのひにかぞくみんなでおんせんりょこうへおでかけしたおじいちゃんとおばあちゃん 「けいろうのひ」 いとうみき作・画 教育画劇 2007年9月

おじさん
いろんなしごとをしているよそのおじさんたち 「なにしているの？」 与田準一詩;子どもの文化研究所脚本;富永秀夫画 童心社(よいこの十二か月) 1977年5月

おじさん
たかしくんがこうえんででであったひとでちょうをぱくっとたべたかとおもうとぼうしからたくさんのちょうをだしたへんてこなおじさん 「へんてこおじさん」 前川かずお作 童心社(かみしばい・わらいとユーモア大行進) 1982年4月

おしさ

おじさん
ひるごはんのおむすびをたべたおじぞうさんからおれいにおむすびのたねをもらったおじさん 「おじさんのおむすび」 望月暢孝脚本;やべみつのり画 童心社(美しい心シリーズ) 1989年7月

おじさん
大ちゃんをロケットエンジンがついてるクルマにのせてあかちゃんのくにへいったおじさん 「あかちゃんのくに」 はやしたかし作;石川雅也画 教育画劇(よいこのたのしい紙芝居第1集) 1983年9月

おじさん(平野 長靖) おじさん(ひらの・ながやす)
おぜにくらしおぜのいきものやしぜんをまもるためにどうろをつくるのをやめさせるうったえをつづけたおじさん 「いわつばめとおぜのおじさん」 渡辺享子脚本・画 童心社(美しい心シリーズ) 1986年6月

おじじとおばば
あるときとなりからあんもちをみっつもらってのこったひとつをにらめっこしてかったほうがたべることにしたおじじとおばば 「あんもちみっつ」 水谷章三脚本;宮本忠夫画 童心社(日本民話かみしばい選・わらいばなしがいっぱい) 1984年9月

おじじとおばば
となりからあんもちをみっつもらいひとつのこったのをにらめっこにかったほうがたべることにしたおじじとおばば 「あんもちみっつ」 水谷章三脚本;宮本忠夫画 童心社(日本民話かみしばい選・わらいばなしがいっぱい) 1984年9月

おじぞうさま
雪の中でじさまにかさをかぶせてもらったおれいに大みそかの夜にじさまとばさまの家の前にごちそうをいっぱいおいて行った六人のおじぞうさま 「かさじぞう」 石山透文;奈良坂智子画 NHKサービスセンター(日本むかしばなし) 1987年1月

おしゃかさま
ある日のことごくらくのはすいけのふちをおあるきになっていたおしゃかさま 「くものいと」 芥川龍之介原作;鈴木徹脚本・画 童心社(ゆたかなこころシリーズ) 1994年12月

おしゃかさま
いばってかってなことばかりしていたそんごくうをいわやまのしたにとじこめたおしゃかさま 「そんごくう たびだちのまき」 呉承恩原作;上地ちづ子脚本;夏目尚吾画 童心社(ゆたかなこころシリーズ) 1993年9月;童心社(大長編かみしばい そんごくう1・2) 1993年8月;童心社(童心社紙芝居傑作選) 1993年9月

お釈迦様 おしゃかさま
ある日のこと極楽の蓮池のふちをお歩きになって蓮の葉のあいだから地獄の底のようすをごらんになったお釈迦様 「蜘蛛の糸」 芥川龍之介原作;鈴木景山構成;羽室邦彦絵画 ほるぷ出版(ほるぷの紙芝居-黄金期名作選) 1984年5月

おしゃれしずく(しずく)
のはらからそらにあがっていってゆうやけぐもになったしずく 「むくむくぽっかりほんわりこ」 まついのりこ脚本・画 童心社(とびだすせかい) 1986年9月

おしょうさん
あるときえらいぼうさんがたくさんくるあつまりに三人のこぞうさんをつれていってなんでもじぶんのするとおりにするようにいったおしょうさん 「いもころがし」 川崎大治作;前川かずお画 童心社(かみしばい 日本むかしむかし) 1977年8月

おしょうさま
むかしお寺に三人のこぞうさんとすんでいた食いしんぼうで少しけちんぼうのおしょうさま 「おしょうさんとこぞうさん」 筒井敬介脚色;若菜珪画 NHKサービスセンター(名作民話おはなし広場) 1984年1月

おしょうさん
おさんぎつねにばかされておみやげのあぶらげをとられたお寺のおしょうさん 「おさんぎつね」 折口てつお作;若菜珪画 教育画劇(とんちばなし) 1992年7月

おしょうさん
おてらのこぞうさんたちにはわけないでひとりでおもちをたべたくいしんぼうのおしょうさん 「くいしんぼうのおしょうさん」 鬼塚りつ子脚色;藤本四郎絵 教育画劇(日本のユーモア民話) 1993年8月

おしょうさん
たぬきのあそびばしょになっていたくさぼうぼうのあれほうだいのしょじょじというおてらにすむことになったおしょうさん 「しょじょじのたぬきばやし」 倉橋達治作・画 教育画劇(日本昔話アニメかみしばい) 1987年9月

おしょうさん
むかしあるむらのあるおてらにいたとてもくいしんぼうでけちんぼのおしょうさん 「ぼたもちをくったほとけさま」 やすいすえこ文;ひらのてつお画 教育画劇 1997年4月

おしょうさん
むらびとにたのまれておきょうをあげたかえりみちでいたずらぎつねにおみやげをだましとられたやまでらのおしょうさん 「いたずらぎつね」 桜井信夫脚本;藤本四郎画 童心社(日本民話かみしばい選・わらいばなしがいっぱい) 1984年9月

おしょうさん
三人のこぞうさんになんでもわしのするとおりにするようにといいきかせてそとのあつまりにいったおしょうさん 「いもころがし」 川崎大治作;前川かずお画 童心社(かみしばい日本むかしばなし) 1977年8月

おしょうさん
村人にいたずらをしてつかまったかっぱをたすけてやったおれいにふしぎなかめをもらったお寺のおしょうさん 「かっぱのかめ」 須藤出穂脚色;沼野正子画 NHKサービスセンター(名作民話おはなし広場) 1984年1月

おしろさん
うまれついたいろがきらいでまちのけしょうひんやさんでまっくろにそめかえてもらったまっしろなねこ 「おしろさんとおくろさん」 村山籌子原作;村山亜土脚本;和歌山静子絵 童心社(村山籌子幼年かみしばい) 2002年5月

おす

オズ
オズのくにの王さま 「オズのまほうつかい(前編)(後編)」 岡上鈴江文;長島克夫画 教育画劇 1987年4月

オセボ・ヒョウ
アナンシがそらのかみさまからはなしのだいきんとしてもってくるようにめいじられたするどいはをしたヒョウ 「おはなしおはなし」 ゲイル・E.ヘイリー作;八木田宜子脚本 ほるぷ出版 (ほるぷの紙芝居−世界のおはなしシリーズ) 1989年6月

オセボ・ヒョウ
そらのかみさまニヤメがアナンシにおはなしのだいきんとしてもってくるようにめいじたするどいはをしたヒョウ 「おはなしおはなし」 ゲイル・E.ヘイリー作;八木田宜子脚本 ほるぷ出版 (ほるぷの紙芝居−世界のおはなしシリーズ) 1989年6月

おせんべい
まらそんたいかいにでてかけっこをしたいろいろなかたちのおせんべいたち 「おせんべいのまらそんたいかい」 古山広子作;金沢佑光画 童心社(よいこの十二か月) 1978年10月

織田 信長　おだ・のぶなが
戦国の世の長篠の戦いにおける織田・徳川軍の総大将で天下一の勢いをほこる武将 「長篠の戦い」 山下國幸作;江口準次絵 汐文社(日本の歴史14) 1987年12月

おたまじゃくし
しんちゃんがやまのふもとのみずたまりからもってかえったかえるのたまごからうまれたおたまじゃくしたち 「かえるくんげんきでね」 島本一男脚本;岡本順画 童心社(げんきななかまシリーズ) 1999年3月

おたまじゃくし(かえる)
水の中でたまごから生まれてきてかえるになって水からぴょんととびだしたおたまじゃくし 「たまごとたまご」 森比左志文;甲斐哲也画 NHKサービスセンター(なぜなぜ童話) 1977年1月

おたまじゃくし(たまごろう)
いけの中でとのさまがえるのたまごからうまれたとてもげんきでしりたがりやのおたまじゃくし 「おたまたまごろう」 金山美莎子作;若山憲画 童心社 1988年1月

おたまじゃくし(101ちゃん)　おたまじゃくし(ひゃくいっちゃん)
いちべえぬまのかえるのうちに百一ぴきもうまれたおたまじゃくしのなかでまいごになったかわいいぼうや 「おたまじゃくしの101ちゃん」 かこさとし作;仲川道子画 童心社(家庭版かみしばい) 1987年11月;童心社(小さな生物のせかい) 1978年5月

おだんご
じゅうごやのおつきみのばんにのっていたおさらからそらへのぼっていってそらじゅうおつきさまだらけにするいたずらをしたおだんごたち 「じゅうごやおつきさまいっぱい！」 高橋由為子脚本・画 童心社(よいこの12か月) 1989年9月

おちゃる
ゆきがつもったらはるまでへやでねているくまのぽんぽをおこしてあげるとやくそくしたともだちのさるのおとこのこ 「ないしょのゆきあそび」 すとうあさえ脚本;松成真理子絵 童心社(ともだちだいすき) 2007年2月

おーちゃん
おかあさんとかいものにいってひとりでかってにどこかへいってしまったとってもおこりんぼのおとこのこ「おこりんぼのおーちゃん」高木あきこ作;瀬名恵子画　教育画劇(新版交通安全紙芝居)　1990年3月

おちよさん
九州のくまもとのある村にいたしょうやのひとりむすめでどんなことがあってもわらわないというへんなびょうきになったむすめ「あっぷっぷー」柴野民三文;水野二郎画　教育画劇(健康とユーモアぺろぺろんシリーズ)　1982年6月

お千代さん　おちよさん
村へやってきた小さなサーカスだんのだんいんの女の人「しょうぼうとクロ」新美南吉原作;須藤出穂脚色;沼野正子画　NHKサービスセンター(NHK小学校国語紙芝居教材　創作童話)　1980年1月

おちょん
ばあさまのだいじなのりを食ってしまったのでしたを切られておい出されたすずめ「したきりすずめ」こわせたまみ文;西岡たかし画　NHKソフトウェア(日本むかしばなし)　1996年1月;NHKサービスセンター(日本むかしばなし)　1977年1月

おっかなせんせい
げんきなこねずみたちがかようがちゃがちゃえんの大きなとりのこわいせんせい「がちゃがちゃえんのおっかなせんせい」かこさとし脚本・画　童心社　1988年4月

おつきさま
おんがくが大すきなねこのミミにふしぎなそらのレコードをきかせてあげたおつきさま「ミミとおつきさま」安田浩作;おくやまれいこ画　教育画劇(おはなしワクワク)　1984年9月

おつきさま
たんたとおふろにはいったおつきさま「つきよのおふろ」高田弘子脚本・絵　童心社　2004年9月

おつきさま
十五夜のばんに山のどうぶつたちみんながげいをしてみせたおつきさま「いのししのすもう-月見」吉田タキノ文;篠崎三朗画　教育画劇　1998年8月

お月さま　おつきさま
よるになるとたかいおそらからみんなをみているやさしいお月さま「お月さまいくつ」アンデルセン原作;稲庭桂子脚本　童心社(いわさきちひろ画・紙芝居選)　1976年3月

お月さま　おつきさま
顔も体もかみの毛もあかいのでみんなからアカナーとよばれていた男の子を助けてあげたお月さま「アカナーとおつきさま」小池タミ子脚色;田木宗太画　NHKサービスセンター(NHK小学校国語紙芝居教材　日本の民話Ⅱ)　1980年1月

オットセイ
しまのどうぶつたちとともだちになろうとおもってやってきたのにかいじゅうにまちがえられたオットセイ「かいじゅうドットセイ」大川秀夫作;野々口重画　教育画劇(パピーちゃんシリーズ)　1986年4月

おつと

オットットのおじさん
とってもおっちょこちょいのまほうつかいのおじさん 「オットットのおじさん」 古川タク作・画 教育画劇 1989年7月

オッペル
おおがねもちでがっこうほどもあるしごとばにひゃくしょうをいっぱいつかってあさからばんまではたらかせているおとこ 「オッペルとぞう」 宮沢賢治原作；堀尾青史脚色；油野誠一画 童心社(童心社のベスト紙芝居) 1994年3月

おとうさん
いっしょうけんめいはたらいているみんなのおとうさん 「なにしているの？」 与田準一詩；子どもの文化研究所脚本；富永秀夫画 童心社(よいこの十二か月) 1977年5月

おとうさん
えんのにわでおやこキャンプをしただいすけとゆうやのおとうさんたち 「おとうさんってゆかいだな」 高橋道子脚本；平野哲雄画 童心社 1986年8月

おとうさんがえる(かえる)
子がえるがみたという大きなおばけより大きくなってみせようとしておなかがぱんくしてしまったおとうさんがえる 「ぱんくがえるぺちゃんこがえる」 堀尾青史脚本；二俣英五郎画 童心社(たのしいイソップ) 1975年5月

おとうと
むかしあるところにいたきょうだいのぼんやりもののおとうとでこわいことをさがす旅に出た男 「こわいことをならうために旅する男」 石山透文；谷田光司画 NHKサービスセンター(外国むかしばなし) 1977年1月

おとうと
やまへくりひろいにいったときにおににさらわれてしまったあねこをさがしてやまおくのおにのすみかまでいったおとうと 「おににさらわれたあねこ」 水谷章三脚本；須々木博画 童心社(日本民話かみしばい選・おばけがいっぱい) 1982年10月

おとうとおかあ
おしょうがつがちかづいたあるひいえのなかにびんぼうがみのじいさまがすみついているのをみつけたむらいちばんびんぼうなおとうとおかあ 「ふしぎなおきゃくさま」 桜井信夫脚本；藤本四郎画 童心社(たのしい季節の行事 わくわく・冬のまき) 1988年9月

おとうふさん
むかしむかしなかよしのそらまめさんといっしょにさんぽにでかけたおとうふ 「おとうふさんとそらまめさん」 松谷みよ子脚本；長野ヒデ子絵 童心社(年少向けおひさまこんにちは) 2005年7月

おとこ
あるとき「おらめしくわねえではたらく」っていったおんなをよめこにしたけちんぼなおとこ 「くわず女房」 松谷みよ子脚本；長野ヒデ子画 童心社(松谷みよ子民話珠玉選第2集) 1998年8月

おとこ
うみで水あびをしていたきれいなむすめさんのきものをぬすんでいえにつれてかえりおよめさんにしたおとこ 「たなばたのおはなし」 西本鶏介作;工藤市郎画　教育画劇(あたらしい行事紙芝居)　1989年9月

おとこ
こわいばけねこのおやぶんがすんでいるばけねこやまにきてしまったひとりのおとこ 「ばけねこやま」 山崎杉夫文・絵　教育画劇　2008年1月

おとこ
せかいいちさむいまちにやってきてうたのこおりをかったひげのおとこ 「うたうこおり−ロシアのむかしばなしから」 鶴見正夫作;岸田耕造画　教育画劇(たのしい民話民話でてこい)　1985年3月

おとこ
とのさまのおふれのとおりに灰でなわをなってもっていったほうびにしんだちちおやにあえるというはこをもらったおとこ 「とのさまからもらったごほうび」 山路愛子脚本;渋谷正斗画　童心社　1995年9月

おとこ
むかしあるところにおったなまけものであたまにめりこんだかきのたねをそのままにしておいたのでやがて大きな木になってしまったおとこ 「あたまにかきの木」 藤田勝治脚本・画　童心社(ゆたかなこころシリーズ)　1999年11月

おとこ
山おくのたに川でおぼれかかってごしきのシカにたすけてもらったおとこ 「五色のしか−宇治拾遺物語より」 鈴木徹脚本・画　童心社(童心社のかみしばい ゆたかなこころシリーズ)　2000年2月

男　おとこ
ある村にいたはたらくことがつまらなくなった男で家にあったぶつぞうをうって大がねもちになろうとした男 「天下一品」 小川未明原作;柴野民三脚色;池田仙三郎画　教育画劇(小川未明童話紙芝居全集)　1986年7月

男　おとこ
かんのんさまからのたまわりもののわらしべ一本をみかんやたんものや馬につぎつぎとかえてちょうじゃになったびんぼうな男 「わらしべちょうじゃ」 松岡励子脚色;清水耕蔵画　NHKサービスセンター(名作民話おはなし広場)　1984年1月

男　おとこ
むかし山のふもとの村にいたおそろしくけちな男でめしをくわぬという女をにょうぼうにした男 「くわずにょうぼう」 須藤出穂脚色;及川正画　NHKサービスセンター(NHKかみしばい 日本の昔ばなし)　1982年1月

男　おとこ
やまへはいってオオカミのかしらからそれをかざしてみるとそのにんげんのほんとうのすがたがみえるオオカミのまゆげをもらった男 「オオカミのまゆげ」 YUJI文・絵　教育画劇　2008年1月

おとこ

男(おとうと)　おとこ(おとうと)
むかしあるところにいたきょうだいのぼんやりもののおとうとでこわいことをさがす旅に出た男「こわいことをならうために旅する男」 石山透文;谷田光司画　NHKサービスセンター(外国むかしばなし)　1977年1月

おとこのこ
うさぎのぬいぐるみやおもちゃのひこうきをたかいたかーいしたおとこのこ「たかいたかい」 浅沼とおる作・画　教育画劇　1999年8月

おとこのこ
うんどうかいでどきどきしてころんでしまってたちあがれなくなったおとこのこ「どきどきうんどうかい」 ねじめ正一脚本;長谷川知子絵　童心社(ともだちだいすき)　2005年6月

おとこのこ
おかあさんとバスにのっておばあちゃんのうちへいってひとさしゆびでいろんなボタンをおしたおとこのこ「ひとさしゆびでプッシュオン」 松永正枝脚本;たかいよしかず画　童心社　1998年1月

おとこのこ
おひげのうんてんしゅさんのふしぎなくるまをみたおとこのこ「ふしぎなくるま」 古川タク作・画　教育画劇　1995年1月

おとこのこ
すいぞくかんへいったらタガメがいたのでうちへつれてかえってきたおとこのこ「ぼくのタガメ」 杉浦宏原案;やべみつのり脚本・画　童心社　1984年9月

おとこのこ
とのさまがだいすきなだんごをはこぶとちゅうおならをしておしろからおいだされたおくさまにうまれたおとこのこ「きんのだんご」 浅沼とおる作・画　教育画劇　2003年9月

おとこのこ
ベトナムのあるむらにいたひとりのおとこのこでおかあさんがつくってくれたうちわをたいせつにしていたこども「たいせつなうちわ」 ブイ・ドク・リエン脚本・絵　童心社(ともだちだいすき)　2008年1月

おとこのこ
まだなまえがないはだかんぼのおとこのこ「だれかおしえて」 黒田かおる脚本・画　童心社(みんなでみんなでおおさわぎ)　1995年5月

おとこのこ
ママのだいじなカップをじぶんがわってしまったのにいぬのブームがやったとうそをついたおとこのこ「ごめんね、ブーム」 オセーエワ原作;関谷三佐子訳・脚本;安和子画　童心社　1989年10月

おとこのこ
むかしあるところにとてもよくばりでいじわるなおばあさんとすんでいたおとこのこ「ぴょんぴょんぼたもち」 高木あきこ脚色;中沢正人絵　教育画劇(日本のユーモア民話)　1993年8月

おとこのこ
むかしよみかきはそっちのけでねこの絵ばっかりかいておっていえからおいだされたおとこのこ 「絵にかいたねこ-日本民話より」 吉田タキノ脚色;岡村好文画 教育画劇(日本のおばけ) 1992年8月

おとこのこ
八ぽんのクレヨンたちがかいたひとりうみのまんなかのすなのしまにたっているおとこのこ 「くれよんのはなし」 ドン・フリーマン作;八木田宜子脚本 ほるぷ出版(ほるぷの紙芝居-世界のおはなしシリーズ) 1989年6月

おとこの子　おとこのこ
おなかがすくといつもむらへやってきてごちそうをたいらげていく大おとこをこらしめてやった小さなおとこの子 「山をせおった大おとこ」 はやしたかし作;池田仙三郎画 教育画劇(兄弟愛と自然きょうだいシリーズ) 1977年11月

おとこの子　おとこのこ
サンタクロースのそりをひいていてかぜをひいてしまったトナカイのカイがやすんだみなみのくにの村のいえにいたおとこの子 「トナカイからのプレゼント」 やなぎやけいこ作;奈良坂智子画 教育画劇 1989年12月

おとこの子　おとこのこ
山のがけの下のみちへ小さいおんなの子になっていってみたたぬきの子をじてんしゃにのせてくれたおとこの子 「少年と子だぬき」 佐々木たづ作;遠藤てるよ画 童心社(輝く文部厚生大臣賞シリーズ) 1965年3月

男の子　おとこのこ
いえがとてもびんぼうだったのでまほうつかいのところではたらくことになってまほうをおぼえたかしこい男の子 「まほうでばけくらべ-ポルトガル」 高木あきこ脚色;村田耕一作・画 教育画劇(民話せかいのたび) 1990年11月

男の子　おとこのこ
うちのポストにシジュウカラがすをつくったのでポストにはりがみをした男の子 「ぼくのポストはおやすみです」 千世まゆ子脚本;のぞえ咲画 童心社 1999年9月

男の子　おとこのこ
きたかぜに青いマフラーをふきとばされてしまった男の子 「かぜのいたずら」 上沢謙二原作;花井巴意脚色;西村達馬画 教育画劇(タンバリン・シリーズ) 1980年12月

男の子　おとこのこ
くちのなかにしろいほうせきのようなはがならんでる男の子 「みてみてぼくのは」 しばはらち作・画 教育画劇(四季の行事シリーズ むしば) 1993年5月

男の子　おとこのこ
すぐになきだす子で森へさんぽにいってまいごになってないた男の子 「なきむしくん」 瀬名淳子作;瀬名恵子画 教育画劇(ちょうちょシリーズ) 1976年6月

男の子　おとこのこ
むかし中国にいたたいへんものしりのえらいせんせいから「この子は二十さいまでいきられない」といわれた男の子 「ほしのせんにん-中国の伝説」 菊地正脚色;辻繁人作画・美術 教育画劇 1990年5月

おとこ

男の子　おとこのこ
人間からおそれられきらわれて山のかげにかくれていたりゅうがかわいそうでよびに行ったやさしい男の子　「りゅうの目のなみだ」　浜田広介原作;川崎大治脚本;川本哲夫画　童心社(紙しばい日本児童文学名作選)　1967年9月

男の子　おとこのこ
北風にふきとばされたこなをおいかけていったびんぼうな男の子　「北風がくれたテーブルかけ-ノルウェー民話」　福島のり子文;チト・イトー画　教育画劇　1977年12月

おとこの子(カラバこうしゃく)　おとこのこ(からばこうしゃく)
びんぼうなこなひきやのおとうさんがしんだのでねこをもらった一ばん下のおとこの子、カラバこうしゃくはねこがかってによんでいるなまえ　「ながぐつをはいたねこ-ペロー童話より」　森やすじ作・画　教育画劇　1996年5月

男の人　おとこのひと
にくやさんのやきにくのにおいをおかずにしてパンをたべていた男の人　「においのおねだん」　岡上鈴江文;和歌山静子画　教育画劇(パピーちゃんシリーズ)　1977年2月

おとのさま
えどからきしゅうにおかえりになりとまがしまというしまにかいぶつたいじにいこうとしたおとのさま　「とまがしま」　桂文我脚本;田島征三絵　童心社(紙芝居おおわらい落語劇場)　2004年3月

おとひめ
うみのそこにあるりゅうぐうのうつくしいおひめさま　「うらしまたろう」　若林一郎脚本;西山三郎画　童心社(日本名作おとぎばなし・むかしむかしあったとさ)　1986年9月

おとひめ
りゅうぐうの美しいおひめさま　「うらしまたろう」　小池タミ子脚色;梶山孝明画　NHKサービスセンター(NHK小学校国語紙芝居教材　日本の古典)　1979年1月

おとひめ
白いへびになってあそんでいたところをよざえもんさんという人にたすけてもらったおれいにりゅうぐうじょうへつれていったおひめさま　「みずのたね」　須藤出穂脚色;松本修一画　NHKサービスセンター(名作民話おはなし広場)　1984年1月

おとひめさま
じぬしさまの十べえさんのひろいやしきにあったひょうたんいけのなかからあらわれたりゅうぐうのおとひめさま　「まほうのひょうたんいけ」　柴野民三文;小松修画　教育画劇(まほうのくにへようこそ)　1991年5月

おとひめさま
りゅうぐうじょうのおひめさま　「うらしまたろう」　片岡輝脚本;古川タク絵　ほるぷ出版(ほるぷの紙芝居　日本昔ばなしシリーズ)　1983年4月

おとひめさま
りゅうぐうじょうの美しいおひめさま　「うらしまたろう」　奈街三郎文;工藤市郎画　教育画劇(紙芝居むかしばなし)　1991年5月

おとひめさま
海のそこにたっていたりゅうぐうじょうのおひめさま「うらしまたろう」伊藤海彦文;加藤英夫画 NHKソフトウェア（日本むかしばなし） 1996年1月;NHKサービスセンター（日本むかしばなし） 1977年1月

おどりこ
一ぽんあしのすずのへいたいさんのにんぎょうがこいをしたかみでできたうつくしいおどりこのにんぎょう「すずのへいたい」アンデルセン原作;水谷章三脚本;夏目尚吾画 童心社（世界の名作第3集） 1999年5月

おなかまもるきん
よしおくんのおなかのなかでばいきんたちとたたかってまけてしまったきん「おなかをこわしたよしおくん」浅沼とおる作・絵 教育画劇（びょうきのシグナルわかる?健康紙芝居） 2008年9月

おなべ
おだいどころでガスのひにかけられたやかんとふらいぱんといばりあって声をたててけんかをはじめたおなべ「おなべとやかんとふらいぱん」村山籌子原作;堀尾青史脚本;田畑精一画 童心社（ひよこシリーズ） 1971年5月

おなべ
はらぺこのばあさまのためにいえをとびだしておかゆをさがしにいったおなべ「おなべとことこ－ロシア」本田カヨ子脚色;前田康成画 教育画劇（世界のユーモア民話） 1994年5月

おならぼうや
おならがすんでいるおならのくにでじぶんがだれからうまれてきたのかわからなくてないていたおならのぼうや「ぼくはだれのおならなの？」山本省三作・画 教育画劇（すごいぞ!からだのふしぎ） 2001年9月

おに
あるやまのふもとにひとりすんでいたみためはとてもこわそうだがたいそうこころのやさしいあかおに「ないたあかおに」浜田広介原作;堀尾青史脚本;佐藤わき子画 童心社（家庭版かみしばい） 1976年10月

おに
ある日のことおにがしまにちかづいてくるふねをみにいってたいほうでまめをうたれたおにたち「おにがしまのまめ」仲倉眉子作・画 教育画劇（おはなしバラエティ） 1987年8月

おに
うみへながされたゆめみこぞうがついたおにがしまでこぞうのみたゆめをしりたがったおにども「ゆめみこぞう」若林一郎脚本;藤田勝治画 童心社（紙芝居セレクションむかしむかし） 2003年5月;童心社（美しい心シリーズ） 1986年12月

おに
えんのももたろうのげきでえりせんせいがよんでいたえほんのなかからとびだしてきたおにたち「とびだせ！ももたろう」やすいすえこ作;中沢正人画 教育画劇（紙芝居へんてこ日本むかしばなし） 1995年5月

おに

おに
えんまさまから村へいってりゅうじいさんをひっとらえてくるようにいいつけられた青おにども 「おひゃくしょうとえんまさま」 君島久子再話；堀尾青史脚本；二俣英五郎画　童心社（紙芝居ベストセレクション第2集）　2000年5月

おに
えんまさまから村へいってりゅうじいさんをひっとらえてくるようにいいつけられた赤おにども 「おひゃくしょうとえんまさま」 君島久子再話；堀尾青史脚本；二俣英五郎画　童心社（紙芝居ベストセレクション第2集）　2000年5月

おに
えんまさまにいいつけられておそなえものの少ないまずしいお百しょうをひどいめにあわせようとした小おに 「おひゃくしょうとエンマさま」 石山透脚色；深沢省三画　NHKサービスセンター（NHKかみしばい　世界の昔ばなし）　1982年1月

おに
おうじさまとおひめさまをさらってたべようとした人くいおにのふうふ 「おにとおひめさま」 堀尾青史脚本；田島征三画　童心社（グリム童話傑作選）　1980年1月

おに
おかあさんをたずねてながいたびをつづけるたつのこたろうのまえにあらわれたおそろしいくろがね山のおに 「たつのこたろう」 松谷みよ子原作；瀬川拓男脚色；久米宏一画　童心社（童心社紙芝居傑作選）　1984年12月

おに
おにといっても心のやさしい赤おにの友だちの青おに 「ないたあかおに」 浜田広介原作；立原えりか脚色；奈良坂智子画　NHKサービスセンター（名作民話おはなし広場）　1984年1月

おに
かみしばいのなかからとびだしてきたおに 「かみしばいおに」 矢玉四郎作・画　教育画劇（ユーモアひろば）　1986年4月

おに
こころのやさしいあかおにのともだちのあおおに 「ないたあかおに」 浜田広介原作；堀尾青史脚本；佐藤わき子画　童心社（家庭版かみしばい）　1976年10月

おに
こたろうがすむふかーいやまのおくにあったまずしいむらにゆきのころになるとこめをうばいにやってくるおに 「おにとこたろう」 青柳ひろ江原作；佐々木悦脚本；久米宏一画　童心社（よいこの12か月）　1985年1月

おに
ころがっただんごをおいかけてねずみあなにはいってしまったばあさまにふしぎなしゃもじをわたしてめしたきをさせたおにども 「ふしぎなしゃもじ」 佐々木悦脚本；須々木博画　童心社　1992年1月

おに
ジャックがひとつぶの豆がめをだしてそらにどんどんのびていったふしぎな豆の木をのぼっていくと天の国のしろにいたひとくいおに 「ジャックと豆の木-イギリス民話」 角田光男文；石川雅也画　教育画劇(世界名作童話紙芝居全集)　1991年7月

おに
ずっとむかしのこととんがりやまにおったおにでさむいふゆがくるといしになってねむってしまうさむがりおに 「さむがりおに」 木曽秀夫作・画　教育画劇(おはなしランド)　1986年2月

おに
せつぶんのひにひとりでおるすばんをしていたふくちゃんのうちにはいってきた赤いおに 「ふくちゃんはおうち」 水谷章三脚本；まえだけん画　童心社(たのしい季節の行事 わくわく・冬のまき)　1988年9月

おに
とてもやさしいすなおな赤おにのなかまの青おに 「ないた赤おに」 浜田広介作；福島のり子脚色；西原ひろし画　教育画劇　1988年2月

おに
とらのパンツがふるくなったのでとらがしまへとらがりにいったおにがしまのおにたち 「おにがしまのとらがり」 仲倉眉子作・画　教育画劇(へんてこなくにのおはなし)　1984年9月

おに
なみだをたべてくらしているなみだおに 「なみだおに」 あまんきみこ原作；高橋清一脚本；一條めぐみ画　童心社　1998年2月

おに
にんげんにばけてむらのおひゃくしょうさんのきれいなむすめをさらっていったおに 「おにとおひゃくしょうさん」 瀬尾七重作；倉橋達治画　教育画劇　1995年11月

おに
ねずみをだましてテレビの中にすいこんだしりとりおに 「しりとりごっこおにごっこ」 古寺伸竹作；中村景児画　教育画劇(コンスケくんシリーズ)　1982年1月

おに
ひでりのときむらにあめをふらせてやったかわりにおふくというむすめをもらいにきたおに 「なぜ、せつぶんに豆をまくの？」 国松俊英脚本；藤田勝治絵　童心社(なぜ?どうして?たのしい行事)　2001年9月

おに
ひとばんで千本の刀をつくれるわかものをむすめのむこにするというたてふだをみて刀かじをたずねてきたおに 「おにのかたなづくり-日本民話より」 鶴見正夫脚色；清水耕蔵画　教育画劇(日本のおばけ)　1992年8月

おに
ふなのりのシンドバットたちがおおあらしにあってながれついたしまにいたひとつめのおに 「シンドバッドのぼうけん-ひとつめ鬼と大蛇のまき(「アラビアンナイト」原作)」 上地ちづ子脚本；たたらなおき画　童心社　1998年3月

おに

おに
ほっぺたに大きなこぶがついているきこりのおじいさんがあまやどりをしていた山の中のおどうのまえでさかもりをはじめたおにたち 「こぶとりじいさん」 鶴見正夫文；西原ひろし画 教育画劇(紙芝居むかしばなし第2集) 1993年2月

おに
むかしふかい山おくにすんでいたおやおにとまだ小さい一ぴきの子おに 「うみにしずんだおに」 松谷みよ子脚本；二俣英五郎画 童心社(松谷みよ子民話珠玉選) 1973年3月

おに
むかしむかし山のおくにすんでいたとてもいばりやでじまんやの赤おに 「やっとこどっこい赤おにさん」 足沢良子作；安井康二画 教育画劇(おにごっこシリーズ) 1993年11月

おに
むかしやまにすんでいたあかおにのらんぼうもののおとうさんおにとこころのやさしいこおにのおやこ 「つのがきえたあかおに-節分」 高木あきこ文；倉石琢也画 教育画劇 1998年8月

おに
むかし京のみやこでじぶんたちのすがたをひとりのさむらいにみられてさむらいにつばをはきかけたおにたち 「鬼のつば(前編)(後編)-今昔物語より」 諸橋精光脚本・画 童心社 1996年9月

おに
むかし京都のくらま山という山おくにいてときどき町へおりてきた二ひきのおに 「むかしむかしおにがきた」 清水たみ子作；安井康二画 教育画劇(あたらしい行事紙芝居) 1990年8月

おに
むらのしょうやさんの千まいものたんぼのたうえをしてくれたおにたち 「ふくはうちおにもうち」 藤田勝治脚本・画 童心社(紙芝居ベストセレクション第1集) 1998年6月

おに
むらのはたけにまいにちいもをぬすみにくるおに 「きんぴらたろう-よくかんで味わう」 仲倉眉子作；ひらのてつお画 教育画劇 1998年5月

おに
やさしいすなおなあかおにのなかまのあおおに 「ないたあかおに」 浜田ひろすけ作；野村たかあき絵 教育画劇 2007年1月

おに
やまのがけのところにいっけんたっていたいえにたったひとりですんでいたやさしいすなおなわかいあかおに 「ないたあかおに」 浜田ひろすけ作；野村たかあき絵 教育画劇 2007年1月

おに
やまへくりひろいにきたみなしごのきょうだいのあねこをさらっていったおに 「おににさらわれたあねこ」 水谷章三脚本；須々木博画 童心社(日本民話かみしばい選・おばけがいっぱい) 1982年10月

おに
王さまのながぐつのかわがなにかをいいあてたごほうびに王女さまをもらっていったおに
「のみのかわでつくった王さまのながぐつ-イタリア民話」 高橋五山脚本;いわさきちひろ画
童心社(いわさきちひろ画・紙芝居選) 1976年3月

おに
山でまいごになった三人きょうだいをひととびでなん千里もとべる千里のくつをはいてつか
まえようとしたおに 「空とぶ千里のくつ」 石川光男文;清水耕蔵画 教育画劇(おにごっこ
シリーズ) 1978年9月

おに
山にむすめをさらったおに 「鬼がわらった」 須藤出穂脚色;田木宗太画 NHKサービスセ
ンター(NHKかみしばい 日本の昔ばなし) 1982年1月

おに
山のがけのところに一けんたっていた家にたったひとりですまっていたとてもやさしいすな
おなわかい赤おに 「ないた赤おに」 浜田広介作;福島のり子脚色;西原ひろし画 教育
画劇 1988年2月

おに
山へやって来て大きなうちわでばたばたあおいだひどいあつがりやの大おに 「ねずみのう
ちわ」 小沢正原作・脚色;福田庄助画 NHKサービスセンター(NHK小学校国語紙芝居
教材 創作童話) 1980年1月

おに
山里のごんべえさんのはたけに雨をふらせてやったかわりにむすめをよめにもらうことに
なったおに 「鬼のよめさん」 松岡励子文;深沢省三画 NHKサービスセンター(日本むか
しばなし) 1977年1月

おに
土間のネズミのあなにころんとおちたまめをおいかけてあなに入っていったおじいさんがあ
なのおくでであったおにども 「まめこばなし」 伊藤海彦脚色;清水耕蔵画 NHKサービス
センター(名作民話おはなし広場) 1984年1月

おに
二つのやまにはさまれたちいさなむらのむらびとからどんなものでももっていくふゆやまの
おに 「おにとふくのかみ」 千田一彦脚本;福田庄助画 童心社 1981年2月

オニ
かぜにとばされたおとしだまをおいかけていったドンちゃんとブタのダンプがついたくものう
えにいたかみなりのオニたち 「おめでとうドンちゃん」 前川かずお作・画 童心社(童心社
の紙芝居 たのしいお正月シリーズ) 1987年11月

オニ
むかしほっかいどうのコタンにすんでいたおじいさんがたいせつにしていたおまもりをぬす
んでいったちのはてにすむオニ 「ぬすまれたおまもり」 渡辺享子脚本・絵 童心社(ともだ
ちだいすき) 2005年1月

おに

鬼　おに
気だてのやさしい赤鬼のともだちの青鬼　「泣いた赤鬼」　浜田広介原作;松葉八十子脚本;西原比呂志絵画　ほるぷ出版(ほるぷの紙芝居-黄金期名作選)　1984年5月

鬼　おに
山のがけの下にあった家にひとりですんでいた気だてのやさしい赤鬼　「泣いた赤鬼」　浜田広介原作;松葉八十子脚本;西原比呂志絵画　ほるぷ出版(ほるぷの紙芝居-黄金期名作選)　1984年5月

鬼　おに
村のよすけというわかものが山おくで見た鬼で杉の木にせみのぬけがらのような鬼がらをのこしていなくなった鬼　「鬼がら」　たかしよいち作;古寺伸竹脚色;輪島清隆画　教育画劇　1978年1月

,おに　おに
村はずれの山のがけにあった一けんの家にすんでいたおにといっても心のやさしい赤おに　「ないたあかおに」　浜田広介原作;立原えりか脚色;奈良坂智子画　NHKサービスセンター(名作民話おはなし広場)　1984年1月

おに(おにろく)
だいくさんと大川にはしをかけてやるおれいに目だまをもらうやくそくをしたおに　「だいくとおにろく」　坪田譲治作;久米宏一画　童心社(家庭版かみしばい)　1980年9月

おに(おにろく)
川ん中から顔をだしてだいくとはしをかけてやるかわりに目玉をもらうやくそくをしたおに　「だいくとおにろく」　若林一郎文;忽滑谷章画　NHKサービスセンター(日本むかしばなし)　1977年1月

おにいさん
ケイちゃんが大きなボールがみでつくったロボットのなかにはいってくれたやさしいおにいさん　「ぼくのへんてこロボット」　なかえよしを作;上野紀子画　教育画劇(ユーモアひろば)　1991年2月

おにいさん
たつやくんがまちでみたこまっているくるまいすのひとをさりげなくてつだってあげていたかっこいいおにいさん　「すてきなおにいさん」　古山広子脚本;藤本四郎絵　童心社(ともだちだいすき)　2000年12月

おにきち
むかしせつぶんのよるのことあちこちのいえで村人からまめをぶっつけられてにげまわっておったおに　「ふくはうちおにはうち」　いしばししずこ作;石橋三宜画　教育画劇(民話と名作シリーズ)　1993年11月

おにぎり
おいなりさんとまきずしとサンドイッチと四人いっしょにえんそくにでかけたおにぎり　「おべんとうのえんそく」　矢玉四郎作・画　教育画劇(ゆかいなたべもののおはなし)　1988年11月

おにぐも
えんのせんせいのいうことをきかずにひとりでかってにとびまわっていたみつばちのぶんたをすにかけたおにぐも 「みつばちぶんぶん」 小林純一脚本；久保雅勇画 童心社（よいこの12か月） 1982年4月

オニタ
いちど食べたバターピーナッツの味が忘れられなくて山をおりて人間の町のおかし屋までかいに行ったオニの子ども 「オニタのかいもの」 村山桂子原作；松岡励子脚色；高谷りん画 NHKサービスセンター（NHK創作童話集） 1978年1月

おにの子　おにのこ
人の子となかよしになりたくて山のおくから村へやってきたおにの子 「おにさんこちら」 福島のり子作；大川秀夫画 教育画劇 1979年2月

おにばば
おっかさんがてらまいりにいってふたりのきょうだいがるすばんをしていたやまおくのいえにやってきたおにばば 「おにばばときんのくさり」 山口節子文；村田エミコ絵 教育画劇 2008年1月

おにばば
山に花をとりに来たお寺のこぞうさんを食べようとしたおそろしいおにばば 「三枚のおふだ」 石山透脚色；福田庄助画 NHKサービスセンター（NHKかみしばい 日本の昔ばなし） 1982年1月

おにろく
だいくさんと大川にはしをかけてやるおれいに目だまをもらうやくそくをしたおに 「だいくとおにろく」 坪田譲治作；久米宏一画 童心社（家庭版かみしばい） 1980年9月

おにろく
川ん中から顔をだしてだいくとはしをかけてやるかわりに目玉をもらうやくそくをしたおに 「だいくとおにろく」 若林一郎文；忽滑谷章画 NHKサービスセンター（日本むかしばなし） 1977年1月

おにろく
村人から川にはしをかけてくれるようにたのまれただいくさんのまえにあらわれたおに 「だいくとおにろく」 亜細亜堂；須田裕美子作・画 教育画劇（日本昔話アニメかみしばい） 1987年9月

おネコさん（ネコ）
にわとりの町長さんにいわれて金のくつをかいとりにくもの一家がすんでいるでんちゅうにのぼっていったネコ 「おネコさんと金のくつ」 村山籌子作；たかしたかこ画 教育画劇 1974年7月

おねしょマン
こどもたちみんなのおねしょをしゃしんにとっているおばけ 「おねしょマン」 平石洋子作・画 教育画劇（タンバリン・シリーズ） 1980年12月

おはあ

おばあさん
あまえんぼうでなきみそのろくがつろくちゃんやほかのこどもたちをたべようとしてうちにつれてきていたまじょのおばあさん 「6がつ6ちゃんはっはっは」 かこさとし作・画 童心社(よいこの十二か月) 1978年6月

おばあさん
インドのハラナという町でひとりぼっちでくらしていて馬商人からもらった子馬にリタという名前をつけてかわいがってやったおばあさん 「おばあさんの馬」 瀬戸内寂聴文;小林豊絵 講談社(寂聴おはなし紙芝居) 2008年3月

おばあさん
うちのねこのみけにおはなみにつれていってもらったひとりぐらしのおばあさん 「ねこのおはなみ」 八木田宜子脚本;小沢良吉画 童心社 1988年3月

おばあさん
えんのシイの木をこどものころにふたばからだいじにそだてたまりちゃんのおばあさん 「おばあさんの木」 堀尾青史脚本;安井淡画 童心社 1984年6月

おばあさん
おいしいたべものをあげるかわりにおおかみをいえではたらかせたおばあさん 「おばあさんのたからもの」 瀬尾七重作;山本省三画 教育画劇(きれいな花いっぱい) 1990年9月

おばあさん
おてらのうら山のきつねがおしょうさんのるすのあいだにおそなえものをたべようとしたときにやってきた目が見えないおばあさん 「ある島のきつね」 浜田広介作;吉野弘子脚色;上柳輝彦画 教育画劇(ひろすけ童話紙芝居全集) 1987年11月

おばあさん
おりょうりをつくることはすきだけどかたづけするのがにがてなおばあさん 「ちらかしおばあさん」 ときわひろみ脚本;多田ヒロシ画 童心社 1999年6月

おばあさん
かぜをひいてしまったのでぬいぐるみのくまさんをちいさいおばあさんにかえておしごとをしてもらったすこしだけまほうのつかえるおばあさん 「ふたりのおばあさんのプレゼント」 香山美子脚本;篠崎三朗画 童心社(げんきななかまシリーズ) 1994年12月

おばあさん
かっこうばかりのおぼうさんにおしえてもらったいいかげんなおきょうをあさからばんまでとなえておったおばあさん 「ねずみきょう」 武士田忠脚本;渡辺有一画 童心社(日本民話かみしばい選・わらいばなしがいっぱい) 1984年9月

おばあさん
こどものときおかあさんがおひがんのおだんごをつくってくれたことをおもいだしながらうとうとねむりはじめるとてんからおだんごがおりてきたおばあさん 「てんからおだんご」 高橋五山原作;堀尾青史脚本;金沢佑光画 童心社 1992年3月;童心社 1987年1月

おばあさん
じがかけるようになりたくておとこのこにばけてきたたぬきにじをおしえてやったおばあさん 「たぬきのてがみ」 宮﨑二美枝脚本;長谷川知子絵 童心社(ともだちだいすき) 2003年11月

おばあさん
たったひとりですんでいたむらはずれの小さないえにつきよのばんにきためがねうりからかったぬがねをかけてみたおばあさん 「つきよとめがね」 小川未明原作;堀尾青史脚本;桜井誠画 童心社(家庭版かみしばい) 1978年10月

おばあさん
びんぼうだけどいつもニコニコしてくちぐせのように「わたしゃほんとにうんがいい」といっていたおばあさん 「わたしゃほんとにうんがいい-イギリス民話より」 瀬名恵子脚本・画 童心社 1996年11月

おばあさん
まちをはなれたはやしのそばにひとりぼっちですんでいたおばあさん 「うさぎサンタさんのプレゼント」 武鹿悦子作;田頭よしたか画 教育画劇(きれいな花いっぱい) 1990年9月

おばあさん
まんげつのよるのおまつりでおどるどうぶつの子どもたちにかわいいきものをぬってあげたぬいもののじょうずなおばあさん 「花かごわっしょい」 藤田富美恵脚本;鈴木幸枝絵 童心社(ともだちだいすき) 2006年9月

おばあさん
みずうみのきしべでひろったたまごからかえったペリカンといっしょにテレビにでてにんきものになったおばあさん 「おばあさんとペリカン」 村山桂子作;かみやしん画 童心社(美しい心シリーズ) 1979年4月

おばあさん
むかしあるところにおとこのことすんでいたとてもよくばりでいじわるなおばあさん 「ぴょんぴょんぼたもち」 高木あきこ脚色;中沢正人絵 教育画劇(日本のユーモア民話) 1993年8月

おばあさん
むかしのはらのちいさないえにひとりぼっちですんでいてまちへいったかえりみちでふしぎなおとしものをひろったおばあさん 「ふしぎなおとしもの-イギリス」 山本省三作・絵 教育画劇 2009年1月

おばあさん
もりのなかのちいさないえにたったひとりですんでいたホットケーキがだいすきなちいさなおばあさん 「おやつのじかん」 神沢利子作;峰村亮而画 教育画劇(おはなしチャチャチャ) 1991年6月

おばあさん
やまのいえにひとりぼっでくらしていてもりじゅうのどうぶつたちにぼうしをあんでやったおばあさん 「おばあさんだいすき」 神沢利子作;駒井啓子画 童心社 1985年12月

おばあさん
りほがもっていたへちまのなえをとりあげてうえてあげるといってりほのうちのにわへはいってきたしらないおばあさん 「へちまばあさん」 山口節子脚本;大和田美鈴絵 童心社(バリアフリーの紙しばい) 2001年3月

おはあ

おばあさん
一まいしかないもうふがすっかりふるくなったのであひるをかってあひるたちのはねをもらってはねぶとんをつくったおばあさん 「おばあさんとあひるたち」 ホープ=ニューエル原作;みつよしなつや文;おくやまれいこ画 教育画劇(ともだちシリーズ) 1985年12月

おばあさん
讃岐の国のある村のしょうやさんの一番下のむすめで家を出て古いずきんをかぶってふろたきのおばあさんになっていた美しいむすめ 「おばあさんのずきん」 立原えりか脚色;福田庄助画 NHKサービスセンター(NHK小学校国語紙芝居教材 日本の民話Ⅱ) 1980年1月

おばあさん
十五夜さんになかよし三人にお月さんとうさぎさんのおはなしをしてくれたおばあさん 「おつきさまとうさぎ-十五夜の夜話」 菱田かづこ作;いもとようこ画 教育画劇(あたらしい行事紙芝居) 1995年3月

おばあさん
森にすむどうぶつたちに七十七さいのたんじょうびにドーナツをつくってもらったおばあさん 「とんだドーナツ!!」 田沢梨枝子作・画 教育画劇(あひるさんシリーズ) 1981年3月

おばあさん
森のなかのうちにたった一人ですんでいてまごのみかちゃんがくるのをたのしみにしていたおばあさん 「きつねのおきゃくさま」 村山桂子作;おくやまれいこ画 教育画劇(シャボン玉シリーズ) 1981年12月

おばあさん
川のわたしぶねのせんどうさんだったさんぞうさんのおよめさんでへいたいにいってしんだ さんぞうさんのかわりに川のそばにさくらの木をうえたおばあさん 「むらいちばんのさくらの木」 来栖良夫脚本;箕田源二郎画 童心社(ゆたかなこころシリーズ) 1992年3月

おばあさん
町はずれのはしのそばでこいを売るおじいさんからびょうきのまごむすめのために大きなこいを買おうとしたおばあさん 「千代紙の春」 小川未明原作;菱田かづこ脚色;水野二郎画 教育画劇(小川未明童話紙芝居全集) 1986年3月

おばあさん(まじょ)
ヘンゼルとグレーテルのきょうだいがもりのなかでみつけたおかしのいえのおそろしいまじょだったおばあさん 「ヘンゼルとグレーテル」 グリム原作;鶴見正夫脚本;こさかしげる画 童心社(世界の名作・第2集) 1992年5月

おばあさんぐま
けいろうの日にまごのルーからプレゼントにかたたきけんをもらったおばあさんぐま 「おばあちゃんありがとう」 村山桂子原作;教育画劇編集部脚色;柿本幸造画 教育画劇(あたらしい行事紙芝居) 1991年3月

おばあちゃん
いろんなことをしっているこどもたちのおばあちゃん 「おばあちゃんがいってたよ」 清水えみ子脚本;宮﨑耕平画 童心社 1996年12月

おばけ

おばあちゃん
おいしそうなおにぎりをにぎっているまなちゃんのおばあちゃん 「おにぎりおにぎり」 長野ヒデ子脚本・絵 童心社 2008年9月

おばあちゃん
ケンちゃんのとてもげんきだけれどめがみえないおばあちゃん 「おばあちゃんとレッツゴー」 宮﨑二美枝脚本;箕田美子画 童心社(ゆたかなこころシリーズ) 1993年10月

おばあちゃん
ひとりっ子のかずおのうちにもらわれてきた犬のマツをいつもかわいがってくれたおばあちゃん 「マツとおばあちゃん」 戸川幸夫原作;渡辺泰子脚本;田代三善画 童心社(日本の動物記シリーズ) 1987年6月

おばあちゃん
もりのおくのちいさないえにおりょうりのほんをかりにきたねこのゴロタンにほんをかしてあげたおばあちゃん 「おいしいおいしいほん」 香山美子脚本;長野ヒデ子画 童心社 1999年5月

おばけ
あきやのやねうらにすんでいたがたまにはおしゃれをしてまちへでかけてみたくなったおばけ 「おしゃれおばけ」 仲倉眉子作;古味正康画 教育画劇(おばけだぞ〜) 1992年6月

おばけ
あついなつのよるコッコおばさんのうちにやってきてつめたいものをつくるのをてつだったおばけたち 「コッコおばさんのおばけのアイスクリーム」 仲川道子脚本・画 童心社 1998年8月

おばけ
いえのなかのすきまにすんでいてみんながこぼしたものをたべておおきくなっていくおばけ 「すきまおばけ」 辻邦脚本;尾崎曜子画 童心社(げんきななかまシリーズ) 1997年11月

おばけ
うみにしずんでいるふるいふねにすんでるおばけたち 「くらげくんびっくりかくれんぼ」 山脇恭作;塩田守男画 教育画劇(くらげくんシリーズ6) 1988年11月

おばけ
おじいさんがひっこしたおばけやしきにいたひとつめこぞうやのっぺらぼうやおおにゅうどう 「おばけやしき-古典落語より」 小沢正脚色;勝又進画 教育画劇(日本のおばけ) 1992年8月

おばけ
かみなりパパがならすたいこにあわせてこうしんをしたおばけたち 「おばけのマーチ」 間所ひさこ作;尾崎曜子画 教育画劇(年少向 はじめまして!おばけです) 2001年8月

おばけ
こばとえんのそつえんしきにやってきてきねんにみんなをおばけのくにへあんないしたおばけたち 「ばけばけ5」 前川かずお作・画 童心社 1976年3月

115

おばけ

おばけ
じじとなかよくくらしていたばばがあるひのことかわでせんたくをしているとながれてきたはこのなかにいたちいさなおばけ 「たからおばけ」 水谷章三脚本；渡辺有一絵 童心社 2002年1月

おばけ
じっさまのこやに丸太のすきまからしのびこんできておのでしっぽをきりおとされたおばけ 「しりっぽおばけ」 ジョアンナ・ガルドン再話；ポール・ガルドン絵；林克美脚本 ほるぷ出版（世界のおはなしシリーズ） 1998年9月

おばけ
すききらいの多いさとるくんにくっついたたべないおばけ 「たべないおばけ」 東君平文・絵 全国牛乳普及協会 1980年12月

おばけ
とてもよわむしでなきむしでこわがりだったおばけの子ども 「よわむしおばけ」 仲倉眉子作・画 教育画劇（ユーモアひろば） 1987年7月

おばけ
ながいことすんでいたまちはずれのあきやにかぞくがひっこしてきたのでおどかしておっぱらうことにしたおばけのいっか 「おばけやしきだぞ！」 仲倉眉子作；藤本四郎画 教育画劇（びっくりこどきりんこ） 1988年8月

おばけ
ひとりぼっちでさびしくてだれかとあそびたくてみちばたでおばあさんにいたずらをしたおばけ 「ふしぎなおとしもの-イギリス」 山本省三作・絵 教育画劇 2009年1月

おばけ
まだねないであそんでいる子どもをおどしにいったいたずらおばけ 「いたずらおばけ」 久地良作；尾崎真吾画 教育画劇（おはなしなーに） 1988年1月

おばけ
まどのそとからのぞいていたおばけ 「まどをあけたあとで‥‥」 ウィルヘルム・シュローテ作；八木田宜子脚本 ほるぷ出版（ほるぷの紙芝居-海外秀作シリーズ） 1982年9月

おばけ
みやこのはずれのやまでらにあったかんのんさまをおがみにやってきたおばけたち 「やまでらのかんのんさま」 よこみちけいこ脚本・絵 童心社（ともだちだいすき） 2004年8月

おばけ
みんなで「ぽん!」とてをたたくとやってきたおばけ 「みんなでぽん！」 まついのりこ脚本・画 童心社（年少版かみしばい・ちいさいおともだち） 1987年3月

おばけ
もりのおくからでてきてこぶたのピコくんとスパゲッティのたべくらべをしたおばけ 「おばけのスパゲッティ」 小沢正作；古川タク画 教育画劇（ゆかいなたべもののおはなし） 1991年3月

おばけ
もりのきのこの下にすんでいたがりすやうさぎがちっともこわがってくれないのでこわがってくれるひとをさがしにでかけたちいさなおばけ 「ちいさなちいさなおばけ」 香山美子作;中村景児画 教育画劇(おはなしバラエティ) 1990年4月

おばけ(アンリ)
ともだちみんなをパーティにしょうたいしたおばけ 「おばけパーティ」 ジャック・デュケノワ作;八木田宜子脚本 ほるぷ出版(世界のおはなしシリーズ) 1998年9月

おばけくじら(くじら)
うしやうまをさらっていくおそろしいくじら 「くさりにつながれたおひめさま-ギリシャ神話」 高木あきこ脚色;村田耕一作画 教育画劇 1990年5月

オバケくん
もりのきにほしてあるひまわりもようのパンツをはいてみたオバケくん 「ひまわりパンツ」 垂石眞子脚本・絵 童心社 2006年8月

おばけざかな
かぜにふうせんをとばされてうみへとんでいったねずみちゃんがあったこわーいおばけざかな 「とんでいったねずみちゃん」 山本省三作;長野ヒデ子絵 フレーベル館(どっちのおはなし紙芝居1)

おばけちゃん
ある日のことちいさなうさぎがないているのであそんであげたちいさなおばけちゃん 「ちいさなおばけ」 瀬名恵子作・画 教育画劇(ポッポシリーズ) 1982年1月

おばけちゃん
ほかのおばけたちといっしょにおばけのぼんおどりにいったおばけ 「おばけちゃんととことこ」 長野ヒデ子脚本・絵 童心社(年少向けおひさまこんにちは) 2007年8月

おばけちゃん
もりのみんなとあそびたいのにみんなからこわがられてないてしまったおばけのこども 「なかよしひゅるるん」 いそみゆき作・画 教育画劇(はじめまして!おばけです) 1998年1月

オバケちゃん
おこりんぼのママにガミガミいわれるのがきらいなオバケのこども 「オバケちゃんとおこりんぼママ」 松谷みよ子脚本;小薗江圭子画 童心社(ゆたかなこころシリーズ) 1994年4月

おばけのあかちゃん
おばけのたまごからうまれたとんがりあたまのおばけのあかちゃん 「おばけのたまご」 木村裕一作;中沢正人画 教育画劇 1994年1月

おばけのこども
クリスマスにケーキもごちそうもなくてプレゼントだってもらえないおばけのこども 「クリスマス」 瀬名恵子文・絵 教育画劇(わたしのはじめてのかみしばい こんにちは) 1992年1月

おばけぼうや
よるのおべんじょで人をこわがらせるれんしゅうをしようとしていておねしょがしんぱいなやっちゃんにあったおばけのこども 「おばけとやっちゃん」 松野正子脚本;横内襄画 童心社(紙芝居ベストセレクション第2集) 2000年5月;童心社(美しい心シリーズ) 1981年7月

おはさ

おばさん
山のてっぺんにふった雨さんをおいかけてもぐらのあなにもぐって地下水といっしょにながれて行ったおばさん 「あらまあおばさんのかさ」 矢崎節夫文;葉祥明画　NHKサービスセンター(なぜなぜ童話)　1977年1月

おはじきくん
ケンタくんにのみこまれてケンタくんのおなかのなかをとおってうんちといっしょにそとにでたおはじき 「おはじきくんのぼうけん」 三好富美子脚本;夏目尚吾画　童心社　1997年7月

おはつ
むかしあるむらにすんでいたたいそうおかねもちのちょうじゃさんのひとりむすめでよるになるとはかばへいくむすめ 「はかばへいくむすめ」 にへいたもつ文;川端理絵絵　教育画劇(教育画劇のかみしばい ブルッとふるえる!こわい日本の民話)　2008年1月

おはな
ある日しゅじんがでかけることになってどくのはいったかめにはさわらないようにとたのまれた三人のこぞうさんとおてつだいさんの一人 「どくのはいったかめ」 多田ヒロシ文・画　教育画劇　1997年4月

おはな
むかしあるむらにおったはたらきもののむすめでいちどひなまつりをやってみたいというねがいごとがあったむすめ 「むかーしむかしのひなあられ-ひなまつり」 松岡節作;毛利将範画　教育画劇　2002年7月

おひげのコックさん
おおきなかおのじゃがいもくんのかわをむいてつるつるのおはだにしておなべにいれたおひげのコックさん 「じゃがいもコロコロ」 くすみまさゆき作・画　教育画劇　2006年1月

おひさま
あるひいじわるーいきもちになってターぼうのつくったゆきだるまをとかしてしまったおひさま 「いじわる」 瀬名恵子作・画　童心社(美しい心シリーズ)　1978年9月

おひさま
おうちから「いってきまーす」とでかけるねこさんやさるくんやくまくんたちをみおくるピカピカおひさま 「ブルルンガタゴトいってきまーす」 浅沼とおる作・絵　教育画劇　2005年1月

おひさま
おおきなおおきなきのしたですずんでいたルルちゃんやみんなからなかまはずれにされてなきだしたおひさま 「おおきなおおきなき」 瀬名恵子作・画　童心社(2・3歳児かみしばい・こぶたシリーズ)　1987年6月;童心社(こぶたシリーズ)　1976年8月

おひさま
きたかぜとけんかをしてしたのみちをあるいてきたたびびとのマントをどちらがぬがせるかというしょうぶをしたおひさま 「おひさまときたかぜ」 川崎大治脚本;西村繁男画　童心社(たのしいイソップ)　1975年5月

おひさま
チブがはやくおおきくなるようににんじんやじゃがいもをくれたおひさま 「おおきくなりたいな」 松谷みよ子脚本;垂石眞子絵　童心社　2001年4月

おひさま
むかしギリシャのくにでひとりの女の人のねがいをかなえてあげてこどもをさずけたおひさま「おひさまのこども-ギリシャ」宗方あゆむ脚色;河内日出夫作・画　教育画劇　1990年11月

おひさま
やまのむこうにしずんでいくときにどうぶつたちからおひさまはよるどこへいくの?ときかれたおひさま「おひさまはよるどこへいくの?-アルメニア地方のわらべうた」ギンズバーグ文;アルエゴ;デュウェイ絵;八木田宜子脚本　ほるぷ出版(ほるぷの紙芝居-世界昔ばなしシリーズ)　1983年4月

お日さま　おひさま
むかしむかしうちにきたにわとりとふくろうにだいじなものがはいっているこばこをいたずらされたお日さま「にわとりなぜなぜあさなくの」しばはらち作・画　教育画劇(ゆかいな由来ばなし)　1992年4月

オヒサマ
ヒナタちゃんにそらにでてきてといわれてはりきってみんなをてらしたオヒサマ「ネッチュウショウにごようじん！」こがしわかおり作・絵　教育画劇(びょうきのシグナルわかる?健康紙芝居)　2008年9月

おひさまたろう
おねぼうすずめのチュピをへびからたすけたおひさまたろう「おねぼうチュピ」わしおとしこ作;土田義晴画　教育画劇　2004年5月

おひなさま
おせっくの日にはこから出してもらえなくてべそをかいていたみこちゃんのうちのおひなさま「一ねんに一どは」福島のり子作;奥田怜子画　教育画劇(おにごっこシリーズ)　1987年6月

おひなさま
ひなまつりにかぜをひいてねこんでしまったなっちゃんのためにはるのやさいをつんであげたひなの里のおひなさまたち「ひなのやまかご」古山広子脚本;牧村慶子画　童心社(ひなまつりシリーズ)　1989年1月

おひなさま
まりちゃんのつくったおりがみのじゅうにひとえのきものをきてよろこんでいたおひなさまたち「まりちゃんのじゅうにひとえ-ひなまつり」古山広子脚本;鈴木幸枝画　童心社(げんきななかまシリーズ)　1997年3月

おひなさま
ゆみこのゆめの中にでてきてあさからばんまですわりっぱなしであしがいたいといっていたおひなさまたち「ななじゅうまるのおひなさま」きたはらかずみ脚本;福田岩緒画　童心社(ひなまつりシリーズ)　1989年1月

おひなさま
三月三日のひなまつりにはしかっていうびょうきになってしまったるるこをまもってくれたおひなさまたち「るることおひなさま」林原玉枝作;鈴木博子画　教育画劇(四季の行事シリーズ ひなまつり)　1993年1月

おひめ

おひめさま
いずみにおとした金のまりをかえるがとってきてくれたらおともだちになってあげるとやくそくしたおひめさま 「かえるの王子さま-グリム童話」 清水たみ子文;伊藤悌夫画 教育画劇 1986年4月

おひめさま
いばらの森のおくのおしろで百年の間ねむりつづけたおひめさま 「ねむりのもりのひめ」 ペロー原作;立原えりか脚色;津田光郎画 NHKサービスセンター(NHK小学校国語紙芝居教材 外国の名作) 1979年1月

おひめさま
うまれてから一どもわらったことがないおひめさま 「きんのがちょう」 川崎大治脚本;田中武紫画 童心社(グリム童話傑作選) 1985年9月

おひめさま
おしろのさびしいとうのなかでもうなん年もながいねむりについていたミイラをみつけたおひめさま 「ミイラをみつけたおひめさま」 東川洋子作;きよしげのぶゆき画 教育画劇 1991年11月

おひめさま
おどくみがかりが二十にんもいてごちそうのおあじみをしていたからごはんをいっぱいたべられなかったやせっぽっちのおひめさま 「おしろドーナツとまちドーナツ」 よしざわよしこ作;相沢るつ子画 教育画劇(おはなしプレゼント) 1986年11月

おひめさま
トルコの国の王さまのおしろの高いとうにたったひとりでくらしているおひめさま 「空とぶカバン」 若林一郎文;奥田怜子画 NHKサービスセンター(外国むかしばなし) 1977年1月

おひめさま
のばらにかこまれたおしろのなかで百ねんもねむっていたうつくしいおひめさま 「もりのねむりひめ-グリム童話」 おくやまれいこ作・画 教育画劇(世界名作アニメかみしばい) 1990年5月

おひめさま
ピーマンばたけにかこまれたピーマンランドにいたくいしんぼうのおひめさま 「おひめさまのカレーライス-すききらい」 山本和子作;伊東美貴画 教育画劇 1998年5月

おひめさま
まほうつかいにのろいをかけられていばらがしげったおしろのなかで百年のあいだねむりつづけたうつくしいおひめさま 「ねむりひめ」 ペロー原作;稲庭桂子脚本;佐竹美保画 童心社(世界の名作・第3集) 1999年5月

おひめさま
まほうつかいにのろいをかけられておしろのなかで百年のあいだねむりつづけたせかい一きれいなおひめさま 「ねむりひめ」 ペロー原作;稲庭桂子脚本;武部本一郎画 童心社(童心社の家庭版かみしばい) 1987年7月

おひめさま
一年じゅうなつばかりの黒人のくにでひとりだけ白いはだをしていたとてもいじわるなおひめさま 「なかよくおなじに」 石川光男作;細梅久弥画 教育画劇(名作の花束みつばちシリーズ) 1976年8月

おひめさま
心のやさしいりょうしのむすこがすきになったうつくしいおひめさま 「赤い魚」 松岡励子脚色;三谷昇画 NHKサービスセンター(NHKかみしばい 世界の昔ばなし) 1982年1月

おひめさま
人くいおにのふうふにさらわれたおひめさま 「おにとおひめさま」 堀尾青史脚本;田島征三画 童心社(グリム童話傑作選) 1980年1月

おひゃくしょう
あーまいこーめのだんごっこをおかみさんととりあってだんまりくらべをすることになったおひゃくしょう 「おひゃくしょうさんとだんごースリランカ」 こわせたまみ作;村田エミコ絵 教育画劇(ワッハッハ!ゆかいでおかしい世界の民話) 2009年1月

おひゃくしょう
ある日けしの花ばたけにまいおりてきた天人をよめさまにほしくなり天人のあやごろもをかくしてしまったおひゃくしょう 「天人のよめさま」 松谷みよ子作;中尾彰画 童心社(かみしばい日本むかしむかし) 1987年6月

おひゃくしょう
いちばへうしをうりにいってつぼととりかえっこしてかえってきたまずしいけれどきのいいおひゃくしょう 「つぼがトコトコーデンマークの民話」 東川洋子文;小林ゆき子絵 教育画劇(ワッハッハ!ゆかいでおかしい世界の民話) 2009年1月

おひゃくしょう
おいしゃからマントやパイプをかっていしゃになるつもりがたんていのかんばんをかけてしまったおひゃくしょう 「おいしゃでたんてい」 高木あきこ文;水沢研画 教育画劇(夢のふくらむシリーズ) 1973年9月

おひゃくしょう
しょうじきではたらきものなのでまほうつかいのおばあさんにおしえられてのぞみがかなうまほうのゆびわをてにいれたおひゃくしょう 「まほうのゆびわ」 リヒャルト・レアンダー原作;奈街三郎文;清水祐幸画 教育画劇(夢のふくらむシリーズ3集) 1973年10月

おひゃくしょう
びょうきのおかみさんにおいしいものをたべさせたくてやまのむこうのまちへうしをうりにいったおひゃくしょう 「おひゃくしょうとめうし」 松野正子脚本;二俣英五郎画 童心社 1993年1月

おひゃくしょうさん
ある国の小さな村にいたひとりぐらしのおひゃくしょうさんで一とうのとしより馬をいたわってつかっていた心のやさしいおひゃくしょうさん 「こがねのいなたば」 浜田広介作;福島のり子脚色;黒谷太郎画 教育画劇(ひろすけ童話紙芝居全集) 1988年2月

おひや

おひゃくしょうさん
しなのの国のとのさまが年よりをしまながしにするというおふれをだしたがおかあさんを家の近くにかくしたおやこうこうなおひゃくしょうさん 「うばすて山」 菊池寛原作;福島のり子文;前田松男画　教育画劇(かみしばい児童文学館)　1986年9月

おひゃくしょうさん
にんげんにばけたおににきれいなむすめをさらわれたむらのおひゃくしょうさん 「おにとおひゃくしょうさん」 瀬尾七重作;倉橋達治画　教育画劇　1995年11月

お百しょうさん　おひゃくしょうさん
おそなえものが少なかったのでえんまさまのきげんをわるくした中国のまずしいお百しょうさん 「おひゃくしょうとエンマさま」 石山透脚色;深沢省三画　NHKサービスセンター(NHKかみしばい 世界の昔ばなし)　1982年1月

お百しょうさん(三人のむすこ)　おひゃくしょうさん(さんにんのむすこ)
とうもろこしどろぼうをたいじしに行ったメキシコのお百しょうさんの三人のむすこ 「とうもろこしどろぼう」 石山透脚色;赤星亮衛画　NHKサービスセンター(NHKかみしばい 世界の昔ばなし)　1982年1月

おひゃくしょうのおかみさん
ハチにさされてさわぎだしたウシにけとばされたおひゃくしょうのおかみさん 「ブーンブンブン」 バイロン・バートン作;八木田宜子脚本　ほるぷ出版(ほるぷの紙芝居-海外秀作シリーズ)　1982年9月

おひゃくしょうの亭主　おひゃくしょうのていしゅ
むらはずれにばけものがでるといううわさがひろまりばけものたいじにでかけたおひゃくしょうの亭主 「おぶさりてい」 市川京子文;夏目尚吾画　教育画劇　1993年12月

おふく
ひでりのときおににあめをふらせてもらったかわりにおにのところへいったむらのむすめ 「なぜ、せつぶんに豆をまくの？」 国松俊英脚本;藤田勝治絵　童心社(なぜ?どうして?たのしい行事)　2001年9月

おふくちゃん
山里のごんべえさんの子でおににはたけに雨をふらせてもらったかわりにおにのよめにいくことになったむすめ 「鬼のよめさん」 松岡励子文;深沢省三画　NHKサービスセンター(日本むかしばなし)　1977年1月

おへそさん
たろうくんのおなかでいつもじっとしているのにたいくつしてへそのごまのおべんとうをしょってたびにでたおへそさん 「おへそさんたびにでる」 望月暢孝脚本;やべみつのり画　童心社　1990年12月

おぼうさん
おおみそかのばんのことみちにまよってけちんぼのちょうじゃさんのいえをたずねてきたまずしいみなりのおぼうさん 「おおみそかのおきゃくさま-大みそか〜正月」 矢崎節夫文;藤本四郎画　教育画劇　1998年8月

おほしさま
さむいばんにゆきだるまがふくハーモニカにあわせておどったおほしさま 「ゆきだるまとおほしさま」 小川未明原作;岡上鈴江文;中村景児画　教育画劇(おはなしバラエティ) 1985年1月

おまめくん
おててをぱちぱちしているおまめくん 「おまめくんぱちぱちー」 とよたかずひこ脚本・絵　童心社(2・3歳児のふれあいあそび ことばとからだであそぼう!) 2004年9月

おみつ
村のわかいふうふにうまれた子で五つになってもちっともものをいわない女の子 「おひなさまになったにんぎょう」 東川洋子作;きよしげのぶゆき画　教育画劇　1995年11月

おむすび
たべられるのがだいきらいでころころころりんとにげだしたおむすび 「おじさんのおむすび」 望月暢孝脚本;やべみつのり画　童心社(美しい心シリーズ) 1989年7月

おむすびまん
アンパンマンとあってともだちになったさんかくのかおのおむすびまん 「アンパンマンとおむすびまん」 やなせたかし作・絵　フレーベル館

おむすびまん
アンパンマンとあってともだちになったさんかくのかおのおむすびまん 「アンパンマンとおむすびまん」 やなせたかし作・絵　フレーベル館(ワイド版アンパンマンかみしばい)

おもちゃ
てっちゃんにすてられてうめたてちにはこばれていってなきだしたおもちゃたち 「ほんとにほんとにゴミかな?-ゴミの話」 今関信子作;岡本美子画　教育画劇(かんきょうかみしばい　みんなでまもろうネ!ちきゅうくん) 1999年5月

おもながさん
どうぶつたちをたくさんかっているまるぽちゃさんのだんなさん 「みんなのたんじょうび」 村山桂子脚本;長野ヒデ子画　童心社(げんきななかまシリーズ) 1993年12月

オヤコドン
地球そっくりの星を発見したたんけんたいのまえにあらわれたかいじゅうのかっこうをしたうちゅうじんの親子 「だれもいないほし」 北川幸比古原作・脚色;横川康夫画　NHKサービスセンター(NHK創作童話集) 1978年1月

おやゆびこぞう
まずしいおひゃくしょうさんのむすこでちっとも大きくならないのでおやゆびこぞうというなまえでよばれていた男の子 「おやゆびこぞう-グリム童話」 市川京子文;吉野健一画　教育画劇　1982年10月

おやゆびひめ
こどもがほしいおんなのひとがまほうつかいからもらったむぎのたねをうえるとさいたチューリップのはなにすわっていたおやゆびくらいのおんなの子 「おやゆびひめ」 アンデルセン原作;八木田宜子脚本;久保雅勇画　童心社(家庭版かみしばい) 1989年6月

おやゆ

おやゆびひめ
こどものほしいおんなのひとがまほうつかいからもらったむぎのつぶをまくとはえてきたチューリップのはなのなかにいたおやゆびくらいのおんなのこ 「おやゆびひめ」 アンデルセン原作;八木田宜子脚本;伊藤悌夫画 童心社(世界の名作・第2集) 1992年5月

おやゆびひめ
こどもをほしがっていたおばあさんがまほうつかいからもらったふしぎなたねをまくとさいたはなのなかからうまれてきたおやゆびほどの大きさの女の子 「おやゆびひめ」 平田昭吾著 永岡書店(名作アニメかみしばい3) 1996年1月

おやゆびひめ
女のひとがまほうつかいからもらったたねをまくとさいた花のまん中にすわっていたおやゆびぐらいしかないかわいい女の子 「おやゆびひめ」 アンデルセン原作;吉野弘子文;岸田耕造画 教育画劇(世界名作童話紙芝居全集) 1991年2月

おゆき
あるふゆのふぶきのばんにわかいかりゅうどのみのきちのいえにやってきてみのきちのよめさんになってしもうたゆきおんな 「ゆきおんな」 桜井信夫脚本;箕田源二郎画 童心社(日本民話かみしばい選・おばけがいっぱい) 1982年9月

おゆき
ある冬のさむいばんのこと木こりのみのきちがもさくじいさんと山へしごとに行った帰り道に見たおそろしいゆきおんな 「ゆきおんな」 こわせたまみ文;いもとようこ画 NHKサービスセンター(日本むかしばなし) 1977年1月

およめさん
きれいでやさしいけれどひどいへをこいてばあさまをだいこんばたけまでとばしてしまったおよめさん 「へっこきよめ」 香山美子脚色;川端誠絵 教育画劇(日本のユーモア民話) 2002年2月

オーラ
ほっきょくぐまのふたごのこぐまのミーシカとともだちになったあざらしの子 「ほっきょくのムーシカ・ミーシカ(前編)(後編)」 いぬいとみこ作;椎野利一画 童心社 1979年12月

オラフ
むかしデンマークのあるむらにすんでいたひとりのまずしいかじやのみせにあるひやってきたにんぎょのむすこ 「うみからきたちからもち」 神宮輝夫脚本;堀内誠一絵 ほるぷ出版(ほるぷの紙芝居) 1977年4月

オランウータン(ウータン)
みなみのしまからきてあかちゃんのときからユウちゃんのいえでかわれていた五さいのオランウータンのおんなのこ 「ジャングルへかえったオランウータン」 杉浦宏脚本;福田岩緒画 童心社(ゆたかなこころシリーズ) 1994年10月

オリオン
らんぼうものでみんなをこまらせていたおとこ 「さそりにさされたあばれんぼう−ギリシャ神話」 武井直紀脚色;鈴木信一作・画 教育画劇 1990年5月

おりひめ
あまのがわのきしべのやしきではたをおっていてむこうぎしにすむうしかいのひこぼしとけっこんしたむすめ 「たなばたのおはなし」 北田伸脚本;降矢洋子絵 童心社(ともだちだいすき) 2008年7月

おりひめ
うしかいのひこぼしとあそんでばかりいたのでてんのかみさまからあまのがわをはさんでわかれてくらすようにいわれたよめ 「たなばたものがたり」 北田伸脚本;三谷靭彦画 童心社(童心社の紙芝居 たなばたシリーズ) 1980年7月

おりひめ
むかしくものうえにすんでいたはたをおるのがしごとのてんにょ 「なぜ、七夕にささかざりをするの?」 若山甲介脚本;藤田ひおこ絵 童心社(なぜ?どうして?たのしい行事) 2001年9月

おりひめ
空のいちばんたかいところにある天の王さまのお城にすんでいた美しくはたおりがじょうずなおひめさま 「おりひめとひこぼし」 香山美子文;工藤市郎画 教育画劇 1980年4月

おりひめ
天からおねえさんたちと水あびに来て牛かいにころもをかくされてふたりの子どもをうんだ天女 「うしかいとおりひめ-中国昔話」 松岡励子脚色;深沢省三画 NHKサービスセンター(NHK小学校国語紙芝居教材 外国の名作) 1979年1月

おりひめ
天のかみさまがうしかいとふうふにしたがふたりともはたらくことをわすれてかみさまに天の川のひがしとにしにはなされてしまったむすめ 「天の川にかかるはし」 小野和子文;狩野富貴子画 教育画劇 1995年11月

オレンジ
くいしんぼうの3にんのまんまるおにのオレンジいろのまんまるおに 「くいしんぼうのまんまるおに」 松井エイコ脚本・絵 童心社(かずとかたちのファンタジー) 2002年3月

おろち
峠にあらわれて旅のものをのみこんでいた大へび 「くろずみ小太郎旅日記 おろち退治の巻」 飯野和好作・絵 ポプラ社(ポプラ社のこどもも読める紙芝居) 2004年11月

オロロ
たんけんごっこがだいすきなおうじさまのけらい 「おうじさまのこうえんたんけん」 山本和子作;中村陽二画 教育画劇 2000年1月

オンオンちゃん
ないてばかりいるふたりの子のひとり 「オンオンちゃんとヒイヒイちゃん」 米川みちこ作;山内恵美子画 教育画劇(かわいい八つのおはなし) 1992年11月

オンドリ
もりのいえにしらがのおじいさんとくらしていたオンドリ 「森のいえ(前編)(後編)」 グリム原作;八木田宜子脚本;篠崎三朗画 童心社 1998年1月

おんと

おんどり(にわとり)
たべるものをさがしにいってみつけた二まいのきんかをじぬしのだんなにとりあげられたおんどり 「おんどりと二まいのきんか」 安藤美紀夫訳;堀尾青史脚本;うすいしゅん画　童心社　1993年1月

おんどり(にわとり)
みちにおちていた二まいのきんかをかいぬしのおじいさんのためにもってかえろうとしたおんどり 「おんどりと二まいのきんか」 クリャンガ作;直野敦翻訳;福島のり子脚色;若菜珪画　教育画劇(たのしい民話民話でてこい)　1985年2月

おんどり(にわとり)
ろばといぬとねこと四ひきでブレーメンのまちへいっておんがくたいにいれてもらおうとしたおんどり 「ブレーメンのおんがくたい-グリム童話より」 福島のり子脚色;関修一作・画　教育画劇(家庭版名作アニメかみしばい)　1995年2月

オンドリ(ニワトリ)
ロバとイヌとネコといっしょにブレーメンの町へ行って音楽隊に入ろうとしたオンドリ 「ブレーメンの音楽隊」 若林一郎文;岡村好文画　NHKソフトウェア(世界むかしばなし)　1996年1月

おんなのこ
うれしいおでかけをするおんなのこ 「おでかけおでかけ」 山本和子作;内海博画　教育画劇　2001年1月

おんなのこ
おおかぜがふいてきてころころころがっていったボールがであったかわいいおんなのこ 「ボールころころ」 レエトーワ原作;宮川やすえ訳・脚本;三井小夜子画　童心社　1990年6月

おんなのこ
クリスマスのまえのゆきのふるさむい日にまちのなかをはだしでマッチをうっていたおんなのこ 「マッチうりのしょうじょ」 アンデルセン原作;川崎大治脚本;藤沢友一画　童心社(世界の名作・第2集)　1992年5月

おんなのこ
のはらのまんなかでまいごになってしまってこぎつねにいっしょに家をさがしてもらったおんなのこ 「かえりみち」 あまんきみこ作;ましませつこ画　童心社(美しい心シリーズ)　1986年4月

おんなのこ
まちのいちばへたまごをうりにいってとてもたのしいゆめをみたおんなのこ 「たまごがいっぱいゆめいっぱい」 アンデルセン原作;堀尾青史脚本;藤沢友一画　童心社　1982年3月

おんなのこ
むらのあきまつりによみせをだしたきつねのインチキうらないやにやってきたおんなのこ 「きつねのうらないや」 ときわひろみ脚本;一條めぐみ画　童心社　1998年10月

おんなのこ
もしもあめのかわりにいぬやねこやねずみがふったらいいのになとおもったおんなのこ 「もしもあめのかわりに」 村山籌子原作；堀尾青史脚色；瀬名恵子画 童心社（美しい心シリーズ） 1991年1月

おんなのこ
山すそののはらでかぜをふかせていたきたかぜのぼうやといっしょにあそんだおんなのこ 「きたかぜとおんなのこ」 井上よう子脚本；菊池恭子絵 童心社（ともだちだいすき） 2006年11月

おんなの子　おんなのこ
たったひとりでまほうのべんきょうをしていたまじょのおかのうえのいえにやってきたちいさなおんなの子 「まじょさんまたあした」 小野寺悦子作；山口みねやす画 教育画劇 1991年11月

女の子　おんなのこ
きたかぜに赤いリボンをふきとばされてしまった女の子 「かぜのいたずら」 上沢謙二原作；花井巴意脚色；西村達馬画 教育画劇（タンバリン・シリーズ） 1980年12月

女の子　おんなのこ
こぐまのタロとハナがはいっていったすみやきのおじいさんのいえのにわでおひなさまごっこをしていた女の子 「やまのひなまつり」 柴野民三作；こせきはるみ画 教育画劇 1974年3月

女の子　おんなのこ
ぬいぐるみのくまちゃんにシャツをきせてごはんをたべさせてさんぽにいってあげた女の子 「わたしのくまちゃん」 アレクサンドローワ原作；小林純一脚本；山本まつ子画 童心社（うさちゃんシリーズ） 1986年11月

女の子　おんなのこ
ふるいおうちにやさしいおかあさんとふたりでくらしていたびょうきの女の子 「五つぶのえんどうまめ-アンデルセン童話より」 桜井美知代作・画 教育画劇（世界名作アニメかみしばい） 1990年5月

女の子　おんなのこ
むかしロシアのある村にひどい日でりがつづいたことがあってびょうきのおかあさんのために水をさがしに行った女の子 「七つぼし」 レフ・トルストイ原作；立原えりか脚色；篠崎三朗画 NHKサービスセンター（名作民話おはなし広場） 1984年1月

女の子　おんなのこ
やどなしのおかあさんねこと子ねこにまどからパンをなげてやったきょうだいの女の子 「どこかに生きながら」 小川未明原作；岡上鈴江脚色；工藤市郎画 教育画劇（小川未明童話紙芝居全集） 1986年7月

女の子　おんなのこ
ゆきのふる大みそかのさむい日にマッチをまえかけにつつんでまちのとおりをはだしのままうりあるいていたまずしい女の子 「マッチうりの少女」 アンデルセン原作；角田光男文；輪島みなみ画 教育画劇 1991年2月

おんな

女の子　おんなのこ
三びきのくまがすんでいたもりの中のいえにやってきたひとりの女の子 「三びきのくま-イギリス民話より」森やすじ作・画　教育画劇（世界名作アニメかみしばい）1987年4月

女の子　おんなのこ
女王さまがめいれいしおばあさんにいいつけられて冬のさなかに森へまつゆき草をさがしにいったみなしごの女の子 「十二の月のものがたり（前編）（中編）（後編）」マルシャーク原作；堀尾青史脚本；金沢佑光画　童心社　1982年1月

女の子　おんなのこ
村がたいへんなひでりのときにびょうきのおかあさんのために水をさがしにでかけた女の子 「ななつのほし」トルストイ原作；堀尾青史脚本；小谷野半二画　童心社（紙しばい名作選）1992年5月

女の子　おんなのこ
大みそかのゆきのふるよるにだあれもいないがらーんとしたひろいみちをはだしであるいていたマッチうりの女の子 「マッチうりのしょうじょ-アンデルセン童話より」桜井美知代作・画　教育画劇　1996年5月

女の子　おんなのこ
長いこと雨がふらないのでびょう気でねたきりのおかあさんのためになん日も水をさがしてあるきつづけていた女の子 「おおくまぼし」福島のり子文；野々口重画　教育画劇（かみしばい児童文学館）1982年4月

おんなの子（ちょう）　おんなのこ（ちょう）
つきよのばんにむらはずれのおばあさんの小さないえにゆびをけがしてやってきたおんなの子のちょう 「つきよとめがね」小川未明原作；堀尾青史脚本；桜井誠画　童心社（家庭版かみしばい）1978年10月

おんなのひと
おおきいぞうにあったふとったおんなのひと 「おおきくてもちいさくても‥‥」マリア・エンリカ・アゴスティネリ絵；エリザベス・ボルヒェルス原作；八木田宜子脚本　ほるぷ出版（ほるぷの紙芝居-海外秀作シリーズ）1987年9月

おんなのひと
めんどりがうんだたまごをいちばへうりにいくとちゅうでおかねをもうけてすごいおかねもちになっていくゆめをみたおんなのひと 「おおきなおとしもの」H.C.アンデルセン原作；レイ・クルツ絵；八木田宜子脚本　ほるぷ出版（海外秀作シリーズ）1982年9月

オンブバッタ
テントウムシにオニになってもらってともだちとみんなでかくれんぼきょうそうをしたかくれるのがじょうずなむし 「むしたちのかくれんぼ」得田之久脚本・絵　童心社（ともだちだいすき）2000年5月

【か】

カアカア
杉林がきりたおされることになってひっこしをすることになったからす 「カアカアのひっこし」 村山桂子作;可児久子画 教育画劇(げんまんシリーズ) 1984年5月

ガアコ
どうぶつたちみんなとたんぽぽ村のはずれにあるのはらまでえんそくにいったあひる 「みんなでえんそく」 教育出版国語編集部原案;関七美脚色;いもとようこ画 教育画劇(ちいさなちいさなおはなし) 1990年9月

かあさんうさぎ(うさぎ)
どんぐりのもりでわなにかかってしまったいつもえばっていじわるなじいさんだぬきをたすけてやったかあさんうさぎ 「たぬきとかあさんうさぎ」 塩原ゆかり作;野々口重画 童心社(日本の動物記シリーズ) 1987年6月

かあさんかみなり
かぜにふうせんをとばされてそらへとんでいったねずみちゃんがあったかみなりのおかあさん 「とんでいったねずみちゃん」 山本省三作;長野ヒデ子絵 フレーベル館(どっちのおはなし紙芝居1)

かあさんぐまとこぐま(くま)
かあさんぐまのおひざのうえでおっぱいのんだりねんねしたりおはなしするのがだいすきだったこぐま 「いっしょに、あ・え・い」 片山真智子脚本;駄場元智美絵 童心社 2004年1

かあさんだぬき(たぬき)
つきよのばんにこどものたぬきにばけることをおしえようとおもってそとへでてきたかあさんだぬき 「おつきさんにばけたいの」 三谷亮子脚本;長野ヒデ子画 童心社 1997年5月

かあさんどり(にわとり)
ひよこのろくちゃんをたべようとしたのらねこのごろべえとたたかったつよいかあさんどり 「ひよこのろくちゃん」 かこさとし作;瀬名恵子絵 童心社(かこさとし紙芝居傑作選) 1975年3月

かあすけ
おやまにとんできてゆらゆらゆれていたたこちゃんふうせんをつれておかあさんをさがしにいってやったしんせつなからす 「おやまとのはらとひろいうみ」 角田光男作;西原ヒロシ画 教育画劇 1964年7月

カイ
うちがおとなりどうしでまるでほんとうのきょうだいのようになかよしだったふたりの子どもの男の子 「雪の女王」 アンデルセン原作;稲庭桂子脚本;いわさきちひろ画 童心社(いわさきちひろ画・紙芝居選) 1976年3月

カイ
ほっきょくのサンタクロース村のトナカイでクリスマスの日にそりをひいていてかぜをひいてしまったトナカイ 「トナカイからのプレゼント」 やなぎやけいこ作;奈良坂智子画 教育画劇 1989年12月

かいじゅう
おおきなみずうみからでてきてこざるたちをたべていたまっくろいかいじゅう 「それいけ!アンパンマン」 やなせたかし作・絵 フレーベル館

かいし

かいじゅう
おおきなみずうみからでてきてこざるたちをたべていたまっくろいかいじゅう「それいけ!アンパンマン」やなせたかし作・絵 フレーベル館(ワイド版アンパンマンかみしばい)

かいじゅう(ドンキチくん)
ピクニックへいくのにみずがながしっぱなしでへやのでんきもテレビもけさないででかけようとしたかいじゅう「ちょっとまって!ドンキチくん-省エネ」藤本ともひこ作・画 教育画劇(かんきょうかみしばい みんなでまもろうネ!ちきゅうくん) 1999年5月

かいじゅうくん
せかいのはてにあるちいさなくににあらわれたひをふくこころのやさしいかいじゅうくん 「こころのやさしいかいじゅうくん」マックス・ベルジュイス作;八木田宜子脚本 ほるぷ出版(ほるぷの紙芝居) 1989年6月

かいじゅうのこども
ひるねばっかりしているおとうさんにあそんでほしくておこしにいったかいじゅうのこどもたち「ねえあそぼうよ!」藤本ともひこ脚本・絵 童心社(2・3歳児のふれあいあそび) 2004年9月

がいとう
ある町はずれにたっていた一本足のとしをとったがいとう「一つのねがい」浜田広介作;大川秀夫脚色;野々口重画 教育画劇(ひろすけ童話紙芝居全集第2集) 1988年4月;教育画劇 1985年1月

かいぶつ
したいのいちぶからあたらしいにんげんをつくることをおもいついたかがくしゃフランケンシュタインがつくりだしたみにくいかいぶつ「フランケンシュタイン」岩倉千春脚本;福田岩緒画 童心社(こわいぞ!世界のモンスター) 1997年5月

かいぶつ
ベトナムのむらの人たちを一しゅうかんにひとりずつたべていたおそろしいかいぶつ「バー・コーのかいぶつたいじ-原話ベトナム民話」八木田宜子脚本;織茂恭子画 童心社(かみしばい世界むかしばなし) 1990年2月

カイロだんちょう
じぶんの店でウエスキーをのんでよっぱらってしまったあまがえるたちをおどかしてけらいにしてはたらかせたとのさまがえる「カイロだんちょう」宮沢賢治原作;堀尾青史脚色;深沢省三画 NHKサービスセンター(NHK創作童話集) 1978年1月

かえちゃん
えんからおうちにかえるとちゅうにあるいけにいるザリガニをまいにちみているふたごのおんなのこ「ひみつのザリガニ」杉浦宏脚本;黒川光広画 童心社(だいすき!ちいさないきもの) 1997年9月

かえる
くさの上よりどうろの上でとぼうとしてくるまにひかれてぺちゃんこになっちゃったあおがえる「ぱんくがえるぺちゃんこがえる」堀尾青史脚本;二俣英五郎画 童心社(たのしいイソップ) 1975年5月

かえる

かえる
たのしいでんぐりがえるをするかえる 「でんぐりがえる」 ひろかわさえこ脚本・絵 童心社 2005年10月

かえる
たんぼのかみさまにはこぶおそなえのおもちをせなかにしょってだいこんばたけをよこぎったかえるたち 「ぴょんぴょんにょきにょき」 荒木文子脚本;山口マオ絵 童心社 2008年10月

かえる
とうもろこしどろぼうをたいじしに行くお百しょうさんの三人のむすこに声をかけたかえる 「とうもろこしどろぼう」 石山透脚色;赤星亮衛画 NHKサービスセンター(NHKかみしばい 世界の昔ばなし) 1982年1月

かえる
はすのうわっているいけにすみつきぼうさまになりたいもんだとおもってはすのはっぱでてらたててまいにちおきょうをあげていたびっき 「びっきのぼうさま」 小浦享子脚本・画 童心社(とんとむかしがたり) 1995年9月

かえる
めいあんを考えてかもたちが口にくわえたぼうきれにぶら下がって空をとんだかえるの旅行家 「かえるの旅行家」 松岡励子文;井上英子画 NHKサービスセンター(外国むかしばなし) 1977年1月

かえる
雨ふりの日にノブコがおりがみをおってつくったおしゃれなかえる 「おしゃれなかえるさん」 小沢正作;高橋宏幸画 教育画劇(ミミちゃんシリーズ) 1982年5月

かえる
仕事の帰りにとのさまがえるの店でウエスキーを飲んでよっぱらいとのさまがえるのけらいにされてしまった三十ぴきのあまがえるたち 「カイロだんちょう」 宮沢賢治原作;堀尾青史脚色;深沢省三画 NHKサービスセンター(NHK創作童話集) 1978年1月

かえる
子がえるがみたという大きなおばけより大きくなってみせようとしておなかがぱんくしてしまったおとうさんがえる 「ぱんくがえるぺちゃんこがえる」 堀尾青史脚本;二俣英五郎画 童心社(たのしいイソップ) 1975年5月

かえる
水の中でたまごから生まれてきてかえるになって水からぴょんととびだしたおたまじゃくし 「たまごとたまご」 森比左志文;甲斐哲也画 NHKサービスセンター(なぜなぜ童話) 1977年1月

かえる
頭がちょっと重くなってくると鳴きたくなるんだとにわとりにいったいぼがえる 「いぼがえるとにわとり」 トンミー作・画 汐文社(アジアの紙芝居シリーズ ラオスの紙芝居3) 1998年4月

カエル
あひるのおばさんが開いたホテルにきたお客のカエルたち 「あひるのホテル」 中川正文作;ながよしかよ画 教育画劇(あひるさんシリーズ) 1987年4月

かえる

カエル
いっしょにさんぽにいったひよこやネズミがおよげないのをばかにしてわらったカエル 「ちいさなちいさなふね」ステーエフ原作;松谷さやか訳・脚本 童心社(ともだちだいすき) 2005年4月

カエル
はらぺこのトラにたべられそうになって「わしはカエルのおうさまだぞ」といばっていったカエル 「トラよりつよいカエルくん-チベットの民話」矢崎節夫文;すがわらけいこ絵 教育画劇 2009年1月

かえる(王子さま) かえる(おうじさま)
まほうつかいにまほうをかけられてかえるにされていた王子さま 「かえるの王子さま-グリム童話」清水たみ子文;伊藤悌夫画 教育画劇 1986年4月

かえる(カイロだんちょう)
じぶんの店でウエスキーをのんでよっぱらってしまったあまがえるたちをおどかしてけらいにしてはたらかせたとのさまがえる 「カイロだんちょう」宮沢賢治原作;堀尾青史脚色;深沢省三画 NHKサービスセンター(NHK創作童話集) 1978年1月

かえる(カンがえる)
友だちの野ねずみにたのんでゴムぐつを手に入れてはいたかえる 「かえるのゴムぐつ」宮沢賢治原作;立原えりか脚色;深沢省三画 NHKサービスセンター(名作民話おはなし広場) 1984年1月

かえる(ケル)
あしたからふゆごもりだとおもうといらいらしてなかよしのあひるについいじわるをいってしまったかえる 「ガロごめんね」谷大次郎作;矢野洋子画 教育画劇(たんぽぽシリーズ) 1982年11月

かえる(けろ)
おとうさんとビーチサンダルのふねにのっていけにもぐったかえる 「けろがのったせんすいかん」古味正康作・画 教育画劇(おはなしプレゼント) 1986年8月

かえる(ケロコ)
ひょうたんいけのかえる 「かえるケロスケ」浅沼とおる作・絵 教育画劇 2006年9月

かえる(ケロスケ)
ひょうたんいけのすもうたいかいにゆうしょうしてもっとつよくなるたびにでたかえる 「かえるケロスケ」浅沼とおる作・絵 教育画劇 2006年9月

かえる(ケロッパ)
なぞなぞまおうにゆうかいされたなかよしのねこのニャンコをいぬのワンタとたすけにいったかえる 「なぞなぞまおうをやっつけて」大高ゆきお文;尾崎眞吾絵 教育画劇 2004年1月

かえる(ゲロリン)
めいたんていのニャンタローとなぞなぞじあいをしたかえるのボス 「なぞなぞたんていニャンタロー」このみひかる作;岩田くみ子画 教育画劇(なぞなぞだいすき) 1992年12月;教育画劇 1988年9月

かえる

カエル（ゲロリンコ）
かっぱのガラッパと二ひきでみずのながれにのって川をくだっていったカエル 「かっぱのすべりだいスーイスーイ」 内山安二作・画 教育画劇 1989年6月

かえる（チッピ）
ちょっぴりしかたべないであそんでばかりいるちびのかえる 「ポップ・トップ・チッピ」 福田和作；石川雅也画 童心社（基本的生活習慣を育てるよいこのしつけシリーズ） 1981年11月

かえる（トッポ）
なんでもたべないからひょろひょろでちからなしののっぽのかえる 「ポップ・トップ・チッピ」 福田和作；石川雅也画 童心社（基本的生活習慣を育てるよいこのしつけシリーズ） 1981年11月

かえる（ビッキー）
いつもひとりぽっちでともだちがほしいかえる 「かえるのビッキー」 平井貴子作・画 教育画劇（ぽんぽこシリーズ） 1983年5月

かえる（ピョコ）
あさになってもまだぐうぐうねていたかえるのこ 「おねぼうチュピ」 わしおとしこ作；土田義晴画 教育画劇 2004年5月

かえる（ピョコちゃん）
かえるのピョンくんのなかよしでなつがおわりにぎやかなせみがいなくなってさびしそうなかえる 「にぎやかなあきさがそう」 中村美佐子作；小出保子画 教育画劇（しぜんといきもの） 1980年9月

かえる（ピョンくん）
なつがおわってさびしそうななかよしのピョコちゃんをよろこばせてあげようとのはらへにぎやかなものをさがしにいったかえる 「にぎやかなあきさがそう」 中村美佐子作；小出保子画 教育画劇（しぜんといきもの） 1980年9月

カエル（ピョンタ）
あめのひにともだちにあいにむこうの池までいったアマガエルの子 「あめふりともだち」 島津和子脚本・絵 童心社（年少向けおひさまこんにちは） 2005年6月

かえる（ブンがえる）
ゴムぐつを手に入れたカンがえるがうらやましくてゴムぐつをめちゃくちゃにしてやった二ひきのかえるの一ぴき 「かえるのゴムぐつ」 宮沢賢治原作；立原えりか脚色；深沢省三画 NHKサービスセンター（名作民話おはなし広場） 1984年1月

かえる（ベンがえる）
ゴムぐつを手に入れたカンがえるがうらやましくてゴムぐつをめちゃくちゃにしてやった二ひきのかえるの一ぴき 「かえるのゴムぐつ」 宮沢賢治原作；立原えりか脚色；深沢省三画 NHKサービスセンター（名作民話おはなし広場） 1984年1月

かえる（ポップ）
たべてねてばかりいるでぶのかえる 「ポップ・トップ・チッピ」 福田和作；石川雅也画 童心社（基本的生活習慣を育てるよいこのしつけシリーズ） 1981年11月

かえる

カエル（まめた）
けんちゃんのうちへいくとちゅうでこわいねこにつかまえられそうになったアマガエル 「アマガエルまめた」 わしおとしこ脚本；遠山繁年絵　童心社（ともだちだいすき）　2004年6月

かえる（ルラがえる）
おむこさんをさがしにきたきれいなかえるのむすめ 「かえるのゴムぐつ」 宮沢賢治原作；立原えりか脚色；深沢省三画　NHKサービスセンター（名作民話おはなし広場）　1984年1月

かえるくん
はっぱのうえからみずたまをおっことしてとんぼをとばせたちいさないけのかえるくん 「みずたまポチャン」 かみやしん脚本・画　童心社　1997年8月

かえるさん
あしがぴょーんとのびたかえるさん 「のーびたのびた」 福田岩緒脚本・絵　童心社（あかちゃんかみしばい ぱちぱちにっこり）　2006年9月

カエルさん
はるののはらではなちゃんとともだちになったカエル 「ともだちいっぱい！」 千世まゆ子脚本；梅田俊作絵　童心社（ともだちだいすき）　2008年4月

かえるのおかあさん
まいごになったおたまじゃくしのぼうや101ちゃんをいっしょうけんめいさがしたかえるのおかあさん 「おたまじゃくしの101ちゃん」 かこさとし作；仲川道子画　童心社（家庭版かみしばい）　1987年11月；童心社（小さな生物のせかい）　1978年5月

カエルのおばさん
くさむらでなくしたくびかざりをさがしてくれたゲンジボタルのポーさんたちをおんがくかいにしょうたいしたカエルのおばさん 「すてきなおんがくかいーホタルのはなし」 古味正康作・画　教育画劇（ちいさな虫のなかまたち）　1991年5月

かえるりゅう
じゃんぐるにすむこどもタータンたちをこまらせていたやまのたきつぼのぬしのかいぶつ 「アンパンマンとタータン」 やなせたかし作・絵　フレーベル館（アンパンマンのぼうけん）

かえるりゅう
ジャングルにすむこどもタータンたちをこまらせていたやまのたきつぼのぬしのかいぶつ 「アンパンマンとタータン」 やなせたかし作・絵　フレーベル館（かみしばいアンパンマン　第5集）

かおり
めいれいするくせがある女の子きぬよにゆうきをだしてじぶんの考えがいえた女の子 「いまのかおりがとてもすき-小学生の道徳1年」 今関信子作；尾崎曜子画　教育画劇　1996年4月

かおりちゃん
おとうさんがつくったタイムマシンにのってみんなできょうりゅうのいたころにいってみた女の子 「がんばれ！きょうりゅうステゴサウルス」 伊東章夫作・画　教育画劇　1996年5月

かおりちゃん
にちようびにおとうさんにじゅもんをかけてふたりでそらをとんだにんじゅつがっこうのせいとのおんなのこ 「にんじゃかおりちゃんそらをとんだにちようび」 川北亮司脚本;藤本四郎画 童心社(健康紙芝居・げんきなこども) 1983年10月

かおりちゃん
ひなまつりの日にえんでみんなとおゆうぎをしたおんなのこ 「もものの木のしたのおひなさま」 西本鶏介作;岡本美子画 教育画劇(きれいな花いっぱい) 1990年9月

かおりちゃん
入園式の日に赤ぐみの赤いなふだをつけてもらった女の子 「おともだちいっぱい」 いしばししずこ作;石橋三宣画 教育画劇(あたらしい行事紙芝居) 1992年4月

かかし
いねかりがおわってたんぼにぽつんとのこされたみっちゃんのうちのたんぼのかかし 「みっちゃんのかかし」 須藤克三作;菊地隆知画 童心社(よいこの十二か月) 1974年10月

かかし
オズのおしろへむかうドロシーについてきたかかし 「オズのまほうつかい(前編)(後編)」 岡上鈴江文;長島克夫画 教育画劇 1987年4月

かかし
もりのおかしやさんのたぬきどうからだまっておかしをもっていったかかし 「もりのおかしやたぬきどう」 よしざわよしこ作;相沢るつ子画 教育画劇(どうぶつむらのおみせやさん) 1986年4月

かきごおりくん
アイスクリームのアイスくんに「アイスくんってなんでできてるの?」ってしつもんしたかきごおりくん 「アイスくん」 山福朱実作・絵 教育画劇 2006年1月

がくちゃん
やぎぐみのみんなでやっていることりとうばんをたのしみにしていたのにびょうきになってしまったおとこのこ 「ことりとうばん」 川島美子脚本;駒井啓子画 童心社 1980年5月

かくべえ
花のき村にやってきた五にんぐみのぬすびとのひとりでかくべえじしをしておかねをもらっていたおとこ 「花のき村とぬすびとたち(前編)(後編)」 新美南吉原作;水谷章三脚本;西山三郎画 童心社(ほのぼの新美南吉ランド) 1994年5月

かぐやひめ
おおむかしにつきにかえっていったがつきのせかいがたいくつでちきゅうにもどってきたかぐやひめ 「かぐやひめがやってきた!!」 舟崎克彦作;篠崎三朗画 教育画劇(紙芝居へんてこ日本むかしばなし) 1995年5月

かぐやひめ
むかしたけとりのおじいさんがたけやぶで一本のひかりかがやくたけをきってみると中から出てきたかわいいおにんぎょうのような女の子 「かぐやひめ」 福島のり子文;岩本圭永子画 教育画劇(紙芝居むかしばなし第2集) 1991年2月

かくや

かぐやひめ
むかしたけとりのおじいさんがたけやぶのなかのきんいろにひかっている一ぽんのたけをきってみるとなかにいたかわいらしいおんなの子「かぐやひめ」白梅進作・画　教育画劇　1987年11月

かぐやひめ
むかしむかしのこと竹取りのおきながきらきらと金色に光っていた竹を切ってみると中にすわっていた小さな女の子「かぐやひめ」立原えりか脚色;坂本玄画　NHKサービスセンター(NHK小学校国語紙芝居教材 日本の古典)　1979年1月

かぐやひめ
むかし竹をとってきてはざるやかごをつくっていたおじいさんが竹やぶでぼうっとひかっていた竹をわってみると中にはいっていたかわいい女の子「かぐやひめ」岩崎京子脚本;遠藤てるよ画　童心社(日本名作おとぎばなし・むかしむかしあったとさ)　1986年9月

かげぼうし
にゅうえんしきにいかないくまのくますけからひゅうい!とはなれてかってにえんにいったくますけのかげぼうし「くますけくんとかげぼうし」松野正子脚本;渡辺有一画　童心社　1991年4月

かげんぼう
ぶたのブータとだいのなかよしでどこへいくのもいつもいっしょのかげんぼう「ブータとあべこべかげんぼう」木曽秀夫作・画　教育画劇(いってみたいなこんなくに)　1989年1月

かこちゃん
おとなりのてるくんとこどもふたりだけではじめてバスにのった女の子「バスくんよろしくね」高木あきこ作;山本省三画　教育画劇　1992年4月

かこちゃん
かものくうくんのおともだちでとなりのまちのいけにいるかものおんなのこ「くうくんのみちあんない」角田光男作;野々口重画　教育画劇(よいこの交通安全)　1991年10月

かさくん
はれたひににわにほされていてふわっとかぜにのっておさんぽにいったかさ「かさくんのおさんぽ」仲川道子脚本・絵　童心社(年少向けおひさまこんにちは)　2005年11月

かささぎ
あまのがわをわたれないおりひめをたすけるためにいっせいにはばたいてみごとなはしをつくったかささぎたち「たなばたのおはなし」北田伸脚本;降矢洋子絵　童心社(ともだちだいすき)　2008年7月

カジノモト
ガスをつけっぱなしにしていたてんぷらのおなべのなかからもえあがってきたおそろしいかおのひ「おれさまは、カジノモト!」高橋由為子脚本・画　童心社(防災紙芝居・じしんだ!かじだ!)　1992年9月

カシム
アリ・ババのにいさんでなくなったおとうさんのざいさんをひとりじめにしたおおがねもち「ひらけ、ごま(前編)(後編)」堀尾青史脚本;徳田徳志芸画　童心社　1982年2月

かじや
むかしデンマークのあるむらにすんでいたひとりのまずしいかじや 「うみからきたちからもち」 神宮輝夫脚本；堀内誠一絵　ほるぷ出版(ほるぷの紙芝居)　1977年4月

カシュヌール
バグダッドの王さまやインドの王女をどうぶつのすがたにかえたまほうつかい 「こうのとりになった王さま(前編)(後編)」 高木あきこ文；うすいしゅん画　教育画劇(たのしい民話民話でてこい第2集)　1986年2月

かしら
むかし花のき村というむらにやってきた五にんぐみのぬすびとたちのかしら 「花のき村とぬすびとたち(前編)(後編)」 新美南吉原作；水谷章三脚本；西山三郎画　童心社(ほのぼの新美南吉ランド)　1994年5月

かずお
おとうさんがあそびあいてにと秋田から犬をもらってくれたひとりっ子の男の子 「マツとおばあちゃん」 戸川幸夫原作；渡辺泰子脚本；田代三善画　童心社(日本の動物記シリーズ)　1987年6月

かずお
まだちいさくてなつまつりのおみこしをかつがせてもらえなかったのでえんのおまつりでかつぐおみこしをつくったおとこのこ 「おみこしわっしょい」 八木田宜子脚本；高橋透画　童心社(美しい心シリーズ)　1977年7月

一男　かずお
学校にかわれているうさぎがすきな一年生の男の子 「かわいいみんなのコロスケ」 手島悠介作；鈴木幸枝画　教育画劇　1985年12月

かずおくん
えりちゃんたちとのはらでみつけたダンゴムシやタンポポのことをえはがきにしてしぜんのたよりをつくったおとこのこ 「しぜんのたよりをとどけよう」 江川多喜雄脚本；高橋透画　童心社(かみしばい子どもの生活ひろば)　1990年9月

かずくん
いもうとのかよちゃんとおるすばんをしているときにおだいどころでガスのひをつけたおとこのこ 「かち、かち、かじようじん」 辻邦脚本；駒井啓子画　童心社(かみしばい こんなとききをつけようネ!)　1991年9月

かずくん
ようちえんのみんなとやまのぼりにいったひにちいさなけんちゃんとどんどんやぶのなかにはいってしまったおとこのこ 「いなくなったふたり」 高橋道子脚本；山内恵美子画　童心社(きちんとするのだいすき)　1985年9月

かーすけ
いぬやねこのなきまねがじょうずなからす 「からすのかーすけ」 畑アカラ作・画　教育画劇(かみしばいだいすき)　1993年7月

かすこ

かずこ
ひなまつりの日にのぼるといっしょにおひなさまのかっこうをしてならんですわってあそんだおんなのこ 「かずことのぼるのひなまつり」 滝山さなみ脚本；駒井啓子画　童心社（ひなまつりシリーズ）　1989年1月

和子（和ちゃん）　かずこ（かずちゃん）
日本がせんそうをしていたときのこと和歌山の海南市でB29のばくげきにあいぼうくうごうのなかでおかあさんのうでにまもられていきのこった女の子 「おかあさんのうた」 渡辺享子脚本・画　童心社　1999年8月

かずちゃん
たなかさんのおばあさんの家にでかけておつきみのおだんごをいっしょにつくったおとこのこ 「おつきみのおだんご」 八木田宜子作；山本まつ子画　童心社（美しい心シリーズ）　1974年9月

一ちゃん　かずちゃん
テストのとうあんについていた△をけして○にかきなおそうとしたときねこのたまがわらったようにみえた男の子 「わらったねこ」 久保喬作；野々口重画　教育画劇（道徳紙芝居総集編）　1986年10月

和ちゃん　かずちゃん
日本がせんそうをしていたときのこと和歌山の海南市でB29のばくげきにあいぼうくうごうのなかでおかあさんのうでにまもられていきのこった女の子 「おかあさんのうた」 渡辺享子脚本・画　童心社　1999年8月

かずひろくん
おとうさんがくるのをまたずにいもうとのちかちゃんと花火をはじめたおとこのこ 「はなびであそぼう」 川島美子作；高志孝子画　童心社（安全教育シリーズ）　1986年11月

カスモぼうや
ティラノサウルスのきょうりゅうぼうやにいっしょにおかあさんをさがしてもらったまいごのカスモサウルスのぼうや 「きょうりゅうぼうやのおともだち」 黒川光広脚本・絵　童心社（きょうりゅうぼうやシリーズ）　2002年8月

かずやくん
おねえちゃんとふたりでつかっているつくえのたなの人形のなかまにカッパとタヌキの人形を入れてもらった男の子 「つくえのうえのうんどうかい」 佐藤さとる作；伊藤海彦文；高谷りん画　NHKサービスセンター（創作童話）　1977年1月

かぜのおやこ
みちのまんなかにおちていたひもをみつけたちからじまんのかぜのおやこ 「ひもが一ぽん」 白濱杏子作；高瀬のぶえ画　教育画劇（かわいい八つのおはなし）　1992年11月

かたつむり
あめがふったひにひろくんというおとこのことあったかたつむり 「かたつむりさんこんにちは」 高家博成脚本；横内襄画　童心社（童心社の紙芝居 げんきななかまシリーズ）　1994年7月

かたつむり
まどのそとにいたかたつむり「まどをあけたあとで‥‥」ウィルヘルム・シュローテ作;八木田宜子脚本　ほるぷ出版(ほるぷの紙芝居-海外秀作シリーズ)　1982年9月

カタツムリ
おかあさんがうんだたまごからでてきてさっそくごはんをさがしにでかけたカタツムリ「カタツムリくん」今森光彦写真・作　教育画劇　2006年5月

カタツムリ
ダンゴムシのクルルンがある日みつけたぎんいろのみちのさきにいたカタツムリ「ダンゴムシのともだち」得田之久脚本・絵　童心社(ともだちだいすき)　2005年5月

かたつむり(ツムツム)
とうさんとかあさんといっしょにおうちの大きなあじさいの木のてっぺんまではじめてのぼったかたつむりのこ「かたつむりのツムツム」成本和子作;椎野利一画　教育画劇(あひるさんシリーズ)　1980年6月

カタツムリ(デカ)
ジュンペイのかようえんのすいそうでみんなでかっているカタツムリ「ジュンペイのウンチーうんちのはなし」清水道尾作;宮崎耕平画　教育画劇　1998年5月

かたつむり(デンデンくん)
おかあさんがじめんにあなをほってうんだたまごからうまれてきてたべものをさがしにうごきだしたかたつむりのあかちゃん「かたつむりのデンデンくん」かみやしん脚本・画　童心社　1987年6月

かたつむり(ノーラ)
うさぎのミミのおうちでみんなといっしょにデコレーションケーキをつくったかたつむり「みんなでつくろうデコレーションケーキ」山崎陽子作;秋里信子画　教育画劇　1993年11月

刀かじ　かたなかじ
ひとばんで千本の刀をつくれるわかものをむすめのむこにするというたてふだをいえのまえにたてた刀かじ「おにのかたなづくり-日本民話より」鶴見正夫脚色;清水耕蔵画　教育画劇(日本のおばけ)　1992年8月

ガチャコ
びょうきになったどうぶつえんのなかまのぞうのからだをささえてたすけてあげたぞう「がんばれアヌーラ」中川志郎作;ながよしかよ画　教育画劇(心あたたまるほんとうにあったどうぶつの話)　1983年9月

がちょう
トムテにこびとにされたニルスをせなかにのせてそらをとんでいったしろがちょう「ニルスのふしぎなたび」ラーゲルレーフ原作;成川裕子作・画　教育画劇(世界名作アニメかみしばい)　1990年5月

ガチョウ(モルテン)
ニルスのなかよしでニルスをせなかにのせていっしょにたびをしたガチョウ「ニルスのふしぎなたび(前編)(後編)」ラーゲルレーヴ原作;上地ちづ子脚本;ユノセイイチ画　童心社　1991年5月

かちん

カチン
町へさんぽに出かけてみちにおちていたじしゃくをたべてしまった子どもおばけ「おばけのカチンくん」鈴木美也子作;力夕倫画　教育画劇（健康とユーモアぺろぺろんシリーズ）1982年4月

カックさん
めのまえにみたことのないおおきなたまごがおちてきてびっくりしたニワトリ「びっくりたまごはだれのもの？-たまごの大きさ」中村美佐子作;毛利将範画　教育画劇　1997年8月

カッコウ
りすがやまのはたけでひろったたまごからかえしてカッコウというなまえをつけてかわいがったひな「よぶこどり」浜田ひろすけ作;あきくさあい絵　教育画劇　2007年1月

カッコウ
りすが山のはたけでみつけた小さなたまごからかえしてカッコウというなをつけてだいじにそだてたひな「よぶこどり」浜田広介作;福島のり子脚色;輪島みなみ画　教育画劇　1975年10月

かっこちゃん
こんどひっこしてきたおんなのこみたいなとみいくんとさんりんしゃにのってマーケットへいったおとこまさりのおんなのこ「かっこととみいのだいぼうけん」堀尾青史脚本;山本まつ子画　童心社（かみしばい安全教育シリーズ）1977年5月

かっちゃん
あしたまこちゃんといっしょにきらきらえんにいくかばん「まこちゃんといっしょ」新沢としひこ脚本;長谷川義史絵　童心社　2007年4月

かっちゃん
おかあさんのつくってくれたおべんとうをかみなりどんによこどりされてたべられてしまったおとこの子「おべんとうこわい」かつまたせつこ作;津田直美画　教育画劇（ぱくぱくぱっくんシリーズ）1984年5月

かっちゃん
かずやくんがおねえちゃんとふたりでつかっているつくえのたなの人形のなかまに入れてもらったカッパの人形「つくえのうえのうんどうかい」佐藤さとる作;伊藤海彦文;高谷りん画　NHKサービスセンター（創作童話）1977年1月

かっちゃん
くつがだいすきでまいにちいっしょにあそぶおとこのこ「かっちゃんのくつ」高木あきこ脚本;新美英俊画　童心社（2・3歳児しつけかみしばい・みんなは、できるかな？）1993年5月

かっちゃん
子どもキャンプ村でおかたづけのじかんにひとりだけおかたづけしないでおこってあき缶をけった男の子「かっちゃんかーんかーん」西内ミナミ作;瀬名恵子画　教育画劇（おはなしドキドキ）1986年8月

かっぱ
あるひのばんがたたんぼのくさとりをしていたじさまのまわりに「すもうとろう」といってあつまってきたかっぱども「かっぱのすもう」渋谷勲脚本;梅田俊作画　童心社（日本民話かみしばい選・わらいばなしがいっぱい）1984年9月

かっぱ
いずはんとうのかわず川にすんでおったいたずらの大すきなかっぱでお寺のおしょうさんにたすけてもらったおれいにふしぎなかめをおいていったかっぱ 「かっぱのかめ」 須藤出穂脚色;沼野正子画 NHKサービスセンター(名作民話おはなし広場) 1984年1月

かっぱ
ふゆもちかいあるひのことやまでふるえていたところをじさにたすけてもらったおれいにたからもののふくろをあげたかっぱ 「かっぱのおたから」 松谷みよ子再話;水谷章三脚本;岡野和画 童心社 1984年11月

カッパ
とうげのむらのアカアカぬまとアオアオぬまにすんでいたふたりのばけものカッパ 「かっぱのてがみ-日本民話より」 菊地ただし脚色;中沢正人画 教育画劇(日本のおばけ) 1992年8月

カッパ(かっちゃん)
かずやくんがおねえちゃんとふたりでつかっているつくえのたなの人形のなかまに入れてもらったカッパの人形 「つくえのうえのうんどうかい」 佐藤さとる作;伊藤海彦文;高谷りん画 NHKサービスセンター(創作童話) 1977年1月

かっぱ(ガラッパ)
あめがふるとみずのながれにのってすべりだいみたいに川をくだっていくのがだいすきなかっぱ 「かっぱのすべりだいスーイスーイ」 内山安二作・画 教育画劇 1989年6月

かっぱ(カンペイ)
はたけでたねをまいていたゲンじいのしりこだまをとろうとしてつかまえられたかっぱ 「ゲンじいとかっぱ」 平方浩介脚本;福田庄助画 童心社(ゆたかなこころシリーズ) 1991年1月

かっぱ(さごじょう)
さんぞうほうしのおともをするながいたびのとちゅうできんかくぎんかくというきょうだいのものにたべられそうになったさごじょう 「そんごくう 金角銀角のまき」 呉承恩原作;上地ちづ子脚本;夏目尚吾画 童心社(ゆたかなこころシリーズ) 1995年1月;童心社(大長編かみしばい そんごくう3・4) 1995年1月;童心社(童心社紙芝居傑作選) 1995年1月

かっぱ(さごじょう)
そんごくうといっしょにさんぞうほうしのたびのおともをするかっぱのばけもの 「そんごくう 火炎山をこえるのまき」 呉承恩原作;上地ちづ子脚本;夏目尚吾画 童心社(ゆたかなこころシリーズ) 1992年8月;童心社(大長編かみしばい そんごくう5・6) 1992年8月;童心社(童心社紙芝居傑作選) 1992年8月

かっぱ(さごじょう)
そんごくうとちょはっかいにまかされてさんぞうほうしのたびのおともをすることになったかっぱのばけもの 「そんごくう たびだちのまき」 呉承恩原作;上地ちづ子脚本;夏目尚吾画 童心社(ゆたかなこころシリーズ) 1993年9月;童心社(大長編かみしばい そんごくう1・2) 1993年8月;童心社(童心社紙芝居傑作選) 1993年9月

かっぱ(さごじょう)
てんじくのくにをめざしてたびをしていた三ぞうほうしのおともをすることになったかっぱのかいぶつ 「そんごくう」 福島のり子脚色;鈴木信一作・画 教育画劇(家庭版名作アニメかみしばい) 1995年9月

かつぱ

かっぱ(さごじょう)
ながいたびをつづけててんじくのくににについたよるようかいにごうまのつえをぬすまれたさごじょう 「そんごくう たびのおわりのまき」 呉承恩原作;上地ちづ子脚本;夏目尚吾画 童心社(ゆたかなこころシリーズ) 1995年11月;童心社(大長編かみしばい そんごくう7) 1995年11月;童心社(童心社紙芝居傑作選) 1995年11月

カッパ(じろうカッパ)
あつい日がつづいて川の水がへってかみなりさまに雨をふらせてくれるようにたのみにいったきょうだいカッパ 「おぼれたカッパ」 宮下全司作;高橋宏幸画 教育画劇(名作の花束みつばちシリーズ) 1976年9月

カッパ(たろうカッパ)
あつい日がつづいて川の水がへってかみなりさまに雨をふらせてくれるようにたのみにいったきょうだいカッパ 「おぼれたカッパ」 宮下全司作;高橋宏幸画 教育画劇(名作の花束みつばちシリーズ) 1976年9月

かっぱどん
むかし山のふもとにあったぬまにすんでいたくいしんぼうのかっぱどん 「てんぐとかっぱとかみなりどん」 かこさとし作;二俣英五郎画 童心社(かこさとし紙芝居傑作選) 1975年3月

かっぽちゃん
うさぎさんとぞうさんにあさごはんをみせてあげてゆっくりごはんをたべたおんなのこ 「ゆっくりあさごはん」 小野寺悦子脚本;赤坂三好絵 童心社(年少向けおひさまこんにちは) 2005年4月

勝 麟太郎　かつ・りんたろう
徳川幕府の軍艦操練所頭取で咸臨丸に乗組んではじめて太平洋横断をした人 「咸臨丸太平洋横断」 堀尾青史脚本;油野誠一画 童心社(紙しばい日本人の力シリーズ) 1986年8月

カトリーヌひめ
あるとてもあついひのことおしろでこおりをつくらせたとてもやんちゃでわがままなおひめさま 「おひめさまのおきにいり-アイスクリームのはじまり」 鬼塚りつ子作;岡本美子画 教育画劇 1991年5月

かなこ
こうえんでひとりでいるときにしらないおばさんにペットやさんへいこうといわれたおんなのこ 「おまじないはなあに?-誘拐防止」 高木あきこ作;菊地清美画 教育画劇(安全紙芝居 あぶない!そのときどうする?) 2003年12月

かなちゃん
ははのひにクレヨンでおかあさんのえをかいてプレゼントしたおんなのこ 「おかあさんありがとう」 神沢利子作;長野ヒデ子画 童心社 1987年5月

カナブン(ブーン)
なにをするのでもみんなよりのろいのでみんなからのろとかのろすけとかよばれていたカナブン 「のろまじゃなかったブーン」 やなぎやけいこ作;椎野利一画 教育画劇(おはなしいっぱい) 1987年6月

かに

かなへびくん
こどもたちにつかまってじぶんでしっぽをきってにげだしたかなへび「ふしぎなしっぽのかなへびくん」島本一男脚本;小林ひろみ画　童心社（だいすき!ちいさないきもの）1999年9月

カナリヤ（ダイゴロー）
鳥カゴの中で朝からばんまでボケーッとしていてダルマみたいに太ったカナリヤ「とびだせダイゴロー」伊藤笙原作・脚色;小沢利夫画　NHKサービスセンター（NHK創作童話集）1978年1月

かに
かきのきのうえからかきのみをたたきつけてかあさんがにをころしたさるをたいじしにいったこがにたち「さるとかに」松谷みよ子脚本;西巻茅子画　童心社（日本名作おとぎばなし・むかしむかしあったとさ）1986年9月

かに
かきの木のうえからかたいみをなげつけておかあさんがにをいじめたさるをやっつけにいったこがにたち「さるかにがっせん」亜細亜堂;須田裕美子作・画　教育画劇　1995年10月

かに
かきの木の上からかたいみをなげつけられてしんだかあさんのかたきの山のさるをやっつけにいった子がにたち「さるかにがっせん」長崎源之助文;若菜珪画　教育画劇　1991年5月

かに
たにがわの水のなかではなしていたきょうだいのかに「やまなし」宮沢賢治原作;堀尾青史脚本;田代三善画　童心社　1987年11月

かに
ひとりで遊びにいってはさみでいたずらばかりしていてあみにひっかかってしまった子がに「子ガニのはさみ」安田浩作;富永秀夫画　教育画劇　1967年4月

かに
やまのさるにかきのきのうえからかきのみをたたきつけられてかあさんがにをつぶされたこがにたち「さるとかに」松谷みよ子作;安泰画　童心社（家庭版かみしばい）1990年9月

かに
自分がかきのたねをうえて大きくなったかきの木にのぼったさるにおいしいかきのみを食べられてかたいかきのみをなげつけられたかに「さるとかに」長崎武昭脚色;清水耕造画　NHKサービスセンター（NHKかみしばい　日本の昔ばなし）1982年1月

かに
自分がかきのたねをうらにわにうめて大きくなったかきの木にのぼったさるにおいしそうなみを食べられてかたいかきをなげつけられたかに「さるかにかっせん」伊藤海彦文;黒井健画　NHKソフトウェア（日本むかしばなし）1996年1月

カニ
うつくしいにんぎょひめをまほうでたかいとうにとじこめたうみのかいぶつ「にんぎょひめをたすけよう」柴野民三作;野々口重画　教育画劇（兄弟愛と自然きょうだいシリーズ）1977年11月

かに

カニ
サルとシカといっしょに太陽がどこからでるのかものしりフクロウのおじさんのところへききにいったカニ 「太陽はどこからでるの」 チョン・ヒエウ作 童心社（ベトナムの紙芝居） 1996年9月

カニ
はさみが大きくつよくなったのでいばって歩いていていたちに会ったいたずら子ガニ 「子がにのはさみは」 後藤楢根原作；岸田耕造画 教育画劇（夢のふくらむシリーズ3集） 1973年8月

かに（かにこ）
木のうえからカキをぶつけたいじわるなサルのさるたをおともだちにこらしめてもらったかに 「サルカニまごがっせん」 菊池俊作；山口みねやす画 教育画劇（紙芝居へんてこ日本むかしばなし） 1995年5月

カニ（カニ子） かに（かにこ）
よくばりなサルのサル太とふたりでやまのてっぺんでもちをついてたべることにしたカニ 「サルとカニのもちつき」 吉田タキノ文；くすはら順子画 教育画劇 2002年5月

かに（かにたろう）
こねこのおひげをきったのでねこのとうさんにはさみをちょんぎられてしまったいたずらっこのかに 「いたずらかにくん」 滝山さなみ作；駒井啓子画 童心社（こぶたシリーズ） 1976年8月

かに（かんちゃん）
いわのうえのはなをおかあさんにもっていってあげようとしてふかいほらあなにおっこちてしまったこがに 「こがにのかんちゃん」 川崎大治作；若山憲画 童心社（川崎大治名作紙芝居選） 1988年2月

かに（カンちゃん）
はさみをふりまわしていたずらばかりしていてさめにたべられそうになったこがに 「いたずらこがに」 安田浩作；横井大侑画 教育画劇（シャボン玉シリーズ） 1981年7月

カニ（コメタ）
すなはまでとりにたべられそうになってうみのなかにおちたコメツキガニ 「コメツキガニ・コメタのぼうけん」 間瀬なおかた作・画 教育画劇 2001年5月

カニ（なみこさん）
なつのまんげつのよるにおなかいっぱいたまごをかかえてうみへやってきたアカテガニのおかあさん 「アカテガニのうまれる日」 渡辺享子脚本・画 童心社（ゆたかなこころシリーズ） 1998年7月

かに（やっちゃん）
なつのひうみべにできたひがたにでてきていろんなかににあったやまとおさがに 「かにがいっぱい」 国松俊英作；駒井啓子画 童心社 1981年7月

かにくん
森のみんなと海へおよぎにきたさるくんと友だちになったかにくん 「うみべのおともだち」 花澤慎一作；前田賢画 教育画劇（しぜんといきもの） 1986年12月

かにこ
木のうえからカキをぶつけたいじわるなサルのさるたをおともだちにこらしめてもらったかに 「サルカニまごがっせん」 菊池俊作;山口みねやす画 教育画劇(紙芝居へんてこ日本むかしばなし) 1995年5月

カニ子　かにこ
よくばりなサルのサル太とふたりでやまのてっぺんでもちをついてたべることにしたカニ 「サルとカニのもちつき」 吉田タキノ文;くすはら順子画 教育画劇 2002年5月

かにたろう
こねこのおひげをきったのでねこのとうさんにはさみをちょんぎられてしまったいたずらっこのかに 「いたずらかにくん」 滝山さなみ作;駒井啓子画 童心社(こぶたシリーズ) 1976年8月

かにどん
じぶんがかきのたねからそだてたかきのきにのぼったさるどんにあかいみをてあたりしだいたべられてあおいみをなげつけられたかにどん 「さるかにばなし」 手島悠介脚本;井上洋介絵 ほるぷ出版(ほるぷの紙芝居-日本昔ばなしシリーズ) 1983年4月

かにどん
じぶんがたねをまいておおきくしたかきのきにのぼったさるどんにかきのみをたべられてあおいみをぶっつけられてころされたかにどん 「かにむかし」 田畑精一;木村次郎作 童心社(ともだちだいすき) 2006年5月

かにのとこやさん
あさからどうぶつたちでおおにぎわいの本日かいてんのかにのとこやさん 「ぶくぶくチョッキンとこやさん」 長島克夫原案;東川洋子文;長島克夫画 教育画劇(どうぶつむらのおみせやさん) 1986年4月

ガニラー
かいじゅうトドラのぼうやトットコのみちあんないをしたかいじゅう 「トドラ・トットコだいかつやく」 半沢一枝脚本;仲川道子画 童心社 1984年9月

金子さん　かねこさん
ゲンくんのとうちゃんでさどトキほごセンターのとりのおいしゃさん 「トキのあかちゃん！」 わしおとしこ文;田中秀幸画 教育画劇 2002年12月

かねもち
ベトナムのあるむらでいちばんのかねもちでひとりのおとこのこがもっていたいいうちわをほしいとおもったおとこ 「たいせつなうちわ」 ブイ・ドク・リエン脚本・絵 童心社(ともだちだいすき) 2008年1月

かねもちじい
あるところにびんぼうじいととなりあわせにすんでおったかねもちじい 「となりのはなはいたかった」 望月新三郎脚本;梅田俊作画 童心社(日本民話かみしばい選・なぞむかしがいっぱい) 1985年9月

かは

かば
おおきいぞうがあったかば 「おおきくてもちいさくても‥‥」 マリア・エンリカ・アゴスティネリ絵;エリザベス・ボルヒェルス原作;八木田宜子脚本 ほるぷ出版(ほるぷの紙芝居-海外秀作シリーズ) 1987年9月

かば
おおきなぞうさんとおともだちのかば 「おおきなおともだち」 中原収一作・画 教育画劇(おおきくなあれ) 1992年1月

かば
ユウくんのうちのテーブルのうえにあったおさらがへんしんしたかば 「ひまわりおひさますてきだね」 矢崎節夫作;浅沼とおる画 教育画劇(きれいな花いっぱい) 1990年9月

かば(かばおくん)
えんにきてもあくびばっかりしているのであくびくんとよばれてしまったかばのおとこのこ 「あくびくん」 清水えみ子脚本;仲川道子画 童心社(健康紙芝居・げんきなこども) 1983年10月

かば(カバタン)
おひさまがギンギンてっているのにぼうしもかぶらずあそびにいってしまったかばのこ 「おなかをこわしたかばのこカバタン」 磯田和一作・画 教育画劇 1987年7月

かば(カバタン)
かぜをひいておいしゃさんにいくことになったかばのこ 「かぜをひいたかばのこカバタン」 磯田和一作・画 教育画劇(からだのおはなし) 1991年6月

カバ(ガブくん)
川のそばでひろったはぶらしではをみがこうとしたがうまくつかえなかったカバ 「ひろったはぶらし」 藤昌秀作;伊藤悌夫画 教育画劇 1974年6月

カバ(デカオ)
どうぶつえんのしいくがかりのおじさんがおもいついてこどもたちのまえではみがきをしたカバ 「はみがきがすきなカバのデカオ」 中村翔子文;塩田守男画 教育画劇 2002年12月

カバ(ピポ)
ある日草原にしずむお日さまをたべてしまったくいしんぼうのカバの子 「くいしんぼうのカバ」 小出保子作・画 教育画劇(ぱくぱくぱっくんシリーズ) 1981年12月

かば(ヒポちゃん)
ケーキがだーいすきでたんじょうびにもりのみんなに大きな大きなケーキをつくってもらったかば 「ヒポちゃんのおたんじょうびケーキ」 間瀬なおかた作・画 教育画劇 1990年3月

カバ(ヒポポくん)
アフリカでうまれたあかちゃんカバ 「げんきなカバのあかちゃん」 わしおとしこ脚本;藤本四郎画 童心社(にこにこどうぶつえん) 1998年5月

カバ(ヒポポくん)
くちがあかないびょうきにかかってしまったどうぶつえんのカバ 「くちのあかないかばヒポポくん」 わしおとしこ脚本;田畑精一画 童心社(童心社のベスト紙芝居) 1993年1月

かば（ゆかりちゃん）
ごあいさつのれんしゅうをしたかばのおんなのこ 「なんていうのかな」 高橋由為子脚本・画 童心社（2・3歳児しつけかみしばい・みんなは、できるかな!） 1993年5月

かばおくん
えんにきてもあくびばっかりしているのであくびくんとよばれてしまったかばのおとこのこ 「あくびくん」 清水えみ子脚本;仲川道子画 童心社（健康紙芝居・げんきなこども） 1983年10月

かばおくん
おやつをたべてはみがきをしないでねてしまったのではににげられてしまったかばのおとこのこ 「は、にげちゃった」 山本省三作・画 教育画劇（四季の行事シリーズ むしば） 1993年5月

カバおくん
アンパンマンやくるまのクーペおじさんといっしょにみちをわたるれんしゅうをしたカバのおとこのこ 「クーペおじさんとセダンくん」 やなせたかし原作 フレーベル館

かばくん
あーんと大きなあくびをした口の中に動物たちがみんな雨やどりをしにとびこんできてしまったかばくん 「かばくんあーん」 宇夫方隆士原案;長谷川直子作;井上英子画 NHKサービスセンター（NHK創作童話集） 1979年1月

かばくん
おさんぽえんそくのひにねぼうしてあさごはんをたべないでいったかばくん 「あさごはんでもりもりげんき-あさごはんの大切さ」 林ふみこ作;岡本美子画 教育画劇 1998年5月

かばくん
おべんとうはおおきなおにぎりのかばくん 「おべんとうなあに」 仲川道子作・画 教育画劇 2001年1月

かばくん
天からおりて来た赤いひもをカメさんたちと引っぱったかばくん 「ながいながいながーい」 しらねあつこ原作・脚色・画 NHKサービスセンター（NHK創作童話集） 1979年1月

カバくん
えんのおへやからとびだしてアフリカのえほんの中にすいこまれていったあき箱でつくられたカバくん 「ゾウくんカバくんの小さなぼうけん」 安田浩作;椎野利一画 教育画劇 1979年9月

カバ子先生　かばこせんせい
山ぐみの子どもたちの口もからだもとっても大きいかばの先生 「いちばんがすきなサンちゃん」 金明悦子作;中村有希画 教育画劇（あたらしいしつけ紙芝居） 1995年2月

かばさん
きょうからプールがはじまったバナナぐみのかばさん 「バナナぐみはしっぱいでいっぱい」 岡信子作;津田直美画 教育画劇 1989年8月

かはさ

かばさん
きょうはバナナぐみのみんなといもほりえんそくにいったかばさん 「バナナぐみのゆかいないもほり」 岡信子作;津田直美画　教育画劇　1989年11月

かばさん
けんたとおなじバナナぐみになったかばさん 「バナナぐみにかばさんがきた」 岡信子作;津田直美画　教育画劇(バナナぐみシリーズ)　1989年5月

かばさん
まどのそとにいたかばさん 「まどをあけたあとで‥‥」 ウィルヘルム・シュローテ作;八木田宜子脚本　ほるぷ出版(ほるぷの紙芝居-海外秀作シリーズ)　1982年9月

カバさん
あめだまをもらってわらっていたのにむしばがいたくてないてしまったカバさん 「わらってるないてる」 多田ヒロシ脚本・画　童心社(ひまわりシリーズ)　1983年4月

かばせんせい
わにちゃんがにわにだしたプールでみんながみずあそびしているところへやってきたかばせんせい 「みずあそびのまき」 仲川道子脚本・画　童心社(ゆかいなかばせんせい3)　1989年8月

かばせんせい
わにちゃんのボールをたまごとまちがえてのんでしまったへびくんのおなかにちゅうしゃをしようとしたかばのおいしゃさん 「ゆかなかばせんせい1 ボールあそびのまき」 仲川道子脚本・画　童心社(よいこの12カ月)　1989年4月

カバタン
おひさまがギンギンてっているのにぼうしもかぶらずあそびにいってしまったかばのこ 「おなかをこわしたかばのこカバタン」 磯田和一作・画　教育画劇　1987年7月

カバタン
かぜをひいておいしゃさんにいくことになったかばのこ 「かぜをひいたかばのこカバタン」 磯田和一作・画　教育画劇(からだのおはなし)　1991年6月

かばちゃん
まいにちラーメンをたべてコーラをのんでテレビをみていたのでめがわるくなってはがとけてなくなってしまったかばのおとこのこ 「はなしのかばちゃん」 堀尾青史脚本;高橋透画　童心社(むしばシリーズ)　1986年5月;童心社(よいこの12か月)　1976年6月

カーピ
ビタリスおじいさんがつれていた三びきのいぬの一ぴき 「家なき子(前編)(中編)(後編)」　エクトル・マロ原作;高木あきこ文;ながよしかよ画　教育画劇　1988年1月

カビーラ
だいどころをちらかしっぱなしのおばあさんのうちにやってきたカビおとこ 「ちらかしおばあさん」 ときわひろみ脚本;多田ヒロシ画　童心社　1999年6月

かびるんるん
ごみのなかからでてきてくさいいきをはきパンこうじょうをかびだらけにしたかびのいきもの 「アンパンマンとかびるんるん」 やなせたかし作・絵　フレーベル館

かびるんるん
ごみのなかからでてきてくさいいきをはきパンこうじょうをかびだらけにしたかびのいきもの「アンパンマンとかびるんるん」やなせたかし作・絵 フレーベル館(ワイド版アンパンマンかみしばい)

かびるんるん
ごみのなかからでてきてくさいいきをはきパンこうじょうをかびだらけにしたかびのいきもの「アンパンマンとかびるんるん」やなせたかし作・絵 フレーベル館(家庭版幼児かみしばい)

ガブくん
川のそばでひろったはぶらしではをみがこうとしたがうまくつかえなかったカバ「ひろったはぶらし」藤昌秀作;伊藤悌夫画 教育画劇 1974年6月

かぶちゃん
たまごからうまれておちばのやまのなかにすんでいたかぶとむしのしろいようちゅう「かぶとしむしのかぶちゃん」高家博成脚本;仲川道子絵 童心社(ともだちだいすき) 2007年8月

カブトムシ
おおきなつのがあってすごくつよくてむしのおうさまといわれるカブトムシ「むしのおうさまカブトムシ」今森光彦写真・作 教育画劇 2005年5月

かぶとむし(かぶちゃん)
たまごからうまれておちばのやまのなかにすんでいたかぶとむしのしろいようちゅう「かぶとしむしのかぶちゃん」高家博成脚本;仲川道子絵 童心社(ともだちだいすき) 2007年8月

かぶとむし(ころん)
ちいさなたまごから幼虫になり一年がかりで大きなかぶとむしになったかぶとむしのこ「ぼくはかぶとむし」渡辺享子脚本・画 童心社(だいすき!ちいさないきもの) 1997年9月

かぶとむし(ぶんた)
ちからのつよいりっぱなかぶとむし「かぶとむしのぶんた」鶴見正夫作;椎野利一画 教育画劇(しぜんといきもの) 1981年1月

かぶとむしさん
てんとうむしさんとちょうちょさんとばったさんをせなかにのせておさんぽしたかぶとむしさん「むしさんのおさんぽ」得田之久脚本;ペドロ山下絵 童心社 2007年6月

ガボガボ
いけからあらわれてくまさんがもらったごちそうをとろうとしたかいじゅう「かいじゅうがぼがぼ」内山安二作・画 教育画劇(みんなもいっしょにね) 1994年1月

かぼちゃのつる
はたけのそとのほうがおもしろそうで人のとおるみちへぐんぐんのびていったかぼちゃのつる「かぼちゃのつる」大蔵宏之原作;安田浩脚色;西村達馬画 教育画劇(1年の道徳紙芝居) 1991年9月

かほち

カボチャン
ハロウィンにつくったパンプキン・パイをぬすまれたオバケたちのいえのカボチャのぼうやのオバケ 「ぬすまれたパンプキンパイ」 田沢梨枝子作・画　教育画劇　1991年11月

かまえもん
花のき村にやってきた五にんぐみのぬすびとのひとりできのうまでちゃがまやかまをなおしてあるくかましだったおとこ 「花のき村とぬすびとたち(前編)(後編)」 新美南吉原作；水谷章三脚本；西山三郎画　童心社(ほのぼの新美南吉ランド)　1994年5月

カマキリ
うまおいのチーコちゃんをつかまえてたべようとしたヤクザっぽいカマキリ 「かるかやバレーがっこう」 こさかしげる画　童心社(かこさとし紙芝居傑作選)　1975年3月

カマキリ
おおきなカマをぶきにしてたたかったりごはんをつかまえたりするカマキリ 「つよいぞ！カマキリくん」 今森光彦写真・作　教育画劇　2006年5月

カマキリ
りっぱなかまをもっているおおきなカマキリ 「ぼくはオオカマキリ」 高家博成脚本；近藤周平画　童心社　1998年6月

かまきり(マーコ)
はるのある日オオカマキリのたまごからうまれてくさはらにおりていったカマキリのこども 「カマキリのぼうけん」 江川多喜雄脚本；藤本四郎画　童心社(だいすき一ちいさないきもの)　1997年9月

カーミ
お正月にりょうくんのうちにあそびにきたかみさまの子ども 「たのしいおしょうがつ」 高木あきこ作；勝又進画　教育画劇(あたらしい行事紙芝居)　1982年9月

カミイ
たけしとようこがあきばこでつくったかみのロボット 「ロボット・カミイ げきあそびのまき」 古田足日作；田畑精一画　童心社(美しい心シリーズ)　1971年12月

カミイ
たけしとようこがあきばこでつくったなきむしロボット 「ロボット・カミイ おみせやさんごっこのまき」 古田足日作；田畑精一画　童心社　1987年4月

カミイ
たけしとようこがあきばこでつくったなきむしロボット 「ロボット・カミイ ちびぞうのまき」 古田足日作；田畑精一画　童心社　1987年4月；童心社(家庭版かみしばい)　1986年10月

カミイ
たけしとようこがあきばこでつくったロボット 「ロボット・カミイ ロボットのくにへかえるのまき」 古田足日作；田畑精一画　童心社(よいこの十二か月)　1974年3月

がみがみおばさん
お店のせんでんのために大きな大きなケーキをお店の前にかざったケーキ屋さんをしかったがみがみおばさん 「大きくてこまるもの」 筒井敬介原作・脚色；加藤晃画　NHKサービスセンター(NHK創作童話集)　1978年1月

かみさま
はたらきものの木こりのおじさんが川におとしてしまったおのをひろってきてくれたかみさま「金のおのと銀のおの」松岡励子文;大沢節子画 NHKサービスセンター(外国むかしばなし) 1977年1月

かみさま
山へ花をつみに出かけてやまんばにつかまった村の子どもたちをたすけてあげたかみさま「三まいのおふだ」長崎武昭脚色;杵渕やすお画 NHKサービスセンター(名作民話おはなし広場) 1984年1月

神さま　かみさま
ある年こしの夜のことやどをもとめて東の長者の家と西のじいさまとばあさまの家にやってきた神さまの坊さま「なぜ、かがみもちをかざるの？」千世まゆ子脚本;鈴木びんこ絵 童心社(なぜ?どうして?たのしい行事) 2001年9月

神さま　かみさま
大みそかに森にあつまる一月から十二月までの十二人の神さま「十二の月のものがたり(前編)(中編)(後編)」マルシャーク原作;堀尾青史脚本;金沢佑光画 童心社 1982年1月

かみさま(たびびと)
あるとしの十二がつのことむらはずれのびんぼうなじさまとばさまが七にんのたびびとにごちそうしてやったおれいにきたおしょうがつのかみさまたち「おしょうがつのおきゃくさん」渋谷勲脚本;藤田勝治画 童心社 1991年1月

かみなり
くもからできたほかほかのおおきなかみなりパンをそらからおとしてしまったかみなり「かみなりパン」坂本清脚本;中村有希画 童心社(よいこの十二か月) 1977年7月

かみなりこぞう
テレビからとびだしてきたかみなりのこども「オットットのおじさん」古川タク作・画 教育画劇 1989年7月

かみなりさま
あゆをうってあるくじいさまからあゆ一はこをわけてもらったおれいにじいさまをくものうえへしょうたいしたかみなりさま「かみなりさまのごしょうたい」津谷タズ子脚本;福田庄助画 童心社 1997年8月

かみなりさま
げんごろうという子どもがばけものみたいなナスの木をのぼっていくとくもの上にいたかみなりさま「かみなりさまとくわのき」清水たみ子文;安井康二画 教育画劇 1993年12月;教育画劇 1985年1月

かみなりさま
たろうカッパとじろうカッパが雨をふらせてくれるようにたのみにいったくもの上のかみなりさま「おぼれたカッパ」宮下全司作;高橋宏幸画 教育画劇(名作の花束みつばちシリーズ) 1976年9月

かみな

かみなりさま
もりのすもうたいかいでかえるのケロスケとすもうをとったかみなりさま 「かえるケロスケ」 浅沼とおる作・絵 教育画劇 2006年9月

かみなりさん
山の中でてんぐさんからもらった鼻を高くしたりひくくしたりできるふしぎなうちわで自分の鼻を雲の上まで高くした薬売りをつかまえたかみなりさん 「てんぐのうちわ」 水谷章三脚色；岡村好文画 NHKサービスセンター（NHK小学校国語紙芝居教材 日本の民話Ⅰ） 1979年1月

かみなりどん
おかあさんのつくってくれたかっちゃんのおべんとうをよこどりしてたべてしまったかみなりどん 「おべんとうこわい」 かつまたせつこ作；津田直美画 教育画劇（ぱくぱくぱっくんシリーズ） 1984年5月

かみなりどん
むかしあるところにあった山の上のくもにすんでいたあばれんぼうのかみなりどん 「てんぐとかっぱとかみなりどん」 かこさとし作；二俣英五郎画 童心社（かこさとし紙芝居傑作選） 1975年3月

かみなりの子　かみなりのこ
カメさんたちが引っぱった赤いひもがつづいている空のずーっと上でないていたかみなりの子 「ながいながいながーい」 しらねあつこ原作・脚色・画 NHKサービスセンター（NHK創作童話集） 1979年1月

かみなりのこども
かぜにふうせんをとばされてそらへとんでいったねずみちゃんがあったかみなりのこども 「とんでいったねずみちゃん」 山本省三作；長野ヒデ子絵 フレーベル館（どっちのおはなし紙芝居1）

かみなりぼうや
かみなりにうたれてきみおくんのうちのにわにおちてきたきょうりゅうのぼうや 「きょうりゅうかみなりぼうや」 伊東章夫作 童心社（かみしばい・わらいとユーモア大行進） 1982年4月

かみひこうき（へのへのもへじごう）
ともくんがつくったいばりんぼのかみひこうき 「いばりんぼのかみひこうき」 高木あきこ作；高瀬のぶえ画 教育画劇（おはなしランド） 1985年7月

カミル
いつもおなじいろでいられないのがとってもかなしいカメレオン 「しあわせいろのカメレオン」 ペッポ・ビアンケッシ脚本・絵；野坂悦子訳 童心社 2003年3月

カム
かあさんのびょうきをなおすイノチノクサをとりにおそろしい大おとこガムリイのいるひのやまへのぼっていったおとこのこ 「ちびっこカムのぼうけん（前編）（中編）（後編）」 神沢利子原作；中川美登利脚本；小関俊之画 童心社 1990年9月

ガムくん
おかしなおかしのくにのチョコケーキ大王にさらわれたショートケーキちゃんをたすけにいったなかよし 「おかしなおかしのだいじけん」 しばはらち作・画 教育画劇（いってみたいなこんなくに）1989年1月

ガムリイ
ひのやまにいるおそろしい大おとこ 「ちびっこカムのぼうけん（前編）（中編）（後編）」 神沢利子原作；中川美登利脚本；小関俊之画 童心社 1990年9月

かめ
うさぎとかけっこをしたかめ 「うさぎとかめ」 山本省三作；西内としお絵 フレーベル館（どっちのおはなし紙芝居2）

かめ
うさぎとかけっこをしたかめ 「うさぎとかめ－運動会」 やすいすえこ文；秋里信子画 教育画劇 1998年8月

かめ
せかい一の大きさくらべのたびにでた大えびがいいねぐらだとおもってそのはなのあなにもぐりこんだ大うみがめ 「せかい一大きいはなし」 柴野民三文；安井康二画 教育画劇（たのしい民話民話でてこい） 1984年9月

かめ
なんにちもかかっておべんとうのじゅんびをしてゆっくりゆっくりあるいてもりにえんそくにいったかめのいっか 「かめのえんそく－イギリスの民話」 中谷靖彦作・絵 教育画劇（ワッハッハ!ゆかいでおかしい世界の民話） 2009年1月

かめ
二わのつるがくわえたぼうきれにぶら下がって空をとんで大きな池につれていってもらおうとしたかめ 「つるとかめ」 たなべまもる脚色；寺門保夫画 NHKサービスセンター（名作民話おはなし広場） 1984年1月

かめ
二わのつるがりょうはしをくわえたぼうをくわえて空をとんで大きな池にはこんでもらおうとしたかめ 「ツルとカメ」 若林一郎脚色；松本修一画 NHKサービスセンター（NHKかみしばい 日本の昔ばなし） 1982年1月

カメ
ウサギに「なにひっぱってるの?」ときかれて「いいものひっぱってんだ」といったカメ 「なにひっぱってるの」 阿部恵作；チト・イトー画 教育画劇（おはなしなーに） 1991年3月

カメ
こうえんのいけからでてきたクサガメのおかあさんが土のなかにうんだたまごからかえったこガメたち 「あかちゃんカメさんこんにちは」 杉浦宏脚本；黒川光広画 童心社（だいすき!ちいさないきもの第2集） 1999年9月

カメ
ライオンのところでさいばんがあるというのでやって来たりこうなカメ 「どうぶつむらのさいばん－「アフリカの民話」より」 筒井敬介脚本；富永秀夫画 NHKサービスセンター（NHK小学校国語紙芝居教材 外国の名作） 1979年1月

かめ

カメ(カメオくん)
天からおりて来た赤いひもをカメコちゃんと引っぱってみたカメさん 「ながいながいながーい」 しらねあつこ原作・脚色・画 NHKサービスセンター(NHK創作童話集) 1979年1月

カメ(カメコちゃん)
天からおりて来た赤いひもをカメオくんと引っぱってみたカメさん 「ながいながいながーい」 しらねあつこ原作・脚色・画 NHKサービスセンター(NHK創作童話集) 1979年1月

カメ(クレオパトラ)
ワニのクロムウェルにこうらにあぶらをぬってもらいせなかをしたにしてそりすべりをしたカメ 「クレオパトラのそりすべり」 アンドレ・オデール文;トミー・ウンゲラー絵;八木田宜子脚本 ほるぷ出版(ほるぷの紙芝居-世界のおはなしシリーズ) 1989年6月

かめ(ジェーン)
じぶんがうまれたすなはまにたまごをうみにやってきたうみがめ 「うみがめジェーンまたきてね」 井上こみち文;鈴木幸枝画 教育画劇 2002年12月

かめ(てもしー)
もりにすんでいたおじいさんのかめ 「かめのてもしー」 前田三恵子作;いもとようこ画 教育画劇(民話と名作シリーズ) 1990年9月

かめ(トートさん)
ぼくじょうのこひつじたちのおじいさんやひいおじいさんのことまでよーくしっているかめのおじいさん 「かめのトートじいさんは150さいーながいき」 瀬尾七重作;岩井田治行画 教育画劇 1997年8月

カメオくん
天からおりて来た赤いひもをカメコちゃんと引っぱってみたカメさん 「ながいながいながーい」 しらねあつこ原作・脚色・画 NHKサービスセンター(NHK創作童話集) 1979年1月

かめきち
とってもなかよしのかねもちのむすこのしょうたとふたりでたびにでたびんぼうにんのむすこ 「馬になったむすこ」 水谷章三脚本;藤田勝治絵 童心社(ともだちだいすき) 2007年12月

かめくん
あおしんごうがチカチカしていたのでわたらずにまっていたかめくん 「あわてんぼうのうさぎくん」 宮﨑二美枝脚本;宮﨑耕平画 童心社(交通安全かみしばい・あぶないっ!きをつけて!) 1993年9月

かめくん
じしんのときにはしるのがおそくてテーブルのしたまでいけなかったかめくん 「かめくんだいじょうぶ?」 仲川道子脚本・画 童心社(防災紙芝居・じしんだ!かじだ!) 1992年9月

かめくん
ぞうさんのあたまのうえにのせてもらっていっしょにおはなみにいったかめくん 「おはなはどこに?」 中村美佐子作;鈴木幸枝画 教育画劇(おはなしきかせて) 1988年4月

カメくん
でこぼこ山のどうぶつたちがちからくらべをしようということになっていっしょにやったのろいカメくん 「しょんぼりカメくん」 いしばししずこ作;オノビン画 教育画劇(ユーモアだいすき) 1988年10月

カメくん
山のみんなとえんそくではじめてうみへいったカメ 「あおいあおいうみへいったよ-海の水はどうして青いの」 内山安二作・画 教育画劇(はてな?なぜかしら??) 1989年4月

カメコちゃん
カメレオンのカメタがだいすきなカメレオンのおんなのこ 「カメタはいいことかんがえた」 いとうひろし脚本・画 童心社(しかけ紙しばい びっくり劇場) 1987年9月

カメコちゃん
天からおりて来た赤いひもをカメくんと引っぱってみたカメさん 「ながいながいなが―い」 しらねあつこ原作・脚色・画 NHKサービスセンター(NHK創作童話集) 1979年1月

かめさん
きょうはどうぶつたちのうんどうかいで白ぐみになったかめさん 「がちゃがちゃうんどうかい」 高木あきこ作;峰村亮而画 教育画劇 1981年9月

かめさん
ふゆごもりのばしょをさがしていてひろちゃんのおとうさんにひろわれたかめさん 「かめさんのふゆごもり」 今井誉次郎脚本;竹川功三郎画 童心社(小さな生物のせかい) 1981年1月

カメさん
おともだちのうさぼうとこうえんへいってあそぶことにしたじっくりおちついたカメさん 「うっかりうさぎとたしかめカメさん」 木曽秀夫作・画 教育画劇(あたらしい交通安全紙芝居) 1997年6月;教育画劇 1991年1月

カメさん
ひろこちゃんのぼうしをもっていったカメさん 「わたしのぼうし」 加藤晃作・画 教育画劇(かみしばいだいすき) 1993年7月

カメタ
だいすきなカメコちゃんとごちそうをたべにいったカメレオンのおとこのこ 「カメタはいいことかんがえた」 いとうひろし脚本・画 童心社(しかけ紙しばい びっくり劇場) 1987年9月

カメレオン
いろんなどうぶつのすがたになれたらなあとおもったらからだじゅうにいろんなものがくっついてしまったカメレオン 「ごちゃまぜカメレオン」 エリック・カール作;八木田宜子脚本 ほるぷ出版(ほるぷの紙芝居-海外秀作シリーズ) 1982年9月

カメレオン
どうぶつたちの王さまをかけくらべをしてきめることになりこっそりと足のはやいうさぎのしっぽにつかまっていって一ちゃくになったカメレオン 「カメレオンの王さま」 浜田広介作;浜田留美文;富永秀夫画 童心社 1978年4月

かめれ

カメレオン(カミル)
いつもおなじいろでいられないのがとってもかなしいカメレオン 「しあわせいろのカメレオン」 ペッポ・ビアンケッシ脚本・絵;野坂悦子訳 童心社 2003年3月

カメレオン(カメコちゃん)
カメレオンのカメタがだいすきなカメレオンのおんなのこ 「カメタはいいことかんがえた」 いとうひろし脚本・画 童心社(しかけ紙しばい びっくり劇場) 1987年9月

カメレオン(カメタ)
だいすきなカメコちゃんとごちそうをたべにいったカメレオンのおとこのこ 「カメタはいいことかんがえた」 いとうひろし脚本・画 童心社(しかけ紙しばい びっくり劇場) 1987年9月

カメレオンさん
したがぺろーんとのびたカメレオンさん 「のーびたのびた」 福田岩緒脚本・絵 童心社(あかちゃんかみしばい ぱちぱちにっこり) 2006年9月

かも
いけのみずがなくなってしまってとなりのいけまでひっこしをしたおかあさんがもとうまれたばかりの十ぱのこがもたち 「こがものだいりょこう」 アーネスト・T.シートン原作;手島悠介文;古川タク絵 ほるぷ出版(ほるぷの紙芝居) 1976年5月

カモ
けがをしてとりのこされたツバメをせなかにのせて南のくにまでつれていってあげたカモ 「さようならツバメさん」 鈴木謙二作;安井康二画 教育画劇(しぜんといきもの) 1985年7

かも(くうくん)
となりのまちのいけにいるおともだちのあひるのかこちゃんをむかえにいったかものおとこのこ 「くうくんのみちあんない」 角田光男作;野々口重画 教育画劇(よいこの交通安全) 1991年10月

かも(チビチビ)
おかあさんがもととなりのいけまでひっこしをした十ぱのひなたちのなかでいちばんよわむしのこがも 「こがものだいりょこう」 アーネスト・T.シートン原作;手島悠介文;古川タク絵 ほるぷ出版(ほるぷの紙芝居) 1976年5月

かも(はいいろくび)
きつねにはねをむしりとられてただ一わみなみのくにへとんでいけなかったはいいろくびののがも 「はいいろくびののがも」 川崎大治作;安泰画 童心社(紙しばい名作選) 1988年2月

かもしかさん
もりのゆうびんやさんのかもしかのおじいさん 「のねずみチッポのクリスマス」 宮西いづみ作;沢田あきこ画 教育画劇(四季の行事シリーズ) 1992年11月

かもめのおばさん
ふかいほらあなにおっこちてしまったこがにのかんちゃんをたすけてくれたかもめのおばさん 「こがにのかんちゃん」 川崎大治作;若山憲画 童心社(川崎大治名作紙芝居選) 1988年2月

カーヤ
しろいはとたちがおひゃくしょうさんにえさをもらっているのをみてじぶんもしろくなろうとしてそめものやさんのしろいそめじるにつかったからす 「しろいからす」 上地ちづ子脚本；福田庄助画 童心社(たのしいイソップ) 1975年5月

かやの木　かやのき
ゆきがふるころとうさんツグミのためにかやのみをさがしにきたやさしいおとうとツグミにこえをかけたふしぎなかやの木 「三日めのかやのみ」 浜田広介作；安泰画 童心社(輝く文部厚生大臣賞シリーズ) 1986年11月

嘉代子　かよこ
昭和20年高等女学校4年生のとき長崎の浦上の城山小学校へ軍の仕事をしにいって原爆を受け焼け死んだむすめ 「嘉代子ざくら」 山本典人作；井口文秀絵 汐文社(紙芝居日本の歴史28) 1988年12月

かよちゃん
タクシーがとまってくれたのでどうろをわたったがかげからとびだしてきたバイクにはねとばされてしまったおんなの子 「こんなときどうする」 阿久津福栄作；若山憲画 童心社(かみしばい交通安全シリーズ) 1985年6月

かよちゃん
ゆきがふってきたのでいさむちゃんといっしょにゆきだるまをつくったおんなのこ 「ゆきだるまとおほしさま」 小川未明原作；岡上鈴江文；中村景児画 教育画劇(おはなしバラエティ) 1985年1月

がら
ちょうふく山のやまんばがうんだ子ども 「やまんばのにしき」 松谷みよ子作；井口文秀画 童心社 1973年12月

がら
ちょうふく山のやまんばが生んだ子ども 「ちょうふくやまのやまんば」 能勢紘也脚色；村上豊画 NHKサービスセンター(名作民話おはなし広場) 1984年1月

カラカッサ
けんちゃんが神社にあそびにきて雨がふってきてかえれなくてこまったときにあらわれたかさのおばけ 「雨の日のおまじない」 宮本えつよし作・画 教育画劇(あたらしい交通安全紙芝居) 1997年6月；教育画劇 1990年1月

からす
いろんなにもつをはこぶはいたつやのからすのおじさん 「からすのはいたつやさん」 土門正卓作；富永秀夫画 教育画劇(あたらしい行事紙芝居) 1991年3月

からす
ふくろうのそめものやをおこらせてまっくろにそめられてしまったからす 「ふくろうのそめものやさん」 水谷章三脚本；下田昌克絵 童心社(ともだちだいすき) 2003年12月

カラス
カンナちゃんにはぶらしをおしえてもらったカラス 「ごしごしごし」 とよたかずひこ脚本・絵 童心社 2001年6月

からす

カラス
ずーっとむかしまだせかいにおおぜいのかみさまがおられたころ太陽のかみアポローンにつかえるとりだったカラス 「カラスのはねはなぜくろい?-ギリシャ神話」 東川洋子脚色;きよしげのぶゆき画　教育画劇　1990年5月

カラス
むかしかみさまが鳥たちをつくってまもないころまっ白だった体を森のそめものやのふくろうにまっ黒な色にそめられたカラス 「ふくろうのそめものや」 若林一郎文;奈良坂智子画　NHKサービスセンター(日本むかしばなし) 1977年1月

からす(カアカア)
杉林がきりたおされることになってひっこしをすることになったからす 「カアカアのひっこし」　村山桂子作;可児久子画　教育画劇(げんまんシリーズ) 1984年5月

からす(かあすけ)
おやまにとんできてゆらゆらゆれていたたこちゃんふうせんをつれておかあさんをさがしにいってやったしんせつなからす 「おやまとのはらとひろいうみ」 角田光男作;西原ヒロシ画　教育画劇　1964年7月

からす(かーすけ)
いぬやねこのなきまねがじょうずなからす 「からすのかーすけ」 畑アカラ作・画　教育画劇(かみしばいだいすき) 1993年7月

からす(カーヤ)
しろいはとたちがおひゃくしょうさんにえさをもらっているのをみてじぶんもしろくなろうとしてそめものやさんのしろいそめじるにつかったからす 「しろいからす」 上地ちづ子脚本;福田庄助画　童心社(たのしいイソップ) 1975年5月

からす(のんびりがらす)
トムテにこびとにされたニルスをせなかにのせてそらをとんでいったからす 「ニルスのふしぎなたび」 ラーゲルレーフ原作;成川裕子作・画　教育画劇(世界名作アニメかみしばい) 1990年5月

からすのカー
にんじゅつでからすにばけたにんじゃがっこうのせんせいでほんとは大にんじゃの大丸 「かくれんぼだぞ!にんじゃだぞ!」 荒木昭夫脚本;やべみつのり画　童心社(しかけ紙芝居 びっくり劇場) 1987年9月

ガラッパ
あめがふるとみずのながれにのってすべりだいみたいに川をくだっていくのがだいすきなかっぱ 「かっぱのすべりだいスーイスーイ」 内山安二作・画　教育画劇　1989年6月

カラバこうしゃく
ある村のこなやさんがなくなってねこ一ぴきだけのこされた一ばん下のむすこ、カラバこうしゃくはねこがでたらめにつけた名前 「ながぐつをはいたねこ」 こわせたまみ文;深沢省三画　NHKサービスセンター(外国むかしばなし) 1977年1月

カラバこうしゃく
おとうさんがしぬとねこをもらったこなやの三にんのむすこのすえのむすこ、カラバこうしゃくはねこがかってにつけたなまえ 「ながぐつをはいたねこ」 C.ペロー原作;上地ちづ子脚本;おぼまこと画　童心社(世界の名作・第2集)　1992年5月

カラバこうしゃく
びんぼうなこなひきやのおとうさんがしんだのでねこをもらった一ばん下のおとこの子、カラバこうしゃくはねこがかってによんでいるなまえ 「ながぐつをはいたねこ-ペロー童話より」 森やすじ作・画　教育画劇　1996年5月

カラバこうしゃく
びんぼうなこなひきやのおとうさんがなくなってねこを一ぴきもらった一ばん下のおとうと、カラバこうしゃくはねこが主人をよんだ名前 「ながぐつをはいたねこ-フランス名作童話」 ペロー作;安田浩文;野々口重画　教育画劇(世界名作童話紙芝居全集第1集)　1991年7月

ガランガラ
アンパンマンとめいけんチーズがいったつみきのくにのそうだいじん 「アンパンマンとつみきのしろ」 やなせたかし作・画　フレーベル館

ガランガラ
アンパンマンとめいけんチーズがいったつみきのくにのそうだいじん 「アンパンマンとつみきのしろ」 やなせたかし作・絵　フレーベル館(ワイド版アンパンマンかみしばい)

ガランガラ
アンパンマンとめいけんチーズがいったつみきのくにのそうだいじん 「アンパンマンとつみきのしろ」 やなせたかし作・絵　フレーベル館(家庭版幼児かみしばい)

かりたさん
にいがたけんのゆきふかいやまでなだれにあってりょうけんのタマにたすけだされたりょうし 「なだれとたたかったいぬ」 滝沢惣衛脚本;伊藤展安画　童心社　1984年12月

ガリバー
あるときのこと乗っていた船が大あらしにあって小さな人間たちのいる国へいった男 「ガリバーりょこうき」 スウィフト原作;若林一郎脚色;高谷りん画　NHKサービスセンター(NHK小学校国語紙芝居教材 外国の名作)　1979年1月

ガリバー
イギリスからふねにのってこうかいに出かけたがあらしでふねがながされて小人の国リリパットにおよぎついた人 「ガリバーのぼうけん」 伊藤海彦文;勿滑谷章画　NHKサービスセンター(外国むかしばなし)　1977年1月

ガリバー
ふねがあらしにあって小人のくにへながれついたりょうずきなイギリス人 「ガリバーうみをわたる」 スイフト原作;川崎大治脚本;二俣英五郎画　童心社(童心社紙芝居傑作選)　1979年1月

ガリバー
ふねがあらしにあって小人のくにへながれついたりょうずきなイギリス人 「ガリバーこびとのくにへ」 スイフト原作;川崎大治脚本;二俣英五郎画　童心社(童心社紙芝居傑作選)　1979年1月

かりは

ガリバー
むかしイギリスの国にいた船のりでみなみの海で大あらしにぶつかってこびとの国のしまにおよぎついた人 「ガリバー旅行記(こびとの国の巻)」 スウィフト作；吉野弘子文；輪島清隆画　教育画劇（世界名作童話紙芝居全集第1集）　1991年7月

かりゅうど
ひろいみずうみのそばでみつけたかわうそのおや子にてっぽうのねらいをつけたふたりのかりゅうど 「かわうそ」 椋鳩十原作；川崎大治脚本；水沢研画　童心社（日本の動物記シリーズ）　1987年6月

かるがも（キュウちゃん）
はるにうまれたかるがものあかちゃんの九ばんめのこ 「かるがもキュウちゃん」 わしおとしこ脚本；鈴木幸枝画　童心社　2008年7月

かるわざし
あるときふかーいやまみちにはいってじごくけんぶつにいった三人ぐみのひとりのかるわざし 「じごくけんぶつ」 水谷章三脚本；藤田勝治画　童心社（日本民話かみしばい選・わらいばなしがいっぱい）　1984年9月

カレーパンマン
からだがみえないみえないまんになったばいきんまんにカレーをかけてきいろくしたカレーパンマン 「アンパンマンとみえないまん」 やなせたかし作・絵　フレーベル館（ワイド版アンパンマンかみしばい）

カレーパンマン
なかよしのアンパンマンとたすけあっておなかのすいたひとたちをたすけているカレーパンマン 「アンパンマンとカレーパンマン」 やなせたかし作・画　フレーベル館（紙芝居アンパンマン第1集）

カレーパンマン
なかよしのアンパンマンとたすけあっておなかのすいたひとたちをたすけているカレーパンマン 「アンパンマンとカレーパンマン」 やなせたかし作・絵　フレーベル館（ワイド版アンパンマンかみしばい）

カレーパンマン
なかよしのアンパンマンとたすけあっておなかのすいたひとたちをたすけているカレーパンマン 「アンパンマンとカレーパンマン」 やなせたかし作・絵　フレーベル館（家庭版幼児かみしばい）

カレーパンマン
ふくとマントがぬれてとべなくなったアンパンマンにふくとマントをかしてあげたカレーパンマン 「アンパンマンとぴいちくもり」 やなせたかし作・絵　フレーベル館

カレーパンマン
ふくとマントがぬれてとべなくなったアンパンマンにふくとマントをかしてあげたカレーパンマン 「アンパンマンとぴいちくもり」 やなせたかし作・絵　フレーベル館（アンパンマンのぼうけん）

カーレン
みなしごの自分をひきとったお金持ちのおくさまが買ってくれた赤いくつを教会へはいていった娘 「あかいくつ」 アンデルセン原作;福島のり子脚色;若菜珪画 教育画劇(世界名作童話紙芝居全集) 1991年2月

カレン
ばいきんまんにもりのはなのみつをぬすまれてたおれてしまったちょうのおんなのこ 「アンパンマンとカレンのもり」 やなせたかし作・絵 フレーベル館

ガロ
かえるのケルと大のなかよしのあひる 「ガロごめんね」 谷大次郎作;矢野洋子画 教育画劇(たんぽぽシリーズ) 1982年11月

かわうそ
うそつきのきつねに川へいってしっぽをつけておればさかながしがみつくとおしえたかわうそ 「かわうそときつね」 堀尾青史作;松島わき子画 童心社(かみしばい日本むかしむかし) 1987年6月

かわうそ
きつねに「川の魚はどうやってとるんだね」ときかれて川の中にしっぽをつけておけばとれるとじょうだんをいったかわうそ 「しっぽのつり」 須藤出穂脚色;沼野正子画 NHKサービスセンター(NHKかみしばい 日本の昔ばなし) 1982年1月

かわうそ
ずるいきつねにしっぽを川につれておけばさかながいくらでもとれるとおしえたかわうそ 「きつねとかわうそ」 後藤楢根作;遠竹弘幸画 教育画劇(パピーちゃんシリーズ) 1977年1月

かわうそ
ひろいみずうみのそばでふたりのかりゅうどにてっぽうのねらいをつけられたかわうそのおや子 「かわうそ」 椋鳩十原作;川崎大治脚本;水沢研画 童心社(日本の動物記シリーズ) 1987年6月

かわうそ
川へさかなをとりにいくのにうまれてまもないあかんぼうをもぐらのおばさんにあずかってもらったかわうそ 「かわうそのあかんぼう」 浜田広介作;石川雅也画 教育画劇 1980年4月

かわうそ(クウ)
川にいきるかわうそのおやこのおかあさん 「かわうそのぼうけん-「金色の川」より(前編)(後編)」 椋鳩十原作;堀尾青史脚色;田代三善画 童心社 1989年1月

かわうそ(ムウ)
川にいきるかわうそのおやこのこども 「かわうそのぼうけん-「金色の川」より(前編)(後編)」 椋鳩十原作;堀尾青史脚色;田代三善画 童心社 1989年1月

かわさき きみおさん　かわさき・きみおさん
うみがめがじぶんのうまれたすなはまにたまごをうみにやってくるのをまっていたひと 「うみがめジェーンまたきてね」 井上こみち文;鈴木幸枝画 教育画劇 2002年12月

かわし

川島中隊長　かわしまちゅうたいちょう
昭和6年南満州鉄道を爆破された報復として中国軍への砲撃を開始(満州事変)した関東軍の中隊長　「赤い夕日」本多公栄作；岩淵慶造絵　汐文社(紙芝居日本の歴史26)　1988年12月

かわのみほし
クモのアナンシの6ぴきのむすこの三ばんめでどんなおおきなかわだってぜんぶのみほしてしまうむすこ　「アナンシと6ぴきのむすこ－アフリカの民話」ジェラルド・マクダーモット作；八木田宜子脚本　ほるぷ出版(ほるぷの紙芝居－世界昔ばなしシリーズ)　1983年4月

かわむらさん
ユミちゃんのいえのちかくにすむ目がすこししかみえないおんなのひと　「すてきなプレゼント」森内直美脚本；やべみつのり絵　童心社(ともだちだいすき)　2001年11月

ガン(アッカ)
いつもむれのせんとうにたってとんでいるガン　「ニルスのふしぎなたび(前編)(後編)」ラーゲルレーヴ原作；上地ちづ子脚本；ユノセイイチ画　童心社　1991年5月

カンがえる
友だちの野ねずみにたのんでゴムぐつを手に入れてはいたかえる　「かえるのゴムぐつ」宮沢賢治原作；立原えりか脚色；深沢省三画　NHKサービスセンター(名作民話おはなし広場)　1984年1月

カンガおばさん
からすのカアカアにひっこしのてつだいをたのまれたカンガルーのおばさん　「カアカアのひっこし」村山桂子作；可児久子画　教育画劇(げんまんシリーズ)　1984年5月

カンガルー(カンガおばさん)
からすのカアカアにひっこしのてつだいをたのまれたカンガルーのおばさん　「カアカアのひっこし」村山桂子作；可児久子画　教育画劇(げんまんシリーズ)　1984年5月

カンガルー(かんたくん)
とてもはずかしがりやでおともだちがよびにきてもでようとしなかったカンガルーのおとこのこ　「はずかしがりやのかんたくん」神沢利子脚本；垂石眞子画　童心社(ともだちだいすき)　2003年4月

カンガルー(るる)
ゆうがたこっそりおかあさんのふくろからぬけだしてオーストラリアのひろいくさはらをたんけんしたカンガルーのあかちゃん　「やっぱりふくろのなかがいい(カンガルー)」中村美佐子作；花之内雅吉画　教育画劇　1992年5月

カンガルーぼうや
たんじょうびにどうぶつたちがおいわいにきたのでおかあさんのポケットからそとへでてきたカンガルーのあかちゃん　「あかちゃんはどこ？」神沢利子作；田中槇子画　童心社(美しい心シリーズ)　1976年6月

かん子　かんこ
月夜にきつねの幻燈会にいったきょうだいのいもうと　「キツネノゲントウ－宮沢賢治「雪渡り」より」堀尾青史脚本；宇田川種治絵画　ほるぷ出版(ほるぷの紙芝居－黄金期名作選)　1984年5月

かん子　かんこ
雪がかたくこおった月夜の晩に四郎とふたりできつねの幻燈会に行った女の子　「キツネノゲントウ-宮沢賢治「雪渡り」より」　堀尾青史脚本；宇田川種治絵画　ほるぷ出版（ほるぷの紙芝居 黄金期名作選）　1984年5月

かん子　かんこ
雪のこおった月夜のばんに四郎とふたりできつねの幻燈会にいった女の子　「雪わたり」宮沢賢治原作；川崎大治脚本；若山憲画　童心社（かみしばい宮沢賢治童話名作集）　1966年3月

かんすけ
とうちゃんがわるいひとをつかまえたりまちのあんぜんをまもるのがしごとのおかっぴきのおやぶんをしているおとこのこ　「とうちゃんとりものちょう（前編）（後編）」　前川かずお作・画　童心社　1982年1月

かんたくん
とてもはずかしがりやでおともだちがよびにきてもでようとしなかったカンガルーのおとこのこ　「はずかしがりやのかんたくん」　神沢利子脚本；垂石眞子画　童心社（ともだちだいすき）　2003年4月

カンダタ
おしゃかさまがごくらくのはすいけをとおしてじごくをごらんになるとそこにいた大どろぼうのおとこ　「くものいと」　芥川龍之介原作；鈴木徹脚本・画　童心社（ゆたかなこころシリーズ）　1994年12月

犍陀多　かんだた
ある日のことお釈迦様が極楽の蓮池の下のようすをごらんなられて地獄の底に見えたいろいろわるいことをした大泥坊　「蜘蛛の糸」　芥川龍之介原作；鈴木景山構成；羽室邦彦絵画　ほるぷ出版（ほるぷの紙芝居-黄金期名作選）　1984年5月

かんちゃん
いわのうえのはなをおかあさんにもっていってあげようとしてふかいほらあなにおっこちてしまったこがに　「こがにのかんちゃん」　川崎大治作；若山憲画　童心社（川崎大治名作紙芝居選）　1988年2月

カンちゃん
はさみをふりまわしていたずらばかりしていてさめにたべられそうになったこがに　「いたずらこがに」　安田浩作；横井大侑画　教育画劇（シャボン玉シリーズ）　1981年7月

かんなたろう
花のき村にやってきた五にんぐみのぬすびとのひとりできのうまでだいくしごとのみならいをしていたおとこ　「花のき村とぬすびとたち（前編）（後編）」　新美南吉原作；水谷章三脚本；西山三郎画　童心社（ほのぼの新美南吉ランド）　1994年5月

カンナちゃん
はぶらしがきらいなおんなのこ　「ごしごしごし」　とよたかずひこ脚本・絵　童心社　2001年6月

かんの

かんのんさま
むかしみやこのはずれのやまでらにあったねがいをかなえてくれるというかんのんさま「やまでらのかんのんさま」よこみちけいこ脚本・絵　童心社(ともだちだいすき)　2004年8月

かんハ　かんぱち
かんすけのとうちゃんでおかっぴきのおやぶん「とうちゃんとりものちょう(前編)(後編)」前川かずお作・画　童心社　1982年1月

カンペイ
はたけでたねをまいていたゲンじいのしりこだまをとろうとしてつかまえられたかっぱ「ゲンじいとかっぱ」平方浩介脚本;福田庄助画　童心社(ゆたかなこころシリーズ)　1991年1月

カンボ
モモちゃんちにあそびにきてモモちゃんのだいじなおにんぎょうをつれてっちゃったぞうさん「モモちゃんちにきたぞうさん」松谷みよ子脚本;土田義晴画　童心社　1995年4月

桓武天皇　かんむてんのう
東北を征服することに命をかけ大軍を集めてエミシの連合軍と戦わせた天皇「エミシのいかり」後藤竜二作;高田三郎絵　汐文社(紙芝居日本の歴史7)　1987年4月

【き】

木　き
さむくなってもはやどんぐりをおとさないようにがんばっている山の木たち「りすさんのどんぐりさがし」花澤慎一作;田沢梨枝子画　教育画劇(しぜんといきもの)　1985年7月

木　き
一九四五年八月六日に原爆をおとされたヒロシマの小学校にはえていた木「二度と」松井エイコ脚本・絵　童心社(平和かみしばい)　2005年6月

きいちゃん
おかあさんのいいつけをまもらないで岡の下の町へ行った妹のあとをおいかけたちょうちょのきょうだいのお姉さん「ちょうちょのきょうだい」福島のり子作;牧村慶子画　教育画劇(よいこんたのしい紙芝居)　1969年11月

キイちゃん
デンデン山へかきをとりにいった二ひきのきょうだいざるのおとうとざる「デンデン山のあまいかき」柴野民三作;高橋透画　教育画劇(パンダちゃんシリーズ)　1978年10月

黄いちゃん　きいちゃん
青おにの青ちゃんと赤おにの赤ちゃんと子おにが三人そろっておにんようちえんへ行った黄色おに「いろいろいろ」森比左志文;浅沼とおる画　NHKサービスセンター(なぜなぜ童話)　1977年1月

きいろちゃん
こびとのもりのこびと「こびとのりんご」しばはらち作・画　教育画劇　1991年9月

きいろちゃん
ぽかぽかよいてんきであおちゃんとあかちゃんとちょっとおでかけしたどうぶつむらのしんごう 「あおちゃんきいろちゃんあかちゃん」 冬野いちこ作・絵　教育画劇　2004年1月

きかんしさん
アメリカのひろいむぎばたけできゅうこうれっしゃがとおるたびにいつもてをふってむかえるおんなのことなかよしのきかんしさんたち 「てをふるきかんしゃ」 神戸淳吉文；木佐森隆平画　教育画劇（げんまんシリーズ）　1984年10月

機関車君　きかんしゃくん
ごみぶくろのポリちゃんと横丁のごみあつめの囲いを抜け出して遊園地へ出かけて行ったオンボロ機関車 「マジックポリちゃん」 高見映作；枝常弘画　日本環境協会　1993年5月

キキ
ある町でイヌのロロとウサギのミミとなかよくいっしょにくらしていたのにけんかをしてしまったうたがじょうずなネコ 「ロロとミミとキキ」 柴野民三作；岸田耕造画　教育画劇（夢のふくらむシリーズ3集）　1973年11月

キキ
ひろいそうげんでおかあさんとはぐれてしまったせかいいちあしのはやいチーターのこ 「はしれ！チーターのこ、キキ-かけっこ」 やすいすえこ作；間瀬なおかた画　教育画劇　1997年8月

キキ
子ぐまのウーフのあとからうさぎのミミの家に水をもらいにやってきたりす 「くま一ぴきぶんはねずみ百ぴきぶんか」 神沢利子作；井上洋介絵　ポプラ社（くまの子ウーフ2）　2004年11月

ききゅうくん
かぜにのってどこまでもとんでいけるねつききゅう 「おそらのうえからこんにちは」 小賀野実写真・案　教育画劇　2003年5月

キキロン
ぶたのブブリンととてもなかよしでいつもにこにこしているりす 「いじわるなんかするからさ」 柴野民三作；椎野利一画　教育画劇（あたらしいしつけ紙芝居）　1988年6月

きーくん
そらをとぶきょうりゅうプテラノドンのかぞくの3びきのきょうだいのいちばんしたのおとうと 「おじいちゃんはすごいね」 中村文人作；福岡昭二絵　教育画劇　2008年5月

きこり
まちはずれのいえにたのしくなかよくくらしていたおどりがだいすきなきこりのふうふ 「しあわせなきこり-トルコ」 岡信子脚色；岡村好文画　教育画劇（世界のユーモア民話）　1994年5月

きこり
むかしある森の中にいたふえが大すきでとてもじょうずだったわかいきこり 「うぐいすのふえ」 神戸淳吉作；池田仙三郎画　教育画劇　1980年9月

きこり

きこり
むかし韓国の山のおくにすんでいたまずしいきこりであるひ森の中できじのたまごをねらっていたへびをころしたきこり 「キジのおんがえし」 須藤出穂脚色;井上洋介画 NHKサービスセンター(NHKかみしばい 世界の昔ばなし) 1982年1月

きこり
やまのなかでひとのこころをみぬく「さとり」というようかいにであったきこり 「さとり」 岡田ゆたか脚本・画 童心社(日本の妖怪ぞろ〜り) 1994年9月

きこり
森でしごとをしていてだいじなおのを川の中へおとしてしまったしょうじきなきこり 「しょうじきなきこり」 イソップ原作;奈街三郎脚本;小坂茂画 童心社(紙しばい名作選) 1994年9月

きこり
北国のふかい山やまのおなじ山のふもとにあったふたつの小屋にいたふたりのきこりのひとり 「黒いきこりと白いきこり」 浜田広介作;中村太郎脚色;吉崎正己画 教育画劇(ひろすけ童話紙芝居全集) 1987年8月

きこり
北国のふかい山やまのおなじ山のふもとにあったふたつの小屋にいたふたりのきこりのひとり 「黒いきこりと白いきこり」 浜田広介作;中村太郎脚色;吉崎正己画 教育画劇(ひろすけ童話紙芝居全集) 1987年8月

木こり　きこり
ナクーラのもりでかいぶつの子どもにであってウーラというなまえをつけてふたりでたのしくくらしていたわかい木こり 「ナクーラのもり」 エム・ナマエ作;古味正康画 教育画劇(おはなしきかせて) 1988年9月

木こり　きこり
山おくで道にまよってしまってうつくしいむすめにさそわれて大きなおやしきにはいった木こり 「うぐいすひめ」 立原えりか脚色;松本恭子画 NHKサービスセンター(名作民話おはなし広場) 1984年1月

木こり(王さま)　きこり(おうさま)
こびとのおじいさんをたすけてやったおれいにもらったどんなことでものぞみがかなうまほうのかんむりをかぶって王さまになったよくばりものの木こり 「よくばり王さまのふしぎなかんむり」 小沢正作;夏目尚吾画 教育画劇 1989年10月

木こりのおじさん　きこりのおじさん
森へ木を切りに行っておのを川におとしてしまったはたらきものの木こりのおじさん 「金のおのと銀のおの」 松岡励子文;大沢節子画 NHKサービスセンター(外国むかしばなし) 1977年1月

きこりのきょうだい(きょうだい)
むかしやまでかねになるウルシのきをみつけたまずしいきこりのきょうだい 「竜のふち」 篠崎三朗文・絵 教育画劇 2008年1月

きじ
韓国の山おくの森でへびにたまごをねらわれたときにきこりにたすけてもらったおかあさんのきじ 「キジのおんがえし」 須藤出穂脚色；井上洋介画　NHKサービスセンター（NHKかみしばい 世界の昔ばなし）　1982年1月

きずっつら
カナダのスプリングフィールドのもりににょうぼうと四ひきのこどもとくらしていたかおにきずあとのあるとしよりぎつね 「スプリングフィールドのきつね」 アーネスト・T.シートン原作；石川球太絵・文　ほるぷ出版　1976年5月

キータ
たなばたになかよしのくまのララとふたりでたんざくにねがいごとをかいてささにかざったさる 「ねがいごとはないしょのひみつ」 山本和子作；尾崎曜子画　教育画劇（四季の行事シリーズ たなばた）　1993年5月

きたかぜ
おかあさんとふたりでくらしていたブーツというおとこの子にごちそうのでるテーブルかけやお金をだすひつじをあげたきたかぜ 「きたかぜのくれたテーブルかけ－ノルウェーのお話より」 川崎大治脚本；桜井誠画　童心社（紙芝居ベストセレクション第1集）　1998年6月

きたかぜ
おひさまとけんかをしてしたのみちをあるいてきたたびびとのマントをどちらがぬがせるかというしょうぶをしたきたかぜ 「おひさまときたかぜ」 川崎大治脚本；西村繁男画　童心社（たのしいイソップ）　1975年5月

きたかぜ
はるかぜのルルルがふくはるをよぶハーモニカのおとをきいてやってきたらんぼうもののきたかぜ 「はるをよぶハーモニカ」 安田浩作；山本まつ子画　教育画劇（おはなしバラエティ）　1985年3月

北風　きたかぜ
こざるのもんきーちゃんがいつまでもさむがっているのをおもしろがって春になっても旅にでようとしなかった北風 「うすぎになったもんきーちゃん」 大川秀夫作；渡辺加三画　教育画劇　1965年3月

北風　きたかぜ
男の子にひろげるだけでごちそうがでるテーブルかけをあげた男の子 「北風がくれたテーブルかけ－ノルウェー民話」 福島のり子文；チト・イトー画　教育画劇　1977年12月

きたかぜのあんにゃ
みなみかぜのあんにゃがつれてきたむらのこどもたちをしっぽにのせてむらまでおくってくれたかぜのかみさま 「かぜのかみとこども」 渋谷勲脚本；わかやまけん画　童心社（童心社のベスト紙芝居第6集おもしろ民話選）　1990年2月

きたかぜぼうや
まちではきらわれていたのに山すそののはらでちいさなおんなのこにもつとふいていわれてびっくりしたきたかぜのぼうや 「きたかぜとおんなのこ」 井上よう子脚本；菊池恭子絵　童心社（ともだちだいすき）　2006年11月

きたき

キタキツネ（フレップ）
なんどかおかあさんとかりのべんきょうをしてからじぶんでえさをとってくらしていかなければならなくなったキタキツネのこ 「さよなら、おかあさん（キタキツネ）」 瀬尾七重作；渡辺あきお画 教育画劇 1992年5月

北里 柴三郎　きたざと・しばさぶろう
医学を学びドイツに留学してコッホ博士の指導を受けながら破傷風菌の血清療法にせいこうした世界的な大医学者 「伝染病とのたたかい」 菅忠道脚本；桜井誠画 童心社（日本人の力シリーズ） 1986年8月

きたさん
おかねもあまりないのにたびにでかけたのんきもののふたりぐみののっぽのほう 「やじさんきたさん」 十返舎一九原作；水谷章三脚本；前川かずお画 童心社 1991年2月

きちのすけ
らんぼうもののさむらいにきりころされたちちのかたきをうつためにみやもとむさしせんせいにけんをおしえてもらったおとこのこ 「あっぱれ！チビッコむさし」 菊地ただし文；毛利将範画 教育画劇 2003年9月

キーちゃん
二かいのまどからあきかんをなげておこられたさるのおとこのこ 「おっとあぶない！モンちゃんキーちゃん-高い場所での危険」 宗方あゆむ作；毛利将範画 教育画劇（安全紙芝居 あぶない！そのときどうする？） 2003年12月

きっき
きこりのふうふにうまれたおんなの子のせきれん子がじょうぶにそだつようにとつくられた木のにんぎょう 「ひなにんぎょうのむかし」 小野和子作；池田げんえい画 教育画劇（四季の行事シリーズ ひなまつり） 1993年1月

キッキ
うさぎのミミのおうちでみんなといっしょにデコレーションケーキをつくったさる 「みんなでつくろうデコレーションケーキ」 山崎陽子作；秋里信子画 教育画劇 1993年11月

キッキ
おとうとのクックをつれておつかいにいったひよこ 「クックとおねえちゃんのおつかい」 内閣府政策統括官監修 全日本交通安全協会（こうつうあんぜんかみしばい） 2008年4月

キッキ
なかよしのこぐまのブールとやくそくをしてもまもらないこざる 「げんまんげんまん」 高橋宏幸作；鈴木博子画 教育画劇（じゃんけんシリーズ） 1983年8月

キッキー
森にびょういんをつくっておいしゃさんになったサル 「なんでもなおすおいしゃさん-フランス民話より」 安田浩文；末崎茂樹画 教育画劇（とんちばなし） 1992年7月

きっく
ごみあつめのくるまがおとしていったいばりんぼのたねのパンプくんをひろったのねずみ 「いばりんぼのパンプくん」 中村美佐子作；田中秀幸画 教育画劇 1994年11月

きつね

キッ子　きっこ
山ぐみの子どものきつね　「いちばんがすきなサンちゃん」　金明悦子作；中村有希画　教育画劇（あたらしいしつけ紙芝居）　1995年2月

きっこちゃん
こぎつねのたっくんとなかよしのきつねのおんなのこ　「こぎつねたっくんのたなばたさま」茂市久美子作；津田直美画　教育画劇（四季の行事シリーズ　たなばた）　1993年5月

きっちゃん
ウサギのさっちゃんからひっこしパーティーをひらくからきてねとちずとウサギマークのはいったてがみをもらったキツネ　「なぞなぞちずのひみつ」　山本省三作・画　教育画劇（びっくりこどきりんこ）　1992年6月

きっちょむさん
むかしある村におったおもしろい人　「ねずみのほりもの−きっちょむとんちばなし」　鶴見正夫文；安井康二画　教育画劇（とんちばなし）　1992年7月

きっちょむさん
むかし山のおくにあった小さな村にいたとんちのきくおもしろいおじさん　「ほしとりきっちょむさん」　堀田幸子文；西八郎画　教育画劇　1975年10月

きっちょむさん
村のかわった子ども　「きっちょむさん」　筒井敬介脚色；むかいながまさ画　NHKサービスセンター（NHK小学校国語紙芝居教材　日本の民話Ⅰ）　1979年1月

きっつん
ゆきがつもったらはるまでへやでねているくまのぼんぽをおこしてあげるとやくそくしたともだちのきつねのおとこのこ　「ないしょのゆきあそび」　すとうあさえ脚本；松成真理子絵　童心社（ともだちだいすき）　2007年2月

キットンくん
ねこねこえんのせんせいにとびださないでっていわれていたのにどうろにとびだしてじこにあったこねこ　「とまって！キットンくん」　垣内磯子作；三枝三七子絵　教育画劇　2007年5月

きつね
ある夏のあつい日のこと一年生のともこが見た雨のすきまのむこうからかけ声をかけながらやって来るたくさんのきつねたち　「きつねみちは天のみち」　あまんきみこ作；こわせたまみ文；いもとようこ画　NHKサービスセンター（創作童話）　1977年1月

きつね
ある山おくで出会ったくまにふたりではたけをたがやして何かうまいものでも作ろうといってだましたきつね　「きつねとくま」　東竜夫脚色；若菜珪画　NHKサービスセンター（名作民話おはなし広場）　1984年1月

きつね
ある日のことまほうつかいから大きなふるぼけたマントのせんたくをたのまれたきつねのクリーニングや　「きつねのクリーニングやとまほうのマント」　三田村信行作；黒岩明人画　教育画劇（へんてこなくにのおはなし）　1984年9月

きつね

きつね
うさぎのところへきて「こんやもりのひろばでどんどんきらきらをやる」といったきつね 「どんどんきらきら」 森山京脚本;かさいまり絵 童心社 2004年8月

きつね
おいなりやまにきたこうじどごろうといっしょにおやまをつくってあそんだこぎつね 「みんなでつくったつちのやま」 高橋さち子作;和歌山静子画 童心社(美しい心シリーズ) 1979年7月

きつね
おおゆきでこまっているやまのみんなにうちにあるたべものをくばってあげたきつね 「たべてみたいな、おほしさま」 武鹿悦子作;末崎茂樹画 教育画劇 1990年2月

きつね
おなかがすいてえだからさがっているあまそうなぶどうをとろうとしたきつね 「すっぱいぶどう」 瀬尾七重文;西村郁雄画 教育画劇(民話どっこいしょ) 1984年10月

きつね
おなかをすかした子ぎつねのために山をこえてぶどうを一ふさもらいに行ったおかあさんぎつね 「きつねとぶどう」 坪田譲治原作;角田光男脚色;ながよしかよ画 教育画劇(2年の道徳紙芝居) 1993年2月

きつね
おひなさまたちのきものをせんたくしたしんせつではたらきもののクリーニングのきつねときつねのおくさん 「おひなさまをクリーニング」 三田村信行作;黒岩章人画 教育画劇(きつねのクリーニングや4) 1989年3月

きつね
お山にはるがやってきてどろでおだんごをつくってあそんだこぎつねたち 「どろんここぎつね」 宮崎二美枝脚本;篠崎三朗画 童心社(げんきななかまシリーズ) 1996年5月

きつね
かわうそが川の中にしっぽをつけておけば魚がとれるとじょうだんでいったのにほんとにしっぽを川の中へたらしたきつね 「しっぽのつり」 須藤出穂脚色;沼野正子画 NHKサービスセンター(NHKかみしばい 日本の昔ばなし) 1982年1月

きつね
かわうそにだまされてしっぽをつめたい川につけてさかなをとろうとしてしっぽがこおりついてしまったきつね 「きつねとかわうそ」 後藤楢根作;遠竹弘幸画 教育画劇(パピーちゃんシリーズ) 1977年1月

きつね
かわうそに川へいってしっぽをつけておればさかながしがみつくとおしえられたうそつきのきつね 「かわうそときつね」 堀尾青史作;松島わき子画 童心社(かみしばい日本むかしむかし) 1987年6月

きつね
かわでおおきなさかなをつかまえてきたこぐまのクータにさかなをわけてほしいといったこぎつねたち 「やいてたべよかにてたべようか」 おおともやすお脚本・絵 童心社(ともだちだいすき) 2008年9月

きつね

きつね
こうさぎたちにきらわれてだいどころからにげだしたカレーのたまねぎたちをたべようとしたきつね 「カレーライスがにげだした」 しばはらち作・画　教育画劇(ゆかいなたべもののおはなし)　1993年6月

きつね
こざるがなんでもまねをするじぶんのかげぼうしにこまっていたところにやってきたきつね 「子ざるのかげぼうし」 浜田ひろすけ作;なかむらしんいちろう絵　教育画劇　2007年1月

きつね
こぶたのブーフをだましてきょうしつからつれだしたハラペコきつね 「こぶたのブーフ、ききいっぱつ!」 よだくみこ作;おざきしんご画　教育画劇　2004年5月

きつね
こんもりもりへきつねになりきっていったみきくんとようくんといっしょにもりをたんけんしたほんもののきつね 「もりはみんなのたからもの-森の話」 山末やすえ作;鈴木幸枝画　教育画劇(かんきょうかみしばい みんなでまもろうネ!ちきゅうくん)　1999年5月

きつね
しんせつではたらきもののクリーニングやのきつねときつねのおくさん 「びっくりだいはつめい」 三田村信行作;黒岩章人画　教育画劇(きつねのクリーニングや5)　1989年6月

きつね
たからものの貝の火をもっている子うさぎのホモイにぬすんだパンをくれたずるがしこいきつね 「貝の火」 宮沢賢治原作;川崎大治脚本;久保雅勇画　童心社(かみしばい宮沢賢治童話名作集)　1966年3月

きつね
たにへおちそうになったしょうきちさんのタクシーをみちへひきもどしてくれたきつねのかぞく 「きつねのランプ」 舟崎克彦脚本・画　童心社　1990年9月

きつね
たぬきとばけくらべをしたばけじょうずのきつね 「ばけくらべ、うでくらべ」 木村研脚本・画　童心社(かみしばい・子どもといっしょに みんなでみんなでおおさわぎ)　1995年5月

きつね
たぬきのふゆごもりのあなをよこどりしてやろうとわるだくみをかんがえたきつね 「きつねうりとたぬきうり」 長崎源之助文;若菜珪画　教育画劇　1970年12月

きつね
どうぶつむらのなつまつりのひにうさぎのピックとピッチのおかあさんのポケットからさいふをぬすんだすりのきつね 「おどれおどれドドンガドン」 上地ちづ子脚本;長島克夫画　童心社(たのしい季節の行事 きらきら・夏のまき)　1988年4月

きつね
にんげんのおとこのこにばけてまちへあそびにいったこぎつね 「こぎつねまちへいく」 仲倉眉子作・画　教育画劇　1991年2月

きつね

きつね
ノブくんがあそびに行ったおばあちゃんのうちのうら山でであったきつね 「きつねとたんぽぽ」 松谷みよ子原作;水谷章三脚色;山中冬児画 NHKサービスセンター（名作民話おはなし広場） 1984年1月

きつね
のんびりひるねをしていたときにじいさまにおどろかされたのでかえりみちのじいさまをばかしてやったきつね 「じいさまときつね」 増田尚子脚本;二俣英五郎画 童心社（日本民話かみしばい選） 1982年9月

きつね
びょうきのおかあさんのためにはあちゃんといっしょにながしびなをつくったきつねのおとこのこ 「きつねといっしょにひなまつり」 こわせたまみ作;相沢るつ子画 教育画劇（四季の行事シリーズ ひなまつり） 1991年6月

きつね
ひよことあひるとうさぎのさんにんをふとらせてからくおうとかんがえてうちにつれてかえってかみさまみたいにせわをしたはらぺこきつね 「きつねのおきゃくさま」 あまんきみこ原作;水谷章三脚本;ヒロナガシンイチ画 童心社（童心社のげんきななかまシリーズ） 1995年10月

きつね
ぽんぽこ山のたぬきと二ひきでうさぎにばけてふもとのけんちゃんのいえへ月見だんごをたべにいったこんこん山のきつね 「たぬきときつねのつきみだんご」 林原玉枝作;津田直美画 教育画劇（ミミちゃんシリーズ） 1982年9月

きつね
まちはずれで小さなクリーニングやのおみせをやっているきつねときつねのおくさん 「たいへんなわすれもの」 三田村信行作;黒岩章人画 教育画劇（ユーモアひろば） 1991年2月

きつね
まちはずれにあるきつねのクリーニングやのはたらきもののきつねときつねのおくさん 「ゆうれいのおきゃくさま」 三田村信行作;黒岩章人画 教育画劇（ユーモアだいすき） 1988年7月

きつね
むかしあるむらでおよめいりがあったときはなよめとおつきのものにばけてむらびとをだましたいたずらぎつねたち 「およめさんにばけたきつね」 吉田タキノ脚色;田中秀幸絵 教育画劇（日本のユーモア民話） 1993年8月

きつね
むかしインドの森の中でうさぎとさると三びきでほんとうのきょうだいのように仲よくくらしていたきつね 「月のうさぎ」 瀬戸内寂聴文;岡村好文絵 講談社（瀬戸内寂聴おはなし紙芝居） 2007年11月

きつね
むかしうさぎのみみがまだみじかかったころふゆじたくもせずにあそんでばかりいたのんびりやのこうさぎをみつけたきつね 「うさぎなぜなぜみみながい」 仲倉眉子作;津田直美画 教育画劇（どうぶつなぜなぜ紙芝居） 1986年9月

きつね
むかしむかしとおいきたぐにのふゆのよるみちにまよってしまったサンタ・ニコラスさまをむらまであんないした年とったきつね 「いちばんはじめのサンタクロース」 足沢良子作；岸田耕造画　教育画劇（あたらしい行事紙芝居）　1993年9月

きつね
むらのあきまつりによみせをだしたインチキうらないやのきつね 「きつねのうらないや」 ときわひろみ脚本；一條めぐみ画　童心社　1998年10月

きつね
むらのよろずやさんにてぶくろをかいにいったこぎつね 「てぶくろをかいに」 新美南吉原作；堀尾青史脚本；二俣英五郎画　童心社（ほのぼの新美南吉ランド）　1994年5月

きつね
やまでらのおしょうさんがむらびとにたのまれておきょうをあげたかえりみちでおみやげをだましとったいたずらぎつね 「いたずらぎつね」 桜井信夫脚本；藤本四郎画　童心社（日本民話かみしばい選・わらいばなしがいっぱい）　1984年9月

きつね
やまのうえにいたおひとよしのおにのごんろくをだましてばかりいるわるぎつね 「きつねとごんろく」 馬場のぼる作　童心社（かみしばい・わらいとユーモア大行進）　1982年4月

きつね
ゆきだるまのりんごのぼたんをたべてしまったはらぺこのきつね 「ゆきだるまのぼたん」 やすいすえこ脚本；渡辺有一絵　童心社　2008年2月

きつね
広いにわのあるいえにひっこしてきてにわにあったブランコをじぶんのブランコだとおもったきつねのこ 「ぼくたちのブランコ-小学生の道徳1年」 瀬尾七重作；田中恒子画　教育画劇　1996年4月

きつね
子ざるがなんでもじぶんのまねをするかげこぞうにこまっていたところへやってきたきつね 「子ざるのかげぼうし」 浜田広介作；吉野弘子脚色；石川雅也画　教育画劇　1984年3月

きつね
小さな島にあったおてらのうら山にすんでいた白ぎつねでいつもおしょうさんのるすのあいだにおそなえものをたべにきていたきつね 「ある島のきつね」 浜田広介作；吉野弘子脚色；上柳輝彦画　教育画劇（ひろすけ童話紙芝居全集）　1987年11月

キツネ
あなにおちてたライオンをたすけ出してやったというのにライオンにたべられそうなたびびとがはなしをきいてもらったキツネ 「あなの中のライオン」 関七美文；椎野利一画　教育画劇（たのしい民話民話でてこい）　1992年5月

キツネ
おばあさんがやいていただいどころのてんぴからゆかにとびおりてにげだしたしょうがパンぼうやをしっぽにのせたキツネ 「しょうがパンぼうや-イギリスの昔ばなし」 ポール・ガルドン作；八木田宜子脚本　ほるぷ出版（ほるぷの紙芝居-世界昔ばなしシリーズ）　1983年4月

きつね

キツネ
むかしおいなりさまにおまいりしたかえりみちのくまごろうというひとをばかそうとしてはんたいにだまされたキツネ 「ばかされギツネ」 菊地ただし文；山口みねやす画　教育画劇　2002年5月

キツネ
むかしほっかいどうのかわのほとりのコタンにすんでいたおじいさんにかわいがられていたキツネ 「ぬすまれたおまもり」 渡辺享子脚本・絵　童心社（ともだちだいすき）　2005年1月

キツネ
ゆきがふったので食べ物をさがしに山からおりてきて村のこどもたちにたべものをもってくるようにまほうをかけたきつね 「キツネのまほう」 角田光男作；遠竹弘幸画　教育画劇　1978年12月

キツネ
よいてんきのひにもりをぬけてさんぽにいってたきぎひろいのおばあさんのミルクをのんでしまいしっぽをきりとられてしまったキツネ 「きょうはよいてんき-アルメニア地方の昔ばなし」 ナニー・ホグロギアン作；八木田宜子脚本　ほるぷ出版（世界昔ばなしシリーズ）　1983年4月

キツネ
何百年もむかしから多くの人をころしたり苦しめてきた九つのしっぽを持ったおそろしい古ギツネ 「せっしょうせき」 たなべまもる脚色；及川正画　NHKサービスセンター（NHK小学校国語紙芝居教材　日本の民話Ⅱ）　1980年1月

きつね（おさんぎつね）
お寺のおしょうさんをばかしておみやげのあぶらげをとった古きづね 「おさんぎつね」 折口てお作；若菜珪画　教育画劇（とんちばなし）　1992年7月

きつね（きずっつら）
カナダのスプリングフィールドのもりににょうぼうと四ひきのこどもとくらしていたかおにきずあとのあるとしよりぎつね 「スプリングフィールドのきつね」 アーネスト・T.シートン原作；石川球太絵・文　ほるぷ出版　1976年5月

きつね（キッ子）　きつね（きっこ）
山ぐみの子どものきつね 「いちばんがすきなサンちゃん」 金明悦子作；中村有希画　教育画劇（あたらしいしつけ紙芝居）　1995年2月

きつね（きっこちゃん）
こぎつねのたっくんとなかよしのきつねのおんなのこ 「こぎつねたっくんのたなばたさま」 茂市久美子作；津田直美画　教育画劇（四季の行事シリーズ　たなばた）　1993年5月

キツネ（きっちゃん）
ウサギのさっちゃんからひっこしパーティーをひらくからきてねとちずとウサギマークのはいったてがみをもらったキツネ 「なぞなぞちずのひみつ」 山本省三作・画　教育画劇（びっくりこどきりんこ）　1992年6月

きつね(きっつん)
ゆきがつもったらはるまでへやでねているくまのぽんぽをおこしてあげるとやくそくしたともだちのきつねのおとこのこ「ないしょのゆきあそび」すとうあさえ脚本;松成真理子絵 童心社(ともだちだいすき) 2007年2月

きつね(ギャンこう)
はいいろくびののがもをたべようとしてはねをむしりとったもりのきつね「はいいろくびののがも」川崎大治作;安泰画 童心社(紙しばい名作選) 1988年2月

きつね(きょん)
クレヨンやのたぬきのみせであたらしいクレヨンをかったきつねのこども「きつねのおやことクレヨンおばけ」武井直紀作;間瀬なおかた画 教育画劇(おばけだぞ〜) 1992年6月

きつね(きんたちゃん)
にんげんにつかまってしまいおくさんのおやしきでかわれることになったかわいい金色きつね「きんいろきつねのきんたちゃん」加古里子作・文・画 NHKサービスセンター(創作童話) 1977年1月

キツネ(くずのはひめ)
安倍保名というわかものにおん返しをしようといいなずけのくずのはひめに化けていっしょにくらしたしのだの森のキツネ「くずのはぎつね」若林一郎脚色;石倉欣二画 NHKサービスセンター(NHK小学校国語紙芝居教材 日本の民話Ⅱ) 1980年1月

きつね(けん)
やさいにばけたきつねのやおやさんの三びきのこぎつねたちの一ぴき「やさいころころやおやさん」中村美佐子作;黒岩明人画 教育画劇(どうぶつむらのおみせやさん) 1986年4月

きつね(ココ)
みんなで森へあそびにいったときに木のぼりがおもしろくてやくそくのかねがなってもうちにもどらなかったこぎつね「やくそくのかねがなったら-小学生の道徳2年」鬼塚りつ子作;新堂圭子画 教育画劇 1996年4月

きつね(コッコちゃん)
おともだちのコンちゃんとコンタくんとばけるれんしゅうをしたきつね「ばけばけ〜どん!」谷地元雄一脚本;夏目尚吾絵 童心社(2・3歳児のふれあいあそび ことばとからだであそぼう!) 2004年9月

きつね(ゴロザエモン)
むらはずれのいっけんやのびょうきでねているおじいさんがもういちどみたいというにじにばけたきつね「にじになったきつね」川田百合子脚本;藤田勝治絵 童心社 1989年9月;童心社 1981年9月

きつね(ごろざえもん)
むらはずれのおじいさんのはたけのくさむしりをしてあげたやさしいきつね「ごろざえもんぎつね」川田百合子脚本;藤田勝治画 童心社 1982年11月

きつね(コン)
いっしょにあそぶともだちがほしくてともだちをさがしにいったつばき山のこぎつね「こぎつねコンとこだぬきポン(前編)(後編)」松野正子脚本;二俣英五郎画 童心社 1989年7月

きつね

きつね(コン)
おかあさんにじてんしゃにばけてもらってじてんしゃにのるれんしゅうをしたきつねのこ 「コンのじてんしゃのり」 村山桂子脚本;渡辺享子画 童心社 1990年10月

きつね(コン)
くまの子ウーフやうさぎのミミたちとうみへいったきつね、ツネタのおとうと 「くまの子ウーフのかいすいよく」 神沢利子脚本;井上洋介画 童心社(神沢利子・メルヘンかみしばい) 1985年4月

きつね(コン)
こどもたちがおはなのたねをつけてとばしたふうせんをみつけておはなだとおもってつちにうめたきつねのこ 「はないっぱいになあれ」 松谷みよ子脚本;長野ヒデ子画 童心社(ゆたかなこころシリーズ) 1998年4月

きつね(コン)
そらをとんでみたくてクルリンコンとでんぐりがえってとりになったきつねのこ 「くるりんコンでとりになる-鳥は、どうしてとべるの?」 小春久一郎作;椎野利一画 教育画劇(はてな?なぜかしら??) 1989年4月

きつね(こん)
やさいにばけたきつねのやおやさんの三びきのこぎつねたちの一ぴき 「やさいころころやおやさん」 中村美佐子作;黒岩明人画 教育画劇(どうぶつむらのおみせやさん) 1986年4月

きつね(コン)
やまのたぬきのこポンとふたりでにんげんのこにばけてパンやさんちにうまれたあかちゃんをみにいったきつねのこ 「コンとポンとあかちゃん」 松谷みよ子脚本;福田岩緒画 童心社(ゆたかなこころシリーズ) 1999年4月

きつね(コン)
やまのともだちみんなにもういじめっこしないってゆびきりしたこぎつね 「ゆびきりげんまん」 小春久一郎作;ながよしかよ画 教育画劇(げんまんシリーズ) 1984年4月

キツネ(コン)
早おききょうそうでずるいことをかんがえて森のどうぶつたちのうちのまどにくろいペンキをぬったキツネ 「あさなのにまっくら」 安田浩作;ながよしかよ画 教育画劇(あたらしい行事紙芝居) 1991年3月

きつね(ごん)
むかしあるむらのしだのしげったもりにひとりぼっちでいてむらへでてきてはいろんないたずらをしていたこぎつね 「ごんぎつね」 新美南吉原作;清水たみ子脚本;長野ヒデ子画 童心社(ほのぼの新美南吉ランド) 1994年5月

きつね(ゴン)
もりのこみちであかいえりまきをみつけたいたずらぎつね 「あかいえりまき」 村山桂子作;鈴木幸枝画 教育画劇(おはなしバラエティ) 1984年12月

きつね（コンキチ）
うさぎのミミとたぬきのポンタとあそんでいていけにおちたボールをとろうとしてさくをのりこえていけにおちたきつね 「コンキチのゆびきりげんまん-水の事故防止」 本田カヨ子作;岡村好文画 教育画劇(安全紙芝居 あぶない!そのときどうする?) 1996年8月

きつね（コンキチ）
たぬきのポンちゃんがおたんじょうびにかってもらったサッカーボールをもってどうろへにげていったきつねのこ 「ポンちゃんのボール」 おのいづみ脚本・画 童心社(交通安全かみしばい・あぶないっ!きをつけて!) 1993年9月

きつね（コンキチ）
大きなぞうさんとくまさんにいじわるされていじわるするのをやめたきつねのこ 「いじわるコンキチ-小学生の道徳1年」 なかえよしを作;上野紀子画 教育画劇 1996年4月

きつね（コン吉） きつね（こんきち）
うさぎのピョンちゃんとたぬきのポンちゃんが十五夜さんにおそなえするために育てたおいもをとったいたずらぎつね 「十五夜さんのおいも」 久保雅勇脚本・画 童心社(よいこの12か月) 1982年9月

きつね（コンくん）
大きなじしんがあってうさぎのピョンちゃんたちとはらっぱににげてきたきつね 「あっ、けむりがみえる」 鶴見正夫作;柿本幸造画 教育画劇(よいこの地震紙芝居ぐらぐら) 1981年4月

きつね（コンコ）
さるのサルタとうさぎのミミとねずみのチュウをつれておばあちゃんちにいこうとしてまいごになったこぎつね 「コンコちゃんとなかまたち」 すとうあさえ脚本;福田岩緒絵 童心社(ともだちだいすき) 2004年12月

きつね（コンコン）
お山のうえでばけかたのれんしゅうをはじめたきつねのこ 「コンコンのかさ」 篠塚かをり作;福島のり子脚色;鈴木幸枝画 教育画劇(たんぽぽシリーズ) 1979年5月

きつね（コンコン）
にんげんをだますのにまんまるやまのこだぬきのポンポコとくむことになったとんがりやまのこぎつね 「たぬきのきつね」 内田麟太郎作;夏目尚吾画 童心社 1987年3月

きつね（コンコン）
ぶたのブブリンとりすのキキロンがとてもなかよしなのがしゃくにさわってたぬきのポンポンといじわるをしたきつね 「いじわるなんかするからさ」 柴野民三作;椎野利一画 教育画劇(あたらしいしつけ紙芝居) 1988年6月

きつね（紺三郎） きつね（こんざぶろう）
四郎とかん子のきょうだいをきつねの幻燈会によんだきつねの子 「キツネノゲントウ-宮沢賢治「雪渡り」より」 堀尾青史脚本;宇田川種治絵画 ほるぷ出版(ほるぷの紙芝居-黄金期名作選) 1984年5月

きつね

きつね(紺三郎)　きつね(こんざぶろう)
森のなかで四郎とかん子のふたりにきつねの幻燈会の入場券をくれたきつねの子 「キツネノゲントウ-宮沢賢治「雪渡り」より」 堀尾青史脚本;宇田川種治絵画　ほるぷ出版(ほるぷの紙芝居 黄金期名作選)　1984年5月

きつね(紺三郎)　きつね(こんざぶろう)
雪のこおった月夜のばんに四郎とかん子のふたりをきつねの幻燈会にさそったきつねの子 「雪わたり」 宮沢賢治原作;川崎大治脚本;若山憲画　童心社(かみしばい宮沢賢治童話名作集)　1966年3月

きつね(こんすけ)
こうえんでみんながあそんでいるときにわりこんだりじゃまをしたりしていたきつねのこ 「わりこみこんすけ」 なかえよしを作;上野紀子画　教育画劇(おはなしプレゼント)　1986年5月

きつね(コンスケくん)
うさぎのミミコちゃんをおたんじょうかいにおまねきしたきつね 「コンスケくんのおたんじょうかい」 斉藤瑶子作;いもとようこ画　教育画劇(コンスケくんシリーズ)　1990年9月

きつね(コンタ)
うさぎのミミちゃんのいえにいくとちゅうでじめんにあいていたあなからもぐらのまちにおちたきつね 「モグラのまちのこうつうあんぜん-交通安全のマーク」 ゆきのゆみこ作;間瀬なおかた画　教育画劇　2000年1月

きつね(コンタ)
おんなのこともだちになりたくてボールやいしころにばけたきつね 「ばけるのをやめたコンタ」 鶴見正夫作;小林三千子画　教育画劇(ぽんぽこシリーズ)　1983年11月

きつね(コンタ)
山のふもとにあったケーキやさんにシュークリームをかいにきたこぎつね 「シュークリームのおきゃくさま」 西村彼呂子作;アリマ・ジュンコ画　教育画劇(おはなしランド)　1986年12月

きつね(コンタ)
森のなかのうちにたった一人ですんでいたおばあさんのうちにあそびにいきたいとおもっていたきつね 「きつねのおきゃくさま」 村山桂子作;おくやまれいこ画　教育画劇(シャボン玉シリーズ)　1981年12月

キツネ(コンタ)
りすおばさんのうちからおつかいのかえりに夕立がきてかけだしたキツネのこ 「ピカリ、ゴロゴロ」 鈴木謙二作;夏目尚吾画　教育画劇(しぜんといきもの)　1981年1月

きつね(コンタくん)
おともだちのコンちゃんとコッコちゃんとばけるれんしゅうをしたきつね 「ばけばけ〜どん!」 谷地元雄一脚本;夏目尚吾絵　童心社(2・3歳児のふれあいあそび ことばとからだであそぼう!)　2004年9月

きつね(こんたくん)
クラスに一こしかないサッカーボールのボールくんをけとばして花だんにほっぽりだしたまま帰ってしまったきつねのこ 「いなくなったボールくん-小学生の道徳1年」 大野哲郎作;鈴木幸枝画　教育画劇　1996年4月

きつね(こんたろう)
たんじょうびにもらったなんでもほしいものがだせるはっぱがかぜにとばされてしまったので
おいかけてむらまでいったおやまのこぎつね 「こぎつねのたんじょうび」 篠塚かをり脚本；
さとうわきこ画　童心社(よいこの12か月)　1977年6月

きつね(ごんたろう)
むらはずれのにわとりごやからたまごを33こもぬすんだとてもくいしんぼうのきつね 「きつね
のごんたろう」 仲川道子脚本・画　童心社　1987年7月

きつね(コンチ)
シャツについたいちごのあかいしるのうえにおかあさんにいちごのアップリケをしてもらった
きつねのおとこのこ 「こぎつねコンチといちご」 中川李枝子脚本；二俣英五郎絵　童心社
(ともだちだいすき)　2001年4月

きつね(コンチ)
ははの日にくさはらでひろったいしころとえだをおかあさんにあげたこぎつね 「こぎつねコ
ンチとおかあさん」 中川李枝子脚本；二俣英五郎画　童心社　1998年5月

きつね(コンちゃん)
おじいちゃんがこづつみでおくってくれたぼうえんきょうとうさぎのピョンちゃんがおくりもの
でもらったチョコレートをとりかえっこしようとしたきつねのこ 「ふたつのこづつみ」 岩崎京
子作；和歌山静子画　童心社(童心社のベスト紙芝居第4集)　1993年1月

きつね(コンちゃん)
おともだちのコンタくんとコッコちゃんとばけるれんしゅうをしたきつね 「ばけばけ〜どん！」
　谷地元雄一脚本；夏目尚吾絵　童心社(2・3歳児のふれあいあそび ことばとからだであそ
ぼう!)　2004年9月

きつね(コンちゃん)
そとからかえってきてもてあらいとうがいをしないでよるこわーいかぜのばいきんのゆめをみ
たきつね 「コンちゃんのかぜようじん-かぜの予防」 大久保宏昭作・画　教育画劇(保健衛
生かみしばい けんこういちばんじょうぶなこ)　1996年10月

きつね(こんぺい)
くまどんの木のみのくらのばんをしていたきつね 「ふしぎなはこ-ひこいちとんちばなし」
関七美文；中村千尋画　教育画劇(とんちばなし)　1992年7月

きつね(七どぎつね)　きつね(しちどぎつね)
くさむらできもちよくねていたときにいしをなげつけたきろくさんとせいはちさんにかたきうち
をしようとして二人をなんどもだましたきつね 「七どぎつね」 桂文我脚本；渡辺有一絵　童
心社(紙芝居おおわらい落語劇場)　2004年3月

きつね(たっくん)
たなばたのささをとりにいってささのえだにねがいごとをしたきつねのおとこのこ 「こぎつね
たっくんのたなばたさま」 茂市久美子作；津田直美画　教育画劇(四季の行事シリーズ た
なばた)　1993年5月

きつね(たろべえぎつね)
たぬきのごんべえだぬきとばけくらべをすることになったきつね 「ばけくらべ」 石山透脚
色；北島新平画　NHKサービスセンター(名作民話おはなし広場)　1984年1月

きつね

きつね(ちょんちょん)
しっぽがちょんとついているだけなのですてきなしっぽがほしいこぎつね 「すてきなしっぽがほしいなぁ」 尾崎曜子作・画 教育画劇 1995年1月

きつね(つねこちゃん)
こぎつねコンチとなかよしのきつねのおんなのこ 「こぎつねコンチとおかあさん」 中川李枝子脚本；二俣英五郎画 童心社 1998年5月

きつね(ツネタ)
くまの子ウーフに「ウーフはねおしっこでできてるのさ」といったきつね 「ウーフはおしっこでできてるか??」 神沢利子作；井上洋介絵 ポプラ社(くまの子ウーフ3) 2004年11月

きつね(ツネタ)
くまの子ウーフやうさぎのミミたちとうみへいったきつね 「くまの子ウーフのかいすいよく」 神沢利子脚本；井上洋介画 童心社(神沢利子・メルヘンかみしばい) 1985年4月

きつね(つん)
やさいにばけたきつねのやおやさんの三びきのこぎつねたちの一ぴき 「やさいころころやおやさん」 中村美佐子作；黒岩明人画 教育画劇(どうぶつむらのおみせやさん) 1986年4月

きつね(ツンコ)
山のふもとにあったケーキやさんにまいばんシュークリームをかいにきたこぎつね 「シュークリームのおきゃくさま」 西村彼呂子作；アリマ・ジュンコ画 教育画劇(おはなしランド) 1986年12月

きつね(つんた)
ともだちをさそってのはらであそぶつもりだったがひなまつりでみんなにあそんでもらえないきつね 「ぼくのひなまつり」 やすいすえこ作；鈴木幸枝画 教育画劇(四季の行事シリーズ ひなまつり) 1993年1月

きつね(ヴィクス)
きずっつらというあだなのとしよりぎつねのにょうぼう 「スプリングフィールドのきつね」 アーネスト・T.シートン原作；石川球太絵・文 ほるぷ出版 1976年5月

きつね(ぴゅうたろう)
いなりだいみょうじんのかんぬしさんからおさいせんばこのおかねがなくなったとのそうさいらいがあっためいたんたいのきつね 「めいたんてい こん・ぴゅうたろう2 なくなったおさいせんのまき」 多田ヒロシ作 童心社(かみしばい・わらいとユーモア大行進) 1982年4月

きつね(ぴゅうたろう)
はすいけにすむあひるのおかあさんからだいじなたまごがなくなったとのそうさいらいがあったきつねのめいたんてい 「めいたんてい こん・ぴゅうたろう1 きえたたまごのまき」 多田ヒロシ作 童心社(かみしばい・わらいとユーモア大行進) 1982年4月

きつね(ぴゅうたろう)
ハリネズミのこどものまいごになったママをさがしてやったきつねのめいたんてい 「めいたんていこん・ぴゅうたろう-きえたハリネズミの巻」 多田ヒロシ脚本・画 童心社(しかけ紙しばい) 1987年9月

きつね（ふうた）
れんげばたけでにんげんのこどもたちがれんげのはなかんむりをつくっているのをみてうらやましくなったこぎつね 「ふうたのはなまつり」 あまんきみこ原作;水谷章三脚本;梅田俊作画 童心社(ゆたかなこころシリーズ) 1993年4月

きつね（フォックスおくさま）
すてきなだんなさまがなくなられてないてばかりいるわかくてきれいなキツネのおくさま 「フォックスおくさまのむこえらび」 コリン夫妻文;エロール・ル・カイン絵;林克美脚本 ほるぷ出版(世界のおはなしシリーズ) 1998年9月

きつね（へらこいぎつね）
ごんべえだぬきとばけくらべをすることになりまんじゅうにばけてたぬきのばけたよめいりぎょうれつのまえにころがったきつね 「ばけくらべ」 松谷みよ子作;亀井三恵子画 童心社(かみしばい日本むかしむかし) 1979年11月

きつね（ラル）
ともだちをさがしてもりをでてすべりだいであそんでいる子たちのなかにはいってならばないですべろうとしたこぎつね 「ラルくんならんで」 わしおとしこ脚本;藤枝つう画 童心社(2・3歳児しつけかみしばい・みんなは、できるかな?) 1993年5月

きつねくん
あっちゃんとぴったんこしてあそんだきつねくん 「ぴったんこってきもちいいね」 田村忠夫脚本;土田義晴絵 童心社(2・3歳児のふれあいあそび ことばとからだであそぼう!) 2004年9月

きつねくん
くまくんたちがだれのコップのいちごジュースがおおいかくらべっこしているところにやってきたきつねくん 「いちごジュースでくらべっこ」 西内久典原案;西内ミナミ脚本;和歌山静子画 童心社 1990年5月

きつねくん
くまくんとうさこちゃんとさんにんではるのいいにおいをさがしにいったきつねくん 「はるのにおいがするよ」 矢崎節夫作;鈴木幸枝画 教育画劇(きれいな花いっぱい) 1990年3月

きつねくん
たなばたのひにうさこちゃんとあそべるようにとねがいごとをかいてささにつるしたはずかしがりやのきつねくん 「もっともっとよかったな」 矢崎節夫作;岡本美子画 教育画劇(四季の行事シリーズ たなばた) 1993年5月

きつねくん
つりにいくともだちのねこくんにたぬきくんとふたりでついていったきつねくん 「ともだちだいすき」 矢崎節夫作;柿本幸造画 教育画劇(ともだちシリーズ) 1985年4月

きつねくん
みんながじゅんばんに王さまになるどうぶつのくにの王さまになっていばってみたかったきつねくん 「とんでったいばりんぼ王さま」 矢崎節夫作;清宮哲画 教育画劇 1989年10月

きつね

きつねくん
ゆきのさかみちでころんでしまったねずみちゃんといっしょにころころころがってゆきだるまになったきつねくん 「ねずみちゃんのゆきだるま」 仲川道子作・画 教育画劇 1994年1月

きつねくん
ゆでたまごのからをひとりでむけたきつねくん 「むきむきおいしい！」 土田義晴脚本・絵 童心社(あかちゃんからの食育かみしばい ぱくぱくもぐもぐ) 2008年9月

きつねくん
りすのゆうびんやさんがいけにおとしてじがにじんでしまったてがみをじぶんにきたものだとおもったきつねくん 「はーい、ゆうびんでーす！」 あべはじめ作・画 教育画劇 1989年4月

きつねくん
りゅうたくんとすすきをもってゆうやけののはらをあるいていったきつねくん 「おつきみのはら」 土田義晴脚本・絵 童心社 2005年9月

きつねくん
山のふもとのちいさながっこうのこどもたちがたのしみにしているというもちつきのことをしらなかったものしりじまんのきつねくん 「山のみんなのおもちつき」 廣越たかし脚本；渡辺有一画 童心社(たのしい季節の行事 わくわく・冬のまき) 1988年9月

きつねくん
森のはずれのさか道のとちゅうにおちていた大きなレンズを見つけたきつねくん 「おちていたレンズ」 こわせたまみ作・文；伊東美貴画 NHKサービスセンター(創作童話) 1977年1月

キツネーくん
うさぎのパンやときょうそうしてポスターやの男ツンツンヒョロリにポスターをたのんだもりのパンやさん 「もりのパンやそうどう」 西内ミナミ作；中村景児画 教育画劇(あひるさんシリーズ) 1981年3月

キツネーくん
町へこなをかいにいった森のパンやのキツネ 「キツネーのおかしパン」 西内ミナミ作；中村景児画 教育画劇(おはなしバラエティ) 1988年2月

きつねさん
あるひくまさんとみちであってまたまちやこうえんであってともだちになったきつねさん 「なかよしになった日」 香山美子脚本；山本まつ子画 童心社(ゆたかなこころシリーズ) 1996年4月

きつねさん
うみにエビフライにするエビをとりにきたコックのぶたさんに二ひきのエビをつってくれたきつねさん 「みんななかよくエビフライ」 木村研作・画 教育画劇(ゆかいなたべもののおはなし) 1985年9月

きつねさん
こぐまさんがいねむりをしているうちにこぐまさんがつったさかなをかごごととっていったきつね 「とったのはだあれ？」 桜井信夫脚本；古屋洋絵 童心社 1983年11月

きつねさん
ねずみくんはいけをみつけたといったのにみずうみをみつけたとくまくんにおしえたきつねさん 「おおきないけ」 小出保子作・画 教育画劇(かわいい八つのおはなし) 1987年2月

きつねさん
元気なかわいい男の子のけんちゃんといつも原っぱで遊んでいるちょっとおちゃめなきつねさん 「けんちゃんあそびましょう」 藤田圭雄作;小谷野半二画 教育画劇(幼児の空想力と美しい心を育てるシリーズ) 1969年7月

キツネさん
えんのみんなとがくたいごっこをやっていたアコちゃんからタンバリンをかしてもらったキツネさん 「キツネとタンバリン」 安田浩作;おくやまれいこ画 教育画劇(タンバリン・シリーズ) 1980年11月

キツネさん
かあさんギツネからアンズのみをとってきてねといわれてひとりでいくのがこわくていやいやでかけたキツネさん 「キツネさんとまっくろくん」 田沢梨枝子作・画 教育画劇(びっくりこどきりんこ) 1988年4月

キツネだいじん
ライオンの王さまの国のキツネのだいじん 「ライオン王さまとでんわ」 こわせたまみ原作・脚色;奈良坂智子画 NHKサービスセンター(NHK創作童話集) 1978年1月

きつねのこ
うさぎのこがさくらのはなびらをあつめていたところにやってきたきつねのこ 「はなびらいっぱい」 森山京脚本;土田義晴絵 童心社 2002年3月

キティ
おかねもちのいえからなつかしいうまれこきょうのニューヨークのうらまちへかえろうとけっしんしたのらねこ 「のらねこキティ」 神宮輝夫文;箕田源二郎絵 ほるぷ出版(ほるぷの紙芝居) 1976年5月

キヌタ
ねぼうしてえんそくにおくれてフルダヌキのおじいちゃんとおいかけたこだぬき 「えんそくおくれておいかけて」 田沢梨枝子作・画 教育画劇 1991年2月

きぬよ
まみのうちにあそびにきためいれいするくせがある女の子 「いまのかおりがとてもすき-小学生の道徳1年」 今関信子作;尾崎曜子画 教育画劇 1996年4月

木のおじさん　きのおじさん
くまさんやきつねくんたちみんながじぶんのぶらんこを木につったのでいたくてなきだしてしまった木のおじさん 「もりのぶらんこ」 東君平作;和歌山静子画 童心社(こぐまシリーズ) 1973年5月

キノカワガ
テントウムシにオニになってもらってともだちとみんなでかくれんぼきょうそうをしたかくれるのがじょうずなむし 「むしたちのかくれんぼ」 得田之久脚本・絵 童心社(ともだちだいすき) 2000年5月

きのこ

キノコ
トマトはかせがみなみのしまにつくったきょうりゅうどうぶつえんにあそびにいったおんなのこ 「トマトはかせのきょうりゅうどうぶつえん－きょうりゅうの大きさはどのくらい？」 ゆきのゆみこ作;中島ざぼう画　教育画劇　1996年5月

君江　きみえ
ゲンのお母さん 「はだしのゲン」 中沢啓治作・絵　汐文社　1991年4月

君江　きみえ
ゲンのお母さん 「はだしのゲン第一巻」 中沢啓治作・絵　汐文社　1991年4月

君江　きみえ
ゲンのお母さん 「はだしのゲン第五巻」 中沢啓治作・絵　汐文社　1991年4月

君江　きみえ
ゲンのお母さん 「はだしのゲン第三巻」 中沢啓治作・絵　汐文社　1991年4月

君江　きみえ
ゲンのお母さん 「はだしのゲン第四巻」 中沢啓治作・絵　汐文社　1991年4月

君江　きみえ
ゲンのお母さん 「はだしのゲン第二巻」 中沢啓治作・絵　汐文社　1991年4月

きみおくん
かみなりにうたれてうちのにわにおちてきたきょうりゅうのかみなりぼうやといっしょにくらすことになったおとこのこ 「きょうりゅうかみなりぼうや」 伊東章夫作　童心社(かみしばい・わらいとユーモア大行進)　1982年4月

きむらさん
くるまにひかれてうしろあしがたたなくなったいぬのはなこにくるまいすをつくってあげたひと 「はしれ！くるまいすのいぬはなこ」 坂井ひろ子文;岡本美子画　教育画劇　2002年12月

キャッピイちゃん
がっこうのおべんとうのじかんのあとにすぐにともだちとあばれておなかがいたくなったおさる 「おおきくなるには」 堀尾青史作;前川かずお画　童心社(よいこの保健・安全シリーズ)　1984年9月

キャベツ(タヌキ)
やさいむらのうんどうかいにいれてもらいたくてキャベツにばけてやってきた子ダヌキ 「やさいむらのうんどうかい」 しばはらち作・画　教育画劇(ゆかいなたべもののおはなし)　1991年6月

ギャンこう
はいいろくびののがもをたべようとしてはねをむしりとったもりのきつね 「はいいろくびののがも」 川崎大治作;安泰画　童心社(紙しばい名作選)　1988年2月

九かんちょう(九すけ)　きゅうかんちょう(きゅうすけ)
いちろうちゃんのうちの「うがいしなさい」とおかあさんのまねをしていう九かんちょう 「がらがら九すけ」 青木きみ作;水沢研画　童心社(よいこの保健・安全シリーズ)　1984年9月

きゅうかんちょう(ちゃまる)
やんちゃひめのものまねじょうずなきゅうかんちょう 「やんちゃひめ-おおいそがしのまき」 上地ちづ子脚本;徳田徳志芸画 童心社 1987年12月

九すけ　きゅうすけ
いちろうちゃんのうちの「うがいしなさい」とおかあさんのまねをしていう九かんちょう 「がらがら九すけ」 青木きみ作;水沢研画 童心社(よいこの保健・安全シリーズ) 1984年9月

キュウちゃん
はるにうまれたかるがものあかちゃんの九ばんめのこ 「かるがもキュウちゃん」 わしおとしこ脚本;鈴木幸枝画 童心社 2008年7月

ぎゅうまおう
まじょのらせつじょとふうふのまおうのなかのまおう 「そんごくう 火炎山をこえるのまき」 呉承恩原作;上地ちづ子脚本;夏目尚吾画 童心社(ゆたかなこころシリーズ) 1992年8月;童心社(大長編かみしばい そんごくう5・6) 1992年8月;童心社(童心社紙芝居傑作選) 1992年8月

きょうこちゃん
りゅうたくんとこうえんであそんでいてすとんとおちたあなのそこできょうりゅうはかせのもぐらにあったおんなのこ 「もぐはかせのきょうりゅうってなに?-きょうりゅうってほんとうにいたの?」 山本省三作・画 教育画劇 1996年5月

きょうだい
おっかさんがてらまいりにいってやまおくのいえでるすばんをしていたふたりのきょうだい 「おにばばときんのくさり」 山口節子文;村田エミコ絵 教育画劇 2008年1月

きょうだい
おやのいうことをきかないのでおとうさんに山にすてられてまいごになってしまっておにの家にいった三人のきょうだい 「空とぶ千里のくつ」 石川光男文;清水耕蔵画 教育画劇(おにごっこシリーズ) 1978年9月

きょうだい
ちからだめしのたびにでてりっぱなちょうじゃのいえでしごとだめしをすることになったちからじまんのきょうだい 「なぞのあねさま」 桜井信夫脚本;清水耕蔵画 童心社(日本民話かみしばい選) 1985年9月

きょうだい
むかしあるところにいたきょうだいで大のけちんぼうのにいさんとまずしいくらしをしていたがはたらきものだった弟 「海の水はなぜからい」 伊藤海彦脚色;小島直画 NHKサービスセンター(NHKかみしばい 日本の昔ばなし) 1982年1月

きょうだい
むかしスペインのくににいたお百しょうのむすこたちでそれぞれぼうけんのたびにでることになった四人のきょうだい 「4人きょうだいのぼうけん-スペイン」 東川洋子脚色;きよしげのぶゆき画 教育画劇 1990年11月

きょう

きょうだい
むかしチベットのくににいたお金もちなのによくばりなにいさんとびんぼうだがしょうじきなおとうとの二人のきょうだい 「石のライオン」 奈街三郎文;前田松男画 教育画劇(名作の花束みつばちシリーズ) 1976年11月

きょうだい
むかしやまでかねになるウルシのきをみつけたまずしいきこりのきょうだい 「竜のふち」 篠崎三朗文・絵 教育画劇 2008年1月

きょうだい
むかしやまのなかの一けんやにすんでいておかあさんにばけたトラにたべられそうになったにいさんといもうとのちいさいきょうだい 「お日さまお月さま-韓国の昔ばなし」 チョン・インーソプ文;アン・チョン-オン絵;八木田宜子脚本 ほるぷ出版(ほるぷの紙芝居-世界昔ばなしシリーズ) 1983年4月

きょうだい
むかし中国のある村にいたおひゃくしょうのきょうだい 「いわじいさん-中国昔話」 松岡励子脚色;福田庄助画 NHKサービスセンター(名作民話おはなし広場) 1984年1月

きょうだい
中国のみなみのまちでかせいだおかねをあずけたいえのふうふにぬすまれてしまったふたりのきょうだい 「たいこのひみつ(中国・タイ族の民話)」 ジイン訳;水谷章三脚本;藤田勝治画 童心社 1989年6月

兄弟(子ども) きょうだい(こども)
おとうさんとおかあさんに死なれて家主に家ちんのかわりにふとんをとられ家を追いだされてなくなったふたりの兄弟 「とっとりのふとん」 伊藤海彦脚色;深沢省三画 NHKサービスセンター(NHK小学校国語紙芝居教材 日本の民話Ⅱ) 1980年1月

きょうだいいも(いも)
おうちの人がでかけてよるのだいどころでるすばんをしたにいさんいもとおとうといもといもうといものきょうだいいも 「いものきょうだい」 浜田広介作;浜田留美脚色;瀬名恵子画 教育画劇(兄弟愛と自然きょうだいシリーズ) 1977年10月

きょうりゅう
おとこのこがポテトチップスをつまみながらよんでいただいすきなきょうりゅうのえほんからとびだしてきたきょうりゅうたち 「はらぺこきょうりゅうおおあばれ-きょうりゅうってなにをたべていたの?」 間瀬なおかた作・画 教育画劇 1996年5月

きょうりゅう
おひるごはんにラーメンをつくったごつごつだにのきょうりゅうおやこ 「きょうりゅうのラーメン」 しばはらち作・画 教育画劇(びっくりこどきりんこ) 1988年6月

きょうりゅう
てんまでとどくほどのきょじんのでいだらぼっちがやまをつくっているとあつまってきたきょうりゅうたち 「でいだらぼっち」 津谷タズ子脚本;伊藤秀男画 童心社(日本の妖怪ぞろ〜り) 1994年9月

きょうりゅう(カスモぼうや)
ティラノサウルスのきょうりゅうぼうやにいっしょにおかあさんをさがしてもらったまいごのカスモサウルスのぼうや 「きょうりゅうぼうやのおともだち」 黒川光広脚本・絵 童心社(きょうりゅうぼうやシリーズ) 2002年8月

きょうりゅう(かみなりぼうや)
かみなりにうたれてきみおくんのうちのにわにおちてきたきょうりゅうのぼうや 「きょうりゅうかみなりぼうや」 伊東章夫作 童心社(かみしばい・わらいとユーモア大行進) 1982年4月

きょうりゅう(きーくん)
そらをとぶきょうりゅうプテラノドンのかぞくの3びきのきょうだいのいちばんしたのおとうと 「おじいちゃんはすごいね」 中村文人作;福岡昭二絵 教育画劇 2008年5月

きょうりゅう(チラノくん)
かみなりにうたれてきみおくんのうちのにわにおちてきたきょうりゅうのかみなりぼうやをおいかけてきたきょうりゅうチラノサウルス 「きょうりゅうかみなりぼうや」 伊東章夫作 童心社(かみしばい・わらいとユーモア大行進) 1982年4月

きょうりゅう(ティラノサウルス)
きょうりゅうぼうやのせかいいちつよくてこわいおかあさん 「がんばれきょうりゅうぼうや」 黒川光広脚本・絵 童心社(ともだちだいすき) 2000年8月

きょうりゅう(ティラノサウルス)
パパに「きょうりゅうえほん」をかってもらったマコトがゆめでみたきょうりゅうティラノサウルス 「きょうりゅうチャンピオンはティラノサウルス-ティラノサウルスのおはなし」 松原秀行作;安中哲司画 教育画劇 1996年5月

きょうりゅう(トゲトゲザウルス)
くちのなかにはいってきたマコとともだちのうさぎのピピンにはぶらしではをみがいてもらったきょうりゅう 「マコがおちたほらあな」 わしおとしこ作;仲川道子画 童心社(たのしい季節の行事 きらきら・夏のまき) 1988年4月

きょうりゅう(トプス)
ひといちばいからだがおおきいのにきがよわかったきょうりゅうのトリケラトプスのきょうだいのおにいちゃん 「トプスはつよいおにいちゃん」 福岡昭二文・絵 教育画劇 2008年5月

きょうりゅう(のんのん)
むかしむかしあるこうげんでたまごからかえったマイアサウラというきょうりゅうのあかちゃんでおっとりしたすえっ子のおんなの子 「のんびりきょうりゅうのんのん」 中村美佐子作;田中秀幸画 教育画劇(教育画劇のかみしばい) 1996年5月

きょうりゅう(ぴいちゃん)
むかしむかしりっぱなおかあさんとかげとよばれるきょうりゅうマイアサウラのルルからうまれたかわいいあかちゃん 「マイアサウラのぴいちゃん」 矢崎節夫作;中村淳一絵 教育画劇 2008年5月

きょうりゅう(ブラッピ)
おおむかしちきゅうでくらしていたおおきなそうしょくきょうりゅうのこども 「ブラキオサウルスのかぞく-おおきなきょうりゅう」 教育画劇文・制作;月本佳代美絵 教育画劇(まるでほんもの!きょうりゅうCGかみしばい) 2008年5月

きょう

きょうりゅう(ブラッピ)
おおむかしにこのちきゅうでくらしていたそうしょくきょうりゅうブラキオサウルスのかぞくのこども 「ブラキオサウルスのかぞく」 月本佳代美絵 教育画劇 2008年5月

きょうりゅう(プロン)
なかまからはなれてしまってアロサウルスにたべられそうになったわかいプロントサウルスというきょうりゅう 「まいごのきょうりゅう」 北田伸脚本;藤沢友一画 童心社 1982年10月

きょうりゅう(ラノおじいさん)
そらをとぶきょうりゅうプテラノドンのかぞくの3びきのきょうだいのおじいさん 「おじいちゃんはすごいね」 中村文人作;福岡昭二絵 教育画劇 2008年5月

きょうりゅう(りゅうくん)
のうさぎのビビがうみべでみつけた大きなたまごのなかからでてきたきょうりゅうのあかちゃん 「びっくりだいすききょうりゅうくん」 木村裕一作・画 教育画劇(いってみたいなこんなくに) 1989年1月

きょうりゅう(ルル)
むかしむかしはじめてあかちゃんをうんだりっぱなおかあさんとかげとよばれるきょうりゅうマイアサウラ 「マイアサウラのぴいちゃん」 矢崎節夫作;中村淳一絵 教育画劇 2008年5月

きょうりゅう(レックス)
きょうりゅうトロオドンがぬすんだたまごをとりもどしにいったきょうりゅうティラノサウルスのこども 「レックスのだいぼうけん」 中村文人作;福岡昭二絵 教育画劇 2008年5月

きょうりゅうのあかちゃん
さいごにいっこのこっていたたまごからかえってママときょうだいたちをさがしにいったきょうりゅうのあかちゃん 「ステゴのあかちゃんザウルス」 福岡昭二作・絵 教育画劇 2008年5月

きょうりゅうぼうや
けがをしてうごけなくなったおかあさんのかわりにえものをつかまえてこようとしたティラノサウルスのぼうや 「きょうりゅうぼうやのさかなつり」 黒川光広脚本・絵 童心社(ともだちだいすき) 2001年8月

きょうりゅうぼうや
まいごになったカスモサウルスのカスモぼうやといっしょにおかあさんをさがしてあげたきょうりゅうぼうや 「きょうりゅうぼうやのおともだち」 黒川光広脚本・絵 童心社(きょうりゅうぼうやシリーズ) 2002年8月

きょうりゅうぼや
たまごからうまれておかあさんをさがしにでかけたきょうりゅうのぼうや 「がんばれきょうりゅうぼうや」 黒川光広脚本・絵 童心社(ともだちだいすき) 2000年8月

きょうりゅうぼうや
一おくねんもむかしのことみどりゆたかなそうげんでたまごがわれてうまれておかあさんをさがしにいくことにしたきょうりゅうの男の子 「がんばれきょうりゅうぼうや」 黒川光広脚本・絵 童心社(ともだちだいすき) 2000年8月

きよ子　きよこ
広島の街におとされた原子爆弾のために顔にきずをつけられた少女　「平和のちかい」　稲庭桂子作;佐藤忠良画　日本紙芝居幻灯　1952年5月

きよ子　きよこ
昭和二十年八月六日に広島市に落とされた原子爆弾のために顔にやけどをした少女　「平和のちかい」　稲庭桂子脚本;佐藤忠良絵画　子どもの文化研究所・稲庭桂子記念事業団　1979年6月

ぎょしゃ
やまねこのばしゃのぎょしゃ　「どんぐりとやまねこ」　宮沢賢治原作;堀尾青史脚本;渡辺有一画　童心社（宮沢賢治かみしばいの森）　1996年5月

きょん
クレヨンやのたぬきのみせであたらしいクレヨンをかったきつねのこども　「きつねのおやことクレヨンおばけ」　武井直紀作;間瀬なおかた画　教育画劇（おばけだぞ～）　1992年6月

きょんちゃん
ぱっちりきょろめのこども　「オットットのおじさん」　古川タク作・画　教育画劇　1989年7月

キラキラ
むかしオビエというむらにあったたかいやまにすみむらびとたちをこわがらせていたかいぶつ　「キラキラ」　やなせたかし作・絵　フレーベル館（やなせたかし傑作集）

キリ
キラキラというかいぶつがすんでいたたかいやまのふもとのむらにいたぼうのめいじんであばれんぼうのおとうと　「キラキラ」　やなせたかし作・絵　フレーベル館（やなせたかし傑作集）

キリコ
アフリカのサバンナでなかよしのキリンのキリリとかけっこをしてあそぶキリンのおんなのこ　「キリンのキリリのゆめ」　宮本忠夫脚本・画　童心社　1998年5月

キリリ
アフリカのサバンナでなかよしのキリンのキリコとかけっこをしてあそぶキリンのおとこのこ　「キリンのキリリのゆめ」　宮本忠夫脚本・画　童心社　1998年5月

きりん
さんぽにやってきためがねくんをあたまのうえにのせてひろいうみをみせてあげたきりん　「めがねくんのさんぽ」　村上鞆世脚本・画　童心社（げんきななかまシリーズ）　1993年11月

きりん
みなみのあるしまにすんでいた4ひきのよくばりのいばりやのどうぶつの1ぴきのきりん　「おかしなかいじゅうじま」　木曽秀夫作・画　教育画劇（へんてこなくにのおはなし）　1991年5月

きりん
ユウくんのうちのテーブルのうえにあったフォークがへんしんしたきりん　「ひまわりおひさますてきだね」　矢崎節夫作;浅沼とおる画　教育画劇（きれいな花いっぱい）　1990年9月

きりん

きりん
山をおりて海をみにいこうとしたありをあたまにのせて海へつれていってやったきりん 「海をみたあり」 はやしたかし作;伊能洋画 教育画劇 1982年4月

キリン
カメたちに「なにひっぱってるの?」ときいて一しょにいいものをひっぱったキリン 「なにひっぱってるの」 阿部恵作;チト・イトー画 教育画劇(おはなしなーに) 1991年3月

キリン
すあなからそとへでかけてきたこねずみをせなかやくびにのせてあげたキリンおじさん 「なにかな、なにかな?」 ティエン・ガー脚本;ドク・ラム画 童心社(げんきななかまシリーズ) 1994年2月

キリン
とってもくいしんぼうであさからばんまでたべてばかりいてでっぷりふとってしまったキリン 「まんまるキリン」 しばはらち作;たなかなおき画 教育画劇(からだのおはなし) 1991年6

キリン
むかしむかしまだこうまのようなすがたをしていたころのこと木がスックスックとのびるのにあわせてくびがのびていったキリン 「きりんなぜなぜくびながい」 蟹瀬令子文;尾崎真吾画 教育画劇(ゆかいな由来ばなし) 1992年4月

キリン(キリコ)
アフリカのサバンナでなかよしのキリンのキリリとかけっこをしてあそぶキリンのおんなのこ 「キリンのキリリのゆめ」 宮本忠夫脚本・画 童心社 1998年5月

キリン(キリリ)
アフリカのサバンナでなかよしのキリンのキリコとかけっこをしてあそぶキリンのおとこのこ 「キリンのキリリのゆめ」 宮本忠夫脚本・画 童心社 1998年5月

きりん(ちょうた)
くびがながすぎていっしょにあそぶともだちがいないきりん 「ひとりきりんのきりん」 木曽秀夫作・画 教育画劇(おおきくなあれ) 1992年1月

キリン(ながこさん)
あかちゃんをまもるためにまえあしでライオンをけとばしたつよいおかあさんのキリン 「キリンのながこさん」 わしおとしこ脚本;藤本四郎画 童心社 1999年12月

キリン(ノビくん)
くさむらでひろったほうきとはぶらしでからだのけなみをそろえてはもみがこうとしたキリン 「ひろったはぶらし」 藤昌秀作;伊藤悌夫画 教育画劇 1974年6月

きりん(りんちゃん)
パパにくびでぶーらんぶーらんしてもらったきりん 「ぶーらんぶーらんたのしいね」 山本省三作;笹沼香画 教育画劇 2001年1月

きりんくん
きょうはどうぶつたちのうんどうかいで白ぐみになったきりんくん 「がちゃがちゃうんどうかい」 高木あきこ作;峰村亮而画 教育画劇 1981年9月

きりんさん
どうぶつえんにとんできたにひきのちょうちょのおどりにあわせてくびをまげたりのばしたりしてくびがからまったにひきのきりんさん 「ちょうちょむすびくびむすび」 川口志保子原作；後藤楢根脚色；岸田耕造画 教育画劇（わたしのはじめてのかみしばい こんにちは） 1992年4月

キリンさん
おなかがいたくてこまってうんちをしたキリンさん 「みんなのうんち」 内山晟写真；わしおとしこ文 教育画劇 2005年5月

キリンさん
どうぶつ村のお天気そうだん所のお天気はかせのキリンさん 「キリンさんはいそがしい」 安田浩作；前田賢画 教育画劇（あひるさんシリーズ） 1980年9月

キリンさん
のどのおくがいたくなったのでおいしゃになるべんきょうをしているネズミくんにのどの中にはいってしらべてもらったキリンさん 「きりんのびょうき」 大石真作；富永秀夫画 教育画劇 1974年2月

キル
キラキラというかいぶつがすんでいたかいやまのふもとのむらにいたゆみのめいじんでおとなしいあに 「キラキラ」 やなせたかし作・絵 フレーベル館（やなせたかし傑作集）

キルアひめ
マカロンおうこくのマロンおうじがけっこんすることになったとなりのテフロンこくのおひめさま 「マロンおうじのぼうけん」 三田村信行作・構成；のりぶう絵 教育画劇 2005年4月

きろく
ともだちのせいはちとうなぎやにいってりょうりのできないしゅじんにかばやきをたのんだおとこ 「うなぎにきいて」 桂文我脚本；長谷川義史絵 童心社（ともだちだいすき） 2005年7月

きろくさん
せいはちさんといっしょにおおさかをしゅっぱつしていせじんぐうへおまいりにいくとちゅうでなんどもきつねにだまされた男 「七どぎつね」 桂文我脚本；渡辺有一絵 童心社（紙芝居おおわらい落語劇場） 2004年3月

金色のさかな　きんいろのさかな
りょうしのおじいさんのあみの中から海へもどしてもらったかわりになんでもねがいをかなえてあげるといった金色のさかな 「きんいろのさかな」 プーシキン原作；堀尾青史脚本；久米宏一画 童心社（紙しばい名作選） 1994年9月

きんかく
たびをして山道にきたそんごうたちをまるやきにしてたべようとしたきょうだいのまもののあにき 「そんごくう 金角銀角のまき」 呉承恩原作；上地ちづ子脚本；夏目尚吾画 童心社（ゆたかなこころシリーズ） 1995年1月；童心社（大長編かみしばい そんごくう3・4） 1995年1月；童心社（童心社紙芝居傑作選） 1995年1月

金かく　きんかく
ある山にすんでいたきょうだいのばけもの 「そんごくう金かく銀かくのまき」 若林一郎文；中村千尋画 NHKサービスセンター（外国むかしばなし） 1977年1月

きんか

ぎんかく
たびをして山道にきたそんごくうたちをまるやきにしてたべようとしたきょうだいのまもののおとうと 「そんごくう 金角銀角のまき」 呉承恩原作;上地ちづ子脚本;夏目尚吾画 童心社（ゆたかなこころシリーズ） 1995年1月;童心社（大長編かみしばい そんごくう3・4） 1995年1月;童心社（童心社紙芝居傑作選） 1995年1月

銀かく　ぎんかく
ある山にすんでいたきょうだいのばけもの 「そんごくう金かく銀かくのまき」 若林一郎文;中村千尋画 NHKサービスセンター（外国むかしばなし） 1977年1月

金角大王　きんかくだいおう
やまみちをとおるひとたちをかたっぱしからたべてしまうわるいあかおに 「そんごくうだいかつやく」 呉承恩原作;川崎大治脚本;藤本四郎画 童心社（世界の名作・第1集） 1986年4月

きんざえもん
おんなのこにかぜをひかせてくるしめていたかぜかぜにんじゃ 「にんじんにんじゃにんまる」 山本省三作・画 教育画劇 1994年11月

きんすけ
ひとりぐらしのさびしいじいさまがやまのかんのんさまにおすがりしたらさずかったひょうたんからでてきたふたりのこどものひとり 「たからのひょうたん」 水谷章三脚本;篠崎三朗画 童心社（ゆたかなこころシリーズ） 2000年1月

きんたちゃん
にんげんにつかまってしまいおくさんのおやしきでかわれることになったかわいい金色きつね 「きんいろきつねのきんたちゃん」 加古里子作・文・画 NHKサービスセンター（創作童話） 1977年1月

きんたろう
あたらしいおもちゃのまちができたのでみんなとおもちゃばこからでていったげんきなおもちゃの男の子 「おもちゃのまち」 高橋系吾作;村岡登画 童心社（かみしばい交通安全シリーズ） 1985年6月

きんたろう
むかしあしがら山のずっとおくにいたたいそうなちからもちのおとこの子 「きんたろう」 才田俊次作・画 教育画劇（日本昔話アニメかみしばい） 1987年9月

きんちゃん
はないっぱいのひにあかいふうせんにほうせんかのたねをつけてとばしたおとこのこ 「きんちゃんのたね」 須藤克三作;鈴木幸枝画 童心社（よいこの12か月） 1980年3月

キンちゃん
佐渡島にやってきてとりがだいすきな宇治金太郎さんにみまもってもらいほごされたトキ 「さいごのトキ、キンちゃん」 国松俊英脚本;黒川光広画 童心社 1998年10月

きんぴらたろう
むら一ばんのちからもちでむら一ばんのくいしんぼうのきんぴらごぼうが大すきなおとこの子 「きんぴらたろう-よくかんで味わう」 仲倉眉子作;ひらのてつお画 教育画劇 1998年5月

【く】

くー
おやつのまえにどろんこあそびをしたてをちゃんとあらったあらいぐま 「おやつのまえに」 高橋道子脚本;いそけんじ画 童心社(2・3歳児しつけかみしばい・みんなは、できるかな?) 1993年5月

くー
こおりのしまのゆうえんちでみんなとあそんでいておなかをすりむいてしまったくじら 「けがをしたくじらのくー」 小林純一脚本;高橋宏一画 童心社 1981年5月

クー
かぜをひいたのでくすりをのんであたたかくしてねていなければならなくなったくじらの子 「くじらのクー」 小林純一作;高橋宏一画 童心社 1990年10月

クー
ひとをおどろかすものにばけようとしてもしっぱいばかりしていたおばけの子ども 「いたずらおばけ」 堀尾青史作;鈴木寿雄画 童心社(家庭版かみしばい) 1987年11月;童心社(ゆかいなおばけシリーズ) 1984年5月

クー
山ぐみの子どものくま 「いちばんがすきなサンちゃん」 金明悦子作;中村有希画 教育画劇(あたらしいしつけ紙芝居) 1995年2月

クイック
おにいさんのウイックのようにジャンプがうまくできなくてなきだしてしまったイルカ 「なきむしのイルカ」 千世まゆ子脚本;大和田美鈴画 童心社(にこにこどうぶつえん) 1998年5月

クウ
川にいきるかわうそのおやこのおかあさん 「かわうそのぼうけん-「金色の川」より(前編)(後編)」 椋鳩十原作;堀尾青史脚色;田代三善画 童心社 1989年1月

くうくん
となりのまちのいけにいるおともだちのあひるのかこちゃんをむかえにいったかものおとこのこ 「くうくんのみちあんない」 角田光男作;野々口重画 教育画劇(よいこの交通安全) 1991年10月

グーグー
子どものクーにひとをおどろかせるれんしゅうをさせていたおとうさんおばけ 「いたずらおばけ」 堀尾青史作;鈴木寿雄画 童心社(家庭版かみしばい) 1987年11月;童心社(ゆかいなおばけシリーズ) 1984年5月

クーコ
あさがおのタネに水をあげてせわをしたクマのきょうだいのいもうと 「クマさんのあさがお」 関七美作;チト・イトー画 教育画劇(ぞうさんシリーズ) 1980年7月

くさす

くさずきん
おとうさんのことを「しおくらいすき」といったためにいえをおいだされてくさでずきんをつくってかぶりおしろではたらくようになったむすめ 「くさずきんのおひめさま-原話イギリス民話」 上地ちづ子脚本;小出保子画 童心社(かみしばい世界むかしばなし) 1992年4月

クシベシ
アイヌの神さまコロボックルのかくれみのをとったなまけもののわるい男 「ふきの下の神さま」 宇野浩二原作;奈街三郎脚本;滝平二郎画 童心社(紙しばい日本児童文学名作選) 1986年11月

くじら
うしやうまをさらっていくおそろしいくじら 「くさりにつながれたおひめさま-ギリシャ神話」 高木あきこ脚色;村田耕一作画 教育画劇 1990年5月

くじら
てっちゃんたちアパートにすんでいる子どもたちをのみこんだくじら 「すてきなまち」 川北りょうじ作;杉浦範茂画 童心社 1975年11月

くじら
ひろいうみのまんなかでなかよくくらしていたさかなたちとじぶんのせなかでおまつりをしたくじら 「うみのおまつり」 宮下昌樹作;長島克夫画 教育画劇(かわいい八つのおはなし) 1992年11月

くじら
むかしはせなかにはねがついていてそらをとんでいたがたいへんなくいしんぼうでふとりすぎてそらをとべなくなったくじら 「くじらなぜなぜしおをふく」 山本省三作・画 教育画劇(どうぶつなぜなぜ紙芝居) 1986年9月

くじら
火のとりにたのまれていのちの水をさがしにいったまえがみたろうをたすけてこうずいをのみほしたくじら 「まえがみたろう」 松谷みよ子脚本;箕田源二郎画 童心社(紙芝居セレクションむかしむかし) 2003年5月

くじら
山のてっぺんにふった雨さんをおいかけて海まで行ったあらまあおばさんをせなかでうけとめたくじら 「あらまあおばさんのかさ」 矢崎節夫文;葉祥明画 NHKサービスセンター(なぜなぜ童話) 1977年1月

くじら(クー)
かぜをひいたのでくすりをのんであたたかくしてねていなければならなくなったくじらの子 「くじらのクー」 小林純一作;高橋宏一画 童心社 1990年10月

くじら(くー)
こおりのしまのゆうえんちでみんなとあそんでいておなかをすりむいてしまったくじら 「けがをしたくじらのくー」 小林純一脚本;高橋宏一画 童心社 1981年5月

くじら(ゴン)
りょうしたちのあみにかかりみなとでくらすようになったおなかにあかちゃんがいるハナゴンドウクジラ 「くじらのゴン(前編)(後編)」 門田南子脚本;渡辺有一画 童心社 1995年8月

くじらさん
どうぶつのしまのぞうさんからねんがじょうをもらったくじらさん 「ぞうさんのねんがじょう」 安田浩作;山本省三画 教育画劇(おはなしいっぱい) 1988年1月

くーすけ
おとうさんとおかあさんにこいのぼりをつくってもらったくまのこ 「くーすけのこいのぼり」 やすいすえこ作;土田義晴画 教育画劇(年少版はじめての行事かみしばい) 2003年1月

くーすけ
クリスマス・イヴのよるねむっているあいだにやってきたサンタクロースからプレゼントをもらったくまのおとこのこ 「くーすけのクリスマス」 やすいすえこ作;土田義晴画 教育画劇(年少版はじめての行事かみしばい) 2003年1月

グスコーブドリ(ブドリ)
イーハトーブの大きな森の中でうまれたがたびかさなるききんでおとうさんとおかあさんをうしないいもうとのネリともわかれわかれになった男の子 「グスコーブドリの伝記(前編)」 宮沢賢治原作;堀尾青史脚本;滝平二郎画 童心社(かみしばい宮沢賢治童話名作集) 1966年3月

グスコーブドリ(ブドリ)
人びとをくるしめるききんをなくすみちはないかとかんがえてべんきょうするためにイーハトーブ市のクーボーはかせをたずねた男の子 「グスコーブドリの伝記(後編)」 宮沢賢治原作;堀尾青史脚本;滝平二郎画 童心社(かみしばい宮沢賢治童話名作集) 1968年3月

くすのき
ひるもよるもぐんぐんのびて村むらを日かげにするようになったので切りたおされてはやとりとよばれるふねになったくすのき 「はやとり-日本民話より」 国分一太郎文;野々口重画 教育画劇(幼児童話傑作選第2集) 1965年9月

くずのはひめ
安倍保名というわかものにおん返しをしようといいなずけのくずのはひめに化けていっしょにくらしたしのだの森のキツネ 「くずのはぎつね」 若林一郎脚色;石倉欣二画 NHKサービスセンター(NHK小学校国語紙芝居教材 日本の民話Ⅱ) 1980年1月

くずやさん
むかしむかしのこと子どもたちになわでぐるぐるまきにされたタヌキをたすけてやったとてもしょうじきなくずやさん 「ぶんぶくちゃがま」 筒井敬介文;前田松男画 教育画劇(紙芝居むかしばなし) 1991年5月

薬売り　くすりうり
あるとき山の中でてんぐさんのはらいたをなおしてあげてお礼に鼻を高くしたりひくくしたりできるふしぎなうちわをもらった薬売り 「てんぐのうちわ」 水谷章三脚色;岡村好文画 NHKサービスセンター(NHK小学校国語紙芝居教材 日本の民話Ⅰ) 1979年1月

クータ
かあさんのたんじょうびにかあさんのだいすきなはちみつをプレゼントしようとしたくまのおとこのこ 「かあさんだいすき！」 おおともやすお脚本・絵 童心社(ともだちだいすき) 2007年5月

くた

クータ
かわでおおきなさかなをつかまえたかえりにおおかみといのししとこぎつねたちにあってさかなをわけてあげたこぐま 「やいてたべよかにてたべようか」 おおともやすお脚本・絵 童心社(ともだちだいすき) 2008年9月

クータ
ハトのポッポやしかのピョンやりすのルルやともだちみんなからたんじょうびのプレゼントをもらったくまのおとこのこ 「たんじょうびのプレゼント」 村山桂子脚本；篠崎三朗絵 童心社(ともだちだいすき) 2003年10月

クダ
むかしまだらくだにこぶがなかったころふたりのこどもをのせてさばくをあるいた二ひきのらくだのおとうとらくだ 「らくだなぜなぜこぶがある」 内山安二作・画 教育画劇(ゆかいな由来ばなし) 1992年4月

くだもの
かくれんぼをしてあそんだくだものたち 「かくれんぼ」 瀬名恵子脚本・画 童心社(ひまわりシリーズ) 1983年4月

くだものやさん
おみせにやってきたどうぶつのおきゃくさまたちにてんてこまいのまちのくだものやさん 「くださいな」 和歌山静子作・画 教育画劇(ポッポシリーズ) 1988年2月

クーちゃん
おかあさんといっしょにデパートにいっておとうとのマーちゃんとのぼってくるエスカレーターをはんたいにおりてしまったくま 「しょくどうは8かい」 上地ちづ子脚本；倉石琢也画 童心社(かみしばい安全教育シリーズ) 1977年5月

クーちゃん
おかあさんにかってもらったふうせんから手をはなしておそらにあがってしまったおとこのこ 「あんあんふうせん」 古寺伸竹作；西村達馬画 教育画劇(ポッポシリーズ) 1985年6月

クーちゃん
ともだちがさそいにきてもそとにいかないでテレビをみていたくまのおとこのこ 「くまのクーちゃん」 上地ちづ子脚本；久保雅勇画 童心社(健康紙芝居・げんきなこども) 1983年10月

くつ
かっちゃんがだいすきでまいにちいっしょにあそぶかっちゃんのくつ 「かっちゃんのくつ」 高木あきこ脚本；新美英俊画 童心社(2・3歳児しつけかみしばい・みんなは、できるかな?) 1993年5月

くつ
げんかんでだれかがはいてくれるのをずっとまっていたがだれもはいてくれないのでもちぬしをさがしにいったくつ 「くつのぼうけん」 ソフィア・プロコーフィエワ原作；松谷さやか脚本；箕田美子絵 童心社(2・3歳児かみしばい・いちごシリーズ) 1990年6月

クック
おねえちゃんのキッキといっしょにおつかいにいったひよこ 「クックとおねえちゃんのおつかい」 内閣府政策統括官監修　全日本交通安全協会(こうつうあんぜんかみしばい) 2008年4月

クック
ママといっしょに気球にのって空中散歩にでかけたひよこ 「へんしんクックママ」 内閣府政策統括官監修　全日本交通安全協会(こうつうあんぜんかみしばい) 2007年4月

クック・ドゥードゥルドゥー
おともだちのポーとたからさがしにいって道路に飛び出しそうになったひよこ 「クック・ドゥードゥルドゥーのたからさがし」 内閣府政策統括官監修　全日本交通安全協会(こうつうあんぜんかみしばい) 2006年5月

クック・ドゥードゥルドゥー
クックママとお買い物にいって道路に飛び出しそうになったひよこ 「クック・ドゥードゥルドゥーのおかいもの」 内閣府政策統括官監修　全日本交通安全協会(こうつうあんぜんかみしばい) 2005年4月

クックママ
ひよこのクックのスーパークックママにへんしんしてかつやくするママ 「へんしんクックママ」 内閣府政策統括官監修　全日本交通安全協会(こうつうあんぜんかみしばい) 2007年4月

クッション
クモのアナンシの6ぴきのむすこの六ばんめでクッションみたいにふかふかでやわらかいからだのむすこ 「アナンシと6ぴきのむすこ-アフリカの民話」 ジェラルド・マクダーモット作;八木田宜子脚本　ほるぷ出版(ほるぷの紙芝居-世界昔ばなしシリーズ) 1983年4月

くっちゃんとつっちゃん
あしたまこちゃんといっしょにきらきらえんにいくくつ 「まこちゃんといっしょ」 新沢としひこ脚本;長谷川義史絵　童心社 2007年4月

くつやさん
むかしドイツのあるまちにあった小さなくつやではたらいてもはたらいてもびんぼうになっていくくつやさん 「こびととくつや」 稲庭桂子脚本;富永秀夫画　童心社(グリム童話傑作選) 1980年1月

クツワムシ
あきのよるにコオロギとスズムシとマツムシといっしょにうたをうたったクツワムシ 「ぼくらはむしのがっしょうだん」 今森光彦写真・作　教育画劇 2006年5月

くつわむしぼうや
おんがくのおけいこをしてもおとうさんみたいにいいおとがだせなくてまつむしやすずむしからばかにされたくつわむしのぼうや 「むしのおんがくかい」 堀尾青史脚本;宮下森画　童心社(よいこの十二か月) 1977年9月

くにおくん
もうじき一年生であたらしいかばんをしょってはやくがっこうへいきたくてじっとしていられないおとこのこ 「もうじき一年生」 長崎源之助脚本;渡辺有一画　童心社 2003年3月

くぺお

クーペおじさん
くるまのくにからきてカバおくんとピョンきちくんがみちをわたるれんしゅうをするのをてつだったくるま 「クーペおじさんとセダンくん」 やなせたかし原作 フレーベル館

クーボーはかせ
グスコーブドリがききんをなくすみちはないかとかんがえてべんきょうするためにたずねたイーハトーブ市の学校の先生 「グスコーブドリの伝記(後編)」 宮沢賢治原作;堀尾青史脚本;滝平二郎画 童心社(かみしばい宮沢賢治童話名作集) 1968年3月

くま
あさになるとおみせのおもちゃがごちゃごちゃになっているのでぬいぐるみにばけてみはっていたくまのおもちゃやさん 「おもちゃがきえた!?おもちゃやさん」 武井直紀作;岡村好文画 教育画劇 1986年4月

くま
ある山おくで出会ったきつねにふたりではたけをたがやして何かうまいものでも作ろうといわれてだまされたくま 「きつねとくま」 東竜夫脚色;若菜珪画 NHKサービスセンター(名作民話おはなし広場) 1984年1月

くま
おうちにかえるみちがわからなくなっておとなりのにわとりさんにきこうとした三びきのこぐまのきょうだい 「三びきのこぐまとひよこ」 村山籌子原作;村山亜土脚本;村山知義絵 童心社(村山籌子幼年かみしばい) 2002年5月

くま
おとうさんといっしょにあそんだこぐま 「おとうさんといっしょ」 かさいまり作・絵 教育画劇 2005年1月

くま
おみせにかざったおはなをおきゃくのぶたさんにはんぶんあげたくまのパンやさん 「おはなをはんぶんこ」 香山美子脚本;福田岩緒画 童心社(げんきななかまシリーズ) 1991年4月

くま
かあさんぐまのおひざのうえでおっぱいのんだりねんねしたりおはなしするのがだいすきだったこぐま 「いっしょに、あ・え・い」 片山真智子脚本;駄場元智美絵 童心社 2004年1

くま
きょうがだいじなにゅうえんしきのこぐま 「きょうはだいじなだいじなひ」 岡信子作;田中恒子画 教育画劇(おはなしいっぱい) 1987年4月

くま
くまのくまざおじさんがひらいた小さなホテルにとまりにいったくまのきょうだい 「もりのホテルでひのようじん-ホテル(旅館)での注意」 花井巴意作;毛利綾画 教育画劇(かじだ!そのときどうする?) 1997年1月

くま
さんぽにでかけていたあいだにまきげちゃんというおんなのこにうちのなかへはいられてしまった3びきのくま 「3びきのくま」 トルストイ原作;千世まゆ子脚本;福田岩緒画 童心社(げんきななかまシリーズ) 1998年3月

くま
てっぽううちのこじゅうろうがすきななめとこ山あたりのくまたち 「なめとこ山のくま(前編)(後編)」 宮沢賢治原作;諸橋精光脚本・画 童心社(童心社紙芝居傑作選) 1993年1月

くま
ねずみにからかわれたくま 「しりとりごっこおにごっこ」 古寺伸竹作;中村景児画 教育画劇(コンスケくんシリーズ) 1982年1月

くま
はるがきたのでやまのあなからでてかわぎしにきたこぐま 「しりたがりやのこぐま」 ビアンキ原作;堀尾青史脚本;安泰画 童心社(美しい心シリーズ) 1978年3月

くま
はるになったあるひめをさましたおやまのくまたち 「おーい、はるだよー」 千世まゆ子脚本;山本祐司絵 童心社(年少向けおひさまこんにちは) 2005年3月

くま
ぶたから「こんやもりのひろばできつねがどんどんきらきらをやる」ときいたくま 「どんどんきらきら」 森山京脚本;かさいまり絵 童心社 2004年8月

くま
ぼたんのめがふたつともとれちゃってまよなかにちいちゃんのおもちゃばこのなかでないていたくまくん 「あかいめあおいめ」 しみずみち作;山本まつ子画 童心社(こぶたシリーズ) 1984年6月

くま
ホットケーキをひとりでたべるよりおともだちといっしょにたべるほうがたのしいなとおもったこぐま 「だれがあそびにきたのかな」 矢崎節夫作;津田直美画 教育画劇 1996年1月

くま
みちにおちていたおいしそうなケーキのえをみているうちにほんとうにケーキがたべたくなった三びきのこぐまさん 「三びきのこぐまとケーキ」 村山籌子原作;村山亜土脚本;村山知義絵 童心社(村山籌子幼年かみしばい) 2002年5月

くま
もりのなかにたったひとりですんでいたちいさなおばあさんのいえにおきゃくにきたおおきなくま 「おやつのじかん」 神沢利子作;峰村亮而画 教育画劇(おはなしチャチャチャ) 1991年6月

くま
もりの中にすんでいた大きなおとうさんぐまと中くらいのおかあさんぐまと小さな子ぐまの三びきのくま 「三びきのくまーイギリス民話より」 森やすじ作・画 教育画劇(世界名作アニメかみしばい) 1987年4月

くま
村のおんなの子たちときのこをとりにいったマーシャが森のおくふかくまよいこんではいってしまった家にいたくま 「マーシャとくまーロシア」 鬼塚りつ子脚色;二本柳泉画 教育画劇(世界のユーモア民話) 1994年5月

くま

クマ
カメたちに「なにひっぱってるの?」ときいて一しょにいいものをひっぱったクマ 「なにひっぱってるの」 阿部恵作;チト・イトー画 教育画劇(おはなしなーに) 1991年3月

クマ
くりのみをうめてくりのきをそだてようとしていたリスにみごとなうんちをどっさりあげたクマ 「でっかいぞでっかいぞ」 内田麟太郎脚本;田島征三絵 童心社(ともだちだいすき) 2004年10月

クマ
ひのやまへのぼろうとするひとをかたっぱしからなげとばしてしまうきんぴかの大グマ 「ちびっこカムのぼうけん(前編)(中編)(後編)」 神沢利子原作;中川美登利脚本;小関俊之画 童心社 1990年9月

クマ
みずうみのそばにひとりぼっちですんでいたおじいさんのこやにオオカミにおいかけられてとびこんできていっしょにくらすようになったクマ 「しろいくびわのクマ」 プリシビン原作;鶴見正夫文;椎野利一画 教育画劇(心あたたまるほんとうにあったどうぶつの話) 1987年1月

くま(ウーフ)
おかあさんのたんじょう日におかあさんのすきなものをあげようと山へさがしにでかけたくまの子 「おかあさんおめでとう」 神沢利子作;井上洋介絵 ポプラ社(くまの子ウーフ1) 2004年11月

くま(ウーフ)
きつねのツネタに「ウーフはねおしっこでできてるのさ」といわれたくまの子 「ウーフはおしっこでできてるか??」 神沢利子作;井上洋介絵 ポプラ社(くまの子ウーフ3) 2004年11

くま(ウーフ)
なつのあつい日きつねのツネタやコンやうさぎのミミたちとうみへいったくまの子 「くまの子ウーフのかいすいよく」 神沢利子脚本;井上洋介画 童心社(神沢利子・メルヘンかみしばい) 1985年4月

くま(ウーフ)
家の井戸水をくみあげるモーターがこしょうしてうさぎのミミの家に水をもらいにいったくまの子 「くま一ぴきぶんはねずみ百ぴきぶんか」 神沢利子作;井上洋介絵 ポプラ社(くまの子ウーフ2) 2004年11月

くま(王子) くま(おうじ)
わるいこびとにたからものをぬすまれてくまにされてしまった王子 「白ばらと紅ばら-グリム童話(前編)(後編)」 安田浩文;峰村亮而画 教育画劇(民話と名作シリーズ) 1994年2月;教育画劇 1988年6月

くま(クー)
山ぐみの子どものくま 「いちばんがすきなサンちゃん」 金明悦子作;中村有希画 教育画劇(あたらしいしつけ紙芝居) 1995年2月

クマ(クーコ)
あさがおのタネに水をあげてせわをしたクマのきょうだいのいもうと「クマさんのあさがお」関七美作;チト・イトー画　教育画劇(ぞうさんシリーズ)　1980年7月

くま(くーすけ)
おとうさんとおかあさんにこいのぼりをつくってもらったくまのこ「くーすけのこいのぼり」やすいすえこ作;土田義晴画　教育画劇(年少版はじめての行事かみしばい)　2003年1月

くま(くーすけ)
クリスマス・イヴのよるねむっているあいだにやってきたサンタクロースからプレゼントをもらったくまのおとこのこ「くーすけのクリスマス」やすいすえこ作;土田義晴画　教育画劇(年少版はじめての行事かみしばい)　2003年1月

くま(クータ)
かあさんのたんじょうびにかあさんのだいすきなはちみつをプレゼントしようとしたくまのおとこのこ「かあさんだいすき！」おおともやすお脚本・絵　童心社(ともだちだいすき)　2007年5月

くま(クータ)
かわでおおきなさかなをつかまえたかえりにおおかみといのししとこぎつねたちにあってさかなをわけてあげたこぐま「やいてたべよかにてたべようか」おおともやすお脚本・絵　童心社(ともだちだいすき)　2008年9月

くま(クータ)
ハトのポッポやしかのピョンやりすのルルやともだちみんなからたんじょうびのプレゼントをもらったくまのおとこのこ「たんじょうびのプレゼント」村山桂子脚本;篠崎三朗絵　童心社(ともだちだいすき)　2003年10月

くま(クーちゃん)
おかあさんといっしょにデパートにいっておとうとのマーちゃんとのぼってくるエスカレーターをはんたいにおりてしまったくま「しょくどうは8かい」上地ちづ子脚本;倉石琢也画　童心社(かみしばい安全教育シリーズ)　1977年5月

くま(クーちゃん)
ともだちがさそいにきてもそとにいかないでテレビをみていたくまのおとこのこ「くまのクーちゃん」上地ちづ子脚本;久保雅勇画　童心社(健康紙芝居・げんきなこども)　1983年10月

くま(くまお)
うさぎの子のうさきちとねこの子のにゃんことききゅうにのってそらのさんぽをしたくまの子「そらのさんぽ」鶴見正夫作;チト・イトー画　教育画劇(ポッポシリーズ)　1985年6月

クマ(クマオ)
あさがおのタネに水をあげてせわをしたクマのきょうだいのおにいさん「クマさんのあさがお」関七美作;チト・イトー画　教育画劇(ぞうさんシリーズ)　1980年7月

くま(くまくみちゃん)
のねずみののんとねむのとなりにひっこしてきたくまのおんなのこ「くまくみちゃ～ん」すとうあさえ脚本;山本祐司絵　童心社(ともだちだいすき)　2007年6月

くま

くま(くますけ)
ともだちがさそいにきてもにゅうえんしきにいかないくまのおとこのこ 「くますけくんとかげぼうし」 松野正子脚本；渡辺有一画 童心社 1991年4月

くま(くまたくん)
おねぼうしていそいでえんにいったのでおべんとうをわすれてしまったくまのこ 「みんなありがとう」 つちだよしはる脚本・画 童心社 1999年4月

くま(くまたろう)
はるになったのでやっとこさおきてみんなとかくれんぼをはじめたのにまだねむそうだったくまのこ 「くまたろうのかくれんぼ」 鶴見正夫脚本；藤枝つう画 童心社(美しい心シリーズ) 1987年3月

クマ(クロ)
村へやってきた小さなサーカスだんの年とったクマ 「しょうぼうとクロ」 新美南吉原作；須藤出穂脚色；沼野正子画 NHKサービスセンター(NHK小学校国語紙芝居教材 創作童話) 1980年1月

くま(こぐちゃん)
つみ木でこしらえたじどうしゃにのってお山から下のまちへいったじどうしゃのだいすきなこぐま 「こぐまのこぐちゃん」 堀尾青史作；富永秀夫画 童心社(こぐまシリーズ) 1973年5月

くま(コーちゃん)
リサちゃんにせんたくやさんにつれていかれたときにポケットがほしくなってポケットにするきれをさがしにいったぬいぐるみのくま 「コーちゃんのポケット」 ドン・フリーマン作；八木田宜子脚本 ほるぷ出版(世界のおはなしシリーズ) 1998年9月

くま(ころ)
ひるとよるのながさがおなじ日の秋分の日にごせんぞさまのおはかまいりにいったくま 「ひるとよるがはんぶんずつの日」 小春久一郎作；長島克夫画 教育画劇(あたらしい行事紙芝居) 1994年12月

くま(ゴロ)
おひるねして目がさめたらお母さんがいないものだからめそめそないていた子ぐま 「なきべそゴロ」 森比左志原作・脚色；高橋宏幸画 NHKサービスセンター(NHK創作童話集) 1978年1月

くま(コロコ)
ほたかの山でおかあさんぐまをりょうしにうたれておんせんやどのしゅじんにそだてられた二ひきのこぐまの一ぴき 「ほたかのきょうだいぐま」 戸川幸夫原作；堀尾青史脚本；吉崎正巳画 童心社(日本の動物記シリーズ) 1987年6月

くま(コロスケ)
ほたかの山でおかあさんぐまをりょうしにうたれておんせんやどのしゅじんにそだてられた二ひきのこぐまの一ぴき 「ほたかのきょうだいぐま」 戸川幸夫原作；堀尾青史脚本；吉崎正巳画 童心社(日本の動物記シリーズ) 1987年6月

くま

くま(コロタ)
みんなで森へあそびにいったときにやくそくをまもってかねがなったときにうちにもどったこぐま 「やくそくのかねがなったら-小学生の道徳2年」 鬼塚りつ子作;新堂圭子画 教育画劇 1996年4月

くま(ころちゃん)
しろくまちゃんみたいにまっしろになりたくてまちのふくやさんへいってあたまのうえからあしのしたまでまっしろなふくをつくってもらったくろくまのこ 「ぬいぐるみになったころちゃん」 小林純一作;佐野洋子画 童心社(こぶたシリーズ) 1976年8月

クマ(コロちゃん)
えんそくにいって先生のいうことをきかないでひとりでハチのすをとりにいったクマ 「コロちゃんのえんそく大さわぎ」 伊東挙位作;田沢梨枝子画 教育画劇(あたらしい行事紙芝居) 1990年8月

くま(ゴンちゃん)
おもちゃをひろばにおいたままにしてだれかにおもちゃをもっていかれてしまったこぐま 「おもちゃどろぼう」 しばはらち作・画 教育画劇(おはなしドキドキ) 1987年1月

くま(次郎ぐま) くま(じろうぐま)
山おくにすんでいた二ひきのなかのいいきょうだいの子ぐまのおとうとぐま 「太郎熊・次郎熊」 川崎大治作;まつやまふみお画 童心社(童心社紙芝居傑作選) 1968年5月

くま(だいちゃん)
きのうえでうるさいおとがするのでき をゆすってせみにおしっこをかけられたくまのこ 「せみとくまのこ」 鶴見正夫作;いわむらかずお画 童心社(紙芝居ベストセレクション第2集) 2000年5月

くま(たきちぐま)
ひとりぐらしのすみやきおじいさんがかぜをひいてしまったのでおじいさんのみのかさを着て村へくすりをかいにいったくま 「100ぴきのくまさん」 川崎大治脚本;久保雅勇画 童心社(どうぶつおはなし劇場) 1990年10月

くま(タロ)
おかあさんぐまのるすにあなをでてすみやきのおじいさんのいえの女の子からひなあられをもらった二ひきのこぐまの一ぴき 「やまのひなまつり」 柴野民三作;こせきはるみ画 教育画劇 1974年3月

くま(太郎ぐま) くま(たろうぐま)
山おくにすんでいた二ひきのなかのいいきょうだいの子ぐまのにいさんぐま 「太郎熊・次郎熊」 川崎大治作;まつやまふみお画 童心社(童心社紙芝居傑作選) 1968年5月

くま(トボン)
クリスマスにまちにいるなかよしのくまのプクンにゆきだるまをプレゼントした山のくまちゃん 「トボンとプクンのクリスマス」 野村るり子原作;堀尾青史脚本;金沢佑光画 童心社(よいこの十二か月) 1985年11月

くま(とぽんち)
おやつのよういをしていてこなだらけになってしまったにひきのぬいぐるみのくまのいっぴき 「とぽんち、とぽんやこなだらけ」 鎌田暢子脚本・絵 童心社 2003年6月

くま

くま(とぽんや)
おやつのよういをしていてこなだらけになってしまったにひきのぬいぐるみのくまのいっぴき 「とぽんち、とぽんやこなだらけ」鎌田暢子脚本・絵 童心社 2003年6月

くま(ハナ)
おかあさんぐまのるすにあなをでてすみやきのおじいさんのいえの女の子からひなあられをもらった二ひきのこぐまの一ぴき 「やまのひなまつり」柴野民三作;こせきはるみ画 教育画劇 1974年3月

くま(ビリー)
あしをけがしてしまっておじさんやおばさんたちがたまごやリンゴやミルクをもってきてくれたのに「そんなのいらない」といったこぐま 「そんなのいらない」リンデルト・クロムハウト脚本;福田岩緒絵;野坂悦子訳 童心社 2003年11月

くま(ぴんくまちゃん)
おかあさんのとめるのもきかないでひとりであめをかいにいってオートバイにぶつかってあんよがとれてしまったおもちゃのくま 「くまちゃんのあんよ」稲庭桂子作;瀬名恵子きり絵 童心社(こりすシリーズ) 1974年5月

くま(プクン)
クリスマスに山にいるなかよしのくまのトボンにあついスープをプレゼントしたまちのくまちゃん 「トボンとプクンのクリスマス」野村るり子原作;堀尾青史脚本;金沢佑光画 童心社(よいこの十二か月) 1985年11月

くま(プータ)
木いちごをつみにいきたいのにかあさんがねむたがっていっしょにいってくれないのでひとりでくろもりまでいこうとしたこぐま 「やっぱりだいすき!おかあさん」鬼塚りつ子脚本;わかやまけん画 童心社(かみしばい・たのしい季節の行事) 1990年1月

くま(ブール)
こざるのキッキにときどきいじわるをされるのろまなこぐま 「げんまんげんまん」高橋宏幸作;鈴木博子画 教育画劇(じゃんけんシリーズ) 1983年8月

クマ(ブンタ)
自分がとんとこ森でいちばん力が強くていちばんえらいと思っているクマ 「とんとこもりのやくそく」浅沼とおる作・絵 教育画劇 2007年9月

くま(ぽんぽ)
ゆきがつもったらパパとママにはないしょでともだちのさるときつねにおこしてもらうやくそくをしたくまのおとこのこ 「ないしょのゆきあそび」すとうあさえ脚本;松成真理子絵 童心社(ともだちだいすき) 2007年2月

くま(まあくん)
あさねぼうをしてあさごはんをのこしておもてへあそびにいったくまのおとこのこ 「おいしいね」伴弘子脚本;ヒロナガシンイチ画 童心社(2・3歳児しつけかみしばい・みんなは、できるかな?) 1993年5月

くま(まーくん)
おかあさんへのたんじょうびのおくりものにするきんいろのキラキラをおともだちのねずみとさがしにいったこぐま 「きんいろのおくりもの」植垣歩子作・絵 教育画劇 2006年1月

くま

くま(マーくん)
はじめてミツあつめにいってまいごになったミツバチのハチコをうちまでおくってくれたこぐま 「のんびりハチコがんばる-ミツバチのはなし」 相沢るつ子作・画 教育画劇(ちいさな虫のなかまたち) 1991年5月

くま(マーちゃん)
おかあさんといっしょにデパートにいっておにいちゃんのクーちゃんとのぼってくるエスカレーターをはんたいにおりてしまったくま 「しょくどうは8かい」 上地ちづ子脚本;倉石琢也画 童心社(かみしばい安全教育シリーズ) 1977年5月

くま(マーちゃん)
ひっこしてきたばかりでもともだちができたきのぼりがじょうずなくまのおんなのこ 「くまのクーちゃん」 上地ちづ子脚本;久保雅勇画 童心社(健康紙芝居・げんきなこども) 1983年10月

くま(マック)
うさぎのミミのおうちでみんなといっしょにデコレーションケーキをつくったくま 「みんなでつくろうデコレーションケーキ」 山崎陽子作;秋里信子画 教育画劇 1993年11月

くま(マック)
せっせとつくったテーブルをだれかにあげようとおもっていたのにりすの木のみやさんたちのなかまいりをしてテーブルのうりやさんになったくま 「クマのマックのプレゼント」 香山美子作;藤井寿画 教育画劇 1975年12月

くま(ミーシカ)
ちきゅうのきたのはてのほっきょくでうまれたふたごのほっきょくぐまのいたずらっこのこぐま 「ほっきょくのムーシカ・ミーシカ(前編)(後編)」 いぬいとみこ作;椎野利一画 童心社 1979年12月

くま(ムー)
おおきなくまになったのでひとりですむところをさがしにいったくま 「このくまさんはおきゃくさん?」 香山美子脚本;長野ヒデ子画 童心社 1990年4月

くま(ムク)
こねこのミーととっこちゃんとでんぐりこしたこぐま 「もっとできるよでんぐりこ」 礒みゆき作・画 教育画劇 1996年1月

くま(ムーシカ)
ちきゅうのきたのはてのほっきょくでうまれたふたごのほっきょくぐまのしりたがりやのこぐま 「ほっきょくのムーシカ・ミーシカ(前編)(後編)」 いぬいとみこ作;椎野利一画 童心社 1979年12月

くま(ララ)
たなばたになかよしのさるのキータとふたりでたんざくにねがいごとをかいてささにかざったくま 「ねがいごとはないしょのひみつ」 山本和子作;尾崎曜子画 教育画劇(四季の行事シリーズ たなばた) 1993年5月

くま

くま（ルー）
けいろうの日におばあさんぐまにかたたたきけんをプレゼントしたこぐま 「おばあちゃんありがとう」 村山桂子原作；教育画劇編集部脚色；柿本幸造画　教育画劇（あたらしい行事紙芝居）　1991年3月

くまお
うさぎの子のうさきちとねこの子のにゃんことききゅうにのってそらのさんぽをしたくまの子 「そらのさんぽ」 鶴見正夫作；チト・イトー画　教育画劇（ポッポシリーズ）　1985年6月

クマオ
あさがおのタネに水をあげてせわをしたクマのきょうだいのおにいさん 「クマさんのあさがお」 関七美作；チト・イトー画　教育画劇（ぞうさんシリーズ）　1980年7月

くまおじさん
きのうのあめでかたむいたはしをささえてこどもたちをのせたえんそくバスがじこにならないようにしたくまおじさん 「たのしいえんそく」 堀尾青史脚本；久保雅勇画　童心社　1987年7月

くまくみちゃん
のねずみののんとねむのとなりにひっこしてきたくまのおんなのこ 「くまくみちゃ〜ん」 すとうあさえ脚本；山本祐司絵　童心社（ともだちだいすき）　2007年6月

くまくん
あおいみかんをたべてみかんがきらいになってしまったくまくん 「くまくんはみかんがきらい？」 瀬尾七重作；ながよしかよ画　教育画劇　1991年9月

くまくん
あっちゃんとぴったんこしてあそんだくまくん 「ぴったんこってきもちいいね」 田村忠夫脚本；土田義晴絵　童心社（2・3歳児のふれあいあそび ことばとからだであそぼう!）　2004年9月

くまくん
おおきなすいかをよくばってひとりでたべようとしてわってしまったくまくん 「おおきなすいか」 間所ひさこ作；塩田守男画　教育画劇（おはなしワクワク）　1984年8月

くまくん
きつねくんとうさこちゃんとさんにんではるのいいにおいをさがしにいったくまくん 「はるのにおいがするよ」 矢崎節夫作；鈴木幸枝画　教育画劇（きれいな花いっぱい）　1990年3月

くまくん
きょうはまちにまったえんそくでママのおてつだいをしてサンドイッチのおべんとうをつくったくまくん 「くまくんのいっち、にっ、サンドイッチ」 ふりやかよこ作・画　教育画劇　1993年11月

くまくん
ねずみくんはいけをみつけたといったのにうみをみつけたとぞうくんにおしえたくまくん 「おおきないけ」 小出保子作・画　教育画劇（かわいい八つのおはなし）　1987年2月

くまくん
ひとりでおるすばんをしていておなかがすいて大きなこえでなきはじめたくまくん 「おなかがすいたよ」 田沢梨枝子作・画 教育画劇 1980年4月

くまくん
ふゆごもりのいえをさがしていたくまくん 「くまくんのひっこし-動物は、どうして冬ごもりをするの？」 田沢梨枝子作・画 教育画劇(はてな?なぜかしら??) 1989年4月

くまくん
みんなですきなコップをえらんでいちごジュースをついでもらってだれのがおおいかくらべっこしたくまくん 「いちごジュースでくらべっこ」 西内久典原案;西内ミナミ脚本;和歌山静子画 童心社 1990年5月

くまくん
みんなとおえかきにいったのにいなくなってしまったのでみんなにさがしてみつけてもらったくまくん 「くまくんだったらどうしたとおもう？」 香山美子脚本;宮本忠夫画 童心社(ゆたかなこころシリーズ) 1992年4月

くまくん
みんなにこにこわらっているところにきたこわーいかおのくまくん 「にこにこかわいい」 タナカヒデユキ作・画 教育画劇 2001年1月

くまくん
りすのゆうびんやさんがいけにおとしてじがにじんでしまったてがみをじぶんにきたものだとおもったくまくん 「はーい、ゆうびんでーす！」 あべはじめ作・画 教育画劇 1989年4月

くまくん
りゅうたくんとすすきをもってゆうやけののはらをあるいていったくまくん 「おつきみのはら」 土田義晴脚本・絵 童心社 2005年9月

くまごろう
むかしおいなりさまにおまいりしたかえりみちにキツネにばかされたふりをしてはんたいにだましてやったひと 「ばかされギツネ」 菊地ただし文;山口みねやす画 教育画劇 2002年5月

くまさん
あるひきつねさんとみちであってまたまちやこうえんであってともだちになったくまさん 「なかよしになった日」 香山美子脚本;山本まつ子画 童心社(ゆたかなこころシリーズ) 1996年4月

くまさん
いけからあらわれたかいじゅうガボガボにごちそうをとられそうになったくまさん 「かいじゅうがぼがぼ」 内山安二作・画 教育画劇(みんなもいっしょにね) 1994年1月

くまさん
うさぎもようのあたらしいカーテンをかってきたくまさん 「くまさんのあたらしいカーテン」 末崎茂樹作・画 教育画劇(おおきくなあれ) 1992年1月

くまさ

くまさん
おかあさんのたんじょう日になにをプレゼントしたらいいかききにきたプリオにいいちえをかしてあげた山のものしりぐまさん 「ふとっちょプリオのプレゼント」 マージョリー・フラック原作;木島始訳;福島のり子脚色;遠竹弘幸画 教育画劇(健康とユーモアぺろぺろんシリーズ) 1977年5月

くまさん
おきにいりのぼうしがかぜにとばされていったのをおいかけていったくまさん 「くまさんのぼうし」 古内ヨシ脚本・絵 童心社(年少向けおひさまこんにちは) 2004年12月

くまさん
タンバリンをならしていたじゅんちゃんといっしょに大だいこをがっそうしたくまさん 「たんばりんじゃじゃん」 八木田宜子作;和歌山静子画 童心社(こぶたシリーズ) 1976年8月

くまさん
ふゆはとうみんするのでゆきをみたことがないくまさん 「ゆきってなーに」 塩田守男作・画 教育画劇(おはなしドキドキ) 1986年12月

くまさん
もりでスカンクにいじめられていたこおろぎをたすけてやったおれいにバイオリンをもらったとってもおおきくてやさしいくまさん 「おおきなくまさん」 飯島敏子作;鈴木幸枝画 教育画劇(おはなしランド) 1986年11月

くまさん
もりのみんなとでんしゃごっこをしてあそんだくまさん 「くまさんのトラック」 篠塚かをり原作;後藤楢根脚色;富永秀夫画 教育画劇(わたしのはじめてのかみしばい こんにちは) 1987年4月

くまさん
木につったぶらんこであそんでいてうさぎさんやたぬきさんがやってきてものせてあげなかったくまさん 「もりのぶらんこ」 東君平作;和歌山静子画 童心社(こぐまシリーズ) 1973年5月

クマさん
冬のさむいあいだあなに入ってねむるので森のひろばでたくさんたべていたクマさん 「クマさんのふゆごもり」 佐藤義美原案;稗田宰子脚色;椎野利一画 教育画劇(しぜんといきもの) 1985年7月

くまサンタ
どうぶつサンタむらのみんながじゅんびしたプレゼントをくばるくまのサンタ 「サンタサンタサンタ」 つちだよしはる脚本・絵 童心社 2007年12月

くますけ
ともだちがさそいにきてもにゅうえんしきにいかないくまのおとこのこ 「くますけくんとかげぼうし」 松野正子脚本;渡辺有一画 童心社 1991年4月

クマせんせい
えんのみんなにどうしてきんろうかんしゃのひが11がつ23にちになったかをはなしたクマせんせい 「はたらいているみなさんありがとう!」 にへいたもつ作;新井洋行絵 教育画劇(きんろうかんしゃの日 由来紙芝居) 2007年9月

クマタ
ケンがひろってそだてたあかちゃんのくろいねこ 「あかちゃんもうふ」 今関信子脚本;鎌田暢子画　童心社(交通安全かみしばい・あぶないっ!きをつけて!) 1993年9月

くまたくん
おねぼうしていそいでえんにいったのでおべんとうをわすれてしまったくまのこ 「みんなありがとう」 つちだよしはる脚本・画　童心社　1999年4月

くまたろう
はるになったのでやっとこさおきてみんなとかくれんぼをはじめたのにまだねむそうだったくまのこ 「くまたろうのかくれんぼ」 鶴見正夫脚本;藤枝つう画　童心社(美しい心シリーズ)　1987年3月

くまちゃん
あたらしいおもちゃのまちができたのでおもちゃばこからでていってこうつうじこにあったおもちゃのくまちゃん 「おもちゃのまち」 高橋系吾作;村岡登画　童心社(かみしばい交通安全シリーズ) 1985年6月

くまちゃん
だいすきなくるまにのっておでかけをしたくまちゃん 「くるまだいすき」 いのうえ栄作・画　教育画劇(乳幼児かみしばい いっしょにあそぼ!) 2002年1月

くまちゃん
女の子にシャツをきせてもらってごはんをたべさせてもらってさんぽにいったぬいぐるみのくまさん 「わたしのくまちゃん」 アレクサンドローワ原作;小林純一脚本;山本まつ子画　童心社(うさちゃんシリーズ)　1986年11月

くまどん
とんとん山のこうえんでどうぶつたちみんなとあそんでいてきまりをまもらないのでみんなからきらわれたらんぼうもののくまどん 「みんなのこうえん」 高木あきこ作;田沢梨枝子画　教育画劇(あたらしいしつけ紙芝居)　1988年6月

くまのおいしゃさん
やわらかいおおきなてでもみもみしてわるいところをみーんななおしてしまうくまのおいしゃさん 「もみもみおいしゃさん」 とよたかずひこ脚本・絵　童心社　2004年5月

くまのおじさん
やきいもやさんをはじめたくまのおじさん 「やきいもやさん」 竹下文子脚本;つちだよしはる画　童心社　2006年11月

くまのおとうさん
ぼうやのおみやげにはちみつをもっていこうとしてはちにおいかけられていけのなかへにげたくまのおとうさん 「ぶんぶんぼちゃーん」 堀尾青史作;多田ヒロシ画　童心社(こりすシリーズ)　1974年5月

くまのこ
まるいものをころがしてあそんでいてじぶんもやまのしたまでころがりおちていったくまのこ 「ころころこぐま」 平塚武二原作;長崎源之助脚本;安和子画　童心社　1991年1月

くまの

くまのこ
やまをころころころがっておいけにはまったどんぐりをたすけにきたくまのこ 「どんぐりころころ」 鶴見正夫作;ながよしかよ画 教育画劇（かわいい八つのおはなし） 1992年11月

くまのだいくさん
どんぐり山にやねをたかくしたいえを一けんたててくださいとたのまれたくまのだいくさん 「だれのいえかな？」 高木あきこ作;井上あきむ画 教育画劇（おはなしプレゼント） 1986年10月

くまのぼうや
やまのやまおくのおうちからとってもとおいやまのようちえんにいくくまのぼうや 「やまのようちえん」 香山美子脚本;久保雅勇画 童心社 1985年1月

クーマラじいさん
むかしアイルランドのうみにいたみどり色の体をして赤い三かくぼうしをかぶったおじいさんの人魚 「にんぎょのクーマラじいさん-イギリス昔話」 伊藤海彦脚色;宇野亜喜良画 NHKサービスセンター（名作民話おはなし広場） 1984年1月

クマンバチ（ムンボロ・クマンバチ）
アナンシがそらのかみさまからはなしのだいきんとしてもってくるようにめいじられたさされたらひのようにいたいクマンバチ 「おはなしおはなし」 ゲイル・E.ヘイリー作;八木田宜子脚本 ほるぷ出版（ほるぷの紙芝居-世界のおはなしシリーズ） 1989年6月

くみちゃん
えんでひかられるぼんおどりたいかいにおじいちゃんといったおんなのこ 「おじいちゃんとぼんおどり」 辻邦脚本;久保雅勇画 童心社 1992年8月

くみちゃん
おじいちゃんとえんのぼんおどりたいかいにいったおんなのこ 「おじいちゃんとぼんおどり」 辻邦脚本;久保雅勇訳 童心社 1992年8月

くみちゃん
おてつだいがしたくていつでもちゃんとおかあさんにかかるでんわをかけたおんなのこ 「もしもしだれから？」 香山美子作;津田直美画 教育画劇（じゃんけんシリーズ） 1983年7月

くめ
むかしびょうきのおかあさんのために雑司が谷のもりにあった鬼子母神というおどうにお百度まいりをした親孝行な女の子 「すすきみみずく」 豊島親子読書会著 豊島区立中央図書館 1979年12月

くも
ターぼうがなげたたどんがぶつかってまっくろなかおにされたのでおこってあめをふらせたそらのくも 「いじわる」 瀬名恵子作・画 童心社（美しい心シリーズ） 1978年9月

クモ（アナンシ）
あるひのことたびにでてかわでおおきなさかなにのみこまれてしまって6ぴきのむすこにたすけられたクモのおとうさん 「アナンシと6ぴきのむすこ-アフリカの民話」 ジェラルド・マクダーモット作;八木田宜子脚本 ほるぷ出版（ほるぷの紙芝居-世界昔ばなしシリーズ） 1983年4月

クモ(いしなげや)
クモのアナンシの6ぴきのむすこの五ばんめでどんなとおくからいしをなげたってみごともくひょうにめいちゅうするむすこ「アナンシと6ぴきのむすこ-アフリカの民話」ジェラルド・マクダーモット作;八木田宜子脚本 ほるぷ出版(ほるぷの紙芝居-世界昔ばなしシリーズ) 1983年4月

くも(おにぐも)
えんのせんせいのいうことをきかずにひとりでかってにとびまわっていたみつばちのぶんたをすにかけたおにぐも「みつばちぶんぶん」小林純一脚本;久保雅勇画 童心社(よいこの12か月) 1982年4月

クモ(かわのみほし)
クモのアナンシの6ぴきのむすこの三ばんめでどんなおおきなかわだってぜんぶのみほしてしまうむすこ「アナンシと6ぴきのむすこ-アフリカの民話」ジェラルド・マクダーモット作;八木田宜子脚本 ほるぷ出版(ほるぷの紙芝居-世界昔ばなしシリーズ) 1983年4月

クモ(クッション)
クモのアナンシの6ぴきのむすこの六ばんめでクッションみたいにふかふかでやわらかいからだのむすこ「アナンシと6ぴきのむすこ-アフリカの民話」ジェラルド・マクダーモット作;八木田宜子脚本 ほるぷ出版(ほるぷの紙芝居-世界昔ばなしシリーズ) 1983年4月

クモ(じけんみつけ)
クモのアナンシの6ぴきのむすこの一ばんめでどんなとおいところからでもじけんがおこったのをみつけてしまうむすこ「アナンシと6ぴきのむすこ-アフリカの民話」ジェラルド・マクダーモット作;八木田宜子脚本 ほるぷ出版(ほるぷの紙芝居-世界昔ばなしシリーズ) 1983年4月

クモ(なんでもや)
クモのアナンシの6ぴきのむすこの四ばんめでなんでもかんでもたちまちかいけつするむすこ「アナンシと6ぴきのむすこ-アフリカの民話」ジェラルド・マクダーモット作;八木田宜子脚本 ほるぷ出版(ほるぷの紙芝居-世界昔ばなしシリーズ) 1983年4月

くも(はいとり氏) くも(はいとりし)
町のたかいでんちゅうのてっぺんにすんでいて金のくつをもっているというくもの一家「おネコさんと金のくつ」村山籌子作;たかしたかこ画 教育画劇 1974年7月

クモ(みちづくり)
クモのアナンシの6ぴきのむすこの二ばんめでどんなところにでもたちまちみちをつくってしまうむすこ「アナンシと6ぴきのむすこ-アフリカの民話」ジェラルド・マクダーモット作;八木田宜子脚本 ほるぷ出版(ほるぷの紙芝居-世界昔ばなしシリーズ) 1983年4月

くも(もっくん)
せまいすきまなんかにあみをはらないでみずのうえとかそらのうえにあみをはるげんきもののくも「くもくんだいかつやく」かみやしん脚本・画 童心社 1986年7月

クラゲ(プカリ)
ミズクラゲのフワリとふわふわなみにゆられていっしょにおどったクラゲ「クラゲのフワリ」わしおとしこ作;佳代吉永画 教育画劇(教育画劇のかみしばい うみべのちいさないきもの) 2001年5月

くらけ

クラゲ（フワリ）
きれいなうみがすきできょうもふわふわなみにゆられておどっているミズクラゲ 「クラゲのフワリ」 わしおとしこ作;佳代吉永画　教育画劇(教育画劇のかみしばい うみべのちいさないきもの)　2001年5月

くらげくん
いじめっこのさめくんをやっつけたくてもじゃもじゃかいぶつにへんしんしたくらげくん 「ゆかいなくらげくんへんしん！」 山脇恭作;塩田守男画　教育画劇(くらげくんシリーズ2)　1988年9月

くらげくん
うみにしずんでるふるいふねでともだちのたこくんやふねにすんでるおばけたちとかくれんぼをしたくらげくん 「くらげくんびっくりかくれんぼ」 山脇恭作;塩田守男画　教育画劇(くらげくんシリーズ6)　1988年11月

くらげくん
うみのなかをさんぽしていていわのうえにみつけたいろんないろのコンペイトウをみんなたべちゃったくらげくん 「ゆかいなくらげくんとコンペイトウ」 山脇恭作;塩田守男画　教育画劇(くらげくんシリーズ1)　1987年4月

くらげくん
たこくんからみんなにてがみをくばってくれないとたのまれたくらげくん 「くらげくんへんてこゆうびんやさん」 山脇恭作;塩田守男画　教育画劇　1988年8月

くらげくん
たこくんやかにさんがこんぶだんごをつくるおてつだいがしたいのにみんなのじゃまばっかりしてしまったくらげくん 「くらげくんおてつだいだいすき」 山脇恭作;塩田守男画　教育画劇(くらげくんシリーズ4)　1988年9月

くらげくん
たこくんやかにさんたちのこんぶだんごづくりのおてつだいをしたくらげくん 「くらげくんおてつだいだいすき」 山脇恭作;塩田守男画　教育画劇(くらげくんシリーズ)　1988年9月

くらげくん
ガラスびんのなかであそんでいたらりょうしのあみにかかっちゃったくらげくん 「ゆかいなくらげくんSOS！」 山脇恭作;塩田守男画　教育画劇(くらげくんシリーズ3)　1988年9月

クラース
クリスマスのばんにサンタクロースからだいじなパイプをもらったみなしごのおとこのこ 「サンタクロースのおくりもの-クリスマス」 東川洋子文;鈴木博子画　教育画劇　1998年8月

クララ
小さなハイジがはたらきにいったフランクフルトという大きなまちのおやしきのからだのよわい女の子 「アルプスのしょうじょ(前編)(後編)」 ヨハンナ・スピリ作;神戸淳吉脚色;森やすじ;千葉みどり画　教育画劇(おはなしランド)　1987年1月

クリ
ユキのおうちのねこ 「おたんじょうびはクリスマス」 立原えりか作;きよしげのぶゆき画　教育画劇(四季の行事シリーズ)　1992年11月

クリスティーヌ
おかあさんがおさらにのせたいわしがだいきらいでたべたくないおんなのこ 「クリスティーヌといわし」 エレーヌ・レイ文;エヴ・タルレ絵;八木田宜子脚本 ほるぷ出版(ほるぷの紙芝居-世界のおはなしシリーズ) 1989年6月

クリームパンダ
アンパンマンとちからをあわせてトンネルにとじこめられてしまったSLマンとこどもたちをたすけたクリームパンダ 「クリームパンダとSLマン」 やなせたかし作・絵 フレーベル館

クリームパンダ
アンパンマンとちからをあわせてトンネルにとじこめられてしまったSLマンとこどもたちをたすけたクリームパンダ 「クリームパンダとSLマン」 やなせたかし作・絵 フレーベル館(ワイド版アンパンマンかみしばい)

グリュッペロ
むかしドイツのデュッセルドルフというところにいたすばらしい彫刻をつくることで有名だった彫刻師 「彫刻師グリュッペロ」 野町てい作;佐野美津男脚色;輪島清隆画 教育画劇(道徳紙芝居総集編) 1982年8月

くーりん
おやつのじかんにはがいたくなったのではみがきをしたくいしんぼうおばけのこども 「おばけのはみがき」 林原玉枝作;内海博画 教育画劇(年少向はじめまして!おばけです) 2001年8月

グリンダ
わかくてきれいなまほうつかいの女の人 「オズのまほうつかい(前編)(後編)」 岡上鈴江文;長島克夫画 教育画劇 1987年4月

くるみわりにんぎょう
クリスマスにマリーがおじさんからもらったくるみのからをわるくるみわりにんぎょう 「くるみわりにんぎょう(前編・後編)」 ホフマン原作;鶴見正夫文;若菜珪画 教育画劇 1992年4月

クルルン
とてもはずかしがりやですぐにからだをまるくしてしまうのでともだちがいなかったダンゴムシ 「ダンゴムシのともだち」 得田之久脚本・絵 童心社(ともだちだいすき) 2005年5月

クルン
きたのうみでうまれたラッコのあかちゃん 「がんばれラッコのクルン」 宮西いづみ作;鈴木幸枝画 教育画劇 1992年5月

クレオパトラ
ワニのクロムウェルにこうらにあぶらをぬってもらいせなかをしたにしてそりすべりをしたカメ 「クレオパトラのそりすべり」 アンドレ・オデール文;トミー・ウンゲラー絵;八木田宜子脚本 ほるぷ出版(ほるぷの紙芝居-世界のおはなしシリーズ) 1989年6月

グレータ
もりのなかのいえにきれいずきなねこのミーとすんでいたてもかおもあらわないきたない女の子 「キタナイちゃん-バイキンなんかにまけないぞ!」 川崎大治脚本;水沢研画 童心社 1996年9月

くれて

グレーテル
あたらしくきたにどめのおかあさんにもりにすてられたふたりのきょうだいのおんなのこ 「ヘンゼルとグレーテル」 グリム原作;鶴見正夫脚本;こさかしげる画 童心社(世界の名作・第2集) 1992年5月

グレーテル
ある大きなもりのいりぐちにすんでいたまずしいきこりの二人のこどものいもうと 「ヘンゼルとグレーテル-グリム童話より」 関修一作・画 教育画劇(家庭版名作アニメかみしばい) 1994年6月

くれよん
くれよんとがようしをよういしたせっちゃんがいってしまったあとでじぶんいろでたくさんのくだもののえをかいたくれよんたち 「くれよんさんのけんか」 八木田宜子作;田畑精一絵 童心社 1975年12月

くれよん
すきなものがかきたいんだよといってつくえからとびおりてにげていった赤いくれよん 「にげたくれよん」 八木田宜子作;田畑精一画 童心社(こぐまシリーズ) 1973年5月

クレヨン
あるひのことクレヨンのはこからとびだしてえをかいた八ぽんのクレヨンたち 「くれよんのはなし」 ドン・フリーマン作;八木田宜子脚本 ほるぷ出版(ほるぷの紙芝居-世界のおはなしシリーズ) 1989年6月

クレヨン
にちようびでえんにはだれもいないのではさみとじぶんたちだけできったりかいたりしてみたクレヨンたち 「そらをとんだはさみ」 坂本清脚本;月田孝吉絵 童心社 1980年9月

クロ
ごしゅじんのおおたさんに「まぬけ」っていわれてほめてもらったとのら犬のブチにむねをはった犬 「まぬけな犬クロ」 古田足日原作;今関信子脚本;岡本順画 童心社 1997年9

クロ
びょうきでかわいいいぬをなくしたタロウのいえにもらわれてきたあたらしいくろいぬ 「くろいいぬ」 石川光男作;野々口重画 教育画劇 1975年9月

クロ
村へやってきた小さなサーカスだんの年とったクマ 「しょうぼうとクロ」 新美南吉原作;須藤出穂脚色;沼野正子画 NHKサービスセンター(NHK小学校国語紙芝居教材 創作童話) 1980年1月

黒いきこり(きこり)　くろいきこり(きこり)
北国のふかい山やまのおなじ山のふもとにあったふたつの小屋にいたふたりのきこりのひとり 「黒いきこりと白いきこり」 浜田広介作;中村太郎脚色;吉崎正己画 教育画劇(ひろすけ童話紙芝居全集) 1987年8月

くろうえもん
ちゅうごのおつかいがにほんにつれてきてとのさまにくろうえもんとなづけられたゾウ 「むかしむかしゾウがきた(前編)(後編)」 長崎源之助脚本;田代三善画 童心社(ゆたかなこころシリーズ) 1992年1月

黒がみ　くろがみ
大むかしのこととわだことの北のみさきにすんでいた力の強い大男で黒いりゅうにのっていたので「黒がみ」とよばれていた男　「あかがみとくろがみ」須藤出穂脚色；梶山俊夫画　NHKサービスセンター（名作民話おはなし広場）1984年1月

くろさか森　くろさかもり
岩手山のふもとにある四つのマツの森の一つ　「おいの森とざる森、ぬすと森」宮沢賢治原作；国松俊英脚本；福田庄助画　童心社（宮沢賢治かみしばいの森）1996年5月

クロスケ
えっちゃんといっしょにスキップしたこいぬ　「スキップスキップ」あまんきみこ脚本；梅田俊作絵　童心社　2007年11月

くろずみ小太郎　くろずみこたろう
旅をしている忍術使いの若者　「くろずみ小太郎旅日記その2 盗賊あぶのぶんべえ退治の巻」飯野和好作・絵　ポプラ社（ポプラ社のこどもも読める紙芝居）2004年11月

くろずみ小太郎　くろずみこたろう
旅をしている忍術使いの若者　「くろずみ小太郎旅日記その3 妖鬼アメフラシ姫の巻」飯野和好作・絵　ポプラ社（ポプラ社のこどもも読める紙芝居）2004年11月

くろずみ小太郎　くろずみこたろう
旅をしておろちがでるという峠にやってきた忍術使いの若者　「くろずみ小太郎旅日記 おろち退治の巻」飯野和好作・絵　ポプラ社（ポプラ社のこどもも読める紙芝居）2004年11月

くろちゃん
七夕かざりをつくることにしたこねこのきょうだいのひとり　「こねこの七夕まつり」間所ひさこ脚本；藤本四郎絵　童心社　2004年7月

クロちゃん
なかよしのアリマキのマキちゃんをいつもまもってあげているアリ　「がんばれアリのクロちゃん」矢野亮脚本；近藤周平画　童心社　1999年7月

くろねこ（ねこ）
なまけてばかりいたおとこがばつとしてねこにされることになりえんま大王にたのんではなのあたまだけしろくしてもらったくろねこ　「くろねこのしろいはな-中国民話」わしおとしこ文；藤本四郎絵　教育画劇（ワッハッハ！ゆかいでおかしい世界の民話）2009年1月

くろねこくん
ある日ご主人がかいしゃのしごとのためにとうきょうにひっこすことになっていなかのまちのアパートにおいていかれたくろねこ　「ぼくはくろねこくん」岡上鈴江作；西村達馬画　教育画劇（パンダちゃんシリーズ）1985年3月

くろべえ
おばけのもりのなかでおばけにばけていぬのチーズをおどかそうとしたたぬき　「アンパンマンとおばけのもり」やなせたかし作・画　フレーベル館（紙芝居アンパンマン第2集）

クロベエ
あるはれたひはたけにでかけるおばあさんにほしたさかなのばんをたのまれたねこ　「おるすばんねこ」高橋透脚本・絵　童心社（年少向けおひさまこんにちは）2005年12月

くろむ

クロムウェル
おじさんのベオウルフとわるだくみしてカメのクレオパトラをひのついたなべのなかにとびこませてスープにしてたべようとしたワニ「クレオパトラのそりすべり」アンドレ・オデール文；トミー・ウンゲラー絵；八木田宜子脚本　ほるぷ出版（ほるぷの紙芝居-世界のおはなしシリーズ）　1989年6月

クロメ
氷河時代の終わりのころ長野県野尻湖の湖畔で狩りをしてくらしていた一族の中の男の子「野尻湖の狩人」後藤竜二作；高田三郎絵　汐文社（紙芝居日本の歴史1）　1987年4月

くろわん
うんどうかいのかけっこにでたくろいいぬ「くろわんしろわん　よーいどん」伊東美貴作・画　教育画劇（年少版はじめての行事かみしばい）　2003年1月

くろわん
ごはんをたべたあとではみがきをしたくろいいぬ「くろわんしろわん　はみがきシュッシュッ」伊東美貴作・画　教育画劇（年少版はじめての行事かみしばい）　2003年1月

黒んぼの王　くろんぼのおう
おひめさまをとおいアフリカへつれていこうとしている三つのたからをもつ黒んぼの王「三つのたから」芥川竜之介作；宮下全司文；清水祐幸画　教育画劇（かみしばい児童文学館）　1986年8月

クワガタ
クワガタのなかでもいちばんおおきいもりのなかのあばれんぼうのノコギリクワガタ「もりのあばれんぼうクワガタくん」今森光彦写真・作　教育画劇　2005年5月

クン
にわのはずれのくさむらになかまをさがしにでかけていろんなむしにあったあり「くさむらのなかには」得田之久脚本・画　童心社（よいこの12カ月）　1985年7月

クンクン
かたつむりさんやライオンさんやゾウさんのまねをしたいぬ「まねっこクンクン」塩田守男作・画　教育画劇（おおきくなあれ）　1992年1月

ぐんた
はたけをたがやしていてほりおこしてしまったせみのこをつちのなかにかえしてやったわかもの「ぐんたとつくつくぼうし-セミのはなし」山本省三作・画　教育画劇（ちいさな虫のなかまたち）　1991年5月

【け】

ケー
たびの人がとおるとだれもきゅうにつかれて来て道ばたでねてしまうふしぎな町「ねむい町」をたんけんした男の子「ねむい町」小川未明原作；柴野民三脚色；津田光郎画　教育画劇（小川未明童話紙芝居全集）　1986年4月

ケイ子　けいこ
くうしゅうにあわないようにとうきょうからひとりでいなかのおばあちゃんのうちにそかいしたおんなのこ　「コスモス」　渡辺享子脚本・画　童心社(ゆたかなこころシリーズ)　1993年7月

けい子先生　けいこせんせい
じしんがきたときしょくいんしつにいっていたさくらぐみの先生　「ぐらぐらくんれん−うまくやれたよ・後編」　阿部恵作;高橋透画　教育画劇(よいこの地震紙芝居ぐらぐら)　1981年4月

けい子先生　けいこせんせい
じしんくんれんをしたさくらぐみの先生　「ぐらぐらくんれん−うまくやれたよ・前編」　阿部恵作;高橋透画　教育画劇(よいこの地震紙芝居ぐらぐら)　1981年4月

けいこちゃん
あっちゃんの幼稚園のお友達　「おはなみ」　野口武徳作;田島司画　ぎょうせい(四季の行事シリーズ紙芝居)　1983年9月

けいこちゃん
なんでもひろっちゃう子で空のライオン星座のしっぽの星らしいキラキラ小石をひろった女の子　「しっぽのほし」　ぐんじすずこ文;高谷りん画　NHKサービスセンター(なぜなぜ童話)　1977年1月

けいこちゃん
ゆきちゃんとえんでなかよしのおんなのこ　「ゆきちゃんのひなまつり」　久保雅勇脚本・画　童心社　1984年3月

けい子ちゃん　けいこちゃん
もうじきお母さんに赤ちゃんが生まれておねえさんになる女の子　「どうしてこいのぼりあげるの」　吉野弘子作;高見八重子画　教育画劇(あたらしい行事紙芝居)　1995年3月

圭太　けいた
駅で困っていた耳が聞こえない佑介くんにお金をかしてあげた小学五年生の男の子　「ぼくたち友だち」　難波江由紀子原案;上地ちづ子脚本;夏目尚吾画　汐文社(紙芝居 障害者といっしょに3)　1995年3月

けいたくん
たこのいとがきれてたかくよくあがるやっこだこをなくしてしまったおとこのこ　「けいたくんのたこ」　東京書籍編集委員会原作;水沢研画　教育画劇(幼児童話傑作選第2集)　1964年4月

ケイちゃん
こうさくがだいすきで大きなボールがみでロボットをつくったおとこのこ　「ぼくのへんてこロボット」　なかえよしを作;上野紀子画　教育画劇(ユーモアひろば)　1991年2月

ケーキやさん
あっちゃんのおたんじょうびのケーキをつくってもりをとおってとどけにいったケーキやさん　「ケーキだほいほい」　堀尾青史脚本;久保雅勇画　童心社(童心社のベスト紙芝居)　1986年1月

けきや

ケーキ屋さん　けーきやさん
お店のせんでんのために大きな大きなケーキを作ってお店の前にかざったケーキ屋さん 「大きくてこまるもの」 筒井敬介原作・脚色;加藤晃画　NHKサービスセンター(NHK創作童話集)　1978年1月

ケーコさん
まちのケーキやさんからにげだしたやきたてのスポンジケーキ 「おしゃれなケーキのケーコさん」 西内ミナミ作;末崎茂樹画　教育画劇(ゆかいなたべもののおはなし)　1987年3月

けちべえさん
となりまちのけちのチャンピオンしわんぼしわべえさんとけちくらべをしたけちのめいじん 「けちくらべ」 小野和子文;大和田美鈴画　教育画劇　1997年4月

ケティ
おかあさんとびんぼうなくらしをしていたがいつもゆかいな子で森でおばあさんからおいしいおかゆがでてくるおなべをもらった女の子 「おいしいおかゆ」 堀尾青史脚本;井上洋介画　童心社(グリム童話傑作選)　1980年1月

ケート
ひこうきをつくってせかいではじめてそらをとんだライトきょうだいのいもうと 「そらをとぶゆめ－子どものころのライト兄弟」 上地ちづ子脚本;むかいながまさ画　童心社　1990年7月

ケムケムちゃん
おばけのペロちゃんのようちえんのなかよし 「おばけのペロちゃんいまなんじ？」 なかがわみちこ作・画　教育画劇(家庭版かみしばい)　1995年3月

毛虫　けむし
アリスが出会ったきのこのてっぺんでたばこをふかしているへんな毛虫 「ふしぎのくにのアリス」 伊藤海彦文;伊東美貴画　NHKソフトウェア(世界むかしばなし)　1996年1月;NHKサービスセンター(外国むかしばなし)　1977年1月

けもの(どうぶつ)
うみのさかなたちとひっぱりっこをしたやまのけものたち 「やまとうみのひっぱりっこ」 上沢謙二原作;鈴木謙二脚色;黒井健画　教育画劇(あひるさんシリーズ)　1986年11月

けやき
マンションがたってさくらの木といっしょにうえられておとなりどうしでなかよしになったけやき 「さくらさんけやきさん」 中村ルミ子脚本;鈴木幸枝画　童心社(ゆたかなこころシリーズ)　2000年3月

ケル
あしたからふゆごもりだとおもうといらいらしてなかよしのあひるについいじわるをいってしまったかえる 「ガロごめんね」 谷大次郎作;矢野洋子画　教育画劇(たんぽぽシリーズ)　1982年11月

ゲルダ
うちがおとなりどうしでまるでほんとうのきょうだいのようになかよしだったふたりの子どもの女の子 「雪の女王」 アンデルセン原作;稲庭桂子脚本;いわさきちひろ画　童心社(いわさきちひろ画・紙芝居選)　1976年3月

ケルト
南の国ジャワ(いまのインドネシア)の村にいたパク・ミアムというつばめの巣を取る名人のおとうさんに巣をとりにつれていってもらった子ども 「子どもの海」 中村小坡脚本;本田幸一絵画 ほるぷ出版(ほるぷの紙芝居-黄金期名作選) 1984年5月

けろ
おとうさんとビーチサンダルのふねにのっていけにもぐったかえる 「けろがのったせんすいかん」 古味正康作・画 教育画劇(おはなしプレゼント) 1986年8月

ケロコ
ひょうたんいけのかえる 「かえるケロスケ」 浅沼とおる作・絵 教育画劇 2006年9月

ケロスケ
ひょうたんいけのすもうたいかいにゆうしょうしてもっとつよくなるたびにでたかえる 「かえるケロスケ」 浅沼とおる作・絵 教育画劇 2006年9月

ケロッパ
なぞなぞまおうにゆうかいされたなかよしのねこのニャンコをいぬのワンタとたすけにいったかえる 「なぞなぞまおうをやっつけて」 大高ゆきお文;尾崎眞吾絵 教育画劇 2004年1月

ゲロリン
めいたんていのニャンタローとなぞなぞじあいをしたかえるのボス 「なぞなぞたんていニャンタロー」 このみひかる作;岩田くみ子画 教育画劇(なぞなぞだいすき) 1992年12月;教育画劇 1988年9月

ゲロリンコ
かっぱのガラッパと二ひきでみずのながれにのって川をくだっていったカエル 「かっぱのすべりだいスーイスーイ」 内山安二作・画 教育画劇 1989年6月

けん
やさいにばけたきつねのやおやさんの三びきのこぎつねたちの一ぴき 「やさいころころやおやさん」 中村美佐子作;黒岩明人画 教育画劇(どうぶつむらのおみせやさん) 1986年4月

ケン
いもうとのナナとふたりではたけにたねをまいてかぶらをそだててまえからほしかったくつをかったおとこのこ 「ピカピカのおくりもの」 クレッドル原作;川田百合子脚本;月田孝吉画 童心社 1985年9月

ケン
はこのなかですてられていたあかちゃんねこにクマタというなまえをつけてあかちゃんのときからつかっているもうふをあげたおとこのこ 「あかちゃんもうふ」 今関信子脚本;鎌田暢子画 童心社(交通安全かみしばい・あぶないっ!きをつけて!) 1993年9月

ゲン
広島で原爆をうけて焼け跡で強く生き抜く少年 「はだしのゲン」 中沢啓治作・絵 汐文社 1991年4月

けん

ゲン(中岡 元)　げん(なかおか・げん)
一九四五年日本がアメリカやイギリスなど多くの国を相手に戦争をしていた頃に広島の街の小学校二年生だった少年　「はだしのゲン第一巻」中沢啓治作・絵　汐文社　1991年4月

ゲン(中岡 元)　げん(なかおか・げん)
一九四五年日本がアメリカやイギリスなど多くの国を相手に戦争をしていた頃に広島の街の小学校二年生だった少年　「はだしのゲン第二巻」中沢啓治作・絵　汐文社　1991年4月

ゲン(中岡 元)　げん(なかおか・げん)
一九四五年八月六日広島の街で原爆にあってお母さんと逃げのびた少年　「はだしのゲン第三巻」中沢啓治作・絵　汐文社　1991年4月

ゲン(中岡 元)　げん(なかおか・げん)
原爆で地獄と化した広島の街で生き抜く少年　「はだしのゲン第五巻」中沢啓治作・絵　汐文社　1991年4月

ゲン(中岡 元)　げん(なかおか・げん)
原爆で地獄と化した広島の街で生き抜く少年　「はだしのゲン第四巻」中沢啓治作・絵　汐文社　1991年4月

けんいち
みんなで学校めぐりをすることになったまっさらぴんの一年生　「おもしろ学校めぐり」高科正信作;黒岩章人画　教育画劇　1992年4月

けんいち
レオがあずけられることになったまちのしょうねん　「ジャングル大帝2 パンジャの森へのまき」手塚治虫原作;手塚プロダクション脚本・画　童心社　1999年6月

けんいち
草原でつかまえた虫のことをしげるとゆみこと三人で図書館へいってしらべてみた男の子　「この虫なんだろう?」山崎哲男脚本;藤本四郎画　童心社　1996年4月

健一　けんいち
広島の街におとされた原子爆弾のためにお母さんが家の下敷きになって死んでしまった少年　「平和のちかい」稲庭桂子作;佐藤忠良画　日本紙芝居幻灯　1952年5月

健一　けんいち
昭和二十年八月六日に広島市に落とされた原子爆弾のために母親が家の下敷きになって死んだ男の子　「平和のちかい」稲庭桂子脚本;佐藤忠良絵画　子どもの文化研究所・稲庭桂子記念事業団　1979年6月

けんいちくん
つみきあそびがだいすきでなかよしのみちこちゃんとふたりでつみきのかたづけをしたおとこのこ　「ひとりでぜんぶやらせてね」清水えみ子脚本;鈴木幸枝画　童心社(げんきななかまシリーズ)　1994年5月

けんぎゅう
天の王さまの牛をおう牛かいでお城のおりひめさまと仲よしになった男 「おりひめとひこぼし」 香山美子文;工藤市郎画　教育画劇　1980年4月

ゲンくん
とうちゃんがさどトキほごセンターのとりのおいしゃさんの男の子 「トキのあかちゃん！」 わしおとしこ文;田中秀幸画　教育画劇　2002年12月

ケンケン
おねえちゃんのあいちゃんとどろだらけになってかえってきてパパといっしょにおふろにはいったおとこのこ 「ドロンコちゃんピカピカちゃん-からだの清潔」 尾崎曜子作・画　教育画劇(保健衛生かみしばい けんこういちばんじょうぶなこ)　1996年10月

げんごろう
ばけものみたいなナスの木をのぼっていってくもの上にいたかみなりさまのしごとをてつだった子ども 「かみなりさまとくわのき」 清水たみ子文;安井康二画　教育画劇　1993年12月;教育画劇　1985年1月

ゲンゴロウ(ゲンちゃん)
おもちゃのヒコーキにのっていてカラスにくわえられてすなやまにおとされたザリガニくんやメダカくんたちをひょうたんいけまではこんであげたゲンゴロウ 「げんきな、げんごろうゲンちゃん」 宮西達也作・画　教育画劇(ちいさな虫のなかまたち)　1991年5月

ゲンゴロウくん
いけのなかにすんでいてじまんのあしでみずのなかをスイスイすばやくおよぐむし 「スイスイゲンゴロウくん」 今森光彦写真・作　教育画劇　2006年5月

ゲンさん
かわにウナギをとりにいってかぜでふきとばされてくものうえまでいったむらびと 「ゲンさんのてんのぼり」 菊池俊脚色;塩田守男絵　教育画劇(日本のユーモア民話)　1993年8月

げんじい
ひとりぼっちの子うさぎサチとなかよしになったおくびょうなとしよりうさぎ 「はるをみつけた」 古山広子脚本;日野多津子画　童心社(美しい心シリーズ)　1980年3月

ゲンじい
いたずらがっぱのカンペイをなんどもつかまえてはゆるしてやったじいさん 「ゲンじいとかっぱ」 平方浩介脚本;福田庄助画　童心社(ゆたかなこころシリーズ)　1991年1月

けんじくん
かみしばいのなかからとびだしてきたおにつかまったおとこの子 「かみしばいおに」 矢玉四郎作・画　教育画劇(ユーモアひろば)　1986年4月

ケンジくん
まい日ようちえんへいっしょにいくーろうくんとせいくらべをしてみたおとこのこ 「つよくなれなれ」 柴野民三作;西村達馬画　教育画劇(ちょうちょシリーズ)　1976年4月

けんし

けんじゅう
いつもなわのおびをしめてむらのあちこちをあるいていつもはあはあとわらっていたおとこ 「けんじゅうこうえんりん(虔十公園林)」 宮沢賢治原作;水谷章三脚本;藤田勝治画 童心社(宮沢賢治かみしばいの森) 1996年5月

けんた
えんでひょうばんのふしぎなきょうりゅうのえほんをやっとかりられたおとこのこ 「きょうりゅうがでたりきえたり」 うすいしゅん作・画 教育画劇(ユーモアひろば) 1991年2月

けんた
かばさんとおなじバナナぐみになったおとこのこ 「バナナぐみにかばさんがきた」 岡信子作;津田直美画 教育画劇(バナナぐみシリーズ) 1989年5月

けんた
さくらぐみのみんなとでんしゃみたいにくるまのついたはこぐるまをおしてあそんだおとこのこ 「はしれ、げんきごう」 太田恵美子脚本;渡辺安芸夫画 童心社(健康紙芝居・げんきなこども) 1983年3月

ケンタ
ほいくえんのにわにあるちいさなはたけにみんなとダイコンのたねをまいてそだてたおとこのこ 「ぼくたちのだいこん」 丘修三脚本;高橋透画 童心社 1995年11月

ケンタ
もうすぐママにあかちゃんがうまれておにいちゃんになるのでなんだかとってもへんなきもちのおとこのこ 「ぼくのきもち」 三好冨美子脚本;藤本四郎画 童心社 1991年8月

けんたくん
あさおきていっぱい「おはようございます」ってあいさつしたおとこのこ 「おはようがいっぱい」 しばはらち作・画 教育画劇(みんなもいっしょにね) 1994年1月

けんたくん
いたずらをしたりかっこよくみせようとしたりしてけがばかりしているおとこのこ 「けが、けが、けんた」 関山みどり脚本;尾崎曜子画 童心社(かみしばいこんなとききをつけようネ!) 1991年9月

けんたくん
おとうさんがつくったタイムマシンにのってみんなできょうりゅうのいたころにいってみた男の子 「がんばれ！きょうりゅうステゴサウルス」 伊東章夫作・画 教育画劇 1996年5月

けんたくん
がくしゃのおじいさんのけんべえさんといっしょにとおいがいこくへたんけんにいったおとこのこ 「けんたのたんけん」 かこさとし作・画 童心社 1987年6月

けんたくん
このごろきゅうにおおきくなったおとうとのこうちゃんみたいにせがたかくなりたくておとうとのまねっこばかりしたおとこのこ 「まねっこけんたくん」 岡信子作;岡村好文画 教育画劇(からだのおはなし) 1985年4月

けんちゃん
あさえんにきてちゃんとしまつをしないのでかえるときにかばんもぼうしもみつからなくなってしまったおとこのこ 「さがしてさがして」 清水えみ子脚本;高橋透画 童心社(けんちゃんシリーズ) 1978年4月

けんちゃん
あついひにおかあさんにいわれてぼうしをかぶったがじゃまになってぼうしをかきねのうえにおいていったおとこのこ 「けんちゃんのぼうし」 篠塚かをり原作;後藤楢根脚色;こせきはるみ画 教育画劇(わたしのはじめてのかみしばい こんにちは) 1990年1月

けんちゃん
あめの日にきいろいレインコートをきてそとへいっておそろいのレインコートをきたりすさんやうさぎさんやぞうさんにあったおとこのこ 「みんなおそろい」 八木田宜子作;多田ヒロシ画 童心社(こぐまシリーズ) 1973年5月

けんちゃん
いぬのジョンもつれていってともだちとはらっぱでやきゅうをしていたらじしんにあったおとこの子 「たすかったジョン」 田口俊雄作;水沢研画 教育画劇(よいこの地震紙芝居ぐらぐら) 1981年4月

けんちゃん
えのぐあそびをしていたふでのしずくからうまれたえのぐのこびとエノッグといっしょにあそんだおとこのこ 「こびとのエノッグ」 小宮山洋夫・早坂忠之原案;織本瑞子脚本;早坂忠之画 童心社(造形教育かみしばい) 1979年3月

けんちゃん
えんのどうぶつたちになまえをよんであげなかったのでしらんかおされたおとこのこ 「なまえよんでくれた」 清水えみ子脚本;久保雅勇画 童心社(よいこの12か月) 1986年4月

けんちゃん
おおきなあしあとをみつけてだれのあしあとだろうとおもったおとこのこ 「あしあとだあれ」 角野栄子脚本;和歌山静子画 童心社(童心社の紙芝居 げんきななかまシリーズ) 1994年4月

けんちゃん
おかあさんに「とおいからあそびにいっちゃだめよ」といわれている神社にあそびにきて雨がふってきてかえれなくなった男の子 「雨の日のおまじない」 宮本えつよし作・画 教育画劇(あたらしい交通安全紙芝居) 1997年6月;教育画劇 1990年1月

けんちゃん
おとうさんとおかあさんとキャンプにきておとうさんからむかしの人のはみがきのしかたをおしえてもらったおとこの子 「むかしむかしのハブラシは?-ハミガキのはじまり」 塩田守男作・画 教育画劇 1991年5月

けんちゃん
おもちゃのダンプくんをそとにわすれていったおとこのこ 「アマガエルまめた」 わしおとしこ脚本;遠山繁年絵 童心社(ともだちだいすき) 2004年6月

けんち

けんちゃん
おんなじなまえでおんなじとしなのにからだの大きなけんちゃんみたいにとってもなりたいとおもったおとこのこ 「とってもとってもなりたいな」 清水えみ子作；にいざかかずお画　童心社(よいこの十二か月)　1975年5月

けんちゃん
かみなりがなってよるにでんきがつかなくなってローソクのへやでねたおとこのこ 「よる、ぼくのへやで…」 藤田勝治脚本・画　童心社　1992年7月

けんちゃん
からいあじのカレーライスをたべたおとこのこ 「どんなあじ？」 ひろかわさえこ脚本・絵　童心社(あかちゃんからの食育かみしばい ぱくぱくもぐもぐ)　2008年9月

けんちゃん
かわったおともだちが3にんいるおとこのこ 「なきむしくん」 宮本えつよし作・画　教育画劇　2004年5月

けんちゃん
こうえんにあそびにきてなわとびやおままごとにいれてもらったおとこのこ 「いーれーて！」 礒みゆき脚本・絵　童心社　2009年2月

けんちゃん
さーくんたちとおやつえんそくにいったともだちのおとこのこ 「へっちゃらさーくんのおやつえんそく-食品衛生」 相沢るつ子作・画　教育画劇(保健衛生かみしばい)　1996年10月

けんちゃん
さかなのペットをかっているさかなやのおとこのこ 「やさいペット」 宮本えつよし作・画　教育画劇　1994年11月

けんちゃん
じゃんけんがだいすきなのにふしぎなことにいつもおにいちゃんにまけてしまうおとこのこ 「じゃんけんけんちゃん」 辻邦脚本；鈴木幸枝画　童心社(童心社の紙芝居 げんきななかまシリーズ)　1992年3月

けんちゃん
たいいくのひにおうちのぬいぐるみたちといっしょにぬいぐるみのうんどうかいにいったおとこのこ 「たいいくのひだいすき！」 宮本えつよし作・絵　教育画劇　2007年9月

けんちゃん
ちいさいときにたかいねつがでてかたほうのあしがよくうごかなくなってしまったなきむしのおとこのこ 「けんちゃんなかよしになろう」 羽田竹美脚本；西村繁男画　童心社(よいこの12か月)　1981年6月

けんちゃん
チョウやコイやカエルやほかのどうぶつたちにあめがふってくるのをおしえられたおとこのこ 「どうぶつのてんきよほう」 杉浦宏脚本；やべみつのり画　童心社　1995年6月

けんちゃん
ちょっとおちゃめな気だてのいいきつねさんといつも原っぱで遊んでいる元気な男の子 「けんちゃんあそびましょう」藤田圭雄作;小谷野半二画 教育画劇(幼児の空想力と美しい心を育てるシリーズ) 1969年7月

けんちゃん
つるつるのこいしがおきにいりのおとこのこ 「おきにいりなあに？」清水えみ子脚本;山本まつ子画 童心社 2000年3月

けんちゃん
てをあらわなかったのでばいきんたちがどんどんそのてにやってきたおとこのこ 「ばいきんバイバイ！」仲川道子作・画 童心社(バイキンなんかにまけないぞ!) 1996年9月

けんちゃん
どうろにきゅうにとびだしてダンプカーにひかれそうになった三人ぐみのおとこの子 「あぶないあそび」高瀬慶子作;小谷野半二画 童心社(かみしばい交通安全シリーズ) 1985年6月

けんちゃん
ときのきねん日に森のどうぶつたちと早おききょうそうをした男の子 「あさなのにまっくら」安田浩作;ながよしかよ画 教育画劇(あたらしい行事紙芝居) 1991年3月

けんちゃん
となりのまーちゃんとかたっぽずつになったくつしたで人形をつくってあそんだ男の子 「くつしたげきじょうはじまりはじまり」相沢るつ子作・画 教育画劇 1992年4月

けんちゃん
ともだちみんなとしゃぼんだまをつくってあそんだおとこのこ 「ちがうのちがうの」清水えみ子脚本;高橋透画 童心社 1978年7月

けんちゃん
なかよしのまさちゃんのあたらしいじてんしゃにのせてもらってトラックにぶつかってしまったおとこの子 「まさちゃんのじてんしゃ」高橋系吾作;和田義三画 教育画劇(交通安全紙芝居) 1990年3月

けんちゃん
なきだしたらいつだってとまらないおとこのこ 「なみだおに」あまんきみこ原作;高橋清一脚本;一條めぐみ画 童心社 1998年2月

けんちゃん
なぜ節分にまめまきをするのかおばあさんにきいてみた男の子 「むかしむかしおにがきた」清水たみ子作;安井康二画 教育画劇(あたらしい行事紙芝居) 1990年8月

けんちゃん
ひろいのはらでちこちゃんとであっていっしょにあそんだおとこのこ 「おでこのこぶたん」鶴見正夫作;八木信治画 教育画劇(ともだちシリーズ) 1986年1月

けんち

けんちゃん
ふじさんのえをかいたおおきなたこがかぜにのってながされていってしまったのにある日なんきょくのそらにあがっているのをテレビでみたおとこのこ 「けんちゃんのたこ」 久保雅勇脚本・画 童心社(よいこの12か月) 1985年1月

けんちゃん
ボールをポーンとけったおとこのこ 「ボールをポーン!」 なとりちづ脚本・画 童心社(みんなであそぼ) 1996年9月

けんちゃん
ボタンとおはなししながらボタンをとめようとしていたおとこのこ 「ボタンちゃん」 高橋道子脚本;仲川道子画 童心社(ひまわりシリーズ) 1983年4月

けんちゃん
ほんもののパトカーにのりたいなとおもっていたおとこのこ 「それゆけパトカー」 神戸淳吉作;椎野利一画 教育画劇(のりものだいすき) 1986年1月

けんちゃん
ママがてんぷらをしていてなべからはなれたときになべに火がついてしまったのをみつけたおとこのこ 「ぼくのてんぷらもえちゃった!-天ぷら油の危険」 宮本えつよし作・画 教育画劇(かじだ!そのときどうする?) 1997年1月

けんちゃん
みちでじどうしゃにひかれそうになっていたとってもちいさなこいぬをひろってえんにつれていったおとこのこ 「こいぬのペチ」 川田百合子作;金沢佑光画 童心社(よいこの12か月) 1984年10月

けんちゃん
みんなとおにごっこをしてあそんでいてころんでひざからちがでたおとこのこ 「ちちちマン」 細谷亮太脚本;高橋透絵 童心社(かみしばい からだってすごい!) 2003年8月

けんちゃん
ようちえんのみんなとやまのぼりにいったひにとしうえのかずくんとどんどんやぶのなかにはいってしまったおとこのこ 「いなくなったふたり」 髙橋道子脚本;山内恵美子画 童心社(きちんとするのだいすき) 1985年9月

ケンちゃん
のりもののおばけのパルくんがばけたくるまやバスやひこうきにのせてもらったおとこのこ 「のりものおばけのパルくん」 毛利綾作・画 教育画劇(はじめまして!おばけです) 1998年1月

ケンちゃん
バナナがだいすきでバナナのくにのバナナンひめをたすけにいったおとこの子 「バナナのくにのバナナンひめ」 加藤晃作・画 教育画劇 1991年9月

ケンちゃん
ひとりでおるすばんをしているときおにわにしらない男の人がきてこわくなった男の子 「ケンちゃんのおるすばん」 佐藤ノブ子原作;後藤楢根脚色;滝波実画 教育画劇(よいこの生活童話ぼくにもできたよ) 1979年7月

ケンちゃん
ふとんにもぐるのが大すきでトンネルをほってふとんやまののはらにいってみんなとあそんだおとこの子 「ふとんやまとトンネル」 那須正幹作;長野ヒデ子画 教育画劇(ユーモアひろば) 1986年5月

ケンちゃん
めがみえないおばあちゃんといっしょにデパートへいったおとこのこ 「おばあちゃんとレッツゴー」 宮﨑二美枝脚本;箕田美子画 童心社(ゆたかなこころシリーズ) 1993年10月

ケンちゃん
ゆりちゃんのえんのともだちでお母さんがしんでしまっていないおとこのこ 「母の日のおばあちゃん」 宮﨑二美枝脚本;藤本四郎画 童心社 1995年5月

ケンちゃん
十五夜さんにおばあさんにお月さんとうさぎさんのおはなしをしてもらったなかよし三人の男の子 「おつきさまとうさぎ-十五夜の夜話」 菱田かづこ作;いもとようこ画 教育画劇(あたらしい行事紙芝居) 1995年3月

ゲンちゃん
おもちゃのヒコーキにのっていてカラスにくわえられてすなやまにおとされたザリガニくんやメダカくんたちをひょうたんいけまではこんであげたゲンゴロウ 「げんきな、げんごろうゲンちゃん」 宮西達也作・画 教育画劇(ちいさな虫のなかまたち) 1991年5月

ゲンちゃん
かわのきれいなみずのちかくにすんでいるゲンジボタル 「ゲンジボタルのゲンちゃん」 今森光彦写真・作 教育画劇 2006年5月

ケンちゃんとサブちゃん
みちのまんなかにおちていたひもをみつけたなかよしのふたりのおとこのこ 「ひもが一ぽん」 白濱杏子作;高瀬のぶえ画 教育画劇(かわいい八つのおはなし) 1992年11月

ゲンナさん
ふねにのってうみをわたっていてさめにのみこまれたおぼうさんでおいしゃさんのひと 「さめにのまれたゲンナさん」 やすいすえこ文;はたよしこ画 教育画劇 2002年5月

けんのすけ
やまのなかのにんじゃえんのえんちょうせんせいのたんじょうびにとくいのにんぽうをみせたこどもたちのひとり 「ちんげんさいせんせいのおたんじょうび」 なかむらとおる作;中村陽子画 教育画劇 1997年11月

ケンパ
ふゆにはしろいけをしていてはるになるとしろいけがぬけてだんだんちゃいろいけにかわるのうさぎ 「のうさぎケンパ」 わしおとしこ作;秋草愛絵 教育画劇 2005年9月

けんべえさん
けんたくんのおじいさんでむかしのことやふるいものをしらべるがくしゃ 「けんたのたんけん」 かこさとし作・画 童心社 1987年6月

けんほ

けんぼう
こばとえんのそつえんしきにやってきたおばけたちにきねんにみんなとおばけのくにへあんないされたおとこのこ 「ばけばけ5」 前川かずお作・画　童心社　1976年3月

けんぼう
チューリップぐみーばんのあばれんぼうだがちゅうしゃが大きらいでちゅうしゃのたんびににげまわるおとこの子 「けんぼうとちゅうしゃ」 柳瀬由里子作;野々口重画　教育画劇(健康とユーモアぺろぺろんシリーズ)　1977年6月

源六　げんろく
高利貸の借金に苦しめられ秩父国民党に仲間入りした埼玉県秩父郡下吉田村の農民 「自由の旗」 山下國幸作;梶鮎太絵　汐文社(紙芝居日本の歴史22)　1988年12月

【こ】

コアジサシ
五つのかいがんにやってきてすなはまにすをつくったコアジサシのおとうさんとおかあさんとうまれてきたひなたち 「コアジサシのおやこ」 国松俊英作・画　童心社(美しい心シリーズ)　1980年7月

コアラ
ユーカリの木からいぬのポインくんのうえにおちてきたコアラのあかちゃん 「コアラくんおきて!」 田沢梨枝子作・画　教育画劇(コアラちゃんシリーズ)　1985年4月

コアラ(こーちゃん)
ママのおなかのふくろからでてきたばかりのコアラのあかちゃん 「コアラのこーちゃん」 かとうようこ作・絵　教育画劇　2005年9月

こい
びんぼうなわかものにたすけてもらったおんがえしにむすめのすがたになってわかもののよめになったこい 「こいのおんがえし」 水谷章三脚色;黒谷太郎画　NHKサービスセンター(名作民話おはなし広場)　1984年1月

子犬　こいぬ
おかあさん犬がうんだ六ぴきの子犬のうちなまえをつけるのをわすれられていた二ひきの子犬 「ななしの子いぬ」 柴野民三作;石川雅也画　教育画劇(おたんじょう日のかみしばい)　1975年3月

子いぬさん(いぬ)　こいぬさん(いぬ)
あめがふっておへやでボールがみをあわせてすきなものを作ったえんのどうぶつたちの子いぬさん 「にじのいろってどんないろ?」 古寺伸竹作;奥田怜子画　教育画劇(ちいさなちいさなおはなし)　1979年7月

こいのぼり
こどもたちがえんそくにいってしまったのでじぶんもえんそくにいくことにしたしろばらほいくえんのこいのぼり 「こいのぼりのえんそく」 山口勇子作;石川雅也画　教育画劇　1980年2月

こういち
さくらぐみのみんなとでんしゃみたいにくるまのついたはこぐるまをおしてあそんだおとのこ 「はしれ、げんきごう」 太田恵美子脚本；渡辺安芸夫画 童心社(健康紙芝居・げんきなこども) 1983年3月

こういちくん
あたらしいえんにはいってあたらしいともだちにたくさん会ったおとこのこ 「げんきなこうちゃん1 あたらしいともだち」 堀尾青史脚本；久保雅勇画 童心社(げんきななかまシリーズ) 1990年5月

こういちくん
えんのげきあそびのはっぴょうかいでももたろう一ごうになったおとこのこ 「げんきなこうちゃん4 みんなでげきあそび」 堀尾青史脚本；久保雅勇画 童心社(げんきななかまシリーズ) 1991年1月

こういちくん
おともだちとえんのすなばに水をまいてあそんだおとこのこ 「げんきなこうちゃん2 たのしいな！すなあそび」 堀尾青史脚本；久保雅勇画 童心社(げんきななかまシリーズ) 1990年7月

こういちくん
おともだちとぼうけんパークにえんそくにいったおとこのこ 「げんきなこうちゃん3 ともだちばんざい」 堀尾青史脚本；久保雅勇画 童心社(げんきななかまシリーズ) 1990年10月

こういちくん
ケーキやのチョコレートのおしろがおさまっているショーウインドウのガラスをわったはんにんと思われた男の子 「チョコレートせんそう」 大石真作；伊藤海彦文；高畠博樹画 NHKサービスセンター(創作童話) 1977年1月

幸吉　こうきち
あおいうみにぽつんとかぶちいさなしまでくらすくじらとりのめいじんとうきちのこども 「くじらのしま」 新美南吉原作；堀尾青史脚本；穂積肇画 童心社(童心社のベスト紙芝居) 1989年9月

幸吉　こうきち
山形盆地で紅花をつくっている村の百姓の娘そのの幼なじみで山形の紅花問屋大屋の手代 「紅花の里」 山下國幸作；伊藤和子絵 汐文社(日本の歴史17) 1987年12月

こうくん
からすにやられていたたぬきのこどもをじゅんくんとふたりでこうばんへつれていってたすけた男の子 「たぬきのぽんたげんきでやれよう」 今関信子作；西村達馬画 教育画劇 1994年5月

こうじ
おにいちゃんのしんやといっしょにストーブのそばでかみひこうきのとばしっこをしていたおとこのこ 「あぶないねひこうききょうそう－石油ストーブによる火事」 岡信子作；西村達馬画 教育画劇(かじだ！そのときどうする？) 1997年1月

こうし

こうじ
ごろうとおいなりやまにいってこぎつねといっしょにおやまをつくってあそんだおとこのこ 「みんなでつくったつちのやま」 高橋さち子作;和歌山静子画 童心社(美しい心シリーズ) 1979年7月

浩二　こうじ
ゲンのお兄さん 「はだしのゲン第二巻」 中沢啓治作・絵 汐文社 1991年4月

こうしちゃん(うし)
大きくなっておかあさんのおっぱいだけのんでいるのがはずかしくなってたべものをさがしにまきばへいったこうし 「こうしちゃん」 堀尾青史作;久保雅勇画 童心社(こぶたシリーズ) 1984年6月

こうすけくん
チューリップこうえんできんじょの子たちとみんなであそんだ男の子 「チューリップこうえんへあつまれ！」 いしばししずこ作;高橋透画 教育画劇 1992年4月

こうすけさん
お母さんと二人きりでまずしいけれどしあわせにくらしていたこうこうむすこでゆめの中にあらわれたおじいさんからお金が出てくるふしぎなげたをもらった人 「たからのげた」 石山透脚色;福田岩緒画 NHKサービスセンター(名作民話おはなし広場) 1984年1月

コウタ
村の子どもたちみんなで村ではしばらくやってないオサイドという火まつりをすることにした男の子 「火まつりのおか」 佐々木悦脚本;久米宏一画 童心社 1990年5月

こうちゃん
いえにむかしのとのさまみたいにひげをはやしていばっているおじいちゃんがいるおとこのこ 「おじいちゃんはとのさま」 西本鶏介作;勝又進画 教育画劇(たんぽぽシリーズ) 1982年9月

こうちゃん
いろがみをきっておかねをつくってモモちゃんとおみせやさんごっこをしたおとこのこ 「モモちゃんのおみせやさん」 松谷みよ子脚本;鈴木未央子画 童心社(松谷みよ子かみしばい・ちいさいモモちゃん3) 1969年12月

こうちゃん
おかあさんにつくってもらったおべんとうをもってどうぶつえんにいったおとこのこ 「おなかがすいたどんどんたべろ」 杉浦宏脚本;藤本四郎画 童心社(よいこの12か月) 1990年2月

こうちゃん
おもちゃのでんしゃのでんちゃんといっしょにえきのたんけんをしたおとこのこ 「でんちゃんとマークでゴー！-駅でみるマーク」 宮本えつよし作・画 教育画劇(みんなしってる?ひょうしき・マークの紙芝居) 2000年1月

こうちゃん
けんたくんのこのごろきゅうにせがのびたおとうと 「まねっこけんたくん」 岡信子作;岡村好文画 教育画劇(からだのおはなし) 1985年4月

こうちゃん
じどうしゃにのってくものうえへいきおほしさまのそばまでいったおとこのこ 「こうちゃんのじどうしゃ」 松谷みよ子脚本；村上康成絵 童心社 2002年4月

こうちゃん
らんぼうばかりしているのでみんなからなかまはずれにされてしまったようちえんのおとこのこ 「こうちゃんあそぼうよ」 小林純一脚本；藤田勝治画 童心社(かみしばい・きちんとするのだいすき) 1988年4月

コウちゃん
なかよしのモモちゃんといっしょにゆめのなかでどうぶつえんにいったおとこのこ 「モモちゃんどうぶつえんへいく」 松谷みよ子脚本；土田義晴画 童心社(げんきななかまシリーズ) 1993年10月

コウちゃん
なかよし三人ぐみのタッちゃんとユリちゃんとでんしゃごっこをしてあそんだおとこの子 「はっしゃオーライ」 大熊義和作；夏目尚吾画 教育画劇(ミミちゃんシリーズ) 1982年8月

ごうちゃん
たちいりきんしのこうじげんばのなかにはいっていって大きなあなのなかにおちてしまったおとこのこ 「あきちのぼうけん」 都丸つや子脚本；藤本四郎画 童心社(こんなときをつけようネ!) 1991年9月

こうちゃん(こういちくん)
あたらしいえんにはいってあたらしいともだちにたくさん会ったおとこのこ 「げんきなこうちゃん1 あたらしいともだち」 堀尾青史脚本；久保雅勇画 童心社(げんきななかまシリーズ) 1990年5月

こうちゃん(こういちくん)
えんのげきあそびのはっぴょうかいでももたろうーごうになったおとこのこ 「げんきなこうちゃん4 みんなでげきあそび」 堀尾青史脚本；久保雅勇画 童心社(げんきななかまシリーズ) 1991年1月

こうちゃん(こういちくん)
おともだちとえんのすなばに水をまいてあそんだおとこのこ 「げんきなこうちゃん2 たのしいな!すなあそび」 堀尾青史脚本；久保雅勇画 童心社(げんきななかまシリーズ) 1990年7月

こうちゃん(こういちくん)
おともだちとぼうけんパークにえんそくにいったおとこのこ 「げんきなこうちゃん3 ともだちばんざい」 堀尾青史脚本；久保雅勇画 童心社(げんきななかまシリーズ) 1990年10月

皇帝　こうてい
中国の山おくの村でうつくしい花ぬのをおっていたむすめホワピェンをさらってみやこのきゅうでんにつれてこさせた皇帝 「花ぬのむすめ」 ときありえ脚本；尾崎曜子絵 童心社(ともだちだいすき) 2003年8月

こうへ

こうへい
おじいちゃんからどうぶつのからだのなかのほねがすけてみえるかわっためがねをもらったおとこのこ 「がいこつめがね-丈夫なほねをつくる」 藤本ともひこ作・画 教育画劇 1998年5月

こうま(うま)
ともだちのいたずらたぬきがばけたスキーにのったこうま 「スキーすき？きらい？」 東川洋子作；きよしげのぶゆき画 教育画劇 1990年1月

子うま(うま)　こうま(うま)
めのみえないちょうちょといっしょにお花ばたけへいった子うま 「めのみえないちょうちょ」 大熊義和作；馬場爽脚色；岩本圭永子画 教育画劇(ちょうちょシリーズ) 1976年7月

コオちゃん
クリスマス・プレゼントにいぬがほしくてまちへサンタ・クロースのおじさんをさがしにいったおとこのこ 「クリスマスのこいぬ」 堀尾青史脚本；鈴木琢磨画 童心社(童心社の紙芝居 クリスマスものがたり) 1988年11月

小おに(おに)　こおに(おに)
えんまさまにいいつけられておそなえものの少ないまずしいお百しょうをひどいめにあわせようとした小おに 「おひゃくしょうとエンマさま」 石山透脚色；深沢省三画 NHKサービスセンター(NHKかみしばい 世界の昔ばなし) 1982年1月

コオロギ
あきのよるにスズムシとマツムシとクツワムシといっしょにうたをうたったコオロギ 「ぼくらはむしのがっしょうだん」 今森光彦写真・作 教育画劇 2006年5月

こぐちゃん
つみ木でこしらえたじどうしゃにのってお山から下のまちへいったじどうしゃのだいすきなこぐま 「こぐまのこぐちゃん」 堀尾青史作；富永秀夫画 童心社(こぐまシリーズ) 1973年5月

こぐま(くま)
きょうがだいじなにゅうえんしきのこぐま 「きょうはだいじなだいじなひ」 岡信子作；田中恒子画 教育画劇(おはなしいっぱい) 1987年4月

こぐま(くま)
はるがきたのでやまのあなからでてかわぎしにきたこぐま 「しりたがりやのこぐま」 ビアンキ原作；堀尾青史脚本；安泰画 童心社(美しい心シリーズ) 1978年3月

こぐま(くま)
ホットケーキをひとりでたべるよりおともだちといっしょにたべるほうがたのしいなとおもったこぐま 「だれがあそびにきたのかな」 矢崎節夫作；津田直美画 教育画劇 1996年1月

こぐまさん
さかなつりをしてつったさかなをかごごともっていったはんにんをいぬさんといっしょにさがしにいったこぐま 「とったのはだあれ？」 桜井信夫脚本；古屋洋絵 童心社 1983年11月

こぐまさん（くま）
みちにおちていたおいしそうなケーキのえをみているうちにほんとうにケーキがたべたくなった三びきのこぐまさん 「三びきのこぐまとケーキ」 村山籌子原作；村山亜土脚本；村山知義絵 童心社（村山籌子幼年かみしばい） 2002年5月

こぐまのきょうだい（くま）
おうちにかえるみちがわからなくなっておとなりのにわとりさんにきこうとした三びきのこぐまのきょうだい 「三びきのこぐまとひよこ」 村山籌子原作；村山亜土脚本；村山知義絵 童心社（村山籌子幼年かみしばい） 2002年5月

こくりせんせい
にんじゃの月かげと丸かげのせんせい 「ねこのちゃわんで大さわぎ」 宇野克彦作；中沢正人画 教育画劇 1997年11月

コケコさん
アイスクリームのアイスくんにめうしのチッチーさんとみつばちのハチミさんとさんにんでいもうとをつくってあげたにわとり 「アイスくん」 山福朱実作・絵 教育画劇 2006年1月

ココ
みなみのちいさなしまにすみなかよしのイルカのピーといつもいっしょにあそんでいるおとこのこ 「イルカのピー」 渡辺享子脚本・絵 童心社（ともだちだいすき） 2006年8月

ココ
みんなで森へあそびにいったときに木のぼりがおもしろくてやくそくのかねがなってもうちにもどらなかったこぎつね 「やくそくのかねがなったら－小学生の道徳2年」 鬼塚りつ子作；新堂圭子画 教育画劇 1996年4月

こじかくん（しか）
よなかねているあいだにあたまにかたいこぶがふたつもできていたこじかくん 「こじかくんのこぶじけん－ぼくはわんきちたんてい」 田口俊雄作；加藤晃画 教育画劇（ぞうさんシリーズ） 1981年1月

ごしきのシカ（シカ）
むかしインドの山おくにすんでいたからだにごしきのけがはえていたふしぎなシカ 「五色のしか－宇治拾遺物語より」 鈴木徹脚本・画 童心社（童心社のかみしばい ゆたかなこころシリーズ） 2000年2月

ゴーシュ
町のオーケストラのなかでいちばんへたなセロひき 「セロひきのゴーシュ」 宮沢賢治原作；堀尾青史脚本；池田仙三郎画 童心社（かみしばい宮沢賢治童話名作集） 1966年3

こじゅうろう
むかしなめとこ山あたりにいたくまをかたっぱしからとったてっぽううち 「なめとこ山のくま（前編）（後編）」 宮沢賢治原作；諸橋精光脚本・画 童心社（童心社紙芝居傑作選） 1993年1月

コスモスさん
かけっこが大きらいでうんどうかいでいつもびりのたぬきのポンタをおうえんしてくれたのはらのコスモスさんたち 「ポンタとコスモスのうんどうかい」 加藤晃作・画 教育画劇（きれいな花いっぱい） 1990年9月

こそう

こぞう
しょうがつのあさにみたすてきなはつゆめをだれにもはなそうとしなかったのではらをたてたとのさまにはこづめにされてうみへながされてしまったこぞう「ゆめみこぞう」若林一郎脚本;藤田勝治画 童心社(紙芝居セレクションむかしむかし) 2003年5月;童心社(美しい心シリーズ) 1986年12月

こぞう
山へくりひろいにいってやまんばにおいかけられたおてらのこぞう「たべられたやまんば」松谷みよ子作;二俣英五郎画 童心社 1992年1月;童心社(童心社のベスト紙芝居) 1984年2月

こぞうさん
ある日山へ花をとりに行っておそろしいおにばばに食べられそうになったお寺のこぞうさん「三枚のおふだ」石山透脚色;福田庄助画 NHKサービスセンター(NHKかみしばい 日本の昔ばなし) 1982年1月

こぞうさん
おしょうさんにえらいぼうさんがたくさんくるあつまりにつれていかれてなんでもじぶんのするとおりにするようにいわれた三人のこぞうさん「いもころがし」川崎大治作;前川かずお画 童心社(かみしばい 日本むかしむかし) 1977年8月

こぞうさん
おてらのおしょうさんになんでもわしのするとおりにするようにといいきかせられてそとのあつまりにいったこぞうさん「いもころがし」川崎大治作;前川かずお画 童心社(かみしばい 日本むかしばなし) 1977年8月

こぞうさん
とてもくいしんぼうでけちんぼのおしょうさんのるすにおそなえもののぼたもちをたべてしまったこぞうさん「ぼたもちをくったほとけさま」やすいすえこ文;ひらのてつお画 教育画劇 1997年4月

こぞうさん
むかしお寺に食いしんぼうで少しけちんぼうのおしょうさんとすんでいた三人のこぞうさん「おしょうさんとこぞうさん」筒井敬介脚色;若菜珪画 NHKサービスセンター(名作民話おはなし広場) 1984年1月

こぞうさん
山へ大すきなくりをひろいにいってこわいやまんばにおいかけられたおてらのこぞうさん「やまんばと三まいのおふだ(前編)(後編)」花井巴意文;福田岩緒画 教育画劇 1987年8月

こぞうさん(ねこおしょう)
おきょうのべんきょうよりねこのえをかくことがだいすきだったのでおてらをおいだされてしまいあれ寺にたどりついたこぞうさん「ねこおしょう」桜井信夫脚本;篠崎三朗画 童心社(ゆたかなこころシリーズ) 1990年1月

こたろう
なくなったちちが火の山にうめたというたからをとりにいったさむらいのこども「ゆくぞこたろうあらしをこえて(前編)(後編)」堀尾青史脚本;田代三善画 童心社 1978年12月

こたろう
ふかーいやまのおくにあったまずしいむらでゆきのころになるとこめをうばいにやってくるおにとたたかったこども 「おにとこたろう」 青柳ひろ江原作;佐々木悦脚本;久米宏一画 童心社(よいこの12か月) 1985年1月

小太郎　こたろう
むかししなのの国のちいさなむらにいたおとこのこでいもうとの小夜をさらっていったくろくものばけものをおいかけていったちからのつよいこども 「小太郎のばけものたいじ」 桐澤久美脚本;岡野和絵 童心社(ともだちだいすき) 2008年11月

こーちゃん
ママのおなかのふくろからでてきたばかりのコアラのあかちゃん 「コアラのこーちゃん」 かとうようこ作・絵　教育画劇 2005年9月

コーちゃん
リサちゃんにせんたくやさんにつれていかれたときにポケットがほしくなってポケットにするきれをさがしにいったぬいぐるみのくま 「コーちゃんのポケット」 ドン・フリーマン作;八木田宜子脚本　ほるぷ出版(世界のおはなしシリーズ) 1998年9月

コックさん
ひげをぴんとたててくちはむーっとむすんでごきげんのわるいコックさん 「ごきげんのわるいコックさん」 まついのりこ脚本・画　童心社(とびだすせかい) 1985年6月

コッコ
おかのうえのうちにこしてきたたろうがとばしたかみひこうきをのはらでひろっためんどり 「かみひこうきはだいじなてがみ」 松野正子脚本;鎌田暢子画　童心社(童心社の紙芝居 げんきななかまシリーズ) 1995年1月

コッコおばさん
あついなつのよるおばけたちにてつだってもらってつめたいものをつくったおりょうりがだいすきなにわとりのおばさん 「コッコおばさんのおばけのアイスクリーム」 仲川道子脚本・画　童心社 1998年8月

コッコおばさん
おりょうりがだーいすきなにわとりのおばさん 「コッコおばさんのうれしいおでんわ」 仲川道子脚本・画　童心社(童心社のかみしばい) 1999年1月

コッコおばさん
もりのなかにあったいつもどうぶつたちでまんいんのおいしいレストランのめんどりのおばさん 「コッコおばさんのおいしいレストラン」 仲川道子脚本・画　童心社 1995年5月

コッコおばさん
やおやでかったおおきなすいかをころがしてかえろうとしてかわにおとしてしまったにわとりのおばさん 「コッコおばさんのおおきなすいか」 仲川道子脚本・絵　童心社(ともだちだいすき) 2000年7月

コッコさん
めのまえにみたことのないおおきなたまごがおちてきてびっくりしたニワトリ 「びっくりたまごはだれのもの？-たまごの大きさ」 中村美佐子作;毛利将範画　教育画劇 1997年8月

こつこ

コッコちゃん
おともだちのコンちゃんとコンタくんとばけるれんしゅうをしたきつね 「ばけばけ～どん！」 谷地元雄一脚本；夏目尚吾絵　童心社(2・3歳児のふれあいあそび ことばとからだであそぼう!)　2004年9月

コッペル
山のおくからふもとの町へざいもくをはこんでいたちいさなきかんしゃ 「ちいさなきかんしゃ」 池田善郎作；津田光郎画　童心社(童心社のベスト紙芝居)　1988年4月

ゴテルばあさん
うつくしいむすめラプンツェルをもりのおくのとうにとじこめたまほうつかいのばあさん 「ながいかみのラプンツェル(前編)(後編)」 グリム原作；桜井信夫脚本；伊藤悌夫画　童心社　1994年1月

後鳥羽上皇　ごとばじょうこう
鎌倉攻めの院宣を下した上皇 「いざ鎌倉」 志村毅一案；上地ちづ子作；こさかしげる絵　汐文社(紙芝居 日本の歴史11)　1987年12月

こども
えっちゃんがかきの木のしたでままごとをしているときに木かげのひかりのもようのひとつひとつからとびだしてきたちいさなオレンジいろのこどもたち 「すてきなおきゃくさん」 あまんきみこ脚本；アンヴィル奈宝子絵　童心社(ともだちだいすき)　2001年6月

こども
えんのはたけにだいこんのたねをまいてそだてたマリーゴールドぐみのこどもたち 「だいこんできた！」 ひらお幼児教室脚本；藤本四郎画　童心社　1992年10月

こども
おとうさんがつってきたさかなをつかっておかあさんにおでんをつくってもらったこどもたち 「へんしんおでん」 青山友美作・絵　教育画劇　2006年1月

こども
およようふくをきるこども 「およようふくきようね」 木曽秀夫作・画　教育画劇　1999年8月

こども
かぜのかみさまのしっぽにのってあそびにつれていってもらったむらのこどもたち 「かぜのかみとこども」 渋谷勲脚本；わかやまけん画　童心社(童心社のベスト紙芝居第6集おもしろ民話選)　1990年2月

こども
ぎゅうにゅうびんやジュースのかんをつかってみんなでおひなさまをつくったひまわりぐみのこどもたち 「みんなでつくったおひなさま」 柳瀬由里子作；高瀬のぶえ画　教育画劇(あたらしい行事紙芝居)　1993年9月

こども
じしんのときにひなんくんれんでれんしゅうしていたとおりにできたえんのこどもたち 「ベルがならない」 都丸つや子脚本；久保雅勇画　童心社(防災紙芝居・じしんだ!かじだ!)　1992年9月

こども
ちょうちょうになってひらひらとんだこどもたち 「ひ～らいたひ～らいた」 こわせたまみ作；
毛利将範画　教育画劇　1995年1月

こども
にんげんたちにきらわれてやまのかげにひとりぼっちでかくれているりゅうがかわいそうでよ
びにいったふしぎなこども 「りゅうのめのなみだ」 浜田ひろすけ作；陣崎草子画　教育画
劇　2007年1月

こども
のこぎりやかなづちをつかってやおやさんでもらってきた木のはこをきれいなたからものを
いれるはこにしたこどもたち 「たからものばこつくり」 清水えみ子作；田代寛哉画　童心社
（よいこの保健・安全シリーズ）　1984年9月

こども
ほのかちゃんのたんじょうびにみんなでやさいパーティーをしたたんぽぽぐみのえんじたち
「やさいパーティーしましょ」 徳永満理脚本；長谷川知子絵　童心社　2004年11月

こども
むかしえどで五月五日にさむらいのこどもがはたのぼりをかざってもらうのをうらやましそう
にみていたまちのこども 「こいのぼりさんありがとう」 桜井信夫作；多田ヒロシ画　教育画劇
　1995年11月

子ども　こども
ある日のこと三人で山へ花をつみに出かけてやまんばにつかまってにげ出した村の子ども
たち 「三まいのおふだ」 長崎武昭脚色；杵渕やすお画　NHKサービスセンター（名作民
話おはなし広場）　1984年1月

子ども　こども
えんそくにでかけたおべんとうのおにぎりやおいなりさんたちをみつけた子どもたち 「おべ
んとうのえんそく」 矢玉四郎作・画　教育画劇（ゆかいなたべもののおはなし）　1988年11
月

子ども　こども
おうちのにわに木や花がいっぱいうえてあるやえおばあちゃんとなかよしになったほいくえ
んの子どもたち 「おばあちゃんの花のたね」 阿部明子脚本；ふりやかよこ画　童心社
1995年9月

子ども　こども
おかあさんがいなくておうちのなかをさがした子ども 「おかあさんどこかな」 香山美子脚
本；鎌田暢子画　童心社　1987年5月

子ども　こども
おとうさんとおかあさんに死なれて家主に家ちんのかわりにふとんをとられ家を追いだされ
てなくなったふたりの兄弟 「とっとりのふとん」 伊藤海彦脚色；深沢省三画　NHKサービス
センター（NHK小学校国語紙芝居教材　日本の民話Ⅱ）　1980年1月

こども

子ども　こども
おとなたちがお金のことであらそうようになったので町に住むほんとうは神さまのおじいさんと天にのぼっていった子どもたち「そらのいろはなぜあおい」今西祐行作；小谷野半二画　教育画劇　1979年11月

子ども　こども
ぐーんとせなかをのばすげんきな子ども「ぐーんとのばせ」瀬名恵子作・画　教育画劇（あたらしいしつけ紙芝居）1988年6月

子ども　こども
にんげんたちにきらわれて山のかげにひとりぼっちでかくれているりゅうがかわいそうでよびにいったふしぎな子ども「りゅうの目のなみだ」浜田広介作；浜田留美脚色；輪島清隆画　教育画劇　1985年2月

子供　こども
学校のうらがわにあるあさひ山であつめたはっぱをつかって大きなとりのはりえをつくった子供たち「はっぱどりとんだ！」椎野利一作・画　教育画劇（1年の生活科）1992年4月

こどものひつじかい（ひつじかい）
ある村にいたこどものひつじかいで「おおかみが来たよう！」とさけんではおひゃくしょうさんたちをだましていたひつじかい「おおかみとひつじかい」松岡励子文；大沢節子画　NHKサービスセンター（外国むかしばなし）1977年1月

ことり（とり）
おかねもちにうられたえのなかからぬけだしてだいすきなえかきさんのうちをさがしてとんでいったことり「えかきさんとことり」マックス・ベルジュイス作；八木田宜子脚本　ほるぷ出版（ほるぷの紙芝居-海外秀作シリーズ）1982年9月

小鳥さん（鳥）　ことりさん（とり）
森のはずれのさか道のとちゅうにおちていた大きなレンズを見つけた小鳥さん「おちていたレンズ」こわせたまみ作・文；伊東美貴画　NHKサービスセンター（創作童話）1977年1月

こなやのむすこ（カラバこうしゃく）
おとうさんがしぬとねこをもらったこなやの三にんのむすこのすえのむすこ、カラバこうしゃくはねこがかってにつけたなまえ「ながぐつをはいたねこ」C.ペロー原作；上地ちづ子脚本；おぼまこと画　童心社（世界の名作・第2集）1992年5月

こねこちゃん
こいぬのチビちゃんたちとかくれんぼしていたこねこ「もういいかい」川島美子作；遠竹弘幸画　童心社（うさちゃんシリーズ）1979年9月

こねこちゃん（ねこ）
まりであそんだりミルクをのんだりしてかごのベットでねんねしようとしたこねこちゃん「こねこちゃん」堀尾青史作；安泰画　童心社（うさちゃんシリーズ）1981年1月

こねずみ（ねずみ）
すあなからそとへでかけていってくびながのキリンおじさんにあったしりたがりやのこねずみ「なにかな、なにかな？」ティエン・ガー脚本；ドク・ラム画　童心社（げんきななかまシリーズ）1994年2月

木のは　このは
かみさまがおつくりになった木からはえてきてはじめてのふゆ木につかまっていられなくなっておちはじめた木のはたち「小鳥になった木のは-インディアン説話より」福島のり子文；小谷野半二画　教育画劇(幼児童話傑作選第1集)　1965年9月

コノハチョウ
テントウムシにオニになってもらってともだちとみんなでかくれんぼきょうそうをしたかくれるのがじょうずなむし「むしたちのかくれんぼ」得田之久脚本・絵　童心社(ともだちだいすき)　2000年5月

こひつじ(ひつじ)
ぬすびとのハンスにつかまえられてころされそうになったときにハンスをみあげてかわいいこえでないたこひつじ「ぬすびととこひつじ」新美南吉原作；千世まゆ子脚本；藤田勝治画　童心社(ほのぼの新美南吉ランド)　1994年5月

こびと
おにに森のおくのいわやにつれていかれた王女さまをたすけてあげたこびとたち「のみのかわでつくった王さまのながぐつ-イタリア民話」高橋五山脚本；いわさきちひろ画　童心社(いわさきちひろ画・紙芝居選)　1976年3月

こびと
ごろうちゃんがひとりでおつかいにいったときにどこからかごろうちゃんにはなしかけてきたこびと「ごろうちゃんのこびと」後藤楢根作；しみず清志画　教育画劇　1981年4月

こびと
しらゆきひめがもりのなかの小さないえでいっしょにくらした七にんのこびとたち「しらゆきひめ」福島のり子脚色；桜井美知代作・画　教育画劇(家庭版名作アニメかみしばい)　1989年3月

こびと
しらゆきひめが森のおくのかわいらしい家でいっしょにくらすことになった家のあるじの七人のこびとたち「しらゆきひめ-グリム童話(前編)(後編)」吉野弘子脚色；寺門保夫画　教育画劇　1989年1月

こびと
たいこのおとやとけいのおとやへびがぺろぺろなめるおとでおきてきたこびとたち「ねぼすけこびと」まついのりこ脚本・画　童心社(とびだすせかい)　1981年1月

こびと
まいばんびんぼうなくつやさんにきてくつをつくってくれたふたりのこびと「こびととくつや」稲庭桂子脚本；富永秀夫画　童心社(グリム童話傑作選)　1980年1月

こびと
みんなで「ぽん！」とてをたたくとやってきたこびと「みんなでぽん！」まついのりこ脚本・画　童心社(年少版かみしばい・ちいさいおともだち)　1987年3月

こびと
めうしのちちがでなくなってもだいじにしてやっているとちちをもんでまたでるようにしてくれるこびとたち「おひゃくしょうとめうし」松野正子脚本；二俣英五郎画　童心社　1993年1月

こひと

こびと
もりのおくのちいさないえにしらゆきひめをおいてくれた七にんのこびとたち 「しらゆきひめ」 グリム原作；八木田宜子脚本，藍野純治画 童心社（世界の名作・第1集） 1986年4月

こびと
もりへたきぎをひろいにいった白ばらと紅ばらがたおれた木にひげをはさんでこまっていたところをたすけてあげたこびと 「白ばらと紅ばら-グリム童話（前編）（後編）」 安田浩文；峰村亮而画 教育画劇（民話と名作シリーズ） 1994年2月；教育画劇 1988年6月

こびと
ゆみ子さんがおとしてなくしてしまったうたをさがしてくれたハモニカ・アパートにすむ七にんのおんがくかのこびと 「はるのうた」 奈街三郎作；岸田耕造画 教育画劇（夢のふくらむシリーズ3集） 1973年4月

小人　こびと
しらゆきひめが森の中で見つけた小さな家にいた七人の小人たち 「しらゆきひめ」 松岡励子文；米田佳代画 NHKソフトウェア（世界むかしばなし） 1996年1月

小人　こびと
としちゃんがゆめの中であったいろいろなやさいのぼうしをかぶった小人たち 「たべてよたべてよ」 小松原優作；石川雅也画 教育画劇（健康とユーモアぺろぺろんシリーズ） 1977年5月

小人　こびと
森に木をきりにきたおじいさんに木をきらないでとたのんだかわりに三つのねがいがかなうやくそくをしたふしぎな小人 「三つのねがい」 吉野弘子文；長島克夫画 教育画劇（たのしい民話民話でてこい第2集） 1990年10月

こびとのぼうや
なのはなばたけでまいごになったこびとのぼうや 「なのはなばたけのこびとのぼうや」 小野寺悦子作；鈴木博子画 教育画劇（きれいな花いっぱい） 1990年9月

こぶた（ぶた）
いつもまっくろのべたべたなのにふうちゃんのおたんじょうびによばれたのでおしゃれをしてでかけたこぶた 「ふうちゃんのおたんじょうび」 松谷みよ子原作；長谷川知子画；水谷章三脚色 童心社（美しい心シリーズ） 1975年5月

こぶた（ぶた）
かわのそばのほそいほそいいっぽんみちでであってけんかをはじめたもりのこぶたとむらのこぶた 「こぶたのけんか」 高橋五山作；赤坂三好画 童心社（ひよこシリーズ） 1971年5月

こぶたちゃん（ぶた）
こやでうまれてはじめておもてへでたこぶたちゃん 「こぶたのとことこ」 浜田広介原作；堀尾青史脚本；鈴木寿雄画 童心社 1988年1月

こぶたのきょうだい（ぶた）
あさごはんをたべておせんたくをしてさんぽにいったげんきなこぶたのきょうだい 「こぶたのきょうだいブーブーブー」 長野ヒデ子脚本・画 童心社 2004年4月

ごへい
むかしたんばという山おくにすんでいたてっぽううちの名人「ごへいとてっぽう」石井作平作;池田仙三郎画　教育画劇(おにごっこシリーズ)　1978年11月

ごへいどん
およめいりのうわさをきいてはなよめとおつきのものにばけていえにやってきたいたずらぎつねたちをだましたむらびと「およめさんにばけたきつね」吉田タキノ脚色;田中秀幸絵　教育画劇(日本のユーモア民話)　1993年8月

ごぼうさん
にんじんさんとだいこんさんといっしょにおふろにでかけたのにちっともあらわなかったごぼうさん　「にんじんさんだいこんさんごぼうさん」川崎大治脚本;瀬名恵子はり絵　童心社(ひよこシリーズ)　1971年5月

コボンちゃん
おさるのタンタときつねのボーボといっしょにふもとのむらのあきまつりにいってまいごになってしまったたぬきのこ「コボンちゃんのうたどけい」都丸つや子脚本;富永秀夫画　童心社(よいこの12か月)　1980年10月

小丸　こまる
にんじゃがっこうでしゅぎょうをしている小にんじゃ「かくれんぼだぞ！にんじゃだぞ！」荒木昭夫脚本;やべみつのり画　童心社(しかけ紙芝居　びっくり劇場)　1987年9月

ごむまりこちゃん
ツンツンどりにアンパンマンとまちがえられてつつかれてくうきがぬけていったおんなのこ「ばいきんまんとツンツンどり」やなせたかし作・画　フレーベル館

コメタ
すなはまでとりにたべられそうになってうみのなかにおちたコメツキガニ「コメツキガニ・コメタのぼうけん」間瀬なおかた作・画　教育画劇　2001年5月

こめんぶく
むかしあるところにいたきょうだいのねえさんでしんだかあさんのこどもなのでいまのかあさんにいじわるされていたむすめ「こめんぶくあわんぶく」水谷章三脚本;渡辺有一画　童心社(ゆたかなこころシリーズ)　1998年5月

小山　三郎太　こやま・さぶろうた
兄のかたきをさがして何年も諸国をさまよいつづけているさむらい「かたきうちの話」新美南吉原作;堀尾青史脚色;輪島清隆画　童心社(紙しばい日本児童文学名作選)　1977年4月

こやまちょうじゃ(ちょうじゃ)
むかしいなばの国にすんでいた大金もちでしずんでゆくおてんとうさまを金のおうぎでよびもどしたちょうじゃ「しずんだたんぼ」片岡輝脚本;赤坂義山画　NHKサービスセンター(名作民話おはなし広場)　1984年1月

コヨーテ
あるひスカンクとヤマアラシといっしょににくをみつけていちばんいいゆめをみたものがにくをひとりじめすることにしようというきょうそうをしたコヨーテ「ゆめくらべ」荒木文子脚本;下田昌克絵　童心社(ともだちだいすき)　2007年1月

こり

コリ
どんぐりをさがしにいったおかあさんをひとりぼっちでながいことまっていたこりす 「おかあさんまだかな…」 福田岩緒脚本・絵 童心社(ともだちだいすき) 2001年5月

こりす(りす)
はるになったのでそとへあそびにいったこりす 「こまったりす」 小林純一脚本；富永秀夫画 童心社(美しい心シリーズ) 1978年4月

ゴリスケ
よしおくんがはらっぱでみつけたまほうのクレヨンをとりあげたいじわるなおとこのこ 「まほうのクレヨン」 なかえよしを作；福田寛子画 教育画劇(まほうのくにへようこそ) 1991年5月

ゴリラ
ひるねをしていたらたまごがころがりおちてきてあたまにゴツンとぶつかったゴリラ 「たまごがころべば」 中川ひろたか脚本；和歌山静子画 童心社 1996年4月

ゴリラ(ゴン)
アフリカのジャングルにむれでくらすゴリラのかぞくのおとうさんがだいすきなあまえんぼうのゴリラ 「ゴリラはやさしい森の人」 わしおとしこ脚本；藤本四郎画 童心社 1998年11月

ゴリラ(じゃんけんゴリラ)
じゃんけんがだいすきなゴリラ 「じゃんけんゴリラ」 尾崎真吾案・画；矢崎節夫文 教育画劇(じゃんけんシリーズ) 1983年10月

ごりらくん
森にたった一ぽんあったりんごの木のりんごをひとりじめしてしまったらんぼうもののごりらくん 「りんごのおいしいわけかた」 木村裕一作・画 教育画劇(ユーモアひろば) 1992年12月

ゴリラくん
もりのきにほしてあるひまわりもようのパンツをじょうずにはいたゴリラくん 「ひまわりパンツ」 垂石眞子脚本・絵 童心社 2006年8月

ごりらまん
もりのなかにきたこぞうのジャンボをたべようとしたおおきなごりら 「アンパンマンとごりらまん」 やなせたかし作・絵 フレーベル館

コレッティ
ずがの時間にエンリーコにからだをぶつけてしかえしをされたおとこのこ 「あらそい」 アミーチス原作；堀尾青史脚本；輪島清隆画 童心社(紙かみしばい名作選) 1964年3月

ころ
ひるとよるのながさがおなじ日の秋分の日にごせんぞさまのおはかまいりにいったくま 「ひるとよるがはんぶんずつの日」 小春久一郎作；長島克夫画 教育画劇(あたらしい行事紙芝居) 1994年12月

コロ
こねこのミーミととってもなかよしのこいぬ 「ミーミとコロ なかよしなんだもん」 内山晟写真；山本和子文 教育画劇 2002年9月

コロ
どうろにとびだしてひっこしようのトラックにはねとばされてしまった子いぬ 「コロとボール」 香山美子作;西村達馬画 教育画劇(交通安全紙芝居) 1990年3月

コロ
ひろいところであそびたくなってきょうだいのミミといっしょにかごをぬけだしたハムスターのおとこのこ 「ハムスターのぼうけん」 夏目尚吾脚本・絵 童心社(どうぶつの飼い方ふれあい方) 2000年8月

ゴロ
おひるねして目がさめたらお母さんがいないものだからめそめそないていた子ぐま 「なきべそゴロ」 森比左志原作・脚色;高橋宏幸画 NHKサービスセンター(NHK創作童話集) 1978年1月

ごろう
こうじとおいなりやまにいってこぎつねといっしょにおやまをつくってあそんだおとこのこ 「みんなでつくったつちのやま」 高橋さち子作;和歌山静子画 童心社(美しい心シリーズ) 1979年7月

五郎次　ごろうじ
奈良の興福寺への借金のちょうけしを求める一揆をおこした大和の大柳生荘の百姓 「百姓の勝ちどき」 山下國幸作;小島直絵 汐文社(紙芝居 日本の歴史13) 1987年12月

ごろうちゃん
おかあさんにたのまれておつかいにいったときに耳の中でこびとのこえがきこえたおとこのこ 「ごろうちゃんのこびと」 後藤楢根作;しみず清志画 教育画劇 1981年4月

ごろうちゃん
とてもめんどくさがりやでかおもてもあらわずはもみがかないのでせんめんきとはブラシににげだされてしまったおとこのこ 「のはらのせんたくやさん」 神沢利子作;高橋由為子画 童心社 1986年5月

コロコ
ほたかの山でおかあさんぐまをりょうしにうたれておんせんやどのしゅじんにそだてられた二ひきのこぐまの一ぴき 「ほたかのきょうだいぐま」 戸川幸夫原作;堀尾青史脚本;吉崎正巳画 童心社(日本の動物記シリーズ) 1987年6月

ごろざえもん
むらはずれのおじいさんのはたけのくさむしりをしてあげたやさしいきつね 「ごろざえもんぎつね」 川田百合子脚本;藤田勝治画 童心社 1982年11月

ゴロザエモン
むらはずれのいっけんやのびょうきでねているおじいさんがもういちどみたいというにじにばけたきつね 「にじになったきつね」 川田百合子脚本;藤田勝治絵 童心社 1989年9月;童心社 1981年9月

ころすけ
きつねのぱんやさんでうさぎぱんをかってたべてうさぎになったこぶた 「ぱんをぱくぱく」 小沢正作;梅田俊作画 教育画劇(ぱくぱくぱっくんシリーズ) 1985年2月

ころす

コロスケ
ほたかの山でおかあさんぐまをりょうしにうたれておんせんやどのしゅじんにそだてられた二ひきのこぐまの一ぴき 「ほたかのきょうだいぐま」 戸川幸夫原作;堀尾青史脚本;吉崎正巳画　童心社(日本の動物記シリーズ)　1987年6月

コロスケ
学校にかわれているかわいい子どもうさぎ 「かわいいみんなのコロスケ」 手島悠介作;鈴木幸枝画　教育画劇　1985年12月

ごろすけ
なかよしのデンキチといっしょににんげんのこどもにばけてこうえんにあそびにいったかみなりのこども 「かみなりごろすけのしっぱい-遊具の事故防止」 林原玉枝作;鈴木びんこ画　教育画劇(安全紙芝居 あぶない!そのときどうする?)　2003年12月

コロタ
みんなで森へあそびにいったときにやくそくをまもってかねがなったときにうちにもどったこぐま 「やくそくのかねがなったら-小学生の道徳2年」 鬼塚りつ子作;新堂圭子画　教育画劇　1996年4月

ゴロタン
もりのおくのちいさないえにすんでいたおばあちゃんにおりょうりのほんをかりにきたねこ 「おいしいおいしいほん」 香山美子脚本;長野ヒデ子画　童心社　1999年5月

ころちゃん
あめのなかようちえんへげんきにでかけていったこぶた 「こぶたのころちゃん」 内山安二作・画　教育画劇(かわいい八つのおはなし)　1992年11月

ころちゃん
えさをさがしにそとに出てまるくなったときにモグラのすあなにおちてしまっただんごむし 「だんごむしのころちゃん」 高家博成脚本;仲川道子画　童心社(だいすき!ちいさないきもの)　1997年9月

ころちゃん
しろくまちゃんみたいにまっしろになりたくてまちのふくやさんへいってあたまのうえからあしのしたまでまっしろなふくをつくってもらったくろくまのこ 「ぬいぐるみになったころちゃん」 小林純一作;佐野洋子画　童心社(こぶたシリーズ)　1976年8月

ころちゃん
ながいすのまえでおひるねをしていると「ニャオー」ってないておひるねをじゃましたのはだれだかさがしにいったこいぬ 「ニャオーといったのはだれでしょう」 ステーエフ原作;与田準一脚本;水沢研画　童心社(美しい心シリーズ)　1991年1月

コロちゃん
えんそくにいって先生のいうことをきかないでひとりでハチのすをとりにいったクマ 「コロちゃんのえんそく大さわぎ」 伊東挙位作;田沢梨枝子画　教育画劇(あたらしい行事紙芝居)　1990年8月

コロちゃん
ねこのニャンたんとうーんととおくへいってみたこぶた 「とおくへいったよ」 内山安二作・画　教育画劇(おはなしチャチャチャ)　1991年6月

こん

ゴロちゃん
かっている小犬にエッチという名まえをつけたらんぼうでちょっといじわるな男の子 「いじワンるものがたり」 筒井敬介作;野々口重画 教育画劇 1975年3月

ごろべえ
いたずらずきなひよこのろくちゃんにしっぽをつっつかれておこったのらねこ 「ひよこのろくちゃん」 かこさとし作;瀬名恵子絵 童心社(かこさとし紙芝居傑作選) 1975年3月

コロボックル
むかし北海道にいたひまさえあればふきのはっぱの下で休んでいたとてもいたずらずきのアイヌの神さま 「ふきの下の神さま」 宇野浩二原作;奈街三郎脚本;滝平二郎画 童心社(紙しばい日本児童文学名作選) 1986年11月

ころん
ちいさなたまごから幼虫になり一年がかりで大きなかぶとむしになったかぶとむしのこ 「ぼくはかぶとむし」 渡辺享子脚本・画 童心社(だいすき!ちいさないきもの) 1997年9月

ゴロンニャ
なぞなぞめいじんのはやとくんとしょうぶをしたなぞねこ 「なぞなぞだいぼうけん」 このみひかる作;大竹豊画 教育画劇 1997年4月

コロンブス
一しょうけんめい勉強をして地球がまるいかまるくないかをたしかめる航海に出ていのちがけの大冒険をしたイタリア人 「コロンブス」 石川光男脚色;輪島清隆画 教育画劇(紙芝居・伝記シリーズ) 1995年6月

こん
やさいにばけたきつねのやおやさんの三びきのこぎつねたちの一ぴき 「やさいころころやおやさん」 中村美佐子作;黒岩明人画 教育画劇(どうぶつむらのおみせやさん) 1986年4月

コン
いっしょにあそぶともだちがほしくてともだちをさがしにいったつばき山のこぎつね 「こぎつねコンとこだぬきポン(前編)(後編)」 松野正子脚本;二俣英五郎画 童心社 1989年7月

コン
おかあさんにじてんしゃにばけてもらってじてんしゃにのるれんしゅうをしたきつねのこ 「コンのじてんしゃのり」 村山桂子脚本;渡辺享子画 童心社 1990年10月

コン
くまの子ウーフやうさぎのミミたちとうみへいったきつね、ツネタのおとうと 「くまの子ウーフのかいすいよく」 神沢利子脚本;井上洋介画 童心社(神沢利子・メルヘンかみしばい) 1985年4月

コン
こどもたちがおはなのたねをつけてとばしたふうせんをみつけておはなだとおもってつちにうめたきつねのこ 「はないっぱいになあれ」 松谷みよ子脚本;長野ヒデ子画 童心社(ゆたかなこころシリーズ) 1998年4月

こん

コン
そらをとんでみたくてクルリンコンとでんぐりがえってとりになったきつねのこ 「くるりんコンでとりになる-鳥は、どうしてとべるの？」 小春久一郎作；椎野利一画　教育画劇(はてな？なぜかしら？？)　1989年4月

コン
やまのたぬきのこポンとふたりでにんげんのこにばけてパンやさんちにうまれたあかちゃんをみにいったきつねのこ 「コンとポンとあかちゃん」 松谷みよ子脚本；福田岩緒画　童心社(ゆたかなこころシリーズ)　1999年4月

コン
やまのともだちみんなにもういじめっこしないってゆびきりしたこぎつね 「ゆびきりげんまん」 小春久一郎作；ながよしかよ画　教育画劇(げんまんシリーズ)　1984年4月

コン
早おききょうそうでずるいことをかんがえて森のどうぶつたちのうちのまどにくろいペンキをぬったキツネ 「あさなのにまっくら」 安田浩作；ながよしかよ画　教育画劇(あたらしい行事紙芝居)　1991年3月

ごん
むかしあるむらのしだのしげったもりにひとりぼっちでいてむらへでてきてはいろんないたずらをしていたこぎつね 「ごんぎつね」 新美南吉原作；清水たみ子脚本；長野ヒデ子画　童心社(ほのぼの新美南吉ランド)　1994年5月

ゴン
アフリカのジャングルにむれでくらすゴリラのかぞくのおとうさんがだいすきなあまえんぼうのゴリラ 「ゴリラはやさしい森の人」 わしおとしこ脚本；藤本四郎画　童心社　1998年11月

ゴン
もりのこみちであかいえりまきをみつけたいたずらぎつね 「あかいえりまき」 村山桂子作；鈴木幸枝画　教育画劇(おはなしバラエティ)　1984年12月

ゴン
りょうしたちのあみにかかりみなとでくらすようになったおなかにあかちゃんがいるハナゴンドウクジラ 「くじらのゴン(前編)(後編)」 門田南子脚本；渡辺有一画　童心社　1995年8月

コンキチ
うさぎのミミとたぬきのポンタとあそんでいていけにおちたボールをとろうとしてさくをのりこえていけにおちたきつね 「コンキチのゆびきりげんまん-水の事故防止」 本田カヨ子作；岡村好文画　教育画劇(安全紙芝居 あぶない！そのときどうする？)　1996年8月

コンキチ
たぬきのポンちゃんがおたんじょうびにかってもらったサッカーボールをもってどうろへにげていったきつねのこ 「ポンちゃんのボール」 おのいづみ脚本・画　童心社(交通安全かみしばい・あぶないっ！きをつけて！)　1993年9月

コンキチ
大きなぞうさんとくまさんにいじわるされていじわるするのをやめたきつねのこ 「いじわるコンキチ-小学生の道徳1年」 なかえよしを作；上野紀子画　教育画劇　1996年4月

コン吉　こんきち
うさぎのピョンちゃんとたぬきのポンちゃんが十五夜さんにおそなえするために育てたおいもをとったいたずらぎつね　「十五夜さんのおいも」　久保雅勇脚本・画　童心社（よいこの12か月）　1982年9月

コンくん
大きなじしんがあってうさぎのピョンちゃんたちとはらっぱににげてきたきつね　「あっ、けむりがみえる」　鶴見正夫作;柿本幸造画　教育画劇（よいこの地震紙芝居ぐらぐら）　1981年4月

コンコ
さるのサルタとうさぎのミミとねずみのチュウをつれておばあちゃんちにいこうとしてまいごになったこぎつね　「コンコちゃんとなかまたち」　すとうあさえ脚本;福田岩緒絵　童心社（ともだちだいすき）　2004年12月

コンコン
お山のうえでばけかたのれんしゅうをはじめたきつねのこ　「コンコンのかさ」　篠塚かをり作;福島のり子脚色;鈴木幸枝画　教育画劇（たんぽぽシリーズ）　1979年5月

コンコン
にんげんをだますのにまんまるやまのこだぬきのポンポコとくむことになったとんがりやまのこぎつね　「たぬきのきつね」　内田麟太郎作;夏目尚吾画　童心社　1987年3月

コンコン
ぶたのブブリンとりすのキキロンがとてもなかよしなのがしゃくにさわってたぬきのポンポンといじわるをしたきつね　「いじわるなんかするからさ」　柴野民三作;椎野利一画　教育画劇（あたらしいしつけ紙芝居）　1988年6月

紺三郎　こんざぶろう
四郎とかん子のきょうだいをきつねの幻燈会によんだきつねの子　「キツネノゲントウ－宮沢賢治「雪渡り」より」　堀尾青史脚本;宇田川種治絵画　ほるぷ出版（ほるぷの紙芝居－黄金期名作選）　1984年5月

紺三郎　こんざぶろう
森のなかで四郎とかん子のふたりにきつねの幻燈会の入場券をくれたきつねの子　「キツネノゲントウ－宮沢賢治「雪渡り」より」　堀尾青史脚本;宇田川種治絵画　ほるぷ出版（ほるぷの紙芝居　黄金期名作選）　1984年5月

紺三郎　こんざぶろう
雪のこおった月夜のばんに四郎とかん子のふたりをきつねの幻燈会にさそったきつねの子　「雪わたり」　宮沢賢治原作;川崎大治脚本;若山憲画　童心社（かみしばい宮沢賢治童話名作集）　1966年3月

ごんじゅうろう
とうげのむこうのおばけぶちにさかなをつりにいってのっぺらぼうのおばけにあったおとこ　「のっぺらぼう」　渋谷勲脚本;小沢良吉画　童心社（日本民話かみしばい選）　1982年9月

こんすけ
こうえんでみんながあそんでいるときにわりこんだりじゃまをしたりしていたきつねのこ　「わりこみこんすけ」　なかえよしを作;上野紀子画　教育画劇（おはなしプレゼント）　1986年5月

こんす

コンスケくん
うさぎのミミコちゃんをおたんじょうかいにおまねきしたきつね 「コンスケくんのおたんじょうかい」 斉藤瑶子作;いもとようこ画 教育画劇(コンスケくんシリーズ) 1990年9月

ごんぞう
かわうそをころしてかわをはいでもうけたいよくふかいりょうし 「かわうそのぼうけん-「金色の川」より(前編)(後編)」 椋鳩十原作;堀尾青史脚色;田代三善画 童心社 1989年1月

ごんぞう
なんたか山のおさんだぬきをねらっているてっぽううち 「おさんだぬきとかりゅうど」 秋元美奈子脚本;水野二郎画 童心社(美しい心シリーズ) 1988年1月

ごんぞう
びんぼうなたきちのかねかしのおじさん 「ふしぎなげた」 鈴鹿洋子脚色;松本恭子画 教育画劇(おはなしバラエティ) 1983年3月

ごんぞう
むらのまずしいいえのじゅんぺいにいつもわるさをするしょうやのむすこ 「ひゃくものがたりとゆうれい」 平田昌広文;末吉陽子絵 教育画劇(教育画劇のかみしばい ブルッとふるえる!こわい日本の民話) 2008年1月

ごんぞうおじさん
お母さんと二人きりでまずしいけれどしあわせにくらしていたこうこうむすこのこうすけさんのおじさんでお金もちのくせにけちんぼでよくばりの人 「たからのげた」 石山透脚色;福田岩緒画 NHKサービスセンター(名作民話おはなし広場) 1984年1月

コンタ
うさぎのミミちゃんのいえにいくとちゅうでじめんにあいていたあなからもぐらのまちにおちたきつね 「モグラのまちのこうつうあんぜん-交通安全のマーク」 ゆきのゆみこ作;間瀬なおかた画 教育画劇 2000年1月

コンタ
おんなのことともだちになりたくてボールやいしころにばけたきつね 「ばけるのをやめたコンタ」 鶴見正夫作;小林三千子画 教育画劇(ぽんぽこシリーズ) 1983年11月

コンタ
りすおばさんのうちからおつかいのかえりに夕立がきてかけだしたキツネのこ 「ピカリ、ゴロゴロ」 鈴木謙二作;夏目尚吾画 教育画劇(しぜんといきもの) 1981年1月

コンタ
山のふもとにあったケーキやさんにシュークリームをかいにきたこぎつね 「シュークリームのおきゃくさま」 西村彼呂子作;アリマ・ジュンコ画 教育画劇(おはなしランド) 1986年12月

コンタ
森のなかのうちにたった一人ですんでいたおばあさんのうちにあそびにいきたいとおもっていたきつね 「きつねのおきゃくさま」 村山桂子作;おくやまれいこ画 教育画劇(シャボン玉シリーズ) 1981年12月

こんたくん
クラスに一こしかないサッカーボールのボールくんをけとばして花だんにほっぽりだしたまま帰ってしまったきつねのこ 「いなくなったボールくん-小学生の道徳1年」 大野哲郎作;鈴木幸枝画 教育画劇 1996年4月

コンタくん
おともだちのコンちゃんとコッコちゃんとばけるれんしゅうをしたきつね 「ばけばけ～どん！」 谷地元雄一脚本;夏目尚吾絵 童心社(2・3歳児のふれあいあそび ことばとからだであそぼう!) 2004年9月

ごんたさん
むかし大きなうなぎをつったお魚つりの大すきなおじさん 「ごんたさんのうなぎとり」 川崎大治作;金沢佑光画 童心社(川崎大治名作紙芝居選) 1988年2月

こんたろう
たんじょうびにもらったなんでもほしいものがだせるはっぱがかぜにとばされてしまったのでおいかけてむらまでいったおやまのこぎつね 「こぎつねのたんじょうび」 篠塚かをり脚本;さとうわきこ画 童心社(よいこの12か月) 1977年6月

ごんたろう
むらはずれのにわとりごやからたまごを33こもぬすんだとてもくいしんぼうのきつね 「きつねのごんたろう」 仲川道子脚本・画 童心社 1987年7月

コンチ
シャツについたいちごのあかいしるのうえにおかあさんにいちごのアップリケをしてもらったきつねのおとこのこ 「こぎつねコンチといちご」 中川李枝子脚本;二俣英五郎絵 童心社(ともだちだいすき) 2001年4月

コンチ
ははの日にくさはらでひろったいしころとえだをおかあさんにあげたこぎつね 「こぎつねコンチとおかあさん」 中川李枝子脚本;二俣英五郎画 童心社 1998年5月

コンちゃん
おじいちゃんがこづつみでおくってくれたぼうえんきょうとうさぎのピョンちゃんがおくりものでもらったチョコレートをとりかえっこしようとしたきつねのこ 「ふたつのこづつみ」 岩崎京子作;和歌山静子画 童心社(童心社のベスト紙芝居第4集) 1993年1月

コンちゃん
おともだちのコンタくんとコッコちゃんとばけるれんしゅうをしたきつね 「ばけばけ～どん！」 谷地元雄一脚本;夏目尚吾絵 童心社(2・3歳児のふれあいあそび ことばとからだであそぼう!) 2004年9月

コンちゃん
きょうはなんだかへんな男の子 「コンちゃんのおかしな一日」 森比左志文;むかいながまさ画 NHKソフトウェア(創作童話) 1996年1月

コンちゃん
そとからかえってきてもてあらいとうがいをしないでよるこわーいかぜのばいきんのゆめをみたきつね 「コンちゃんのかぜようじん-かぜの予防」 大久保宏昭作・画 教育画劇(保健衛生かみしばい けんこういちばんじょうぶなこ) 1996年10月

こんち

ごんちゃん
えんそくの日にねこせんせいのいうことをきかずにこっそりチョコレートをたべていたさるのおとこのこ 「ごんちゃんのえんそく」 清水えみ子作；西村達馬画　童心社　1988年7月

ごんちゃん
どうぶつがっこうのみんなとかしきりバスにのってえんそくにいったおさる 「ごんちゃんのえんそく」 清水えみ子作；西村達馬画　童心社　1988年7月

ゴンちゃん
おもちゃをひろばにおいたままにしてだれかにおもちゃをもっていかれてしまったこぐま 「おもちゃどろぼう」 しばはらち作・画　教育画劇（おはなしドキドキ）　1987年1月

今野 翼五郎　こんの・いなごろう
昭和6年関東軍の河本末守中尉の命令で南満州鉄道を爆破した上等兵 「赤い夕日」 本多公栄作；岩淵慶造絵　汐文社（紙芝居日本の歴史26）　1988年12月

コンビチコ・キャリコ
アメリカのテネシーしゅうのおおきなもりにじっさまといっしょにくらしていた三びきのいぬの一ぴき 「しりっぽおばけ」 ジョアンナ・ガルドン再話；ポール・ガルドン絵；林克美脚本　ほるぷ出版（世界のおはなしシリーズ）　1998年9月

ごんべ
てっぽうの先をくの字にまげてうって一ぱつの玉で二十五わのかもといのしし一頭を当てたうでのいいてっぽううち 「かもとりごんべ」 水谷章三文；五味岡玖壬子画　NHKソフトウェア（日本むかしばなし）　1996年1月

こんぺい
くまどんの木のみのくらのばんをしていたきつね 「ふしぎなはこ－ひこいちとんちばなし」 関七美文；中村千尋画　教育画劇（とんちばなし）　1992年7月

権平　ごんぺい
山の池で総助がぬすんだ天人の羽衣を町の呉服屋にうってしまった村人 「天人のはごろも」 堀尾青史脚本；丸木俊画　童心社（紙芝居ベストセレクション第1集）　1998年6月

ごんべえ
むらはずれのぬまでワナにかかった九十九わのカモにひっぱられてそらにまいあがったりょうし 「カモになったりょうし」 国松俊英脚本；藤田勝治画　童心社　1995年10月

権兵衛さのおばば　ごんべえさのおばば
大正七年富山県の滑川町の米問屋金川商店で働いていたおかかたちの頭 「おかかたちの米騒動」 山下國幸作；伊藤和子絵　汐文社（紙芝居日本の歴史24）　1988年12月

ごんべえさん
かわいいよめさんの顔ばかりながめてはたけしごともろくにしなかったちょっとばっかりたりないお百しょうさん 「えすがた女房」 松岡励子文；西岡たかし画　NHKソフトウェア（日本むかしばなし）　1996年1月；NHKサービスセンター（日本むかしばなし）　1977年1月

ごんべえさん
山をおりてきたおににはたけに雨をふらせてくれるならむすめをよめにくれてやるといったおとうさん 「鬼のよめさん」 松岡励子文;深沢省三画 NHKサービスセンター(日本むかしばなし) 1977年1月

ごんべえだぬき
きつねのたろべえぎつねとばけくらべをすることになったたぬき 「ばけくらべ」 石山透脚色;北島新平画 NHKサービスセンター(名作民話おはなし広場) 1984年1月

ごんべえだぬき
へらこいぎつねとばけくらべをすることになりたぬきたちをあつめてよめいりぎょうれつにばけたたぬき 「ばけくらべ」 松谷みよ子作;亀井三恵子画 童心社(かみしばい日本むかしむかし) 1979年11月

コンラート
クリスマス・イヴにおばあさんのいえからかえるとちゅうでゆきがはげしくふってきてみちにまよってしまったふたりのきょうだいのおにいちゃん 「クリスマスのきょうだい」 シュテイフター原作;膳明子脚本;こさかしげる画 童心社 1990年12月

ごんろく
どうしたらひこいちをやっつけることができるかいろいろかんがえたいたずらだぬき 「たぬきとひこいち」 長崎源之助文;西村達馬画 教育画劇(ぽんぽこシリーズ) 1983年9月

ごんろく
やまのわるぎつねにだまされてばかりいるおひとよしのおに 「きつねとごんろく」 馬場のぼる作 童心社(かみしばい・わらいとユーモア大行進) 1982年4月

【さ】

さい
みなみのあるしまにすんでいた4ひきのよくばりのいばりやのどうぶつの1ぴきのさい 「おかしなかいじゅうじま」 木曽秀夫作・画 教育画劇(へんてこなくにのおはなし) 1991年5月

サイ
かたいかわをもっているからだなのにおしりにトゲがささっておおきなこえでなきだしたサイのおじさん 「おしりをチクンとささないで」 角野栄子脚本;渡辺リオ画 童心社(ゆたかなこころシリーズ) 1993年12月

サイ(リノー)
アマサギのイビスとともだちになったうまれたばかりのインドサイのおとこのこ 「サイのおともだち」 高家博成脚本;どいかや画 童心社(にこにこどうぶつえん) 1998年5月

サイラス
かいぶつみたいなおっかないすがたをしていたけどちっともこわくなんかなくてふねをあらしやかいぞくからたすけてやったおおきなうみへび 「海へびサイラス」 ビル・ピート作;八木田宜子脚本 ほるぷ出版(ほるぷの紙芝居-世界のおはなしシリーズ) 1989年6月

さえも

左衛門　さえもん
奈良の興福寺への借金のちょうけしを求めて一揆をおこした大和の大柳生荘の百姓の代表「百姓の勝ちどき」山下國幸作;小島直絵　汐文社(紙芝居 日本の歴史13) 1987年12月

さかな
おきなわのすばらしいうみにいきているさかなたち「かりゆしの海」まついのりこ脚本・画　童心社(沖縄かみしばい劇場) 1989年6月

さかな
たっちゃんといもうとのはるかちゃんがおふろばからかわをとおっていったうみであったびょうきのさかなたち「さかなたちとのおやくそく-水の大切さ」間所ひさこ作;おぐらひろかず画　教育画劇(かんきょうかみしばい みんなでまもろうネ!ちきゅうくん) 1999年5月

さかな
なみにはこばれてとうだいのあるみさきの岩のくぼみの水たまりにきてはまひるがおの花となかよしになったさかな「はまひるがおのちいさなうみ」今西祐行作;小谷野半二画　教育画劇(夢のふくらむシリーズ2集) 1972年8月

さかな
ひろいうみのまんなかでなかよくくらしていたくじらのせなかでおまつりをしたさかなたち「うみのおまつり」宮下昌樹作;長島克夫画　教育画劇(かわいい八つのおはなし) 1992年11月

さかな
ふねからうみのそこにおちてきたピアノにからだをさわっておとをだしみんなでおどったさかなたち「うみにおちたピアノ」ストリンドベリ原作;堀尾青史脚本;藤城清治影絵　童心社 1985年8月

さかな
やまのけものたちとひっぱりっこをしたうみのさかなたち「やまとうみのひっぱりっこ」上沢謙二原作;鈴木謙二脚色;黒井健画　教育画劇(あひるさんシリーズ) 1986年11月

さかな
春になってひとりで川のまん中であそんでいて一わの白鳥にあっというまにくわえられてしまったさかなの子ども「魚と白鳥」小川未明原作;岡上鈴江脚色;坂本健三郎画　教育画劇(小川未明童話紙芝居全集) 1986年4月

魚　さかな
11ぴきののらねこたちがひろいみずうみで見つけたかいぶつみたいな大きな魚「11ぴきのねこ」馬場のぼる作・文・画　NHKサービスセンター(創作童話) 1987年1月

魚　さかな
いつもおなかがぺこぺこだった11ぴきののらねこがひろいみずうみで見つけたかいぶつみたいな大きな魚「11ぴきのねこ」馬場のぼる作・文・画　NHKサービスセンター(創作童話) 1987年1月

さかなさん
かぜにとばされていけにおちてしまったうさぎちゃんのリボンをひろってくれたさかなさんたち 「ゆうらゆらかさのいけ-魚は、どうして水の中で生きられるの？」 中村美佐子作;西村達馬画 教育画劇（はてな?なぜかしら??） 1989年4月

サカナさん
水がなくなってくるしんでいたときにアリさんたちに川まではこんでもらったさかな 「さかなのおんがえし」 ブンルート作・画 汐文社（アジアの紙芝居シリーズ ラオスの紙芝居） 1998年4月

さかなやさんご
にっぽんみなみおきなわのうみでいきているさかなやさんご 「かりゆしの海」 まついのりこ脚本・画;横井謙典写真 童心社（沖縄かみしばい劇場） 1989年6月

坂上 田村麻呂　さかのうえ・たむらまろ
桓武天皇の命をうけ政府軍の副将軍として東北のエミシの連合軍を攻めた軍人 「エミシのいかり」 後藤竜二作;高田三郎絵 汐文社（紙芝居日本の歴史7） 1987年4月

さぎ
いけでねているときにでんすけさんにつかまえられこしに結わえつけられたままそらへとびたったさぎたち 「さぎとり」 桂文我脚本;国松エリカ絵 童心社（紙芝居おおわらい落語劇場） 2004年3月

さきちゃん
ばんごはんをまちくたびれてうとうとしてたまごちゃんとおまじないでいけるたべものランドへいったおんなのこ 「たべものランドのおまつりだ！-たべもののはたらき」 宗方あゆむ作;毛利将範画 教育画劇 1998年5月

さくら
マンションがたってけやきの木といっしょにうえられておとなりどうしでなかよしになったさくら 「さくらさんけやきさん」 中村ルミ子脚本;鈴木幸枝画 童心社（ゆたかなこころシリーズ） 2000年3月

さくらの花びら（花びら）　さくらのはなびら（はなびら）
あるのはらにさいていたがえだからちってたびをして大きな川の川口ちかくまでながれてきた一まいのさくらの花びら 「花びらのたび」 浜田広介作;長崎源之助脚色;岩本康之亮画 教育画劇（ひろすけ童話紙芝居全集） 1981年7月

さくらんぼうや
おしろにすんでいるビロードのふくをきたかわいいおとこの子 「チポリーノのぼうけん（前編）（後編）」 ジャンニ・ロダーリ原作;木村次郎脚本;岡本武紫画 童心社 1970年2月

さーくん
おやつえんそくの日におとしたおやつやどうぶつがのこしたものをたべようとしたおとこのこ 「へっちゃらさーくんのおやつえんそく-食品衛生」 相沢るつ子作・画 教育画劇（保健衛生かみしばい） 1996年10月

さけ

サケ(チサ)
なかまとはぐれて川ぎしの水たまりにいたのをやさしいおじさんに川にはなしてもらったさけのおとこの子 「かえってきたサケ」 鶴見正夫原作;花之内雅吉画 教育画劇(しぜんはともだち) 1994年5月

さげんた
おしろのわるがしこいさむらい 「ゆりわかものがたり(前編)(後編)」 さねとうあきら脚本;藤田勝治画 童心社 1986年2月

さごじょう
さんぞうほうしのおともをするながいたびのとちゅうできんかくぎんかくというきょうだいのまものにたべられそうになったさごじょう 「そんごくう 金角銀角のまき」 呉承恩原作;上地ちづ子脚本;夏目尚吾画 童心社(ゆたかなこころシリーズ) 1995年1月;童心社(大長編かみしばい そんごくう3・4) 1995年1月;童心社(童心社紙芝居傑作選) 1995年1月

さごじょう
そんごくうといっしょにさんぞうほうしのたびのおともをするかっぱのばけもの 「そんごくう 火炎山をこえるのまき」 呉承恩原作;上地ちづ子脚本;夏目尚吾画 童心社(ゆたかなこころシリーズ) 1992年8月;童心社(大長編かみしばい そんごくう5・6) 1992年8月;童心社(童心社紙芝居傑作選) 1992年8月

さごじょう
そんごくうとちょはっかいにまかされてさんぞうほうしのたびのおともをすることになったかっぱのばけもの 「そんごくう たびだちのまき」 呉承恩原作;上地ちづ子脚本;夏目尚吾画 童心社(ゆたかなこころシリーズ) 1993年9月;童心社(大長編かみしばい そんごくう1・2) 1993年8月;童心社(童心社紙芝居傑作選) 1993年9月

さごじょう
てんじくのくにをめざしてたびをしていた三ぞうほうしのおともをすることになったかっぱのかいぶつ 「そんごくう」 福島のり子脚色;鈴木信一作・画 教育画劇(家庭版名作アニメかみしばい) 1995年9月

さごじょう
ながいたびをつづけててんじくのくにについたよるようかいにごうまのつえをぬすまれたさごじょう 「そんごくう たびのおわりのまき」 呉承恩原作;上地ちづ子脚本;夏目尚吾画 童心社(ゆたかなこころシリーズ) 1995年11月;童心社(大長編かみしばい そんごくう7) 1995年11月;童心社(童心社紙芝居傑作選) 1995年11月

佐々木 信綱　ささき・のぶつな
宇治川の先陣争いをした鎌倉方の武士 「いざ鎌倉」 志村毅一案;上地ちづ子作;こさかしげる絵 汐文社(紙芝居 日本の歴史11) 1987年12月

ささひめ
おしろのひめ 「ゆりわかものがたり(前編)(後編)」 さねとうあきら脚本;藤田勝治画 童心社 1986年2月

ざしきわらし
ちょうじゃどんのざしきにいたのをそとへはきだされてびんぼうなじさまとばさまのいえにひろわれたちいさなにんぎょうみたいなおんなのこ 「ざしきわらし」 水谷章三脚本;篠崎三朗画 童心社(げんきななかまシリーズ) 1993年1月

佐助どん　さすけどん
むかしあるところにおったふたりのわかい男のひとりでまほうのこなぐすりを手にいれたなまけもの　「まほうのこなぐすり」　小野和子脚色；西村郁雄絵　教育画劇（日本のユーモア民話）　1993年8月

さそり
らんぼうもののオリオンをどくのはりでさしたさそり　「さそりにさされたあばれんぼう-ギリシャ神話」　武井直紀脚色；鈴木信一作・画　教育画劇　1990年5月

さだ子　さだこ
二歳の時に広島で原子爆弾をあび十年後に原爆症になって死んだ少女　「原爆の子さだ子の願い」　宮﨑二美枝脚本；江口凖次絵　汐文社（平和紙芝居 私たちの声をきいて3）　1994年2月

サチ
おくびょうなとしよりうさぎのげんじいとなかよしになったひとりぼっちの子うさぎ　「はるをみつけた」　古山広子脚本；日野多津子画　童心社（美しい心シリーズ）　1980年3月

幸子　さちこ
お母さんといっしょに勉強したベトナム戦争のことを研究発表にまとめた小学四年生の女の子　「ベトちゃん・ドクちゃん」　谷田川和夫原作；渡辺泰子脚本；相沢るつ子絵　汐文社（平和紙芝居 私たちの声をきいて2）　1994年2月

さっちゃん
おかあさんがきゅうにおなかがいたくなってびょういんににゅういんすることになったおんなの子　「さっちゃんのカーネーション」　高木あきこ作；高瀬のぶえ画　教育画劇（あたらしい行事紙芝居）　1995年3月

さっちゃん
おかあさんのかたもねこのミーやかめくんのかたもたたいてあげたおんなのこ　「たんたんとんとん」　仲川道子脚本・絵　童心社（ことばとからだであそぼう!かみしばい2・3歳児のふれあいあそび）　2004年9月

さっちゃん
きたないはがだーいすきなムシババイキンがくちにはいったおかしのすきなおんなのこ　「ムシババイキン」　仲川道子脚本・画　童心社　1996年6月

さっちゃん
キツネのきっちゃんへひっこしパーティーをひらくからきてねとちずとウサギマークのはいったてがみをだしたウサギ　「なぞなぞちずのひみつ」　山本省三作・画　教育画劇（びっくりこどきりんこ）　1992年6月

さっちゃん
くまのまあくんとのはらでいっしょにあそんだうさぎのおんなのこ　「おいしいね」　伴弘子脚本；ヒロナガシンイチ画　童心社（2・3歳児しつけかみしばい・みんなは、できるかな？）　1993年5月

さっちゃん
このごろぬいぐるみのパンダとばかりあそんでねこのミーボのことをちっともかまってくれないおんなのこ　「ねこパンダ」　磯田和一作・画　教育画劇（おはなしチルチル）　1986年3月

さつち

さっちゃん
一ろうちゃんのおともだち 「おじさんあぶないよ」 古寺伸竹作;小島直画 教育画劇(よいこの交通安全) 1991年11月

サッちゃん
コンちゃんのようちえんのお友だちの女の子 「コンちゃんのおかしな一日」 森比左志文;むかいながまさ画 NHKソフトウェア(創作童話) 1996年1月

さといもさん
さとからころころじゃっぽーんしたさといもさん 「ころころじゃっぽーん」 長野ヒデ子脚本・絵 童心社(あかちゃんかみしばい ぱちぱちにっこり) 2006年9月

さとくん
ほしぐみのげんきなおとこのこ 「もものせっくのおきゃくさま」 堀内純子作;田沢春美画 教育画劇(四季の行事シリーズ) 1993年1月

さとし
おとうさんとおかあさんからかみのけにもさむさやけがからからだをまもるやくめがあることをおしえられたおとこのこ 「だいじなかみのけ」 国松俊英脚本;多田ヒロシ絵 童心社(かみしばい からだってすごい!) 2003年8月

さとしくん
おにいちゃんがわすれものをとりにかえったのでこうえんのベンチでまっていたのにまちきれなくなってひとりでどうろをわたったおとこのこ 「おにいちゃんのわすれもの」 古山広子脚本;鈴木幸枝画 童心社(交通安全かみしばい・あぶないっ!きをつけて!) 1993年9月

さとり
やまのなかできこりがであったひとのこころをみぬくようかい 「さとり」 岡田ゆたか脚本・画 童心社(日本の妖怪ぞろ〜り) 1994年9月

さとる
たからさがしをしていてとまっていたトラックのしたへはいっていったおとこのこ 「さとるのたからさがし」 伊藤たまき脚本;久保雅勇画 童心社(かみしばい こんなときをつけようネ!) 1991年9月

さとるくん
すききらいの多い子でたべないおばけにくっつかれたおとこの子 「たべないおばけ」 東君平文・絵 全国牛乳普及協会 1980年12月

さなえちゃん
へんなぼうしをかぶったたねやのおじさんとはなのたねとこうかんしたジャングルのたねをおにわにまいたおんなのこ 「ジャングルのたね」 高橋ゆいこ作 童心社 1987年8月

さなちゃん
えんのにわにおちていた赤やきいろのはっぱをじめんにならべてきれいなとりをつくったおんなのこ 「はっぱであそぼう」 川島美子作;和歌山静子画 童心社(よいこの十二か月) 1975年11月

さぬたくろうす
あるはなれ小島にいたたぬきでさぬきでうまれのでさぬた毛いろがくろくて毛なみがうすいのでくろうすというたぬき 「さぬたくろうす」 松野正子脚本;福田岩緒画　童心社　1995年12月

サネカ
おうさまのめいれいでたいようのかみのけを三ぼんもらいにでかけたおとこのこ 「太陽のかみのけ」 水谷章三脚本;藤田勝治絵　童心社　1997年1月

サブ
ちいさなどうぶつたちをいじめるいたずらもののさる 「ごめんねぷくぷく」 岩村和朗作・画　教育画劇(民話と名作シリーズ)　1980年6月

サファリバス
どうぶつたちがたくさんいるサファリパークではたらくサファリバス 「ぼくらなかよしサファリバス」 小賀野実写真・案　教育画劇　2003年5月

さぶちゃん
ようふくをママにきせてもらって大いばりしていてどうぶつたちにしまのおうさまになってほしいとたのまれたおとこのこ 「おうさまさぶちゃん」 馬場のぼる作・画　童心社(紙芝居ベストセレクション第2集)　2000年5月;童心社(基本的生活習慣を育てるよいこのしつけシリーズ)　1987年6月

三郎　さぶろう
やまいでねたきりのおかさまのために山なしをとりにいった三人のきょうだいの末子 「なしとりきょうだい-日本民話より」 東川洋子脚色;池田げんえい画　教育画劇(日本のおばけ)　1992年8月

三郎　さぶろう
日本で冬をすごすためにまいねんシベリアからたくさんのつるがやってくる山口県の八代村のつるがだいすきなこども 「二わのつる」 水谷まさる作;福島のり子脚色;輪島みなみ画　教育画劇(道徳紙芝居総集編)　1986年11月

三郎　さぶろう
病気のおかあさんのために山なしを取りに出かけていった三人の兄弟の三番め 「やまなしとり」 たなべまもる脚色;遠竹弘幸画　NHKサービスセンター(NHK小学校国語紙芝居教材 日本の民話Ⅰ)　1979年1月

三郎次　さぶろうじ
都へ行くとちゅうの道が三つにわかれていたところでそれぞれの道をあるきだしたなかよし三人きょうだいの一人 「三人きょうだい」 菊池寛作;矢崎節夫脚色;大野隆司画　教育画劇(おさむらいさんのはなし紙芝居)　2003年9月

サボテンおばけちゃん
おばけのペロちゃんのようちえんのなかよし 「おばけのペロちゃんいまなんじ？」 なかがわみちこ作・画　教育画劇(家庭版かみしばい)　1995年3月

さむ

サム
おおきくなったのでおかあさんいぬとトムとチムといっしょにさんぽにいったこいぬ「おおきくなったこいぬ-こいぬのはなし2」松野正子脚本;横内襄画 童心社(年少版かみしばい・ちいさいおともだち) 1987年5月

サム
トキオと130ねんまえのさむらいのいるむかしにもどっていった犬「130ねんまえのかねのおと」教育画劇編集部;多田ヒロシ画 教育画劇(おはなしワクワク) 1984年3月

サム
トムとチムといっしょにうまれてきたしろいこいぬ「こいぬがうまれた-こいぬのはなし1」松野正子脚本;横内襄画 童心社(年少版かみしばい・ちいさいおともだち) 1987年5月

サム
森の中でインディアンごっこをしていてうちへ帰るのがおそくなってしまった三人の男の子の一人「どっちがやさしいか」石森延男作;吉野弘子脚色;アリマ・ジュンコ画 教育画劇(2年の道徳紙芝居) 1993年2月

さむらい
げたのはなおがきれてこまっていたときにこだぬきのクロベエがばけていたげたをみつけてはきかえたさむらい「げたにばける」新美南吉作;わしおとしこ脚色;中沢正人画 教育画劇(おさむらいさんのはなし紙芝居) 2003年9月

さむらい
ひがしずんだはまにふねをおりてあがるとあらわれたうつくしいいそおんなにあかちゃんをだいていてくれるようにたのまれたさむらい「いそおんながでる海」北川幸比古脚本;宮本順子画 童心社(日本の妖怪ぞろ〜り) 1994年9月

さむらい
みやこのはずれのやまでらにあったかんのんさまのおそなえものをどろぼうをつかまえようとしてやってきたさむらい「やまでらのかんのんさま」よこみちけいこ脚本・絵 童心社(ともだちだいすき) 2004年8月

さむらい
むかし京のみやこでおにのぎょうれつをみておにたちにつばをかけられてすがたをけされたひとりのさむらい「鬼のつば(前編)(後編)-今昔物語より」諸橋精光脚本・画 童心社 1996年9月

さむらい
わたし舟にいっしょにのっていたこどもたちがだだをこねてさわいだのでこしのかたなをぬいてあめだまをまっぷたつにきってやったおさむらい「あめだま」新美南吉作;野村たかあき画 教育画劇(おさむらいさんのはなし紙芝居) 2003年9月

さめ
うみにいてのみこみたいにんげんがくるとふねをとめるさめ「さめにのまれたゲンナさん」やすいすえこ文;はたよしこ画 教育画劇 2002年5月

さやちゃん
おかあさんのうんてんするくるまにおねえちゃんとのっていてこうつうじこにあったおんなのこ「おねえちゃんなかないで!」都丸つや子脚本;ふりやかよこ画　童心社(交通安全かみしばい・あぶないっ!きをつけて!)　1993年9月

サヤちゃん
おにいちゃんのシュンちゃんにしんぶんしでぼうしをつくってもらったおんなのこ「ぼうしでへんしん」小宮山洋夫、早坂忠之原案;上地ちづ子脚本;徳田徳志芸画　童心社(造形教育かみしばい)　1979年3月

サヨ
飛騨の山あいの貧しい村から野麦峠を越えて信州の製糸工場に働きに行った娘「野麦峠をこえて」志村毅一案;上地ちづ子作;渡辺晧司絵　汐文社(紙芝居日本の歴史23)　1988年12月

小夜　さよ
むかししなのの国のちいさなむらにいたげんきものの小太郎のいもうとであるひくろものばけものにさらわれていったこども「小太郎のばけものたいじ」桐澤久美脚本;岡野和絵　童心社(ともだちだいすき)　2008年11月

サラ
むかしインドのある町にいた針つくりの名人チャンダの美しいひとり娘「針つくりの花むこさん」瀬戸内寂聴文;たなか鮎子絵　講談社(寂聴おはなし紙芝居)　2008年3月

サラミ
むかしあるくににいたたいへんなかのよいわかものとむすめのむすめ「ほしでつくったはし-フィンランドの民話」宗方あゆむ脚色;河内日出夫作・画　教育画劇　1990年5月

サリー
ミツバチのはたらきバチのしまいのすえっこ「ミツバチのごちそう」今森光彦写真・作　教育画劇(教育画劇のかみしばい　今森光彦のふしぎがいっぱい!むしのせかい)　2006年5月

ざりがに
たいふうがきておぼれそうになってのねずみがかくれていたながぐつにいれてもらったざりがに「たいふうがきた」天神しずえ作;多田ヒロシ画　教育画劇(しぜんといきもの)　1985年7月

ザリガニ
たまごからうまれてきておおきくなったあかちゃんザリガニ「ひみつのザリガニ」杉浦宏脚本;黒川光広画　童心社(だいすき!ちいさないきもの)　1997年9月

ザリガニ(あか)
りっぱなはさみがじまんのざりがにのこ「ザリガニのあか」高家博成脚本;仲川道子絵　童心社(ともだちだいすき)　2006年7月

ザリガニくん
いけのいきものたちがあつまってひらいたかいぎのしかいのザリガニくん「あまーいにおいのアメンボくん」中谷靖彦作・絵　教育画劇　2006年9月

さりは

サリバン先生　さりばんせんせい
病気のねつのために目が見えず耳がきこえずものもいえないという不自由な体になったヘレンのためにきてくれた若い女の先生「ヘレン・ケラー」神戸淳吉脚色；輪島みなみ画　教育画劇(紙芝居・伝記シリーズ)　1978年2月

さる
あるなつの日のことうさぎといぬと三びきでうみにいっておよいだする「うみがぶったりくすぐったり」武井直紀作；山口みねやす画　教育画劇　1989年8月

さる
おかあさんとうらのお山へあそびにいったみよ子ちゃんがおとした赤いおくつをひろったおさるさん「おくつがどんぶりこ」伊東挙位作；高瀬のぶえ画　教育画劇(おはなしおもちゃばこ)　1978年6月

さる
かにがかきのたねからそだてたかきのきにのぼってまっかなみをたべてあおいみをかにめがけてたたきつけたさる「さるとかに」松谷みよ子脚本；西巻茅子画　童心社(日本名作おとぎばなし・むかしむかしあったとさ)　1986年9月

さる
かにがかきのたねをうえてそだてたかきの木にのぼってまっかなみをたべてかたいみをかににになげつけたさる「さるかにがっせん」亜細亜堂；須田裕美子作・画　教育画劇　1995年10月

さる
かにがかきのたねをうえて大きくなったかきの木にのぼっておいしいかきのみを食べてかたいかきのみをかににになげつけたさる「さるとかに」長崎武昭脚色；清水耕造画　NHKサービスセンター(NHKかみしばい　日本の昔ばなし)　1982年1月

さる
かにがかきのたねをうらにわにうめて大きくなったかきの木にのぼっておいしそうなみを食べてかたいかきをかににになげつけたさる「さるかにかっせん」伊藤海彦文；黒井健画　NHKソフトウェア(日本むかしばなし)　1996年1月

さる
かにがかきのたねをまいてそだてたかきのきにのぼってまっかなみをたべてあおいみをかにめがけてたたきつけたさる「さるとかに」松谷みよ子作；安泰画　童心社(家庭版かみしばい)　1990年9月

さる
かにがかきのたねをまいてそだてたかきの木にのぼってまっかなみをひとりでたべてあおいみをかににになげつけたさる「さるかにがっせん」長崎源之助文；若菜珪画　教育画劇　1991年5月

さる
かわのなかでわににせなかにのせてもらってたべられそうになったさる「さるとわに‐ジャータカ物語より」ポール・ガルドン作；八木田宜子脚本　ほるぷ出版(海外秀作シリーズ)　1982年1月

さる
げんきのないまあおばあさんのためにおいしいあきのものをあつめてプレゼントしたこんもりやまのこざる 「まあおばあさんありがとう」 今関信子脚本；長野ヒデ子画 童心社(たのしい季節の行事 のびのび・秋のまき) 1989年6月

さる
じいさんのはたけのごぼうをぬいてやったかわりにむすめをよめコにもらうことになった山ざる 「さるのおむこさん」 松岡励子文；山口今日画 NHKサービスセンター(日本むかしばなし) 1977年1月

さる
どうぶつえんのさる山にいたこいのぼりをもってかんがえこんでいたへんなおさるさん 「おさるのこいのぼり」 長崎源之助作；高雄頼春画 教育画劇 1980年2月

さる
となりのまちからバナナのちゅうもんがきてかもつれっしゃにバナナをどっさりつみこんでしゅっぱつしたおさるさんたち 「バナナれっしゃ」 川崎大治作；久保雅勇画 童心社 1988年1月

さる
なんでもじぶんのまねをするかげこぞうにこまっていた子ざる 「子ざるのかげぼうし」 浜田広介作；吉野弘子脚色；石川雅也画 教育画劇 1984年3月

さる
なんでもまねをするじぶんのかげぼうしにこまっていたこざる 「子ざるのかげぼうし」 浜田ひろすけ作；なかむらしんいちろう絵 教育画劇 2007年1月

さる
ほらあなにすんでいたどうぶつたちの中のものしりざる 「ふるやのもり」 石山透文；西岡たかし画 NHKソフトウェア(日本むかしばなし) 1996年1月

さる
むかしインドの森の中でうさぎときつねと三びきでほんとうのきょうだいのように仲よくくらしていたさる 「月のうさぎ」 瀬戸内寂聴文；岡村好文絵 講談社(瀬戸内寂聴おはなし紙芝居) 2007年11月

さる
もりにおちていたなわでみんなとでんしゃごっこをしてあそんだおさるさん 「くまさんのトラック」 篠塚かをり原作；後藤楢根脚色；富永秀夫画 教育画劇(わたしのはじめてのかみしばい こんにちは) 1987年4月

さる
りんごがふたつおちていてひとつずつたべたがバナナが三ぼんおちていてけんかになった二ひきのこざる 「ひとつずつ」 八木田宜子脚本；山本祐司画 童心社 2006年9月

さる
学校ごっこが大好きでまい日一度は先生のまねをするさる 「こりすのおかあさん」 浜田広介作；簑田正治脚色；西村達馬画 教育画劇(ひろすけ童話紙芝居全集) 1987年8月

さる

さる
山かじのときとうさんざるがつくってくれたふじづるのぶらんこをかたにかけてにげた子ざる 「子ざるのぶらんこ」 浜田広介作;長崎源之助脚色;石川雅也画 教育画劇 1984年11月

さる
山のふもとのちいさながっこうのこどもたちがもちつきをたのしみにしているのをきいたこざるのあにとおとうと 「山のみんなのおもちつき」 廣越たかし脚本;渡辺有一画 童心社(たのしい季節の行事 わくわく・冬のまき) 1988年9月

さる
森のなかよしのライオンとうさぎの三びきで生まれてはじめてにんげんのすんでいる村へ出かけることになったさる 「おさかなへんだよ」 鈴木美也子作;チト・イトー画 教育画劇(パンダちゃんシリーズ) 1986年12月

さる
大きなにもつをかついだたびのおじさんのまねをした山のいたずらこざる 「まねっこざる」 福島のり子作;富永秀夫案画 教育画劇(ポッポシリーズ) 1990年12月

さる
旅のとちゅうでおかあさんとおとうさんをなくし背中にかがみのつつみを背負ってひとりで旅をつづけた子ざる 「おさるとかがみ」 宮下全司作;前田松男画 教育画劇 1978年6月

サル
おかあさんがびょうきになったので山のフクロウじいさんのところへくすりをもらいにいこうとした子ウサギについていった子ザル 「まちがえたみち」 安田浩作;木曽秀夫画 教育画劇 1981年9月

サル
カニとシカといっしょに太陽がどこからでるのかものしりフクロウのおじさんのところへききにいったサル 「太陽はどこからでるの」 チヨン・ヒエウ作 童心社(ベトナムの紙芝居) 1996年9月

サル
ゾウさんとふたりでじぶんたちのどちらがえらいのか森のフクロウはかせにききにいったおサルさん 「どちらがえらい」 後藤楢根作;西村達馬画 教育画劇 1978年3月

サル
みたことのないおおきなたまごをハゲワシととりあいっこしたサル 「びっくりたまごはだれのもの?－たまごの大きさ」 中村美佐子作;毛利将範画 教育画劇 1997年8月

サル
沖縄の山のふもとに顔も体もかみの毛も赤いのでみんなからアカナーとよばれていた男の子といっしょに住んでいたサル 「アカナーとおつきさま」 小池タミ子脚色;田木宗太画 NHKサービスセンター(NHK小学校国語紙芝居教材 日本の民話Ⅱ) 1980年1月

サル(アイアイ)
ふたごのウムウムとりんごのたねからそだてた木にたわわにみのったりんごでくだものやをはじめたサルくん 「アイアイとウムウムのなんでもくだものや」 西内ミナミ作;黒岩明人画 教育画劇(ゆかいなたべもののおはなし) 1985年9月

さる（アーくん）
おかあさんのまねをしようとしていて木からおちてのらイヌにころされそうになった一さいの子ざる「にほんざるアーくん」わしおとしこ脚本；藤本四郎絵　童心社（ともだちだいすき）2007年9月

サル（アルビココ）
ワニたちがカメのクレオパトラをひのついたなべのなかにとびこませてスープにしてたべようとわるだくみしているのがわかったサル「クレオパトラのそりすべり」アンドレ・オデール文；トミー・ウンゲラー絵；八木田宜子脚本　ほるぷ出版（ほるぷの紙芝居-世界のおはなしシリーズ）1989年6月

サル（ウッキー）
おしごとなにをしようかかんがえていたゾウさんのところへやってきたサル「ゾウさんのおしごとなーに？」中谷靖彦作・絵　教育画劇　2005年9月

サル（ウムウム）
ふたごのアイアイとりんごのたねからそだてた木にたわわにみのったりんごでくだものやをはじめたサルくん「アイアイとウムウムのなんでもくだものや」西内ミナミ作；黒岩明人画　教育画劇（ゆかいなたべもののおはなし）1985年9月

さる（おちゃる）
ゆきがつもったらはるまでへやでねているくまのぽんぽをおこしてあげるとやくそくしたともだちのさるのおとこのこ「ないしょのゆきあそび」すとうあさえ脚本；松成真理子絵　童心社（ともだちだいすき）2007年2月

さる（キイちゃん）
デンデン山へかきをとりにいった二ひきのきょうだいざるのおとうとざる「デンデン山のあまいかき」柴野民三作；高橋透画　教育画劇（パンダちゃんシリーズ）1978年10月

さる（キータ）
たなばたになかよしのくまのララとふたりでたんざくにねがいごとをかいてささにかざったさる「ねがいごとはないしょのひみつ」山本和子作；尾崎曜子画　教育画劇（四季の行事シリーズ たなばた）1993年5月

さる（キーちゃん）
二かいのまどからあきかんをなげておこられたさるのおとこのこ「おっとあぶない！モンちゃんキーちゃん-高い場所での危険」宗方あゆむ作；毛利将範画　教育画劇（安全紙芝居 あぶない！そのときどうする?）2003年12月

さる（キッキ）
うさぎのミミのおうちでみんなといっしょにデコレーションケーキをつくったさる「みんなでつくろうデコレーションケーキ」山崎陽子作；秋里信子画　教育画劇　1993年11月

さる（キッキ）
なかよしのこぐまのブールとやくそくをしてもまもらないこざる「げんまんげんまん」高橋宏幸作；鈴木博子画　教育画劇（じゃんけんシリーズ）1983年8月

サル（キッキー）
森にびょういんをつくっておいしゃさんになったサル「なんでもなおすおいしゃさん-フランス民話より」安田浩文；末崎茂樹画　教育画劇（とんちばなし）1992年7月

さる

さる(キャッピイちゃん)
がっこうのおべんとうのじかんのあとにすぐにともだちとあばれておなかがいたくなったおさる「おおきくなるには」堀尾青史作;前川かずお画　童心社(よいこの保健・安全シリーズ)　1984年9月

さる(ごんちゃん)
えんそくの日にねこせんせいのいうことをきかずにこっそりチョコレートをたべていたさるのおとこのこ「ごんちゃんのえんそく」清水えみ子作;西村達馬画　童心社　1988年7月

さる(ごんちゃん)
どうぶつがっこうのみんなとかしきりバスにのってえんそくにいったおさる「ごんちゃんのえんそく」清水えみ子作;西村達馬画　童心社　1988年7月

さる(サブ)
ちいさなどうぶつたちをいじめるいたずらもののさる「ごめんねぷくぷく」岩村和朗作・画　教育画劇(民話と名作シリーズ)　1980年6月

さる(サルタ)
こぎつねコンコのなかまのさる「コンコちゃんとなかまたち」すとうあさえ脚本;福田岩緒絵　童心社(ともだちだいすき)　2004年12月

サル(さるた)
木のうえからかにのかにこにカキをぶつけておおけがをさせたいじわるなサル「サルカニまごがっせん」菊池俊作;山口みねやす画　教育画劇(紙芝居へんてこ日本むかしばなし)　1995年5月

サル(サル太)　さる(さるた)
カニのカニ子とふたりでやまのてっぺんでもちをついてたべることにしたよくばりなサル「サルとカニのもちつき」吉田タキノ文;くすはら順子画　教育画劇　2002年5月

さる(サルル)
カルシウムをいっぱいふくんだぎゅうにゅうやこざかなやこまつななどのたべものがきらいなこざる「ほねほねげんき?」服部幸應作;北田哲也画　教育画劇　2005年4月

さる(サンちゃん)
山ぐみの子どもたちのなかでかたづけがきらいなさる「いちばんがすきなサンちゃん」金明悦子作;中村有希画　教育画劇(あたらしいしつけ紙芝居)　1995年2月

さる(三ちゃん)　さる(さんちゃん)
村にやってきたおとうふやさんのおじいさんかららっぱをもらった子どもざる「オサルノラッパ」川崎大治作;羽室邦彦画　ほるぷ出版(ほるぷの紙芝居-黄金期名作選)　1984年5月

さる(ジョリクール)
ビタリスおじいさんがつれていたさる「家なき子(前編)(中編)(後編)」エクトル・マロ原作;高木あきこ文;ながよしかよ画　教育画劇　1988年1月

さる(そんごくう)
おぼうさんの三蔵法師についてインドのくにへおきょうをとりにいくさる「そんごくうだいかつやく」呉承恩原作;川崎大治脚本;藤本四郎画　童心社(世界の名作・第1集)　1986年4月

さる(そんごくう)
さんぞうほうしにいわやまのしたからたすけだされてたびのおともをすることになったさる「そんごくう たびだちのまき」呉承恩原作;上地ちづ子脚本、夏目尚吾画 童心社(ゆたかなこころシリーズ) 1993年9月;童心社(大長編かみしばい そんごくう1・2) 1993年8月;童心社(童心社紙芝居傑作選) 1993年9月

さる(そんごくう)
さんぞうほうしのおともをするながいたびのとちゅうできんかくぎんかくというきょうだいのまものにたべられそうになったそんごくう「そんごくう 金角銀角のまき」呉承恩原作;上地ちづ子脚本、夏目尚吾画 童心社(ゆたかなこころシリーズ) 1995年1月;童心社(大長編かみしばい そんごくう3・4) 1995年1月;童心社(童心社紙芝居傑作選) 1995年1月

さる(そんごくう)
てんじくのくにをめざしてたびをしていた三ぞうほうしのおともをすることになったらんぼうもののさる「そんごくう」福島のり子脚色;鈴木信一作・画 教育画劇(家庭版名作アニメかみしばい) 1995年9月

さる(そんごくう)
ながいたびをつづけててんじくのくににつけたひのよるようかいににょいぼうをぬすまれたそんごくう「そんごくう たびのおわりのまき」呉承恩原作;上地ちづ子脚本、夏目尚吾画 童心社(ゆたかなこころシリーズ) 1995年11月;童心社(大長編かみしばい そんごくう7) 1995年11月;童心社(童心社紙芝居傑作選) 1995年11月

さる(そんごくう)
もえるやまかえんざんのひをけすばしょうせんというううちわをらせつじょというまじょからうばいとろうとしたそんごくう「そんごくう 火炎山をこえるのまき」呉承恩原作;上地ちづ子脚本;夏目尚吾画 童心社(ゆたかなこころシリーズ) 1992年8月;童心社(大長編かみしばい そんごくう5・6) 1992年8月;童心社(童心社紙芝居傑作選) 1992年8月

さる(孫 悟空)　さる(そん・ごくう)
さんぞうほうしのおでしとなっててんじくという国への長い旅をつづけるさる「そんごくう金かく銀かくのまき」若林一郎文;中村千尋画 NHKサービスセンター(外国むかしばなし) 1977年1月

さる(孫 悟空)　さる(そん・ごくう)
とうという国からてんじくという国までおきょうをとりに行く旅をしていたおぼうさんのさんぞうほうしのおともをすることになったさる「そんごくう大あばれのまき」若林一郎文;中村千尋画 NHKサービスセンター(外国むかしばなし) 1987年1月

さる(ハヌマン)
おしろをでてもりでくらさなければならなくなったラーマおうじをたすけたさる「ラーマおうじとシーダひめ(前編)(後編)」上地ちづ子脚本;伊藤昭画 童心社 1983年1月

さる(モンキチくん)
うちのひとになにもいわずにそとにあそびにでてしまってしらないひとにこえをかけられたさるのぼうや「しらないひとにきをつけて」にへいたもつ作;川端理絵絵 教育画劇(防犯紙芝居) 2007年5月

さる

さる(もんきーちゃん)
つめたい北風がふくとすぐにおへやのおこたのなかにもぐりこんでいた寒がりんぼのこざる 「うすぎになったもんきーちゃん」 大川秀夫作；渡辺加三画　教育画劇　1965年3月

さる(モンキッキ)
だれかがすてたバナナのかわですべったらどうなっちゃうかなあ？と考えたさる 「バナナのかわですべったら」 森比左志作・文；西川おさむ画　NHKサービスセンター(創作童話)　1977年1月

さる(もんくん)
ぶたのはなちゃんたちときけんなこうじげんばやすなやまであそんださる 「うさぎおばけのパトロール」 山本省三作・絵　教育画劇　2007年5月

さる(もんた)
おやつのまえにどろんこあそびをしたてをあらわなかったさる 「おやつのまえに」 高橋道子脚本；いそけんじ画　童心社(2・3歳児しつけかみしばい・みんなは、できるかな?)　1993年5月

さる(モンタ)
ふもとの村のおまつりでうっていたピーピキぶえがほしくてたまらなくなった山のこざる 「おさるさんのふえ」 川崎大治作；まつやまふみお画　童心社(川崎大治名作紙芝居選)　1985年7月

サル(モンタ)
おかのふもとにあったどうぶつたちのさくらえんのそとあそびのじかんに大きなじしんがおきてけがをしたおサル 「けがをしたモンタ」 安田浩作；黒井健画　教育画劇(よいこの地震紙芝居ぐらぐら)　1981年4月

さる(モンちゃん)
デンデン山へかきをとりにいった二ひきのきょうだいざるのにいさんざる 「デンデン山のあまいかき」 柴野民三作；高橋透画　教育画劇(パンダちゃんシリーズ)　1978年10月

さる(モンちゃん)
なかよし幼稚園の野菜のきらいなさるのおとこの子 「しょくじのじかんですよ」 四方国恵ほか作；福田京二画　ぎょうせい(健康・安全シリーズ紙芝居)　1989年5月

さる(もんちゃん)
やまへあそびにきたみどりえんのこどもたちをみつけてそばへいってみたおさる 「みつけたみつけた」 久保雅勇作・画　童心社(よいこの12か月)　1981年9月

さる(モンちゃん)
ライオンにしっぽをかみきられてしまってからずーっとうちにこもりきりになったさる 「しっぽのないさる」 藤昌秀原作；吉野弘子脚色；中村有希画　教育画劇(1年の道徳紙芝居)　1995年6月

さる(モンちゃん)
二かいのまどからおちそうになったげんきなさるのおとこの子 「おっとあぶない！モンちゃんキーちゃん-高い場所での危険」 宗方あゆむ作；毛利将範画　教育画劇(安全紙芝居あぶない!そのときどうする?)　2003年12月

さる（モンペイちゃん）
あさおそくおきてあさごはんをたべないでえんにいったさるのこ 「ごはんですよーっ」 宮﨑二美枝脚本；長谷川知子絵　童心社（おいしくたべて、げんきな子）　2008年12月

さる（モンモン）
おばけがでるといううわさのゾクゾクもりへこいぬのポッティとこねこのミッケと三人でいったさる 「おばけかな、ほんとかな？」 木村裕一作・画　教育画劇　1989年7月

さるくん
きょうはどうぶつたちのうんどうかいで白ぐみになったさるくん 「がちゃがちゃうんどうかい」 高木あきこ作；峰村亮而画　教育画劇　1981年9月

さるくん
すいどうでおみずをのんだらしょっぱくてどっきりしたさるくん 「どっきりさるくん」 ひまわり作・画　教育画劇　1996年1月

さるくん
バナナのかわをひとりでむけたさるくん 「むきむきおいしい！」 土田義晴脚本・絵　童心社（あかちゃんからの食育かみしばい ぱくぱくもぐもぐ）　2008年9月

さるくん
やまのひろばにあつまってみんなでおべんとうをたべたさるくん 「くいしんぼうはだあれ？」 清水えみ子脚本；鈴木幸枝画　童心社　1989年5月

さるくん
森のはずれのさか道のとちゅうにおちていた大きなレンズを見つけたさるくん 「おちていたレンズ」 こわせたまみ作・文；伊東美貴画　NHKサービスセンター（創作童話）　1977年1月

さるくん
森のみんなと海へおよぎにきてかにくんたち海のどうぶつと友だちになったさるくん 「うみべのおともだち」 花澤慎一作；前田賢画　教育画劇（しぜんといきもの）　1986年12月

サルくん
かわからとびだしただいすきなバナナをおいかけたサルくん 「まてまてバナナ」 アキヤマ・ヒマワリ作・画　教育画劇　2002年1月

サルくん
さとのむらでひろったあかいろうそくをはなびとまちがえてみんなにみせたやまのサル 「あかいろうそく」 新美南吉原作；古山広子脚本；鈴木幸枝画　童心社（美しい心シリーズ）　1984年8月

サルくん
山のみんなとえんそくではじめてうみへいったサル 「あおいあおいうみへいったよ-海の水はどうして青いの」 内山安二作・画　教育画劇（はてな?なぜかしら??）　1989年4月

さるた
木のうえからかにのかにこにカキをぶつけておおけがさせたいじわるなサル 「サルカニまごがっせん」 菊池俊作；山口みねやす画　教育画劇（紙芝居へんてこ日本むかしばなし）　1995年5月

さるた

サルタ
こぎつねコンコのなかまのさる 「コンコちゃんとなかまたち」 すとうあさえ脚本；福田岩緒絵　童心社（ともだちだいすき）2004年12月

サル太　さるた
カニのカニ子とふたりでやまのてっぺんでもちをついてたべることにしたよくばりなサル 「サルとカニのもちつき」 吉田タキノ文；くすはら順子画　教育画劇　2002年5月

さるちゃん
わにちゃんがにわにだしたプールでみんなといっしょにみずあそびをしてあそんだざる 「みずあそびのまき」 仲川道子脚本・画　童心社（ゆかいなかばせんせい3）1989年8月

さるどん
かにどんがかきのたねからそだてたかきのきにのぼってあかいみをてあたりしだいたべてあおいみをかにどんになげつけたさるどん 「さるかにばなし」 手島悠介脚本；井上洋介絵　ほるぷ出版（ほるぷの紙芝居−日本昔ばなしシリーズ）1983年4月

さるどん
かにどんがたねをまいておおきくしたかきのきにのぼってかきのみをたべてあおいみをかにどんにぶっつけてころしたさるどん 「かにむかし」 田畑精一；木村次郎作　童心社（ともだちだいすき）2006年5月

さるのおかあさん
3びきのこざるのきのぼりがとってもじょうずなおかあさん 「するするおかあさん」 山本省三作・画　教育画劇　1994年1月

サル平　さるへい
赤く色づいたかきのみをとられないようにとたてたたてふだにいたずらがきをされてみんなにかきをわけてあげることになったサル 「かきの木のたてふだ」 奈街三郎作；泉川美枝画　教育画劇（心をはぐくむシリーズ4集）1974年10月

ざる森　ざるもり
岩手山のふもとにある四つのマツの森の一つ 「おいの森とざる森、ぬすと森」 宮沢賢治原作；国松俊英脚本；福田庄助画　童心社（宮沢賢治かみしばいの森）1996年5月

サルル
カルシウムをいっぱいふくんだぎゅうにゅうやこざかなやこまつななどのたべものがきらいなこざる 「ほねほねげんき？」 服部幸應作；北田哲也画　教育画劇　2005年4月

ザワザワ
まちにもりのように木がたくさんあったころこどもたちといっしょにあそんでくれたやさしい木のおばけ 「木のおばけザワザワ」 秋元美奈子脚本；鈴木博子画　童心社（たのしい季節の行事 ぽかぽか・春のまき）1990年1月

△　さんかく
ねずみがつみきばこからつれていったつみきを○（まる）と□（しかく）と三人でたすけにいった△（さんかく）のつみき 「○△□（まるさんかくしかく）」 矢崎節夫文；高畠純画　NHKサービスセンター（なぜなぜ童話）1977年1月

さんかくくん
まるちゃんといっしょにさんぽにいったともだちのさんかくくん 「まるちゃんのともだち」ボアワン作・画 汐文社(アジアの紙芝居 ラオスの紙芝居) 1998年4月

さんきち
やまおくにすんでいたみつめのおばけのうちのよわむしでこわがりやのこども 「ひとつめ」内田麟太郎脚本;福田庄助画 童心社(美しい心シリーズ) 1987年9月

三久　さんきゅう
むかしある村の山のふもとのおてらにあずけられておしょうさんとすんでいたまだ五つのこぼうず 「たんざくにおねがいかいて」 木暮正夫作;岡村好文画 教育画劇(四季の行事シリーズ たなばた) 1993年5月

三じくん　さんじくん
とけいのおうちにふりこのおばさんとすんでいる十二人のとけいの小人たちのうちの三じのぼうや 「とけいの3じくん」 奈街三郎作;西原ひろし画 童心社(輝く文部厚生大臣賞シリーズ) 1965年3月

山椒大夫　さんしょうだゆう
丹後の国由良のみなとの大金もちで安寿とずし王のきょうだいを人買いの男から買ったおそろしげな男 「安寿とずし王(上)(下)」 森鴎外原作;堀尾青史脚本;久米宏一画 童心社(紙しばい日本児童文学名作選) 1967年9月

さんぞうさん
うまれたばかりのあかちゃんとおよめさんをのこしてへいたいにいってしんでしまった川のわたしぶねのせんどうさん 「むらいちばんのさくらの木」 来栖良夫脚本;箕田源二郎画 童心社(ゆたかなこころシリーズ) 1992年3月

さんぞうほうし
そんごくうとちょはっかいとさごじょうをともにしててんじくのくにまでおきょうをとりにいくたびをするおぼうさま 「そんごくう 火炎山をこえるのまき」 呉承恩原作;上地ちづ子脚本;夏目尚吾画 童心社(ゆたかなこころシリーズ) 1992年8月;童心社(大長編かみしばい そんごくう5・6) 1992年8月;童心社(童心社紙芝居傑作選) 1992年8月

さんぞうほうし
とおいてんじくまでおきょうをとりにいくたびのとちゅうでそんごくうをたすけてやりたびのともにしたおぼうさん 「そんごくう たびだちのまき」 呉承恩原作;上地ちづ子脚本;夏目尚吾画 童心社(ゆたかなこころシリーズ) 1993年9月;童心社(大長編かみしばい そんごくう1・2) 1993年8月;童心社(童心社紙芝居傑作選) 1993年9月

さんぞうほうし
ながいたびのとちゅうできんかくぎんかくというきょうだいのまものにたべられそうになったおぼうさん 「そんごくう 金角銀角のまき」 呉承恩原作;上地ちづ子脚本;夏目尚吾画 童心社(ゆたかなこころシリーズ) 1995年1月;童心社(大長編かみしばい そんごくう3・4) 1995年1月;童心社(童心社紙芝居傑作選) 1995年1月

さんそ

さんぞうほうし
ながいたびをつづけててんじくのくににつきにょらいさまからおきょうをさずかったおぼうさん 「そんごくう たびのおわりのまき」 呉承恩原作;上地ちづ子脚本;夏目尚吾画 童心社（ゆたかなこころシリーズ） 1995年11月;童心社（大長編かみしばい そんごくう7） 1995年11月;童心社（童心社紙芝居傑作選） 1995年11月

三ぞうほうし　さんぞうほうし
てんじくのくにをめざしてたびをしていたわかいおぼうさま 「そんごくう」 福島のり子脚色;鈴木信一作・画 教育画劇（家庭版名作アニメかみしばい） 1995年9月

三蔵法師　さんぞうほうし
インドのくにへおきょうをとりにいくおぼうさん 「そんごくうだいかつやく」 呉承恩原作;川崎大治脚本;藤本四郎画 童心社（世界の名作・第1集） 1986年4月

サンタ
クリスマス・イブのよるにプレゼントをくばるためにまっしろ山から町へでかけたサンタ 「ふたりのサンタ」 西内ミナミ脚本;むかいながまさ画 童心社（たのしい季節の行事 わくわく・冬のまき） 1988年9月

サンタ・クロース
クリスマス・プレゼントにいぬがほしいというコオちゃんのはなしをどこかでちゃあんときいていたほんとうのサンタ・クロースのおじいさん 「クリスマスのこいぬ」 堀尾青史脚本;鈴木琢磨画 童心社（童心社の紙芝居 クリスマスものがたり） 1988年11月

サンタ・クロース
とおい北の国から東京にやってきて町のあき地のはしの下でおなかをすかせているおや子をみたサンタ・クロース 「いちばんいいおくりもの」 浜田広介作;高見八重子画 教育画劇 1979年12月

サンタクロース
クリスマスにおばけになってまちのこどもたちにプレゼントをくばったサンタクロースのおじいさん 「おばけになったサンタクロース」 安田浩作;相沢るつ子画 教育画劇（ユーモアだいすき） 1988年12月

サンタクロース
クリスマスにこどもたちにくばるプレゼントのおもちゃをつくのにいそがしいサンタクロースのおじいさん 「サンタさんはおおいそがし」 川田百合子;都丸つや子脚本;富永秀夫画 童心社 1986年11月

サンタクロース
クリスマスにこどもたちにプレゼントをくばるのにめがねをわすれたとてもわすれんぼうのサンタクロースのおじいさん 「わすれんぼうのサンタさん」 堀尾青史作;徳田徳志芸画 童心社 1986年11月

サンタクロース
クリスマスのばんにみなしごのクラースにだいじなパイプをくれたサンタクロース 「サンタクロースのおくりもの-クリスマス」 東川洋子文;鈴木博子画 教育画劇 1998年8月

サンタクロース
としくんとなおきのいるえんのクリスマスかいにやってきてトイレのまえにてぶくろをおとしていったサンタクロース 「サンタのわすれもの」 伊藤たまき脚本；夏目尚吾画　童心社（よいこの12か月）　1989年12月

サンタクロース
むかしギリシャのくににいたおかねもちのおじさんでかみさまのおしえにしたがってまずしいおやこのいえにきんかのふくろをなげてやったひと 「くつしたのなかのプレゼント」 間所ひさこ作；ふりやかよこ画　教育画劇　1995年11月

サンタクロース八ごう　さんたくろーすはちごう
ことしはじめてこどもたちにプレゼントをくばるおっちょこちょいのサンタクロース 「サンタクロース8ごう」 武部幸生脚本；高橋透画　童心社　1985年12月

サンタさん
クリスマスイブのよるにめをさましていたたえこちゃんをもりへつれていってくれたサンタさん 「もりのクリスマスパーティー」 古山広子脚本；長野ヒデ子画　童心社（げんきななかまシリーズ）　1991年12月

サンタさん
クリスマスにマアくんがこうえんであったおっちょこちょいのサンタクロース 「サンタはおっちょこちょい」 肥田美代子作；多田ヒロシ画　教育画劇（民話とんとむかし）　1987年12月

サンタさん
サンタさんのそりにのせてもらって木のみきのあなのなかにいるむしさんたちにプレゼントをとどけているちいさいサンタさん 「そりのうえのちいさいおうち」 古山広子脚本；中村有希画　童心社　1999年12月

サンタさん
まいとしクリスマスにやってきてどうぶつむらのこどもたちにプレゼントをおいてくれるサンタさん 「サンタクマーズがこないわけ」 塩田守男作・画　教育画劇（四季の行事シリーズ）　1992年11月

サンタ・ニコラスさま（ニコラスさま）
とおいきたぐにのふゆのよるみちにまよってしまって年とったきつねにむらまであんないしてもらったサンタクロース 「いちばんはじめのサンタクロース」 足沢良子作；岸田耕造画　教育画劇（あたらしい行事紙芝居）　1993年9月

サンタのおじいさん
たまにはじぶんもクリスマスのおいわいをしてもらいたくててがみをかいたサンタのおじいさん 「おてがみサンタさん」 間所ひさこ脚本；むかいながまさ画　童心社　1984年12月

さんたろう
のねずみのちゅうすけをまちのうちによんだしんゆうのいえねずみ 「のねずみとまちのねずみ」 稲庭桂子脚本；長島克夫画　童心社（たのしいイソップ）　1975年5月

三太郎　さんたろう
村のはずれの杉山にでるてんぐさまにどこかへいってくれるようにはなしにいったおひゃくしょうののんきな子ども 「はなをおったてんぐ」 宮下全司作；高雄頼春画　教育画劇　1980年4月

サンちゃん
山ぐみの子どもたちのなかでかたづけがきらいなさる 「いちばんがすきなサンちゃん」 金明悦子作;中村有希画 教育画劇(あたらしいしつけ紙芝居) 1995年2月

三ちゃん　さんちゃん
村にやってきたおとうふやさんのおじいさんかららっぱをもらった子どもざる 「オサルノラッパ」 川崎大治作;羽室邦彦画 ほるぷ出版(ほるぷの紙芝居-黄金期名作選) 1984年5月

サンドイッチ
おにぎりとおいなりさんとまきずしと四人いっしょにえんそくにでかけたサンドイッチ 「おべんとうのえんそく」 矢玉四郎作・画 教育画劇(ゆかいなたべもののおはなし) 1988年11月

サンドイッチはくしゃく
イギリスのはくしゃくでトランプしながらたべられるものをめしつかいにつくらせてそのパンにじぶんのなまえがつけられたひと 「いつでもどこでもいただきます!-サンドイッチのはじまり」 東川洋子作;鈴木博子画 教育画劇 1991年5月

サンドラおばさん
あしをけがしてしまったこぐまのビリーにたまごをもってきてくれたにわとりのおばさん 「そんなのいらない」 リンデルト・クロムハウト脚本;福田岩緒絵;野坂悦子訳 童心社 2003年11月

三人きょうだい　さんにんきょうだい
むかしあるやまおくのいえでるすばんをしていておかあにばけたやまんばにくわれそうになった三人のきょうだい 「やまんばと三人きょうだい」 水谷章三脚本;伊藤秀男絵 童心社(ともだちだいすき) 2006年12月

三にんきょうだい(きょうだい)　さんにんきょうだい(きょうだい)
ちからだめしのたびにでてりっぱなちょうじゃのいえでしごとだめしをすることになったちからじまんのきょうだい 「なぞのあねさま」 桜井信夫脚本;清水耕蔵画 童心社(日本民話かみしばい選) 1985年9月

三人きょうだい(きょうだい)　さんにんきょうだい(きょうだい)
おやのいうことをきかないのでおとうさんに山にすてられてまいごになってしまっておにの家にいった三人のきょうだい 「空とぶ千里のくつ」 石川光男文;清水耕蔵画 教育画劇(おにごっこシリーズ) 1978年9月

三にんのむすこ　さんにんのむすこ
むかしリトアニアというくににすんでいたのうふの三にんのむすこたち 「いえいっぱいにできるもの」 荒木文子脚本;藤田勝治絵 童心社(ともだちだいすき) 2005年2月

三人のむすこ　さんにんのむすこ
とうもろこしどろぼうをたいじしに行ったメキシコのお百しょうさんの三人のむすこ 「とうもろこしどろぼう」 石山透脚色;赤星亮衛画 NHKサービスセンター(NHKかみしばい 世界の昔ばなし) 1982年1月

三人のむすめ（むすめ）　さんにんのむすめ（むすめ）
きこりのおとうさんにべんとうをもっていくとちゅうもりのなかでまいごになってしまいしらがのおじいさんのいえにとめてもらった三にんのむすめ「森のいえ（前編）（後編）」グリム原作；八木田宜子脚本；篠崎三朗画　童心社　1998年1月

三ねん　さんねん
やまのうえのおてらにいた三にんのこぞうさんのひとり「くいしんぼうのおしょうさん」鬼塚りつ子脚色；藤本四郎絵　教育画劇（日本のユーモア民話）　1993年8月

三びきのくま（くま）　さんびきのくま（くま）
もりの中にすんでいた大きなおとうさんぐまと中くらいのおかあさんぐまと小さな子ぐまの三びきのくま「三びきのくま-イギリス民話より」森やすじ作・画　教育画劇（世界名作アニメかみしばい）　1987年4月

三びきのこぶた（ぶた）　さんびきのこぶた（ぶた）
あるひおかあさんぶたから「もうおおきくなったんだからじぶんでおうちをつくってくらしなさい」といわれた三びきのこぶた「三びきのこぶた」関修一作・画　教育画劇（家庭版名作アニメかみしばい）　1997年10月

【し】

しあわせの王子（王子）　しあわせのおうじ（おうじ）
あるまちのひろばにたっていた「しあわせの王子」といううつくしいぞう「しあわせの王子」ワイルド原作；三谷亮子脚本；中村文子画　童心社（世界の名作第3集）　1999年5月

しあわせの王子（王子）　しあわせのおうじ（おうじ）
町のひろばに立っていたしあわせの王子のぞう「しあわせの王子」オスカー・ワイルド原作；高木あきこ脚色；工藤市郎画　教育画劇（2年の道徳紙芝居）　1993年2月

じい
山へ木をきりにいってふところにいれてかえってきたすずめにちょんというなまえをつけてかわいがっておったじい「したきりすずめ」松谷みよ子脚本；堀内誠一画　童心社（松谷みよ子民話珠玉選）　1973年3月；童心社（松谷みよ子民話珠玉選）　1965年5月

じいさ
山のおくにながれていたきれいな水をのんでわかいあんさになってかえってきたじいさ「あかんぼばあさん」川崎大治脚本；金沢佑光画　童心社　1992年1月

じいさま
あしたたべるものもなくなってしまいやまのかんのんさまにおすがりしたらたからのひょうたんをさずかったひとりぐらしのさびしいじいさま「たからのひょうたん」水谷章三脚本；篠崎三朗画　童心社（ゆたかなこころシリーズ）　2000年1月

じいさま
おおどしの日にゆきの中に立っていたの中の六じぞうさまにかさをかぶせてあげたびんぼうなじいさま「かさじぞう」長崎源之助文；箕田源二郎画　教育画劇（紙芝居むかしばなし）　1993年2月

しいさ

じいさま
おおみそかのふりしきるゆきの中にたっていたのなかの六じぞうさまにかさをかぶせてやったじいさま 「かさじぞう」 松谷みよ子脚本;まつやまふみお画　童心社(松谷みよ子民話珠玉選)　1990年2月;童心社　1973年3月

じいさま
のんびりひるねをしていたきつねをおどろかせていったのでかえりみちにきつねにばかされたじいさま 「じいさまときつね」 増田尚子脚本;二俣英五郎画　童心社(日本民話かみしばい選)　1982年9月

じいさま
はたけにうえたまめがどんどんのびつづけて雲の上までのびてしまったまめの木をのぼっていったじいさま 「てんまでのびたまめのき」 能勢紘也脚色;高橋宏幸画　NHKサービスセンター(名作民話おはなし広場)　1984年1月

じいさま
まちへあゆをうりにいくとちゅうでかみなりさまにあゆ一はこをわけてあげたおれいにくものうえへしょうたいされたじいさま 「かみなりさまのごしょうたい」 津谷タズ子脚本;福田庄助画　童心社　1997年8月

じいさま
ゆきのふるひにどまにつんであったわらたばでゆきぐつをあもうとしたときわらぼこりのなかにしゃみせんをかかえたおとこがいるのをみたじいさま 「冬のわらたば」 津谷タズ子脚本;西山三郎画　童心社(こわいこわーいおはなし)　1991年5月

じいさま
山からすずめを家につれて帰って「おちょん」とよんでだいじにだいじにそだてたじいさま 「したきりすずめ」 こわせたまみ文;西岡たかし画　NHKソフトウェア(日本むかしばなし)　1996年1月;NHKサービスセンター(日本むかしばなし)　1977年1月

じいさま
山へしばかりにいったるすにかわいがっていたすずめのチュンのしたをばあさまにはさみで切られてしまったじいさま 「したきりすずめ」 安田浩文;輪島みなみ画　教育画劇(紙芝居むかしばなし)　1983年3月

じいさんだぬき(たぬき)
ふゆごもりのためにどんぐりのもりへたべものをさがしにいってわなにかかってしまったじいさんだぬき 「たぬきとかあさんうさぎ」 塩原ゆかり作;野々口重画　童心社(日本の動物記シリーズ)　1987年6月

しいちゃん
おかあさんのいいつけをまもらないで岡の下の町へ行ってみたちょうちょのきょうだいの妹 「ちょうちょのきょうだい」 福島のり子作;牧村慶子画　教育画劇(よいこんたのしい紙芝居)　1969年11月

ジィルイイン
むすめのピアナとふたりでもりのはずれにすんでいたゆみのめいじんのインディアンのおとう 「くまになったピアナ」 さねとうあきら脚本;スズキコージ画　童心社(こわいこわーいおはなし)　1991年5月

ジェイミ
ぼくじょうのこひつじたちのなかでいちばんよわむしのこひつじ 「かめのトートじいさんは150さいーながいき」 瀬尾七重作;岩井田治行画　教育画劇　1997年8月

ジェイン
もりのなかにおいてかれたふるいみどりいろのバスをとてもいいうちにしたふたりのこどものひとり 「みどりいろのバス」 ジョン・シャロン作;八木田宜子脚本　ほるぷ出版(ほるぷの紙芝居-世界のおはなしシリーズ)　1989年6月

ジェリー
森の中でインディアンごっこをしていてうちへ帰るのがおそくなってしまった三人の男の子の一人 「どっちがやさしいか」 石森延男作;吉野弘子脚色;アリマ・ジュンコ画　教育画劇(2年の道徳紙芝居)　1993年2月

ジェーン
じぶんがうまれたすなはまにたまごをうみにやってきたうみがめ 「うみがめジェーンまたきてね」 井上こみち文;鈴木幸枝画　教育画劇　2002年12月

しか
いずみの水にうつったじぶんのりっぱなつのをほれぼれとみていたしか 「りっぱなつののしか」 八木田宜子脚本;にいざかかずお画　童心社(たのしいイソップ)　1987年6月

しか
たいそうかりがじょうずなばんじというおとこが山じゅうをかけめぐっておったうつくしいしろいしか 「しろいしか」 江口文四郎原作;佐々木悦脚本;岡野和画　童心社　1978年1月

しか
むかしインドの山おくにすんでいた五色のからだをしたせかい中にたった一頭しかいないめずらしいしか 「五色のしかーインド民話」 箕田源二郎画;教育画劇編集部脚色　教育画劇(2年の道徳紙芝居)　1987年2月

しか
よなかねているあいだにあたまにかたいこぶがふたつもできていたこじかくん 「こじかくんのこぶじけんーぼくはわんきちたんてい」 田口俊雄作;加藤晃画　教育画劇(ぞうさんシリーズ)　1981年1月

しか
ラップランドのひとたちをつぎつぎにのみこんだかいぶつねんどっこのおなかをつのでつきさしてひとびとをたすけたしか 「かいぶつねんどっこ」 田中かな子脚本;箕田源二郎画　童心社(美しい心シリーズ)　1979年11月

しか
わかいかりうどのヤンがおいつづけたおおきなおじか 「ヤンとおじか」 アーネスト・T.シートン原作;松岡達英文;松岡洋子絵　ほるぷ出版(ほるぷの紙芝居)　1976年5月

シカ
カニとサルといっしょに太陽がどこからでるのかものしりフクロウのおじさんのところへききにいったシカ 「太陽はどこからでるの」 チョン・ヒエウ作　童心社(ベトナムの紙芝居)　1996年9月

しか

シカ
むかしインドの山おくにすんでいたからだにごしきのけがはえていたふしぎなシカ 「五色のしか−宇治拾遺物語より」 鈴木徹脚本・画 童心社(童心社のかみしばい ゆたかなこころシリーズ) 2000年2月

しか(シーちゃん)
なかよし幼稚園のしかのおんなの子 「しょくじのじかんですよ」 四方国恵ほか作；福田京二画 ぎょうせい(健康・安全シリーズ紙芝居) 1989年5月

□ しかく
ねずみがつみきばこからつれていったつみきを○(まる)と△(さんかく)と三人でたすけにいった□(しかく)のつみき 「○△□(まるさんかくしかく)」 矢崎節夫文；高畠純画 NHKサービスセンター(なぜなぜ童話) 1977年1月

シカせんせい
山のみんなをえんそくでうみへつれていったシカのせんせい 「あおいあおいうみへいったよ−海の水はどうして青いの」 内山安二作・画 教育画劇(はてな?なぜかしら??) 1989年4月

シクシク
バイキン村からとび出して手をあらわない子のタローちゃんのところへきたバイキン小人 「タローちゃんが手をあらったら」 鈴木美也子作；前田賢画 教育画劇 1979年6月

しげる
だいすきないぬのコロが死んでしまったのでコロがうんだこいぬにおなじなまえをつけてあげたおとこのこ 「コロってよんでね」 金城多真子脚本；月田孝吉画 童心社(よいこの12か月) 1988年2月

しげる
ようちえんのすなばにあるトンネルをともだち三人でくぐってひみつのたんけんをしたおとこの子 「トンネルくぐって」 中村悦子；中臣浩子；河原場美喜子作；富永秀夫画 教育画劇(ちょうちょシリーズ) 1976年4月

しげる
草原でつかまえた虫のことをけんいちとゆみこと三人で図書館へいってしらべてみた男の子 「この虫なんだろう?」 山崎哲男脚本；藤本四郎画 童心社 1996年4月

シゲル
いえがおみせやさんでおかあさんがいそがしそうなのでまほうをつかっておかあさんをふたりにしてあげたおとこのこ 「ふたりになったおかあさん」 上地ちづ子脚本；月田孝吉画 童心社(よいこの十二か月) 1977年11月

しげるちゃん
ある夜家のまえにいたけがをした白いいぬをかいたいなとおもったおとこのこ 「こいぬのシロちゃん」 西山敏夫作；加藤てい象画 教育画劇(心をはぐくむシリーズ) 1972年1月

じけんみつけ
クモのアナンシの6ぴきのむすこの一ばんめでどんなとおいところからでもじけんがおこったのをみつけてしまうむすこ 「アナンシと6ぴきのむすこ-アフリカの民話」 ジェラルド・マクダーモット作;八木田宜子脚本　ほるぷ出版(ほるぷの紙芝居-世界昔ばなしシリーズ)　1983年4月

ジゴマ
噴射推進小型ジェッターで空をとぶ大どろぼう 「ダイヤのひかり1 空とぶジゴマの巻」 加太こうじ作・絵　童心社(連続冒険空想科学大活劇)　1986年9月

ジゴマ
噴射推進小型ジェッターで空をとぶ大どろぼう 「ダイヤのひかり2 科学探偵少年バットの巻」 加太こうじ作・絵　童心社(連続冒険空想科学大活劇)　1986年9月

ジゴマ
噴射推進小型ジェッターで空をとぶ大どろぼう 「ダイヤのひかり3 少女ミチルの巻」 加太こうじ作・絵　童心社(連続冒険空想科学大活劇)　1986年11月

じさ
ふゆもみちかいあるひのことうらやまでふるえていたかっぱをたすけてやったおれいにたからもののふくろをもらったじさ 「かっぱのおたから」 松谷みよ子再話;水谷章三脚本;岡野和画　童心社　1984年11月

じさま
たんぼのくさとりをしていると「すもうとろう」といってまわりにあつまってきたかっぱどもとすもうをとったじさま 「かっぱのすもう」 渋谷勲脚本;梅田俊作画　童心社(日本民話かみしばい選・わらいばなしがいっぱい)　1984年9月

じさま
十五やさまのひにやってきたぼろをまとったたびのぼうさまといっしょにおつきみをしたむら一ばんのびんぼうなじさま 「十五夜さま」 渋谷勲脚本;藤田勝治画　童心社(たのしい季節の行事 のびのび・秋のまき)　1989年6月

じさま
町へもって行ったけどひとつも売れなかったかさを雪の中にならんでいたおじぞうさまにかぶせてあげたじさま 「かさじぞう」 石山透文;奈良坂智子画　NHKサービスセンター(日本むかしばなし)　1987年1月

じさまとばさま
あるとしの十二がつのことむらはずれのいえにふるえながらとびこんできた七にんのたびびとにごちそうしてやったびんぼうなじさまとばさま 「おしょうがつのおきゃくさん」 渋谷勲脚本;藤田勝治画　童心社　1991年1月

じさまとばさま
としこしのばんにさずかったちいさなにんぎょうみたいなおんなのこのおかげでおおがねもちになったじさまとばさま 「ざしきわらし」 水谷章三脚本;篠崎三朗画　童心社(げんきななかまシリーズ)　1993年1月

ししと

シシト
二世紀の末ごろいまの奈良県田原本町にあった唐古のむらでむらどうしのいくさに備えながら米づくりをてつだっていた若者 「いくさのなかの米づくり」 山下國幸作;伊藤和子絵 汐文社(紙芝居日本の歴史3) 1987年4月

じじとばば
むかしあるところにすんでいたはたらきもののじじとばば 「たからおばけ」 水谷章三脚本;渡辺有一絵 童心社 2002年1月

シジュウカラ
「ぼく」のうちのポストにすをつくってたまごをうんだシジュウカラ 「ぼくのポストはおやすみです」 千世まゆ子脚本;のぞえ咲画 童心社 1999年9月

しずく
のはらからそらにあがっていってあまぐもになってあめつぶくんをふらせたしずく 「むくむくぽっかりほんわりこ」 まついのりこ脚本・画 童心社(とびだすせかい) 1986年9月

しずく
のはらからそらにあがっていってにゅうどうぐもになったしずく 「むくむくぽっかりほんわりこ」 まついのりこ脚本・画 童心社(とびだすせかい) 1986年9月

しずく
のはらからそらにあがっていってねむいねむいくもになったしずく 「むくむくぽっかりほんわりこ」 まついのりこ脚本・画 童心社(とびだすせかい) 1986年9月

しずく
のはらからそらにあがっていってゆうやけぐもになったしずく 「むくむくぽっかりほんわりこ」 まついのりこ脚本・画 童心社(とびだすせかい) 1986年9月

しずちゃん
おとなしくていい子だったのにほんとは男の子になりたいとおもっていたらある日いじわるでらんぼうな子になっていた女の子 「おとこのこになりたかった」 今江祥智作;野々口重画 教育画劇 1980年9月

じぞうさま
おおどしの日にゆきの中に立っていたところをびんぼうなじいさまにかさをかぶせてもらったおれいにおこめやさかなをくれたの中の六じぞうさま 「かさじぞう」 長崎源之助文;箕田源二郎画 教育画劇(紙芝居むかしばなし) 1993年2月

じぞうさま
おおみそかのゆきの中じいさまにかさをかぶせてもらったおれいにとしこしいわいのもちやさかなをおいていってくれた六じぞうさま 「かさじぞう」 松谷みよ子脚本;まつやまふみお画 童心社(松谷みよ子民話珠玉選) 1990年2月;童心社 1973年3月

じぞうさま
ばあさまがころがっただんごをおいかけてはいってしまったねずみあなにいたじぞうさま 「ふしぎなしゃもじ」 佐々木悦脚本;須々木博画 童心社 1992年1月

したてやさん
はえをひとうちで七ひきもやっつけてとくいになってたすきに「ひとうち七つ」とかいてたびに
でたちびのしたてやさん 「ひとうち七つ」 川崎大治脚本;高橋恒喜画 童心社(グリム童話
傑作選) 1980年1月

シータひめ
おしろをでてもりでくらさなければならなくなったラーマおうじのきさきでまもののおうラーバ
ナにさらわれたひめ 「ラーマおうじとシーダひめ(前編)(後編)」 上地ちづ子脚本;伊藤
昭画 童心社 1983年1月

七どぎつね　しちどぎつね
くさむらできもちよくねていたときにいしをなげつけたきろくさんとせいはちさんにかたきうち
をしようとして二人をなんどもだましたきつね 「七どぎつね」 桂文我脚本;渡辺有一絵 童
心社(紙芝居おおわらい落語劇場) 2004年3月

七ひきの子やぎ(やぎ)　しちひきのこやぎ(やぎ)
あるところにやぎのおかあさんといたかわいいかわいい七ひきの子やぎ 「おおかみと七ひ
きの子やぎ」 グリム原作;奈街三郎脚本;スズキコージ画 童心社(世界の名作・第2集)
1992年5月

シーちゃん
なかよし幼稚園のしかのおんなの子 「しょくじのじかんですよ」 四方国恵ほか作;福田京
二画 ぎょうせい(健康・安全シリーズ紙芝居) 1989年5月

じっさま
アメリカのテネシーしゅうのおおきなもりに三びきのいぬといっしょにくらしていたじっさま
「しりっぽおばけ」 ジョアンナ・ガルドン再話;ポール・ガルドン絵;林克美脚本 ほるぷ出版
(世界のおはなしシリーズ) 1998年9月

じっさま
山へ木をきりにいってよるになりつきあかりのしたでてんぐたちといっしょにおどってほっぺ
たにあったおっきなこぶをとってもらったじっさま 「こぶとりじいさん」 松尾敦子脚本;和歌
山静子画 童心社 1999年11月

じっちゃ
やまのはたけでとりをのみこんでしまいへをするとちんちょろりんとおとがするようになった
じっちゃ 「とりのみじっちゃ」 斎藤純脚本;宮本忠夫画 童心社(とんとむかしがたり)
1995年9月

シドニー
やくしゃチャーリー(チャールズ・チャップリン)のおにいちゃん 「すばらしい役者チャーリー
くん(前編)(後編)」 かこさとし作・画 童心社 1987年1月

しのださん
あたたかいタイからさむいほっかいどうのどうぶつえんにきてびょうきになってしまったぞうの
はな子をめんどうみてげんきにしてあげたおじさん 「はな子さん」 堀尾青史作;二俣英五
郎画 童心社(日本の動物記シリーズ) 1987年6月

しはた

芝田 兼義　しばた・かねよし
宇治川の先陣争いをした鎌倉方の武士 「いざ鎌倉」 志村毅一案；上地ちづ子作；こさかしげる絵　汐文社(紙芝居 日本の歴史11)　1987年12月

シビーくん
せなかににもつをのせてはじめておじいちゃんのうちにおつかいにいくちいさなトラック「シビーくんのおつかい」 こもりまこと脚本・絵　童心社　2001年5月

しほちゃん
そらからふってきたながぐつをタヌキやイカやみんなではいてあるいたおんなのこ 「ながぐつながぐつ」 内田麟太郎脚本；長谷川義史絵　童心社(ともだちだいすき)　2009年1月

しまうま(しまりん)
おとうさんしまうまのいうことをきかないでなかまとはなれてアフリカのそうげんをひとりであるきだしたしまうま 「しまうまのしまりん」 きたがわめぐみ文・絵　教育画劇　2005年9月

シマウマ(トッピー)
アフリカのそうげんでうまれたばかりのシマウマのおとこのこ 「はしれトッピー！(シマウマ)」 矢崎節夫作；岩淵慶造画　教育画劇　1992年5月

しまおくん
ふとみみずのふとしくんのともだちのしまみみず 「みみずっておもしろい」 せなけいこ脚本・絵　童心社(ともだちだいすき)　2002年7月

シマくん
たべものクイズにねこのミケちゃんといっしょにこたえたねこ 「たべものクイズ」 北川幸比古脚本；駒井啓子画　童心社(かみしばい・たべるのだいすき!)　1989年3月

シマゾウ
あるおうちになかよしのいぬのポンポコといっしょにかわれていてまいごになったねこ 「まいごのねこはどこだワン？」 手島悠介作；末崎茂樹画　教育画劇(おはなしドキドキ)　1986年7月

しまりん
おとうさんしまうまのいうことをきかないでなかまとはなれてアフリカのそうげんをひとりであるきだしたしまうま 「しまうまのしまりん」 きたがわめぐみ文・絵　教育画劇　2005年9月

ジム
えきまえであかいはねをうっていたじょがくせいのまねをしてトムとふえのさきのあかいはねをうろうとしたおとこの子 「トムとジムのあかいはね」 大石真作；さいとうたいこ画　教育画劇　1974年10月

ジム
クリスマスのまえの日じまんのきんのかいちゅうどけいをうって妻のデラへのプレゼントをかった夫 「クリスマスのプレゼント」 オー・ヘンリー原作；八木田宜子脚本；安和子画　童心社(ゆたかなこころシリーズ)　1992年12月

ジム
ふねにのってたからじまへたからさがしのぼうけんにいったしょうねん 「たからじま」 スティーブンスン原作；紙芝居研究会脚本；伊藤展安画　童心社　1984年1月

ジム
道のむこうのうちのおないどしでこんど学校にあがることになったトムなんかにまけるもんかとおもった男の子 「トムとジム」 大石真作;水沢研画 教育画劇(名作の花束みつばちシリーズ) 1976年10月

ジムジムおばけ
小さな村の村はずれの森のおくにこっそりとかくれて住んでいたおばけ 「タムタムおばけとジムジムおばけ」 立原えりか原作・脚色;奈良坂智子画 NHKサービスセンター(NHK小学校国語紙芝居教材 創作童話) 1980年1月

じめじめ
たけしくんがふとんにはいるといつもうれしそうなかおでやってくるおねしょのじめじめ 「にこにこまんとじめじめ」 矢崎節夫作;古川タク画 教育画劇(ユーモアひろば) 1992年11月

じゃがいも
のんちゃんといっしょにおじいちゃんちへカレーをつくってもらいにいったじゃがいも 「やさいだいすき」 土田義晴脚本・画 童心社 1998年6月

じゃがいもくん
おひげのコックさんにかわむきでかわをむかれてつるつるのおはだになっておなべにいれられたじゃがいもくん 「じゃがいもコロコロ」 くすみまさゆき作・画 教育画劇 2006年1月

じゃがいもさん
あおものいちばへいくたまねぎさんをえきまでおくっていくひのあさに目をさまさなかったおねぼうなじゃがいもさん 「おねぼうなじゃがいもさん」 村山籌子原作;村山知義脚本・画 童心社(紙芝居ベストセレクション第1集) 1998年6月

じゃがいもさん
じゃがいもホテルというちいさなホテルのたいへんしんせつなごしゅじん 「かわへおちたたまねぎさん」 村山籌子原作;村山亜土脚本;長谷川知子絵 童心社(村山籌子幼年かみしばい) 2002年5月

シャクシャイン
蝦夷地を荒らすシャモどもを追いだそうと松前藩の城下へ攻めのぼったアイヌの総大将 「シャクシャインの戦い」 山下國幸作;梶鮎太絵 汐文社(紙芝居 日本の歴史16) 1987年12月

シャクトリムシ
テントウムシにオニになってもらってともだちとみんなでかくれんぼきょうそうをしたかくれるのがじょうずなむし 「むしたちのかくれんぼ」 得田之久脚本・絵 童心社(ともだちだいすき) 2000年5月

シャチ
ライオンのこどものライタとぞうがかいがんにたおれているのをたすけた一とうのシャチ 「おおきくてもやさしいんだぞう」 中村翔子作;鈴木博子画 教育画劇 1997年8月

しやつ

ジャッカル
ひろいそうげんでおかあさんとはぐれてしまったチーターのこキキをだまそうとしたジャッカル 「はしれ！チーターのこ、キキ-かけっこ」 やすいすえこ作；間瀬なおかた画　教育画劇　1997年8月

ジャック
いちばへうりにいっためうしをたったひとつぶの豆ととりかえてしまった男の子 「ジャックと豆の木-イギリス民話」 角田光男文；石川雅也画　教育画劇（世界名作童話紙芝居全集）1991年7月

ジャック
うちにのこったたった一とうのうしをまめととりかえてきたおとこの子 「ジャックとまめの木」 鈴木信一作・画　教育画劇（家庭版名作アニメかみしばい）　1996年5月

ジャック
おかあさんにたのまれてうしをうりにいくとちゅうであったふしぎなおじいさんとうしをまめととっかえた男の子 「ジャックとまめのき-イギリス民話より」 堀尾青史脚本；篠原勝之画　童心社（家庭版かみしばい）　1987年7月

ジャック
おかあさんにたのまれてうしをうりにいくとちゅうであったふしぎなおじいさんとうしをまめととっかえた男の子 「ジャックとまめのき-原作イギリス民話」 堀尾青史脚本；かみやしん画　童心社（世界の名作・第1集）　1986年4月

ジャック
ながれぼしロケットのパイロットのピピにトムじいさんとエミリーとつきりょこうにつれていってもらったおとこのこ 「おつきさまのともだち」 磯田和一作・画　教育画劇（へんてこなくにのおはなし）　1991年5月

ジャック
むかしアイルランドのはまべにくらしていたりょうしで人魚のクーマラじいさんについて海のそこにある家にあそびにいったわかもの 「にんぎょのクーマラじいさん-イギリス昔話」 伊藤海彦脚色；宇野亜喜良画　NHKサービスセンター（名作民話おはなし広場）　1984年1月

ジャック
牛を町まで売りに行って声をかけてきたおじさんと牛とふしぎな豆をとりかえた男の子 「ジャックと豆の木」 若林一郎文；中村千尋画　NHKソフトウェア（世界むかしばなし）　1996年1月

ジャップ＝マリー　じゃっぷまりー
のらねこのキティをいんちきなけっとうしょをつけてひんぴょうかいにだしたことりや 「のらねこキティ」 神宮輝夫文；箕田源二郎絵　ほるぷ出版（ほるぷの紙芝居）　1976年5月

ジャムおじさん
アンパンマンにともだちのしょくぱんまんをつくってあげたパンつくりのめいじん 「アンパンマンとしょくぱんまん」 やなせたかし作・絵　フレーベル館

ジャムおじさん
アンパンマンにともだちのしょくぱんまんをつくってあげたパンつくりのめいじん 「アンパンマンとしょくぱんまん」やなせたかし作・絵 フレーベル館(ワイド版アンパンマンかみしばい)

ジャムおじさん
アンパンマンにともだちのしょくぱんまんをつくってあげたパンつくりのめいじん 「アンパンマンとしょくぱんまん」やなせたかし作・絵 フレーベル館(家庭版幼児かみしばい)

ジャムおじさん
パンづくりがだいすきなおうさまのいるクロワッサンぼしにあんないされていったジャムおじさん 「アンパンマンとみかづきまん」やなせたかし作・絵 フレーベル館(フレーベル館のかみしばい)

ジャムおじさん
パンつくりのめいじんでアンパンマンのうみのおや 「アンパンマンとうみのあくま」やなせたかし作・絵 フレーベル館

ジャムおじさん
パンつくりのめいじんでアンパンマンのうみのおや 「アンパンマンとうみのあくま」やなせたかし作・絵 フレーベル館(家庭版幼児かみしばい)

ジャムおじさん
パンつくりのめいじんでアンパンマンのうみのおや 「アンパンマンとかいじゅうアンコラ」やなせたかし作・絵 フレーベル館

ジャムおじさん
パンつくりのめいじんでアンパンマンのうみのおや 「アンパンマンとこども」やなせたかし作・絵 フレーベル館

ジャムおじさん
パンつくりのめいじんでアンパンマンのうみのおや 「アンパンマンとそっくりぱん」やなせたかし作・絵 フレーベル館

ジャムおじさん
パンつくりのめいじんでアンパンマンのうみのおや 「アンパンマンとそっくりぱん」やなせたかし作・絵 フレーベル館(ワイド版アンパンマンかみしばい)

ジャムおじさん
パンつくりのめいじんでアンパンマンのうみのおや 「アンパンマンとだだんだん」やなせたかし作・絵 フレーベル館

ジャムおじさん
パンつくりのめいじんでアンパンマンのうみのおや 「アンパンマンとだだんだん」やなせたかし作・絵 フレーベル館(アンパンマンのぼうけん)

ジャムおじさん
パンつくりのめいじんでアンパンマンのうみのおや 「アンパンマンとだだんだん」やなせたかし作・絵 フレーベル館(ワイド版アンパンマンかみしばい)

しゃん

じゃんけんゴリラ
じゃんけんがだいすきなゴリラ「じゃんけんゴリラ」尾崎真吾案・画;矢崎節夫文 教育画劇(じゃんけんシリーズ) 1983年10月

ジャンボ
おとしあなにおっこちていたのをアンパンマンにたすけてもらってアンパンマンのかおのはんぶんをたべさせてもらったこぞう「アンパンマンとごりらまん」やなせたかし作・絵 フレーベル館

ジャンボ
むかしおうさまとこくみんが3にんだけのちいさなくににみなみのくにのおうさまからおくられてきたぞう「ちいさなジャンボ」やなせたかし作・絵 フレーベル館

じゃんまる
みどりのきもののちびっこにんじゃ「ちびっこにんじゃにんまるじゃんまる」山本省三作・画 教育画劇 1997年11月

11ぴきのねこ(ねこ)　じゅういっぴきのねこ(ねこ)
いつもおなかがぺこぺこで大きな魚が食べたくて山のむこうにあるひろいみずうみに行った11ぴきののらねこたち「11ぴきのねこ」馬場のぼる作・文・画 NHKサービスセンター(創作童話) 1987年1月

11ぴきのねこ(ねこ)　じゅういっぴきのねこ(ねこ)
いつもおなかがぺこぺこで大きな魚が食べたくて山のむこうにあるひろいみずうみに行ってみた11ぴきののらねこ「11ぴきのねこ」馬場のぼる作・文・画 NHKサービスセンター(創作童話) 1987年1月

11ぴきのねこ(ねこ)　じゅういっぴきのねこ(ねこ)
コロッケの店をはじめた11ぴきのねこ「11ぴきのねことあほうどり」馬場のぼる作・文・画 NHKサービスセンター(創作童話) 1987年1月

じゅうきちくん
風のはげしい日に道ばたにおちていたよしのは鳥といううたをうたうふしぎな小鳥をたすけてあげた村の子ども「よしのは鳥」浜田広介作;蓑田正治脚色;輪島みなみ画 教育画劇(ひろすけ童話紙芝居全集) 1974年2月

秋じいさん　しゅうじいさん
むかしちゅうごくにいたそれはそれははなのすきなおじいさん「はなのすきなおじいさん」小林純一脚本;小谷野半二画 童心社(紙芝居ベストセレクション第1集) 1998年6月

ジュウタくん
おじさんとおむすびころりんのネズミのくにをさがしにいったおとこの子「おむすびころりん大はっけん」等門じん作;津田直美画 教育画劇(紙芝居へんてこ日本むかしばなし) 1995年5月

しゅうちゃん
たちいりきんしのこうじげんばのなかにはいっていって大きなあなのなかにおちてしまったおとこのこ「あきちのぼうけん」都丸つや子脚本;藤本四郎画 童心社(こんなとききをつけようネ!) 1991年9月

じゅうべえ
日向の国の米良の里でうるしをあつめることをしごとにしていた二人のきょうだいの弟「めらのうるし」長崎武昭脚色;斎藤博之画　NHKサービスセンター(名作民話おはなし広場)　1984年1月

十べえさん　じゅうべえさん
むかしあるところにいたじぬしさまでひろいやしきにはひょうたんのかたちをした大きないけがあった人「まほうのひょうたんいけ」柴野民三文;小松修画　教育画劇(まほうのくにへようこそ)　1991年5月

しゅてんどうじ
おおえやまのやまおくにすむおにのかしら「おおえやまのおに(前編)(中編)(後編)」関きよし脚本;須々木博画　童心社(長編紙芝居劇場)　1978年3月

しゅん
たけしのともだち「にんじゃがやってきた」今村幸介作;山口みねやす画　教育画劇(教育画劇のかみしばい)　1997年11月

じゅん
おかあさんのおつかいでいもうとのるいといっしょにゆうびんきょくまでいったおとこのこ「おつかいどんとこい」今関信子脚本;岡本順画　童心社　1996年8月

しゅんくん
スパゲッティをたべてベタベタになったままおにわでどろんこになってあそんだおとこのこ「ちゅるちゅるベタベタ」得田之久脚本;和歌山静子絵　童心社(年少向けおひさまこんにちは)　2008年5月

じゅんくん
からすにやられていたたぬきのこどもをこうくんとふたりでこうばんへつれていってたすけた男の子「たぬきのぽんたげんきでやれよう」今関信子作;西村達馬画　教育画劇　1994年5月

じゅんくん
ブランコでもトランポリンでもとしくんがあそんでいるとなんでもまねをしにくるおとこのこ「まねっこともだち」新沢としひこ脚本;長谷川義史絵　童心社(ともだちだいすき)　2006年4月

純子　じゅんこ
脳性まひという障害をもっているけれど一人でデパートへ買い物に行った小学五年生の女の子「純子の挑戦」江田裕介脚本;宮崎耕平画　汐文社(紙芝居　障害者といっしょに1)　1995年3月

しゅんたろう
落書きがだいすきでマジックペンでのっぺらぼうののっぺくんに口や耳や目や鼻をかいてあげた男の子「ぼくのともだちのっぺくん」小野寺悦子原作・脚色;高畠純画　NHKサービスセンター(NHK創作童話集)　1979年1月

しゅんちゃん
さむいさむいふゆのあさにマフラーつけててぶくろはめておそとであそんだおとこのこ「ぽっかぽか」長谷川知子脚本・絵　童心社　2007年1月

しゅん

シュンちゃん
そとがくらくなってもおでかけのおかあさんがかえってこなくていもうとがなきだしたのでしんぶんしでぼうしをつくってあげたおにいちゃん 「ぼうしでへんしん」 小宮山洋夫;早坂忠之原案;上地ちづ子脚本;徳田徳志芸画　童心社(造形教育かみしばい)　1979年3月

じゅんちゃん
あたらしいじてんしゃをかってもらったおとこのこ 「じてんしゃのじゅんちゃん」 香山美子作;伊藤悌夫画　教育画劇(よいこの交通安全)　1984年8月

じゅんちゃん
あめの日にひとりでおるすばんをしているときにやってきたりすさんやうさぎさんたちとおままごとをしてあそんだおとこのこ 「あそびましょ」 八木田宜子作;和歌山静子画　童心社(ひよこシリーズ)　1971年5月

じゅんちゃん
おおあめのひにかわへおにいちゃんのもけいひこうきをさがしにいってかわのなかのあしのしげみにとりのこされてしまったおとこのこ 「おにいちゃんのひこうき」 古山広子脚本;武部本一郎画　童心社(かみしばい安全教育シリーズ)　1977年1月

じゅんちゃん
おおさかからとうきょうにひっこしてきてたんぽぽえんの赤ぐみにはいった子でむしが友だちの男の子 「むしはかせじゅんちゃん」 いしばししずこ作;高見八重子画　教育画劇(ぼくにもできたよ)　1979年8月

じゅんちゃん
おにわでおもちゃのしんかんせんにのってりすさんやうさぎさんやくまさんをのせてあげた男の子 「じゅんちゃんすとっぷ」 八木田宜子作;和歌山静子画　童心社(うさちゃんシリーズ)　1979年9月

じゅんちゃん
ホールのすみでひろったタンバリンをならしているとやってきたりすさんやうさぎさんたちとおんがくのがっそうをしたおとこのこ 「たんばりんじゃじゃん」 八木田宜子作;和歌山静子画　童心社(こぶたシリーズ)　1976年8月

ジュンちゃん
いきなり道にとびださないようにいつも一どとまるようにしているおとこのこ 「りんごがころころすってんころりん」 近藤恵作;高雄頼春画　教育画劇(あぶないよ、きをつけて)　1978年2月

ジュンちゃん
おかあさんやみこちゃんたちとようちえんにおくれないようにいそいであるいていてなくなったおとこの子 「いなくなったジュンちゃん-あぶないよ、きをつけて」 近藤恵作;高雄頼春画　日本交通安全教育普及協会　1978年2月

ジュンちゃん
おしょうがつやすみにおとうさんにつれられていなかのおじいちゃんのところへいった男の子 「かまくらのおしょうがつ」 古寺伸竹作;田中秀幸画　教育画劇(しぜんといきもの)　1985年7月

じゅんぺい
あるゆうぐれしょうやのむすこによびだされてひゃくものがたりをやるむらはずれのあらでらにつれていかれたまずしいいえのおとこのこ 「ひゃくものがたりとゆうれい」 平田昌広文；末吉陽子絵 教育画劇（教育画劇のかみしばい ブルッとふるえる！こわい日本の民話） 2008年1月

ジュンペイ
いつもあまりうんどうをしなくてすききらいをするこでよくウンチがつまるおとこのこ 「ジュンペイのウンチーうんちのはなし」 清水道尾作；宮崎耕平画 教育画劇 1998年5月

ショウガナイさん
パン工場をたずねていくとちゅうでばいきんまんにさらわれてしまったりょうりの名人 「アンパンマンとショウガナイさん」 やなせたかし作・絵 フレーベル館

しょうがパンぼうや
おばあさんがやいていただいどころのてんぴからゆかにとびおりてにげだしたしょうがパンぼうや 「しょうがパンぼうやーイギリスの昔ばなし」 ポール・ガルドン作；八木田宜子脚本 ほるぷ出版（ほるぷの紙芝居ー世界昔ばなしシリーズ） 1983年4月

しょうきちさん
タクシーのうんてんしゅさん 「きつねのランプ」 舟崎克彦脚本・画 童心社 1990年9月

正直じいさん　しょうじきじいさん
ふしぎなはいをまいてかれ木にたくさん花をさかせておとのさまからごほうびをもらった正直じいさん 「花さかじいさん」 石山透文；瀬戸口昌子画 NHKソフトウェア（日本むかしばなし） 1996年1月

少女　しょうじょ
雪がしんしんとふるさむいさむい大みそかの夜に町かどに立ってマッチを売っていたまずしい少女 「マッチ売りの少女」 松岡励子文；水上喜与志画 NHKサービスセンター（外国むかしばなし） 1977年1月

しょうた
とってもなかよしのびんぼうにんのむすこのかめきちとふたりでたびにでたかねもちのむすこ 「馬になったむすこ」 水谷章三脚本；藤田勝治絵 童心社（ともだちだいすき） 2007年12月

正太郎　しょうたろう
道場にかよいながらいえのうらのはやしで木の葉の剣の練習をしている男の子 「がんばれ木の葉の剣」 岡田ゆたか脚本・画 童心社（ゆたかなこころシリーズ） 1992年11月

しょうちゃん
いたずらのすきなおとうさんといっしょにあるよるこっそりまちじゅうに花のタネをまきちらしたおとこのこ 「いたずら」 藤昌秀文；野々口重画 教育画劇 1975年6月

聖徳太子　しょうとくたいし
六世紀の末ごろ仏教を広めて政治をおこないヤマトの政府を強力なものにしようとした蘇我馬子とともに物部氏を討った皇子 「馬子と聖徳太子」 後藤竜二作；箕田源二郎絵 汐文社（紙芝居日本の歴史5） 1987年4月

しよう

少年　しょうねん
大むかし人があなのすまいをしていて火というものがなかったとき火の山へ火をとりにいった少年「犬と少年」浜田広介作;福島のり子脚色;輪島清隆画　教育画劇(ひろすけ童話紙芝居全集)　1987年8月

しょうべい
むらのうじがみさまからとりのこえのきこえるききみみずきんをもらったはたらきもののひゃくしょう「ききみみずきん」堀尾青史作;田中武紫画　童心社(かみしばい日本むかしむかし)　1976年6月

正坊　しょうぼう
村へやってきた小さなサーカスだんのだんいんの男の子「しょうぼうとクロ」新美南吉原作;須藤出穂脚色;沼野正子画　NHKサービスセンター(NHK小学校国語紙芝居教材 創作童話)　1980年1月

しょうぼうし
かじになったビルのなかからねずみのチュータくんのともだちをたすけだしたしょうぼうしのおじさん「ねぼすけチュータくんとおじさん－消防士の仕事」宮西達也作・画　教育画劇(かじだ!そのときどうする?)　1997年1月

しょうぼうしゃ
かじがおきたときにひをけすのがしごとのしょうぼうしゃ「ぼくたちしょうぼうしゃ」小賀野実写真・案　教育画劇　2003年5月

しょうやさん
さどのくろひめというところのむらのひとから千まい田のしょうやさんとよばれていたしょうやさん「ふくはうちおにもうち」藤田勝治脚本・画　童心社(紙芝居ベストセレクション第1集)　1998年6月

女王　じょおう
赤んぼうを見ると食べたくてたまらなくなってしまう人食いオニの女王「ねむりのもりのひめ」ペロー原作;立原えりか脚色;津田光郎画　NHKサービスセンター(NHK小学校国語紙芝居教材 外国の名作)　1979年1月

じょおうさま
ふしぎのくにのトランプのへいたいたちにまもられたおでぶのいばったじょおうさま「ふしぎのくにのアリス」キャロル原作;川崎大治脚本;油野誠一画　童心社　1987年7月

女王さま　じょおうさま
トランプのへいたいをおともにつれた女王さま「ふしぎのくにのアリス」伊藤海彦文;伊東美貴画　NHKソフトウェア(世界むかしばなし)　1996年1月;NHKサービスセンター(外国むかしばなし)　1977年1月

女王さま　じょおうさま
冬のさなかに春にさくまつゆき草をもってくるようおふれをだした子どもの女王さま「十二の月のものがたり(前編)(中編)(後編)」マルシャーク原作;堀尾青史脚本;金沢佑光画　童心社　1982年1月

しょくぱんまん
とおくのやまのたにそこでないていたぞうのおやこをアンパンマンといっしょにたすけにいったしょくぱんまん 「アンパンマンとしょくぱんまん」 やなせたかし作・絵 フレーベル館

しょくぱんまん
とおくのやまのたにそこでないていたぞうのおやこをアンパンマンといっしょにたすけにいったしょくぱんまん 「アンパンマンとしょくぱんまん」 やなせたかし作・絵 フレーベル館(ワイド版アンパンマンかみしばい)

しょくぱんまん
とおくのやまのたにそこでないていたぞうのおやこをアンパンマンといっしょにたすけにいったしょくぱんまん 「アンパンマンとしょくぱんまん」 やなせたかし作・絵 フレーベル館(家庭版幼児かみしばい)

しょくぱんまん
はみがきまんをてつだってあたらしいはぶらしをみんなにとどけたしょくぱんまん 「アンパンマンとはみがきまん」 やなせたかし作・絵 フレーベル館

ジョージ・ルース
アメリカの有名なプロ野球選手 「ベーブ・ルース」 森田健脚色;中村まさあき画 教育画劇(紙芝居・伝記シリーズ) 1995年6月

ショートケーキちゃん
おかしなおかしのくにのチョコケーキ大王にさらわれたおかしのなかま 「おかしなおかしのだいじけん」 しばはらち作・画 教育画劇(いってみたいなこんなくに) 1989年1月

ジョリクール
ビタリスおじいさんがつれていたさる 「家なき子(前編)(中編)(後編)」 エクトル・マロ原作;高木あきこ文;ながよしかよ画 教育画劇 1988年1月

ジョン
ウェンディのおとうと 「ピーターパンの冒険-ゆめの島ネバーランドへ」 日本アニメ企画絵画 童心社(家庭版かみしばい・世界名作劇場) 1989年11月

ジョン
けんちゃんたちがはらっぱでやきゅうをしていたらじしんがおきてたおれたブロック塀の下になったいぬ 「たすかったジョン」 田口俊雄作;水沢研画 教育画劇(よいこの地震紙芝居ぐらぐら) 1981年4月

ジョン
ゆめの中できいた声のいうことをしんじてロンドンに出ていきはしの上に立ったまずしい男 「ジョンのゆめ」 岡上鈴江文;工藤市郎画 教育画劇 1978年2月

ジョン
太平洋戦争のおわりごろ上野動物園でなかまのワンリーとトンキーといっしょにころされることになったぞう 「かわいそうなぞう」 土家由岐雄脚本;久保雅勇画 童心社(愛と平和シリーズ) 1985年11月

しょん

ジョン・リトル（ちびっこジョン）
シャーウッドの森にやってきた大男 「ロビン・フッドのぼうけん2 やってきた大男-イギリス伝説より」 北田伸脚本；篠崎三朗画 童心社 1996年2月

しらゆきひめ
あくまのようなおきさきにふかい森のなかにすてられてしまったゆきのように白くうつくしいおひめさま 「しらゆきひめ-グリム童話（前編）（後編）」 吉野弘子脚色；寺門保夫画 教育画劇 1989年1月

しらゆきひめ
ある国に生まれた雪のようにまっ白いはだをしたうつくしいおひめさま 「しらゆきひめ」 松岡励子文；米田佳代画 NHKソフトウェア（世界むかしばなし） 1996年1月

しらゆきひめ
おうさまの二どめのおきさきのめいれいでもりにつれだされてころされそうになったうつくしいおひめさま 「しらゆきひめ」 福島のり子脚色；桜井美知代作・画 教育画劇（家庭版名作アニメかみしばい） 1989年3月

しらゆきひめ
クリスマスのよるにミドリえんでひらかれたパーティーによばれてえほんの中からでてきたしらゆきひめ 「えほんのパーティー」 安田浩作；岩本圭永子画 教育画劇 1977年12月

しらゆきひめ
ひとりのおきさきからうまれたはだがゆきのようにしろいうつくしいむすめ 「しらゆきひめ」 グリム原作；八木田宜子脚本；藍野純治画 童心社（世界の名作・第1集） 1986年4月

しりっぽおばけ（おばけ）
じっさまのこやに丸太のすきまからしのびこんできておのでしっぽをきりおとされたおばけ 「しりっぽおばけ」 ジョアンナ・ガルドン再話；ポール・ガルドン絵；林克美脚本 ほるぷ出版（世界のおはなしシリーズ） 1998年9月

シルバー
かいぞくのかしらでかたあしがなくかたにはいつもオウムをとまらせているおとこ 「たからじま」 スティーブンスン原作；紙芝居研究会脚本；伊藤展安画 童心社 1984年1月

シルバー
ふゆのもりでひとりぼっちだったはいいろりすのフラッグがあためすのりす 「りすのもりにはるがきた」 シートン原作；北田伸脚本；武部本一郎画 童心社（童心社のベスト紙芝居） 1993年1月

シロ
ある夜サーカスのトラックからおちてしげるちゃんの家のまえにいた白いいぬ 「こいぬのシロちゃん」 西山敏夫作；加藤てい象画 教育画劇（心をはぐくむシリーズ） 1972年1月

シロ
びょうきであかちゃんをうんでしんでしまったまいちゃんのうちのメスのうさぎ 「うさぎがうまれたよ」 藤本四郎脚本・絵 童心社（ともだちだいすき） 2001年7月

シロ
山のむこうのまちへにもつをはこびまちのにもつをもってくるのがしごとのノロマというあだなのおとこがゆきでつくった小うま 「ゆきの小うま」 長崎源之助作;遠竹弘幸画 教育画劇 1976年1月

ジロ
日本からなんきょくのことをしらべるためにきた人たちとふねでいっしょにきてなんきょくにおいてきぼりにされたきょうだいの犬 「なんきょくのタロとジロ」 高木あきこ文;田中秀幸画 教育画劇(心あたたまるほんとうにあったどうぶつの話) 1987年1月

白いきこり(きこり)　しろいきこり(きこり)
北国のふかい山やまのおなじ山のふもとにあったふたつの小屋にいたふたりのきこりのひとり 「黒いきこりと白いきこり」 浜田広介作;中村太郎脚色;吉崎正己画 教育画劇(ひろすけ童話紙芝居全集) 1987年8月

四郎　しろう
月夜にきつねの幻燈会にいったきょうだいの兄さん 「キツネノゲントウ-宮沢賢治「雪渡り」より」 堀尾青史脚本;宇田川種治絵画 ほるぷ出版(ほるぷの紙芝居-黄金期名作選) 1984年5月

四郎　しろう
雪がかたくこおった月夜の晩にかん子とふたりできつねの幻燈会に行った男の子 「キツネノゲントウ-宮沢賢治「雪渡り」より」 堀尾青史脚本;宇田川種治絵画 ほるぷ出版(ほるぷの紙芝居 黄金期名作選) 1984年5月

四郎　しろう
雪のこおった月夜のばんにかん子とふたりできつねの幻燈会にいった男の子 「雪わたり」 宮沢賢治原作;川崎大治脚本;若山憲画 童心社(かみしばい宮沢賢治童話名作集) 1966年3月

じろう
ある日しゅじんがでかけることになってどくのはいったかめにはさわらないようにとたのまれた三人のこぞうさんとおてつだいさんの一人 「どくのはいったかめ」 多田ヒロシ文・画 教育画劇 1997年4月

次郎　じろう
病気のおかあさんのために山なしを取りに出かけていった三人の兄弟の二番め 「やまなしとり」 たなべまもる脚色;遠竹弘幸画 NHKサービスセンター(NHK小学校国語紙芝居教材 日本の民話Ⅰ) 1979年1月

二郎　じろう
やまいでねたきりのおかさまのために山なしをとりにいった三人のきょうだいの二ばんめの兄さ 「なしとりきょうだい-日本民話より」 東川洋子脚色;池田げんえい画 教育画劇(日本のおばけ) 1992年8月

じろうカッパ
あつい日がつづいて川の水がへってかみなりさまに雨をふらせてくれるようにたのみにいったきょうだいカッパ 「おぼれたカッパ」 宮下全司作;高橋宏幸画 教育画劇(名作の花束 みつばちシリーズ) 1976年9月

しろう

次郎ぐま　じろうぐま
山おくにすんでいた二ひきのなかのいいきょうだいの子ぐまのおとうとぐま「太郎熊・次郎熊」川崎大治作；まつやまふみお画　童心社(童心社紙芝居傑作選)　1968年5月

ジロウちゃん
かごしまけんのあらさきというところにシベリアからわたってきたけがをしたこどものツルをたすけてあげたきょうだいのおとうと「ツルかえる」椋鳩十原作；小春久一郎文；夏目尚吾画　教育画劇(心あたたまるほんとうにあったどうぶつの話)　1983年9月

しろくまさん
うみのこおりの上でうとうととねむってしまいみなみのしまにながされたアイスクリームやさんのしろくまさん「みなみのしまのアイスクリーム」尾崎真吾作・画　教育画劇(ゆかいなたべもののおはなし)　1985年9月

シロくん
いつもよごれているのでとてもきれいなみけねこのミーコちゃんとあそんでもらえなかったねこ「ミーコちゃんとあそぼう」小林純一作；鈴木なお子画　童心社(よいこの保健・安全シリーズ)　1981年8月

しろずみ仙人　しろずみせんにん
忍術使いくろずみ小太郎のおししょうで盗賊あぶのぶんべえにおそわれた炭焼き山に住む仙人「くろずみ小太郎旅日記その2 盗賊あぶのぶんべえ退治の巻」飯野和好作・絵　ポプラ社(ポプラ社のこどもも読める紙芝居)　2004年11月

しろちゃん
まっくろなおかあさんからうまれた五ひきのこねこのなかでじぶんだけよそのこみたいにまっしろだったこねこ「こねこのしろちゃん」堀尾青史脚本；和歌山静子絵　童心社　1983年4月

しろちゃん
七夕かざりをつくることにしたこねこのきょうだいのひとり「こねこの七夕まつり」間所ひさこ脚本；藤本四郎絵　童心社　2004年7月

しろちゃん
女の子のいえにいた「おちゃがはいりましたよ」っていう口まちがとくいのおうむでねこのしろちゃんとなかよしだったおうむ「おうむのしろちゃんねこのしろちゃん」椋鳩十原作；佐伯靖子脚本；上野収画　童心社(日本の動物記シリーズ)　1980年7月

しろちゃん
女の子のいえにいたおばあさんねこでおうむのしろちゃんとなかよしだったねこ「おうむのしろちゃんねこのしろちゃん」椋鳩十原作；佐伯靖子脚本；上野収画　童心社(日本の動物記シリーズ)　1980年7月

白ばら　しろばら
むかし白ばらと紅ばらの二本のきれいなばらのはながさいていた小さないえにすんでいた女の人の二人の女の子の一人「白ばらと紅ばら-グリム童話(前編)(後編)」安田浩文；峰村亮而画　教育画劇(民話と名作シリーズ)　1994年2月；教育画劇　1988年6月

しろわん
うんどうかいのかけっこにでたしろいいぬ 「くろわんしろわん よーいどん」 伊東美貴作・画 教育画劇(年少版はじめての行事かみしばい) 2003年1月

しろわん
ごはんをたべたあとではみがきをしたしろいいぬ 「くろわんしろわん はみがきシュッシュッ」 伊東美貴作・画 教育画劇(年少版はじめての行事かみしばい) 2003年1月

しわべえさん
けちのめいじんけちんぼけちべえさんとけちくらべをしたとなりまちのけちのチャンピオン 「けちくらべ」 小野和子文;大和田美鈴画 教育画劇 1997年4月

しんかんせん
あたまがほそながくとがったかたちをしているからはしるのがとってもはやいしんかんせん 「はやいぞ!しんかんせん」 小賀野実写真・案 教育画劇 2003年5月

しんし
山おくにあったかんばんに山ねこけんとかいてある料理店にはいったてっぽううちのふたりのしんし 「注文の多い料理店」 宮沢賢治原作;堀尾青史脚本;北田卓史画 童心社(かみしばい宮沢賢治童話名作集) 1966年3月

進次　しんじ
ゲンの弟 「はだしのゲン第一巻」 中沢啓治作・絵 汐文社 1991年4月

進次　しんじ
ゲンの弟 「はだしのゲン第二巻」 中沢啓治作・絵 汐文社 1991年4月

しんじくん
なきむしのけんちゃんがだいきらいなげんきのいいおとこのこ 「けんちゃんなかよしになろう」 羽田竹美脚本;西村繁男画 童心社(よいこの12か月) 1981年6月

じんすけ
やいずのみなとからとおくのうみへさかなをとりにでかけてあらしにあいなかまの四にんといっしょにうみにほうりだされたわかいりょうし 「あらしのうみのゆうれい-原作小泉八雲「漂流」より」 諸橋精光脚本・画 童心社(こわいこわーいおはなし) 1991年5月

しんちゃん
やまのふもとのみずたまりでみつけたかえるのたまごをもってかえったおとこのこ 「かえるくんげんきでね」 島本一男脚本;岡本順画 童心社(げんきななかまシリーズ) 1999年3月

しんちゃん
ゆりちゃんといろがみできりえあそびをしたおとこの子 「きりえあそび」 大熊義和作;中村有希画 教育画劇(おはなしワクワク) 1984年4月

しんちゃん
森で一番の物知りのタヌキのポン吉じいさんととんとこ森へ行って文化の日ってどんな日か教えてもらった男の子 「とんとこもりのやくそく」 浅沼とおる作・絵 教育画劇 2007年9月

しんて

シンデレラ
あたらしいおかあさんといじわるなおねえさんたちにまいにちあさからばんまではたらかされていたきれいなおんなのこ 「シンデレラ」 ペロー原作;上地ちづ子脚本;栗原徹画 童心社(世界の名作・第3集) 1999年5月

シンデレラ
あたらしいおかあさんとふたりのおねえさんがやってきてまいにちだいどころのかまどのそばでねるようになっていつもはいだらけだったきれいなおんなのこ 「シンデレラひめ」 シャルル・ペロー原作;上地ちづ子脚本;こさかしげる画 童心社(家庭版かみしばい) 1990年9月

シンデレラ
あたらしいおかあさんとふたりのおねえさんにあさからばんまではたらかされてはいだらけになっていたむすめ 「シンデレラひめ(前編)(後編)」 グリム原作;上地ちづ子脚本;伊藤悌夫画 童心社 1986年5月

シンデレラ
あたらしいおかあさんにかわいがってもらえずにそうじやせんたくなどいろんなようじをいいつけられていたやさしいおんなのこ 「シンデレラ」 福島のり子脚色;鈴木伸一作・画 教育画劇 1989年3月

シンデレラ
ある町のおかねもちのいえで二どめのかあさまとねえさまたちにいじめられてはいかぶりむすめというあだなのシンデレラとよばれていたむすめ 「シンデレラ(前編)(後編)」 関七美文;森やすじ画 教育画劇 1993年6月

シンデレラ
クリスマスのよるにミドリえんでひらかれたパーティーによばれてえほんの中からでてきたシンデレラ 「えほんのパーティー」 安田浩作;岩本圭永子画 教育画劇 1977年12月

シンデレラ
新しいお母さんと二人のおねえさんにたくさんのしごとをいいつけられてこまづかいのようにはたらかされていたかわいいむすめ 「シンデレラひめ」 シャルル・ペロー原作;松岡励子脚色;前田松男画 NHKサービスセンター(名作民話おはなし広場) 1984年1月

シンドバット
とおいくにまででかけめずらしいものをうったりかったりするふなのり 「シンドバッドのぼうけん-ひとつめ鬼と大蛇のまき(「アラビアンナイト」原作)」 上地ちづ子脚本;たたらなおき画 童心社 1998年3月

シンドバット
ふねにのってうみをこえとおいくにまででかけてはめずらしいものをうったりかったりしてくらしているふなのり 「シンドバッドのぼうけん-ロック鳥のまき」 「アラビアンナイト」原作;上地ちづ子脚本;たたらなおき画 童心社 1997年3月

シンドバッド
むかしアラビアのくににいたふなのりでせかい中をふねでまわっていた人 「シンドバッドのぼうけん-アラビアン・ナイトより」 白梅進作・画 教育画劇(世界名作アニメかみしばい) 1984年10月

しんのすけ
なかよしのひこたろうといっしょにてらこやへかようおさむらいのこども 「ぞうりはどこへ」 多田ヒロシ文・画 教育画劇(おさむらいさんのはなし紙芝居) 2003年9月

ジンベイさん
まんまるやまのこだぬきのポンポコととんがりやまのこぎつねのコンコンがくんでだまそうとしたむらびと 「たぬきのきつね」 内田麟太郎作;夏目尚吾画 童心社 1987年3月

じんべえさん
山ざとの家へかえる道で犬にしっぽをかみきられてふるえていたあくまの子を馬のおなかにいれてたすけてあげた馬かた 「天下一の馬」 豊島与志雄作;宮下全司文;太賀正画 教育画劇(かみしばい児童文学館) 1987年11月

しんや
えんのともだちのゆみちゃんといっしょにこいぬのチビやねこのタマのはみがきをしてあげようとしたおとこのこ 「はみがきやさんですよ」 伊藤たまき脚本;多田ヒロシ画 童心社(げんきななかまシリーズ) 1994年6月

しんや
おとうとのこうじといっしょにストーブのそばでかみひこうきのとばしっこをしていたおとこのこ 「あぶないねひこうききょうそう-石油ストーブによる火事」 岡信子作;西村達馬画 教育画劇(かじだ!そのときどうする?) 1997年1月

しんや
しょうにがんというおもいびょうきでにゅういんしていておなじびょうしつのまさきといつもまどのそとのまつの木をみていたおとこのこ 「まつの木のプレゼント」 竹田佳代原作;土田義晴作 童心社(バリアフリーの紙しばい) 2001年3月

【す】

すいか
すいかばたけであばれるのがしごとのすいかつぶしきからにげてあんしんしてくらせるところへいこうとしたすいかたち 「すいかぞろぞろ」 らもんじん作・画 教育画劇 1987年8月

スイカおばけちゃん
おばけのペロちゃんのようちえんのなかよし 「おばけのペロちゃんいまなんじ?」 なかがわみちこ作・画 教育画劇(家庭版かみしばい) 1995年3月

すいかつぶしき
すいかばたけにまいにちやってきてあばれるのがしごとのすいかつぶしき 「すいかぞろぞろ」 らもんじん作・画 教育画劇 1987年8月

すいせんの花　すいせんのはな
お花ばたけにいたはちやちょうちょをおいはらおうとした犬のポチに花でっぽうをうったすいせんの花 「花のともだち」 奈街三郎作;西村達馬画 教育画劇 1976年3月

すいつ

スイッチョせんせい
すすきのしげったくさはらのかげにあったむしたちのかるかやバレーがっこうのせんせい 「かるかやバレーがっこう」 こさかしげる画 童心社(かこさとし紙芝居傑作選) 1975年3月

スーおばさん
だれかが「おいしいりょうりをつくりにきて」ってよんでくれたらレストランバスでどこへでもでかけるおばさん 「スーおばさんのげんきサラダ」 やすいすえこ作;鈴木博子画 教育画劇 1993年11月

スカンク
あるひコヨーテとヤマアラシといっしょににくをみつけていちばんいいゆめをみたものがにくをひとりじめすることにしようというきょうそうをしたスカンク 「ゆめくらべ」 荒木文子脚本;下田昌克絵 童心社(ともだちだいすき) 2007年1月

スカンク
おひゃくしょうのかけたわなにつかまってしまったスカンク 「おおきなくまさん」 飯島敏子作;鈴木幸枝画 教育画劇(おはなしランド) 1986年11月

スカンク
森の新しい王さまを決めるすもうをとっていたときに土俵際で思わずおならをしてしまったスカンク 「王さまはだあれ」 森比左志原作・脚色;坂本勝美画 NHKサービスセンター (NHK創作童話集) 1979年1月

杉田 玄白　すぎた・げんぱく
前野良沢の医師仲間で若狭国小浜藩の医者 「蘭学の夜明け」 本多公栄作;梶鮎太絵 汐文社(紙芝居 日本の歴史18) 1987年12月

杉丸　すぎまる
10世紀も半ばすぎのころ近江国からこじきになって京の都へ出てきて父にはぐれた子ども 「荒れた羅城門」 山下國幸作;箕田源二郎絵 汐文社(紙芝居日本の歴史9) 1987年4月

スサノオ
出雲の国のむすめたちをつぎつぎに食べてしまう頭が八つもあるヤマタノオロチをたいじしたあらしの神様 「やまたのおろち」 須藤出穂脚色;沼野正子画 NHKサービスセンター (NHK小学校国語紙芝居教材 日本の古典) 1979年1月

スザンナ
クリスマス・イヴにおばあさんのいえからかえるとちゅうでゆきがはげしくふってきてみちにまよってしまったふたりのきょうだいのいもうと 「クリスマスのきょうだい」 シュテイフター原作;膳明子脚本;こさかしげる画 童心社 1990年12月

ずし王　ずしおう
遠い九州にいる父のところへいく旅のとちゅうで人買いの男にだまされて母とはなればなれになってしまったきょうだいの弟 「安寿とずし王(上)(下)」 森鴎外原作;堀尾青史脚本;久米宏一画 童心社(紙しばい日本児童文学名作選) 1967年9月

厨子王　ずしおう
つくしの国へ追放された父に会いに一家で旅立ったが人買い船に乗せられて母とはなればなれになってしまった姉弟の弟 「あんじゅとずしおう」 松岡励子脚色;箕田源二郎画 NHKサービスセンター(NHK小学校国語紙芝居教材 日本の古典) 1979年1月

すずちゃん
はなかざりのついたピンクのぼうしをかぶってさんぽにいってとちゅうで会ったにわとりやいぬやぎたちからぼうしをかしてほしいといわれたおんなのこ 「すずちゃんのぼうし」 福田岩緒脚本・絵　童心社(ともだちだいすき)　2008年5月

すずのへいたい
おとこの子がおたんじょうびにもらった二十五人のおもちゃのすずのへいたいの中にいたひとりの一ぽんあしのへいたい 「すずのへいたい」 アンデルセン原作；足沢良子文；後藤英雄画　教育画劇(おはなしきかせて)　1988年10月

すずのへいたいさん
すずのスプーンをとかしてこしらえた二十五にんのすずのへいたいさんのなかでひとりだけ一ぽんあしのへいたいさん 「すずのへいたい」 アンデルセン原作；水谷章三脚本；夏目尚吾画　童心社(世界の名作第3集)　1999年5月

進　すすむ
学級文庫でかりた動物ずかんにかかれていたアフリカぞうのえがやぶけていたのをしゅうりした男の子 「あわれなアフリカぞう」 足沢良子作；小谷野半二画　教育画劇(道徳紙芝居総集編)　1982年7月

スズムシ
あきのよるにコオロギとマツムシとクツワムシといっしょにうたをうたったスズムシ 「ぼくらはむしのがっしょうだん」 今森光彦写真・作　教育画劇　2006年5月

すずめ
いいものみつけてまくらにしたすずめ 「いいものみつけた」 中原収一作・画　教育画劇　1996年1月

すずめ
いぬにおそわれそうになったのをまりちゃんにたすけられてもふるえてしにそうになっていたこすずめ 「まりちゃんとこすずめ」 藤本四郎脚本・画　童心社　1986年12月

すずめ
おばあさんのだいじなのりをぜんぶたべてしまっておばあさんにしたをちょっきんときられてしまったこすずめ 「したきりすずめ」 岡信子脚本；織茂恭子絵　ほるぷ出版(ほるぷの紙芝居-日本昔ばなしシリーズ)　1983年4月

スズメ
ある日ダルマみたいに太ったカナリヤのダイゴローの鳥カゴにやって来て外に出してあげたスズメ 「とびだせダイゴロー」 伊藤笙原作・脚色；小沢利夫画　NHKサービスセンター(NHK創作童話集)　1978年1月

すずめ(おちょん)
ばあさまのだいじなのりを食ってしまったのでしたを切られておい出されたすずめ 「したきりすずめ」 こわせたまみ文；西岡たかし画　NHKソフトウェア(日本むかしばなし)　1996年1月；NHKサービスセンター(日本むかしばなし)　1977年1月

すずめ(チュピ)
あさになってもまだぐうぐうねていたこすずめ 「おねぼうチュピ」 わしおとしこ作；土田義晴画　教育画劇　2004年5月

すずめ

すずめ（チュン）
すだちの日にきょうだいたちのようにじょうずにとべないでにわにおちてしまったこすずめ「こすずめのチュン」国松俊英脚本;藤本四郎画　童心社（だいすき!ちいさないきもの第2集）1999年9月

すずめ（チュン）
ばあさまがせんたくものにつけようと思ってにておいたのりをみんななめてしまってはさみでしたを切られたすずめ「したきりすずめ」安田浩文;輪島みなみ画　教育画劇（紙芝居むかしばなし）1983年3月

すずめ（ちょん）
ある日のことばあがにておいたのりをみんななめてしまってしたをきられてほうりなげられたすずめ「したきりすずめ」松谷みよ子脚本;堀内誠一画　童心社（松谷みよ子民話珠玉選）1973年3月;童心社（松谷みよ子民話珠玉選）1965年5月

すたこらさっさ
なんにもできんくせにはしることだけはべらぼうにはやくてあるひしずんでいくおてんとうさまをおいぬいてみせようとしておいかけていったおとこ「すたこらさっさものがたり」横笛太郎脚本・画　童心社（美しい心シリーズ）1977年6月

スダジイぼうや（どんぐり）
おおきなスタジイの木からおちてころがっていったどんぐり「どんぐりのあかちゃん」島本一男脚本;若山憲画　童心社（だいすき!ちいさないきもの）1997年9月

スティーヴン
もりのなかにおいてかれたふるいみどりいろのバスをとてもいいうちにしたふたりのこどものひとり「みどりいろのバス」ジョン・シャロン作;八木田宜子脚本　ほるぷ出版（ほるぷの紙芝居−世界のおはなしシリーズ）1989年6月

ステゴくん
タイムマシンにのってきょうりゅうをみにいったけんたくんやかおりちゃんたちがたすけてあげたステゴサウルス「がんばれ！きょうりゅうステゴサウルス」伊東章夫作・画　教育画劇　1996年5月

スーとクー
うさぎのミミのおうちでみんなといっしょにデコレーションケーキをつくったリスのきょうだい「みんなでつくろうデコレーションケーキ」山崎陽子作;秋里信子画　教育画劇　1993年11月

スナフキン
ムーミンのなかま「ムーミンとおはなのくにのおまつり」トーベ・ヤンソン原作;内閣府政策統括官監修　全日本交通安全協会　2002年4月

スニフ
ムーミンのなかま「ムーミンとおはなのくにのおまつり」トーベ・ヤンソン原作;内閣府政策統括官監修　全日本交通安全協会　2002年4月

須原屋市兵衛　すはらやいちべえ
出版屋の主「蘭学の夜明け」本多公栄作;梶鮎太絵　汐文社（紙芝居 日本の歴史18）1987年12月

スボク
日本の植民地だった韓国の小さな村からさらわれていってビルマの日本兵の慰安婦にさせられた娘 「元従軍慰安婦スボクさんの決心」 渡辺泰子脚本；渡辺皓司絵 汐文社（平和紙芝居 私たちの声をきいて5） 1994年2月

スポーツカー
大きなじどうしゃのスクラップこうじょうにレッカーしゃにひかれてやってきたかおに大けがをしたあかいスポーツカー 「スクラップになるのはいや！」 佐竹弘子作；山田哲也画 教育画劇（交通安全紙芝居） 1985年5月

すみ
わらといっしょにもやされそうになってなべからこぼれおちてきたそらまめと三人でいろりばたからにげだしたすみ 「まめとわらとすみ」 奈街三郎文；こせきはるみ画 教育画劇（夢のふくらむシリーズ4集） 1974年8月

ズラミス
むかしあるくににいたいへんなかのよいわかものとむすめのわかもの 「ほしでつくったはしーフィンランドの民話」 宗方あゆむ脚色；河内日出夫作・画 教育画劇 1990年5月

ズルタン
あるおひゃくしょうのいえにかわれていたがとしをとってやくたたずになったのでころされることになったいぬ 「としよりいぬのズルタン」 小林純一脚本；箕田源二郎画 童心社（グリム童話傑作選） 1982年4月

【せ】

政二　せいじ
原爆をうけた絵描きの男 「はだしのゲン第四巻」 中沢啓治作・絵 汐文社 1991年4月

せいそうしゃ
まちのみんながだしたごみをあつめてまわるのがしごとのせいそうしゃ 「はしれ！とびだせ！まちのくるま」 小賀野実写真・案 教育画劇 2003年5月

せいはち
ともだちのきろくとうなぎやにいってりょうりのできないしゅじんにかばやきをたのんだおとこ 「うなぎにきいて」 桂文我脚本；長谷川義史絵 童心社（ともだちだいすき） 2005年7月

せいはちさん
きろくさんといっしょにおおさかをしゅっぱつしていせじんぐうへおまいりにいくとちゅうでなんどもきつねにだまされた男 「七どぎつね」 桂文我脚本；渡辺有一絵 童心社（紙芝居おおわらい落語劇場） 2004年3月

精霊　せいれい
アフリカのむらにすむむすめファティマがいった川ぞこのいえにすんでいた精霊たち 「かあさんのイコカ」 降矢洋子脚本・絵 童心社（ともだちだいすき） 2004年1月

せきれ

せきれん子　せきれんこ
むかしわかいきこりのふうふにうまれたおんなの子でセキレイみたいにきれいなむすめになるようにせきれん子と名づけた子　「ひなにんぎょうのむかし」　小野和子作；池田げんえい画　教育画劇（四季の行事シリーズ　ひなまつり）　1993年1月

セーター
にわにほされていたのにかぜのいたずらでふきとばされて大きなかしのきにひっかかってしまったティムのあかいセーター　「ちいさなあかいセーター」　マックリーン原作；八木田宜子脚本；菊池道子画　童心社（美しい心シリーズ）　1977年11月

セダンくん
くるまのくにからきてカバおくんとピョンきちくんがみちをわたるれんしゅうをするのをてつだったくるま　「クーペおじさんとセダンくん」　やなせたかし原作　フレーベル館

セッケンマン
バイキンオーにさらわれそうになったマーくんをたすけて手のあらいかたをおしえてくれたセッケンマン　「ありがとうセッケンマン－手洗い」　田中秀幸作・画　教育画劇（保健衛生かみしばい　けんこういちばんじょうぶなこ）　1996年10月

せなか まるたろうくん　せなか・まるたろうくん
いつもせなかをまるくしていたのでせなかのほねがまるくまがってしまったおとこのこ　「せなかまるたろうくん」　青木きみ作；山本まつ子画　童心社　1991年6月

ゼペットじいさん
かわいい子どもがほしくてあやつりにんぎょうをつくってピノキオとなまえをつけたひとりぐらしのおじいさん　「ピノキオ」　コロディー原作；関修一作・画　教育画劇（世界名作アニメかみしばい）　1990年5月

せみ
きのうえがうるさいといってきをゆすったくまのこだいちゃんにおしっこをかけたせみ　「せみとくまのこ」　鶴見正夫作；いわむらかずお画　童心社（紙芝居ベストセレクション第2集）　2000年5月

せみ
まつの木のねもとの土の中で八ねんもくらしてじめんの上にでてきて町の中にきてしまったみんみんぜみ　「みんみんぜみのうた」　西山敏夫作；小谷野半二画　教育画劇　1973年9月

せみ
六年も土の中にいて月の夜にあかちゃんからせみになってそとにでたせみのこども　「せみがおとなになるとき」　川崎大治脚本；徳田徳志芸画　童心社（小さな生物のせかい）　1990年9月

せみ（つくつくぼうし）
ぐんたというわかものがはたけをたがやしていてほりおこしてしまってつちのなかにかえしてやったせみ　「ぐんたとつくつくぼうし－セミのはなし」　山本省三作・画　教育画劇（ちいさな虫のなかまたち）　1991年5月

セミくん
うまれたときからずーっとつちのなかでくらしていたけれどあつくてようふくをぬいだセミのようちゅう 「セミくんがおようふくをきがえたら…」 今森光彦写真・作 教育画劇 2005年5月

セミョーン
イワンのふたりのにいさんの上のにいさんでまちへいってぐんじんになったおとこ 「イワンのばか」 トルストイ原作;横笛太郎脚本;土方重巳画 童心社(かみしばい世界むかしばなし) 1990年2月

せむしの小うま(うま)　せむしのこうま(うま)
三人むすこのすえっ子のイワンがはたけをあらすめうまからうんでもらったせむしの小うま 「せむしの小うま(前編)(後編)」 エルショーフ原作;清水たみ子脚色;エム・ナマエ画 教育画劇 1985年12月

セーラ・クルー
がっこうでべんきょうすることになってみんなにたんじょう日パーティーをひらいてもらったおんなの子 「小公女セーラ-セーラのたんじょう日」 日本アニメ企画絵画 童心社(家庭版かみしばい・世界名作劇場) 1989年11月

禅海　ぜんかい
北九州の山国川ぞいの岩山の洞門をひとりでほりつづけた旅のぼうさん 「青の洞門」 堀尾青史脚本;小谷野半二画 童心社(紙しばい日本人の力シリーズ) 1976年10月

ぜんきちおじさん
りょうしのよくふかいごんぞうにかわうそをころすのをやめるようにいったほんけのおじいさん 「かわうそのぼうけん-「金色の川」より(前編)(後編)」 椋鳩十原作;堀尾青史脚色;田代三善画 童心社 1989年1月

せんた
おひゃくしょうのともざえもんさんとてんにょの間に生まれたかわいい男の子 「てんにんのよめさま」 松岡励子脚色;坂本玄画 NHKサービスセンター(名作民話おはなし広場) 1984年1月

ぜんちゃん
お友だちとしていたお店やさんごっこに入れてもらおうとなかよしのゆり子さんがやってきたのにちょっぴりいじわるした男の子 「やさしいゆり子さん」 奈街三郎作;高瀬のぶえ画 教育画劇(1年の道徳紙芝居) 1995年6月

ぜんちゃん
タオルがぼうのようにこおったさむいばんおふろのかえりにすて犬の小犬をみつけた男の子 「タオルがこおってさむいばん」 奈街三郎作;小谷野半二画 教育画劇(パピーちゃんシリーズ) 1977年1月

せんにん
いつもほしになってそらにいてにんげんのいのちのながさをきめるかみさまのふたりのせんにん 「ほしのせんにん-中国の伝説」 菊地正脚色;辻繁人作画・美術 教育画劇 1990年5月

せんに

仙人　せんにん
むかし韓国のむらでおばさんとくらしていたヒヨドンというこどもを山の上のいえにつれていきはなのたねをおみやげにもたせてやった仙人「仙人のおくりもの」渡辺享子脚本・絵　童心社（ともだちだいすき）2008年8月

せんめんき
かおもてもあらわずはもみがかないごろうちゃんからにげだしてせんたくやをはじめたせんめんき「のはらのせんたくやさん」神沢利子作；高橋由為子画　童心社　1986年5月

【そ】

ぞう
あめのひににわとりのおやこやいぬたちをおなかのしたにいれてあげたぞう「あめのひのおともだち」八木田宜子脚本；大野隆司絵　童心社（年少向けおひさまこんにちは）2004年10月

ぞう
おおがねもちのオッペルがひゃくしょうたちをあさからばんまではたらかせているしごとばにやってきた白いぞう「オッペルとぞう」宮沢賢治原作；堀尾青史脚色；油野誠一画　童心社（童心社のベスト紙芝居）1994年3月

ぞう
ジャングルのなかをあるいていたかあさんぞうとぼうやのぞう「かあさんぞうのはな」足沢良子作；アリマ・ジュンコ画　教育画劇（ぞうさんシリーズ）1980年9月

ぞう
ねんねするぞうのあかちゃん「ねんねねんね」いそみゆき作・画　教育画劇　1999年8月

ぞう
はじめてさんぽにでかけたライオンのこどものライタがであったもりでいちばんおおきなぞう「おおきくてもやさしいんだぞう」中村翔子作；鈴木博子画　教育画劇　1997年8月

ぞう
びょうきになったナージャという女の子のいえにおみまいにきてくれたサーカスのぞうさん「すてきなおみまい」クープリン原作；大石真訳・脚色；津田直美画　教育画劇（げんまんシリーズ）1984年6月

ぞう
ふとったおんなのひとがあったおおきいぞう「おおきくてもちいさくても‥‥」マリア・エンリカ・アゴスティネリ絵；エリザベス・ボルヒェルス原作；八木田宜子脚本　ほるぷ出版（ほるぷの紙芝居-海外秀作シリーズ）1987年9月

ぞう
みちのとちゅうでばったりであったわにのおくさんとずっと「どうぞ」のゆずり合いをしてみちをふさいでいたぞうのおくさん「とおせんぼだあれ」香山美子作；高井佐和子画　童心社（こぶたシリーズ）1984年6月

ぞう
みなみのあるしまにすんでいた4ひきのよくばりのいばりやのどうぶつの1ぴきのぞう 「おかしなかいじゅうじま」 木曽秀夫作・画　教育画劇(へんてこなくにのおはなし) 1991年5月

ゾウ
アフリカのそうげんにいるゾウのむれのおかあさんがだいすきな子ゾウ 「すき・すきおかあさんのおはな(ゾウ)」 かねこかずこ作；中原収一画　教育画劇　1992年5月

ゾウ
おおきなあしのゾウ 「こんにちは、ゾウです。」 内山晟写真；わしおとしこ文　教育画劇　2005年5月

ゾウ
カメたちに「なにひっぱってるの?」ときいて一しょにいいものをひっぱったゾウ 「なにひっぱってるの」 阿部恵作；チト・イトー画　教育画劇(おはなしなーに) 1991年3月

ゾウ
りくにすんでいるどうぶつのなかで一ばんおおきいアフリカゾウ 「ゾウだぞーおおきいぞー」 わしおとしこ脚本；藤本四郎画　童心社　1997年6月

ぞう(アヌーラ)
びょうきになったがどうぶつえんのなかまのぞうにからだをささえてもらってたすかったぞう 「がんばれアヌーラ」 中川志郎作；ながよしかよ画　教育画劇(心あたたまるほんとうにあったどうぶつの話) 1983年9月

ぞう(ガチャコ)
びょうきになったどうぶつえんのなかまのぞうのからだをささえてたすけてあげたぞう 「がんばれアヌーラ」 中川志郎作；ながよしかよ画　教育画劇(心あたたまるほんとうにあったどうぶつの話) 1983年9月

ぞう(カンボ)
モモちゃんちにあそびにきてモモちゃんのだいじなおにんぎょうをつれてっちゃったぞうさん 「モモちゃんちにきたぞうさん」 松谷みよ子脚本；土田義晴画　童心社　1995年4月

ゾウ(くろうえもん)
ちゅうごくのおつかいがにほんにつれてきてとのさまにくろうえもんとなづけられたゾウ 「むかしむかしゾウがきた(前編)(後編)」 長崎源之助脚本；田代三善画　童心社(ゆたかなこころシリーズ) 1992年1月

ぞう(ジャンボ)
むかしおうさまとこくみんが3にんだけのちいさなくににみなみのくにのおうさまからおくられてきたぞう 「ちいさなジャンボ」 やなせたかし作・絵　フレーベル館

ぞう(ジョン)
太平洋戦争のおわりごろ上野動物園でなかまのワンリーとトンキーといっしょにころされることになったぞう 「かわいそうなぞう」 土家由岐雄脚本；久保雅勇画　童心社(愛と平和シリーズ) 1985年11月

そう

ぞう(ぞうはらさん)
かばのゆかりちゃんのおとなりのぞうのおかあさん 「なんていうのかな」 高橋由為子脚本・画 童心社(2・3歳児しつけかみしばい・みんなは、できるかな!) 1993年5月

ぞう(たかこ)
びょうきになったどうぶつえんのなかまのぞうのからだをささえてたすけてあげたぞう 「がんばれアヌーラ」 中川志郎作;ながよしかよ画 教育画劇(心あたたまるほんとうにあったどうぶつの話) 1983年9月

ぞう(トンキー)
太平洋戦争のおわりごろ上野動物園でなかまのジョンとワンリーといっしょにころされることになったぞう 「かわいそうなぞう」 土家由岐雄脚本;久保雅勇画 童心社(愛と平和シリーズ) 1985年11月

ぞう(パオ)
どうぶつえんのアフリカゾウのアイにうまれたあかちゃんぞう 「ぞうのパオはにんきもの」 宗方あゆむ文;篠原良隆画 教育画劇 2002年12月

ぞう(はな子) ぞう(はなこ)
あたたかいタイというくにからさむいほっかいどうのどうぶつえんにきてびょうきになってしまった子どものぞう 「はな子さん」 堀尾青史作;二俣英五郎画 童心社(日本の動物記シリーズ) 1987年6月

ぞう(ハナ子さん) ぞう(はなこさん)
七五三の日におかあさんとお宮におまいりにいった七さいのぞうの女の子 「七五三おめでとう」 安田浩作;チト・イトー画 教育画劇(あたらしい行事紙芝居) 1993年9月

ぞう(ふぁーくん) ぞう(ふぁーくん)
ママにはなでぶーらんぶーらんしてもらったぞう 「ぶーらんぶーらんたのしいね」 山本省三作;笹沼香画 教育画劇 2001年1月

ぞう(プーくん)
一ねんせいになってしょうがっこうへいったアキちゃんのクラスにいたぞうのおとこのこ 「一ねんせいってどんなかな?」 なかえよしを作;上野紀子画 教育画劇(びっくりこどきりんこ) 1989年3月

ぞう(ププル)
むれからはなれてしまってライオンにおそわれそうになったアフリカゾウのこども 「ふたごのゾウ ポポルとププル」 若山甲介脚本;鈴木幸枝画 童心社(にこにこどうぶつえん) 1998年5月

ぞう(ポポル)
むれからはなれてしまってライオンにおそわれそうになったアフリカゾウのこども 「ふたごのゾウ ポポルとププル」 若山甲介脚本;鈴木幸枝画 童心社(にこにこどうぶつえん) 1998年5月

ぞう(ミミ)
どうぶつようちえんににゅうえんしたいたずらっ子でえをかくのがとてもすきなぞう 「ミミのまほう」 花岡大学作;ながよしかよ画 教育画劇(ミミちゃんシリーズ) 1982年4月

ぞう(わたるくん)
おかあさんがてんぷらをあげているとちゅうででんわにでたのでうちがかじになってしまった ぞうのおとこのこ 「おれさまは、カジノモト！」 高橋由為子脚本・画　童心社(防災紙芝居・じしんだ！かじだ！)　1992年9月

ぞう(ワンリー)
太平洋戦争のおわりごろ上野動物園でなかまのジョンとトンキーといっしょにころされることになったぞう 「かわいそうなぞう」 土家由岐雄脚本；久保雅勇画　童心社(愛と平和シリーズ)　1985年11月

ぞうおじさん
こうえんへでかけたうさぼうとカメさんのよこでしんごうまちしていたぞうのおじさん 「うっかりうさぎとたしかめカメさん」 木曽秀夫作・画　教育画劇(あたらしい交通安全紙芝居)　1997年6月；教育画劇　1991年1月

ぞうくん
なかよしのとらちゃんとどうろであそんでいてオートバイにひかれそうになったぞうくん 「ぞうくんあぶない！」 仲川道子脚本・画　童心社(交通安全かみしばい・あぶないっ！きをつけて！)　1993年9月

ぞうくん
ねずみくんはいけをみつけたといったのにうみをみつけたとくまくんにおしえられたぞうくん 「おおきないけ」 小出保子作・画　教育画劇(かわいい八つのおはなし)　1987年2月

ぞうくん
もりからでてじぶんにできるしごとをさがしにどうぶつのまちへいったぞうくん 「ぞうくんのみつけたしごと」 高橋宏幸作・画　教育画劇(ぞうさんシリーズ)　1980年11月

ゾウくん
えんのおへやからとびだしてアフリカのえほんの中にすいこまれていったあき箱でつくられたゾウくん 「ゾウくんカバくんの小さなぼうけん」 安田浩作；椎野利一画　教育画劇　1979年9月

ぞうさん
あたまがおおきいのでぼうしやのおじさんにみんなといっしょにぼうしをつくってもらえなかったぞうのこ 「ぞうさんのぼうし」 鶴見正夫脚本；仲川道子画　童心社(げんきななかまシリーズ)　1992年9月

ぞうさん
あめがあがったのでうさぎちゃんやわにくんたちとみんなでどろんこあそびをしてあそんだぞうさん 「どろどろどろんこおばけ」 仲川道子脚本・画　童心社(げんきななかまシリーズ)　1994年8月

ぞうさん
あめの日におそろいのきいろいレインコートをきていたけんちゃんたちみんなを大きいレインコートのなかにいれてあげたぞうさん 「みんなおそろい」 八木田宜子作；多田ヒロシ画　童心社(こぐまシリーズ)　1973年5月

そうさ

ぞうさん
えんのそとでけんかをしていたふたりのぞうさん 「じしんだたいへん」 八木田宜子脚本;和歌山静子画 童心社(かみしばい安全教育シリーズ) 1977年1月

ぞうさん
おおきなぼうしをかぶってみんなからくすくすわらわれたぞうさん 「おおきなぼうし」 木曽秀夫作・画 教育画劇(おはなしなーに) 1984年6月

ぞうさん
かめくんをあたまのうえにのせていっしょにおはなみにいったぞうさん 「おはなはどこに？」 中村美佐子作;鈴木幸枝画 教育画劇(おはなしきかせて) 1988年4月

ぞうさん
からだがおもいで山へいくバスからおろされてしまいうしろからきたトラックにのせてもらってざいもくはこびをてつだうことになったぞうさん 「ぞうさんありがとう」 川崎大治脚本;久保雅勇画 童心社(美しい心シリーズ) 1977年4月

ぞうさん
きょうはどうぶつたちのうんどうかいで赤ぐみになったぞうさん 「がちゃがちゃうんどうかい」 高木あきこ作;峰村亮而画 教育画劇 1981年9月

ぞうさん
タンバリンをならしていたじゅんちゃんといっしょにピアノをがっそうしたぞうさん 「たんばりんじゃじゃん」 八木田宜子作;和歌山静子画 童心社(こぶたシリーズ) 1976年8月

ぞうさん
どうぶつのくにのみんなをじぶんのおはなをすべりだいにしてあそばせるとってもやさしいぞうさん 「ぞうさんのすべりだい」 早野洋子作;いもとようこ画 教育画劇(かわいい八つのおはなし) 1992年11月

ぞうさん
どうぶつのしまにもたのしいおしょうがつがやってきてくじらさんに大きなねんがじょうをだしたぞうさん 「ぞうさんのねんがじょう」 安田浩作;山本省三画 教育画劇(おはなしいっぱい) 1988年1月

ぞうさん
ながいおはなにリボンをつけたぞうさん 「みんなリボン」 なかむらとおる作;津田直美画 教育画劇 2001年1月

ぞうさん
ねずみのこどもたちにおねだりされてあそんであげたぞうさん 「ぞうさんまってよー！」 夏目尚吾作・絵 童心社 2000年5月

ぞうさん
はながびゅーんとのびたぞうさん 「のーびたのびた」 福田岩緒脚本・絵 童心社(あかちゃんかみしばい ぱちぱちにっこり) 2006年9月

ぞうさん
バナナれっしゃがはしるせんろのうえでいねむりをしていたおおきなぞうさん 「バナナれっしゃ」 川崎大治作;久保雅勇画 童心社 1988年1月

ぞうさん
はらっぱででかでかうんちをしたぞうさん 「うんちうんちぽっとん」 いちかわけいこ脚本;夏目尚吾絵 童心社 2008年11月

ぞうさん
ぶたとうさぎとかばのおともだちのおおきなぞうさん 「おおきなおともだち」 中原収一作・画 教育画劇(おおきくなあれ) 1992年1月

ぞうさん
もうすぐお正月なので「うさぎや」というようふくやにあたらしいふくをこしらえてもらったぞうさん 「赤いポケット」 浜田広介作;柴野民三脚色;岩本圭永子画 教育画劇 1985年3月

ゾウさん
おサルさんとふたりでじぶんたちのどちらがえらいのか森のフクロウはかせにききにいったゾウさん 「どちらがえらい」 後藤楢根作;西村達馬画 教育画劇 1978年3月

ゾウさん
おしごとしようとおもうんだけどなにをしようかかんがえていたゾウさん 「ゾウさんのおしごとなーに?」 中谷靖彦作・絵 教育画劇 2005年9月

ゾウさん
きをゆらしてわらっていたのにペンキをかぶってないてしまったゾウさん 「わらってるないてる」 多田ヒロシ脚本・画 童心社(ひまわりシリーズ) 1983年4月

ゾウさん
ブタさんとウサギさんとならんですんでいたきれいずきなゾウさん 「ひっこし−中国の昔話より」 夏目尚吾脚色・画 教育画劇 1991年3月

ゾウさん
大きなはないきでアリさんやカエルさんやリスさんたちみんなをふきとばしてしまったゾウさん 「ゾウさんのへんてこたいふうだゾウ」 尾崎真吾作・画 教育画劇 1989年9月

ぞうさんおやこ
マンマルおばさんがてぶくろとくつしたをあんでプレゼントしてあげたぞうさんおやこ 「マンマルおばさんのプレゼント」 塩田守男作・画 教育画劇 1995年1月

総助 そうすけ
ある夏の日のこと山の池で水あびをしていた天人の羽衣をぬすんだ村人 「天人のはごろも」 堀尾青史脚本;丸木俊画 童心社(紙芝居ベストセレクション第1集) 1998年6月

そうちゃん
どうぶつえんにいけなくなるとおもってあたまやのどがいたくなってもだまっていたおとこのこ 「かぜとおもったら」 川端理絵作・絵 教育画劇(びょうきのシグナルわかる?健康紙芝居) 2008年9月

ぞうちゃん
おかしをはんぶんこしてくまちゃんにあげたぞうちゃん 「ぞうちゃんのおかし」 武鹿悦子作;土田義晴画 教育画劇 2001年1月

そうの

ぞうの王さま　ぞうのおうさま
ともだちのらいおんの王さまととらの王さまと三びきでこしょうのこなをすいこんでせきとくしゃみとしゃっくりがとまらなくなったぞうの王さま　「せきとくしゃみとしゃっくりと」　早野洋子作；田沢梨枝子画　教育画劇（たのしい民話民話でてこい）　1984年5月

ぞうのこ
たいへんなしりたがりやでまだみたことのないわにをみたくておおきなみどりのかわへいったぞうのこ　「ぞうのはなはなぜながい」　キプリング原作；鶴見正夫脚本；仲川道子画　童心社（童心社の紙芝居　げんきななかまシリーズ）　1991年6月

ぞうはらさん
かばのゆかりちゃんのおとなりのぞうのおかあさん　「なんていうのかな」　高橋由為子脚本・画　童心社（2・3歳児しつけかみしばい・みんなは、できるかな！）　1993年5月

ゾウムシ
テントウムシにオニになってもらってともだちとみんなでかくれんぼきょうそうをしたかくれるのがじょうずなむし　「むしたちのかくれんぼ」　得田之久脚本・絵　童心社（ともだちだいすき）　2000年5月

蘇我 馬子　そがの・うまこ
六世紀の末ごろ仏教を広めて政治をおこないヤマトの政府を強力なものにしようとして反対する物部氏を討った豪族　「馬子と聖徳太子」　後藤竜二作；箕田源二郎絵　汐文社（紙芝居日本の歴史5）　1987年4月

ソード
アラビアという国のいなかにいたおとうさんもおかあさんもいない子どもでさばくをこえてメッカの町まで旅をした男の子　「メッカの花」　浜田広介作；福島のり子脚色；輪島清隆画　教育画劇（ひろすけ童話紙芝居全集）　1981年7月

その
山形盆地で紅花をつくっている村の百姓の十六歳の娘　「紅花の里」　山下國幸作；伊藤和子絵　汐文社（日本の歴史17）　1987年12月

そめものやさん
おきゃくさんにきつねのなきいろにそめてくださいといわれてこまってしまったそめものやさん　「きつねのなきいろ」　渋谷勲脚本；前川かずお画　童心社（日本民話かみしばい選・なぞむかしがいっぱい）　1985年9月

曽良　そら
俳諧師芭蕉の門弟　「芭蕉」　堀尾青史脚本；西正世志絵画　ほるぷ出版（ほるぷの紙芝居 -黄金期名作選）　1984年5月

そらのうんてんしゅ
みどりのしまへとんでいけるふしぎなのりものをもってるそらのうんてんしゅ　「そらのうんてんしゅ」　松井エイコ脚本・絵　童心社　2002年3月

そらまめ
なべからこぼれおちていろりばたからすみとわらといっしょににげだしたそらまめ　「まめとわらとすみ」　奈街三郎文；こせきはるみ画　教育画劇（夢のふくらむシリーズ4集）　1974年8月

そらまめさん
むかしむかしなかよしのおとうふさんといっしょにさんぽにでかけたそらまめ 「おとうふさんとそらまめさん」 松谷みよ子脚本;長野ヒデ子絵 童心社(年少向けおひさまこんにちは) 2005年7月

そんごくう
おぼうさんの三蔵法師についてインドのくにへおきょうをとりにいくさる 「そんごくうだいかつやく」 呉承恩原作;川崎大治脚本;藤本四郎画 童心社(世界の名作・第1集) 1986年4月

そんごくう
さんぞうほうしにいわやまのしたからたすけだされてたびのおともをすることになったさる 「そんごくう たびだちのまき」 呉承恩原作;上地ちづ子脚本;夏目尚吾画 童心社(ゆたかなこころシリーズ) 1993年9月;童心社(大長編かみしばい そんごくう1・2) 1993年8月;童心社(童心社紙芝居傑作選) 1993年9月

そんごくう
さんぞうほうしのおともをするながいたびのとちゅうできんかくぎんかくというきょうだいのまものにたべられそうになったそんごくう 「そんごくう 金角銀角のまき」 呉承恩原作;上地ちづ子脚本;夏目尚吾画 童心社(ゆたかなこころシリーズ) 1995年1月;童心社(大長編かみしばい そんごくう3・4) 1995年1月;童心社(童心社紙芝居傑作選) 1995年1月

そんごくう
てんじくのくにをめざしてたびをしていた三ぞうほうしのおともをすることになったらんぼうもののさる 「そんごくう」 福島のり子脚色;鈴木信一作・画 教育画劇(家庭版名作アニメかみしばい) 1995年9月

そんごくう
ながいたびをつづけててんじくのくににつちいたひのよるようかいににょいぼうをぬすまれたそんごくう 「そんごくう たびのおわりのまき」 呉承恩原作;上地ちづ子脚本;夏目尚吾画 童心社(ゆたかなこころシリーズ) 1995年11月;童心社(大長編かみしばい そんごくう7) 1995年11月;童心社(童心社紙芝居傑作選) 1995年11月

そんごくう
もえるやまかえんざんのひをけすばしょうせんというろうちわをらせつじょというまじょからうばいとろうとしたそんごくう 「そんごくう 火炎山をこえるのまき」 呉承恩原作;上地ちづ子脚本;夏目尚吾画 童心社(ゆたかなこころシリーズ) 1992年8月;童心社(大長編かみしばい そんごくう5・6) 1992年8月;童心社(童心社紙芝居傑作選) 1992年8月

孫 悟空　そん・ごくう
さんぞうほうしのおでしとなっててんじくという国への長い旅をつづけるさる 「そんごくう金かく銀かくのまき」 若林一郎文;中村千尋画 NHKサービスセンター(外国むかしばなし) 1977年1月

孫 悟空　そん・ごくう
とうという国からてんじくという国までおきょうをとりに行く旅をしていたおぼうさんのさんぞうほうしのおともをすることになったさる 「そんごくう大あばれのまき」 若林一郎文;中村千尋画 NHKサービスセンター(外国むかしばなし) 1987年1月

【た】

たあくん　たあくん
かいじゅうのゆめをみておねしょをしたおとこのこ　「おねしょかいじゅうシーシー」　中村とおる作;中村陽子画　教育画劇　2004年5月

たあちゃん
お日さまがかんかんてってあついのにおひるねしないでミニカーをもってあそびにいったげんきな男の子　「にげだしたミニカー」　篠塚かをり作;高橋透画　教育画劇(タンバリン・シリーズ)　1980年8月

たあちゃん
みんなとねんどでどうぶつをつくったがぶたみたいなうまをつくってみんなにわらわれたおとこのこ　「へんでもわらいっこなし」　早川元二作;久保雅勇画　童心社(輝く文部厚生大臣賞シリーズ)　1965年3月

タアぼう
ありたちのなかでもういちにんまえのブンにいちゃんと二ひきなかよしだったまだこどものあり　「かわをわたったあり」　長谷川玲子脚本;田島敬之画　童心社　1981年10月

大吉　だいきち
ゲンのお父さん　「はだしのゲン第一巻」　中沢啓治作・絵　汐文社　1991年4月

大吉　だいきち
ゲンのお父さん　「はだしのゲン第二巻」　中沢啓治作・絵　汐文社　1991年4月

だいく
川ん中から顔を出したおににはしをかけてもらうかわりに目玉をやるとやくそくしただいく　「だいくとおにろく」　若林一郎文;忽滑谷章画　NHKサービスセンター(日本むかしばなし)　1977年1月

だいくさん
おにに大川にはしをかけてもらうおれいに目だまをあげるやくそくをしただいくさん　「だいくとおにろく」　坪田譲治作;久米宏一画　童心社(家庭版かみしばい)　1980年9月

だいくさん
むかしあるところにあった大きな川にはしをかけてくれるように村人からたのまれたうでのいいだいくさん　「だいくとおにろく」　亜細亜堂;須田裕美子作・画　教育画劇(日本昔話アニメかみしばい)　1987年9月

だいくん
あたらしいえんにはいったこうちゃんのあたらしいともだち　「げんきなこうちゃん1 あたらしいともだち」　堀尾青史脚本;久保雅勇画　童心社(げんきななかまシリーズ)　1990年5月

だいくん
こうちゃんのえんのともだちでよくふとったおとこのこ　「げんきなこうちゃん2 たのしいな!すなあそび」　堀尾青史脚本;久保雅勇画　童心社(げんきななかまシリーズ)　1990年7月

だいくん
こうちゃんのえんのともだちでよくふとったおとこのこ 「げんきなこうちゃん3 ともだちばんざい」 堀尾青史脚本;久保雅勇画 童心社(げんきななかまシリーズ) 1990年10月

だいくん
こうちゃんのえんのともだちでよくふとったおとこのこ 「げんきなこうちゃん4 みんなでげきあそび」 堀尾青史脚本;久保雅勇画 童心社(げんきななかまシリーズ) 1991年1月

ダイゴロー
鳥カゴの中で朝からばんまでボケーッとしていてダルマみたいに太ったカナリヤ 「とびだせダイゴロー」 伊藤笙原作・脚色;小沢利夫画 NHKサービスセンター(NHK創作童話集) 1978年1月

だいこん
ある村でたくさんまいたたねのなかからたった一本だけめをだしてみあげるほどにおおきくなっただいこん 「なきむしだいこん」 望月新三郎脚本;須々木博画 童心社(美しい心シリーズ) 1988年2月

だいこんさん
にんじんさんとごぼうさんといっしょにおふろにでかけてよーくあらっただいこんさん 「にんじんさんだいこんさんごぼうさん」 川崎大治脚本;瀬名恵子はり絵 童心社(ひよこシリーズ) 1971年5月

だいこんのとこやさん
たまねぎさんちへかみをかりにいっただいこんのとこやさんのおとうさんと子どもだいこん 「だいこんのとこやさん」 村山籌子原作;堀尾青史脚色;瀬名恵子画 童心社(美しい心シリーズ) 1991年1月

だいこんのはっぱ(ハッパ)
たんぼのかみさまにはこぶおそなえのおもちをしょってはたけをよこぎるかえるたちをわらっただいこんのはっぱたち 「ぴょんぴょんにょきにょき」 荒木文子脚本;山口マオ絵 童心社 2008年10月

たい作さん　たいさくさん
たびにでてえらそうなふたりのえかきと三人でえのかきくらべをしたおひゃくしょうさん 「まっくろけのうし」 小野和子文;岡村好文画 教育画劇 2002年5月

だいじゃ
たのきゅうというたびやくしゃをたぬきとおもいこんでばけてみせるようにいったとうげのうわばみ 「たのきゅう」 渋谷勲脚本;藤田勝治画 童心社(日本民話かみしばい選・おばけがいっぱい) 1993年4月

だいじゃ
むかしたのきゅうというたびのやくしゃが山であったおじいさんにばけただいじゃ 「ばけものとこばん-日本昔話」 長崎源之助文;池田仙三郎画 教育画劇 1970年9月

だいじゃ(ばあさま)
むかしやまのなかでばあさまにばけてひとりのわかものにてがみをあずけたぬまのぬしのだいじゃ 「ぬまのぬしからのてがみ」 望月新三郎脚本;田代三善画 童心社(日本の妖怪ぞろ〜り) 1994年9月

たいし

だいじゃ(へび)
夜になるとわかもののすがたになってちょうじゃのいえのむすめをたずねてきただいじゃのむすこ 「なぜ、おふろにしょうぶをいれるの？」 常光徹脚本;伊藤秀男絵 童心社(なぜ?どうして?たのしい行事) 2001年9月

ダイジャン
むかし中国のある村にいたなかのいい兄弟のにいさんでなあんにもこわいものなしという力もちで強い子 「おばけをてんぷらにしてたべた兄弟」 松岡励子作・文;岡村好文画 NHKサービスセンター(創作童話) 1987年1月

だいすけ
おうちごっこをするときにやさしくておいしいものをいっぱいつくってくれるおかあさんになりたいとおもったおとこのこ 「ぼく、おかあさんになりたい」 伊藤たまき脚本;夏目尚吾画 童心社 1988年6月

だいすけ
なつにえんのにわでおとうさんとおやこキャンプをしたおとこのこ 「おとうさんってゆかいだな」 高橋道子脚本;平野哲雄画 童心社 1986年8月

だいすけ
まゆみのほいくえんのなかま 「ゆきのひのおみやげ」 伊藤たまき脚本;夏目尚吾画 童心社 1991年2月

だいすけくん
きょうは朝からお母さんの元気がなくお父さんがカレーを作ることになって一人で買いものに行った男の子 「カレーライスだいさくせん！」 本田カヨ子作;藤本四郎画 教育画劇 1992年4月

だいち
ちゅうごくからきてえんのおなじくみにはいったロンロンとともだちになったおとこのこ 「ニイハオロンロン」 高橋道子脚本;高橋透画 童心社(ゆたかなこころシリーズ) 1994年11月

だいちゃん
あかちゃんのいもうとがいるもうすぐ一ねんせいになるおとこのこ 「やっぱりおにいちゃん」 阿部明子脚本;おかべりか画 童心社 1982年3月

だいちゃん
あきのうんどうかいのどうぶつのくにをつくるきょうぎでえんのねんちょうぐみのみんなとキリンをつくったおとこのこ 「おにいちゃんはちからもち」 阿部明子脚本;おかべりか画 童心社 1981年9月

だいちゃん
あせもができたところをよごれたてでかいたのでとびひになってしまったおとこのこ 「かゆくてもかかないよ-皮フのびょうき」 小林ゆき子作・絵 教育画劇(びょうきのシグナルわかる?健康紙芝居) 2008年9月

だいちゃん
あまいものをたべていたらむしばきんがつぎつぎにくちのなかにはいってきたおとこのこ 「むしばせいじんがやってきた」 内山安二作・画 教育画劇(ユーモアひろば) 1992年11

だいちゃん
いもうとのくみちゃんがうまれてねんちょうぐみになってはりきっていたおとこのこ 「おにいちゃんってなんだろう」阿部明子脚本;おかべりか画　童心社(よいこの12か月)　1981年5

だいちゃん
いもほりえんそくにいってみんなにてつだってもらっておおきなおおきなおいもをひっぱってぬいたおとこのこ　「いもほりえんそく」市村久子作;岡野和画　童心社(たのしいえんそくシリーズ)　1988年7月

だいちゃん
えをかくのがだいすきなこでらくがきがじゆうのかみのくにへいったおとこのこ　「だいちゃんのぼうけん」山本省三作・画　教育画劇(おはなしワクワク)　1990年3月

だいちゃん
おさんぽにいってあなをみつけたげんきなおとこのこ　「なんのあなかな」今井和子脚本;わかやまけん画　童心社(2・3歳児かみしばい・いちごシリーズ)　1990年6月

だいちゃん
がっこうがかじになったときのひなんくんれんをしたおとこのこ　「だいちゃんのおかしなひなんくんれん」宮崎二美枝脚本;尾崎曜子画　童心社(防災紙芝居・じしんだ!かじだ!)　1992年9月

だいちゃん
きのうえでうるさいおとがするのできをゆすってせみにおしっこをかけられたくまのこ　「せみとくまのこ」鶴見正夫作;いわむらかずお画　童心社(紙芝居ベストセレクション第2集)　2000年5月

だいちゃん
このごろいつの間にか「ネコがしっぽでまるかいた…」とへんてこな歌を歌っている男の子　「ぼくはだいすけだいちゃんだ」香山美子原作;若林一郎脚色;宇夫方隆士画　NHKサービスセンター(NHK創作童話集)　1978年1月

だいちゃん
さくらんぼのタネまでのみこんでしまったとてもくいしんぼのおとこのこ　「タネくんのからだのなかのぼうけん」山本省三作・画　教育画劇(からだのおはなし)　1991年6月

だいちゃん
なつやすみにほたるがりにいってかわいいおばけのドンとなかよしになったおとこのこ　「ワッペンになったおばけ」井上あきむ作・画　教育画劇(ともだちシリーズ)　1985年8月

だいちゃん
にわにいたシジュウカラのひなをとべるようになるまでそだててやったおとこのこ　「しじゅうからツツピー－小学生の道徳1年」椎野利一作・画　教育画劇　1996年4月

だいちゃん
ピクニックへいくとちゅうのでんしゃやバスのなかでおばさんのいうことをきかなかったしょうがっこう二ねんせいのおとこのこ　「だいちゃんのピクニック」堀尾青史脚本;前川かずお画　童心社(かみしばい・きちんとするのだいすき)　1981年9月

たいち

大ちゃん　だいちゃん
おうちが火事になった子ども、ゆう子ちゃんのおにいさん　「あっ、おうちがもえている」　森田健作;清水祐幸画　教育画劇(地震火災安全紙芝居)　1991年7月

大ちゃん　だいちゃん
おかあさんといもうとと三人でデパートへおかいものにいったら火事になってひなんした男の子　「がんばれしょうぼうしゃ」　森田健作;野々口重画　教育画劇(地震火災安全紙芝居)　1985年12月

大ちゃん　だいちゃん
おじさんのロケットエンジンがついてるクルマにのって空をとんであかちゃんのくにへいった男の子　「あかちゃんのくに」　はやしたかし作;石川雅也画　教育画劇(よいこのたのしい紙芝居第1集)　1983年9月

大ちゃん　だいちゃん
スーパーカーをうんてんするゆめを見たおとこの子　「スーパーカーにのった大ちゃん-あぶないよ、きをつけて」　はやしたかし作;野々口重画　日本交通安全教育普及協会　1978年2月

大ちゃん　だいちゃん
にちよう日におじさんの家にいくことになりあいさつのれんしゅうをしていった2年生の男の子　「にちようびの大ちゃん-小学生の道徳2年」　鶴見正夫作;西村達馬画　教育画劇　1982年5月

大ちゃん　だいちゃん
びょうきになってしまったともだちのゆみちゃんとふたりでおりがみのくにへいったおとこのこ　「おりがみのくに」　林たかし作;牧村慶子画　教育画劇　1980年3月

大ちゃん　だいちゃん
もうじき2年生のなんでもたべるげんきな子だが一年生になったころはとびばこもとべなかった男の子　「ぼく、もうじき2年生」　内山安二作・画　教育画劇　1992年4月

ダイバー
うみぼうずのフララやさかなたちのうちになっているちんぼつせんにやってきたダイバーたち　「うみぼうずフララ」　前川かずお作・画　童心社(美しい心シリーズ)　1978年8月

大八　だいはち
明治七年彦蔵といっしょに埼玉県のいなかの村から東京見物にやってきた若者　「陸蒸気と小学校」　山下國幸作;江口準次絵　汐文社(紙芝居日本の歴史21)　1988年12月

大べえ　だいべえ
むかしお山にかこまれた小さな村でだんだんばたけをたがやしてくらしていたものすごい力もちの人　「大りき大べえ」　小松原優作;池田仙三郎画　教育画劇　1979年11月

たいよう
サネカというおとこのこがおうさまのめいれいでかみのけをもらいにいったたいよう　「太陽のかみのけ」　水谷章三脚本;藤田勝治絵　童心社　1997年1月

たいよう
むかしは五つあったのにあつすぎるからとつぎつぎといおとされとうとうひとつになりにげだしてしまったたいよう「五つのたいよう(ラオスの民話)」サックダー脚本・画;上田玲子訳 童心社(げんきななかまシリーズ) 1998年11月

平 清盛　たいらの・きよもり
源平との戦いに勝ち貴族にとりたてられて太政大臣にまでなった武士「源平の戦い」山下國幸作;伊藤和子絵 汐文社(紙芝居日本の歴史10) 1987年4月

平 教経　たいらの・のりつね
源平最後の戦いとなった壇ノ浦で義経を討ちとろうとした平氏第一のつわもの「源平の戦い」山下國幸作;伊藤和子絵 汐文社(紙芝居日本の歴史10) 1987年4月

平 将門　たいらの・まさかど
千年ほど昔坂東と呼ばれていた関東地方の下総国豊田などの領主で国司と戦い坂東各国に勢力を広げていったつわもの「平将門」真鍋和子作;小島直絵 汐文社(紙芝居日本の歴史8) 1987年4月

たえこちゃん
クリスマスイブのよるにみつけたサンタさんといっしょにもりへさいごのにもつをくばりにいったおんなのこ「もりのクリスマスパーティー」古山広子脚本;長野ヒデ子画 童心社(げんきななかまシリーズ) 1991年12月

タエ子ちゃん　たえこちゃん
昭和20年原子爆弾が落とされた長崎の爆心地に近い浜口町にいて不思議にも家族でたった一人生き残った一年生の女の子「かえってきたおとうさん」坂口便原作;古村覚脚色;村上新一郎画 あらき書店(長崎原爆紙芝居Ⅲ) 1984年8月

タエ子ちゃん　たえこちゃん
昭和20年原子爆弾が落とされた長崎の爆心地に近い浜口町にいて不思議にも家族でたった一人生き残った一年生の女の子「雲になってきえた」坂口便原作;古村覚脚色;村上新一郎画 あらき書店(長崎原爆紙芝居Ⅱ) 1984年8月

タカ
むかしジンギスカンというとてもゆうきのある王さまがかりにつかってたいへんかわいがっていたタカ「王さまとタカ」ボールドウィン作;福島のり子脚色;池田仙三郎画 教育画劇(名作の花束みつばちシリーズ) 1976年11月

タカ
六千年もの昔三方湖(いまの福井県三方町のあたり)につき出した岬にあるむらから丸木舟にのって若狭の海へいった男の子「丸木舟に乗って」山下國幸作;きくちひでお絵 汐文社(紙芝居日本の歴史2) 1987年4月

高岸 善吉　たかぎし・ぜんきち
明治時代自由民権運動に参加し秩父国民党をつくった埼玉県秩父郡の農民「自由の旗」山下國幸作;梶鮎太絵 汐文社(紙芝居日本の歴史22) 1988年12月

たかこ

たかこ
びょうきになったどうぶつえんのなかまのぞうのからだをささえてたすけてあげたぞう 「がんばれアヌーラ」 中川志郎作;ながよしかよ画　教育画劇（心あたたまるほんとうにあったどうぶつの話）　1983年9月

たかし
にちようびなのにあそびにつれていってもらえないかわりにおにいちゃんととんちんけんのごもくそばをとってもらったおとこのこ 「ぐるぐる」 堀尾青史脚本;前川かずお画　童心社　1987年7月

たかしくん
こうえんでちょうをぱくっとたべたかとおもうとぼうしからたくさんのちょうをだしたへんてこなおじさんにであったおとこのこ 「へんてこおじさん」 前川かずお作　童心社（かみしばい・わらいとユーモア大行進）　1982年4月

たかしくん
たいふうがやってくるのでおかあさんとようちえんからはやめにかえったおとこのこ 「たいふうがやってきた」 菅原十一脚本;多田ヒロシ画　童心社　1996年9月

たかしくん
もうすぐねんちょうさんになってようちえんでいちばんおおきなおにいさんになるのがうれしくてたまらなくなったおとこのこ 「えへん、おにいちゃんだぞ！」 辻邦脚本;ふじえだつう画　童心社（よいこの12か月）　1990年3月

たかしくん
四月から一ばん大きい年長組の青組になったんだからいばれるんだとおもった男の子 「いばりんぼたかしくん」 いしばししずこ作;高橋透画　教育画劇（あたらしいしつけ紙芝居）　1988年6月

たかしくん
入園したかおりちゃんのともだち 「おともだちいっぱい」 いしばししずこ作;石橋三宣画　教育画劇（あたらしい行事紙芝居）　1992年4月

タカシくん
ゆきがふった日の夜ゆきのきにからきた女の子にあった男の子 「つもれつもれはつゆきさん」 福島のり子作;牧村慶子画　教育画劇　1980年1月

たかしちゃん
えんぴつやクレヨンなどのぶんぼうぐをらんぼうにつかってきずだらけにしたおとこの子 「学用品のないしょ話」 吉野弘子作;作田忠一画　教育画劇（1年の道徳紙芝居）　1995年6月

たかせくん
おきゃくさんをあんぜんにのせていくカナリヤ・タクシーのうんてんしゅのたかせ・たかしくん 「カナリヤ・タクシーたかせ・たかしくん」 渡辺泰子作;高橋透画　童心社（かみしばい交通安全シリーズ）　1987年6月

タガメとイシガメ
いけのいきものたちがあつまってひらいたかいぎにやってきたタガメとイシガメ 「あまーいにおいのアメンボくん」 中谷靖彦作・絵　教育画劇　2006年9月

たき
山形盆地で紅花をつくっている村の百姓、そのの母 「紅花の里」 山下國幸作;伊藤和子絵 汐文社(日本の歴史17) 1987年12月

たきち
ある日のことひげをはやしたおじいさんからころがるたびにこばんが一まいでてくるふしぎなげたをもらったはたらきもののむすこ 「ふしぎなげた」 鈴鹿洋子脚色;松本恭子画 教育画劇(おはなしバラエティ) 1983年3月

たきちぐま
ひとりぐらしのすみやきおじいさんがかぜをひいてしまったのでおじいさんのみのかさを着て村へくすりをかいにいったくま 「100ぴきのくまさん」 川崎大治脚本;久保雅勇画 童心社(どうぶつおはなし劇場) 1990年10月

たきのぬし
むらびとたちがおそれるひとをいしにかえるたきのぬし 「やまぶし石ものがたり(前編)(後編)」 諸橋精光脚本・画 童心社 1989年11月

たく
やまのぼりをしたみつごのぶたのひとり 「ちくたくてくのやまのぼり」 与田準一脚本;瀬名恵子画 童心社 1981年4月

たくちゃん
おとうとのしんくんがよだれをたらすのがいやだったおとこのこ 「せいぎのみかたよだれマン-よだれ」 岡信子作;山口みねやす画 教育画劇(すごいぞ!からだのふしぎ) 2002年12月

たくちゃん
雨の日にちょっと大きめのかさをさすとからだまで大きくなったかんじになってやさしいきもちになるおとこの子 「雨の日はやさしく」 角田光男作;川上尚子画 教育画劇(おはなしおもちゃばこ) 1978年9月

たくちゃん
雨上がりの春の朝庭の土の下からひょっこり顔を出したもぐらくんと地下鉄ごっこをした男の子 「ドロンドロンコー」 宇夫方隆士原作;岡信子脚色;林蘭画 NHKサービスセンター(NHK創作童話集) 1978年1月

たくやくん
おかあさんといっしょにはじめてひこうきにのったおとこのこ 「はじめてひこうきにのったよ」 木暮正夫作;勝又進画 教育画劇(のりものだいすき) 1991年11月

たくやくん
おたんじょうびのきょうからひとりでねんねすることになったおとこのこ 「おやすみなさいのわすれもの」 礒みゆき脚本・絵 童心社 2004年3月

竹崎 季長　たけざきすえなが
日本を攻めてきた元の軍勢と戦った武士で鎌倉幕府の命をうけた九州肥後の国の御家人 「元と戦う」 志村毅一案;上地ちづ子作;金沢佑光絵 汐文社(紙芝居 日本の歴史12) 1987年12月

たけし
───────────────────────────────

たけし
えんのみんなでやまのぼりにいったときにいさむくんとふたりでやまのおくにはいっていってこわいめにあったおとこのこ 「みんなでやまのぼり」 園田とき脚本;山内恵美子画 童心社（よいこの十二か月） 1977年10月

たけし
おにいちゃんにロボットをこわされて「おまえはうちの子じゃないよ」といわれた男の子 「たけくんどこの子？」 岡信子作;西村達馬画 教育画劇 1992年4月

たけし
こうえんでかけっこをしていてころんだところへやってきたにんじゃにけがをなおしてもらったおとこのこ 「にんじゃがやってきた」 今村幸介作;山口みねやす画 教育画劇（教育画劇のかみしばい） 1997年11月

たけし
ようことふたりであきばこでロボットをつくったおとこのこ 「ロボット・カミイ おみせやさんごっこのまき」 古田足日作;田畑精一画 童心社 1987年4月

たけし
ようことふたりであきばこでロボットをつくったおとこのこ 「ロボット・カミイ げきあそびのまき」 古田足日作;田畑精一画 童心社（美しい心シリーズ） 1971年12月

たけし
ようことふたりであきばこでロボットをつくったおとこのこ 「ロボット・カミイ ちびぞうのまき」 古田足日作;田畑精一画 童心社 1987年4月;童心社（家庭版かみしばい） 1986年10月

たけし
ようことふたりであきばこでロボットをつくったおとこのこ 「ロボット・カミイ ロボットのくにへかえるのまき」 古田足日作;田畑精一画 童心社（よいこの十二か月） 1974年3月

タケシ
いじめっこたちにまけないようにつよくなりたくてジャングルのライオンにあいにいくといって草むらのほうへあるきだしたおとこのこ 「ジャングルにいくぞ」 上地ちづ子脚本;宮本忠夫画 童心社（よいこの12か月） 1987年1月

タケシ
一九四五年三月十日の東京大空襲で母と妹にはぐれてしまって浮浪児になった男の子 「リンゴの歌」 志村毅一案;上地ちづ子作;渡辺享子絵 汐文社（紙芝居日本の歴史29） 1988年12月

タケシ
若葉第三小学校の近くにある小さな山どんぐり山を公園として残してくれるようにお母さん達や友だちといっしょに署名運動をした小学5年生の男の子 「どんぐり山子どもの森公園」 谷田川和夫原案;渡辺泰子脚本;高橋透絵 汐文社（紙芝居日本国憲法5） 1990年3月

たけしくん
えんのうんどうかいでねんしょうぐみののぶちゃんといっしょにおおだまころがしをしたおとこのこ 「だいすきうんどうかい」 高橋道子脚本;水谷基子画 童心社（たのしい季節の行事のびのび・秋のまき） 1989年6月

たけしくん
たいふうがちかづいてきたときにおとうさんとそとへでてかいものにいったおとこのこ 「たいふうがくるぞ−台風にそなえる」 菊池俊作;宮崎耕平画 童心社(安全紙芝居あぶない!そのときどうする?) 1996年8月

たけしくん
なつのあついひうらやまのぞうきばやしにきからでるあまいみつをすいにたくさんのむしがあつまるもりのレストランをさがしにいったおとこのこ 「もりのレストラン」 矢野亮脚本;かみやしん画 童心社 1990年8月

たけしくん
パジャマにきがえてふとんにはいるといつもおねしょのじめじめにまけちゃっておねしょをしちゃうおとこのこ 「にこにこまんとじめじめ」 矢崎節夫作;古川タク画 教育画劇(ユーモアひろば) 1992年11月

たけしくん
大どおりのしんごうがきいろになっていたのにわたってみちのまん中でくるまがはしりだしてなきだしてしまったおとこの子 「こんなときどうする」 阿久津福栄作;若山憲画 童心社(かみしばい交通安全シリーズ) 1985年6月

武田 勝頼　たけだ・かつより
戦国の世の長篠の戦いにおける武田軍の総大将 「長篠の戦い」 山下國幸作;江口準次絵 汐文社(日本の歴史14) 1987年12月

たけちゃん
あきちであそんでいてトラックの下にもぐりこんでひかれそうになった三人ぐみのおとこの子 「あぶないあそび」 高瀬慶子作;小谷野半二画 童心社(かみしばい交通安全シリーズ) 1985年6月

たけちゃん
おねえさんのゆきちゃんとふたりだけでおばあちゃんのところにいったこわがりやさんのおとこのこ 「おばけだいじょうぶ−町なかでみるマーク」 冬野いちこ作・画 教育画劇 2000年1月

たけちゃん
四つのたんじょう日にかってもらったじてんしゃにのって大どおりをはしるゆめをみたおとこのこ 「たけちゃんとじてんしゃ」 中村悦子作;野々口重画 教育画劇(こども交通安全紙芝居) 1980年9月

タケちゃん
でんしゃがくるときてっきょうの下にぶらさがっているあぶないあそびをかんがえたおとこの子 「てっきょうとこいぬ」 柴野民三作;西村達馬画 教育画劇(名作の花束みつばちシリーズ) 1976年10月

タケル
六千年もの昔三方湖(いまの福井県三方町のあたり)につき出した岬にあるむらでくらしていたタカのりょうしの父 「丸木舟に乗って」 山下國幸作;きくちひでお絵 汐文社(紙芝居日本の歴史2) 1987年4月

たこ

たこ
うみのたこちゃんをじぶんのしっぽにつかまらせててんまであげてくれたそらのたこ 「たこちゃんとたこ」 瀬名恵子作・画　教育画劇（おはなしチャチャチャ）1985年1月

たこ
ふかいうみのなかでかぞくみんなでくねくねゆらゆらしてあそんでいたたこたち 「くねくねゆらゆら」 ひろかわさえこ脚本・絵　童心社　2007年7月

タコ（タコラ）
あるひうみのそこへおちてきたピアノがとてもじょうずにひけたのでまちにいってゆうめいなピアニストになったタコ 「タコラのピアノ」 やなせたかし作・絵　フレーベル館

たこ（タッコちゃん）
はまべをさんぽしていてまあるくてまんなかにあながあいたふしぎなおとしものをみつけたたこ 「ふしぎなおとしもの」 仲川道子脚本・画　童心社　1986年7月

たこざえもん
まいにちうみでたこをとってきてはむらからむらへとうりあるいていたびんぼうなおとこ 「たこやたこざえもん」 水谷章三脚本；藤田勝治画　童心社（日本民話かみしばい選・なぞむかしがいっぱい）1985年9月

たこさん
かぜにふうせんをとばされてうみへとんでいったねずみちゃんがあったしんせつなたこさん 「とんでいったねずみちゃん」 山本省三作；長野ヒデ子絵　フレーベル館（どっちのおはなし紙芝居1）

たこちゃん
そらのたこのしっぽにつかまっててんまであがったうみのたこちゃん 「たこちゃんとたこ」 瀬名恵子作・画　教育画劇（おはなしチャチャチャ）1985年1月

タコラ
あるひうみのそこへおちてきたピアノがとてもじょうずにひけたのでまちにいってゆうめいなピアニストになったタコ 「タコラのピアノ」 やなせたかし作・絵　フレーベル館

たしざんはかせ
どうぶつもにんげんもなかよくくらせるふしぎなくにのたしざんのくにのたしざんはかせ 「まけないぞ！まほうのたしざん」 宮本えつよし作・画　教育画劇（家庭版かみしばい）1990年10月

田代 栄助　たしろ・えいすけ
明治時代借金に苦しめられる農民たちのために高利貸征伐に立ち上がった秩父国民党の総理 「自由の旗」 山下國幸作；梶鮎太絵　汐文社（紙芝居日本の歴史22）1988年12月

たすけ
ある山ざとにおったにほんいちのなまけものである日つぼのなかからでてきた小さななんにもせんにんをいえのるすばんにおくことにしたおとこ 「なんにもせんにん」 巌谷小波原作；川崎大治脚本；佐藤わき子画　童心社（童心社ベストセレクション第2集）2000年5月

多助　たすけ
山形盆地で紅花をつくっている村の百姓、そのの父　「紅花の里」　山下國幸作；伊藤和子絵　汐文社(日本の歴史17)　1987年12月

太助　たすけ
南部藩の悪政に困って一揆を起こした田野畑村の百姓の代表　「小〇の旗」　後藤竜二作；穂積肇絵　汐文社(紙芝居 日本の歴史19)　1987年12月

ただし
みんなで学校めぐりをすることになったまっさらぴんの一年生　「おもしろ学校めぐり」　高科正信作；黒岩章人画　教育画劇　1992年4月

だだはち
ちょうふく山のやまんばが子どもをうんだのでもちをもっていくことになったいつもいばってるむらびと　「やまんばのにしき」　松谷みよ子作；井口文秀画　童心社　1973年12月

タータン
ジャングルのなかでそこなしぬまにはまったこぞうのチビタをひきあげようとしてたすけをよんだこども　「アンパンマンとタータン」　やなせたかし作・絵　フレーベル館(アンパンマンのぼうけん)

タータン
ジャングルのなかでそこなしぬまにはまったこぞうのチビタをひきあげようとしてたすけをよんだこども　「アンパンマンとタータン」　やなせたかし作・絵　フレーベル館(かみしばいアンパンマン　第5集)

だだんだん
バイキンせいからやってきたあくのなかま　「アンパンマンとだだんだん」　やなせたかし作・絵　フレーベル館

だだんだん
バイキンせいからやってきたあくのなかま　「アンパンマンとだだんだん」　やなせたかし作・絵　フレーベル館(アンパンマンのぼうけん)

だだんだん
バイキンせいからやってきたあくのなかま　「アンパンマンとだだんだん」　やなせたかし作・絵　フレーベル館(ワイド版アンパンマンかみしばい)

たーちゃん
おしっこがひとりでじょうずにできたおとこのこ　「おしっこピッピッ！」　辻邦脚本；久保雅勇画　童心社(2・3歳児しつけかみしばい・みんなは、できるかな？)　1993年5月

ターちゃん
ともだちのおとなりのおじいちゃんのうちがかじになったのをみつけておかあさんにしらせたおとこのこ　「たいへん！まどがあかい」　上地ちづ子作；うすいしゅん画　童心社(よいこの十二か月)　1978年12月

たちや

ターちゃん
まいとしおとうさんとおかあさんとうみべでするなつやすみのキャンプにきたおとこのこ 「ターちゃんとペリカン」ドン・フリーマン作；八木田宜子脚本　ほるぷ出版（ほるぷの紙芝居−世界のおはなしシリーズ）　1989年6月

だちょうくん
わにちゃんがにわにだしたプールでみんなといっしょにみずあそびをしてあそんだだちょう 「みずあそびのまき」仲川道子脚本・画　童心社（ゆかいなかばせんせい3）　1989年8月

ダチョウのおばさん
もりのきにほしてあるひまわりもようのパンツをはいてみたダチョウのおばさん 「ひまわりパンツ」垂石眞子脚本・絵　童心社　2006年8月

タッカリー
インドのあるまちにいた針つくりの名人チャンダの娘サラをおよめにしたくて針つくりの修業に出た大金持ちのひとりむすこ 「針つくりの花むこさん」瀬戸内寂聴文；たなか鮎子絵　講談社（寂聴おはなし紙芝居）　2008年3月

たっきゅうびんしゃ
パトカーからひきうけたてがみのまいごをとどけてあげたたっきゅうびんしゃ 「てがみのまいご」小春久一郎作；島田明美画　教育画劇（おはなしランド）　1985年9月

たっく
ごみあつめのくるまがおとしていったいばりんぼのたねのパンプくんをひろったのねずみ 「いばりんぼのパンプくん」中村美佐子作；田中秀幸画　教育画劇　1994年11月

タック
しろうさぎのパピイといっしょにクリスマスのうたをうたっていたしまりす 「クリスマスなんかだいっきらい！」山崎陽子作；大和田美鈴画　教育画劇（四季の行事シリーズ）　1992年11月

たっくん
おねえちゃんとかいものにいったストアでけむりがでているのをみつけてかじをしらせたおとこのこ 「けむりがでているよっ」わしおとしこ脚本；多田ヒロシ画　童心社（防災紙芝居・じしんだ！かじだ！）　1992年9月

たっくん
こうえんであそんでいるとあめがふってきてベンチの上においてあった七いろのかさをかりていえにかえったおとこの子 「ふしぎな7いろのかさ−雨は、どうしてふるの？」山本省三作・画　教育画劇（はてな？なぜかしら？？）　1989年4月

たっくん
たなばたのささをとりにいってささのえだにねがいごとをしたきつねのおとこのこ 「こぎつねたっくんのたなばたさま」茂市久美子作；津田直美画　教育画劇（四季の行事シリーズ　たなばた）　1993年5月

たっくん
なまクリームをびんにいれてふってバターをつくったおとこのこ 「シャカシャカふりふりあさごはん」田村忠夫脚本；とよたかずひこ絵　童心社（あかちゃんからの食育かみしばい・ぱくぱくもぐもぐ）　2008年9月

たっくん
まいごになったこいぬをいえにつれていってあげようとしてじぶんがまいごになってしまったおとこのこ 「がんばれ！まいごのたっくん-迷子」 手島悠介作；今井弓子画　教育画劇（安全紙芝居あぶない！そのときどうする？）　2003年12月

たっくん
みっちゃんがみちをあるいているとおんおんないていたおかしなまいご 「たんたんたっくんのぼうけん」 若山甲介脚本；久住卓也画　童心社（ゆたかなこころシリーズ）　1998年12月

タッくん
ころんでひざをすりむいたところにかさぶたができたおとこのこ 「かさぶたブッター-かさぶた」 なかむらとおる作；中村陽子画　教育画劇（すごいぞ！からだのふしぎ）　2002年12月

タッくん
ねこのニャータがかわれているうちのおとこのこ 「おおきなボール」 村山桂子作；きよしげのぶゆき画　教育画劇　1994年1月

たつくん
ひるごはんがすんでほっぺにごはんつぶをつけてそとへとびだしたおとこのこ 「おべんとつけてどこいくの」 神沢利子脚本；垂石眞子絵　童心社　2005年11月

タッコちゃん
はまべをさんぽしていてまあるくてまんなかにあながあいたふしぎなおとしものをみつけたたこ 「ふしぎなおとしもの」 仲川道子脚本・画　童心社　1986年7月

辰次郎　たつじろう
飛騨から信州の製糸工場へ働きに行った娘ミネの兄 「野麦峠をこえて」 志村毅一案；上地ちづ子作；渡辺皓司絵　汐文社（紙芝居日本の歴史23）　1988年12月

だっち
ぴんくとちっぷと三びきでやさしいけれどさびしがりやのおばあさんのうちへいったおばけのこども 「おばけのすてきなまほう」 ふじしまあおとし作・画　教育画劇（年少向　はじめまして！おばけです）　2001年8月

たっちゃん
いもうととおふろばからかわをとおってうみへいきよごれたみずのせいでびょうきになったさかなたちとあったおとこのこ 「さかなたちとのおやくそく-水の大切さ」 間所ひさこ作；おぐらひろかず画　教育画劇（かんきょうかみしばい　みんなでまもろうネ！ちきゅうくん）　1999年5月

たっちゃん
えんのそりあそびのひにおおきくてあたらしいそりをじまんしていたおとこのこ 「すべってころんで」 佐々木悦脚本；出口正明画　童心社（よいこの十二か月）　1976年12月

たっちゃん
おうちの近くの林で妹のゆりちゃんとあそんでいていつのまにかあまのじゃくの森にまよいこんだ男の子 「あまのじゃくのもり」 清水たみ子作；西村達馬画　教育画劇　1981年9月

たつち

たっちゃん
おかいものにいくおねえさんにおにいちゃんといっしょについてきたおとこのこ 「おつかいさん」 筒井敬介作;古寺伸竹脚色;西村達馬画　教育画劇(たんぽぽシリーズ)　1982年11月

たっちゃん
おとうさんがしごとをしているつきにおかあさんとふたりでうちゅうりょこうをしたおとこのこ 「たっちゃんのうちゅうりょこう」 勝又進作・画　教育画劇(おはなしいっぱい)　1987年11月

たっちゃん
おとうさんとおふろにはいってせっけんをあわだててあそんでいたおとこのこ 「あわぶくちゃん」 青木昭子脚本;駒井啓子画　童心社(げんきななかまシリーズ)　1990年11月

たっちゃん
おにいちゃんといもうといっしょにおじいさんのいるはちじょうじまへいったおとこのこ 「すいかをおいしくたべといで」 宮川ひろ作;金沢佑光画　童心社(美しい心シリーズ)　1977年8月

たっちゃん
おにいちゃんのつくえでヘビの絵をかいていてしっぽをはみださせてしまったおとこのこ 「しっぽのはみだし」 筒井敬介作;和田義三画　教育画劇(心をはぐくむシリーズ)　1973年11月

たっちゃん
きいろいぼうしがだいすきでえんからかえってもかぶっているおとこのこ 「きいろいぼうし」 鶴見正夫作;田中秀幸画　教育画劇(シャボン玉シリーズ)　1981年4月

たっちゃん
ちょっと泣くだけでおかあさんが何でもやってくれるので何もきちんとおはなししなくてもすんでいたおとこのこ 「おはなしできた」 中村博脚本;渡辺享子画　童心社(かみしばい・きちんとするのだいすき)　1981年9月

たっちゃん
どうぶつたちのいろんなしっぽをみてうらやましくなってしっぽがほしくなったおとこの子 「しっぽをください」 鶴見正夫作;田沢梨枝子画　教育画劇(ミミちゃんシリーズ)　1982年6月

たっちゃん
やおやさんへおつかいにいってりんごのおまけにねこをもらってきたおとこのこ 「このねこ、りんご？」 高木あきこ作;山内恵美子画　教育画劇(タンバリン・シリーズ)　1980年10月

たっちゃん
道でひろったひこう木というめずらしい木のたねを庭にうめた男の子 「たっちゃんとトムとチムのふしぎなひこうき」 大石真原作;若林一郎脚色;岡村好文画　NHKサービスセンター(NHK創作童話集)　1978年1月

タッちゃん
なかよし三人ぐみのコウちゃんとユリちゃんとでんしゃごっこをしてあそんだおとこの子 「はっしゃオーライ」 大熊義和作;夏目尚吾画　教育画劇(ミミちゃんシリーズ)　1982年8月

たぬき

タッちゃん
みちでかたっぽうのあしがとれているおもちゃのロボットをひろったおとこのこ「ロボットたいちょう」香山美子作;山田哲也画 教育画劇 1975年7月

たつのこたろう(たろう)
山のなかの小さな村にばあさまとふたりでくらしていた子で村の人たちから「あれはにんげんの子じゃないたつの子だ」といわれていたおとこの子「たつのこたろう」松谷みよ子原作;瀬川拓男脚色;久米宏一画 童心社(童心社紙芝居傑作選) 1984年12月

たつや
おかあさんからおにわであそぶようにいわれたのにおにいちゃんとどうろにでてしまったおとこのこ「かいじゅうガオーにきをつけろ！」宮西達也作・画 教育画劇(あたらしい交通安全紙芝居) 1997年6月;教育画劇 1990年1月

たつや
なつやすみにしゅくだいをもっていなかのおじいちゃんとおばあちゃんのいえにいったのにゲームばかりしていたおとこのこ「いきたいなゆうえんち-小学生の道徳2年」岡信子作;ひらのてつお画 教育画劇 1996年4月

たつやくん
おばあちゃんの家にでかけたときにこまっているくるまいすのひとをてつだってあげたかっこいいおにいさんをみたおとこのこ「すてきなおにいさん」古山広子脚本;藤本四郎絵 童心社(ともだちだいすき) 2000年12月

たなばたさん
天のかみさまのむすめでぬのをつくるのがしごとでうしかいさんのおよめさんになったむすめ「うしかいさんとたなばたさん」金成正子文;白梅進画 教育画劇(おはなしきかせて) 1988年7月

たにしのむすこ
むかし子どものいないまずしいおひゃくしょうのふうふが水じんさまにおねがいしてさずけてもらったたにしのむすこ「たにしちょうじゃ」花井巴意文;楢喜八画 教育画劇(おはなしランド) 1985年9月

たぬき
かしやをかりたおじいさんをいえからおいだそうとしておばけにばけるいたずらをしたたぬき「おじいさんとおばけ」堀尾青史脚本;瀬名恵子画 童心社(ゆかいなおばけシリーズ) 1987年7月

たぬき
きつねからにんげんをだましておいしいものを手にいれるうまいはなしをきかされたたぬき「きつねうりとたぬきうり」長崎源之助文;若菜珪画 教育画劇 1970年12月

たぬき
きつねとばけくらべをしたばけじょうずのたぬき「ばけくらべ、うでくらべ」木村研脚本・画 童心社(かみしばい・子どもといっしょに みんなでみんなでおおさわぎ) 1995年5月

たぬき

たぬき
きつねのクリーニングがかんそうきがこわれたってはなしているのをきいてお日さまにばけたたぬき 「びっくりだいはつめい」 三田村信行作；黒岩章人画　教育画劇(きつねのクリーニングや5)　1989年6月

たぬき
くさぼうぼうのあれほうだいになっていたしょじょじというおてらをあそびばしょにしていたたぬきたち 「しょじょじのたぬきばやし」 倉橋達治作・画　教育画劇(日本昔話アニメかみしばい)　1987年9月

たぬき
クレヨンおばけにばけていたずらがきをしたたぬき 「きつねのおやことクレヨンおばけ」 武井直紀作；間瀬なおかた画　教育画劇(おばけだぞ～)　1992年6月

たぬき
こんこん山のきつねと二ひきでうさぎにばけてふもとのけんちゃんのいえへ月見だんごをたべにいったぽんぽこ山のたぬき 「たぬきときつねのつきみだんご」 林原玉枝作；津田直美画　教育画劇(ミミちゃんシリーズ)　1982年9月

たぬき
じいさまとばあさまの山のはたけをあらしてばあさままでころしたわるいたぬき 「かちかち山」 水谷章三文；清水耕蔵画　NHKサービスセンター（日本むかしばなし）　1977年1月

たぬき
スキーにばけてともだちのこうまをからかったいたずらたぬき 「スキーすき？きらい？」 東川洋子作；きよしげのぶゆき画　教育画劇　1990年1月

たぬき
せつぶんのひにさとのひとたちがしているまめまきをみにいったたぬきのかぞくのこだぬきたち 「まめっこぽりぽりおにはそと！-節分」 渡辺節子作；間瀬なおかた画　教育画劇　2002年7月

たぬき
そうじのときにてんでんばらばらににやったのでうまくいかなかったたぬき学校のこどもたち 「たぬき学校」 今井誉次郎作；和田義三画　童心社(紙しばい名作選)　1985年4月

たぬき
つきよのばんにかあさんだぬきといっしょにそとへでてきておつきさんにばけたいのといったこどものたぬき 「おつきさんにばけたいの」 三谷亮子脚本；長野ヒデ子画　童心社　1997年5月

たぬき
つきよのばんにこどものたぬきにばけることをおしえようとおもってそとへでてきたかあさんだぬき 「おつきさんにばけたいの」 三谷亮子脚本；長野ヒデ子画　童心社　1997年5月

たぬき
どうぶつむらのなつまつりのひにかぜにとばされたふうせんをおいかけてすりのきつねをおどろかせたたぬきのふうせんうり 「おどれおどれドドンガドン」 上地ちづ子脚本；長島克夫画　童心社(たのしい季節の行事 きらきら・夏のまき)　1988年4月

たぬき
どうぶつ村のみんなにたいせつなたった一つのとけいのきょうのとうばんになったなまけもののたぬき 「みんなでまちぼうけ」 福島のり子作；田沢梨枝子画 教育画劇(2年の道徳 紙芝居) 1993年2月

たぬき
どんぐり森のどうぶつたちみんなのようにてがみがほしくてじぶんにてがみをだしたひとりぼっちのたぬき 「ホットケーキをたべに…」 林原玉枝作；高見八重子画 教育画劇(ぱくぱくぱっくんシリーズ) 1988年11月

たぬき
にんげんたちがあつまってもちつきをしているのをみたことがあるといったくいしんぼうのたぬき 「山のみんなのおもちつき」 廣越たかし脚本；渡辺有一画 童心社(たのしい季節の行事 わくわく・冬のまき) 1988年9月

たぬき
はやしのそばのほそみちでおかあさんと五にんのこどもにばけてまついさんのタクシーにのってきたおかあさんだぬきとこだぬきたち 「はるのおきゃくさん」 あまんきみこ原作；堀尾青史脚本 童心社(ともだちだいすき) 2004年4月；童心社(うれしい入園シリーズ) 1991年10月

たぬき
はるからだいじにそだてていたさつまいものさっちゃんがたくさんできたことを村のみんなにしらせたたぬき 「さっさっさっちゃん」 田沢梨枝子作；末崎茂樹画 教育画劇(ユーモアひろば) 1991年2月

たぬき
ふゆごもりのためにどんぐりのもりへたべものをさがしにいってわなにかかってしまったじいさんだぬき 「たぬきとかあさんうさぎ」 塩原ゆかり作；野々口重画 童心社(日本の動物記シリーズ) 1987年6月

たぬき
まずしいおじいさんにたすけてもらったおん返しに茶がまに化けて村のお寺に売ってもらったたぬき 「ぶんぶくちゃがま」 伊藤海彦脚色；奈良坂智子画 NHKサービスセンター(NHK小学校国語紙芝居教材 日本の古典) 1979年1月

たぬき
やきいもやさんをはじめたくまのおじさんのおてつだいをした三びきの子だぬき 「やきいもやさん」 竹下文子脚本；つちだよしはる画 童心社 2006年11月

たぬき
やまのふもとにあるポストにてがみをいれてみたいなあとおもっていたたぬき 「たぬきのてがみ」 宮﨑二美枝脚本；長谷川知子絵 童心社(ともだちだいすき) 2003年11月

たぬき
やまの一けんやにすむおじいさんのところにいろんなすがたにばけていったたぬき 「このつぎなあに」 山中恒作；こせきはるみ画 教育画劇 1973年7月

たぬき

たぬき
広いにわのあるいえにひっこしてきたきつねのこにいじわるをしたたぬきのこ 「ぼくたちのブランコ―小学生の道徳1年」 瀬尾七重作；田中恒子画 教育画劇 1996年4月

たぬき
山おくでいわにはさまれたところをよさくどんにたすけてもらったおれいによめこになりにきたたぬき 「よさくどんのおよめさん」 秋元美奈子脚本；水野二郎画 童心社 1986年5月

たぬき
山のはたけでじいさまをからかってつかまったがばあさまをだましてきねでうちころしたたぬき 「かちかちやま」 西本鶏介文；遠竹弘幸画 教育画劇（紙芝居むかしばなし） 1993年2月

たぬき
子どもがなげつけた小石がつばさにあたってとべなくなった子つばめのことをはるがくるまでおやつばめからたのまれたたぬき 「春がくるまで」 浜田広介作；福島のり子脚色；西村達馬画 教育画劇（ひろすけ童話紙芝居全集） 1981年7月

タヌキ
かずやくんがおねえちゃんとふたりでつかっているつくえのたなの人形のなかまに入れてもらったタヌキの人形 「つくえのうえのうんどうかい」 佐藤さとる作；伊藤海彦文；高谷りん画 NHKサービスセンター（創作童話） 1977年1月

タヌキ
カメたちに「なにひっぱってるの?」ときいて一しょにいいものをひっぱったタヌキ 「なにひっぱってるの」 阿部恵作；チト・イトー画 教育画劇（おはなしなーに） 1991年3月

タヌキ
むかしむかしのことくずやさんにたすけられたおれいにちゃがまにばけておかねもうけをさせたタヌキ 「ぶんぶくちゃがま」 筒井敬介文；前田松男画 教育画劇（紙芝居むかしばなし） 1991年5月

タヌキ
山おくにでかけてきたてっぽううちの名人のごへいとすもうをとった大ダヌキ 「ごへいとてっぽう」 石井作平作；池田仙三郎画 教育画劇（おにごっこシリーズ） 1978年11月

たぬき（おさん）
ばかすことにかけちゃすごうでのなんたか山のたぬき 「おさんだぬきとかりゅうど」 秋元美奈子脚本；水野二郎画 童心社（美しい心シリーズ） 1988年1月

たぬき（キヌタ）
ねぼうしてえんそくにおくれてフルダヌキのおじいちゃんとおいかけたこだぬき 「えんそくおくれておいかけて」 田沢梨枝子作・画 教育画劇 1991年2月

たぬき（くろべえ）
おばけのもりのなかでおばけにばけていぬのチーズをおどかそうとしたたぬき 「アンパンマンとおばけのもり」 やなせたかし作・画 フレーベル館（紙芝居アンパンマン第2集）

たぬき（コボンちゃん）
おさるのタンタときつねのボーボといっしょにふもとのむらのあきまつりにいってまいごになってしまったたぬきのこ 「コボンちゃんのうたどけい」 都丸つや子脚本；富永秀夫画 童心社（よいこの12か月） 1980年10月

たぬき（ごんべえだぬき）
きつねのたろべえぎつねとばけくらべをすることになったたぬき 「ばけくらべ」 石山透脚色；北島新平画 NHKサービスセンター（名作民話おはなし広場） 1984年1月

たぬき（ごんべえだぬき）
へらこいぎつねとばけくらべをすることになりたぬきたちをあつめてよめいりぎょうれつにばけたたぬき 「ばけくらべ」 松谷みよ子作；亀井三恵子画 童心社（かみしばい日本むかしむかし） 1979年11月

たぬき（ごんろく）
どうしたらひこいちをやっつけることができるかいろいろかんがえたいたずらだぬき 「たぬきとひこいち」 長崎源之助文；西村達馬画 教育画劇（ぽんぽこシリーズ） 1983年9月

たぬき（さぬたくろうす）
あるはなれ小島にいたたぬきでさぬきでうまれのでさぬた毛いろがくろくて毛なみがうすいのでくろうすというたぬき 「さぬたくろうす」 松野正子脚本；福田岩緒画 童心社 1995年12月

たぬき（タヌキチくん）
きつねのコンスケくんのおたんじょうかいにおまねきされたたぬき 「コンスケくんのおたんじょうかい」 斉藤瑶子作；いもとようこ画 教育画劇（コンスケくんシリーズ） 1990年9月

たぬき（タヌくん）
うさぎのピョンくんのおともだち 「おかたづけ大すき？」 チト・イトー作・画 教育画劇（じゃんけんシリーズ） 1990年3月

タヌキ（たぬちゃん）
どうぶつむらにテレビがはいることになってテレビをみすぎてめがみえにくくなったタヌキ 「たぬちゃんとテレビ」 安田浩作；ながよしかよ画 教育画劇（からだのおはなし） 1985年4月

たぬき（タロベエ）
げたにばけているときにやってきたさむらいにはなおのきれたげたのかわりにはきかえられてしまったこだぬき 「げたにばける」 新美南吉作；わしおとしこ脚色；中沢正人画 教育画劇（おさむらいさんのはなし紙芝居） 2003年9月

たぬき（タン子）　たぬき（たんこ）
いつもカスタネットをもっているのでタンタラタンタンタン子ちゃんとよばれていたたぬきの子 「タンタラタンタン タン子ちゃん」 小松原優作；西村達馬画 教育画劇 1974年4月

タヌキ（だんじろう）
むらのおてらのうしろのやぶにすんでいてむらびとをいつもこまらせていたいたずらダヌキ 「だんじろうダヌキ」 平方浩介脚本；福田庄助画 童心社（ゆたかなこころシリーズ） 1993年11月

たぬき

たぬき（たんた）
よるいえでねているときにじしんがおきておとうさんとおかあさんとそとへひなんしたたぬきのおとこのこ 「まっくらぐらぐら-夜間の家の中での地震」 髙木あきこ作；間瀬なおかた画 教育画劇 1995年8月

たぬき（タンタ）
山ぐみの子どものたぬき 「いちばんがすきなサンちゃん」 金明悦子作；中村有希画 教育画劇（あたらしいしつけ紙芝居） 1995年2月

たぬき（タンタン）
夜おそくまでテレビをみていて朝ねぼうをしてあわててえんにいったのでふらふらびょうになってしまったたぬきのおとこのこ 「ふらふらびょうのびょういん」 上地ちづ子脚本；和歌山静子画 童心社（かみしばい・きちんとするのだいすき） 1981年9月

たぬき（タンちゃん）
七五三の日におかあさんとお宮におまいりにいった五さいのたぬきの男の子 「七五三おめでとう」 安田浩作；チト・イトー画 教育画劇（あたらしい行事紙芝居） 1993年9月

たぬき（ヌー坊）　たぬき（ぬーぼう）
なかよし幼稚園のたぬきのおとこの子 「しょくじのじかんですよ」 四方国恵ほか作；福田京二画 ぎょうせい（健康・安全シリーズ紙芝居） 1989年5月

たぬき（ポコおじさん）
まんまるくて赤いものがふわふわと行ってしまうのをおひさまがにげて行くのかとおもっておいかけたたぬきのおじさん 「おひさまがにげていく」 小池タミ子原作・脚色；伊東美貴画 NHKサービスセンター（NHK創作童話集） 1979年1月

たぬき（ボコちゃん）
大きなじしんがあってうさぎのピョンちゃんたちとはらっぱににげてきたたぬき 「あっ、けむりがみえる」 鶴見正夫作；柿本幸造画 教育画劇（よいこの地震紙芝居ぐらぐら） 1981年4月

たぬき（ポポ）
やぎのメルばあちゃんがびょうきになったのでおはなをもっていこうとしたたぬきのおとこのこ 「ポポのおみまい」 福田岩緒脚本・絵 童心社（ともだちだいすき） 2007年10月

たぬき（ポン）
いっしょにあそぶともだちがほしくてともだちをさがしにいったこだぬき 「こぎつねコンとこだぬきポン（前編）（後編）」 松野正子脚本；二俣英五郎画 童心社 1989年7月

たぬき（ポン）
やまのきつねのこコンとふたりでにんげんのこにばけてパンやさんちにうまれたあかちゃんをみにいったたぬきのこ 「コンとポンとあかちゃん」 松谷みよ子脚本；福田岩緒画 童心社（ゆたかなこころシリーズ） 1999年4月

タヌキ（ポン吉じいさん）　たぬき（ぽんきちじいさん）
しんちゃんととんとこ森へ行って文化の日ってどんな日か教えてあげた森で一番の物知りのタヌキ 「とんとこもりのやくそく」 浅沼とおる作・絵 教育画劇 2007年9月

たぬき(ぽんた)
からすにやられていたところをこうくんとじゅんくんのふたりにたすけられたたぬきのこども 「たぬきのぽんたげんきでやれよう」 今関信子作;西村達馬画　教育画劇　1994年5月

たぬき(ポンタ)
きつねのコンキチとうさぎのミミとこうえんでボールあそびをしたたぬき 「コンキチのゆびきりげんまん-水の事故防止」 本田カヨ子作;岡村好文画　教育画劇(安全紙芝居 あぶない!そのときどうする?)　1996年8月

たぬき(ポンタ)
むらのこどもらにつかまったがうまかたどんにたすけてもらったおんがえしにおてつだいさんになったこだぬき 「うまかたどんとたぬきのポンタ」 菊地ただし文;塩田守男画　教育画劇　1997年4月

たぬき(ポンタ)
山のうんどうかいがあるがかけっこが大きらいでいつもびりだからうんどうかいにでたくないたぬき 「ポンタとコスモスのうんどうかい」 加藤晃作・画　教育画劇(きれいな花いっぱい)　1990年9月

たぬき(ポンちゃん)
えんのみんなとあそんでころんでばかりいてばんそうこうだらけになってしまったたぬき 「ばんそうこうポンちゃん」 清水えみ子脚本;たじまじろう画　童心社(健康紙芝居・げんきなこども)　1983年10月

たぬき(ポンちゃん)
おたんじょうびにかってもらったサッカーボールをもってにげたきつねのコンキチをおいかけてどうろへいったたぬきのこ 「ポンちゃんのボール」 おのいづみ脚本・画　童心社(交通安全かみしばい・あぶないっ!きをつけて!)　1993年9月

たぬき(ぽんちゃん)
おばけのペロちゃんといっしょにライオンにばけてあそんだばけるのがじょうずなたぬき 「ペロちゃんとぽんちゃんのばけばけライオン」 仲川道子作・画　教育画劇(はじめまして!おばけです)　1998年1月

たぬき(ぽんちゃん)
クリスマスにサンタさんがこなかったのでしんぱいしてどうぶつむらのこどもたちみんなとおみまいにいったたぬき 「サンタクマーズがこないわけ」 塩田守男作・画　教育画劇(四季の行事シリーズ)　1992年11月

たぬき(ポンちゃん)
まきをもやしてはしるきかんしゃにのせてもらったどうぶつたちのたぬき 「がんばれきかんしゃ」 内山安二作・画　教育画劇(コンスケくんシリーズ)　1981年10月

たぬき(ぽんちゃん)
やまへあそびにきたみどりえんのこどもたちをみつけたおさるのもんちゃんといっしょにそばへいってみたたぬき 「みつけたみつけた」 久保雅勇作・画　童心社(よいこの12か月)　1981年9月

たぬき

たぬき(ポンちゃん)
十五夜さんにおそなえするために育てたおいもをいたずらぎつねのコン吉にとられてしまったたぬきのこ 「十五夜さんのおいも」 久保雅勇脚本・画 童心社(よいこの12か月) 1982年9月

たぬき(ポンポコ)
にんげんをだますのにとんがりやまのこぎつねのコンコンとくむことになったまんまるやまのこだぬき 「たぬきのきつね」 内田麟太郎作;夏目尚吾画 童心社 1987年3月

たぬき(ポンポン)
ぶたのブブリンとりすのキキロンがとてもなかよしなのがしゃくにさわってきつねのコンコンといじわるをしたたぬき 「いじわるなんかするからさ」 柴野民三作;椎野利一画 教育画劇(あたらしいしつけ紙芝居) 1988年6月

たぬきくん
つりにいくともだちのねこくんにきつねくんとふたりでついていったたぬきくん 「ともだちだいすき」 矢崎節夫作;柿本幸造画 教育画劇(ともだちシリーズ) 1985年4月

たぬきくん
ねずみくんはいけをみつけたといったのにみずうみをみつけたときつねさんにおしえたたぬきくん 「おおきないけ」 小出保子作・画 教育画劇(かわいい八つのおはなし) 1987年2月

たぬきくん
ピクニックにいってみんなでしりとりをしながらおべんとうをたべたたぬきくん 「しりとりおべんとう」 しばはらち作・画 教育画劇 1989年9月

たぬきくん
森のはずれのさか道のとちゅうにおちていた大きなレンズを見つけたたぬきくん 「おちていたレンズ」 こわせたまみ作・文;伊東美貴画 NHKサービスセンター(創作童話) 1977年1月

たぬきさん
うさぎさんにおしえてもらってかぼちゃばたけをつくったたぬきさん 「たぬきさんのかぼちゃパイ」 仲倉眉子作・画 教育画劇(おはなしチルチル) 1985年8月

たぬきさん
かぜでとばされたひろこちゃんのぼうしをとめてくれたたぬきさん 「わたしのぼうし」 加藤晃作・画 教育画劇(かみしばいだいすき) 1993年7月

たぬきじいさん
かわらでいもにかいをはじめたこだぬきたちをてつだっていっしょにおいしいごちそうをたべたおじいさん 「たぬきじいさんのいもにかい」 佐々木悦脚本;藤本四郎画 童心社 1983年10月

タヌキチくん
きつねのコンスケくんのおたんじょうかいにおまねきされたたぬき 「コンスケくんのおたんじょうかい」 斉藤瑶子作;いもとようこ画 教育画劇(コンスケくんシリーズ) 1990年9月

たぬきのおにいさん
ねこさんとうさぎさんをあおぞらこうえんにつれていったたぬきのおにいさん 「あいうえんそくたのしいな」 草間真之介作・画 教育画劇(家庭版かみしばい) 1995年3月

たぬきのおばあさん
もりいちばんのにぎやかなとおりにあったたぬきどうというおかしやさんのたぬきのおばあさん 「もりのおかしやたぬきどう」 よしざわよしこ作;相沢るつ子画 教育画劇(どうぶつむらのおみせやさん) 1986年4月

たぬきのおやこ
かぜをひいたこだぬきをみてやってくださいと人間のおいしゃの先生のところへたのみにいってみたかあさんたぬき 「かぜひきこだぬき」 村山桂子作;おくやまれいこ画 教育画劇(ぽんぽこシリーズ) 1983年12月

たぬきの子　たぬきのこ
じてんしゃやスクーターがはしってくる山のがけの下のみちへ小さいおんなの子になっていってみたたぬきの子 「少年と子だぬき」 佐々木たづ作;遠藤てるよ画 童心社(輝く文部厚生大臣賞シリーズ) 1965年3月

タヌくん
うさぎのピョンくんのおともだち 「おかたづけ大すき？」 チト・イトー作・画 教育画劇(じゃんけんシリーズ) 1990年3月

たぬちゃん
どうぶつむらにテレビがはいることになってテレビをみすぎてめがみえにくくなったタヌキ 「たぬちゃんとテレビ」 安田浩作;ながよしかよ画 教育画劇(からだのおはなし) 1985年4月

タネくん
とてもくいしんぼのだいちゃんがのみこんでしまったさくらんぼのタネ 「タネくんのからだのなかのぼうけん」 山本省三作・画 教育画劇(からだのおはなし) 1991年6月

タネコちゃん
トキコちゃんのうちのとなりにこしてきた女の子 「ながぐつだいすき」 筒井敬介作;遠竹弘幸画 教育画劇(ちょうちょシリーズ) 1976年6月

たのきゅう
とうげにあらわれたうわばみにたぬきとおもいこまれてとのさまやおひめさまにばけてみせたたびやくしゃ 「たのきゅう」 渋谷勲脚本;藤田勝治画 童心社(日本民話かみしばい選・おばけがいっぱい) 1993年4月

たのきゅう
むかし山でおじいさんにばけただいじゃにあいたぬきにまちがえられたたびのやくしゃ 「ばけものとこばん-日本昔話」 長崎源之助文;池田仙三郎画 教育画劇 1970年9月

たびびと
あるとしの十二がつのことむらはずれのびんぼうなじさまとばさまが七にんのたびびとにごちそうしてやったおれいにきたおしょうがつのかみさまたち 「おしょうがつのおきゃくさん」 渋谷勲脚本;藤田勝治画 童心社 1991年1月

たひひ

たびびと
きたかぜにつよくふきつけられてもマントをぬがなかったのにおひさまにてらされてマントをぬいだたびびと 「おひさまときたかぜ」 川崎大治脚本；西村繁男画 童心社(たのしいイソップ) 1975年5月

たびびと
つきのあかるいよるのみちでしろいぬののようかいのいったんもめんににくびにからみつかれたたびびと 「いったんもめん」 古山広子脚本；石倉欣二画 童心社(日本の妖怪ぞろ～り) 1994年9月

たびびと
三日もあなにおちてたライオンをたすけ出してやったというのにライオンにたべられそうな人のいいたびびと 「あなの中のライオン」 関七美文；椎野利一画 教育画劇(たのしい民話 民話でてこい) 1992年5月

旅人　たびびと
寒いばんに一ばんとめてくれてとなりの家の庭からだいこんを一本とってきて食べさせてくれたおじいさんの雪の上についた足あとを消してやった旅人 「あとかくしのゆき」 小池タミ子脚色；林蘭画 NHKサービスセンター(NHK小学校国語紙芝居教材 日本の民話Ⅰ) 1979年1月

旅人　たびびと
山の中で川におちてうつくしい五色のしかにたすけられて五色のしかのことはだれにもいわないとやくそくした旅人 「五色のしか－インド民話」 箕田源二郎画；教育画劇編集部脚色 教育画劇(2年の道徳紙芝居) 1987年2月

タプ
よりかかるのがだいすきでごはんやおやつをたべるときもほんをよむときもおかあさんによりかかってばかりいたこぶた 「よりかかりのタプ」 岡信子作；津田直美画 教育画劇(おはなしプレゼント) 1986年4月

ダブスン
ちいさなきかんしゃコッペルではざいもくをはこびきれなくなったのでやってきた大きなきかんしゃ 「ちいさなきかんしゃ」 池田善郎作；津田光郎画 童心社(童心社のベスト紙芝居) 1988年4月

たへい
としよりをおやまへいかせるきまりがあるびんぼうなくにでばあさまをおやまへいかせんようにみはりをしたこども 「うばすてやま」 今関信子脚本；田代三善画 童心社 1985年9月

ターぼう
いじわるなおひさまにゆきだるまをとかされたのでおひさまにたどんをぶつけてやったおとこのこ 「いじわる」 瀬名恵子作・画 童心社(美しい心シリーズ) 1978年9月

ターぼう
れいぞうこのドアをあけてみたらなかでペンギンのこどもがないていてびっくりしちゃったおとこのこ 「なんでもこおらせペンギン」 肥田美代子作；岡村好文画 教育画劇(びっくりこどきりんこ) 1989年2月

タポルケ
しまにすんでいるくろいとり 「ちびっこカムのぼうけん(前編)(中編)(後編)」 神沢利子原作；中川美登利脚本；小関俊之画　童心社　1990年9月

たま
こいぬのポチがみちにころがっているのをみつけたけんかのすきなあかいたま 「けんかだま」 髙橋五山作・画　ほるぷ出版（ほるぷの紙芝居-黄金期名作選）　1984年5月

たま
テストのとうあんについていた△をけして○にかきなおそうとしていた一ちゃんをみてわらったようなかおをしたねこ 「わらったねこ」 久保喬作；野々口重画　教育画劇（道徳紙芝居総集編）　1986年10月

たま
ともだちと三びきでいえのにわでたけざおにつながれてそらをゆうゆうとおよいでいるおおきなさかなをとりにいったねこ 「ねこのさかなとり」 小出保子作・画　教育画劇（ユーモアだいすき）　1988年5月

タマ
あかリボンちゃんのうちのネコ 「あかリボンちゃんきをつけて」 中村徹作；中村陽子絵　教育画劇　2007年5月

タマ
にいがたけんのゆきふかいやまでなだれにあったりょうしのかりたさんをたすけだしたりょうけん 「なだれとたたかったいぬ」 滝沢惣衛脚本；伊藤展安画　童心社　1984年12月

タマ
よくねずみをつかまえてはおじいさんとおばあさんをよろこばせていたのにとしをとってねてばかりいるようになったねこ 「てつだいねこ」 水谷章三脚本；大和田美鈴絵　童心社（ともだちだいすき）　2004年9月

たまご
めんどりかあさんがうんだ五このたまごのなかで一こだけたまごのままがいいといってころがってにげだしたたまご 「いやいやたまご」 竹下文子脚本；ましませつこ絵　童心社（ともだちだいすき）　2007年4月

たまごちゃん
ばんごはんをまちくたびれてうとうとしていたさきちゃんをたべものランドへつれていったたまご 「たべものランドのおまつりだ！-たべもののはたらき」 宗方あゆむ作；毛利将範画　教育画劇　1998年5月

たまごはかせ
じょしゅのライオンくんのようなもじゃもじゃができるきかいをつくったつるんとしたおかおのたまごさん 「たまごはかせともじゃもじゃ」 矢崎節夫作；長島克夫画　教育画劇（ゆかいなたべもののおはなし）　1977年5月

たまごろう
いけの中でとのさまがえるのたまごからうまれたとてもげんきでしりたがりやのおたまじゃくし 「おたまたまごろう」 金山美莎子作；若山憲画　童心社　1988年1月

たまこ

たまゴン
なぞなぞめいじんのはやとくんのともだちのかいじゅう「なぞなぞだいぼうけん」このみひかる作；大竹豊画　教育画劇　1997年4月

たまねぎ
こうさぎたちがカレーにたまねぎやにんじんはいらないなんていうからおこってでていったたまねぎたち「カレーライスがにげだした」しばはらち作・画　教育画劇（ゆかいなたべもののおはなし）　1993年6月

たまねぎ
のんちゃんといっしょにおじいちゃんちへカレーをつくってもらいにいったたまねぎ「やさいだいすき」土田義晴脚本・画　童心社　1998年6月

たまねぎさん
おおきくなったのでまちのあおものいちばへいくことにしたたまねぎさん「おねぼうなじゃがいもさん」村山籌子原作；村山知義脚本・画　童心社（紙芝居ベストセレクション第1集）1998年6月

たまねぎさん
じゃがいもホテルにとまったばんにまどのそとへころがりおちてかわにながされてしまったたまねぎさん「かわへおちたたまねぎさん」村山籌子原作；村山亜土脚本；長谷川知子絵　童心社（村山籌子幼年かみしばい）　2002年5月

たまねぎのぼうや
だいこんのとこやさんの子どもだいこんにかみをからてれまるぼうずにされただいこんのぼうや「だいこんのとこやさん」村山籌子原作；堀尾青史脚色；瀬名恵子画　童心社（美しい心シリーズ）　1991年1月

たまむしひめ
たまむしの村が鳥たちにおそわれてみんなころされてしまったのでなかまをさがしにたびにでたたまむしの女の子「たまむしひめ」若林一郎文；瀬戸口昌子画　NHKサービスセンター（日本むかしばなし）　1977年1月

だまりんちゃん
おとなしくてだまりんぼうでみんなからびりっかすといわれているおんなのこ「だまりんちゃんだいかつやく」梅田智江作；水沢研画　童心社　1980年2月

タムタムおばけ
小さな村にあった湖のそこにこっそりとかくれて住んでいたせい高のっぽのおばけ「タムタムおばけとジムジムおばけ」立原えりか原作・脚色；奈良坂智子画　NHKサービスセンター（NHK小学校国語紙芝居教材　創作童話）　1980年1月

田村しょうぐん　たむらしょうぐん
みやこから家来をつれてやってきてや村のゆみやの名人やすけにありあけ山のおにたいじをたのんだしょうぐん「やむらのやすけ」石山透脚色；石倉欣二画　NHKサービスセンター（名作民話おはなし広場）　1984年1月

タヤン
モンゴルのみずのでないむらでおじいさんとおとうさんのあとをついで井戸をほりつづけたおとこの子「ふきだせみず！」堀尾青史脚本；武部本一郎画　童心社　1979年10月

タラ
アフリカのそうげんでおかあさんライオンからまだおちちをのんでいた三とうのライオンのこどもの一とう 「わんぱくライオン」 国松俊英脚本;和歌山静子画 童心社(にこにこどうぶつえん) 1998年5月

太良 たらあ
沖縄の那覇みなとの若者 「沖縄にきた黒船」 山下國幸作;渡辺皓司絵 汐文社(紙芝居日本の歴史20) 1987年12月

だらしのない子ちゃん だらしのないこちゃん
お山のふもとのえんにいたなんでもよごれたままでなんでもかたづけないでなんでもなくすこまった子 「だらしのない子ちゃん」 鈴木美也子作;瀬名恵子画 教育画劇 1979年11月

タラス
イワンのふたりのにいさんの二ばんめのにいさんでまちへいってしょうばいをはじめたおとこ 「イワンのばか」 トルストイ原作;横笛太郎脚本;土方重巳画 童心社(かみしばい世界むかしばなし) 1990年2月

だるまさん
しりとりあそびにでてきただるまさん 「しりとりあそび」 このみひかる作;岩田くみ子画 教育画劇(みんなもいっしょにね) 1988年1月

だるまさん
へびくんにりんごとまちがえられてのみこまれてしまっただるまさん 「もみもみおいしゃさん」 とよたかずひこ脚本・絵 童心社 2004年5月

タレミちゃん
たんぽぽえんにきんじょのだいがくのおにいさんがつれてきたかたっぽうの耳がダラーンとたれている黒うさぎ 「たんぽぽえんにはうさぎが二ひき」 いしばししずこ作;峰村亮而画 教育画劇(たんぽぽシリーズ) 1982年4月

タロ
おかあさんぐまのるすにあなをでてすみやきのおじいさんのいえの女の子からひなあられをもらった二ひきのこぐまの一ぴき 「やまのひなまつり」 柴野民三作;こせきはるみ画 教育画劇 1974年3月

タロ
日本からなんきょくのことをしらべるためにきた人たちとふねでいっしょにきてなんきょくにおいてきぼりにされたきょうだいの犬 「なんきょくのタロとジロ」 高木あきこ文;田中秀幸画 教育画劇(心あたたまるほんとうにあったどうぶつの話) 1987年1月

タロー
まちじゅうがまほうにかかってしまったみたいなきりのあさにいもうとのアッコといっしょにたんけんにでかけたおとこのこ 「きりのまちのかいじゅうくん」 しかたしん脚本;津田櫓冬画 童心社(美しい心シリーズ) 1981年6月

たろう
あるばんむかえにきたとしよりねこについていってねこのさいばんにかけられたおとこのこ 「たろうがるすばんしていると」 中川正文脚本;夏目尚吾画 童心社(こわいこわーいおはなし) 1991年5月

たろう
ある日しゅじんがでかけることになってどくのはいったかめにはさわらないようにとたのまれた三人のこぞうさんとおてつだいさんの一人 「どくのはいったかめ」 多田ヒロシ文・画 教育画劇 1997年4月

たろう
おかあさんにあかちゃんがうまれそうになったのでおとうさんとびょういんでよるをあかしたおとこのこ 「ぼくはおにいちゃん」 渋谷勲脚本;金沢佑光画 童心社(よいこの12か月) 1988年1月

たろう
おかのうえのうちにこしてきてのはらにかみひこうきのてがみをとばしたおとこのこ 「かみひこうきはだいじなてがみ」 松野正子脚本;鎌田暢子画 童心社(童心社の紙芝居 げんきななかまシリーズ) 1995年1月

たろう
ふしぎなまほうつかいのおじいさんからとってもかわいいかいじゅうドッコイをもらったおとこのこ 「かいじゅうドッコイ」 たかしよいち作;長島克夫原画 ひくまの出版(幼年えほんシリーズ・あおいうみ第2巻) 1984年8月

たろう
むかしどうどの山のふもとの村にすんでいた子で山のまものといわれていた火のとりにたのまれていのちの水をさがしにいったおとこの子 「まえがみたろう」 松谷みよ子脚本;箕田源二郎画 童心社(紙芝居セレクションむかしむかし) 2003年5月

たろう
五月五日のおせっくにショウブとヨモギのおふろにはいったおとこのこ 「なぜ、おふろにしょうぶをいれるの？」 常光徹脚本;伊藤秀男絵 童心社(なぜ?どうして?たのしい行事) 2001年9月

たろう
山のなかの小さな村にばあさまとふたりでくらしていた子で村の人たちから「あれはにんげんの子じゃないたつの子だ」といわれていたおとこの子 「たつのこたろう」 松谷みよ子原作;瀬川拓男脚色;久米宏一画 童心社(童心社紙芝居傑作選) 1984年12月

タロウ
びょうきでしんでしまったいぬのことがわすれられなくてあたらしいくろいいぬをかわいいとおもえないおとこの子 「くろいいぬ」 石川光男作;野々口重画 教育画劇 1975年9月

太郎　たろう
病気のおかあさんのために山なしを取りに出かけていった三人の兄弟の一番め 「やまなしとり」 たなべまもる脚色;遠竹弘幸画 NHKサービスセンター(NHK小学校国語紙芝居教材 日本の民話Ⅰ) 1979年1月

たろう(きんぴらたろう)
むら一ばんのちからもちでむら一ばんのくいしんぼうのきんぴらごぼうが大すきなおとこの子 「きんぴらたろう-よくかんで味わう」 仲倉眉子作;ひらのてつお画 教育画劇 1998年5月

たろううさぎ
お山のうさぎたちをころしてまっしろなオーバーをつくっていたおおかみおうをみるために五つの山をこえておおかみのまちへいったうさぎ 「おおかみのおうさま」 川崎大治作；小谷野半二画 童心社 1986年1月

たろうカッパ
あつい日がつづいて川の水がへってかみなりさまに雨をふらせてくれるようにたのみにいったきょうだいカッパ 「おぼれたカッパ」 宮下全司作；高橋宏幸画 教育画劇（名作の花束みつばちシリーズ） 1976年9月

太郎ぐま　たろうぐま
山おくにすんでいた二ひきのなかのいいきょうだいの子ぐまのにいさんぐま 「太郎熊・次郎熊」 川崎大治作；まつやまふみお画 童心社（童心社紙芝居傑作選） 1968年5月

たろうくん
おりこうな犬のペスくんのかいぬしの男の子 「ガラスの中のおばけ」 関英雄原作；平沼七美脚色；水沢研画 教育画劇（パンダちゃんシリーズ） 1985年2月

たろうくん
ちゃんとトイレにいってうんちをしたおとこのこ 「うんちうんちぽっとん」 いちかわけいこ脚本；夏目尚吾絵 童心社 2008年11月

たろうくん
十五夜さんにおばあさんにお月さんとうさぎさんのおはなしをしてもらったなかよし三人の男の子 「おつきさまとうさぎ－十五夜の夜話」 菱田かづこ作；いもとようこ画 教育画劇（あたらしい行事紙芝居） 1995年3月

タロウくん
かごしまけんのあらさきというところにシベリアからわたってきたけがをしたこどものツルをたすけてあげたきょうだいのおにいちゃん 「ツルかえる」 椋鳩十原作；小春久一郎文；夏目尚吾画 教育画劇（心あたたまるほんとうにあったどうぶつの話） 1983年9月

太郎さん　たろうさん
山のなかでしっぽのさきを木の枝にはさまれてもがいていた小りすをたすけてやった心のやさしい男の子 「ふしぎな山のおじいさん」 浜田広介作；福島のり子脚色；野々口重画 教育画劇（ひろすけ童話紙芝居全集） 1974年2月

タロキチ
風船にばけたびょういんのとらねこ 「ばけたらふうせん」 三木卓原作；木戸陽子脚色；古川タク画 NHKサービスセンター（名作民話おはなし広場） 1984年1月

タローくん
おかあさんに「どうろであそんどゃいけない」っていわれたのにどうろでボールなげをしてあそんだ男の子 「ひかれたボール」 浜田留美作；清水祐幸画 教育画劇（よいこの交通安全） 1988年4月

タローくん
どうぶつむらのみんなでそだててたさつまいもでうさぎのミミちゃんとねこのチャトラくんとスイートポテトをつくったいぬ 「わくわくスイートポテト」 高科正信作；黒岩章人画 教育画劇 1993年11月

たろち

タローちゃん
きたない手でサンドイッチをたべてバイキン小人のチクリをおなかの中に入れてしまったおとこのこ 「タローちゃんが手をあらったら」 鈴木美也子作;前田賢画 教育画劇 1979年6月

タローちゃん
じしんくんれんをしたさくらぐみの男の子 「ぐらぐらくんれん-うまくやれたよ・前編」 阿部恵作;髙橋透画 教育画劇(よいこの地震紙芝居ぐらぐら) 1981年4月

タローちゃん
先生がしょくいんしつにいっていないときにじしんがきたさくらぐみの男の子 「ぐらぐらくんれん-うまくやれたよ・後編」 阿部恵作;髙橋透画 教育画劇(よいこの地震紙芝居ぐらぐら) 1981年4月

タロベエ
げたにばけているときにやってきたさむらいにはなおのきれたげたのかわりにはきかえられてしまったこだぬき 「げたにばける」 新美南吉作;わしおとしこ脚色;中沢正人画 教育画劇(おさむらいさんのはなし紙芝居) 2003年9月

たろべえぎつね
たぬきのごんべえだぬきとばけくらべをすることになったきつね 「ばけくらべ」 石山透脚色;北島新平画 NHKサービスセンター(名作民話おはなし広場) 1984年1月

たろぼう
ちゅうごくのおつかいがにほんにつれてきてとのさまにくろうえもんととなづけられたゾウのせわをすることになったものの子ども 「むかしむかしゾウがきた(前編)(後編)」 長崎源之助脚本;田代三善画 童心社(ゆたかなこころシリーズ) 1992年1月

タワ
むらのチャピナのうちのはやあしのトナカイ 「ちびっこカムのぼうけん(前編)(中編)(後編)」 神沢利子原作;中川美登利脚本;小関俊之画 童心社 1990年9月

たわら とうた　たわら・とうた
りゅうおうにたのまれてりゅうぐうをあらすみかみやまの大むかでをたいじしにいったつよいさむらい 「むかでたいじ」 川崎大治脚本;金沢佑光画 童心社(美しい心シリーズ) 1976年8月

タンク
あかねちゃんがちいさいころからいつもそばにいてくれたいぬ 「ずっといっしょだよ」 宮崎二美枝脚本;鈴木幸枝絵 童心社(ともだちだいすき) 2002年1月

たんけんたい
みらいのある日のこと地球そっくりの星を発見したたんけんたい 「だれもいないほし」 北川幸比古原作・脚色;横川康夫画 NHKサービスセンター(NHK創作童話集) 1978年1月

タン子　たんこ
いつもカスタネットをもっているのでタンタラタンタンタン子ちゃんとよばれていたたぬきの子 「タンタラタンタン タン子ちゃん」 小松原優作;西村達馬画 教育画劇 1974年4月

ダンゴムシ
びっくりしたらおだんごみたいにまるくなるダンゴムシ 「まんまるダンゴムシ」 今森光彦写真・作 教育画劇 2005年5月

ダンゴムシ（クルルン）
とてもはずかしがりやですぐにからだをまるくしてしまうのでともだちがいなかったダンゴムシ 「ダンゴムシのともだち」 得田之久脚本・絵 童心社（ともだちだいすき） 2005年5月

だんごむし（ころちゃん）
えさをさがしにそとに出てまるくなったときにモグラのすあなにおちてしまっただんごむし 「だんごむしのころちゃん」 高家博成脚本；仲川道子画 童心社（だいすき！ちいさないきもの） 1997年9月

だんじろう
むらのおてらのうしろのやぶにすんでいてむらびとをいつもこまらせていたいたずらダヌキ 「だんじろうダヌキ」 平方浩介脚本；福田庄助画 童心社（ゆたかなこころシリーズ） 1993年11月

たんた
おつきさまとおふろにはいったおとこのこ 「つきよのおふろ」 高田弘子脚本・絵 童心社 2004年9月

たんた
よるいえでねているときにじしんがおきておとうさんとおかあさんとそとへひなんしたたぬきのおとこのこ 「まっくらぐらぐら-夜間の家の中での地震」 高木あきこ作；間瀬なおかた画 教育画劇 1995年8月

タンタ
山ぐみの子どものたぬき 「いちばんがすきなサンちゃん」 金明悦子作；中村有希画 教育画劇（あたらしいしつけ紙芝居） 1995年2月

タンタン
とってもなかよしのテンテンといつもいっしょのパンダのこ 「タンタンテンテンいっしょにごあいさつ」 よだくみこ作；伊東美貴絵 教育画劇 2004年1月

タンタン
夜おそくまでテレビをみていて朝ねぼうをしてあわててえんにいったのでふらふらびょうになってしまったたぬきのおとこのこ 「ふらふらびょうのびょういん」 上地ちづ子脚本；和歌山静子画 童心社（かみしばい・きちんとするのだいすき） 1981年9月

タンちゃん
おいしゃさんとふたりでふしぎなくすりをのんでちいさくなってからだのなかのたんけんにでかけたおとこのこ 「からだのたんけん」 かこさとし脚本；月田孝吉画 童心社 1982年1月

タンちゃん
七五三の日におかあさんとお宮におまいりにいった五さいのたぬきの男の子 「七五三おめでとう」 安田浩作；チト・イトー画 教育画劇（あたらしい行事紙芝居） 1993年9月

ダンプ
ドンちゃんのともだちのブタ「おめでとうドンちゃん」前川かずお作・画　童心社(童心社の紙芝居 たのしいお正月シリーズ)　1987年11月

ダンプカー(ぷん)
こうじげんばでパワーショベルのぴかにもんくをいってなかがわるくなったダンプカー「ぷんぷんダンプとぴかぴかショベル」山本省三作・画　教育画劇(のりものだいすき)　1991年11月

タンポポ
みちばたのくさむらやへいのそばなどいろんなところからかわいいかおをだしているタンポポ「タンポポのひみつ」柴田敏隆脚本;島津和子画　童心社　1989年3月

【ち】

ちいさいおうち
わかいおひゃくしょうさんがけっこんしてちいさなおかのうえにたてたたのしいおもちゃのようなおうち「ちいさいおうちのはなし-バートン原作より」堀尾青史脚本;水沢研画　童心社　1987年4月

ちいさいおばあさん
すこしだけまほうのつかえるおばあさんがぬいぐるみのくまさんにまほうをかけてつくったちいさいおばあさん「ふたりのおばあさんのプレゼント」香山美子脚本;篠崎三朗画　童心社(げんきななかまシリーズ)　1994年12月

ちいさなこども(こども)
えっちゃんがかきの木のしたでままごとをしているときに木かげのひかりのもようのひとつひとつからとびだしてきたちいさなオレンジいろのこどもたち「すてきなおきゃくさん」あまんきみこ脚本;アンヴィル奈宝子絵　童心社(ともだちだいすき)　2001年6月

チイジャン
むかし中国のある村にいたなかのいい兄弟のおとうとでなあんでもかんでもこわいというおくびょうで弱虫な子「おばけをてんぷらにしてたべた兄弟」松岡励子作・文;岡村好文画　NHKサービスセンター(創作童話)　1987年1月

チイちゃん
ふるいおてらのひろばのまんなかに大きなチョコレートカステラがおちていたのをみつけておともだちをよんできたありのこども「チョコレートカステラだいじけん」かこさとし作;北田卓史絵　童心社(かこさとし紙芝居傑作選)　1975年3月

ちいぶた
おかあさんからじぶんでおうちをたてるようにいわれてレンガのおうちをこしらえたはたらきものの子ぶた「三びきのこぶた」川崎大治脚本;鈴木寿雄画　童心社(世界五大ばなし)　1980年6月

ちいぶた
おかあさんからじぶんでおうちをたてるようにいわれてレンガのおうちをこしらえたはたらきものの子ぶた 「三びきのこぶた-原作イギリス民話」 川崎大治脚本；福田岩緒画 童心社（世界の名作・第1集） 1986年4月

ちえちゃん
おかあさんにだんごやだいふくがなにからできているのかおしえてもらったおんなのこ 「だんごとだいふくなにからできてるの？」 平田昌広作；稲月ちほ絵 教育画劇 2006年1月

チカ
コウタのいもうと 「火まつりのおか」 佐々木悦脚本；久米宏一画 童心社 1990年5月

ちかちゃん
おにいちゃんとこどもだけで花火をしていてゆかたのおびに火がもえうつってしまった女の子 「はなびであそぼう」 川島美子作；高志孝子画 童心社（安全教育シリーズ） 1986年11月

チカちゃん
なかよしの四人ぐみのなかでひとりだけ三つあみなのがいやでおかっぱさんになりたかった女の子 「おかっぱさん」 平塚武二作；鈴木幸枝画 教育画劇 1980年3月

ちからたろう
子のないじいさまとばあさまがかみさまからさずかったげんきのいいあかんぼうでえじこの中であきれるほどまんまをたべて十五ねんめにちからくらべのたびにでたわかもの 「ちからたろう」 川崎大治脚本；滝平二郎画 童心社（童心社のベスト紙芝居第1集） 1969年1月

力太郎（あか太郎）　ちからたろう（あかたろう）
ものぐさじいさまとばあさまが体のあかをこすりおとしてこしらえた人形の子どもで大きくなって力だめしの旅に出たわかもの 「ちからたろう」 伊藤海彦脚色；福田庄助画 NHKサービスセンター（NHK小学校国語紙芝居教材 日本の民話Ⅰ） 1979年1月

ちく
やまのぼりをしたみつごのぶたのひとり 「ちくたくてくのやまのぼり」 与田凖一脚本；瀬名恵子画 童心社 1981年4月

チクリ
バイキン村からとび出して手をあらわない子のタローちゃんところへきたバイキン小人 「タローちゃんが手をあらったら」 鈴木美也子作；前田賢画 教育画劇 1979年6月

ちくりん
ばいきんまんがおいていったサボテンのなかからとびだしてきたとげとげのばけもの 「アンパンマンとちくりん」 やなせたかし作・絵 フレーベル館

ちこちゃん
ひろいのはらでけんちゃんとであっていっしょにあそんだおんなのこ 「おでこのこぶたん」 鶴見正夫作；八木信治画 教育画劇（ともだちシリーズ） 1986年1月

チーコちゃん
すすきのしげったくさはらのかげにあったかるかやバレーがっこうのせいとのうまおい 「かるかやバレーがっこう」 こさかしげる画 童心社（かこさとし紙芝居傑作選） 1975年3月

ちさ

チサ
なかまとはぐれて川ぎしの水たまりにいたのをやさしいおじさんに川にはなしてもらったさけのおとこの子 「かえってきたサケ」 鶴見正夫原作;花之内雅吉画 教育画劇(しぜんはともだち) 1994年5月

チーズ
アンパンマンたちせいぎのなかまのおてつだいをするいぬ 「アンパンマンとうみのあくま」 やなせたかし作・絵 フレーベル館

チーズ
アンパンマンたちせいぎのなかまのおてつだいをするいぬ 「アンパンマンとうみのあくま」 やなせたかし作・絵 フレーベル館(家庭版幼児かみしばい)

チーズ
アンパンマンたちせいぎのなかまのおてつだいをするいぬ 「アンパンマンとドドのしま」 やなせたかし作・絵 フレーベル館

チーズ
たぬきをおいかけておばけのもりへはいっていってまいごになったいぬ 「アンパンマンとおばけのもり」 やなせたかし作・画 フレーベル館(紙芝居アンパンマン第2集)

チータ
あたらしいうちのてんじょううらにすみついてくろくてぴかぴかひかったうしみたいなものをはじめて見たねずみ 「なりだしたくろいかがみ」 金明悦子作;チト・イトー画 教育画劇(ぞうさんシリーズ) 1976年12月

チーター(キキ)
ひろいそうげんでおかあさんとはぐれてしまったせかいいちあしのはやいチーターのこ 「はしれ!チーターのこ、キキーかけっこ」 やすいすえこ作;間瀬なおかた画 教育画劇 1997年8月

ちーたーくん
きょうはどうぶつたちのうんどうかいで赤ぐみになったちーたーくん 「がちゃがちゃうんどうかい」 高木あきこ作;峰村亮而画 教育画劇 1981年9月

ちち
きたのくにからあたたかなにっぽんへはじめてのりょうをすることになったちびのつぐみ 「ちちとぴぴのりょこう」 神沢利子原作;北野万平画 教育画劇(幼児童話傑作選第2集) 1965年9月

チチ
子ぐまのウーフのあとからうさぎのミミの家に水をもらいにやってきたねずみ 「くまーぴきぶんはねずみ百ぴきぶんか」 神沢利子作;井上洋介絵 ポプラ社(くまの子ウーフ2) 2004年11月

ちちちマン
けんちゃんのちからうまれてばいきんをやっつけているちちちマン 「ちちちマン」 細谷亮太脚本;高橋透絵 童心社(かみしばい からだってすごい!) 2003年8月

ちちもみこびと(こびと)
めうしのちちがでなくなってもだいじにしてやっているとちちをもんでまたでるようにしてくれるこびとたち 「おひゃくしょうとめうし」 松野正子脚本;二俣英五郎画 童心社 1993年1月

チーちゃん
おえかきがだいすきなおんなの子 「チーちゃんはかくのがすき」 高橋太代作;和歌山静子画 教育画劇(かわいい八つのおはなし) 1992年11月

チッチ
おかあさんぶたに大きくなったんだから自分の家を作るようにいわれた三びきのこぶたのいちばん下のちびさん 「三びきのこぶた」 若林一郎文;中村美幸画 NHKソフトウェア(世界むかしばなし) 1996年1月

チッチーさん
アイスクリームのアイスくんににわとりのコケコさんとみつばちのハチミさんとさんにんでいもうとをつくってあげためうし 「アイスくん」 山福朱実作・絵 教育画劇 2006年1月

チッピ
ちょっぴりしかたべないであそんでばかりいるちびのかえる 「ポップ・トップ・チッピ」 福田和作;石川雅也画 童心社(基本的生活習慣を育てるよいこのしつけシリーズ) 1981年11月

ちっぷ
なかまたちとちからをあわせてえもののあおむしをとろうとした大ありをやっつけたあり 「ありのちっぷ」 得田之久脚本・画 童心社(得田之久かみしばい 虫たちのふしぎなせかい) 2001年6月;童心社 1972年7月

ちっぷ
ぴんくとだっちと三びきでやさしいけれどさびしがりやのおばあさんのうちへいったおばけのこども 「おばけのすてきなまほう」 ふじしまあおとし作・画 教育画劇(年少向 はじめまして!おばけです) 2001年8月

チッポ
はじめてサンタさんへクリスマスのプレゼントのおねがいのてがみをかいたのねずみ 「のねずみチッポのクリスマス」 宮西いづみ作;沢田あきこ画 教育画劇(四季の行事シリーズ) 1992年11月

ちはる
あきらとふたりでゆうがたのそらにいっぱいあかとんぼがとんでいるのをみたおんなのこ 「あかとんぼみつけた」 伊藤たまき脚本;尾崎曜子画 童心社 1996年10月

ちはる
そらにいっぱいとんでいるあかとんぼをみて地面にあかとんぼのえをかこうとおもったおんなのこ 「あかとんぼみつけた」 伊藤たまき脚本;尾崎曜子画 童心社(げんきななかまシリーズ) 1996年10月

ちはる
プールの日にあきらといっしょにきがえたおんなのこ 「いもうとのみずき」 伊藤たまき脚本;鈴木幸枝画 童心社 1997年7月

ちはる

ちはる
ホールにかざられたおひなさまにはさまっていたてがみをみつけたおんなのこ 「おひなさまのてがみ」 伊藤たまき脚本；鈴木幸枝画 童心社（童心社の紙芝居 げんきななかまシリーズ） 1994年3月

ちびくろサンボ
クリスマスのよるにミドリえんでひらかれたパーティーによばれてえほんの中からでてきたちびくろサンボ 「えほんのパーティー」 安田浩作；岩本圭永子画 教育画劇 1977年12月

ちびくん
まちのいぬのでかくんにてがみをかいててがみのなかででかくんとせいくらべをしたみどりぼくじょうの5さいのいぬ 「ちびくんとでかくんのせいくらべ」 西内久典原案；西内ミナミ脚本；和歌山静子画 童心社（よいこの12か月） 1989年11月

ちびしかく
あかるいのはらでとんだりはねたりするげんきでなかよしの5にんのちびしかく 「へんしーん」 松井エイコ脚本・絵 童心社（かずとかたちのファンタジー） 2002年3月

ちびすけ
てんぐのうでをおがわにかかっていたはしだとおもってわたろうとしたのねずみのおとこのこ 「てんぐのはし」 松居スーザン脚本；渡辺有一絵 童心社（ともだちだいすき） 2004年3月

ちびぞうくん
ばいきんまんにだまされてアンパンマンのかおにみずをかけてやっつけたちびのぞうくん 「アンパンマンとちびぞうくん」 やなせたかし作・絵 フレーベル館

チビチビ
おかあさんがもととなりのいけまでひっこしをした十ぱのひなたちのなかでいちばんよわむしのこがも 「こがものだいりょこう」 アーネスト・T.シートン原作；手島悠介文；古川タク絵 ほるぷ出版（ほるぷの紙芝居） 1976年5月

ちびちゃん
なんでもよくできるおりこうなこいぬ 「ちびちゃん」 高橋五山作・はり絵案；瀬名恵子はり絵 童心社（童心社紙芝居傑作選） 1976年7月

チビちゃん
みんなとかくれんぼしていたこいぬ 「もういいかい」 川島美子作；遠竹弘幸画 童心社（うさちゃんシリーズ） 1979年9月

ちびっこジョン
シャーウッドの森にやってきた大男 「ロビン・フッドのぼうけん2 やってきた大男-イギリス伝説より」 北田伸脚本；篠崎三朗画 童心社 1996年2月

ちびっこドラキュラ（ドラキュラ）
おとうさんたちにないしょでいなかのふるいおしろをぬけだしてまちへおまつりをみにいったちびっこドラキュラ 「ちびっこドラキュラ町へいく」 木暮正夫作；むかいながまさ画 教育画劇 1991年11月

ちびのしたてやさん(したてやさん)
はえをひとうちで七ひきもやっつけてとくいになってたすきに「ひとうち七つ」とかいてたびにでたちびのしたてやさん 「ひとうち七つ」 川崎大治脚本；高橋恒喜画 童心社（グリム童話傑作選） 1980年1月

チビヘビ(ヘビ)
あめあがりにさんぽにでかけていろいろないろをみたチビヘビ 「あめあがりのさんぽ」 こじまあやこ作；中村有希画 教育画劇（おはなしワクワク） 1983年6月

ちびろぼくん
てつくずサンドイッチやガソリンジュースをどんどんたべたりのんだりするちからもちだけれどくいしんぼうのロボット 「くいしんぼのロボットちびろぼくん」 平井貴子作・画 教育画劇 1996年1月

ちびわにちゃん
ぷくぷくいけのほとりのバナナのきになったおいしそうなバナナをたべたくてしかたないちびわにちゃん 「ぷくぷくいけのちびわにちゃん」 仲川道子作 童心社（年少版かみしばい・ちいさいおともだち） 1987年3月

チブ
おひさまに「はやくおおきくなりたいなあ」といったおんなのこ 「おおきくなりたいな」 松谷みよ子脚本；垂石眞子絵 童心社 2001年4月

チポリーノ
イタリヤのやさいのくにのいばりんぼうのおとのさまレモン大公にろうやにいれられてしまったとうさんをたすけにいったたまねぎこぞう 「チポリーノのぼうけん(前編)(後編)」 ジャンニ・ロダーリ原作；木村次郎脚本；岡本武紫画 童心社 1970年2月

チム
おおきくなったのでおかあさんいぬとトムとサムといっしょにさんぽにいったこいぬ 「おおきくなったこいぬ－こいぬのはなし2」 松野正子脚本；横内襄画 童心社（年少版かみしばい・ちいさいおともだち） 1987年5月

チム
トムとサムといっしょにうまれてきたしろとくろのぶちのこいぬ 「こいぬがうまれた－こいぬのはなし1」 松野正子脚本；横内襄画 童心社（年少版かみしばい・ちいさいおともだち） 1987年5月

チム
ひこう木という木にさいた大きな紙ひこうきそっくりの花にたっちゃんといっしょに乗ったネコ 「たっちゃんとトムとチムのふしぎなひこうき」 大石真原作；若林一郎脚色；岡村好文画 NHKサービスセンター（NHK創作童話集） 1978年1月

チャー
えんのりっぱなこやにいれてもらえずにすぐひっかくからとちいさなこやにいれられていつもひとりぼっちだったウサギ 「ひっかきウサギ」 中川美穂子脚本；松成真理子絵 童心社（かみしばい どうぶつの飼い方ふれあい方） 2000年8月

ちやす

チャスカ
わかいかりうどのヤンとなかよしになったインディアン 「ヤンとおじか」 アーネスト・T.シートン原作;松岡達英文;松岡洋子絵　ほるぷ出版(ほるぷの紙芝居) 1976年5月

チャトラくん
どうぶつむらのみんなでそだてたさつまいもでいぬのタローくんとうさぎのミミちゃんとスイートポテトをつくったねこ 「わくわくスイートポテト」 高科正信作;黒岩章人画　教育画劇　1993年11月

チャピナ
大ワシにさらわれたむらのおんなのこ 「ちびっこカムのぼうけん(前編)(中編)(後編)」 神沢利子原作;中川美登利脚本;小関俊之画　童心社　1990年9月

チャボ
ひよこのまえでねていたおおきないぬをつついたりけとばしたりしてどかしたチャボのおとうさん 「チャボのおとうさん」 中川美穂子脚本;小林ひろみ絵　童心社(かみしばい どうぶつの飼い方ふれあい方) 2000年8月

ちゃまる
やんちゃひめのものまねじょうずなきゅうかんちょう 「やんちゃひめ-おおいそがしのまき」 上地ちづ子脚本;徳田徳志芸画　童心社　1987年12月

チャーリー
せかいじゅうのひとをわらわせなみだをさそったすぐれたやくしゃ 「すばらしい役者チャーリーくん(前編)(後編)」 かこさとし作・画　童心社　1987年1月

チャールズ・チャップリン(チャーリー)
せかいじゅうのひとをわらわせなみだをさそったすぐれたやくしゃ 「すばらしい役者チャーリーくん(前編)(後編)」 かこさとし作・画　童心社　1987年1月

チャンダ
むかしインドのある町にいた針つくりの名人 「針つくりの花むこさん」 瀬戸内寂聴文;たなか鮎子絵　講談社(寂聴おはなし紙芝居) 2008年3月

チュウ
こぎつねコンコのなかまのねずみ 「コンコちゃんとなかまたち」 すとうあさえ脚本;福田岩緒絵　童心社(ともだちだいすき) 2004年12月

チュウキチ
はじめて町へいって地じんにあったねずみ 「まちへいったチュウキチ」 石川光男作;藤井寿画　教育画劇(地震火災安全紙芝居) 1991年8月

チュウ子　ちゅうこ
ねずみのふうふがせかいでいちばんつよい人におよめにもらってもらおうとしたきりょうよしのむすめ 「ねずみのよめいり」 福島のり子文;エム・ナマエ画　教育画劇　1993年12月

ちゅうすけ
つちをほって大きなうちをつくったのでまちにすむいえねずみのさんたろうをよんだのねずみ 「のねずみとまちのねずみ」 稲庭桂子脚本;長島克夫画　童心社(たのしいイソップ) 1975年5月

ちゅうた
こわがりできんじょのみんなからよわむしちゅうたってよばれているこねずみ 「よわむしちゅうたはゆきだるま」 としたかひろ作・画 教育画劇(かみしばい宝石ばこ) 1984年1月

ちゅうた
ねこのミケがねているあいだにおかしをとりにいったねずみ 「ミケとちゅうたとちゅうちゅ」 矢崎節夫作;久本直子画 教育画劇 2006年9月

ちゅうた
ねずみ村のみんなにかわって山まで行っておににうちわをもう少ししずかにあおいでもらえないかとたのんだひとのいいねずみ 「ねずみのうちわ」 小沢正原作・脚色;福田庄助画 NHKサービスセンター(NHK小学校国語紙芝居教材 創作童話) 1980年1月

チュウタ
どうぶつたちみんなとたんぽぽ村のはずれにあるのはらまでえんそくにいったねずみ 「みんなでえんそく」 教育出版国語編集部原案;関七美脚色;いもとようこ画 教育画劇(ちいさなちいさなおはなし) 1990年9月

チュウ太くん　ちゅうたくん
ひろったほうきではをみがこうとしたがうまくつかえなかったネズミ 「ひろったはぶらし」 藤昌秀作;伊藤悌夫画 教育画劇 1974年6月

ちゅうちゅ
ねこのミケがねているあいだにおかしをとりにいったねずみ 「ミケとちゅうたとちゅうちゅ」 矢崎節夫作;久本直子画 教育画劇 2006年9月

チュウチュウ
こぐまのまーくんときんいろのキラキラをさがしにいったおともだちのねずみ 「きんいろのおくりもの」 植垣歩子作・絵 教育画劇 2006年1月

中ぶた　ちゅうぶた
おかあさんからじぶんでおうちをたてるようにいわれて木のいたでおうちをたてた子ぶた 「三びきのこぶた」 川崎大治脚本;鈴木寿雄画 童心社(世界五大ばなし) 1980年6月

中ぶた　ちゅうぶた
おかあさんからじぶんでおうちをたてるようにいわれて木のいたでおうちをたてた子ぶた 「三びきのこぶた-原作イギリス民話」 川崎大治脚本;福田岩緒画 童心社(世界の名作・第1集) 1986年4月

チューコちゃん
かじになったビルのなかでたすけをもとめていたねずみのおんなのこ 「ねぼすけチュータくんとおじさん-消防士の仕事」 宮西達也作・画 教育画劇(かじだ!そのときどうする?) 1997年1月

チュースケくん
どうぶつむらのこどもたちのふるいセーターをあつめてリサイクルしてぞうのあかちゃんへプレゼントしたねずみ 「ぞうのあかちゃんへのプレゼント-リサイクル」 宗方あゆむ作;毛利将範画 教育画劇(かんきょうかみしばい みんなでまもろうネ!ちきゅうくん) 1999年5月

ちゆた

チュータ
ねずみのミーヤといっしょにこうえんのベンチでみつけたあかいふわふわしたものをひっぱっていとのかたまりにしてしまったねずみのおとこのこ 「あかいてぶくろ」 白根厚子脚本;中村有希画 童心社(ひまわりシリーズ) 1983年4月

チュー太　ちゅーた
おひさまがギンギンてっているのにぼうしもかぶらずあそびにいってしまったねずみのこ 「おなかをこわしたかばのこカバタン」 磯田和一作・画 教育画劇 1987年7月

チュータくん
しょうぼうしのおじさんのあとをついていったねずみのおとこのこ 「ねぼすけチュータくんとおじさん-消防士の仕事」 宮西達也作・画 教育画劇(かじだ!そのときどうする?) 1997年1月

ちゅーちゅ
ふゆごもりのじゅんびをしていてへびやたぬきにたべられそうになったあかねずみのあーやをうちへつれていってくれたあかねずみのおとこのこ 「あかねずみのあーや」 高家博成脚本;仲川道子絵 童心社(ともだちだいすき) 2008年10月

チュッ子　ちゅっこ
たくさんごはんをあつめたきゅう食とうばんのねずみの女の子 「ごはんですよ」 浅香良太文;奥田怜子画 NHKサービスセンター(なぜなぜ童話) 1977年1月

チュピ
あさになってもまだぐうぐうねていたこすずめ 「おねぼうチュピ」 わしおとしこ作;土田義晴画 教育画劇 2004年5月

チュラ
おおきなくちもみみのかたちもあしのながさもみんなそっくりなふたごのまじょ 「ふたごのまじょチュラとミュラ」 山本和子作;毛利将範画 教育画劇 1994年8月

チュン
すだちの日にきょうだいたちのようにじょうずにとべないでにわにおちてしまったこすずめ 「こすずめのチュン」 国松俊英脚本;藤本四郎画 童心社(だいすき!ちいさないきもの第2集) 1999年9月

チュン
ばあさまがせんたくものにつけようと思ってにておいたのりをみんななめてしまってはさみでしたを切られたすずめ 「したきりすずめ」 安田浩文;輪島みなみ画 教育画劇(紙芝居むかしばなし) 1983年3月

チュンセ
あまのがわのきしべのすいしょうでできたおみやでひとばんじゅうふえをふいているふたごのほし 「ふたごのほし」 宮沢賢治原作;堀尾青史脚本;ユノセイイチ画 童心社(宮沢賢治かみしばいの森) 1996年5月

ちよ
大金もちのちょうじゃどんのびょうきでしにそうなむすめ 「ききみみずきん」 松岡励子文;伊藤正未知画 NHKサービスセンター(日本むかしばなし) 1977年1月

ちょう
つきよのばんにむらはずれのおばあさんの小さないえにゆびをけがしてやってきたおんなの子のちょう「つきよとめがね」小川未明原作;堀尾青史脚本;桜井誠画 童心社(家庭版かみしばい) 1978年10月

ちょう(あげはちゃん)
さなぎからでてきておなかがぺこぺこでたべものをさがしにいったちょう「やっとみつけた」中村美佐子作;田沢梨枝子画 教育画劇(しぜんといきもの) 1986年12月

チョウ(ラララ)
ねこのぺぺがはらっぱをさんぽしているとさなぎからでてきたアゲハチョウ「はらっぱでみつけたよ」わしおとしこ作;あきくさあい絵 教育画劇 2006年9月

ちょう(ルル)
なずなのはっぱをたべて大きくなりあおむしからちょうになったすじぐろしろちょう「すじぐろルルのぼうけん」甲斐信枝作・画 童心社(美しい心シリーズ) 1976年6月

張おやぶん　ちょうおやぶん
むかしちゅうごくにいたそれはそれははなのすきな秋じいさんのにわをとりあげようとしたならずもの「はなのすきなおじいさん」小林純一脚本;小谷野半二画 童心社(紙芝居ベストセレクション第1集) 1998年6月

ちょうじゃ
むかしいなばの国にすんでいた大金もちでしずんでゆくおてんとうさまを金のおうぎでよびもどしたちょうじゃ「しずんだたんぼ」片岡輝脚色;赤坂義山画 NHKサービスセンター(名作民話おはなし広場) 1984年1月

ちょうじゃ
三つのなぞをといたものをめんこいひとりむすめのむこどんにしてやるといったむらのちょうじゃ「なぞなぞむこどん」佐藤義則脚本;久米宏一画 童心社(童心社のベスト紙芝居第8集 たのしい日本の民話) 1980年9月

ちょうじゃさん
おおみそかのばんのこといえをたずねてきたまずしいみなりのおぼうさんをおいかえしたけちんぼのちょうじゃさん「おおみそかのおきゃくさま-大みそか～正月」矢崎節夫文;藤本四郎画 教育画劇 1998年8月

ちょうじゃどん
このよはじぶんのおもいどおりだとおもって山へしずむお日さままでもどしてしまったむらのちょうじゃどん「とんだちょうじゃどん」堀尾青史作;二俣英五郎画 童心社(かみしばい日本むかしむかし) 1987年6月

ちょうた
くびがながすぎていっしょにあそぶともだちがいないきりん「ひとりきりんのきりん」木曽秀夫作・画 教育画劇(おおきくなあれ) 1992年1月

ちょうちょ
あまいにおいのするおはなをさがしていけにとんできたちょうちょ「あまーいにおいのアメンボくん」中谷靖彦作・絵 教育画劇 2006年9月

ちょう

ちょうちょ
どうぶつえんにとんできたおどりのすきなにひきのちょうちょ 「ちょうちょむすびくびむすび」 川口志保子原作;後藤楢根脚色;岸田耕造画 教育画劇(わたしのはじめてのかみしばい こんにちは) 1992年4月

ちょうちょ
のはらでうさぎのみみこちゃんとなわとびをしてあそんだちょうちょたち 「ちょうちょとなわとび」 大熊義和作;津田直美画 教育画劇(おはなしチャチャチャ) 1985年1月

ちょうちょ
のはらでバッタくんたちとかくれんぼしてあそんでいたなかよしのちょうちょ 「バッタくんのかくれんぼ-バッタのはなし」 仲川道子作・画 教育画劇(ちいさな虫のなかまたち) 1991年5月

ちょうちょ
はっぱの上でたまごから生まれてきてちょうちょになって空をとんで行った青虫 「たまごとたまご」 森比左志文;甲斐哲也画 NHKサービスセンター(なぜなぜ童話) 1977年1月

ちょうちょ
花のかおりをたよりに子うまといっしょにお花ばたけへいっためのみえないちょうちょ 「めのみえないちょうちょ」 大熊義和作;馬場爽脚色;岩本圭永子画 教育画劇(ちょうちょシリーズ) 1976年7月

ちょうちょ(きいちゃん)
おかあさんのいいつけをまもらないで岡の下の町へ行った妹のあとをおいかけたちょうちょのきょうだいのお姉さん 「ちょうちょのきょうだい」 福島のり子作;牧村慶子画 教育画劇(よいこんたのしい紙芝居) 1969年11月

ちょうちょ(しいちゃん)
おかあさんのいいつけをまもらないで岡の下の町へ行ってみたちょうちょのきょうだいの妹 「ちょうちょのきょうだい」 福島のり子作;牧村慶子画 教育画劇(よいこんたのしい紙芝居) 1969年11月

ちょうちょ(ピピ)
おおきなとりにたべられそうになったがチューリップのはなにかくれたちょうちょ 「チューリップさんありがとう」 奥田怜子作・画 教育画劇(おはなしなーに) 1991年3月

ちょうちょ(ララ)
おおきなとりにたべられそうになったがチューリップのはなにかくれたちょうちょ 「チューリップさんありがとう」 奥田怜子作・画 教育画劇(おはなしなーに) 1991年3月

ちょうちょさん
おひるねしているかぶとむしさんのせなかでやすんだちょうちょさん 「むしさんのおさんぽ」 得田之久脚本;ペドロ山下絵 童心社 2007年6月

ちょうべえ(いどほりちょうべえ)
じさまとばさまにたのまれておっそろしくでっかいだいこんをほっていてあなにおちてじごくまでいったおとこ 「いどほりちょうべえ」 須藤出穂脚色;むかいながまさ画 教育画劇 1984年1月

ちょきちょきばさみ
トッチくんにしかられてそとへとびだしてなんでもきりとってしまったおこりんぼうのちょきちょきばさみ 「ちょきちょきばさみ」 間所ひさこ作；平井貴子画　教育画劇（おはなしバラエティ）　1987年8月

チョコ
びょうきのともだちのおみまいにりんごのりんごちゃんをつれていったりすのこ 「りんごちゃん」 服部幸應作；太田裕子画　教育画劇　2005年4月

チョコケーキ大王　ちょこけーきだいおう
おかしたちのなかまのショートケーキちゃんをさらったおかしなおかしのくにの大王 「おかしなおかしのだいじけん」 しばはらち作・画　教育画劇（いってみたいなこんなくに）　1989年1月

ちょこさん
ありんこがっこうへこうつうあんぜんのおべんきょうにいったあり 「ありんこがっこう」 福田和作；石川雅也画　童心社（よいこの保健・安全シリーズ）　1984年9月

チョコレートくん
おかしなおかしのくにのチョコケーキ大王にさらわれたショートケーキちゃんをたすけにいったなかよし 「おかしなおかしのだいじけん」 しばはらち作・画　教育画劇（いってみたいなこんなくに）　1989年1月

ちょはっかい
さんぞうほうしのおともをするながいたびのとちゅうできんかくぎんかくというきょうだいのまものにたべられそうになったちょはっかい 「そんごくう 金角銀角のまき」 呉承恩原作；上地ちづ子脚本；夏目尚吾画　童心社（ゆたかなこころシリーズ）　1995年1月；童心社（大長編かみしばい そんごくう3・4）　1995年1月；童心社（童心社紙芝居傑作選）　1995年1月

ちょはっかい
そんごくうといっしょにさんぞうほうしのたびのおともをするぶたのばけもの 「そんごくう 火炎山をこえるのまき」 呉承恩原作；上地ちづ子脚本；夏目尚吾画　童心社（ゆたかなこころシリーズ）　1992年8月；童心社（大長編かみしばい そんごくう5・6）　1992年8月；童心社（童心社紙芝居傑作選）　1992年8月

ちょはっかい
そんごくうにまかされていっしょにさんぞうほうしのおともをすることになったぶたのばけもの 「そんごくう たびだちのまき」 呉承恩原作；上地ちづ子脚本；夏目尚吾画　童心社（ゆたかなこころシリーズ）　1993年9月；童心社（大長編かみしばい そんごくう1・2）　1993年8月；童心社（童心社紙芝居傑作選）　1993年9月

ちょはっかい
ながいたびをつづけててんじくのくにについたひのよるようかいにまぐわをぬすまれたちょはっかい 「そんごくう たびのおわりのまき」 呉承恩原作；上地ちづ子脚本；夏目尚吾画　童心社（ゆたかなこころシリーズ）　1995年11月；童心社（大長編かみしばい そんごくう7）　1995年11月；童心社（童心社紙芝居傑作選）　1995年11月

ちよは

ちょハかい　ちょはっかい
てんじくのくにをめざしてたびをしていた三ぞうほうしのおともをすることになったぶたのかいぶつ　「そんごくう」福島のり子脚色;鈴木信一作・画　教育画劇(家庭版名作アニメかみしばい)　1995年9月

ちょろきち
くまどんの木のみのくらのばんをしていたしまりす　「ふしぎなはこ—ひこいちとんちばなし」関七美文;中村千尋画　教育画劇(とんちばなし)　1992年7月

チョロリ
ネコにつかまれてきれたしっぽをさがしにいってメダカやオタマジャクシにあったこどものトカゲ　「トカゲのチョロリ」わしおとしこ脚本;小林ひろみ絵　童心社(ともだちだいすき)　2005年8月

ちょん
ある日のことばあがにておいたのりをみんななめてしまってしたをきられてほうりなげられたすずめ　「したきりすずめ」松谷みよ子脚本;堀内誠一画　童心社(松谷みよ子民話珠玉選)　1973年3月;童心社(松谷みよ子民話珠玉選)　1965年5月

ちょんちょん
しっぽがちょんとついているだけなのですてきなしっぽがほしいこぎつね　「すてきなしっぽがほしいなぁ」尾崎曜子作・画　教育画劇　1995年1月

ちらかしくん
あめやガムをたべてもかみはなげすてくつはぬぎっぱなしでぼうしもランドセルもそのへんへほうりだしてちらかしっぱなしのおとこのこ　「ちらかしくん」長新太作・画　童心社(基本的生活習慣を育てるよいこのしつけシリーズ)　1966年9月

チラノくん
かみなりにうたれてきみおくんのうちのにわにおちてきたきょうりゅうのかみなりぼうやをおいかけてきたきょうりゅうチラノサウルス　「きょうりゅうかみなりぼうや」伊東章夫作　童心社(かみしばい・わらいとユーモア大行進)　1982年4月

チリン
おおかみにころされたおかあさんとおとうさんのかたきをうつためにおおかみのウォーのでしになったこひつじ　「チリンのすず」やなせたかし作・絵　フレーベル館(やなせたかし傑作集)

チル
あっちゃんがもっていたふうせんをもたせてもらってそらにとんでいきそうになったあり　「あっちゃんのふうせん」高木あきこ脚本;駒井啓子画　童心社(ひまわりシリーズ)　1983年4月

チルチル
しあわせをはこぶあおいとりをさがしにいったきょうだいのおにいさん　「あおいとり(前編)(後編)」メーテルリンク作;泉さち子文;高橋透画　教育画劇(おはなしチルチル)　1986年1月

チレット
あおいとりをさがしにいったチルチルとミチルきょうだいのたびのなかまのねこ 「あおいとり（前編）（後編）」 メーテルリンク作；泉さち子文；高橋透画　教育画劇（おはなしチルチル）1986年1月

チロ
あおいとりをさがしにいったチルチルとミチルきょうだいのたびのなかまのいぬ 「あおいとり（前編）（後編）」 メーテルリンク作；泉さち子文；高橋透画　教育画劇（おはなしチルチル）1986年1月

チロ
まるぽちゃさんというおくさんにかわれているいぬ 「みんなのたんじょうび」 村山桂子脚本；長野ヒデ子画　童心社（げんきななかまシリーズ）　1993年12月

チロちゃん
たんじょうびにこびとから一まいで一つのねがいがかなう五まいのはなびらをもらったりす 「おたんじょうびうれしいな」 斎田喬脚本；若山憲画　童心社　1983年2月

チロル
さかなつりにいったときにカエルさんが道路に飛び出すのをみたうさぎのおんなのこ 「パピンとチロルのさかなつり」 内閣府政策統括官監修　全日本交通安全協会（こうつうあんぜんかみしばい）2003年4月

チロル
サッカー星からやってきたピッポーといっしょにサッカーをやっていてピッポーが道路に飛び出すのをみたうさぎのおんなのこ 「パピンとサッカー」 内閣府政策統括官監修　全日本交通安全協会（こうつうあんぜんかみしばい）　2004年4月

チロロ
いたずらぎつねのゴンがもりのこみちでみつけたあかいえりまきをさきにひろったしまりす 「あかいえりまき」 村山桂子作；鈴木幸枝画　教育画劇（おはなしバラエティ）　1984年12月

ちんげんさいせんせい
やまのなかのにんじゃえんのえんちょうせんせい 「ちんげんさいせんせいのおたんじょうび」 なかむらとおる作；中村陽子画　教育画劇　1997年11月

ちんねん
130ねんまえのさむらいのいるむかしにもどっていったトキオと犬のサムがであったおてらのこぼうず 「130ねんまえのかねのおと」 教育画劇編集部；多田ヒロシ画　教育画劇（おはなしワクワク）　1984年3月

ちんねん
お寺のおしょうさんをばかしたおさんぎつねをつかまえた小ぼうず 「おさんぎつね」 折口てつお作；若菜珪画　教育画劇（とんちばなし）　1992年7月

チンフー
幸せをさがしに西の国の仏さまのところへ旅に出た中国の若者 「幸せさがし」 瀬戸内寂聴文；はたこうしろう絵　講談社（寂聴おはなし紙芝居）　2007年11月

【つ】

ツイちゃん
あいちゃんと中国人のヤンくんと三人でお月見をしたベトナム人の女の子 「なぜ、お月さまにおそなえをするの？」渡辺享子脚本・絵　童心社(なぜ?どうして?たのしい行事)　2001年9月

月かげ　つきかげ
かげのもりこくりというにんじゃのえらいせんせいの弟子 「ねこのちゃわんで大さわぎ」宇野克彦作;中沢正人画　教育画劇　1997年11月

つきまる
おつきみのひにミミちゃんのいえにあらわれたまほうのうさぎ 「つみきだんごとまほうのぼうし」山本和子作;菊地清美画　教育画劇　2002年7月

つくつくぼうし
ぐんたというわかものがはたけをたがやしていてほりおこしてしまってつちのなかにかえしてやったせみ 「ぐんたとつくつくぼうし-セミのはなし」山本省三作・画　教育画劇(ちいさな虫のなかまたち)　1991年5月

ツグミ
ゆきがふるころとしとったとうさんツグミにたのまれてかやのみをさがしにいった三ばのむすこのツグミ 「三日めのかやのみ」浜田広介作;安泰画　童心社(輝く文部厚生大臣賞シリーズ)　1986年11月

つぐみ（ちち）
きたのくにからあたたかなにっぽんへはじめてのりょこうをすることになったちびのつぐみ 「ちちとぴぴのりょこう」神沢利子原作;北野万平画　教育画劇(幼児童話傑作選第2集)　1965年9月

つぐみ（ぴぴ）
きたのくにからあたたかなにっぽんへはじめてのりょこうをすることになったちびのつぐみ 「ちちとぴぴのりょこう」神沢利子原作;北野万平画　教育画劇(幼児童話傑作選第2集)　1965年9月

ツーデン
あるひたべものをさがしていてカエルにであったはらぺこのトラ 「トラよりつよいカエルくん-チベットの民話」矢崎節夫文;すがわらけいこ絵　教育画劇　2009年1月

つねこちゃん
こぎつねコンチとなかよしのきつねのおんなのこ 「こぎつねコンチとおかあさん」中川李枝子脚本;二俣英五郎画　童心社　1998年5月

ツネタ
くまの子ウーフに「ウーフはねおしっこでできてるのさ」といったきつね 「ウーフはおしっこでできてるか??」神沢利子作;井上洋介絵　ポプラ社(くまの子ウーフ3)　2004年11月

ツネタ
くまの子ウーフやうさぎのミミたちとうみへいったきつね 「くまの子ウーフのかいすいよく」 神沢利子脚本;井上洋介画　童心社(神沢利子・メルヘンかみしばい)　1985年4月

つばめ
あるまちのひろばにたっていた「しあわせの王子」というぞうのあしもとにとまった一わのつばめ 「しあわせの王子」 ワイルド原作;三谷亮子脚本;中村文子画　童心社(世界の名作第3集)　1999年5月

つばめ
つばめのおとうさんとおかあさんがのきしたのかべにつくったすのなかでうまれた五わのひなたち 「つばめのおやこ」 国松俊英脚本;駒井啓子画　童心社　1993年1月

つばめ
なつのある日のことけがをしてとべないでいたところをおじいさんにたすけてもらったおれいにいえやたべものをあげたつばめ 「つばめのおんがえし」 国松俊英脚本;藤本四郎画　童心社　1994年5月

つばめ
はるになってみなみのくにからあきらちゃんがみていたえきのやねのしたのすにかえってきたつばめ 「おかえりつばめさん」 鶴見正夫作;水野二郎画　童心社(美しい心シリーズ)　1976年5月

つばめ
子どもがなげつけた小石がつばさにあたってとべなくなったのでおやつばめがはるがくるまでたぬきにたのんだ子つばめ 「春がくるまで」 浜田広介作;福島のり子脚色;西村達馬画　教育画劇(ひろすけ童話紙芝居全集)　1981年7月

つばめ
町のひろばに立っていたしあわせの王子のぞうの足もとにとまった一わのつばめ 「しあわせの王子」 オスカー・ワイルド原作;高木あきこ脚色;工藤市郎画　教育画劇(2年の道徳紙芝居)　1993年2月

ツバメ
けがをしてとりのこされたがカモのせなかにのって南のくにまでつれていってもらったツバメ 「さようならツバメさん」 鈴木謙二作;安井康二画　教育画劇(しぜんといきもの)　1985年7月

つばめとび
どうどの山にすむ火のとりにたのまれていのちの水をさがしにいくまえがみたろうをのせていったそらとぶうま 「まえがみたろう」 松谷みよ子脚本;箕田源二郎画　童心社(紙芝居セレクションむかしむかし)　2003年5月

つぼ
まずしいおひゃくしょうがいちばへうしをうりにいってうしととりかえっこしてもってかえってきたふしぎなつぼ 「つぼがトコトコーデンマークの民話」 東川洋子文;小林ゆき子絵　教育画劇(ワッハッハ!ゆかいでおかしい世界の民話)　2009年1月

つみき

つみき
みんなでなかよくつみきあそびをしていたのにいたずらもののトンカチにばらばらにされたつみきたち 「つみきとトンカチ」 矢玉四郎作・画 教育画劇(コアラちゃんシリーズ) 1985年11月

ツムツム
とうさんとかあさんといっしょにおうちの大きなあじさいの木のてっぺんまではじめてのぼったかたつむりのこ 「かたつむりのツムツム」 成本和子作；椎野利一画 教育画劇(あひるさんシリーズ) 1980年6月

つる
おじいさんにたすけてもらったおんがえしにむすめのすがたになってうちをたずねてきてみごとなおりものをおったつる 「つるのおんがえし」 岡上鈴江文；輪島みなみ画 教育画劇(紙芝居むかしばなし第2集) 1993年2月

つる
かめがくわえたぼうのりょうはしをくわえて空をとんで大きな池にはこんであげようとした二わのつる 「ツルとカメ」 若林一郎脚色；松本修一画 NHKサービスセンター(NHKかみしばい 日本の昔ばなし) 1982年1月

つる
かめがぶら下がったぼうきれをくわえて空をとんでかめを大きな池につれていってあげようとした二わのつる 「つるとかめ」 たなべまもる脚色；寺門保夫画 NHKサービスセンター(名作民話おはなし広場) 1984年1月

つる
つるたちが山口県の八代村で冬をすごしてまたシベリヤへかえっていったのにとびたたなかった二わのつる 「二わのつる」 水谷まさる作；福島のり子脚色；輪島みなみ画 教育画劇(道徳紙芝居総集編) 1986年11月

つる
なきうさぎがかいたねんがじょうをもってシベリアから日本までとんできたつる 「つるのねんがじょう」 上地ちづ子脚本 久保雅勇画 童心社(たのしいお正月シリーズ) 1987年11月

つる
大雪の日におじいさんにたすけてもらったおんがえしにむすめのすがたになってうちをたずねてきてうつくしいおりものをおったつる 「つるのおんがえし」 坪田譲治作；中尾彰画 童心社(紙しばい名作選) 1975年10月

ツル
かごしまけんのあらさきにいたタロウくんとジロウちゃんというきょうだいがたすけてあげたけがをしたこどものツル 「ツルかえる」 椋鳩十原作；小春久一郎文；夏目尚吾画 教育画劇(心あたたまるほんとうにあったどうぶつの話) 1983年9月

つるまるせんせい
たべもののすききらいがおおいふーちゃんでもたべられるりょうりをかんがえてくれたびょういんのせんせい 「ふらふらふーちゃんおたすけメニュー！」 宗方あゆむ作；森川百合香絵 教育画劇 2005年4月

つん
やさいにばけたきつねのやおやさんの三びきのこぎつねたちの一ぴき 「やさいころころやおやさん」 中村美佐子作;黒岩明人画　教育画劇(どうぶつむらのおみせやさん) 1986年4月

ツンコ
山のふもとにあったケーキやさんにまいばんシュークリームをかいにきたこぎつね 「シュークリームのおきゃくさま」 西村彼呂子作;アリマ・ジュンコ画　教育画劇(おはなしランド) 1986年12月

つんた
ともだちをさそってのはらであそぶつもりだったがひなまつりでみんなにあそんでもらえないきつね 「ぼくのひなまつり」 やすいすえこ作;鈴木幸枝画　教育画劇(四季の行事シリーズ ひなまつり) 1993年1月

ツンツンどり
ばいきんまんにアンパンマンをくちばしでつつくように芸をしこまれたくちばしのながい鳥 「ばいきんまんとツンツンどり」 やなせたかし作・画　フレーベル館

ツンツンヒョロリ
みせのしゅじんであたまのけがツンツンみじかくて足がヒョロリとながい男 「キツネーのおかしパン」 西内ミナミ作;中村景児画　教育画劇(おはなしバラエティ) 1988年2月

ツンツンヒョロリ
もりのパンやのキツネーくんとウサギーくんがポスターをたのんだあたまのけがツンツンみじかくて足がヒョロリとながい男 「もりのパンやそうどう」 西内ミナミ作;中村景児画　教育画劇(あひるさんシリーズ) 1981年3月

【て】

ティクちゃん
だいすきなスイカをたべたあとかわをまどからすてたのでおばあちゃんをすべらせてしまったベトナムの男の子 「ぼく、スイカだいすき」 ター・チョン・チー作　童心社(ベトナムの紙芝居) 1996年9月

でいだらぼっち
むかしむかしやまやたにやかわもみずうみもぜーんぶつくってくれたてんまでとどくほどのきょじん 「でいだらぼっち」 津谷タズ子脚本;伊藤秀男画　童心社(日本の妖怪ぞろ〜り) 1994年9月

ディヴィッド
おおきなうみはこわいがかいをあつめるのがすきなおとこのこ 「ぼくのへやにうみがある」 マーガレット・ワイルド文;ジェーン・タナー絵;八木田宜子脚本　ほるぷ出版(ほるぷの紙芝居-世界のおはなしシリーズ) 1989年6月

ていむ

ティム
かぜのつよいひにおかあさんにあかいセーターをあらってもらったおとこのこ「ちいさなあかいセーター」 マックリーン原作;八木田宜子脚本;菊池道子画 童心社(美しい心シリーズ) 1977年11月

ティラノサウルス
きょうりゅうぼうやのせかいいちつよくてこわいおかあさん「がんばれきょうりゅうぼうや」 黒川光広脚本・絵 童心社(ともだちだいすき) 2000年8月

ティラノサウルス
パパに「きょうりゅうえほん」をかってもらったマコトがゆめでみたきょうりゅうティラノサウルス「きょうりゅうチャンピオンはティラノサウルス-ティラノサウルスのおはなし」 松原秀行作;安中哲司画 教育画劇 1996年5月

でいらんぼう
むかしむかし今の長野けんにすんでいた山よりも大きく空にもとどく大男「でいらんぼう」 伊藤海彦脚色;福田庄助画 NHKサービスセンター(名作民話おはなし広場) 1984年1月

ティンカーベル
ピーターパンのともだちのようせい「ピーターパンの冒険-ゆめの島ネバーランドへ」 日本アニメ企画絵画 童心社(家庭版かみしばい・世界名作劇場) 1989年11月

デカ
ジュンペイのかようえんのすいそうでみんなでかっているカタツムリ「ジュンペイのウンチ-うんちのはなし」 清水道尾作;宮崎耕平画 教育画劇 1998年5月

デカオ
どうぶつえんのしいくがかりのおじさんがおもいついてこどもたちのまえではみがきをしたカバ「はみがきがすきなカバのデカオ」 中村翔子文;塩田守男画 教育画劇 2002年12月

でかくん
ぼくじょうのいぬのちびくんにてがみをかいててがみのなかでちびくんとせいくらべをしたさくらまちの5さいのいぬ「ちびくんとでかくんのせいくらべ」 西内久典原案;西内ミナミ脚本;和歌山静子画 童心社(よいこの12か月) 1989年11月

てく
やまのぼりをしたみつごのぶたのひとり「ちくたくてくのやまのぼり」 与田準一脚本;瀬名恵子画 童心社 1981年4月

デク
むかしまずしい村にいたからだがとびきり大きいとんとのんきなわかもの「ないて百にん力」 東川洋子文;池田げんえい画 教育画劇 1997年4月

てくさん
ありんこがっこうへこうつうあんぜんのおべんきょうにいったあり「ありんこがっこう」 福田和作;石川雅也画 童心社(よいこの保健・安全シリーズ) 1984年9月

てつおくん
こんどひっこしていくうちのそうじにいってにわのすみにある花だんに花のめがでているのをみたおとこのこ 「花だんのあるうち」 水谷まさる原作;林義雄画 教育画劇(幼児童話傑作選) 1965年9月

鉄冠子　てっかんし
中国の峨眉山にすむ仙人 「杜子春」 芥川竜之助原作;堀尾青史脚本;小谷野半二画 童心社(紙しばい日本児童文学名作選) 1981年12月

テックん
ともだちのヒロくんのおかあさんからじしんがおきたときのためのリュックのなかのものをみせてもらったおとこのこ 「じしんなんかにまけないぞ！-地震に備えて」 山本省三作・画　教育画劇　1995年8月

でっち
どろぼうがおもてではなしをしているのをきいてふしあなにレンズをはめこんでいたずらをしためがねやのでっち 「めがねやとどろぼう」 桂文我脚本;東菜奈絵　童心社(紙芝居おおわらい落語劇場) 2004年3月

てっちゃん
アパートでひとりでるすばんをしていたおとこの子 「すてきなまち」 川北りょうじ作;杉浦範茂画　童心社　1975年11月

てっちゃん
かたづかないおもちゃをごみぶくろへポイポイほうりこんですててしまったおとこのこ 「ほんとにほんとにゴミかな？-ゴミの話」 今関信子作;岡本美子画　教育画劇(かんきょうかみしばい みんなでまもろうネ!ちきゅうくん) 1999年5月

てっちゃん
くみでいちばんつよくていばっているおとこのこ 「ごめんねだまりんちゃん」 梅田智江脚本;水沢研画　童心社　1979年8月

てっぺいくん
あめのなかでないていたこねこのことをまもってくださいとたなばたさまにおねがいをしたおとこのこ 「たなばたのこねこ」 古山広子脚本;長谷川知子絵　童心社(ともだちだいすき) 2007年7月

てっぺいくん
ちゅうごくからきたてんこうせいのエンボくんといっしょにあそぼうとおもったおとこの子 「また、あおうね」 宮崎二美枝脚本;高橋透絵　童心社(バリアフリーの紙しばい) 2001年3月

テディ
ママにおねだりしてかってもらったハムスターにたべものをやりすぎて犬のような大きさにしてしまったおとこの子 「ハムスターのパピーちゃん」 福島のり子作;岩本圭永子画　教育画劇(パピーちゃんシリーズ) 1977年3月

てぶくろくん
おかあさんがひろくんにあおいけいとでつくってくれたあんまりなかよしではないてぶくろんたち 「てぶくろくん」 間所ひさこ作;木曽秀夫画　教育画劇(おはなしワクワク) 1984年2月

てふつ

でぶっちょん
かいぞくのおやぶん 「かいぞくでぶっちょん」 筒井敬介作;長島克夫画 教育画劇(おはなしおもちゃばこ) 1987年1月

テム
のはらのすみのにがなのはなで目をさましてあさのさんぽにでかけたてんとうむし 「てんとうむしのテム」 得田之久脚本・画 童心社(紙芝居ベストセレクション第1集) 1998年6月

てもしー
もりにすんでいたおじいさんのかめ 「かめのてもしー」 前田三恵子作;いもとようこ画 教育画劇(民話と名作シリーズ) 1990年9月

デラ
クリスマスのまえの日じまんのながいかみをうって夫のジムへのプレゼントをかった女の人 「クリスマスのプレゼント」 オー・ヘンリー原作;八木田宜子脚本;安和子画 童心社(ゆたかなこころシリーズ) 1992年12月

てるお
おかあさんにいわれてじどうしゃやでんしゃにきをつけてえきまでおとうさんにかさをもっていってあげたおとこの子 「でんしゃにちゅうい」 石川光男作;野々口重画 教育画劇(交通安全紙芝居) 1990年3月

てるくん
おとなりのかこちゃんとこどもふたりだけではじめてバスにのった男の子 「バスくんよろしくね」 高木あきこ作;山本省三画 教育画劇 1992年4月

てるくん
おるすばんをしているときにあめがふってきたのでおかあさんをおむかえにいったおとこのこ 「おかあさんが3にん」 高木あきこ脚本;月田孝吉画 童心社(美しい心シリーズ) 1984年5月

デンキチ
なかよしのごろすけといっしょににんげんのこどもにばけてこうえんにあそびにいったかみなりのこども 「かみなりごろすけのしっぱいー遊具の事故防止」 林原玉枝作;鈴木びんこ画 教育画劇(安全紙芝居 あぶない!そのときどうする?) 2003年12月

てんぐ
おおきなうでをおがわのうえにはしをかけたようにしてのばしてねていたてんぐ 「てんぐのはし」 松居スーザン脚本;渡辺有一絵 童心社(ともだちだいすき) 2004年3月

てんぐ
たいへんななまけもののよきちにだまされてたからもののはうちをうばわれたてんぐ 「てんぐのはうちわ」 角田光男文;工藤市郎画 教育画劇 1993年11月

てんぐ
たっちゃんたちが紙ひこうきそっくりの花に乗っていった山のてっぺんに立っていた大てんぐ 「たっちゃんとトムとチムのふしぎなひこうき」 大石真原作;若林一郎脚色;岡村好文画 NHKサービスセンター(NHK創作童話集) 1978年1月

てんぐ
ポロシリ山というおかしな名の山に青いてんぐとふたりですんでいた赤いてんぐ 「てんぐのはなくらべ」 堀尾青史作;岡野和画 童心社(家庭版かみしばい) 1979年10月

てんぐ
ポロシリ山というおかしな名の山に赤いてんぐとふたりですんでいた青いてんぐ 「てんぐのはなくらべ」 堀尾青史作;岡野和画 童心社(家庭版かみしばい) 1979年10月

てんぐ
むかしある村のはずれにあった杉山にでて村びとをこまらせていたおそろしいてんぐ 「はなをおったてんぐ」 宮下全司作;高雄頼春画 教育画劇 1980年4月

てんぐ
山のおくにのぼってきたひこいちというおとこにだまされてたからもののかくれみのをたけづつととりかえたてんぐ 「てんぐのかくれみの」 花井巴意;安井康二画 教育画劇(おはなしランド) 1987年3月

てんぐ
山へ木をきりにきてねむってしまったほっぺたにおっきなこぶのあるじっさまのそばでにぎやかにおどりはじめたてんぐたち 「こぶとりじいさん」 松尾敦子脚本;和歌山静子画 童心社 1999年11月

てんぐどん
むかし山のふもとにあったぬまのそばにたっていたすぎの木にすんでいたえばりんぼうのてんぐどん 「てんぐとかっぱとかみなりどん」 かこさとし作;二俣英五郎画 童心社(かこさとし紙芝居傑作選) 1975年3月

てんぐどん
彦一どんという男にだまされてかくれみのを取りあげられたてんぐどん 「てんぐのかくれみの」 水谷章三脚色;富永秀夫画 NHKサービスセンター(NHK小学校国語紙芝居教材 日本の民話Ⅱ) 1980年1月

テンコちゃん
なにをするのでもみんなよりのろいカナブンのブーンにとびかたをおしえてくれたナナツボシテントウムシ 「のろまじゃなかったブーン」 やなぎやけいこ作;椎野利一画 教育画劇(おはなしいっぱい) 1987年6月

でんしゃ
くまさんおやこをのせてがたごとはしっていくでんしゃ 「がらがらでんしゃ」 とよたかずひこ脚本・絵 童心社(とよたかずひこシリーズ) 2002年10月

でんすけさん
いけでねているさぎたちをいっぱいつかまえてこしに結わえつけてめをさましたさぎたちといっしょにそらへとばされてしまった男 「さぎとり」 桂文我脚本;国松エリカ絵 童心社(紙芝居おおわらい落語劇場) 2004年3月

でんちゃん
でんしゃがだいすきなこうちゃんといっしょにえきのたんけんをしたおもちゃのでんしゃ 「でんちゃんとマークでゴー!-駅でみるマーク」 宮本えつよし作・画 教育画劇(みんなしってる?ひょうしき・マークの紙芝居) 2000年1月

てんて

テンテン
とってもなかよしのタンタンといつもいっしょのパンダのこ 「タンタンテンテンいっしょにごあいさつ」 よだくみこ作;伊東美貴絵 教育画劇 2004年1月

デンデンくん
おかあさんがじめんにあなをほってうんだたまごからうまれてきてたべものをさがしにうごきだしたかたつむりのあかちゃん 「かたつむりのデンデンくん」 かみやしん脚本・画 童心社 1987年6月

でんでん虫　でんでんむし
おかあさんのせなかにのってめをだしてはじめてみどりのはらっぱやそらをみたうまれたばかりの小さなでんでん虫 「でんでん虫」 新美南吉作;鈴木徹構成・絵 童心社(ともだちだいすき) 2000年6月

てんとうむし
おてんとうさまがだいすきでぴんとのびたはっぱをどんどんたかくのぼっていくてんとうむし 「ぼくはてんとうむし」 こわせたまみ作;村田エミコ絵 教育画劇 2006年9月

テントウムシ
いっしょにさんぽにいったカエルにおよげないのをばかにされたのでともだちのひよこやネズミとちいさなふねをつくったテントウムシ 「ちいさなちいさなふね」 ステーエフ原作;松谷さやか訳・脚本 童心社(ともだちだいすき) 2005年4月

テントウムシ
むしたちのかくれんぼきょうそうのオニになってみんなをさがしたテントウムシ 「むしたちのかくれんぼ」 得田之久脚本・絵 童心社(ともだちだいすき) 2000年5月

てんとうむし(テム)
のはらのすみのにがなのはなで目をさましてあさのさんぽにでかけたてんとうむし 「てんとうむしのテム」 得田之久脚本・画 童心社(紙芝居ベストセレクション第1集) 1998年6月

テントウムシ(テンコちゃん)
なにをするのでもみんなよりのろいカナブンのブーンにとびかたをおしえてくれたナナツボシテントウムシ 「のろまじゃなかったブーン」 やなぎやけいこ作;椎野利一画 教育画劇(おはなしいっぱい) 1987年6月

てんとうむし(テンペイ)
どうぶつたちみんなとたんぽぽ村のはずれにあるのはらまでえんそくにいったてんとうむし 「みんなでえんそく」 教育出版国語編集部原案;関七美脚色;いもとようこ画 教育画劇(ちいさなちいさなおはなし) 1990年9月

てんとうむし(トン)
なかまたちにぜんぜんあわなくなったあきのさむい日にふゆをいっしょにすごすなかまをさがしにいったなみてんとうのこども 「てんとうむしのなかまさがし」 得田之久作・画 童心社(よいこの12か月) 1979年7月

てんとうむし(ナナホシテントウ)
ちいさなアブラムシをみつけてたべはじめたのにアリがきたのでにげていったてんとうむし 「てんとうむしとなかよし」 高家博成脚本;横内襄画 童心社(げんきななかまシリーズ) 1993年8月

テントウムシ（ナナホシテントウ）
おかあさんがはっぱのうらにうんだたまごからうまれてきたナナホシテントウのあかちゃん「ななつのほしのてんとうむし」今森光彦写真・作　教育画劇　2005年5月

てんとうむしさん
おひるねしているかぶとむしさんのせなかでやすんだてんとうむしさん　「むしさんのおさんぽ」得田之久脚本；ペドロ山下絵　童心社　2007年6月

てんにょ
天から下りてきて水あびをしていたらおひゃくしょうのともざえもんさんにころもをかくされてともざえもんさんのよめごになったてんにょ　「てんにんのよめさま」松岡励子脚色；坂本玄画　NHKサービスセンター（名作民話おはなし広場）　1984年1月

天人　てんにん
ある日けしの花ばたけにまいおりてきておひゃくしょうにあやごろもをかくされてしまった天人　「天人のよめさま」松谷みよ子作；中尾彰画　童心社（かみしばい日本むかしむかし）1987年6月

天人　てんにん
山の池で水あびをしていて村人の総助に羽衣をぬすまれてしまった天人　「天人のはごろも」堀尾青史脚本・丸木俊画　童心社（紙芝居ベストセレクション第1集）　1998年6月

天人のよめさま　てんにんのよめさま
ある日のこと海で水あびをしていてりょうしのわかものにはごろもをかくされてよめさまになった天人のむすめ　「天人のよめさま」水谷章三脚色；北島新平画　NHKサービスセンター（NHKかみしばい　日本の昔ばなし）　1982年1月

天のかみさま　てんのかみさま
むすめのたなばたさんのむこにうしかいのわかものをさがしてあげた天のかみさま　「うしかいさんとたなばたさん」金成正子文；白梅進画　教育画劇（おはなしきかせて）　1988年7月

テンペイ
どうぶつたちみんなとたんぽぽ村のはずれにあるのはらまでえんそくにいったてんとうむし「みんなでえんそく」教育出版国語編集部原案；関七美脚色；いもとようこ画　教育画劇（ちいさなちいさなおはなし）　1990年9月

【と】

とうがらしの王さま　とうがらしのおうさま
むらのげんきなわかものバー・コーといっしょにかいぶつをやっつけたとうがらしの王さま「バー・コーのかいぶつたいじ-原話ベトナム民話」八木田宜子脚本；織茂恭子画　童心社（かみしばい世界むかしばなし）　1990年2月

とうきち
あおいうみにぽつんとうかぶちいさなしまでくらすこども幸吉のくじらとりのめいじんの父　「くじらのしま」新美南吉原作；堀尾青史脚本；穂積肇画　童心社（童心社のベスト紙芝居）1989年9月

とうさ

とうさん
うんどうかいでどきどきしてころんでしまった「ぼく」をだきかかえてはしったとうさん 「どきどきうんどうかい」 ねじめ正一脚本;長谷川知子絵 童心社(ともだちだいすき) 2005年6月

とうさん
一ねんかんにかぞくみんなでつくったりそだてたりしたものをにぐるまにつんでポーツマスのいちばにうりにいったとうさん 「にぐるまひいて」 ドナルド・ホール文;バーバラ・クーニー絵;八木田宜子脚本 ほるぷ出版(世界のおはなしシリーズ) 1998年5月

とうさんかみなり
かぜにふうせんをとばされてそらへとんでいったねずみちゃんがあったかみなりのおとうさん 「とんでいったねずみちゃん」 山本省三作;長野ヒデ子絵 フレーベル館(どっちのおはなし紙芝居1)

どうじ丸　どうじまる
ある日浜でカメをたすけてやったおれいにりゅうぐうじょうへつれていかれておとひめさまから竜王の玉をもらったおとこの子 「竜王の玉(前編)(後編)」 松谷みよ子脚本;藤田勝治画 童心社(松谷みよ子民話珠玉選 第二集) 1998年8月

とうぞく
ぬすんだたからものを岩穴にかくした四十人のとうぞくたち 「アリババと四十人のとうぞく-アラビアン・ナイト」 林たかし文;清水祐幸画 教育画劇(世界名作童話紙芝居全集第1集) 1983年5月

とうちゃん
トラックのうんてんしゅをしているのにこどものゆうきをトラックにのせてくれないとうちゃん 「とうちゃんありがとう」 鶴見正夫作;藤本四郎画 童心社(たのしい季節の行事 きらきら・夏のまき) 1988年4月

とうふこぞう
おとうふやさんにおつかいにいったななちゃんがかさにいれてあげたとうふをもったこぞうさんのようかい 「とうふこぞうとなっとうむすめ」 たごもりのりこ作・絵 教育画劇 2006年1月

どうぶつ
あきのきもちのいい日にみんなあつまってかくれんぼをすることになったどうぶつたち 「みんなでかくれんぼ」 奈街三郎作;安田浩脚色;塩田守男画 教育画劇(おはなしバラエティ) 1991年3月

どうぶつ
あるひそらからおちてきたおおきなおおきなりんごをつぎつぎとたべたどうぶつたち 「リンゴがドスーン」 多田ヒロシ作・画 教育画劇(ぞうさんシリーズ) 1980年5月

どうぶつ
いどほりをてつだわないでこっそり水をのみにくるうさぎをこらしめようとタールにんぎょうをつくった森のどうぶつたち 「いたずらうさぎとタールにんぎょう-アメリカ黒人民話」 木戸陽子脚色;奥田怜子画 NHKサービスセンター(名作民話おはなし広場) 1984年1月

どうぶつ
うみのさかなたちとひっぱりっこをしたやまのけものたち 「やまとうみのひっぱりっこ」 上沢謙二原作;鈴木謙二脚色;黒井健画 教育画劇(あひるさんシリーズ) 1986年11月

どうぶつ
うみのともだちからてがみがきてせんすいかんぶくぶくごうをつくってうみのなかへあそびにいったもりのどうぶつたち 「ぶくぶくごうのだいぼうけん」 加藤晃作・画　教育画劇(いってみたいなこんなくに)　1989年1月

どうぶつ
えかきのおじいさんにみんなのこどものためにおおきなこいのぼりをつくってもらうことにしたどうぶつたち 「よあけのこいのぼり」 古山広子脚本;遠山繁年画　童心社(たのしい季節の行事 ぽかぽか・春のまき)　1990年1月

どうぶつ
えんのしんたいそくていをしたどうぶつたち 「おおきくなったかな?」 しらかたみお脚本・絵　童心社　2009年1月

どうぶつ
かじになったときのひなんくんれんをしたどんぐりえんのどうぶつのこどもたち 「みんなでひなんくんれん-火事の避難訓練」 いしばししずこ作;鈴木幸枝画　教育画劇(かじだ!そのときどうする?)　1997年1月

どうぶつ
かわのそばでみつけたたまごをわろうとしたどうぶつたち 「それでもたまごはわれません」 ジェラルド・ローズ作;八木田宜子脚本　ほるぷ出版(ほるぷの紙芝居-海外秀作シリーズ)　1982年9月

どうぶつ
きたのうみからやってきたオットセイがともだちになろうとおもったしまのどうぶつたち 「かいじゅうドットセイ」 大川秀夫作;野々口重画　教育画劇(パピーちゃんシリーズ)　1986年4月

どうぶつ
キャンプにきたけんちゃんたちに小えだをくちにくわえてくちゅくちゅするはみがきをおしえてもらった山のどうぶつたち 「むかしむかしのハブラシは?-ハミガキのはじまり」 塩田守男作・画　教育画劇　1991年5月

どうぶつ
けっこんしきのごあいさつがたいくつになってあくびをしだしたどうぶつたち 「あくびはどんなときでるのかな?-あくび」 山脇恭作;くすはら順子画　教育画劇(すごいぞ!からだのふしぎ)　2002年12月

どうぶつ
けんちゃんといっしょにみんなでじめんにあしあとをつけたどうぶつたち 「あしあとだあれ」 角野栄子脚本;和歌山静子画　童心社(童心社の紙芝居 げんきななかまシリーズ)　1994年4月

どうぶつ
けんちゃんにあめがふってくるのをおしえたチョウやコイやカエルやほかのどうぶつたち 「どうぶつのてんきよほう」 杉浦宏脚本;やべみつのり画　童心社　1995年6月

とうふ

どうぶつ
こうちゃんがえんそくでいったどうぶつえんでいろいろなたべものをたべていたどうぶつたち 「おなかがすいたどんどんたべろ」 杉浦宏脚本；藤本四郎画 童心社（よいこの12か月） 1990年2月

どうぶつ
ごはんにリンゴやキャベツやお魚やおにくを食べるどうぶつたち 「ごはんですよ」 浅香良太文；奥田怜子画 NHKサービスセンター（なぜなぜ童話） 1977年1月

どうぶつ
サイのおじさんのおしりをさしたトゲをみてみんなでわるくちをいったどうぶつたち 「おしりをチクンとささないで」 角野栄子脚本；渡辺リオ画 童心社（ゆたかなこころシリーズ） 1993年12月

どうぶつ
さむいふゆにみんなでゆきだるまをつくってあそんだ森のどうぶつたち 「とけたゆきだるま」 安田浩作；西村郁雄画 教育画劇（シャボン玉シリーズ） 1982年2月

どうぶつ
サルくんがあかいろうそくをひろってはなびだといったのでこわがってだれも火をつけようとしなかったやまのどうぶつたち 「あかいろうそく」 新美南吉原作；古山広子脚本；鈴木幸枝画 童心社（美しい心シリーズ） 1984年8月

どうぶつ
じゅうごやのおつきみのばんにそらへのぼっていったおだんごたちをみておつきさまがいっぱいあるとおもいびっくりしたこしかけやまのどうぶつたち 「じゅうごやおつきさまいっぱい！」 高橋由為子脚本・画 童心社（よいこの12か月） 1989年9月

どうぶつ
しんごうのあおちゃんときいろちゃんとあかちゃんをさがしにいったどうぶつむらのどうぶつたち 「あおちゃんきいろちゃんあかちゃん」 冬野いちこ作・絵 教育画劇 2004年1月

どうぶつ
せんせいになまえをよばれてもへんなへんじをするどうぶつがっこうのどうぶつの子どもたち 「へんなへんじ」 清水えみ子作；田代寛哉画 童心社（基本的生活習慣を育てるよいこのしつけシリーズ） 1966年9月

どうぶつ
たっちゃんのきいろいぼうしがうらやましそうにかけよってきたどうぶつたち 「きいろいぼうし」 鶴見正夫作；田中秀幸画 教育画劇（シャボン玉シリーズ） 1981年4月

どうぶつ
どうぶつえんでみつけたいろんなもようのどうぶつたち 「だれかな？だれかな？」 内山晟写真；中村翔子文 教育画劇 2005年5月

どうぶつ
どうぶつがっこうのえんそくにいったどうぶつの子どもたち 「めちゃくちゃえんそく」 山根啓作；田代寛哉画 童心社（かみしばい交通安全シリーズ） 1985年6月

どうぶつ
どうぶつのくにのライオンの王さまがしんでしまってつぎの王さまをえらぶことになったどうぶつたち 「きらわれたとら」 久保喬原作;福島のり子脚色;富永秀夫画 教育画劇(1年の道徳紙芝居) 1995年6月

どうぶつ
どうぶつ村のおかの上にあったたった一つのとけいだいをまいにちとうばんをきめてたいせつにしていたどうぶつたち 「みんなでまちぼうけ」 福島のり子作;田沢梨枝子画 教育画劇(2年の道徳紙芝居) 1993年2月

どうぶつ
ときのきねん日にけんちゃんと早おききょうそうをした森のどうぶつたち 「あさなのにまっくら」 安田浩作;ながよしかよ画 教育画劇(あたらしい行事紙芝居) 1991年3月

どうぶつ
ながいのやみじかいのやいろんなしっぽをもっているどうぶつたち 「しっぽをください」 鶴見正夫作;田沢梨枝子画 教育画劇(ミミちゃんシリーズ) 1982年6月

どうぶつ
はじめてしろくまえんにはいってしろくませんせいによばれてもしらんかおしていたどうぶつのこどもたち 「みんなってなあにあつまれってなあに」 小林純一脚本;若山憲画 童心社(よいこの12か月) 1980年4月

どうぶつ
はたけのおいもをたべたくてぬこうとしたもぐらやのねずみなどのどうぶつたち 「がんばったおいも」 中村悦子;河原場美喜子;中臣浩子作;坂本健三郎画 教育画劇(パンダちゃんシリーズ) 1985年1月

どうぶつ
はなくそじまんのテレビのばんぐみにあつまってきたどうぶつたち 「はなくそテレビ-はなくそ」 藤本ともひこ作・画 教育画劇(すごいぞ!からだのふしぎ) 2002年12月

どうぶつ
はるがきたパーティーをすることになってさとのなかまたちにてがみをかいてかみひこうきにしてとばしてやったやまのどうぶつたち 「そらとぶてがみ」 小宮山洋夫;早坂忠之原案;古山広子脚本;長島克夫画 童心社 1979年3月

どうぶつ
まちのくだものやさんにやってきたおきゃくさまのどうぶつたち 「くださいな」 和歌山静子作・画 教育画劇(ポッポシリーズ) 1988年2月

どうぶつ
みんなでかくれんぼをしているどうぶつたち 「みんなでかくれんぼ」 内山晟写真;中村翔子文 教育画劇 2002年9月

どうぶつ
みんなでしりとりしながらいいところにいったどうぶつのこどもたち 「しりとりするものよっといで」 都丸つや子脚本;にいみひでとし画 童心社(みんなでみんなでおおさわぎ) 1995年5月

とうふ

どうぶつ
みんなふゆのあいだにからだが大きくなってきられなくなったチョッキやセーターをとりかえっこした山のどうぶつたち 「みんなでとりかえっこ」 安田浩作;宮前保彦画 教育画劇（おはなしドキドキ） 1987年3月

どうぶつ
むかしちゅうごくでおうさまが一ねん一ねんのとしにどうぶつのなまえをつけるためはやさくらべをした十二ひきのどうぶつたち 「らいねんはなにどし？」 上地ちづ子脚本;金沢佑光画 童心社（たのしいお正月シリーズ） 1987年11月

どうぶつ
もりのなかのえんのきょうしつがゆれてじしんだとおもったどうぶつのこどもたち 「じしんだたいへん」 八木田宜子脚本;和歌山静子画 童心社（かみしばい安全教育シリーズ） 1977年1月

どうぶつ
もりのひろばにたっているおおきな木のモーリーさんのことがだいすきなどうぶつたち 「モーリーさんのおおきなテーブル」 ふりやかよこ作・画 教育画劇 1994年5月

どうぶつ
やまのいえにひとぼっちでくらしていたおばあさんにぼうしをあんでもらったもりじゅうのどうぶつたち 「おばあさんだいすき」 神沢利子作;駒井啓子画 童心社 1985年12月

どうぶつ
ゆきがこんこんふるもりのなかにおじいさんがおとしていったあったかそうなてぶくろのなかへつぎつぎともぐりこんだどうぶつたち 「てぶくろ-ウクライナ民話」 堀尾青史脚本;わかやまけん画 童心社（家庭版かみしばい） 1980年9月

どうぶつ
ゆきのふりつもったもりのなかでおじいさんがおとしたあったかそうなてぶくろのなかにつぎつぎともぐりこんだどうぶつたち 「てぶくろ-ウクライナ民話」 堀尾青史脚本;箕田美子画 童心社 1979年2月

どうぶつ
ようふくをママにきせてもらって大いばりしていたさぶちゃんにしまのおうさまになってほしいとたのんだどうぶつたち 「おうさまさぶちゃん」 馬場のぼる作・画 童心社（紙芝居ベストセレクション第2集） 2000年5月;童心社（基本的生活習慣を育てるよいこのしつけシリーズ） 1987年6月

どうぶつ
山にのぼったおじさんがころがしてしまって大きなゆきのたまになったものをばくだんだとおもったどうぶつたち 「ばくだんのおまんじゅう」 おおくさようこ作;和田義三画 教育画劇 1966年1月

どうぶつ
山のふもとでひとりでくらすおばあさんにまんげつのよるのおまつりに子どもたちがきるかわいいきものをぬってほしいとたのみにきたどうぶつたち 「花かごわっしょい」 藤田富美恵脚本;鈴木幸枝絵 童心社（ともだちだいすき） 2006年9月

どうぶつ
十五夜のばんにおつきさまにみんなでげいをしてみせることになった山のどうぶつたち「いのししのすもう一月見」吉田タキノ文；篠崎三朗画　教育画劇　1998年8月

どうぶつ
森にすむおばあさんの七十七さいのたんじょうびにドーナツをつくったどうぶつたち「とんだドーナツ!!」田沢梨枝子作・画　教育画劇(あひるさんシリーズ)　1981年3月

どうぶつ
森にたった一ぽんあったりんごの木のりんごをらんぼうもののごりらくんにひとりじめされてしまったどうぶつたち「りんごのおいしいわけかた」木村裕一作・画　教育画劇(ユーモアひろば)　1992年12月

どうぶつ
森のそばにあるえんでじゅんじゅんにてをあらっておべんとうをたべたどうぶつのこどもたち「おべんとう」高橋五山作；林俊夫画　童心社(基本的生活習慣を育てるよいこのしつけシリーズ)　1987年6月

どうぶつ
人間たちのまねをしてみんなでもちをついた森のどうぶつたち「どうぶつたちもおもちつき」安田浩作；楢喜八画　教育画劇(たんぽぽシリーズ)　1982年12月

動物　どうぶつ
王さまライオンがすっかり年をとってしまったのでじぶんが新しい王さまになろうとしてさわぎだした森の動物たち「王さまはだあれ」森比左志原作・脚色；坂本勝美画　NHKサービスセンター(NHK創作童話集)　1979年1月

動物　どうぶつ
今までみんなが見たこともないはだかではだしであるいているへんな動物をはじめて見た森の動物たち「ふしぎな力」平塚武二作；香山美子文；小林与志画　教育画劇(かみしばい児童文学館)　1982年7月

とうへいちゃん
すみやきとうべえさんのむすこ「てんぐとかっぱとかみなりどん」かこさとし作；二俣英五郎画　童心社(かこさとし紙芝居傑作選)　1975年3月

とうべえ
おんなのゆうれいがじぶんがしんだあとはかばでうまれたあかんぼうのためにまいばんあめをかいにきたあめや「子そだてゆうれい」桜井信夫脚本；須々木博画　童心社(こわいこわーいおはなし)　1991年5月

とうべえさん
山にのぼっていくとかっぱとてんぐとかみなりどんがあらわれてむすこのおしりとほっぺたとおへそをもってこいといわれたすみやき「てんぐとかっぱとかみなりどん」かこさとし作；二俣英五郎画　童心社(かこさとし紙芝居傑作選)　1975年3月

どうまん
へびとがまがえるとなめくじをひとつのつぼにいれたどくけで天子さまをびょうきにしたわるもの「竜王の玉(前編)(後編)」松谷みよ子脚本；藤田勝治画　童心社(松谷みよ子民話珠玉選　第二集)　1998年8月

とうめ

とうめいにんげん
ひとにみつからずになんでもすきなことができるとうめいにんげん 「とうめい人間」 桜井信夫脚本;のぞえ咲画 童心社(こわいぞ!世界のモンスター-!) 1997年5月

とうめいにんげん
わんぱくともだちをさがしていてともちゃんのところへきたほんもののとうめいにんげん 「ともちゃんととうめいにんげん」 後藤楢根文;宇田正勝画 教育画劇 1974年2月

トオル
若葉第三小学校の近くにある小さな山どんぐり山を公園として残してくれるようにお母さん達や友だちといっしょに署名運動をした小学5年生の男の子 「どんぐり山子どもの森公園」 谷田川和夫原案;渡辺泰子脚本;高橋透絵 汐文社(紙芝居日本国憲法5) 1990年3月

とおるくん
モルモットのあかちゃんをもらいたくてなおこのうちにきたしゃべるのがへたななかよしがっきゅうのおとこのこ 「みんなのあかちゃんモルモット」 今関信子脚本;夏目尚吾絵 童心社(バリアフリーの紙しばい) 2001年3月

トカゲ(チョロリ)
ネコにつかまれてきれたしっぽをさがしにいってメダカやオタマジャクシにあったこどものトカゲ 「トカゲのチョロリ」 わしおとしこ脚本;小林ひろみ絵 童心社(ともだちだいすき) 2005年8月

トカゲ(フトチョ)
こどもトカゲのチョロリがともだちになったトカゲのおんなのこ 「トカゲのチョロリ」 わしおとしこ脚本;小林ひろみ絵 童心社(ともだちだいすき) 2005年8月

トカゲくん
もりのきにほしてあるひまわりもようのパンツをはいてみたトカゲくん 「ひまわりパンツ」 垂石眞子脚本・絵 童心社 2006年8月

トキ
さどトキほごセンターでうまれたあかちゃんトキ 「トキのあかちゃん!」 わしおとしこ文;田中秀幸画 教育画劇 2002年12月

トキ(キンちゃん)
佐渡島にやってきてとりがだいすきな宇治金太郎さんにみまもってもらいほごされたトキ 「さいごのトキ、キンちゃん」 国松俊英脚本;黒川光広画 童心社 1998年10月

トキオ
犬のサムと130ねんまえのさむらいのいるむかしにもどっていった男の子 「130ねんまえのかねのおと」 教育画劇編集部;多田ヒロシ画 教育画劇(おはなしワクワク) 1984年3月

トキコちゃん
うちのとなりへタネコちゃんがこしてきた女の子 「ながぐつだいすき」 筒井敬介作;遠竹弘幸画 教育画劇(ちょうちょシリーズ) 1976年6月

ドキンちゃん
ばいきんぼしからやってきたおんなのばいきんでバタコさんとめいけんチーズをのびちぢみやりでついてちいさくした女の子 「アンパンマンとドキンちゃん」 やなせたかし作・絵 フレーベル館

ドキンちゃん
ばいきんぼしからやってきたおんなのばいきんでバタコさんとめいけんチーズをのびちぢみやりでついてちいさくした女の子 「アンパンマンとドキンちゃん」 やなせたかし作・絵 フレーベル館(ワイド版アンパンマンかみしばい)

ドクちゃん
ベトナム戦争の時アメリカがまいた枯葉剤のせいで体がくっついて生まれた双子 「ベトちゃん・ドクちゃん」 谷田川和夫原作;渡辺泰子脚本;相沢るつ子絵 汐文社(平和紙芝居 私たちの声をきいて2) 1994年2月

トゲ
サイのおじさんのおしりをさしてどうぶつたちからわるくちをいわれたトゲ 「おしりをチクンとささないで」 角野栄子脚本;渡辺リオ画 童心社(ゆたかなこころシリーズ) 1993年12月

とげとげあくま
あかるいのはらもげんきなこどももだいきらいなとげとげあくま 「へんしーん」 松井エイコ脚本・絵 童心社(かずとかたちのファンタジー) 2002年3月

トゲトゲザウルス
くちのなかにはいってきたマコとともだちのうさぎのピピンにはぶらしではをみがいてもらったきょうりゅう 「マコがおちたほらあな」 わしおとしこ作;仲川道子画 童心社(たのしい季節の行事 きらきら・夏のまき) 1988年4月

とこちゃん
しんぶんでおにやライオンをつくったおんなのこ 「できたよできたよ」 都丸つや子脚本;長島克夫画 童心社(ひまわりシリーズ) 1983年4月

トコちゃん
まほうつかいのおばあさんが町のぶんぼうぐやにもってきたけしゴムをかったおんなの子 「しくじったまほうつかい」 鈴木美也子作;西村達馬画 教育画劇 1975年11月

とこやさん
ある日おしろによばれておうさまから「わしのみみがどんなかたちをしているかひとにしゃべってはならぬぞ」といわれたとこやさん 「おうさまのみみはロバのみみ」 桜井美知代作・画 教育画劇(家庭版名作アニメかみしばい) 1989年11月

とこやさん
王さまから王子の耳がろばの耳であることをだれにも話してはならぬといわれたとこやさん 「ロバのみみをした王子」 石山透脚色;津田光郎画 NHKサービスセンター(NHKかみしばい 世界の昔ばなし) 1982年1月

とこやさん
王さまのあたまのけをかるときに王さまの耳がロバの耳をしているのをみてしまったとこやさん 「王さまの耳はロバの耳」 福島のり子文;清水祐幸画 教育画劇 1980年4月

とし

トシ
同じ町の小学校と試合をすることになった盲学校のサッカー・チームのキャプテンの男の子 「いつかVゴール」上地ちづ子脚本;相沢るつ子画 汐文社(紙芝居 障害者といっしょに2) 1995年3月

ドージーえんちょう
まほうつかいのくにのこどもたちにサラダをつくってほしいとスーおばさんをよびにきたまほうつかいのおじいさん 「スーおばさんのげんきサラダ」やすいすえこ作;鈴木博子画 教育画劇 1993年11月

としおくん
こうつうきそくをまもらないでしょうてんがいの大どおりをわたろうとしてトラックにひかれた男の子 「どうしてあのとき」福島のり子作;輪島みなみ画 教育画劇(よいこの交通安全) 1991年10月

としおくん
二ねんまえしんごうがないおうだんほどうでかわいいいおとうとをじこでなくしたおとこの子 「きいろいはた」福島のり子作;小谷野半二画 教育画劇(交通安全紙芝居) 1990年3月

としがみさま
おしょうがつにかぜにのってみんなのところへやってきてあたらしいいのちをくださるかみさま 「としがみさまとおしょうがつ」やすいすえこ作;鈴木博子画 教育画劇 1995年11月

としくん
えんのクリスマスかいにやってきたサンタクロースのあしあとをつけていったおとこのこ 「サンタのわすれもの」伊藤たまき脚本;夏目尚吾画 童心社(よいこの12か月) 1989年12月

としくん
かわらにたてられていたこいのぼりをあげるぼうにえんでつくったこいのぼりをあげてもらったおとこのこ 「おんぶこいのぼり」辻邦脚本;久保雅勇画 童心社 1988年5月

としくん
にんじんがだいっきらーいなおとこのこ 「にんじんだいっきらい!」辻邦脚本;小林冨紗子画 童心社(かみしばい・たべるのだいすき!) 1989年3月

としくん
ブランコでもトランポリンでもなんでもじゅんくんにまねっこされてじゃまされていたおとこのこ 「まねっこともだち」新沢としひこ脚本;長谷川義史絵 童心社(ともだちだいすき) 2006年4月

としくん
やすこちゃんたちといっしょにそとでおままごとのひなまつりをしたおとこのこ 「みんなでひなまつり」辻邦脚本;田沢梨枝子画 童心社(たのしい季節の行事 ぽかぽか・春のまき) 1990年1月

杜子春　とししゅん
中国の都洛陽一の大金持ちになったがぜいたくざんまいをして一文なしになったわかもの 「杜子春」芥川竜之助原作;堀尾青史脚本;小谷野半二画 童心社(紙しばい日本児童文学名作選) 1981年12月

としちゃん
たべものにすききらいがいっぱいあるおとこの子 「たべてよたべてよ」 小松原優作;石川雅也画　教育画劇(健康とユーモアぺろぺろんシリーズ)　1977年5月

トシちゃん
おねしょをしてしまったこども 「おねしょマン」 平石洋子作・画　教育画劇(タンバリン・シリーズ)　1980年12月

どじょう
やまをころころころがっておいけにはまったどんぐりといっしょにあそんだどじょう 「どんぐりころころ」 鶴見正夫作;ながよしかよ画　教育画劇(かわいい八つのおはなし)　1992年11月

ドッガン
まちからとおくはなれた小さなむらの小さなおてらにいたひとつめこぞうのおばけ 「ひとつめこぞうのドッガン」 宇野克彦作;勝又進画　教育画劇(おばけだぞ〜)　1992年6月

どっこい
にっぽんいちのちからもちのにおうがちからくらべにいったうみのむこうの唐のくにのちからもちのおとこ 「におうとどっこい」 泉さち子文;西村達馬画　教育画劇(民話どっこいしょ)　1985年2月

ドッコイ
たろうがふしぎなまほうつかいのおじいさんからもらったとってもかわいいかいじゅう 「かいじゅうドッコイ」 たかしよいち作;長島克夫原画　ひくまの出版(幼年えほんシリーズ・あおいうみ第2巻)　1984年8月

とっこちゃん
こねこのミーとこぐまのムクとでんぐりこしたおんなのこ 「もっとできるよでんぐりこ」 礒みゆき作・画　教育画劇　1996年1月

トッチくん
ちょきちょきばさみでいろがみをきったおとこの子 「ちょきちょきばさみ」 間所ひさこ作;平井貴子画　教育画劇(おはなしバラエティ)　1987年8月

とっと
まいにちほいくえんにいくけいこちゃんをおみおくりするにわとり 「にわとりとっと」 渡辺享子脚本・絵　童心社(かみしばいどうぶつの飼い方ふれあい方)　2000年8月

トットコ
おとうさんからうみのそこにあるトドラけのたからものをもってくるようにいわれたかいじゅうトドラのぼうや 「トドラ・トットコだいかつやく」 半沢一枝脚本;仲川道子画　童心社　1984年9月

トットコ
へびのかいじゅうヘビラーにたべられそうになったトドのかいじゅうトドラのぼうや 「かいじゅうトドラ・トットコ」 半沢一枝作;仲川道子画　童心社(童心社のベスト紙芝居)　1973年11月

とつぴ

トッピー
アフリカのそうげんでうまれたばかりのシマウマのおとこのこ 「はしれトッピー！（シマウマ）」 矢崎節夫作；岩淵慶造画 教育画劇 1992年5月

トッポ
なんでもたべないからひょろひょろでちからなしののっぽのかえる 「ポップ・トップ・チッピ」 福田和作；石川雅也画 童心社（基本的生活習慣を育てるよいこのしつけシリーズ） 1981年11月

トートー
ドロシーのいえの子犬 「オズのまほうつかい（前編）（後編）」 岡上鈴江文；長島克夫画 教育画劇 1987年4月

ドド
クリスマスなんかだいきらいなおおかみのおじさん 「クリスマスなんかだいっきらい！」 山崎陽子作；大和田美鈴画 教育画劇（四季の行事シリーズ） 1992年11月

トートさん
ぼくじょうのこひつじたちのおじいさんやひいおじいさんのことまでよーくしっているかめのおじいさん 「かめのトートじいさんは150さい―ながいき」 瀬尾七重作；岩井田治行画 教育画劇 1997年8月

トナカイ（カイ）
ほっきょくのサンタクロース村のトナカイでクリスマスの日にそりをひいていてかぜをひいてしまったトナカイ 「トナカイからのプレゼント」 やなぎやけいこ作；奈良坂智子画 教育画劇 1989年12月

トナカイ（タワ）
むらのチャピナのうちのはやあしのトナカイ 「ちびっこカムのぼうけん（前編）（中編）（後編）」 神沢利子原作；中川美登利脚本；小関俊之画 童心社 1990年9月

トナカイ（プルガ）
ちびっこカムをせなかにのせてひのやまへいっしょにいったトナカイ 「ちびっこカムのぼうけん（前編）（中編）（後編）」 神沢利子原作；中川美登利脚本；小関俊之画 童心社 1990年9月

トニー
もりのすぐそばにあったうちのこでもりのうさぎのおんなのこウーととってもなかよしだったおとこのこ 「たんぽぽすみれ」 村山桂子脚本；若山憲画 童心社 1989年4月

とのさま
おしろのにわにとんできたお百しょうのごんべえさんのよめさんの絵がたいそう気に入ってよめさんをつれて行ったとのさま 「えすがた女房」 松岡励子文；西岡たかし画 NHKソフトウェア（日本むかしばなし） 1996年1月；NHKサービスセンター（日本むかしばなし） 1977年1月

とのさま
おふれのとおりに灰でなわをなってもってきたおとこにほうびにしんだちちおやにあえるというはこをやったとのさま 「とのさまからもらったごほうび」 山路愛子脚本；渋谷正斗画 童心社 1995年9月

とのさま
かぜにのっておしろにとんできたかわいいよめさんのかおえをみてわかものをしりめによめさんをつれていったとのさま「ももうりとのさま」津谷タズ子脚本;西山三郎画　童心社　1988年9月

とのさま
だいすきなだんごをはこんでくるとちゅうおならをしたおくさまをおしろからおいだしたおこりんぼうのとのさま「きんのだんご」浅沼とおる作・画　教育画劇　2003年9月

とのさま
ふえがとてもじょうずなきこりをおしろへよんでじぶんのうぐいすとふきくらべをさせたとのさま「うぐいすのふえ」神戸淳吉作;池田仙三郎画　教育画劇　1980年9月

とのさま
むかしあるところにおったおまんじゅうのすきなとのさまである日まんじゅうやに大きな大きなおまんじゅうをちゅうもんしたとのさま「おまんじゅうのすきなとのさま」日下部由美子脚本;篠崎三朗画　童心社(とんとむかしがたり)　1995年9月

とのさま
むかししなのの国で国じゅうに年よりをみんなしまながしにせよというおふれをだしたとのさま「うばすて山」菊池寛原作;福島のり子文;前田松男画　教育画劇(かみしばい児童文学館)　1986年9月

殿さま　とのさま
やきものの名人が作ったうすくてかるい茶わんでいつも手があつくなる苦しい思いをしながら食事をされていた殿さま「とのさまのちゃわん」小川未明原作;岡上鈴江脚本;西原比呂志画　教育画劇(かみしばい児童文学館)　1979年5月

トノサマガエル
いけのいきものたちがあつまってひらいたかいぎにやってきたトノサマガエル「あまーいにおいのアメンボくん」中谷靖彦作・絵　教育画劇　2006年9月

トノサマバッタ
かわのちかくのくさのはえているところなんかにいるいちばんおおきなバッタ「いちばんおおきなばった」今森光彦写真・作　教育画劇　2005年5月

トノサマバッタ(ぴょんこ)
土のなかのたまごからうまれてきておおきくなったトノサマバッタ「トノサマバッタのぴょんこ」江川多喜雄脚本;篠崎三朗画　童心社(だいすき!ちいさないきもの第2集)　1999年9

鳥羽天皇　とばてんのう
美しい玉藻の前に化けたおそろしい古ギツネに苦しめられていたてんのう「せっしょうせき」たなべまもる脚色;及川正画　NHKサービスセンター(NHK小学校国語紙芝居教材　日本の民話Ⅱ)　1980年1月

トビウオのぼうや
青いみなみのうみである日なにかがばくはつしたあとにふってきた白いこなをかぶってこわいびょうきになってしまったトビウオのこ「トビウオのぼうやはびょうきです」いぬいとみこ作;津田櫓冬画　童心社(美しい心シリーズ)　1985年8月

とひこ

トビコさん
ゆうびんやさんのトモさんがてがみをはいたつしにいったこびとのまちのおばあさんこびと 「こびとのてがみ」 小沢正作;津田直美画　教育画劇(いってみたいなこんなくに)　1989年1月

トプス
ひといちばいからだがおおきいのにきがよわかったきょうりゅうのトリケラトプスのきょうだいのおにいちゃん 「トプスはつよいおにいちゃん」 福岡昭二文・絵　教育画劇　2008年5月

トボン
クリスマスにまちにいるなかよしのくまのプクンにゆきだるまをプレゼントした山のくまちゃん 「トボンとプクンのクリスマス」 野村るり子原作;堀尾青史脚本;金沢佑光画　童心社(よいこの十二か月)　1985年11月

とぽんち
おやつのよういをしていてこなだらけになってしまったにひきのぬいぐるみのくまのいっぴき 「とぽんち、とぽんやこなだらけ」 鎌田暢子脚本・絵　童心社　2003年6月

とぽんや
おやつのよういをしていてこなだらけになってしまったにひきのぬいぐるみのくまのいっぴき 「とぽんち、とぽんやこなだらけ」 鎌田暢子脚本・絵　童心社　2003年6月

トーマス
エジプトの王さまのはかをあらしてミイラをはこびだしたはかせからミイラのおれたてをもらったおいの男の子 「ミイラ男」 上地ちづ子脚本;ヒロナガシンイチ画　童心社(こわいぞ!世界のモンスター)　1997年5月

トーマス・アルバ・エジソン(エジソン)
世界の発明王 「エジソン」 はやしたかし脚色;野々口重画　教育画劇(紙芝居・伝記シリーズ)　1989年5月

トマト
ニンジンのあかたろうとおなじなまえだったのでつやつやあかたろうになまえをかえたトマトのおとこのこ 「やさいむらのあかたろう」 中村ルミ子脚本;久住卓也絵　童心社(ともだちだいすき)　2003年7月

トマト騎士　とまときし
イタリヤのやさいのくにのいばりんぼうのおとのさまレモン大公のけらい 「チポリーノのぼうけん(前編)(後編)」 ジャンニ・ロダーリ原作;木村次郎脚本;岡本武紫画　童心社　1970年2月

トマトはかせ
きょうりゅうがだいすきでみなみのしまにきょうりゅうどうぶつえんをつくってしまったはかせ 「トマトはかせのきょうりゅうどうぶつえん-きょうりゅうの大きさはどのくらい?」 ゆきのゆみこ作;中島ざぼう画　教育画劇　1996年5月

とみいくん
こんどひっこしてきたおんなのこみたいなおとこのこでおとこまさりのかっこちゃんとさんりんしゃにのってマーケットへいったこ 「かっこととみいのだいぼうけん」 堀尾青史脚本;山本まつ子画　童心社(かみしばい安全教育シリーズ)　1977年5月

トミ子ちゃん　とみこちゃん
ノボルちゃんのとなりのいえのおんなの子　「きんいろのクレヨン」　後藤楢根作;こせきはるみ画　教育画劇(おはなしおもちゃばこ)　1986年12月

とむ
はじめてのはらへでかけてうれしくてかけまわっているうちにおかあさんうまとはぐれてしまったこうま　「はるのこうま」　与田準一脚本;井口文秀画　童心社　1984年4月

トム
あるとてもあついひのこととてもわがままなカトリーヌひめのためにおしろでこおりをつくったわかいコックさん　「おひめさまのおきにいり-アイスクリームのはじまり」　鬼塚りつ子作;岡本美子画　教育画劇　1991年5月

トム
えきまえであかいはねをうっていたじょがくせいのまねをしてジムとふえのさきのあかいはねをうろうとしたおとこの子　「トムとジムのあかいはね」　大石真作;さいとうたいこ画　教育画劇　1974年10月

トム
おおきくなったのでおかあさんいぬとチムとサムといっしょにさんぽにいったこいぬ　「おおきくなったこいぬ-こいぬのはなし2」　松野正子脚本;横内襄画　童心社(年少版かみしばい・ちいさいおともだち)　1987年5月

トム
チムとサムといっしょにうまれてきたちゃいろいこいぬ　「こいぬがうまれた-こいぬのはなし1」　松野正子脚本;横内襄画　童心社(年少版かみしばい・ちいさいおともだち)　1987年5

トム
なかよしのハックとふたりでばけものやしきへたからさがしにいったおとこのこ　「トム・ソーヤのぼうけん(前編)(後編)」　マーク・トウェイン原作;宗方あゆむ文;藤本四郎画　教育画劇　1990年1月

トム
ひこう木という木にさいた大きな紙ひこうきそっくりの花にたっちゃんといっしょに乗った犬　「たっちゃんとトムとチムのふしぎなひこうき」　大石真原作;若林一郎脚色;岡村好文画　NHKサービスセンター(NHK創作童話集)　1978年1月

トム
めんどりのコッコがのはらでひろったてがみをだれかによんでもらうためにいっしょにあるいていったいぬ　「かみひこうきはだいじなてがみ」　松野正子脚本;鎌田暢子画　童心社(童心社の紙芝居 げんきななかまシリーズ)　1995年1月

トム
森の中でインディアンごっこをしていてうちへ帰るのがおそくなってしまった三人の男の子の一人　「どっちがやさしいか」　石森延男作;吉野弘子脚色;アリマ・ジュンコ画　教育画劇(2年の道徳紙芝居)　1993年2月

とむ

トム
道のむこうのうちのおないどしでこんど学校にあがることになったジムなんかにまけるもんかとおもった男の子 「トムとジム」 大石真作;水沢研画 教育画劇(名作の花束みつばちシリーズ) 1976年10月

ドーム
一九四五年八月六日に原爆をおとされたヒロシマの町のまんなかにたっていたドーム 「二度と」 松井エイコ脚本・絵 童心社(平和かみしばい) 2005年6月

トムこう
とけいの小人の三じんくといっしょにねずみのこんれいにいったのらねこ 「とけいの3じくん」 奈街三郎作;西原ひろし画 童心社(輝く文部厚生大臣賞シリーズ) 1965年3月

トムじいさん
カンカラという町の人たちがすてるごみでごみだらけになってきた川やこうえんを子どもたちとそうじしたおじいさん 「ごみのすきなとり」 はやしたかし作;岩本圭永子画 教育画劇 1975年2月

トムじいさん
ながれぼしロケットのパイロットのピピにまごのジャックとエミリーとつきりょこうにつれていってもらったおじいさん 「おつきさまのともだち」 磯田和一作・画 教育画劇(へんてこなくにのおはなし) 1991年5月

トムテ
なまけものでらんぼうなニルスというおとこの子をこびとにした小さいおじいさん 「ニルスのふしぎなたび」 ラーゲルレーフ原作;成川裕子作・画 教育画劇(世界名作アニメかみしばい) 1990年5月

トムテ
ニルスをまほうでちいさくしたこびと 「ニルスのふしぎなたび(前編)(後編)」 ラーゲルレーヴ原作;上地ちづ子脚本;ユノセイイチ画 童心社 1991年5月

ともくん
あさごあいさつができておかあさんにほめられてうれしくなったおとこのこ 「ごあいさつできた」 山本まつ子作・画 教育画劇(おはなしなーに) 1988年1月

ともくん
おにいちゃんがかいてくれた絵ちずをみながら二ちょうめのじぶんのいえから五ちょうめのおとうさんのじむしょまでおつかいにいったおとこのこ 「まいごの絵ちず」 菊地ただし脚本;藤本四郎画 童心社 1990年9月

ともくん
へのへのもへじごうというなまえのいばりんぼのかみひこうきをつくったおとこのこ 「いばりんぼのかみひこうき」 高木あきこ作;高瀬のぶえ画 教育画劇(おはなしランド) 1985年7月

ともこ
ある夏のあつい日のこと雨のすきまのむこうからたくさんのきつねたちがかけ声をかけながらやって来るのを見た女の子 「きつねみちは天のみち」 あまんきみこ作;こわせたまみ文;いもとようこ画 NHKサービスセンター(創作童話) 1977年1月

友子　ともこ
ゲンのお母さんに生まれた赤ん坊「はだしのゲン第四巻」中沢啓治作・絵　汐文社　1991年4月

友子　ともこ
ゲンの妹の赤ん坊「はだしのゲン第五巻」中沢啓治作・絵　汐文社　1991年4月

ともこせんせい
だいちゃんのがっこうのせんせい「だいちゃんのおかしなひなんくんれん」宮﨑二美枝脚本;尾崎曜子画　童心社(防災紙芝居・じしんだ!かじだ!)　1992年9月

ともざえもんさん
天から下りてきて川に入って水あびをしていたてんにょのころもをかくしてよめごになってもらったおひゃくしょう「てんにんのよめさま」松岡励子脚色;坂本玄画　NHKサービスセンター(名作民話おはなし広場)　1984年1月

トモさん
トンガリぼうしをかぶってこびとになってこびとのまちへてがみをはいたつしにいったゆうびんやさん「こびとのてがみ」小沢正作;津田直美画　教育画劇(いってみたいなこんなくに)　1989年1月

ともちゃん
おたんじょうびにみんなでケーキをたべておいわいをしてもらったこども「ふうっ」松永正枝脚本;うえのよしみ画　童心社(みんなであそぼ)　1996年9月

ともちゃん
ケチャップやごはんをぎゅうってするのがだーいすきでねるときはおかあさんにぎゅうってだっこしてもらうおんなのこ「ともちゃんのぎゅうっ!」田村忠夫脚本;いちかわなつこ絵　童心社(年少向けおひさまこんにちは)　2008年1月

ともちゃん
こりすのちょろちゃんやこぐまのころちゃんたちといっしょにつみきをつんであそんだおんなのこ「つみきつもうつもう」津山伸子原案;小林純一脚本;和歌山静子画　童心社(こりすシリーズ)　1974年5月

ともちゃん
じょうずにたっちできたあかちゃん「じょうずじょうず」なとりちづ脚本;おおともやすお絵　童心社　2006年9月

ともちゃん
わるいことをしてもみんなとうめいにんげんのせいにしていたわんぱくなおとこのこ「ともちゃんととうめいにんげん」後藤楢根文;宇田正勝画　教育画劇　1974年2月

友野　与右衛門　ともの・よえもん
江戸時代に水になやむ村々をすくおうと箱根用水の大工事をなしとげたふたりの男のひとりで江戸の町人の科学技術者「箱根用水」川崎大治脚本;久米宏一画　童心社(紙しばい日本人の力シリーズ)　1976年10月

ともみ

トモミ
ともだちのナオトとふたりでまちはずれのこだかいおかのうえにある森へいってふくろうのオウルはかせにあった女の子 「ふくろうの森はほんの森」 水野寿美子脚本;夏目尚吾画 童心社 1996年4月

とよたまひめ
わたつみの神という海の神様の子で美しいおひめさま 「うみさちやまさち」 たなべまもる脚色;田代三善画 NHKサービスセンター(NHK小学校国語紙芝居教材 日本の古典) 1979年1月

とら
どうぶつのくにのライオンの王さまがしんでしまってつぎの王さまはじぶんだとひとりできめこんでいたとら 「きらわれたとら」 久保喬原作;福島のり子脚色;富永秀夫画 教育画劇(1年の道徳紙芝居) 1995年6月

とら
とらがしまにとらがりにきたおにがしまのおにたちをだましたとらたち 「おにがしまのとらがり」 仲倉眉子作・画 教育画劇(へんてこなくにのおはなし) 1984年9月

とら
まじょにまほうでちいさくされてつぼのなかにいれられたとら 「アンパンマンまじょのくにへ」 やなせたかし作・絵 フレーベル館

とら
まじょにまほうでちいさくされてつぼのなかにいれられたとら 「アンパンマンまじょのくにへ」 やなせたかし作・絵 フレーベル館(ワイド版アンパンマンかみしばい)

とら
まじょにまほうでちいさくされてつぼのなかにいれられたとら 「アンパンマンまじょのくにへ」 やなせたかし作・絵 フレーベル館(家庭版幼児かみしばい)

とらー
ともだちと三びきでいえのにわでたけざおにつながれてそらをゆうゆうとおよいでいるおおきなさかなをとりにいったねこ 「ねこのさかなとり」 小出保子作・画 教育画劇(ユーモアだいすき) 1988年5月

トラ
ある日山おくでみちにまよっていたおいしゃのイエンせんせいにわかもののすがたでちかづいてきたトラのきょうだい 「トラのおんがえし」 渡辺享子脚本・絵 童心社(ともだちだいすき) 2001年12月;童心社(たのしい世界のおはなし) 2001年12月

トラ
むかしパキスタンのあるむらではたけをたがやしていたおひゃくしょうにうしをよこせといったトラ 「いさましいおかみさんとトラ」 イクラム・チュタイ原作・再話;田島伸二訳・脚本;モハマド・ワシム画 童心社(ゆたかなこころシリーズ) 1991年12月

トラ
むかしやまのなかの一けんやにすんでいたにいさんといもうとのちいさいきょうだいをおかあさんにばけてたべようとしたトラ 「お日さまお月さま-韓国の昔ばなし」 チョン・イン-ソプ文；アン・チョン-オン絵；八木田宜子脚本　ほるぷ出版（ほるぷの紙芝居-世界昔ばなしシリーズ）　1983年4月

トラ
動物の国のライオンの王さまのおつきがしらをつとめているいじが悪くてずるがしこいトラ 「ライオンのめがね-フランス名作童話（前編）（後編）」 ビルドラック作；田付たつ子訳；福島のり子文；加東てい象画　教育画劇（世界名作童話紙芝居全集）　1991年7月

トラ（ツーデン）
あるひたべものをさがしていてカエルにであったはらぺこのトラ 「トラよりつよいカエルくん-チベットの民話」 矢崎節夫文；すがわらけいこ絵　教育画劇　2009年1月

とら（トラーリン）
ねこのきかんしゃにとびのった三にんのわるもののとら 「ねこのきかんしゃしゅっぱつしんこう」 田沢梨枝子作・画　教育画劇　1989年10月

トラオ
かいじゅうのドンキチくんのともだちのねこ 「ちょっとまって！ドンキチくん-省エネ」 藤本ともひこ作・画　教育画劇（かんきょうかみしばい みんなでまもろうネ！ちきゅうくん）　1999年5月

ドラキュラ
おとうさんたちにないしょでいなかのふるいおしろをぬけだしてまちへおまつりをみにいったちびっこドラキュラ 「ちびっこドラキュラ町へいく」 木暮正夫作；むかいながまさ画　教育画劇　1991年11月

ドラゴン
アフリカのおくにあったおおきなかわいちばんのおどりてのドラゴン 「おどるドラゴン-アフリカ民話より」 渡辺享子脚本・画　童心社　1987年10月

ドラゴン
おひめさまをおしろにとじこめておやつにたべようとしたおそろしいドラゴン 「おひめさまのカレーライス-すききらい」 山本和子作；伊東美貴画　教育画劇　1998年5月

トラさん
カニさんをいじめてわらっていたのにひげをきられてないてしまったトラさん 「わらってるないてる」 多田ヒロシ脚本・画　童心社（ひまわりシリーズ）　1983年4月

トラさん
どうぶつアパートのみんなをあつめてじしんとかじのときのれんしゅうをしたしょうぼう士のトラさん 「プルルのしっぱい」 安田浩作；岸田耕造画　教育画劇（交通安全紙芝居）　1990年3月

とらちゃん
なかよしのぞうくんとどうろであそんでいてオートバイにひかれそうになったとらちゃん 「ぞうくんあぶない！」 仲川道子脚本・画　童心社（交通安全かみしばい・あぶないっ！きをつけて！）　1993年9月

とらつ

トラック
おおきなまるたんぼやおもいくるまもはこんでしまうちからもちのトラックたち 「ぼくらはトラックちからもち」 小賀野実写真・案　教育画劇　2003年5月

トラック
どうろにとびだしてきた子いぬのコロをはねとばしてしまったひっこしようのトラック 「コロとボール」 香山美子作;西村達馬画　教育画劇(交通安全紙芝居)　1990年3月

トラック
まちからまちへひとからひとへいろんなにもつをはこぶのがしごとの長距離トラック 「はしれ!とびだせ!まちのくるま」 小賀野実写真・案　教育画劇　2003年5月

とらの王さま　とらのおうさま
ともだちのらいおんの王さまとぞうの王さまと三びきでこしょうのこなをすいこんでせきとくしゃみとしゃっくりがとまらなくなったとらの王さま 「せきとくしゃみとしゃっくりと」 早野洋子作;田沢梨枝子画　教育画劇(たのしい民話民話でてこい)　1984年5月

トラノスケ
もうじき2年生になる大ちゃんとなかよしのねこ 「ぼく、もうじき2年生」 内山安二作・画　教育画劇　1992年4月

トラーリン
ねこのきかんしゃにとびのった三にんのわるもののとら 「ねこのきかんしゃしゅっぱつしんこう」 田沢梨枝子作・画　教育画劇　1989年10月

とり
アラビアのバグダッドにすむハサンのうちからまいばんさばくへとんでいくおおきなとり 「まほうのとり」 坪田譲治原作;堀尾青史脚本;田代三善画　童心社　1983年8月

とり
おかねもちにうられたえのなかからぬけだしてだいすきなえかきさんのうちをさがしてとんでいったことり 「えかきさんとことり」 マックス・ベルジュイス作;八木田宜子脚本　ほるぷ出版(ほるぷの紙芝居-海外秀作シリーズ)　1982年9月

とり
どうぶつたちのかゆいところをつっついてなおしてやるつんつんやさんをはじめたことり 「つんつんや」 小林ひろみ脚本・絵　童心社(年少向けおひさまこんにちは)　2003年10月

とり
むかしはみんなまっしろだったのでてんのかみさまにおねがいしてふくろうのそめものやにすきないろにそめてもらったとりたち 「ふくろうのそめものやさん」 水谷章三脚本;下田昌克絵　童心社(ともだちだいすき)　2003年12月

とり
もりのなかの「かしのきホテル」にとまっているおきゃくのいろんなとりたち 「かしのきホテル」 久保喬作;高橋透画　教育画劇　1974年9月

鳥　とり
森のはずれのさか道のとちゅうにおちていた大きなレンズを見つけた小鳥さん　「おちていたレンズ」こわせたまみ作・文；伊東美貴画　NHKサービスセンター（創作童話）　1977年1月

鳥　とり
村のじゅうきちくんが風のはげしい日に道ばたにおちていたのをたすけてあげたよしのは鳥といううたをうたうふしぎな小鳥　「よしのは鳥」浜田広介作；蓑田正治脚色；輪島みなみ画　教育画劇（ひろすけ童話紙芝居全集）　1974年2月

とり（おっかなせんせい）
げんきなこねずみたちがかようがちゃがちゃえんの大きなとりのこわいせんせい　「がちゃがちゃえんのおっかなせんせい」かこさとし脚本・画　童心社　1988年4月

とり（コアジサシ）
五つのかいがんにやってきてすなはまにすをつくったコアジサシのおとうさんとおかあさんとうまれてきたひなたち　「コアジサシのおやこ」国松俊英作・画　童心社（美しい心シリーズ）　1980年7月

とり（フーリー）
たかいいわ山にすみ村の人たちをくるしめていた巨大でおそろしいとり　「ふしぎないしのおの」安藤美紀夫原作；渡辺泰子脚本；伊藤和子絵　童心社（紙芝居セレクションむかしむかし）　2003年5月

トリブラチー
へんなかたちをしたかおのあるいわ　「ちびっこカムのぼうけん（前編）（中編）（後編）」神沢利子原作；中川美登利脚本；小関俊之画　童心社　1990年9月

トルビン
北きょくけんに近い寒いスエーデンの北ノルランド地方にま冬に馬そりでストックホルムからきた旅人　「少年駅伝夫」鈴木三重吉原作；角田光男脚本；箕田源二郎画　童心社（紙しばい日本児童文学名作選）　1977年4月

トレローニさん
ジムたちとふねにのってたからじまへたからさがしのぼうけんにいったひと　「たからじま」スティーブンスン原作；紙芝居研究会脚本；伊藤展安画　童心社　1984年1月

ドロシー
アメリカのカンサスというところにあったいえがたつまきにまいあげられてしまってオズのくにへいった女の子　「オズのまほうつかい（前編）（後編）」岡上鈴江文；長島克夫画　教育画劇　1987年4月

ドロボー
ながれぼしにおねがいしてとうめいにんげんになったすこしまぬけなドロボー　「とうめい人間になったドロボー」宇野克彦作；西村郁雄画　教育画劇　1991年11月

どろぼう
あめがふるあるばんのことやまのなかにあったじいさまとばあさまのいえのうまごやにやってきたうまどろぼう　「ふるやのもり」水谷章三脚本；金沢佑光画　童心社　1989年9月

とろほ

どろぼう
ある日のこと花のき村というねむっているような村に入って来た五人のぬすびと 「花のき村とぬすびとたち」 新美南吉原作；筒井敬介脚色；水沢研画 NHKサービスセンター（NHK創作童話集） 1978年1月

どろぼう
おじいさんとおばあさんと小さなまごがすんでいたいえに馬をぬすもうと思ってやって来たどろぼう 「ふるやのもり」 石山透文；西岡たかし画 NHKソフトウェア（日本むかしばなし） 1996年1月

どろぼう
かっこうばかりのおぼうさんにおしえてもらったいいかげんなおきょうをとなえておったおばあさんのいえにしのびこんだどろぼう 「ねずみきょう」 武士田忠脚本；渡辺有一画 童心社（日本民話かみしばい選・わらいばなしがいっぱい） 1984年9月

どろぼう
クリスマスの前のばんにあたりがまっくらになったのでお寺にしのびこんだ三人のどろぼう 「つきがきえたはなし－ウクライナ民話」 伊藤海彦脚色；山下勇三画 NHKサービスセンター（名作民話おはなし広場） 1984年1月

どろぼう
とてもぽーっとしたおひゃくしょうのヨッホさんのろばをぬすんだふたりのどろぼう 「おひゃくしょうさんとろば－スイス」 宗方あゆむ脚色；ささやすゆき画 教育画劇（世界のユーモア民話） 1994年5月

どろぼう
ハサンがかっていたよるとぶとりをあやしいまほうのとりだといいふらしたどろぼうたち 「まほうのとり」 坪田譲治原作；堀尾青史脚本；田代三善画 童心社 1983年8月

どろぼう
ぼうけんものがたりのほんがだいすきな王さまのおしろにしのびこんだひとりのどろぼう 「のんびり王さまのわるものたいじ」 仲倉眉子作；長島克夫画 教育画劇 1989年10月

どろぼう
むらはずれのびんぼうなおてらにしのびこんだがなんにもなくてぼうさまのたけとんぼづくりのてつだいをしたどろぼう 「たけとんぼがひとつ」 菊地正脚本；金沢佑光画 童心社 1988年11月

どろぼう
めがねやにどろぼうにはいろうとしてでっちにいたずらをされたどろぼう 「めがねやとどろぼう」 桂文我脚本；東菜奈絵 童心社（紙芝居おおわらい落語劇場） 2004年3月

どろぼうあり（あり）
はたらきありたちがはこんでいたビスケットをよこどりしたおおきなあり 「ありのぼうけん」 堀尾青史作；宮下森画 童心社（小さな生物のせかい） 1978年5月

トロル
ふかい谷川にかかるはしの下にすんでいてそこを通るものをねらっていたおそろしいもの 「三びきのヤギ」 水谷章三脚色；渡辺和行画 NHKサービスセンター（NHKかみしばい世界の昔ばなし） 1982年1月

どろろんちゃん
おばけのくにのはげはげ山にすんでいた一つ目おばけ 「おばけのくにのどろろんちゃん」
しばはらち作・画 教育画劇(へんてこなくにのおはなし) 1984年9月

ドロンちゃん
おおきなふうせんにばけてくれたパパといっしょにそらのおさんぽにいったおばけのこども
「ドロンちゃんぼわーん」塩田守男作・画 教育画劇(年少向 はじめまして!おばけです)
1998年1月

とわだひめこ
大むかしのこと北の国にあったとわだこというみずうみのそばではたをおっていたうつくしい
むすめさん 「あかがみとくろがみ」須藤出穂脚色;梶山俊夫画 NHKサービスセンター
(名作民話おはなし広場) 1984年1月

トン
なかまたちにぜんぜんあわなくなったあきのさむい日にふゆをいっしょにすごすなかまをさ
がしにいったなみてんとうのこども 「てんとうむしのなかまさがし」得田之久作・画 童心社
(よいこの12か月) 1979年7月

ドン
けんちゃんのうちのとても大きなセントバーナード犬 「それゆけパトカー」神戸淳吉作;椎
野利一画 教育画劇(のりものだいすき) 1986年1月

ドン
なつやすみにほたるがりにいっただいちゃんとなかよしになったかわいいおばけ 「ワッペン
になったおばけ」井上あきむ作・画 教育画劇(ともだちシリーズ) 1985年8月

トンカチ
みんなでなかよくつみきあそびをしていたつみきたちをばらばらにしたいじわるトンカチ
「つみきとトンカチ」矢玉四郎作・画 教育画劇(コアラちゃんシリーズ) 1985年11月

トンキー
太平洋戦争のおわりごろ上野動物園でなかまのジョンとワンリーといっしょにころされること
になったぞう 「かわいそうなぞう」土家由岐雄脚本;久保雅勇画 童心社(愛と平和シリー
ズ) 1985年11月

ドンキチくん
ピクニックへいくのにみずはながしっぱなしでへやのでんきもテレビもけさないででかけよう
としたかいじゅう 「ちょっとまって!ドンキチくん-省エネ」藤本ともひこ作・画 教育画劇
(かんきょうかみしばい みんなでまもろうネ!ちきゅうくん) 1999年5月

どんぐり
おおきなスタジイの木からおちてころがっていったどんぐり 「どんぐりのあかちゃん」島本
一男脚本;若山憲画 童心社(だいすき!ちいさないきもの) 1997年9月

どんぐり
かしの木のえだからおちてやまをころころころがっておいけにはまったどんぐり 「どんぐりこ
ろころ」鶴見正夫作;ながよしかよ画 教育画劇(かわいい八つのおはなし) 1992年11月

とんこ

とん子　とんこ
ひるとよるのながさがおなじ日の秋分の日にごせんぞさまのおはかまいりにいったぶた「ひるとよるがはんぶんずつの日」小春久一郎作；長島克夫画　教育画劇（あたらしい行事紙芝居）1994年12月

とんちゃん
パパからたいこをもらっておおよろこびでたいこをたたきながらおうちのそとにでていったこぶた「とんちゃんとたいこ」間所ひさこ作；にしおかたかし画　教育画劇（おはなしチルチル）1985年7月

トンちゃん
おとうさんがおうちをつくるだいくさんのしごとをしているこぶた「はたらいているみなさんありがとう！」にへいたもつ作；新井洋行絵　教育画劇（きんろうかんしゃの日　由来紙芝居）2007年9月

トンちゃん
ぶたのブータンのおにいちゃん「おにいちゃんになりたい」チト・イトー作・画　教育画劇（コアラちゃんシリーズ）1985年5月

トンちゃん
まきをもやしてはしるきかんしゃにのせてもらったどうぶつたちのこぶた「がんばれきかんしゃ」内山安二作・画　教育画劇（コンスケくんシリーズ）1981年10月

トンちゃん
めがおおきくてなんでもよくみえるのにかくれんぼめいじんのアマガエルやシャクトリムシをみつけられなかったトンボのこ「トンボのトンちゃんかくれんぼ」矢野亮脚本；近藤周平画　童心社（だいすき！ちいさないきもの）1997年9月

トンちゃん
海のある町へ引っこしてきて日曜日にパパにはじめてかいがんへつれてきてもらって二人でおよいだ男の子「にちようびのパンツ」筒井敬介原作・脚色；井上洋介画　NHKサービスセンター（名作民話おはなし広場）1984年1月

ドンちゃん
せんにんのじいさまにもらったおとしだまがかぜにさらわれたのでくものうえまでおいかけていったおとこのこ「おめでとうドンちゃん」前川かずお作・画　童心社（童心社の紙芝居　たのしいお正月シリーズ）1987年11月

トン・チン・カン
むかしうみのなかのちいさなしまにあったちいさなくにの3にんだけのこくみんのトンとチンとカン「ちいさなジャンボ」やなせたかし作・絵　フレーベル館

とんちんけん
たかしのおにいちゃんがけったボールがあたってでまえのはこをおっことしたラーメンやさん「ぐるぐる」堀尾青史脚本；前川かずお画　童心社　1987年7月

トント
こぶたのポーのなかよし「いつもパクパクこぶたのポー」宮西達也作・画　教育画劇（四季の行事シリーズ　むしば）1993年5月

トントン
いつももりのみずうみにうつるじぶんのすがたをみてはためいきをついていたこぶた 「みればみるほどへんなトントン！」 井上あきむ作・画 教育画劇（おはなしバラエティ） 1984年12月

トンペイちゃん
がっこうのおべんとうのじかんのあとにすぐにともだちとあばれておなかがいたくなったぶた 「おおきくなるには」 堀尾青史作；前川かずお画 童心社（よいこの保健・安全シリーズ） 1984年9月

トンボ
シオカラトンボのなかまのアカトンボさんやイトトンボさんやオニヤンマさんたち 「トンボくんとなかまたち」 今森光彦写真・作 教育画劇 2005年5月

トンボ（トンちゃん）
めがおおきくてなんでもよくみえるのにかくれんぼめいじんのアマガエルやシャクトリムシをみつけられなかったトンボのこ 「トンボのトンちゃんかくれんぼ」 矢野亮脚本；近藤周平画 童心社（だいすき！ちいさないきもの） 1997年9月

とんまる
にんじゃやまでどうぶつたちといっしょににんじゅつのしゅぎょうをしているちびっこにんじゃ 「じゅもんはとんとんまるまる」 浅沼とおる作・画 教育画劇 1997年11月

【な】

ナイチンゲール
クリミア戦争の従軍かんごふとして戦場にむかい世界の人びとからクリミアのあいの天使としたわれた人 「ナイチンゲール」 福島のり子脚色；小谷野半二画 教育画劇（紙芝居・伝記シリーズ） 1995年6月

なおき
えんのクリスマスかいにやってきたサンタクロースのあしあとをつけていったおとこのこ 「サンタのわすれもの」 伊藤たまき脚本；夏目尚吾画 童心社（よいこの12か月） 1989年12月

なおこ
モルモットのあかちゃん六ぴきをクラスのこにわけてあげたおんなのこ 「みんなのあかちゃんモルモット」 今関信子脚本；夏目尚吾絵 童心社（バリアフリーの紙しばい） 2001年3月

なおちゃん
おとうとののぶくんがもっていたぬいぐるみのぞうさんをとりあげておもちゃのバスにのろうとしたおねえちゃん 「いじわるだめよ」 津山伸子作；小林和子画 童心社（こりすシリーズ） 1974年5月

なおちゃん
どうぶつたちがみんなかけていくのでついていってカンガルーのあかちゃんにあったおんなのこ 「あかちゃんはどこ？」 神沢利子作；田中槙子画 童心社（美しい心シリーズ） 1976年6月

なおと

ナオト
ともだちのトモミとふたりでまちはずれのこだかいおかのうえにある森へいってふくろうのオウルはかせにあった男の子 「ふくろうの森はほんの森」 水野寿美子脚本;夏目尚吾画 童心社 1996年4月

中岡 元　なかおか・げん
一九四五年日本がアメリカやイギリスなど多くの国を相手に戦争をしていた頃に広島の街の小学校二年生だった少年 「はだしのゲン第一巻」 中沢啓治作・絵 汐文社 1991年4月

中岡 元　なかおか・げん
一九四五年日本がアメリカやイギリスなど多くの国を相手に戦争をしていた頃に広島の街の小学校二年生だった少年 「はだしのゲン第二巻」 中沢啓治作・絵 汐文社 1991年4月

中岡 元　なかおか・げん
一九四五年八月六日広島の街で原爆にあってお母さんと逃げのびた少年 「はだしのゲン第三巻」 中沢啓治作・絵 汐文社 1991年4月

中岡 元　なかおか・げん
原爆で地獄と化した広島の街で生き抜く少年 「はだしのゲン第五巻」 中沢啓治作・絵 汐文社 1991年4月

中岡 元　なかおか・げん
原爆で地獄と化した広島の街で生き抜く少年 「はだしのゲン第四巻」 中沢啓治作・絵 汐文社 1991年4月

中川 実之助　なかがわ・じつのすけ
北九州の山国川ぞいの岩山の洞門をひとりでほりつづけるぼうさんの禅海が親のかたきの武士 「青の洞門」 堀尾青史脚本;小谷野半二画 童心社(紙しばい日本人の力シリーズ) 1976年10月

中川 淳庵　なかがわ・じゅんあん
前野良沢の医師仲間で若狭国小浜藩の医者 「蘭学の夜明け」 本多公栄作;梶鮎太絵 汐文社(紙芝居 日本の歴史18) 1987年12月

ながぐつ
おさんぽしていてまいごになっちゃったながぐつ 「ぼくのおうちは？」 中川ひろたか脚本;長野ヒデ子絵 童心社 2000年8月

ながこさん
あかちゃんをまもるためにまえあしでライオンをけとばしたつよいおかあさんのキリン 「キリンのながこさん」 わしおとしこ脚本;藤本四郎画 童心社 1999年12月

ながしかくちゃん
まるちゃんといっしょにさんぽにいったともだちのながしかくちゃん 「まるちゃんのともだち」 ボアワン作・画 汐文社(アジアの紙芝居 ラオスの紙芝居) 1998年4月

中原さん　なかはらさん
五人の子どもを残して出征し原爆が落とされた長崎に帰ってきたタエ子ちゃんのお父さん 「かえってきたおとうさん」 坂口便原作;古村覚脚色;村上新一郎画　あらき書店(長崎原爆紙芝居Ⅲ)　1984年8月

なきうさぎ(うさぎ)
日本にいるうさぎにねんがじょうをかいてつるにとどけてもらおうとしたシベリアのなきうさぎ 「つるのねんがじょう」 上地ちづ子脚本;久保雅勇画　童心社(たのしいお正月シリーズ) 1987年11月

なきむしくん
けんちゃんのかわったおともだち3にんのひとりでなかせたらたいへんなおとこのこ 「なきむしくん」 宮本えつよし作・画　教育画劇　2004年5月

なきむしくん(男の子)　なきむしくん(おとこのこ)
すぐになきだす子で森へさんぽにいってまいごになってないた男の子 「なきむしくん」 瀬名淳子作;瀬名恵子画　教育画劇(ちょうちょシリーズ)　1976年6月

なきむししずく(しずく)
のはらからそらにあがっていってあまぐもになってあめつぶくんをふらせたしずく 「むくむくぽっかりほんわりこ」 まついのりこ脚本・画　童心社(とびだすせかい)　1986年9月

ナクーラ
むかしノルドンというくにのもりにいたふだんはおとなしいがおこらせると大へんなことになるといいいつたえのあるかいぶつ 「ナクーラのもり」 エム・ナマエ作;古味正康画　教育画劇(おはなしきかせて)　1988年9月

ナージャ
びょうきになっておかあさんにほんもののぞうさんにあいたいとねがいごとをした女の子 「すてきなおみまい」 クープリン原作;大石真訳・脚色;津田直美画　教育画劇(げんまんシリーズ)　1984年6月

那須 八郎　なすの・はちろう
今の栃木県那須の原で村人をおそうようになったおそろしい古ギツネのことを都へ知らせにいった男 「せっしょうせき」 たなべまもる脚色;及川正画　NHKサービスセンター(NHK小学校国語紙芝居教材 日本の民話Ⅱ)　1980年1月

なぞなぞまおう
いぬのワンタとかえるのケロッパのなかよしのねこのニャンコをゆうかいしたなぞなぞもりのまおう 「なぞなぞまおうをやっつけて」 大高ゆきお文;尾崎眞吾絵　教育画劇　2004年1月

なつき
あかちゃんがもうすぐうまれるのでおかあさんがびょういんににゅういんしたおんなのこ 「おかあさんのいないよる」 宮西いづみ作;岡本美子画　教育画劇　1992年4月

なっちゃん
おたんじょうかいでおかあさんにあかちゃんのときのはなしをしてもらったおんなのこ 「なっちゃんのおたんじょうかい」 河野二子原案;上地ちづ子脚本;久保雅勇画　童心社　1983年2月

なつち

なっちゃん
しっぽとりのおにごっこをしていてずるばっかりしていたおんなのこ 「なっちゃんのしっぽとり」 伊藤たまき脚本;高橋由為子画 童心社(げんきななかまシリーズ) 1991年7月

なっちゃん
ひなまつりがちかづいたのにかぜをひいてねこんでしまったおんなのこ 「ひなのやまかご」 古山広子脚本;牧村慶子画 童心社(ひなまつりシリーズ) 1989年1月

なっとうようかい
おとうふやさんにおつかいにいったななちゃんをなっとうむすめにしたなっとうのようかい 「とうふこぞうとなっとうむすめ」 たごもりのりこ作・絵 教育画劇 2006年1月

ナナ
おにいさんのケンとふたりではたけにたねをまいてかぶらをそだててまえからほしかったくつをかったおんなのこ 「ピカピカのおくりもの」 クレッドル原作;川田百合子脚本;月田孝吉画 童心社 1985年9月

ななえちゃん
ちゅうごくからきたてんこうせいのエンボくんといっしょにあそぼうとおもったおんなの子 「また、あおうね」 宮﨑二美枝脚本;高橋透絵 童心社(バリアフリーの紙しばい) 2001年3月

ななちゃん
うでをかにさされてもよごれたてでかかなかったおんなのこ 「かゆくてもかかないよ-皮フのびょうき」 小林ゆき子作・絵 教育画劇(びょうきのシグナルわかる?健康紙芝居) 2008年9月

ななちゃん
おとうふやさんにおつかいにいったらなっとうようかいになっとうむすめにされてしまったおんなのこ 「とうふこぞうとなっとうむすめ」 たごもりのりこ作・絵 教育画劇 2006年1月

ナナちゃん
おにいちゃんのヨッちゃんとふたりでジュースをかいにいってそとでじしんにあったおんなのこ 「ナナちゃん、ヨッちゃん、おちついて!-屋外(住宅地)での地震」 本田カヨ子作;田中秀幸画 教育画劇 1995年8月

ナナちゃん
だいちゃんのがっこうのともだちのおんなのこ 「だいちゃんのおかしなひなんくんれん」 宮﨑二美枝脚本;尾崎曜子画 童心社(防災紙芝居・じしんだ!かじだ!) 1992年9月

ナナばあさん
だれでもすきなすがたにかえてしまえるふしぎなくすりをつくったまほうつかいのおばあさん 「まほうつかいのナナばあさん」 平井貴子作・画 教育画劇(おはなしランド) 1984年5月

ナナばあさん
まほうのかがみをとおりぬけておそうじやおせんたくのすきなこどもをつれてきたなまけもののまほうつかい 「ナナばあさんのかがみのまほう」 平井貴子作・画 教育画劇 1986年3月

ナナばあさん
むらのこどもたちをさらってまほうのスープにしようとしたまほうつかい 「ナナばあさんのまじょスープ」 平井貴子作・画 教育画劇(ユーモアひろば) 1992年12月

七ひきのこやぎ(やぎ)　ななひきのこやぎ(やぎ)
むかしあるところにおかあさんやぎといた七ひきのこやぎ 「おおかみと7ひきのこやぎ-グリム童話より」 関修一作・画 教育画劇 1995年7月

7ひきのこやぎ(やぎ)　ななひきのこやぎ(やぎ)
おかあさんやぎがそれはそれはかわいがっておりました7ひきのこやぎ 「おおかみと7ひきのこやぎ-グリム童話」 大木純脚色;加藤晃画 教育画劇 2000年2月

ナナフシ
テントウムシにオニになってもらってともだちとみんなでかくれんぼきょうそうをしたかくれるのがじょうずなむし 「むしたちのかくれんぼ」 得田之久脚本・絵 童心社(ともだちだいすき) 2000年5月

ナナホシテントウ
おかあさんがはっぱのうらにうんだたまごからうまれてきたナナホシテントウのあかちゃん 「ななつのほしのてんとうむし」 今森光彦写真・作 教育画劇 2005年5月

ナナホシテントウ
ちいさなアブラムシをみつけてたべはじめたのにアリがきたのでにげていったてんとうむし 「てんとうむしとなかよし」 高家博成脚本;横内襄画 童心社(げんきななかまシリーズ) 1993年8月

なば
むかしあそ山という山のふもとにばあさまと二人くらしていた村でもひょうばんの力もちの大男 「なけばせんにんりき」 水谷章三脚色;藤田勝治画 NHKサービスセンター(名作民話おはなし広場) 1984年1月

ナポリターナ
ちょっぴりむかしイタリアにいたおかねもうけがうまいふたりのしょうにんのひとりでひどーいよくばりんぼうだったおとこ 「ぼろぼろじまのたからもの-イタリア」 本田カヨ子脚色;草間真之介キャラクター;石渡俊和背景 教育画劇 1990年11月

並河 成資　なみかわ・しげすけ
昭和のはじめのことれいがいになやむ北の地方で寒さに負けないでそだつ新しい稲の品種をつくったわかい技師 「稲の恩人」 来栖良夫脚本;金野新一画 童心社(紙しばい日本人の力シリーズ) 1964年8月

なみこさん
なつのまんげつのよるにおなかいっぱいたまごをかかえてうみへやってきたアカテガニのおかあさん 「アカテガニのうまれる日」 渡辺享子脚本・画 童心社(ゆたかなこころシリーズ) 1998年7月

なみだおに(おに)
なみだをたべてくらしているなみだおに 「なみだおに」 あまんきみこ原作;高橋清一脚本;一條めぐみ画 童心社 1998年2月

なんて

なんでもや
クモのアナンシの6ぴきのむすこの四ばんめでなんでもかんでもたちまちかいけつするむすこ 「アナンシと6ぴきのむすこ−アフリカの民話」 ジェラルド・マクダーモット作;八木田宜子脚本 ほるぷ出版(ほるぷの紙芝居−世界昔ばなしシリーズ) 1983年4月

なんにもせんにん
にほんいちのなまけもののたすけがつぼのなかからだしてやった小さなせんにん 「なんにもせんにん」 巌谷小波原作;川崎大治脚本;佐藤わき子画 童心社(童心社ベストセレクション第2集) 2000年5月

【に】

にいさんといもうと(きょうだい)
むかしやまのなかの一けんやにすんでいておかあさんにばけたトラにたべられそうになったにいさんといもうととのちいさいきょうだい 「お日さまお月さま−韓国の昔ばなし」 チョン・インーソプ文;アン・チョンーオン絵;八木田宜子脚本 ほるぷ出版(ほるぷの紙芝居−世界昔ばなしシリーズ) 1983年4月

におう
うみのむこうの唐というくににちからくらべにいったにっぽんいちのちからもちのおおおとこ 「におうとどっこい」 泉さち子文;西村達馬画 教育画劇(民話どっこいしょ) 1985年2月

にくやさん
やきにくのにおいだけでパンをたべていた男の人からにおい代をとろうとしたにくやのおじさん 「においのおねだん」 岡上鈴江文;和歌山静子画 教育画劇(パピーちゃんシリーズ) 1977年2月

ニコラスさま
とおいきたぐにのふゆのよるみちにまよってしまって年とったきつねにむらまであんないしてもらったサンタクロース 「いちばんはじめのサンタクロース」 足沢良子作;岸田耕造画 教育画劇(あたらしい行事紙芝居) 1993年9月

ニコラスさん(サンタクロース)
むかしギリシャのくににいたおかねもちのおじさんでかみさまのおしえにしたがってまずしいおやこのいえにきんかのふくろをなげてやったひと 「くつしたのなかのプレゼント」 間所ひさこ作;ふりやかよこ画 教育画劇 1995年11月

ニコラ・ネルリ(ネルリ)
この国一ばんのお金持ちで教会や病院や学校を寄付してとくいになっていた銀行家 「黒いパン」 アナトール・フランス原作;長崎源之助脚色;吉崎正己画 教育画劇(道徳紙芝居総集編) 1984年9月;教育画劇 1973年8月

ニねん にねん
やまのうえのおてらにいた三にんのこぞうさんのひとり 「くいしんぼうのおしょうさん」 鬼塚りつ子脚色;藤本四郎絵 教育画劇(日本のユーモア民話) 1993年8月

にゃあにゃ
にんぎょうのあかいべべをきておつかいにいったおしゃれな子ねこ 「うちのにゃあにゃ」 松谷みよ子脚本;長野ヒデ子絵 童心社(年少向けおひさまこんにちは) 2006年4月

にゃおちゃん
七夕かざりをつくることにしたこねこのきょうだいのひとり 「こねこの七夕まつり」 間所ひさこ脚本;藤本四郎絵 童心社 2004年7月

ニャーオン
おつきさまをつかまえにとびだしていったこねこ 「ニャーオン」 都丸つや子脚本;渡辺享子絵 童心社(2・3歳児かみしばい・いちごシリーズ) 1990年6月

ニャーオン
おるすばんをしていっぱいあそんだこねこ 「ニャーオンのおるすばん」 都丸つや子脚本;渡辺享子絵 童心社 2003年8月

ニャーオン
はるってなんだろうとおもってもんしろちょうについていったこねこ 「はるだよ、ニャーオン」 都丸つや子脚本;渡辺享子画 童心社(げんきななかまシリーズ) 1995年4月

ニャーシャ
森へいったらだめよってとめられたのに森まできてしまってまいごになったいじっぱりの子ねこ 「まいごの子ねこちゃん」 ベルイシェフ作;内田莉莎子訳;関七美脚色;ながよしかよ画 教育画劇(たのしい民話民話でてこい) 1979年9月

ニャータ
タッくんのうちのボールあそびがだーいすきなねこ 「おおきなボール」 村山桂子作;きよしげのぶゆき画 教育画劇 1994年1月

ニャーちゃん
おかいものにいってみんなに「あのね…」といってもきいてもらえなかったこねこ 「あのね…」 木村裕一作;磯みゆき画 教育画劇(おおきくなあれ) 1992年1月

ニヤメ
むかしあらゆるおはなしをきんのはこにいれじぶんのそばにおいておいたそらのかみさま 「おはなしおはなし」 ゲイル・E.ヘイリー作;八木田宜子脚本 ほるぷ出版(ほるぷの紙芝居−世界のおはなしシリーズ) 1989年6月

ニヤメ
むかしむかしのことあらゆるおはなしをきんのはこにいれじぶんのそばにおいておいたそらのかみさま 「おはなしおはなし」 ゲイル・E.ヘイリー作;八木田宜子脚本 ほるぷ出版(ほるぷの紙芝居−世界のおはなしシリーズ) 1989年6月

にゃんこ
くまの子のくまおとうさぎの子のうさきちときゅうにのってそらのさんぽをしたねこの子 「そらのさんぽ」 鶴見正夫作;チト・イトー画 教育画劇(ポッポシリーズ) 1985年6月

ニャンコたんてい
ヒツジさんのいえにはいったどろぼうをみつけだしたねこのたんてい 「ニャンコたんていのまる?さんかく?しかく?」 田沢梨枝子作・画 教育画劇 1981年9月

にやん

ニャンコちゃん
どうぶつむらのこどもたちのふるいセーターをあつめてリサイクルしてぞうのあかちゃんへプレゼントしたねこ 「ぞうのあかちゃんへのプレゼント-リサイクル」 宗方あゆむ作;毛利将範画 教育画劇(かんきょうかみしばい みんなでまもろうネ!ちきゅうくん) 1999年5月

ニャンタロー
なぞなぞをとくめいたんていのねこ 「なぞなぞたんていニャンタロー」 このみひかる作;岩田くみ子画 教育画劇(なぞなぞだいすき) 1992年12月;教育画劇 1988年9月

ニャンたん
みんなとうーんととおくへいってみたこねこ 「とおくへいったよ」 内山安二作・画 教育画劇(おはなしチャチャチャ) 1991年6月

にゅうどうぐも
からからにかわいたむぎばたけでおとうさんとおかあさんとおとこのこがあめをふらせてくださいといっていてもぐっすりねむりこんでいたにゅうどうぐも 「あめつぶさん」 新井早苗脚本;高橋久子画 童心社(よいこの12か月) 1986年6月

にゅうどうぐも
たいくつだったのでみこちゃんをいじめようとしてゆうだちをふらせたにゅうどうぐもたち 「にゅうどうぐも」 安藤美紀夫原作;北田伸脚本;八木康夫画 童心社(よいこの十二か月) 1976年7月

ニルス
こびとのトムテにまほうでちいさくされてしまってガチョウのモルテンのせなかにのってたびをしたおとこのこ 「ニルスのふしぎなたび(前編)(後編)」 ラーゲルレーヴ原作;上地ちづ子脚本;ユノセイイチ画 童心社 1991年5月

ニルス
スエーデンというくにのいなかにいたなまけものでらんぼうでいつもわるいことばかりしていたおとこの子 「ニルスのふしぎなたび」 ラーゲルレーフ原作;成川裕子作・画 教育画劇(世界名作アニメかみしばい) 1990年5月

二郎次 にろうじ
都へ行くとちゅうの道が三つにわかれていたところでそれぞれの道をあるきだしたなかよし三人きょうだいの一人 「三人きょうだい」 菊池寛;矢崎節夫脚色;大野隆司画 教育画劇(おさむらいさんのはなし紙芝居) 2003年9月

にわとり
あめのひにやってきたいぬのおなかのしたにいれてもらったにわとりのおやこ 「あめのひのおともだち」 八木田宜子脚本;大野隆司絵 童心社(年少向けおひさまこんにちは) 2004年10月

にわとり
お尻にあたたかい風を感じると鳴きたくなるんだといぼがえるにいったにわとり 「いぼがえるとにわとり」 トンミー作・画 汐文社(アジアの紙芝居シリーズ ラオスの紙芝居3) 1998年4月

にわとり
たべるものをさがしにいってみつけた二まいのきんかをじぬしのだんなにとりあげられたおんどり「おんどりと二まいのきんか」安藤美紀夫訳;堀尾青史脚本;うすいしゅん画　童心社　1993年1月

にわとり
たまごをたべようとしたどらねこにとびかかってけとばしたつよいかあさんのめんどり「いやいやたまご」竹下文子脚本;ましませつこ絵　童心社(ともだちだいすき)　2007年4月

にわとり
ひよこのろくちゃんをたべようとしたのらねこのごろべえとたたかったつよいかあさんどり「ひよこのろくちゃん」かこさとし作;瀬名恵子絵　童心社(かこさとし紙芝居傑作選)　1975年3月

にわとり
みちにおちていた二まいのきんかをかいぬしのおじいさんのためにもってかえろうとしたおんどり「おんどりと二まいのきんか」クリャンガ作;直野敦翻訳;福島のり子脚色;若菜珪画　教育画劇(たのしい民話民話でてこい)　1985年2月

にわとり
むかしむかしそらをとんでいたころお日さまのうちにいってだいじなものがはいっているこばこをふくろうといたずらしたにわとり「にわとりなぜなぜあさなくの」しばはらち作・画　教育画劇(ゆかいな由来ばなし)　1992年4月

にわとり
りゅうのみみにはいっているムカデをとってあげたにわとり「りゅうとにわとり」沖縄子どもの文化研究会企画;平田恵美子脚本;友利恭子画　童心社　1997年11月

にわとり
ろばといぬとねこといっしょにブレーメンのまちへいっておんがくたいをやろうとしたにわとり「ブレーメンのおんがくたい」グリム原作;川崎大治脚本;宮本忠夫画　童心社(世界の名作・第2集)　1992年5月

にわとり
ろばといぬとねこといっしょにブレーメンのまちへいっておんがくたいをやろうとしたにわとり「ブレーメンのおんがくたい」川崎大治脚本;宮本忠夫画　童心社(世界の名作第2集)　1992年5月

にわとり
ろばといぬとねことみんなでブレーメンのまちへいっておんがくたいをやろうとしたにわとり「ブレーメンのおんがくたい」川崎大治脚本;井口文秀画　童心社(家庭版かみしばい)　1992年1月

にわとり
ろばといぬとねこと四ひきでブレーメンのまちへいっておんがくたいにいれてもらおうとしたおんどり「ブレーメンのおんがくたい-グリム童話より」福島のり子脚色;関修一作・画　教育画劇(家庭版名作アニメかみしばい)　1995年2月

にわと

ニワトリ
ロバとイヌとネコといっしょにブレーメンの町へ行って音楽隊に入ろうとしたオンドリ 「ブレーメンの音楽隊」 若林一郎文;岡村好文画 NHKソフトウェア(世界むかしばなし) 1996年1月

にわとり(アルビナ)
ピエリノがおじいさんにかってもらったひよこがたべてたべておおきくなったげんきなめんどり 「げんきなアルビナ」 アントネラ・ボリゲール=サベリ作;八木田宜子脚本 ほるぷ出版(ほるぷの紙芝居-海外秀作シリーズ) 1982年9月

ニワトリ(カックさん)
めのまえにみたことのないおおきなたまごがおちてきてびっくりしたニワトリ 「びっくりたまごはだれのもの?-たまごの大きさ」 中村美佐子作;毛利将範画 教育画劇 1997年8月

にわとり(クックママ)
ひよこのクックのスーパークックママにへんしんしてかつやくするママ 「へんしんクックママ」 内閣府政策統括官監修 全日本交通安全協会(こうつうあんぜんかみしばい) 2007年4月

にわとり(コケコさん)
アイスクリームのアイスくんにめうしのチッチーさんとみつばちのハチミさんとさんにんでいもうとをつくってあげたにわとり 「アイスくん」 山福朱実作・絵 教育画劇 2006年1月

にわとり(コッコ)
おかのうえのうちにこしてきたたろうがとばしたかみひこうきをのはらでひろっためんどり 「かみひこうきはだいじなてがみ」 松野正子脚本;鎌田暢子画 童心社(童心社の紙芝居 げんきななかまシリーズ) 1995年1月

にわとり(コッコおばさん)
あついなつのよるおばけたちにてつだってもらってつめたいものをつくったおりょうりがだいすきなにわとりのおばさん 「コッコおばさんのおばけのアイスクリーム」 仲川道子脚本・画 童心社 1998年8月

にわとり(コッコおばさん)
おりょうりがだーいすきなにわとりのおばさん 「コッコおばさんのうれしいおでんわ」 仲川道子脚本・画 童心社(童心社のかみしばい) 1999年1月

にわとり(コッコおばさん)
もりのなかにあったいつもどうぶつたちでまんいんのおいしいレストランのめんどりのおばさん 「コッコおばさんのおいしいレストラン」 仲川道子脚本・画 童心社 1995年5月

にわとり(コッコおばさん)
やおやでかったおおきなすいかをころがしてかえろうとしてかわにおとしてしまったにわとりのおばさん 「コッコおばさんのおおきなすいか」 仲川道子脚本・絵 童心社(ともだちだいすき) 2000年7月

ニワトリ(コッコさん)
めのまえにみたことのないおおきなたまごがおちてきてびっくりしたニワトリ 「びっくりたまごはだれのもの?-たまごの大きさ」 中村美佐子作;毛利将範画 教育画劇 1997年8月

にわとり(サンドラおばさん)
あしをけがしてしまったこぐまのビリーにたまごをもってきてくれたにわとりのおばさん 「そんなのいらない」 リンデルト・クロムハウト脚本;福田岩緒絵;野坂悦子訳 童心社 2003年11月

にわとり(とっと)
まいにちほいくえんにいくけいこちゃんをおみおくりするにわとり 「にわとりとっと」 渡辺享子脚本・絵 童心社(かみしばいどうぶつの飼い方ふれあい方) 2000年8月

にわとりさん
あるひなかよしのあひるさんとどこかにいなくなってしまってかあさんたちをしんぱいさせたにわとりさん 「あひるさんとにわとりさんB のんきなあひるさんとにわとりさん」 村山籌原作;村山亜土脚本;村山知義絵 童心社(村山籌子幼年かみしばい) 2002年5月

にわとりさん
さんじのおやつのじかんになかよしのあひるさんにこうちゃをはんぶんあげたにわとりさん 「あひるさんとにわとりさんA なかよしのあひるさんとにわとりさん」 村山籌原作;村山亜土脚本;村山知義絵 童心社(村山籌子幼年かみしばい) 2002年5月

にわとりさん
なかよしのあひるさんとピクニックにでかけたのにけんかをしておべんとうをひっくりかえしてしまったにわとりさん 「あひるさんとにわとりさんC おこりんぼうのあひるさんとにわとりさん」 村山籌原作;村山亜土脚本;村山知義絵 童心社(村山籌子幼年かみしばい) 2002年5月

にわとりのおやこ
みちのまんなかにおちていたひもをみつけたにわとりのおやこ 「ひもがーぽん」 白濱杏子作;高瀬のぶえ画 教育画劇(かわいい八つのおはなし) 1992年11月

にんぎょ
おたんじょう日におうさまからいただいたにじのゆびわをいるかたちにとおくのうみへとばされてしまったにんぎょ 「にんぎょのゆびわ」 神戸淳吉作;岩本圭永子画 教育画劇 1975年8月

人魚　にんぎょ
くらいきたのうみにすんでいた人魚 「赤いろうそくと人魚」 小川未明原作;清水たみ子脚色;北島新平画 教育画劇(小川未明童話紙芝居全集) 1986年7月

人魚　にんぎょ
くらいくらーい北の海で生まれた人魚のむすめ 「赤いろうそくと人魚」 小川未明原作;川崎大治脚本;桜井誠画 童心社(紙しばい日本児童文学名作選) 1986年11月

人形(ミルドレッド)　にんぎょう(みるどれっど)
せんそうの始まるずっと前にアメリカから来て新潟の柏崎小学校のお友だちにむかえられた青い目の人形 「あおいめのにんぎょう」 野村昇司原作・脚色;伊東美貴画 NHKサービスセンター(NHK小学校国語紙芝居教材 創作童話) 1980年1月

にんき

にんぎょひめ
うみのいちばんふかいところにあったにんぎょのおうさまのおしろの六人ひめのいちばん下のひめでうみでおぼれたおうじをたすけてあげたむすめ 「人魚ひめ」 アンデルセン原作；堀尾青史脚本；いわさきちひろ画　童心社（いわさきちひろ画・紙芝居選）　1989年6月

にんぎょひめ
ふかいうみのそこにあったにんぎょのくにの六ばんめのにんぎょのおひめさまであらしのうみで王子さまをたすけたむすめ 「にんぎょひめ」 アンデルセン原作；香山美子文；工藤市郎画　教育画劇（世界名作童話紙芝居全集）　1991年2月

にんぎょひめ
ふかい海のそこにあったにんぎょのおしろのいちばん下のおひめさまであらしの海で王子さまをたすけたむすめ 「にんぎょひめ」 こわせたまみ文；瀬戸口昌子画　NHKソフトウェア（世界むかしばなし）　1996年1月

にんぎょひめ
みなみのうみにすんでいたうつくしいにんぎょひめ 「にんぎょひめをたすけよう」 柴野民三作；野々口重画　教育画劇（兄弟愛と自然きょうだいシリーズ）　1977年11月

にんざえもん
たけしがみんなとこうえんでかけっこをしていてころんだところへやってきたにんじゃ 「にんじゃがやってきた」 今村幸介作；山口みねやす画　教育画劇（教育画劇のかみしばい）　1997年11月

にんじゃ
村のうら山にすんでいてときどき山からおりてきてはやさいやおこめをもっていくいたずらにんじゃ 「いたずらにんじゃをつかまえろ」 しばはらち作・画　教育画劇　1997年11月

にんじん
のんちゃんといっしょにおじいちゃんちへカレーをつくってもらいにいったにんじん 「やさいだいすき」 土田義晴脚本・画　童心社　1998年6月

ニンジン
やさいむらのトマトのあかたろうとおなじなまえだったニンジンのおとこのこ 「やさいむらのあかたろう」 中村ルミ子脚本；久住卓也絵　童心社（ともだちだいすき）　2003年7月

にんじんさん
あおものいちばへいくたまねぎさんをえきまでおくっていくあさにおねぼうなじゃがいもさんをおこしたにんじんさん 「おねぼうなじゃがいもさん」 村山籌子原作；村山知義脚本・画　童心社（紙芝居ベストセレクション第1集）　1998年6月

にんじんさん
だいこんさんとごぼうさんといっしょにおふろにでかけてよーくあったまったにんじんさん 「にんじんさんだいこんさんごぼうさん」 川崎大治脚本；瀬名恵子はり絵　童心社（ひよこシリーズ）　1971年5月

にんじんさん
だいどころでねずみのしっぽをひろってねずみのまねをしたにんじんさん 「ねずみのしっぽ」 瀬名恵子作・画　教育画劇（ポッポシリーズ）　1985年6月

ニンジンさん
ばいきんまんにおべんとうをたべられてしまったみんなのところになまのにんじんをもってきたニンジンさん 「ピーマンとニンジンさん」 やなせたかし作・絵 フレーベル館

にんにんまる
やさいのくにのにんじゃどうじょうのみならいにんじんにんじゃ 「にんじんにんじゃにんにんまる」 山本省三作・画 教育画劇 1994年11月

にんまる
あおいきもののちびっこにんじゃ 「ちびっこにんじゃにんまるじゃんまる」 山本省三作・画 教育画劇 1997年11月

【ぬ】

ぬすと森　ぬすともり
岩手山のふもとにある四つのマツの森の一つ 「おいの森とざる森、ぬすと森」 宮沢賢治原作；国松俊英脚本；福田庄助画 童心社(宮沢賢治かみしばいの森) 1996年5月

ぬすびと(どろぼう)
ある日のこと花のき村というねむっているような村に入って来た五人のぬすびと 「花のき村とぬすびとたち」 新美南吉原作；筒井敬介脚色；水沢研画 NHKサービスセンター(NHK創作童話集) 1978年1月

タヌキ
やさいむらのうんどうかいにいれてもらいたくてキャベツにばけてやってきた子ダヌキ 「やさいむらのうんどうかい」 しばはらち作・画 教育画劇(ゆかいなたべもののおはなし) 1991年6月

ヌー坊　ぬーぼう
なかよし幼稚園のたぬきのおとこの子 「しょくじのじかんですよ」 四方国恵ほか作；福田京二画 ぎょうせい(健康・安全シリーズ紙芝居) 1989年5月

【ね】

ねぎそべ
ちょうふく山のやまんばが子どもをうんだのでもちをもっていくことになったいつもいばってるむらびと 「やまんばのにしき」 松谷みよ子作；井口文秀画 童心社 1973年12月

ねこ
あさもまだくらいうちからおきてかぞくにたべさせるさかなをつりにいったパパねこ 「パパねこつりへ」 堀尾青史脚本；和歌山静子画 童心社(堀尾青史・幼年創作かみしばい集) 1980年4月

ねこ
アヒルのおやこやみんなにうそをついたこねこ 「おしゃべりこねこ」 中原収一作・画 教育画劇 2004年5月

ねこ
あるばんたろうがつれられていったこうえんのひろばでねこのかいぎをひらいていたねこたち 「たろうがるすばんしていると」 中川正文脚本;夏目尚吾画 童心社(こわいこわーいおはなし) 1991年5月

ねこ
ある村のこなやさんがなくなって一ばん下のむすこにのこされた一ぴきのねこ 「ながぐつをはいたねこ」 こわせたまみ文;深沢省三画 NHKサービスセンター(外国むかしばなし) 1977年1月

ねこ
いいものみつけてあめだとおもったねこ 「いいものみつけた」 中原収一作・画 教育画劇 1996年1月

ねこ
いつもおなかがぺこぺこで大きな魚が食べたくて山のむこうにあるひろいみずうみに行った11ぴきののらねこたち 「11ぴきのねこ」 馬場のぼる作・文・画 NHKサービスセンター(創作童話) 1987年1月

ねこ
いつもおなかがぺこぺこで大きな魚が食べたくて山のむこうにあるひろいみずうみに行ってみた11ぴきののらねこ 「11ぴきのねこ」 馬場のぼる作・文・画 NHKサービスセンター(創作童話) 1987年1月

ねこ
うみのまんなかにあったながいながいしっぽのねこだけがすんでいるしまにうまれたしっぽのみじかい子ねこ 「しっぽのながいながいねことみじかいねこ」 矢野洋子作・画 教育画劇(ぽんぽこシリーズ) 1983年8月

ねこ
おとうさんがしぬとねこをもらったこなやの三にんのむすこのすえのむすこ 「ながぐつをはいたねこ」 C.ペロー原作;上地ちづ子脚本;おぼまこと画 童心社(世界の名作・第2集) 1992年5月

ねこ
かみさまのところへしんねんのあいさつにいくのにねずみからうそのひをおしえられて十二のどうぶつたちからなかまはずれにになったねこ 「なかまはずれのねこ」 鶴見正夫文;小沢良吉画 教育画劇(おはなしきかせて) 1989年1月

ねこ
かみさまのところへどうぶつたちがあつまる日をわすれてしまってねずみにきいたねこ 「ねことねずみ」 奈街三郎作;高雄頼春画 教育画劇 1976年1月

ねこ
かわいいねこをさがしにいったおじいさんがのぼったおかのしたにいた百万びきのねこたち 「ひゃくまんびきのねこ」 ガァグ原作;高橋五山脚色;川本哲夫画 童心社(童心社のベスト紙芝居) 1986年1月;童心社(美しい心を育てる名作選) 1959年7月

ねこ
カンナちゃんにはぶらしをおしえてもらったねこ 「ごしごしごし」 とよたかずひこ脚本・絵 童心社 2001年6月

ねこ
こうさてんでおばあさんとじどうしゃにひきにげされたこねこ 「おやねここねこおばけねこ」 北川幸比古作;西村達馬画 教育画劇(おばけだぞ〜) 1988年4月

ねこ
ごしゅじんがかみさまからもらった宝のたまをよくふかおじがよこどりしたのでいぬといっしょにとりかえしにいったねこ 「いぬとねこ-沖縄民話」 平沼七美文;池田仙三郎画 教育画劇(夢のふくらむシリーズ3集) 1973年6月

ねこ
こねのおひげをきったいたずらっこのかにのかにたろうにおこってかにのはさみをきったねこのとうさん 「いたずらかにくん」 滝山さなみ作;駒井啓子画 童心社(こぶたシリーズ) 1976年8月

ねこ
コロッケの店をはじめた11ぴきのねこ 「11ぴきのねことあほうどり」 馬場のぼる作・文・画 NHKサービスセンター(創作童話) 1987年1月

ねこ
こんもりやままでまあおばあさんとふたりずまいをしているねこ 「まあおばあさんありがとう」 今関信子脚本;長野ヒデ子画 童心社(たのしい季節の行事 のびのび・秋のまき) 1989年6月

ねこ
じょうずにたっちしたねこ 「じょうずじょうず」 なとりちづ脚本;おおともやすお絵 童心社 2006年9月

ねこ
しろねことみけねことくろねこの三びきのこねこ 「三びきのこねこ」 ステーエフ原作;小林純一脚本;若山憲画 童心社 1986年11月

ねこ
てっぽううちの茂吉のねこ 「茂吉のねこ(前編)(後編)」 松谷みよ子原作;諸橋精光脚本・画 童心社(ゆたかなこころシリーズ) 1994年8月

ねこ
なまけてばかりいたおとこがばつとしてねこにされることになりえんま大王にたのんではなのあたまだけしろくしてもらったくろねこ 「くろねこのしろいはな-中国民話」 わしおとしこ文;藤本四郎絵 教育画劇(ワッハッハ!ゆかいでおかしい世界の民話) 2009年1月

ねこ
ニューヨークのこわれかけたビルがかじになったときほのおの中にとびこんで五ひきの子ねこを一ぴきずつたすけだしたねこのおかあさん 「ねこのおかあさん」 渡辺享子脚本・画 童心社 1997年4月

ねこ

ねこ
ねこの絵ばっかりかいておるおとこのこがかいた絵からとびだしてやまでらのバケモンをたいじしたねこたち「絵にかいたねこ-日本民話より」吉田タキノ脚色;岡村好文画　教育画劇(日本のおばけ)　1992年8月

ねこ
ねずみのラッキーとハムどろぼうのはんにんさがしをしたパパねこ「パパねこのたんてい」堀尾青史作;和歌山静子画　童心社　1985年5月

ねこ
ばけねこやまにすんでいるこわいばけねこのおやぶん「ばけねこやま」山崎杉夫文・絵　教育画劇　2008年1月

ねこ
びんぼうなこなひきやのおとうさんがしんだので一ばん下のおとこの子がもらったながぐつをはいたへんなねこ「ながぐつをはいたねこ-ペロー童話より」森やすじ作・画　教育画劇　1996年5月

ねこ
びんぼうなこなひきやのおとうさんがなくなって一ばん下のおとうとのハンスがもらった一ぴきのねこ「ながぐつをはいたねこ-フランス名作童話」ペロー作;安田浩文;野々口重画　教育画劇(世界名作童話紙芝居全集第1集)　1991年7月

ねこ
ほっぺにごはんつぶをつけたたつくんについてきたねこ「おべんとつけてどこいくの」神沢利子脚本;垂石眞子絵　童心社　2005年11月

ねこ
まりであそんだりミルクをのんだりしてかごのベットでねんねしようとしたこねこちゃん「こねこちゃん」堀尾青史作;安泰画　童心社(うさちゃんシリーズ)　1981年1月

ねこ
みんなでおかあさんのおてつだいをしておおきなパンをつくった子ねこたち「おおきなおおきなおさかなパン」内山安二作・画　教育画劇(かみしばいだいすき)　1993年7月

ねこ
むかしむかしのことおじいさんといぬと大へんなかよくくらしていたねこ「まほうのたま」小松正幸文;西村達馬画　教育画劇(まほうのくにへようこそ)　1991年5月

ねこ
もうすぐたなばたという日にてっぺいくんのうちのにわであめにうたれてないていたこねこ「たなばたのこねこ」古山広子脚本;長谷川知子絵　童心社(ともだちだいすき)　2007年7月

ねこ
やおやさんへおつかいにいったたっちゃんがりんごのおまけにもらってきたねこ「このねこ、りんご？」髙木あきこ作;山内恵美子画　教育画劇(タンバリン・シリーズ)　1980年10月

ねこ
やどなしのおかあさんねこと子ねこ 「どこかに生きながら」 小川未明原作;岡上鈴江脚色;工藤市郎画 教育画劇(小川未明童話紙芝居全集) 1986年7月

ねこ
ろばといぬとおんどりと四ひきでブレーメンのまちへいっておんがくたいにいれてもらおうとしたねこ 「ブレーメンのおんがくたい-グリム童話より」 福島のり子脚色;関修一作・画 教育画劇(家庭版名作アニメかみしばい) 1995年2月

ねこ
ろばといぬとにわとりといっしょにブレーメンのまちへいっておんがくたいをやろうとしたねこ 「ブレーメンのおんがくたい」 グリム原作;川崎大治脚本;宮本忠夫画 童心社(世界の名作・第2集) 1992年5月

ねこ
ろばといぬとにわとりといっしょにブレーメンのまちへいっておんがくたいをやろうとしたねこ 「ブレーメンのおんがくたい」 川崎大治脚本;宮本忠夫画 童心社(世界の名作第2集) 1992年5月

ねこ
ろばといぬとにわとりとみんなでブレーメンのまちへいっておんがくたいをやろうとしたねこ 「ブレーメンのおんがくたい」 川崎大治脚本;井口文秀画 童心社(家庭版かみしばい) 1992年1月

ネコ
ある日だいちゃんがるすばんをしているとげんかんのベルがなって外にいたネコ 「ぼくはだいすけだいちゃんだ」 香山美子原作;若林一郎脚色;宇夫方隆士画 NHKサービスセンター(NHK創作童話集) 1978年1月

ネコ
にわとりの町長さんにいわれて金のくつをかいとりにくもの一家がすんでいるでんちゅうにのぼっていったネコ 「おネコさんと金のくつ」 村山籌子作;たかしたかこ画 教育画劇 1974年7月

ネコ
ネコのたいそうをやってみせたネコ 「ネコのたいそう」 長野ヒデ子脚本・画 童心社 1994年10月

ネコ
ゆみちゃんがねるときこっそりふとんの中へもってはいったネコヤナギの花からいきかえった子ネコ 「ネコちゃんの花」 今西祐行作;宮川ひろ脚色;工藤市郎画 教育画劇 1980年4月

ネコ
ロバとイヌとオンドリといっしょにブレーメンの町へ行って音楽隊に入ろうとしたネコ 「ブレーメンの音楽隊」 若林一郎文;岡村好文画 NHKソフトウェア(世界むかしばなし) 1996年1月

ねこ

ネコ
森にできたサルのキッキーびょういんのかんごふになったネコ 「なんでもなおすおいしゃさん-フランス民話より」 安田浩文;末崎茂樹画　教育画劇(とんちばなし)　1992年7月

ねこ(おくろさん)
うまれついたいろがきらいでまちのけしょうひんやさんでまっしろにそめかえてもらったまっくろなねこ 「おしろさんとおくろさん」 村山籌子原作;村山亜土脚本;和歌山静子絵　童心社(村山籌子幼年かみしばい)　2002年5月

ねこ(おしろさん)
うまれついたいろがきらいでまちのけしょうひんやさんでまっくろにそめかえてもらったまっしろなねこ 「おしろさんとおくろさん」 村山籌子原作;村山亜土脚本;和歌山静子絵　童心社(村山籌子幼年かみしばい)　2002年5月

ネコ(キキ)
ある町でイヌのロロとウサギのミミとなかよくいっしょにくらしていたのにけんかをしてしまったうたがじょうずなネコ 「ロロとミミとキキ」 柴野民三作;岸田耕造画　教育画劇(夢のふくらむシリーズ3集)　1973年11月

ねこ(キットンくん)
ねこねこえんのせんせいにとびださないでっていわれていたのにどうろにとびだしてじこにあったこねこ 「とまって！キットンくん」 垣内磯子作;三枝三七子絵　教育画劇　2007年5月

ねこ(キティ)
おかねもちのいえからなつかしいうまれこきょうのニューヨークのうらまちへかえろうとけっしんしたのらねこ 「のらねこキティ」 神宮輝夫文;箕田源二郎絵　ほるぷ出版(ほるぷの紙芝居)　1976年5月

ねこ(クマタ)
ケンがひろってそだてたあかちゃんのくろいねこ 「あかちゃんもうふ」 今関信子脚本;鎌田暢子画　童心社(交通安全かみしばい・あぶないっ!きをつけて!)　1993年9月

ねこ(クリ)
ユキのおうちのねこ 「おたんじょうびはクリスマス」 立原えりか作;きよしげのぶゆき画　教育画劇(四季の行事シリーズ)　1992年11月

ねこ(くろちゃん)
七夕かざりをつくることにしたこねこのきょうだいのひとり 「こねこの七夕まつり」 間所ひさこ脚本;藤本四郎絵　童心社　2004年7月

ねこ(くろねこくん)
ある日ご主人がかいしゃのしごとのためにとうきょうにひっこすことになっていなかのまちのアパートにおいていかれたくろねこ 「ぼくはくろねこくん」 岡上鈴江作;西村達馬画　教育画劇(パンダちゃんシリーズ)　1985年3月

ねこ(クロベエ)
あるはれたひはたけにでかけるおばあさんにほしたさかなのばんをたのまれたねこ 「おるすばんねこ」 高橋透脚本・絵　童心社(年少向けおひさまこんにちは)　2005年12月

ねこ(ゴロタン)
もりのおくのちいさないえにすんでいたおばあちゃんにおりょうりのほんをかりにきたねこ「おいしいおいしいほん」香山美子脚本；長野ヒデ子画 童心社 1999年5月

ねこ(ごろべえ)
いたずらずきなひよこのろくちゃんにしっぽをつっつかれておこったのらねこ「ひよこのろくちゃん」かこさとし作；瀬名恵子絵 童心社(かこさとし紙芝居傑作選) 1975年3月

ねこ(ゴロンニャ)
なぞなぞめいじんのはやとくんとしょうぶをしたなぞねこ「なぞなぞだいぼうけん」このみひかる作；大竹豊画 教育画劇 1997年4月

ねこ(シマくん)
たべもののクイズにねこのミケちゃんといっしょにこたえたねこ「たべものクイズ」北川幸比古脚本；駒井啓子画 童心社(かみしばい・たべるのだいすき！) 1989年3月

ねこ(シマゾウ)
あるおうちになかよしのいぬのポンポコといっしょにかわれていてまいごになったねこ「まいごのねこはどこだワン？」手島悠介作；末崎茂樹画 教育画劇(おはなしドキドキ) 1986年7月

ねこ(シロくん)
いつもよごれているのでとてもきれいなみけねこのミーコちゃんとあそんでもらえなかったねこ「ミーコちゃんとあそぼう」小林純一作；鈴木なお子画 童心社(よいこの保健・安全シリーズ) 1981年8月

ねこ(しろちゃん)
まっくろなおかあさんからうまれた五ひきのこねこのなかでじぶんだけよそのこみたいにまっしろだったこねこ「こねこのしろちゃん」堀尾青史脚本；和歌山静子絵 童心社 1983年4月

ねこ(しろちゃん)
七夕かざりをつくることにしたこねこのきょうだいのひとり「こねこの七夕まつり」間所ひさこ脚本；藤本四郎絵 童心社 2004年7月

ねこ(しろちゃん)
女の子のいえにいたおばあさんねこでおうむのしろちゃんとなかよしだったねこ「おうむのしろちゃんねこのしろちゃん」椋鳩十原作；佐伯靖子脚本；上野収画 童心社(日本の動物記シリーズ) 1980年7月

ねこ(たま)
テストのとうあんについていた△をけして○にかきなおそうとしていた一ちゃんをみてわらったようなかおをしたねこ「わらったねこ」久保喬作；野々口重画 教育画劇(道徳紙芝居総集編) 1986年10月

ねこ(たま)
ともだちと三びきでいえのにわでたけざおにつながれてそらをゆうゆうとおよいでいるおおきなさかなをとりにいったねこ「ねこのさかなとり」小出保子作・画 教育画劇(ユーモアだいすき) 1988年5月

ねこ

ねこ(タマ)
よくねずみをつかまえてはおじいさんとおばあさんをよろこばせていたのにとしをとってねてばかりいるようになったねこ 「てつだいねこ」 水谷章三脚本;大和田美鈴絵 童心社(ともだちだいすき) 2004年9月

ネコ(タマ)
あかリボンちゃんのうちのネコ 「あかリボンちゃんきをつけて」 中村徹作;中村陽子絵 教育画劇 2007年5月

ねこ(タロキチ)
風船にばけたびょういんのとらねこ 「ばけたらふうせん」 三木卓原作;木戸陽子脚色;古川タク画 NHKサービスセンター(名作民話おはなし広場) 1984年1月

ネコ(チム)
ひこう木という木にさいた大きな紙ひこうきそっくりの花にたっちゃんといっしょに乗ったネコ 「たっちゃんとトムとチムのふしぎなひこうき」 大石真原作;若林一郎脚色;岡村好文画 NHKサービスセンター(NHK創作童話集) 1978年1月

ねこ(チャトラくん)
どうぶつむらのみんなでそだてたさつまいもでいぬのタローくんとうさぎのミミちゃんとスイートポテトをつくったねこ 「わくわくスイートポテト」 高科正信作;黒岩章人画 教育画劇 1993年11月

ねこ(チレット)
あおいとりをさがしにいったチルチルとミチルきょうだいのたびのなかまのねこ 「あおいとり(前編)(後編)」 メーテルリンク作;泉さち子文;高橋透画 教育画劇(おはなしチルチル) 1986年1月

ねこ(トムこう)
とけいの小人の三じんくといっしょにねずみのこんれいにいったのらねこ 「とけいの3じくん」 奈街三郎作;西原ひろし画 童心社(輝く文部厚生大臣賞シリーズ) 1965年3月

ねこ(とらー)
ともだちと三びきでいえのにわでたけざおにつながれてそらをゆうゆうとおよいでいるおおきなさかなをとりにいったねこ 「ねこのさかなとり」 小出保子作・画 教育画劇(ユーモアだいすき) 1988年5月

ねこ(トラオ)
かいじゅうのドンキチくんのともだちのねこ 「ちょっとまって!ドンキチくん-省エネ」 藤本ともひこ作・画 教育画劇(かんきょうかみしばい みんなでまもろうネ!ちきゅうくん) 1999年5月

ねこ(トラノスケ)
もうじき2年生になる大ちゃんとなかよしのねこ 「ぼく、もうじき2年生」 内山安二作・画 教育画劇 1992年4月

ねこ(にゃあにゃ)
にんぎょうのあかいべべをきておつかいにいったおしゃれな子ねこ 「うちのにゃあにゃ」 松谷みよ子脚本;長野ヒデ子絵 童心社(年少向けおひさまこんにちは) 2006年4月

ねこ(にゃおちゃん)
七夕かざりをつくることにしたこねこのきょうだいのひとり「こねこの七夕まつり」間所ひさこ脚本；藤本四郎絵　童心社　2004年7月

ねこ(ニャーオン)
おつきさまをつかまえにとびだしていったこねこ「ニャーオン」都丸つや子脚本；渡辺享子絵　童心社(2・3歳児かみしばい・いちごシリーズ)　1990年6月

ねこ(ニャーオン)
おるすばんをしていっぱいあそんだこねこ「ニャーオンのおるすばん」都丸つや子脚本；渡辺享子絵　童心社　2003年8月

ねこ(ニャーオン)
はるってなんだろうとおもってもんしろちょうについていったこねこ「はるだよ、ニャーオン」都丸つや子脚本；渡辺享子画　童心社(げんきななかまシリーズ)　1995年4月

ねこ(ニャーシャ)
森へいったらだめよってとめられたのに森まできてしまってまいごになったいじっぱりの子ねこ「まいごの子ねこちゃん」ベルイシェフ作；内田莉莎子訳；関七美脚色；ながよしかよ画　教育画劇(たのしい民話民話でてこい)　1979年9月

ねこ(ニャータ)
タッくんのうちのボールあそびがだーいすきなねこ「おおきなボール」村山桂子作；きよしげのぶゆき画　教育画劇　1994年1月

ねこ(ニャーちゃん)
おかいものにいってみんなに「あのね…」といってもきいてもらえなかったこねこ「あのね…」木村裕一作；磯みゆき画　教育画劇(おおきくなあれ)　1992年1月

ねこ(にゃんこ)
くまの子のくまおとうさぎの子のうさきちとききゅうにのってそらのさんぽをしたねこの子「そらのさんぽ」鶴見正夫作；チト・イトー画　教育画劇(ポッポシリーズ)　1985年6月

ねこ(ニャンコたんてい)
ヒツジさんのいえにはいったどろぼうをみつけだしたねこのたんてい「ニャンコたんていのまる?さんかく?しかく?」田沢梨枝子作・画　教育画劇　1981年9月

ねこ(ニャンコちゃん)
どうぶつむらのこどもたちのふるいセーターをあつめてリサイクルしてぞうのあかちゃんへプレゼントしたねこ「ぞうのあかちゃんへのプレゼント リサイクル」宗方あゆむ作；毛利将範画　教育画劇(かんきょうかみしばい　みんなでまもろうネ!ちきゅうくん)　1999年5月

ねこ(ニャンタロー)
なぞなぞをとくめいたんていのねこ「なぞなぞたんていニャンタロー」このみひかる作；岩田くみ子画　教育画劇(なぞなぞだいすき)　1992年12月；教育画劇　1988年9月

ねこ(ニャンたん)
みんなとうーんととおくへいってみたこねこ「とおくへいったよ」内山安二作・画　教育画劇(おはなしチャチャチャ)　1991年6月

ねこ

ねこ（ネコスキー）
むらのはたけをはしるきしゃのうんてんしのねこ 「ねこのきかんしゃしゅっぱつしんこう」 田沢梨枝子作・画 教育画劇 1989年10月

ネコ（ネコロンボ）
めいたんていのネコ 「ネコロンボのかつやく」 木曽秀夫作・画 教育画劇（びっくりこどきりんこ） 1992年6月；教育画劇 1988年9月

ねこ（プー）
あるあさ目のびょうきでかたほうの目があかなくなってしまったモモちゃんのうちのねこ 「モモちゃんとかた目のプー」 松谷みよ子脚本；鈴木未央子画 童心社（松谷みよ子かみしばい・ちいさいモモちゃん6） 1974年10月

ねこ（プー）
モモちゃんとだいのなかよしのねこ 「モモちゃん「あかちゃんのうち」へ」 松谷みよ子原作；相星真由美脚本；土田義晴画 童心社 1997年4月

ねこ（プー）
モモちゃんとだいのなかよしのまっくろくろけのくまちゃんみたいなねこ 「モモちゃんちにきたぞうさん」 松谷みよ子脚本；土田義晴画 童心社 1995年4月

ねこ（プー）
モモちゃんのうちのしろいはがながくのびてぬけてしまったねこ 「はのいたいモモちゃん」 松谷みよ子脚本；鈴木未央子画 童心社（松谷みよ子かみしばい・ちいさいモモちゃん2） 1972年6月

ねこ（プー）
モモちゃんのうちのねこ 「よるですようーちいさいモモちゃん」 松谷みよ子脚本；つちだよしはる画 童心社 1989年5月

ねこ（ぶっち）
ともだちと三びきでいえのにわでたけざおにつながれてそらをゆうゆうとおよいでいるおおきなさかなをとりにいったねこ 「ねこのさかなとり」 小出保子作・画 教育画劇（ユーモアだいすき） 1988年5月

ねこ（ペペ）
さなぎからでてきたばかりのアゲハチョウのラララといっしょにはらっぱをさんぽしたねこ 「はらっぱでみつけたよ」 わしおとしこ作；あきくさあい絵 教育画劇 2006年9月

ねこ（ミー）
とっこちゃんとこぐまのムクとでんぐりこしたこねこ 「もっとできるよでんぐりこ」 礒みゆき作・画 教育画劇 1996年1月

ねこ（ミー）
もうすぐこねこがうまれるのでのぶちゃんのおきにいりのタオルをとってしまったねこ 「タオルちゃん」 宮崎二美枝脚本；高橋由為子画 童心社（童心社の紙芝居 げんきななかまシリーズ） 1994年11月

ねこ(ミー)
もりのなかのいえにてもかおもあらわないグレータという女の子とすんでいたきれいずきなねこ 「キタナイちゃん-バイキンなんかにまけないぞ!」 川崎大治脚本;水沢研画 童心社 1996年9月

ねこ(みいこ)
おやつのまえにどろんこあそびをしたてをあらわなかったねこ 「おやつのまえに」 高橋道子脚本;いそけんじ画 童心社(2・3歳児しつけかみしばい・みんなは、できるかな?) 1993年5月

ねこ(みーくん)
まだねずみをしらないのにねずみをつかまえにいったこねこ 「あわてんぼうのこねこちゃん」 石原仁美作;瀬名恵子はりえ 童心社(童心社のベスト紙芝居) 1987年2月

ねこ(みけ)
ひとりぐらしのおばあさんをおはなみにつれていってあげたねこ 「ねこのおはなみ」 八木田宜子脚本;小沢良吉画 童心社 1988年3月

ねこ(ミケ)
へやのなかでいつもねてばかりいるねこ 「ミケとちゅうたとちゅうちゅう」 矢崎節夫作;久本直子画 教育画劇 2006年9月

ねこ(ミケちゃん)
たべものクイズにねこのシマくんといっしょにこたえたねこ 「たべものクイズ」 北川幸比古脚本;駒井啓子画 童心社(かみしばい・たべるのだいすき!) 1989年3月

ねこ(ミーコ)
タッくんのうちのねこニャータのとなりのねこ 「おおきなボール」 村山桂子作;きよしげのぶゆき画 教育画劇 1994年1月

ねこ(ミーコ)
まるぼちゃさんというおくさんにかわれているねこ 「みんなのたんじょうび」 村山桂子脚本;長野ヒデ子画 童心社(げんきななかまシリーズ) 1993年12月

ねこ(ミーコちゃん)
いつもよごれているねこのシロくんとあそんであげなかったとてもきれいなみけねこ 「ミーコちゃんとあそぼう」 小林純一作;鈴木なお子画 童心社(よいこの保健・安全シリーズ) 1981年8月

ねこ(ミス・キャット)
わかくてきれいなきつねのフォックスおくさまのメイドのねこ 「フォックスおくさまのむこえらび」 コリン夫妻文;エロール・ル・カイン絵;林克美脚本 ほるぷ出版(世界のおはなしシリーズ) 1998年9月

ねこ(ミーちゃん)
いぬのワンくんといっしょにシチューをゆっくりかんでたべたねこのおんなのこ 「もぐもぐごっくん」 宮﨑二美枝脚本;久住卓也絵 童心社 2007年5月

ねこ

ねこ(ミーちゃん)
うさぎのピョンくんのおともだち 「おかたづけ大すき?」 チト・イトー作・画 教育画劇(じゃんけんシリーズ) 1990年3月

ねこ(ミーちゃん)
おかあさんとこうえんにあそびにいってひとりでみんなからはなれていってしまったねこ 「いかのおすし」 にへいたもつ作;たんじあきこ絵 教育画劇(防犯標語かみしばい) 2007年5月

ねこ(ミーちゃん)
おじいちゃんからむしめがねをかりてにわにでていろいろなものをみたねこのおんなのこ 「ミーちゃんこんにちは」 仲川道子脚本・画 童心社 1997年6月

ねこ(ミッケ)
おばけがでるといううわさのゾクゾクもりへこいぬのポッチィとさるのモンモンと三人でいったこねこ 「おばけかな、ほんとかな?」 木村裕一作・画 教育画劇 1989年7月

ねこ(ミーボ)
さっちゃんがぬいぐるみのパンダとばかりあそんでちっともかまってくれないからパンダにへんそうしたねこ 「ねこパンダ」 磯田和一作・画 教育画劇(おはなしチルチル) 1986年3月

ねこ(ミーミ)
こいぬのコロととってもなかよしのこねこ 「ミーミとコロ なかよしなんだもん」 内山晟写真;山本和子文 教育画劇 2002年9月

ねこ(ミミ)
おんがくをきくのが大すきでいつもおばあさんがかけてくれるレコードをきいているねこ 「ミミとおつきさま」 安田浩作;おくやまれいこ画 教育画劇(おはなしワクワク) 1984年9月

ねこ(ミミ)
きゅうにどうろにとびだして車にひかれそうになったねこ 「おててやあんよは売ってない」 岡上鈴江作;西村達馬画 教育画劇(よいこの交通安全) 1991年10月

ねこ(みーや)
おかあさんにかってもらったかさをさしてあるきたくてあめふりぼうずをつくったこねこ 「あめふりぼうず」 小春久一郎作;田中恒子画 教育画劇(ユーモアだいすき) 1988年6月

ねこ(ミーヤ)
ママがいなくなってさがしにいったこねこ 「ママ、どこかしら」 林原玉枝作;内海博画 教育画劇 1999年8月

ねこ(ミャオ)
あるひこいぬといっしょにおかあさんいぬのおちちをのんでいたねこのこ 「ミャオはねこのこ」 こわせたまみ作;オームラトモコ絵 教育画劇 2005年9月

ねこ(ミャンタ)
クリスマスにこねこといっしょにサンタさんがごちそうをもってきてくれるのをまってあげたねこ 「サンタのすず」 古山広子脚本;鈴木琢磨画 童心社 1987年11月

ねこ(ミュウ)
えっちゃんといっしょにスキップしたこねこ 「スキップスキップ」 あまんきみこ脚本；梅田俊作絵 童心社 2007年11月

ねこ(レミちゃん)
ママにしかられるのでどろんこあそびがきらいなねこのおんなのこ 「どろんこばしゃん！」 白根厚子脚本；多田ヒロシ画 童心社(健康紙芝居げんきなこども) 1988年3月

ねこおしょう
おきょうのべんきょうよりねこのえをかくことがだいすきだったのでおてらをおいだされてしまいあれ寺にたどりついたこぞうさん 「ねこおしょう」 桜井信夫脚本；篠崎三朗画 童心社(ゆたかなこころシリーズ) 1990年1月

ねこくん
ともだちのきつねくんとたぬきくんとみんなでつりにいったねこくん 「ともだちだいすき」 矢崎節夫作；柿本幸造画 教育画劇(ともだちシリーズ) 1985年4月

ねこくん
ピクニックにいってみんなでしりとりをしながらおべんとうをたべたねこくん 「しりとりおべんとう」 しばはらち作・画 教育画劇 1989年9月

ネコくん
おてがみをかいたりもらったりしたネコくん 「ネコのおてがみ」 長野ヒデ子脚本・画 童心社(ネコになってあそぼう) 1996年12月

ネコくん
まどべのきんぎょさんにおしえてもらってカレーライスをつくったネコ 「ネコのおりょうり」 長野ヒデ子脚本・画 童心社 1995年7月

ねこさん
おめめはどーこ？ときかれてじぶんのおめめをゆびさしたねこさん 「ワンワンワン」 とよたかずひこ脚本・絵 童心社(あかちゃんかみしばい ぱちぱちにっこり) 2006年9月

ねこさん
かあさんにかってもらったごむまりがとんでってしまったのでさがしにいったこねこのきょうだい 「ねことごむまり」 与田準一作；安泰画 童心社(童心社のベスト紙芝居) 1986年4月

ねこさん
かたほうのてぶくろをなくしてしまったねこさん 「あるくてぶくろ」 飯島敏子作；末崎茂樹画 教育画劇(おはなしバラエティ) 1983年1月

ねこさん
たぬきのおにいさんにつれられてあおぞらこうえんにやってきたねこさん 「あいうえんそくたのしいな」 草間真之介作・画 教育画劇(家庭版かみしばい) 1995年3月

ねこさん
まどのそとで「はいりたいよ」といっていたねこ 「まどをあけたあとで‥‥」 ウィルヘルム・シュローテ作；八木田宜子脚本 ほるぷ出版(ほるぷの紙芝居–海外秀作シリーズ) 1982年9月

ねこさ

ねこさん
ようふくをかいにでかけたとってもおしゃれなねこさん 「おしゃれなねこさん」 浅沼とおる作・画 教育画劇 1995年1月

ネコさん
おさかながたべたかったネコさん 「たべたいのなーに?」 穂高順也脚本;山本祐司絵 童心社(あかちゃんからの食育かみしばい ぱくぱくもぐもぐ) 2008年9月

ネコスキー
むらのはたけをはしるきしゃのうんてんしのねこ 「ねこのきかんしゃしゅっぱつしんこう」 田沢梨枝子作・画 教育画劇 1989年10月

ねこたろう
いじわるねこ 「ひよこのぴぴい」 鶴見正夫作;黒井健画 教育画劇(おはなしなーに) 1991年3月

ネコたろう
むらのはずれにあったさかなやのネコでりょうしからイルカのこどもをかったネコ 「イルカいらんかさかなやさん」 田沢梨枝子作・画 教育画劇(どうぶつむらのおみせやさん) 1986年4月

ねこちゃん
あっちゃんとぴったんこしてあそんだねこちゃん 「ぴったんこってきもちいいね」 田村忠夫脚本;土田義晴絵 童心社(2・3歳児のふれあいあそび ことばとからだであそぼう!) 2004年9月

ねこちゃん
おべんとうはサンドイッチのねこちゃん 「おべんとうなあに」 仲川道子作・画 教育画劇 2001年1月

ねこちゃん
たんぽぽのわたげをつめておふとんをつくったねこちゃん 「たんぽぽねこ」 瀬名恵子脚本・絵 童心社 2001年1月

ねこちゃん
みんなともうちゃんのうちへえんそくに行った子ねこ 「みんなげんき」 町山充弘文・絵 全国牛乳普及協会 1980年12月

ねこのおやこ
みちのまんなかにおちていたひもをみつけたこわがりやのねこのおやこ 「ひもがーぽん」 白濱杏作;高瀬のぶえ画 教育画劇(かわいい八つのおはなし) 1992年11月

ネコロンボ
めいたんていのネコ 「ネコロンボのかつやく」 木曽秀夫作・画 教育画劇(びっくりこどきりんこ) 1992年6月;教育画劇 1988年9月

ネズオ
どうくつへたからさがしにいったねずみ 「たからさがしはらくじゃない」 藤本ともひこ脚本・画 童心社 1997年12月

ネズくん
おたんじょうびなのにみんなにあそんでもらえなかったふたごのねずみのおとこのこ 「ふたごのねずみネズくん！ミーちゃん！おたんじょう会」 冬野いちこ作・画　教育画劇(年少版はじめての行事シリーズ)　2003年1月

ネズくん
ひなまつりのひににわとりかあさんからたまごをもらっておひなさまをつくったねずみのおとこのこ 「おひなさまがうまれたよ！」 冬野いちこ作・画　教育画劇(年少版はじめての行事かみしばい)　2003年1月

ねずみ
あひるのおばさんが開いたホテルにきたお客のねずみたち 「あひるのホテル」 中川正文作；ながよしかよ画　教育画劇(あひるさんシリーズ)　1987年4月

ねずみ
あるおひゃくしょうさんのうちにいたやさしいうまにいつもまめやむぎのえさをわけてもらっていたねずみたち 「やさしいおともだち」 武田雪夫原作；瀬田恵子脚本・画　童心社(紙芝居ベストセレクション第2集)　2000年5月

ねずみ
いなかにすんでいる野ねずみを町へつれていった町ねずみ 「いなかねずみとまちねずみ」 イソップ原作；西内ミナミ脚色；小野かおる画　NHKサービスセンター(名作民話おはなし広場)　1984年1月

ねずみ
おじいさんがとめてもらったはらっぱのくさのなかのねずみのいえでもちをついていたねじりはちまきのねずみたち 「ねずみのおもちつき」 杉本由紀子文；西村達馬画　教育画劇　1989年12月

ねずみ
おちばをあつめておいもをやくやきいもやさんをはじめたさつまいもばたけののねずみさん 「おちばのようふくくださいな」 仲倉眉子作；渡辺あきお画　教育画劇　1989年11月

ねずみ
おなかがぺこぺこでいたちとふたりではたけを作ることになったずるいねずみ 「ねずみのまえばはなぜ2ほん」 伊藤海彦文；西岡たかし画　NHKサービスセンター(日本むかしばなし)　1977年1月

ねずみ
かぜにとばされてきたあかちゃんのよだれかけをおふとんだとおもったねずみ 「これなあに」 神沢利子作；佐野洋子画　童心社(こりすシリーズ)　1974年5月

ねずみ
かみさまのところへどうぶつたちがあつまる日をねこにきかれて一日おそい日をおしえたねずみ 「ねことねずみ」 奈街三郎作；高雄頼春画　教育画劇　1976年1月

ねずみ
かわいいまごの子ねずみがパンかいに町までいったきりかえってこないのをしんぱいしたおばあさんのねずみ 「こねずみちょろちょろ」 浜田広介作；西村達馬画　教育画劇(かみしばい児童文学館)　1983年6月

ねずみ

ねずみ
きつねのクリーニングやにポケットにあたりくじがはいったズボンのせんたくをたのんでしまったねずみ 「たいへんなわすれもの」 三田村信行作;黒岩章人画 教育画劇(ユーモアひろば) 1991年2月

ねずみ
こぐまのゴンちゃんがひろばにおいたままにしたおもちゃをもっていってしまったねずみたち 「おもちゃどろぼう」 しばはらち作・画 教育画劇(おはなしドキドキ) 1987年1月

ねずみ
しりとりおににだまされてテレビの中へはいっていったねずみ 「しりとりごっこおにごっこ」 古寺伸竹作;中村景児画 教育画劇(コンスケくんシリーズ) 1982年1月

ねずみ
すあなからそとへでかけていってくびながのキリンおじさんにあったしりたがりやのこねずみ 「なにかな、なにかな？」 ティエン・ガー脚本;ドク・ラム画 童心社(げんきななかまシリーズ) 1994年2月

ねずみ
せつぶんにまめまきをしたねずみのおうちのこねずみたち 「ねずみのまめまき」 間所ひさこ脚本;藤本四郎画 童心社 2007年2月

ねずみ
ぞうさんにおねだりしてあそんでもらったねずみのこどもたち 「ぞうさんまってよー！」 夏目尚吾作・絵 童心社 2000年5月

ねずみ
だいどころでねこにおいかけられてしっぽがとれてしまったねずみ 「ねずみのしっぽ」 瀬名恵子作・画 教育画劇(ポッポシリーズ) 1985年6月

ねずみ
たいふうがきてながぐつにかくれたがながぐつごとふきとばされてしまったのねずみ 「たいふうがきた」 天神しずえ作;多田ヒロシ画 教育画劇(しぜんといきもの) 1985年7月

ねずみ
だれかさんがだいどころにおいたつみきばこからつみきをつれていったねずみ 「○△□(まるさんかくしかく)」 矢崎節夫文;高畠純画 NHKサービスセンター(なぜなぜ童話) 1977年1月

ねずみ
どうぶつえんのすみっこのじめんにあなをほってすんでるねずみ 「よるのどうぶつえん」 杉浦宏脚本;きくちひでお画 童心社 1985年11月

ねずみ
なつはたけにおおきなすいかをみつけてみんなでもってかえったねずみたち 「おおきなすいか」 間所ひさこ作;塩田守男画 教育画劇(おはなしワクワク) 1984年8月

ねずみ
なまえがほしくてまちへいっていろんなみせでいらないじを一つだけもらったのねずみ 「なまえをください」 西村彼呂子作;高瀬のぶえ画　教育画劇(コンスケくんシリーズ)　1986年1月

ねずみ
ねこからかみさまのところへしんねんのあいさつにいくひをたずねられてうそをいったねずみ 「なかまはずれのねこ」 鶴見正夫文;小沢良吉画　教育画劇(おはなしきかせて)　1989年1月

ねずみ
バケツの水の中でおぼれそうになり外の小さな川にすをつくってすむようになったねずみ 「ねずみとバケツのはなし」 小川未明原作;菱田かづこ脚色;高橋透画　教育画劇　1986年3月

ねずみ
ほっぺにごはんつぶをつけたたつくんについてきたねずみ 「おべんとつけてどこいくの」 神沢利子脚本;垂石眞子絵　童心社　2005年11月

ねずみ
まちはずれのがちゃがちゃえんにやってきたげんきなこねずみたち 「がちゃがちゃえんのおっかなせんせい」 かこさとし脚本・画　童心社　1988年4月

ねずみ
やまのてっぺんですもうをとっていたまずしいおじいさんのうちのやせたねずみとちょうじゃさまのふとったねずみ 「ねずみのすもう」 国松俊英脚本;久住卓也画　童心社　1997年12月

ねずみ
ゆきがとけてながれていたかわでとけたゆきのかたまりのうえにのってながされていたねずみ 「みつけたはる」 神沢利子脚本;長野ヒデ子画　童心社(げんきななかまシリーズ)　1993年3月

ねずみ
よるのだいどころでるすばんをしていたいものきょうだいをしっぽでひいていこうとしたねずみ 「いものきょうだい」 浜田広介作;浜田留美脚色;瀬名恵子画　教育画劇(兄弟愛と自然きょうだいシリーズ)　1977年10月

ねずみ
わるいねずみたちのおうさまの七つあたまの大ねずみ 「くるみわりにんぎょう(前編・後編)」 ホフマン原作;鶴見正夫文;若菜珪画　教育画劇　1992年4月

ねずみ
山かじのときやさしい子ざるに手をひかれてにげたばあさんねずみ 「子ざるのぶらんこ」 浜田広介作;長崎源之助脚色;石川雅也画　教育画劇　1984年11月

ねずみ
山ですもうをとっていたびんぼうなおじいさんのうちのやせたねずみとかねもちの長者どんのふとったねずみ 「ちゅうちゅうハッケヨイ-秋田の民話」 菱田かづこ作;いもとようこ画　教育画劇(おにごっこシリーズ)　1987年3月

ねずみ

ねずみ
山ですもうをとっていたまずしいおじいさんの家のやせたねずみとちょうじゃさまの家のふとったねずみ 「ねずみのすもう」 こわせたまみ文;宇夫方隆士画 NHKサービスセンター (日本むかしばなし) 1987年1月

ねずみ
山へしばかりに出かけておむすびをあなの中へ落としたおじいさんにお礼のおみやげをくれたねずみたち 「おむすびころりん」 若林一郎脚色;宇野文雄画 NHKサービスセンター(NHK小学校国語紙芝居教材 日本の民話Ⅰ) 1979年1月

ねずみ
山へ木をきりに出かけたおじいさんがおむすびがころころころがっておちてしまったあなの中にころがっていったねずみのくにのねずみたち 「おむすびころりん」 柴野民三文;安井康二画 教育画劇(紙芝居むかしばなし) 1993年2月

ねずみ
小さいころ家のだいどころにあったバケツの水をのもうとしてバケツにおぼれさせられそうになったねずみ 「ねずみとバケツのはなし」 小川未明原作;菱田かづこ脚色;高橋透画 教育画劇(小川未明童話紙芝居全集) 1986年3月

ねずみ
町にすんでいるねずみにさそわれて町へ出かけていったいなかのねずみ 「いなかねずみとまちねずみ」 イソップ原作;西内ミナミ脚色;小野かおる画 NHKサービスセンター(名作民話おはなし広場) 1984年1月

ネズミ
いっしょにさんぽにいったカエルにおよげないのをばかにされたのでともだちのひよこやアリたちとちいさなふねをつくったネズミ 「ちいさなちいさなふね」 ステーエフ原作;松谷さやか訳・脚本 童心社(ともだちだいすき) 2005年4月

ネズミ
ジュウタくんがおじさんとさがしにいったおむすびころりんのネズミのくにのネズミたち 「おむすびころりん大はっけん」 等門じん作;津田直美画 教育画劇(紙芝居へんてこ日本むかしばなし) 1995年5月

ネズミ
むかしほっかいどうのかわのほとりのコタンにすんでいたおじいさんのいえのネズミ 「ぬすまれたおまもり」 渡辺享子脚本・絵 童心社(ともだちだいすき) 2005年1月

ネズミ
やさしいおじいさんにおにぎりをわけてもらってたからのでるうちでのこづちをあげたネズミ 「ねずみちょうじゃ」 川崎大治脚本;久保雅勇画 童心社 1992年1月

ネズミ
土間のネズミのあなにころんとおちたまめをおいかけてあなに入っていったおじいさんがあなのおくででであったネズミたち 「まめこばなし」 伊藤海彦脚色;清水耕蔵画 NHKサービスセンター(名作民話おはなし広場) 1984年1月

ねずみ(あーや)
ふゆごもりをするためにどんぐりやくさのみをあつめていてへびやたぬきにたべられそうになったあかねずみ 「あかねずみのあーや」 高家博成脚本;仲川道子絵 童心社(ともだちだいすき) 2008年10月

ネズミ(アーヤ)
ネコにおいかけられてもぐらのモールのトンネルににげこんでいったアカネズミのおんなのこ 「もぐらのトンネル」 高家博成脚本;仲川道子絵 童心社(ともだちだいすき) 2004年7月

ねずみ(きっく)
ごみあつめのくるまがおとしていったいばりんぼのたねのパンプくんをひろったのねずみ 「いばりんぼのパンプくん」 中村美佐子作;田中秀幸画 教育画劇 1994年11月

ねずみ(さんたろう)
のねずみのちゅうすけをまちのうちによんだしんゆうのいえねずみ 「のねずみとまちのねずみ」 稲庭桂子脚本;長島克夫画 童心社(たのしいイソップ) 1975年5月

ねずみ(たっく)
ごみあつめのくるまがおとしていったいばりんぼのたねのパンプくんをひろったのねずみ 「いばりんぼのパンプくん」 中村美佐子作;田中秀幸画 教育画劇 1994年11月

ねずみ(チータ)
あたらしいうちのてんじょううらにすみついてくろくてぴかぴかひかったうしみたいなものをはじめて見たねずみ 「なりだしたくろいかがみ」 金明悦子作;チト・イトー画 教育画劇(ぞうさんシリーズ) 1976年12月

ねずみ(チチ)
子ぐまのウーフのあとからうさぎのミミの家に水をもらいにやってきたねずみ 「くま一ぴきぶんはねずみ百ぴきぶんか」 神沢利子作;井上洋介絵 ポプラ社(くまの子ウーフ2) 2004年11月

ネズミ(チッポ)
はじめてサンタさんへクリスマスのプレゼントのおねがいのてがみをかいたのねずみ 「のねずみチッポのクリスマス」 宮西いづみ作;沢田あきこ画 教育画劇(四季の行事シリーズ) 1992年11月

ねずみ(ちびすけ)
てんぐのうでをおがわにかかっていたはしだとおもってわたろうとしたのねずみのおとこのこ 「てんぐのはし」 松居スーザン脚本;渡辺有一絵 童心社(ともだちだいすき) 2004年3月

ねずみ(チュウ)
こぎつねコンコのなかまのねずみ 「コンコちゃんとなかまたち」 すとうあさえ脚本;福田岩緒絵 童心社(ともだちだいすき) 2004年12月

ねずみ(チュウキチ)
はじめて町へいって地じんにあったねずみ 「まちへいったチュウキチ」 石川光男作;藤井寿画 教育画劇(地震火災安全紙芝居) 1991年8月

ねずみ

ねずみ(チュウ子)　ねずみ(ちゅうこ)
ねずみのふうふがせかいで一ばんつよい人におよめにもらってもらおうとしたきりょうよしのむすめ「ねずみのよめいり」福島のり子文;エム・ナマエ画　教育画劇　1993年12月

ねずみ(ちゅうすけ)
つちをほって大きなうちをつくったのでまちにすむいえねずみのさんたろうをよんだのねずみ「のねずみとまちのねずみ」稲庭桂子脚本;長島克夫画　童心社(たのしいイソップ)　1975年5月

ねずみ(ちゅうた)
こわがりできんじょのみんなからよわむしちゅうたってよばれているこねずみ「よわむしちゅうたはゆきだるま」としたかひろ作・画　教育画劇(かみしばい宝石ばこ)　1984年1月

ねずみ(チュウタ)
どうぶつたちみんなとたんぽぽ村のはずれにあるのはらまでえんそくにいったねずみ「みんなでえんそく」教育出版国語編集部原案;関七美脚色;いもとようこ画　教育画劇(ちいさなちいさなおはなし)　1990年9月

ねずみ(ちゅうた)
ねこのミケがねているあいだにおかしをとりにいったねずみ「ミケとちゅうたとちゅうちゅ」矢崎節夫作;久本直子画　教育画劇　2006年9月

ねずみ(ちゅうた)
ねずみ村のみんなにかわって山まで行っておににうちわをもう少ししずかにあおいでもらえないかとたのんだひとのいいねずみ「ねずみのうちわ」小沢正原作・脚色;福田庄助画　NHKサービスセンター(NHK小学校国語紙芝居教材 創作童話)　1980年1月

ネズミ(チュウ太くん)　ねずみ(ちゅうたくん)
ひろったほうきではをみがこうとしたがうまくつかえなかったネズミ「ひろったはぶらし」藤昌秀作;伊藤悌夫画　教育画劇　1974年6月

ねずみ(ちゅうちゅ)
ねこのミケがねているあいだにおかしをとりにいったねずみ「ミケとちゅうたとちゅうちゅ」矢崎節夫作;久本直子画　教育画劇　2006年9月

ねずみ(チュウチュウ)
こぐまのまーくんときんいろのキラキラをさがしにいったおともだちのねずみ「きんいろのおくりもの」植垣歩子作・絵　教育画劇　2006年1月

ねずみ(チューコちゃん)
かじになったビルのなかでたすけをもとめていたねずみのおんなのこ「ねぼすけチュータくんとおじさん-消防士の仕事」宮西達也作・画　教育画劇(かじだ!そのときどうする?)　1997年1月

ねずみ(チュースケくん)
どうぶつむらのこどもたちのふるいセーターをあつめてリサイクルしてぞうのあかちゃんへプレゼントしたねずみ「ぞうのあかちゃんへのプレゼント-リサイクル」宗方あゆむ作;毛利将範画　教育画劇(かんきょうかみしばい みんなでまもろうネ!ちきゅうくん)　1999年5月

ねずみ(チュータ)
ねずみのミーヤといっしょにこうえんのベンチでみつけたあかいふわふわしたものをひっぱっていとのかたまりにしてしまったねずみのおとこのこ 「あかいてぶくろ」 白根厚子脚本;中村有希画 童心社(ひまわりシリーズ) 1983年4月

ねずみ(チュー太) ねずみ(ちゅーた)
おひさまがギンギンてっているのにぼうしもかぶらずあそびにいってしまったねずみのこ 「おなかをこわしたかばのこカバタン」 磯田和一作・画 教育画劇 1987年7月

ねずみ(チュータくん)
しょうぼうしのおじさんのあとをついていったねずみのおとこのこ 「ねぼすけチュータくんとおじさん-消防士の仕事」 宮西達也作・画 教育画劇(かじだ!そのときどうする?) 1997年11月

ねずみ(ちゅーちゅ)
ふゆごもりのじゅんびをしていてへびやたぬきにたべられそうになったあかねずみのあーやをうちへつれていってくれたあかねずみのおとこのこ 「あかねずみのあーや」 高家博成脚本;仲川道子絵 童心社(ともだちだいすき) 2008年10月

ねずみ(チュッ子) ねずみ(ちゅっこ)
たくさんごはんをあつめたきゅう食とうばんのねずみの女の子 「ごはんですよ」 浅香良太文;奥田怜子画 NHKサービスセンター(なぜなぜ童話) 1977年1月

ねずみ(ネズオ)
どうくつへたからさがしにいったねずみ 「たからさがしはらくじゃない」 藤本ともひこ脚本・画 童心社 1997年12月

ねずみ(ネズくん)
おたんじょうびなのにみんなにあそんでもらえなかったふたごのねずみのおとこのこ 「ふたごのねずみネズくん!ミーちゃん!おたんじょう会」 冬野いちこ作・画 教育画劇(年少版はじめての行事シリーズ) 2003年1月

ねずみ(ネズくん)
ひなまつりのひににわとりかあさんからたまごをもらっておひなさまをつくったねずみのおとこのこ 「おひなさまがうまれたよ!」 冬野いちこ作・画 教育画劇(年少版はじめての行事かみしばい) 2003年1月

ねずみ(ねねちゃん)
さるのもんくんたちときけんなこうじげんばやすなやまであそんだねずみ 「うさぎおばけのパトロール」 山本省三作・絵 教育画劇 2007年5月

ねずみ(ねむ)
くまのおんなのこのくまくみちゃんといちごつみにいったのねずみのおんなのこ 「くまくみちゃ〜ん」 すとうあさえ脚本;山本祐司絵 童心社(ともだちだいすき) 2007年6月

ねずみ(のん)
くまのおんなのこのくまくみちゃんといちごつみにいったのねずみのおとこのこ 「くまくみちゃ〜ん」 すとうあさえ脚本;山本祐司絵 童心社(ともだちだいすき) 2007年6月

ねずみ

ねずみ（ぴっく）
こねこのみーやがおかあさんにかってもらったかさにいれてもらったねずみ 「あめふりぼうず」 小春久一郎作；田中恒子画 教育画劇（ユーモアだいすき） 1988年6月

ねずみ（ポストマニ）
むかしインドのくにのまほうつかいのおじいさんにかわいがられていたちいさなねずみであるひまほうでねこにかえてもらったねずみ 「こねずみポストマニ-インド民話より」 瀬名恵子脚本・画 童心社（童心社の紙芝居 げんきななかまシリーズ） 1995年3月

ねずみ（みーたん）
おかあさんにしっぽでぶーらんぶーらんしてもらったねずみ 「ぶーらんぶーらんたのしいね」 山本省三作；笹沼香画 教育画劇 2001年1月

ねずみ（ミーちゃん）
おたんじょうびなのにみんなにあそんでもらえなかったふたごのねずみのおんなのこ 「ふたごのねずみネズくん！ミーちゃん！おたんじょう会」 冬野いちこ作・画 教育画劇（年少版はじめての行事シリーズ） 2003年1月

ねずみ（ミーちゃん）
ひなまつりのひににわとりかあさんからたまごをもらっておひなさまをつくったねずみのおんなのこ 「おひなさまがうまれたよ！」 冬野いちこ作・画 教育画劇（年少版はじめての行事かみしばい） 2003年1月

ねずみ（ミーヤ）
ねずみのチュータといっしょにこうえんのベンチでみつけたあかいふわふわしたものをひっぱっていとのかたまりにしてしまったねずみのおんなのこ 「あかいてぶくろ」 白根厚子脚本；中村有希画 童心社（ひまわりシリーズ） 1983年4月

ねずみ（ラッキー）
パパねことハムどろぼうのはんにんさがしをしたねずみ 「パパねこのたんてい」 堀尾青史作；和歌山静子画 童心社 1985年5月

ねずみくん
いけにおちたりんごをひろってくれたさかなさんたちをみんなでかさのいけにいれてそとにだしてあげたねずみくん 「ゆうらゆらかさのいけ-魚は、どうして水の中で生きられるの？」 中村美佐子作；西村達馬画 教育画劇（はてな？なぜかしら？？） 1989年4月

ねずみくん
おおきないけをみつけたからみんなでおよぎにおいでよとうさちゃんにいったねずみくん 「おおきないけ」 小出保子作・画 教育画劇（かわいい八つのおはなし） 1987年2月

ネズミくん
おいしゃのクマ先生にいわれて長くてまっくらなキリンさんのくびの中にはいっていった学生のネズミ 「きりんのびょうき」 大石真作；富永秀夫画 教育画劇 1974年2月

ネズミさん
バナナがいっぽんおちていたのはらにやってきたネズミさん 「バナナがいっぽん」 山本省三作・画 教育画劇（かみしばいだいすき） 1993年7月

ねずみちゃん
あめがあがったのでうさぎちゃんやわにくんたちとみんなでどろんこあそびをしてあそんだねずみちゃん 「どろどろどろんこおばけ」 仲川道子脚本・画 童心社(げんきななかまシリーズ) 1994年8月

ねずみちゃん
かぜにふうせんをとばされちゃったねずみちゃん 「とんでいったねずみちゃん」 山本省三作;長野ヒデ子絵 フレーベル館(どっちのおはなし紙芝居1)

ねずみちゃん
こいぬのチビちゃんたちとかくれんぼしていたねずみのこ 「もういいかい」 川島美子作;遠竹弘幸画 童心社(うさちゃんシリーズ) 1979年9月

ねずみちゃん
ゆきのさかみちでころんでしまってころころがってゆきだるまになったねずみちゃん 「ねずみちゃんのゆきだるま」 仲川道子作・画 教育画劇 1994年1月

ネズミちゃん
でこぼこ山のどうぶつたちがちからくらべをしようということになってのろいカメくんといっしょにやったネズミちゃん 「しょんぼりカメくん」 いしばししずこ作;オノビン画 教育画劇(ユーモアだいすき) 1988年10月

ねずみどん
はるのある日くさはらであったいたちどんにいっしょにあわのたねまきをしてあきにはあわもちをたべようといわれたねずみ 「はたらきもののいたちどん」 桜井信夫脚本;宮下森画 童心社(たのしい季節の行事 のびのび・秋のまき) 1989年6月

ねたろう
むかし三年もねていてむらびとたちからばかにされて「三年ねたろう」とよばれていたふとったわかいおとこ 「三年ねたろう」 安田浩文;夏目尚吾画 教育画劇(おはなしランド) 1986年9月

ネック
みずうみにすむ水のせい 「みずうみをしばるはなし-北欧民話より」 横田章文;黒井健画 教育画劇(とんちばなし) 1992年7月

ねねちゃん
さるのもんくんたちときけんなこうじげんばやすなやまであそんだねずみ 「うさぎおばけのパトロール」 山本省三作・絵 教育画劇 2007年5月

ねむ
くまのおんなのこのくまくみちゃんといちごつみにいったのねずみのおんなのこ 「くまくみちゃ〜ん」 すとうあさえ脚本;山本祐司絵 童心社(ともだちだいすき) 2007年6月

ねむりひめ(おひめさま)
のばらにかこまれたおしろのなかで百ねんもねむっていたうつくしいおひめさま 「もりのねむりひめ-グリム童話」 おくやまれいこ作・画 教育画劇(世界名作アニメかみしばい) 1990年5月

ねり

ネリ
ききんのとき目のするどい男にさらわれたブドリのいもうと 「グスコーブドリの伝記(前編)」宮沢賢治原作;堀尾青史脚本;滝平二郎画 童心社(かみしばい宮沢賢治童話名作集) 1966年3月

ネリ
グスコーブドリが子どものときはなればなれになったきりのいもうと 「グスコーブドリの伝記(後編)」 宮沢賢治原作;堀尾青史脚本;滝平二郎画 童心社(かみしばい宮沢賢治童話名作集) 1968年3月

ネルリ
この国一ばんのお金持ちで教会や病院や学校を寄付してとくいになっていた銀行家 「黒いパン」 アナトール・フランス原作;長崎源之助脚色;吉崎正己画 教育画劇(道徳紙芝居総集編) 1984年9月;教育画劇 1973年8月

ネルロ
フランダースというむらでいつも犬のパトラッシェとふたりでむらの人たちがしぼったミルクをあつめてまちへとどけていたまずしい男の子 「フランダースのいぬ(前編)(後編)」 ウィーダ原作;宗方あゆむ文;森やすじ;伊藤主計画 教育画劇(おはなしきかせて) 1989年1月

ねんどっこ
ラップランドのサアーミ族のおじいさんとおばあさんがねんどでつくったおおきなにんぎょうでひとびとをつぎつぎにのみこんでいったかいぶつ 「かいぶつねんどっこ」 田中かな子脚本;箕田源二郎画 童心社(美しい心シリーズ) 1979年11月

【の】

のうふ
むかしリトアニアというくにに三にんのむすこたちとすんでいたのうふ 「いえいっぱいにできるもの」 荒木文子脚本;藤田勝治絵 童心社(ともだちだいすき) 2005年2月

ノコギリ
いじわるトンカチのなかまのノコギリ 「つみきとトンカチ」 矢玉四郎作・画 教育画劇(コアラちゃんシリーズ) 1985年11月

のぞむちゃん
いもうとのみねこちゃんとおうちのにわにあるさくらの木の下にむしのびょういんをつくった男の子 「むしのびょういん」 成本和子作;山本まつ子画 教育画劇(コンスケくんシリーズ) 1987年3月

のっぺくん
落書きがだいすきなしゅんたろうがマジックペンで口や耳や目や鼻をかいてあげたのっぺらぼうのともだち 「ぼくのともだちのっぺくん」 小野寺悦子原作・脚色;高畠純画 NHKサービスセンター(NHK創作童話集) 1979年1月

のふこ

のっぺらぼう
おばけぶちにさかなをつりにきたこわいものしらずのごんじゅうろうのまえにあらわれためもはなもくちもないのっぺらぼうのおばけ 「のっぺらぼう」 渋谷勲脚本;小沢良吉画 童心社(日本民話かみしばい選) 1982年9月

のっぺらぼう(めだらけ)
ある村の山おくにすんでいたのっぺらぼうのばけものでにんげんやどうぶつの目をとってじぶんのからだにうめこんで目だらけになったばけもの 「めだらけ」 滝本つみき脚本;吉本宗画 童心社(日本の妖怪ぞろーり) 1994年9月

のねずみ(ねずみ)
たいふうがきてながぐつにかくれたがながぐつごとふきとばされてしまったのねずみ 「たいふうがきた」 天神しずえ作;多田ヒロシ画 教育画劇(しぜんといきもの) 1985年7月

のねずみ(ねずみ)
なまえがほしくてまちへいっていろんなみせでいらないじを一つだけもらったのねずみ 「なまえをください」 西村彼呂子作;高瀬のぶえ画 教育画劇(コンスケくんシリーズ) 1986年1月

野ねずみ(ねずみ) のねずみ(ねずみ)
町にすんでいるねずみにさそわれて町へ出かけていったいなかのねずみ 「いなかねずみとまちねずみ」 イソップ原作;西内ミナミ脚色;小野かおる画 NHKサービスセンター(名作民話おはなし広場) 1984年1月

のねずみさん(ねずみ)
おちばをあつめておいもをやくやきいもやさんをはじめたさつまいもばたけののねずみさん 「おちばのようふくくださいな」 仲倉眉子作;渡辺あきお画 教育画劇 1989年11月

ノビくん
くさむらでひろったほうきとはぶらしでからだのけなみをそろえてはもみがこうとしたキリン 「ひろったはぶらし」 藤昌秀作;伊藤悌夫画 教育画劇 1974年6月

のぶくん
おもちゃのバスにいっしょにのせていたぬいぐるみのぞうさんをおねえちゃんにとられてなきだしたおとこのこ 「いじわるだめよ」 津山伸子作;小林和子画 童心社(こりすシリーズ) 1974年5月

ノブくん
おじいちゃんといっしょに汽車にのって遠いお山のふもとのおばあちゃんのうちまであそびに行ってうら山できつねとであった男の子 「きつねとたんぽぽ」 松谷みよ子原作;水谷章三脚色;山中冬児画 NHKサービスセンター(名作民話おはなし広場) 1984年1月

ノブコ
雨ふりの日におりがみをおっておしゃれなかえるをつくったおんなのこ 「おしゃれなかえるさん」 小沢正作;高橋宏幸画 教育画劇(ミミちゃんシリーズ) 1982年5月

のぶこ(のぶちゃん)
ごちそうさまのあと口のまわりにパンくずやバターをくっつけてそとにでたおんなのこ 「いいきもち」 わたりつやこ作;山内恵美子画 教育画劇(コンスケくんシリーズ) 1987年3月

のふち

のぶちゃん
あかちゃんのときからずっといっしょだったおきにいりのタオルを母ねこミーにとられてしまったおとこのこ 「タオルちゃん」 宮﨑二美枝脚本;高橋由為子画　童心社(童心社の紙芝居 げんきななかまシリーズ)　1994年11月

のぶちゃん
えんのうんどうかいでとしうえのたけしくんといっしょにおおだまころがしをしたおとこのこ 「だいすきうんどうかい」 髙橋道子脚本;水谷基子画　童心社(たのしい季節の行事 のびのび・秋のまき)　1989年6月

のぶちゃん
ごちそうさまのあと口のまわりにパンくずやバターをくっつけてそとにでたおんなのこ 「いいきもち」 わたりつやこ作;山内恵美子画　教育画劇(コンスケくんシリーズ)　1987年3月

のぶちゃん
まいこちゃんといっしょにえきまでおばあちゃんをむかえにいったちいさなおとうと 「おねえちゃんとおむかえ」 宮﨑二美枝脚本;藤枝つう画　童心社　1991年9月

のぼる
ひなまつりの日にかずこといっしょにおひなさまのかっこうをしてならんですわってあそんだおとこのこ 「かずことのぼるのひなまつり」 滝山さなみ脚本;駒井啓子画　童心社(ひなまつりシリーズ)　1989年1月

ノボル
リンカーンの紙芝居をみてクラス委員になることにした六年生の男の子 「クラス委員はだれだ？」 谷田川和夫原案;渡辺泰子脚本;西村達馬絵　汐文社(紙芝居日本国憲法3)　1990年3月

ノボルちゃん
ジュンちゃんがおしょうがつやすみにおとうさんにつれられていったいなかのおじいちゃんの家の男の子 「かまくらのおしょうがつ」 古寺伸竹作;田中秀幸画　教育画劇(しぜんといきもの)　1985年7月

ノボルちゃん
となりのトミ子ちゃんがおじいさんからもらったばかりのあたらしいクレヨンをおってしまったおとこの子 「きんいろのクレヨン」 後藤楢根作;こせきはるみ画　教育画劇(おはなしおもちゃばこ)　1986年12月

ノーラ
うさぎのミミのおうちでみんなといっしょにデコレーションケーキをつくったかたつむり 「みんなでつくろうデコレーションケーキ」 山崎陽子作;秋里信子画　教育画劇　1993年11月

のりこちゃん
年中組のあきらくんのともだち 「うんどうかいってたのしいな」 いしばししずこ作;石橋三宣画　教育画劇(あたらしい行事紙芝居)　1993年9月

のりもの
タクシーやバスやダンプトラックなどののりもの 「のりものいっぱい」 こわせたまみ作;塩田守男画　教育画劇　1999年1月

ノロさん
おひるごはんにオムレツにしようとしたたまごをへびにのみこまれておいかけたおじさん 「ノロさんとオムレツ」 林原玉枝作;なかしま潔画　教育画劇(ぱくぱくぱっくんシリーズ)　1982年3月

ノロマ
山のむこうのまちへにもつをはこびまちのにもつをもってくるのがしごとのノロマというあだなのおとこ 「ゆきの小うま」 長崎源之助作;遠竹弘幸画　教育画劇　1976年1月

のん
くまのおんなのこのくまくみちゃんといちごつみにいったのねずみのおとこのこ 「くまくみちゃ～ん」 すとうあさえ脚本;山本祐司絵　童心社(ともだちだいすき)　2007年6月

のんくん
お正月に使ったものを集めて子ども会のどんど焼きに持って行った男の子 「どんどやき」 野口武徳作;田島司画　ぎょうせい(四季の行事シリーズ紙芝居)　1983年8月

のんちゃん
じゃがいもとたまねぎとにんじんとピーマンといっしょにおじいちゃんちへだいすきなカレーをつくってもらいにいったおんなのこ 「やさいだいすき」 土田義晴脚本・画　童心社　1998年6月

のんのん
むかしむかしあるこうげんでたまごからかえったマイアサウラというきょうりゅうのあかちゃんでおっとりしたすえっ子のおんなの子 「のんびりきょうりゅうのんのん」 中村美佐子作;田中秀幸画　教育画劇(教育画劇のかみしばい)　1996年5月

ノンノン
ムーミンのなかま 「ムーミンとおはなのくにのおまつり」 トーベ・ヤンソン原作;内閣府政策統括官監修　全日本交通安全協会　2002年4月

のんびりがらす
トムテにこびとにされたニルスをせなかにのせてそらをとんでいったからす 「ニルスのふしぎなたび」 ラーゲルレーフ原作;成川裕子作・画　教育画劇(世界名作アニメかみしばい)　1990年5月

のんびりや
さむい北の国の小川にすんでいてうっかりやとよばれているふなについていって南の国へいこうとしたふな 「三びきのふな」 久保喬文;黒崎義介画　教育画劇(幼児童話傑作選第2集)　1966年4月

【は】

ばあ
ある日のことすずめがにておいたのりをみんななめてしまったのでしたをきってほうりなげたばあ 「したきりすずめ」 松谷みよ子脚本;堀内誠一画　童心社(松谷みよ子民話珠玉選)　1973年3月;童心社(松谷みよ子民話珠玉選)　1965年5月

はあさ

ばあさ
じいさがのんでわこうなったという山の水をのみすぎてあかんぼうになってしまったばあさ 「あかんぼばあさん」 川崎大治脚本;金沢佑光画 童心社 1992年1月

ばあさま
ころがっただんごをおいかけてねずみあなにはいってしまいおにどもにふしぎなしゃもじをわたされてめしたきをさせられたばあさま 「ふしぎなしゃもじ」 佐々木悦脚本;須々木博画 童心社 1992年1月

ばあさま
としよりをおやまへいかせるきまりがあるびんぼうなくにでおやまへいくことになったたへいのばあさま 「うばすてやま」 今関信子脚本;田代三善画 童心社 1985年9月

ばあさま
むかしやまのなかでばあさまにばけてひとりのわかものにてがみをあずけたぬまのぬしのだいじゃ 「ぬまのぬしからのてがみ」 望月新三郎脚本;田代三善画 童心社(日本の妖怪ぞろ〜り) 1994年9月

ばあさま
むかし小さな山のふもとにひとりぼっちでくらしていたびんぼうなばあさま 「おなべことこ−ロシア」 本田カヨ子脚色;前田康成画 教育画劇(世界のユーモア民話) 1994年5月

ばあさん
るすのあいだによめさんがぼたもちをたべないようにぼたもちにもしよめさんがたべようとしたらカエルになるようにいいきかせたばあさん 「ぼたもちばあさん」 国松俊英脚本;川端誠画 童心社 1996年5月

はあちゃん
こどものびょうきやふしあわせをはこんでくれるながしびなをきつねのおとこのこといっしょにつくったおんなのこ 「きつねといっしょにひなまつり」 こわせたまみ作;相沢るつ子画 教育画劇(四季の行事シリーズ ひなまつり) 1991年6月

ばあちゃん
いつもはたけではたらいてりょうりもつくってくれるまりこのばあちゃん 「ばあちゃんのちゃいろいて」 よこみちけいこ脚本・絵 童心社(ともだちだいすき) 2008年3月

はいいろおおかみ（おおかみ）
イバンおうじをせなかにのせて火のとりのいるしろへあんないしたふしぎなはいいろおおかみ 「火のとり(前編)(後編)」 アファナーシェフ原作;堀尾青史脚本;箕田源二郎画 童心社 1986年5月

はいいろくび
きつねにはねをむしりとられてただ一わみなみのくにへとんでいけなかったはいいろくびののがも 「はいいろくびののがも」 川崎大治作;安泰画 童心社(紙しばい名作選) 1988年2月

ハイエナ
じぶんとヒョウのどちらが悪いのかライオンのところへさいばんをしてもらいに出かけていったハイエナ 「どうぶつむらのさいばん−「アフリカの民話」より」 筒井敬介脚本;富永秀夫画 NHKサービスセンター(NHK小学校国語紙芝居教材 外国の名作) 1979年1月

はいき

ばいきん
けんちゃんのきたないてにどんどんきたばいきんたち 「ばいきんバイバイ！」 仲川道子作・画 童心社(バイキンなんかにまけないぞ!) 1996年9月

バイキン
おにわのすなばであそんでいてころんでけがをしたみよちゃんのひざのきずのなかにはいったバイキンたち 「みよちゃんとバイキン」 清水えみ子脚本;長島克夫画 童心社(かみしばい安全教育シリーズ) 1977年1月

バイキン小人　ばいきんこびと
くらい森の中のバイキン小人の村から風にのってとんでいきわるいことをするのが大すきな小人たち 「タローちゃんが手をあらったら」 鈴木美也子作;前田賢画 教育画劇 1979年6月

ばいきんだいまおう
こどもたちのくちからおなかのなかへはいっていっておおあばれをするばいきんたちのおうさま 「ばいばいばいきんだいまおう-食中毒」 浅沼とおる作・画 教育画劇(保健衛生かみしばい けんこういちばんじょうぶなこ) 1996年10月

ばいきんまん
あかいおばけのふくをきてくらいもりのなかでバタコさんをおどろかしたばいきんまん 「アンパンマンとおばけさわぎ」 やなせたかし作・画 フレーベル館(かみしばいアンパンマン)

ばいきんまん
アンパンマンとそっくりのにせもののあんぱんをつくってうっていたばいきんまん 「アンパンマンとそっくりぱん」 やなせたかし作・絵 フレーベル館

ばいきんまん
アンパンマンとそっくりのにせもののあんぱんをつくってうっていたばいきんまん 「アンパンマンとそっくりぱん」 やなせたかし作・絵 フレーベル館(ワイド版アンパンマンかみしばい)

ばいきんまん
アンパンマンをだまそうとしてやってきたおむすびまんにじゃまをされたばいきんまん 「アンパンマンとおむすびまん」 やなせたかし作・絵 フレーベル館

ばいきんまん
アンパンマンをだまそうとしてやってきたおむすびまんにじゃまをされたばいきんまん 「アンパンマンとおむすびまん」 やなせたかし作・絵 フレーベル館(ワイド版アンパンマンかみしばい)

ばいきんまん
うみをあらすおにひとでののりもののなかにかくれていたばいきんまん 「アンパンマンとまいごのマイマイ」 やなせたかし作・絵 フレーベル館

ばいきんまん
えんそくにきたアンパンマンたちのおべんとうとポットのポットちゃんをさらっていったばいきんまん 「アンパンマンとポットちゃん」 やなせたかし作・絵 フレーベル館

はいき

ばいきんまん
くちばしのながいツンツンどりに芸をしこんでアンパンマンをつつかせようとしたばいきんまん 「ばいきんまんとツンツンどり」 やなせたかし作・画 フレーベル館

ばいきんまん
こどものまじょのマジカちゃんにまほうのそうじきでアンパンマンをすいこむようにさせたばいきんまん 「アンパンマンとマジカちゃん」 やなせたかし作・画 フレーベル館

ばいきんまん
ジャムおじさんたちをさらってかえるりゅうのいるやまのたきつぼへつれていったばいきんまん 「アンパンマンとタータン」 やなせたかし作・絵 フレーベル館(アンパンマンのぼうけん)

ばいきんまん
ジャムおじさんたちをさらってかえるりゅうのいるやまのたきつぼへつれていったばいきんまん 「アンパンマンとタータン」 やなせたかし作・絵 フレーベル館(かみしばいアンパンマン 第5集)

ばいきんまん
ジャムおじさんのつくりかけのロールパンナにバイキンジュースをいれたばいきんまん 「アンパンマンとロールパンナ」 やなせたかし作・絵 フレーベル館

ばいきんまん
ジャムおじさんをたずねてきたりょうりの名人ショウガナイさんをさらったばいきんまん 「アンパンマンとショウガナイさん」 やなせたかし作・絵 フレーベル館

ばいきんまん
ちていせんしゃもぐりんにのってじめんのしたからアンパンマンをきりでつきさしたばいきんまん 「アンパンマンともぐりん」 やなせたかし作・絵 フレーベル館

ばいきんまん
ちびぞうくんをだましてばいきんじょうにつれていったばいきんまん 「アンパンマンとちびぞうくん」 やなせたかし作・絵 フレーベル館

ばいきんまん
ちょうのカレンのもりではなのみつをぬすんでいたばいきんまん 「アンパンマンとカレンのもり」 やなせたかし作・絵 フレーベル館

ばいきんまん
なかまのドキンちゃんといっしょにアンパンマンをたおそうとしたばいきんまん 「アンパンマンとドキンちゃん」 やなせたかし作・絵 フレーベル館

ばいきんまん
なかまのドキンちゃんといっしょにアンパンマンをたおそうとしたばいきんまん 「アンパンマンとドキンちゃん」 やなせたかし作・絵 フレーベル館(ワイド版アンパンマンかみしばい)

ばいきんまん
ばいきんえんばんからどろみずをだしてことりたちがすむぴいちくもりのおんがくかいをじゃましたばいきんまん 「アンパンマンとぴいちくもり」 やなせたかし作・絵 フレーベル館

はいき

ばいきんまん
ばいきんえんばんからどろみずをだしてことりたちがすむぴいちくもりのおんがくかいをじゃましたばいきんまん 「アンパンマンとぴいちくもり」 やなせたかし作・絵 フレーベル館(アンパンマンのぼうけん)

ばいきんまん
バイキンせいからやってきたあくのなかま 「アンパンマンとうみのあくま」 やなせたかし作・絵 フレーベル館

ばいきんまん
ばいきんせいからやってきたあくのなかま 「アンパンマンとうみのあくま」 やなせたかし作・絵 フレーベル館(家庭版幼児かみしばい)

ばいきんまん
バイキンぼしからやってきたアカキンマンとアオキンマンと3にんでアンパンマンに3ばいパンチをだしたばいきんまん 「アンパンマンとぱしぱしぱしーん」 やなせたかし作・画 フレーベル館

ばいきんまん
バイキンぼしからやってきたアカキンマンとアオキンマンと3にんでアンパンマンに3ばいパンチをだしたばいきんまん 「アンパンマンとぱしぱしぱしーん」 やなせたかし作・絵 フレーベル館(ワイド版アンパンマンかみしばい)

ばいきんまん
はみがきまんがとどけにきたはぶらしをもらわなかったばいきんまん 「アンパンマンとはみがきまん」 やなせたかし作・絵 フレーベル館

ばいきんまん
パンづくりがだいすきなクロワッサンぼしのおうさまがやいたやきたてのクロワッサンをよこどりしようとしたばいきんまん 「アンパンマンとみかづきまん」 やなせたかし作・絵 フレーベル館(フレーベル館のかみしばい)

ばいきんまん
へんなおじさんにばけてちくりんというばけものがでてくるサボテンをおいていったばいきんまん 「アンパンマンとちくりん」 やなせたかし作・絵 フレーベル館

ばいきんまん
ぽんぽんじまにあるくさのみをたべておおきくふくらんだばいきんまん 「アンパンマンとぽんぽんじま」 やなせたかし作・絵 フレーベル館

ばいきんまん
まっくろいくものなかにいてたべるものをくさらせていたばいきんまん 「アンパンマンとばいきんまん」 やなせたかし作・絵 フレーベル館

ばいきんまん
まっくろいくものなかにいてたべるものをくさらせていたばいきんまん 「アンパンマンとばいきんまん」 やなせたかし作・絵 フレーベル館(ワイド版アンパンマンかみしばい)

はいき

ばいきんまん
まっくろいくものなかにいてたべるものをくさらせていたばいきんまん 「アンパンマンとばいきんまん」 やなせたかし作・絵 フレーベル館(家庭版幼児かみしばい)

ばいきんまん
みみせんせいとこどもたちといっしょにえんそくにいくときでかけるまえにトイレにいかなかったばいきんまん 「トイレへいこう！」 やなせたかし作・絵 フレーベル館

ばいきんまん
みみせんせいとこどもたちといっしょにやまにえんそくにいってみんなおべんとうをたべてしまったばいきんまん 「ピーマンとニンジンさん」 やなせたかし作・絵 フレーベル館

ばいきんまん
みみせんせいとこどもたちをのせたSLマンをトンネルにとじこめたばいきんまん 「クリームパンダとSLマン」 やなせたかし作・絵 フレーベル館

ばいきんまん
みみせんせいとこどもたちをのせたSLマンをトンネルにとじこめたばいきんまん 「クリームパンダとSLマン」 やなせたかし作・絵 フレーベル館(ワイド版アンパンマンかみしばい)

ばいきんまん
メロンパンナがやまのおくにつくっていただんからはなをひきぬいていったばいきんまん 「メロンパンナとひみつのはなぞの」 やなせたかし作・絵 フレーベル館(ワイド版アンパンマンかみしばい)

ばいきんまん
らんぼうならんぼうやをけらいにしようとしたばいきんまん 「アンパンマンとらんぼうや」 やなせたかし作・絵 フレーベル館

ばいきんまん(だだんだん)
バイキンせいからやってきたあくのなかま 「アンパンマンとだだんだん」 やなせたかし作・絵 フレーベル館

ばいきんまん(だだんだん)
バイキンせいからやってきたあくのなかま 「アンパンマンとだだんだん」 やなせたかし作・絵 フレーベル館(アンパンマンのぼうけん)

ばいきんまん(だだんだん)
バイキンせいからやってきたあくのなかま 「アンパンマンとだだんだん」 やなせたかし作・絵 フレーベル館(ワイド版アンパンマンかみしばい)

ばいきんまん(みえないまん)
ほうたいでからだをぐるぐるまきにしたかいぶつみえないまんになったばいきんまん 「アンパンマンとみえないまん」 やなせたかし作・絵 フレーベル館(ワイド版アンパンマンかみしばい)

ばいきんまん(もぐりんがー)
さいしんしきのロボットもぐりんがーになったばいきんまん 「アンパンマンとドドのしま」 やなせたかし作・絵 フレーベル館

ハイジ
アルプスの山の上のまきばのおじいさんのところにあずけられたおやのいない女の子 「アルプスのしょうじょ(前編)(後編)」ヨハンナ・スピリ作;神戸淳吉脚色;森やすじ;千葉みどり画 教育画劇(おはなしランド) 1987年1月

はいとり氏　はいとりし
町のたかいでんちゅうのてっぺんにすんでいて金のくつをもっているというくものの一家 「おネコさんと金のくつ」村山籌子作;たかしたかこ画 教育画劇 1974年7月

バイ・バイキン
だいどころをちらかしっぱなしのおばあさんのうちにやってきたバイキンおとこ 「ちらかしおばあさん」ときわひろみ脚本;多田ヒロシ画 童心社 1999年6月

パウパウ
森の木を切りたおしておおあばれしていて鳥たちにおいかけられたインディアンのぼうや 「小鳥になった木のは-インディアン説話より」福島のり子文;小谷野半二画 教育画劇(幼児童話傑作選第1集) 1965年9月

パオ
どうぶつえんのアフリカゾウのアイにうまれたあかちゃんぞう 「ぞうのパオはにんきもの」宗方あゆむ文;篠原良隆画 教育画劇 2002年12月

はかせ
エジプトの王さまのはかをあらしてミイラをはこびだしたはかせ 「ミイラ男」上地ちづ子脚本;ヒロナガシンイチ画 童心社(こわいぞ!世界のモンスター) 1997年5月

袴垂　はかまだれ
近江国からこじきになって京に出てきた杉丸が見た都のぬすびと頭 「荒れた羅城門」山下國幸作;箕田源二郎絵 汐文社(紙芝居日本の歴史9) 1987年4月

はくさいさい
やさいのくにのにんじゃどうじょうのみならいにんじゃにんにんまるのせんせい 「にんじんにんじゃにんにんまる」山本省三作・画 教育画劇 1994年11月

ばくさん
ゆめをたべて生きているどうぶつだから森のどうぶつたちのいやなゆめをたべてあげるばく 「おいしいゆめ」神戸淳吉作;川上尚子画 教育画劇 1983年3月

はくちょう
ひろいみずうみにたったいちわでくらしていたいつもひとりぼっちのはくちょう 「おともだちがほしい」W.H.ハドソン原作;中村美佐子文;鈴木幸枝画 教育画劇(心あたたまるほんとうにあったどうぶつの話) 1987年1月

白鳥　はくちょう
おかあさんがさかなをくわえていわの上にもってきてくれたのにぐずぐずしてにがしてしまった白鳥の子ども 「魚と白鳥」小川未明原作;岡上鈴江脚色;坂本健三郎画 教育画劇(小川未明童話紙芝居全集) 1986年4月

はくち

はくちょう(ユーリ)
ほっきょくぐまのふたごのこぐまのムーシカがほっきょくぎつねからたすけてあげたはくちょうの子 「ほっきょくのムーシカ・ミーシカ(前編)(後編)」 いぬいとみこ作；椎野利一画 童心社 1979年12月

パク・ミアム
南の国ジャワ(いまのインドネシア)の村にいたつばめの巣を取る名人、ケルトのおとうさん 「子どもの海」 中村小坡脚本；本田幸一絵画 ほるぷ出版(ほるぷの紙芝居-黄金期名作選) 1984年5月

ハーグレイブさん
もうすぐあかちゃんがうまれるおとうさんもおかあさんもこどももみんなあまりじょうぶではないかぞく「アボガドあかちゃん」ジョン・バーニンガム作；八木田宜子脚本 ほるぷ出版(世界のおはなしシリーズ) 1998年9月

バケツ
だいどころにきてバケツの水の中でおぼれそうになったねずみをたすけようとしなかったいばったバケツ 「ねずみとバケツのはなし」 小川未明原作；菱田かづこ脚色；高橋透画 教育画劇 1986年3月

バケツ
家のだいどころにあったじぶんの水をのもうとした小さなねずみをおぼれさせようとしたバケツ 「ねずみとバケツのはなし」 小川未明原作；菱田かづこ脚色；高橋透画 教育画劇(小川未明童話紙芝居全集) 1986年3月

ばけねこ(ねこ)
ばけねこやまにすんでいるこわいばけねこのおやぶん 「ばけねこやま」 山崎杉夫文・絵 教育画劇 2008年1月

ばけもの
あるむらはずれにあったふるいあれほうだいのおてらによるになるとでるばけものたち 「ばけものでら」 水谷章三脚本；宮本忠夫画 童心社(日本民話かみしばい選・おばけがいっぱい) 1982年1月

ばけもの
たこやのたこざえもんとよめさまがかったあきやにあらわれたきんいろとぎんいろのばけもの 「たこやたこざえもん」 水谷章三脚本；藤田勝治画 童心社(日本民話かみしばい選・なぞむかしがいっぱい) 1985年9月

ばけもの
ばけものというばけものがよりあいをするばけものづくしののはらにいたてばかりひょろんとながいばけものやめんたまがひとつのばけものたち 「茂吉のねこ(前編)(後編)」 松谷みよ子原作；諸橋精光脚本・画 童心社(ゆたかなこころシリーズ) 1994年8月

ばけもの
むかししなのの国のちいさなむらにやってきてはこどもたちをさらっていたくろものばけもの 「小太郎のばけものたいじ」 桐澤久美脚本；岡野和絵 童心社(ともだちだいすき) 2008年11月

はす

ばけもの
むかし中国のある村にいたなかのいい兄弟がくらい道を歩いていた時にでたゆうれい 「おばけをてんぷらにしてたべた兄弟」 松岡励子作・文;岡村好文画 NHKサービスセンター(創作童話) 1987年1月

ばけもの
むらはずれにでてきて「おぶさりてい」といっておひゃくしょうの亭主のせなかにおぶさったばけもの 「おぶさりてい」 市川京子文;夏目尚吾画 教育画劇 1993年12月

ばけもの
村のあき寺によるになるとでていたふるげたのばけもの 「あき寺のばけもの」 西本鶏介原作;諸橋精光脚本・画 童心社(日本の妖怪ぞろーり) 1994年9月

バケラ
よるおばけがっこうにいくとちゅうでみつけたどろぼうをうまくおどかすことができなかったおばけのこども 「おばけのバケラ」 夏目尚吾脚本・画 童心社 1998年7月

ハゲワシ
みたことのないおおきなたまごをサルととりあいっこしたハゲワシ 「びっくりたまごはだれのもの?-たまごの大きさ」 中村美佐子作;毛利将範画 教育画劇 1997年8月

バー・コー
ベトナムのむらの人たちをくるしめていたおそろしいかいぶつをみんなで力をあわせてやっつけたわかもの 「バー・コーのかいぶつたいじ-原話ベトナム民話」 八木田宜子脚本;織茂恭子画 童心社(かみしばい世界むかしばなし) 1990年2月

ばさま
ちょうふく山のふもとの村からやまんばへもちをもって行ったばさま 「ちょうふくやまのやまんば」 能勢紘也脚色;村上豊画 NHKサービスセンター(名作民話おはなし広場) 1984年1月

はさみ
にちようびでえんにはだれもいないのでクレヨンさんたちとじぶんたちだけできったりかいたりしてみたはさみ 「そらをとんだはさみ」 坂本清脚本;月田孝吉絵 童心社 1980年9月

ハサン
アラビアのバグダッドでケシのはなをさかせながらよるになるとどこかへとんでいくおおきなとりをかっていたおとこ 「まほうのとり」 坪田譲治原作;堀尾青史脚本;田代三善画 童心社 1983年8月

芭蕉　ばしょう
俳諧師 「芭蕉」 堀尾青史脚本;西正世志絵画 ほるぷ出版(ほるぷの紙芝居-黄金期名作選) 1984年5月

バス
のぶくんにいじわるしたおねえちゃんのなおちゃんをのせたくなくてきゅうにはしりだしたおもちゃのバス 「いじわるだめよ」 津山伸子作;小林和子画 童心社(こりすシリーズ) 1974年5月

はす

バス
もうふるくなってくたびれていてそれいじょうははしれなかったのでもりのなかにおいてかれたみどりいろのバス 「みどりいろのバス」 ジョン・シャロン作;八木田宜子脚本　ほるぷ出版（ほるぷの紙芝居−世界のおはなしシリーズ）　1989年6月

バスのおばあさん
こどもをひとりしなしてしまってスクラップこうじょにつれてこられたあかいとしとったバス 「スクラップになるのはいや！」 佐竹弘子作;山田哲也画　教育画劇（交通安全紙芝居）1985年5月

パセリちゃん
もりのまっくろやねのいえにすんでいるさんにんのまじょのまだたったのひゃくさいのちびっこまじょ 「ちびっこまじょのパセリちゃん」 山末やすえ作;ひらのてつお画　教育画劇 1994年8月

はたおりぼし
あまのがわのみぎのほうでほしのきるものをおるしごとをしていてなかよしのひこぼしといっしょにくらすようになったほし 「はたおりぼしとひこぼし」 堀尾青史脚本;金沢佑光画　童心社（たのしい季節の行事 きらきら・夏のまき）　1988年4月

バタコさん
あまいあんこがだいすきなかいじゅうアンコラにたべられそうになったバタコさん 「アンパンマンとかいじゅうアンコラ」 やなせたかし作・絵　フレーベル館

バタコさん
パンこうじょうでジャムおじさんのおてつだいをしているおんなのこ 「アンパンマンとうみのあくま」 やなせたかし作・絵　フレーベル館

バタコさん
パンこうじょうでジャムおじさんのおてつだいをしているおんなのこ 「アンパンマンとうみのあくま」 やなせたかし作・絵　フレーベル館（家庭版幼児かみしばい）

バタコさん
パンこうじょうでジャムおじさんのおてつだいをしているおんなのこ 「アンパンマンとそっくりぱん」 やなせたかし作・絵　フレーベル館

バタコさん
パンこうじょうでジャムおじさんのおてつだいをしているおんなのこ 「アンパンマンとそっくりぱん」 やなせたかし作・絵　フレーベル館（ワイド版アンパンマンかみしばい）

バタコさん
パンこうじょうでジャムおじさんのおてつだいをしているおんなのこ 「アンパンマンとだだんだん」 やなせたかし作・絵　フレーベル館

バタコさん
パンこうじょうでジャムおじさんのおてつだいをしているおんなのこ 「アンパンマンとだだんだん」 やなせたかし作・絵　フレーベル館（ワイド版アンパンマンかみしばい）

はちみ

バタコさん
パンこうじょうでジャムおじさんのおてつだいをするおんなのこ「アンパンマンとだだんだん」やなせたかし作・絵 フレーベル館（アンパンマンのぼうけん）

はたらきあり（あり）
ありのうちのなかからでてしごとをはじめたはたらきあり「ありのぼうけん」堀尾青史作；宮下森画 童心社（小さな生物のせかい） 1978年5月

はち
いけのなかへにげたくまのおとうさんがみずのうえにつきだしていたはなのあたまをみんなでつきさしたはちたち「ぶんぶんぼちゃーん」堀尾青史作；多田ヒロシ画 童心社（こりすシリーズ） 1974年5月

ハチ
ブーンブンブンととんでいってのうじょうにいたおウシをちくっ!としたハチ「ブーンブンブン」バイロン・バートン作；八木田宜子脚本 ほるぷ出版（ほるぷの紙芝居-海外秀作シリーズ） 1982年9月

ハチ（ムンボロ・クマンバチ）
そらのかみさまニヤメがアナンシにおはなしのだいきんとしてもってくるようにめいじたさされたらひのようにいたいハチ「おはなしおはなし」ゲイル・E.ヘイリー作；八木田宜子脚本 ほるぷ出版（ほるぷの紙芝居-世界のおはなしシリーズ） 1989年6月

はちかつぎ（はなよのひめ）
むかしある山ざとにすんでいたきよらかでうつくしいひめでかあさんがいきをひきとるまえにかぶせた大きなはちがすいついてとれなくなってしまったむすめ「はちかつぎひめ」木村次郎作；池田仙三郎画 童心社 1987年6月

はちかつぎひめ
十三になったときおもいびょうきにかかったおかあさんに頭にはちをかぶせられてとれなくなったおひめさま「はちかつぎひめ」伊藤海彦文；瀬戸口昌子画 NHKサービスセンター（日本むかしばなし） 1977年1月

ハチコ
おねえさんたちのあとをおいかけていってはじめてミツあつめをしたのんびりやのミツバチ「のんびりハチコがんばる-ミツバチのはなし」相沢るつ子作・画 教育画劇（ちいさな虫のなかまたち） 1991年5月

はちさん
まどのそとをとんでいたはちさん「まどをあけたあとで‥‥」ウィルヘルム・シュローテ作；八木田宜子脚本 ほるぷ出版（ほるぷの紙芝居-海外秀作シリーズ） 1982年9月

はちの王さま　はちのおうさま
むらのげんきなわかものバー・コーといっしょにかいぶつをやっつけたはちの王さま「バー・コーのかいぶつたいじ-原話ベトナム民話」八木田宜子脚本；織茂恭子画 童心社（かみしばい世界むかしばなし） 1990年2月

ハチミさん
アイスクリームのアイスくんにめうしのチッチーさんとにわとりのコケコさんとさんにんでいもうとをつくってあげたみつばち「アイスくん」山福朱実作・絵 教育画劇 2006年1月

はちろ

八郎　はちろう
むかし秋田の山おくにいた村一番の大男でりゅうになって空をとんで大きな湖にやって来たわかもの　「りゅうになったはちろう」　須藤出穂脚色;箕田源二郎画　NHKサービスセンター（NHK小学校国語紙芝居教材 日本の民話Ⅱ）　1980年1月

ハック
トムのなかよしでみなしごのおとこのこ　「トム・ソーヤのぼうけん（前編）（後編）」　マーク・トウェイン原作;宗方あゆむ文;藤本四郎画　教育画劇　1990年1月

パックン
ぶたのブタローさんちにしのびこみおむすびをつまみぐいしたくいしんぼうのおばけ　「くいしんぼうおばけ」　なかむらとおる作;いけだたづこ画　教育画劇　1998年1月

バッタ
のはらでなかよしのちょうちょさんとかくれんぼしてあそんでいたバッタくんたち　「バッタくんのかくれんぼ－バッタのはなし」　仲川道子作・画　教育画劇（ちいさな虫のなかまたち）　1991年5月

バッタ（トノサマバッタ）
かわのちかくのくさのはえているところなんかにいるいちばんおおきなバッタ　「いちばんおおきなばった」　今森光彦写真・作　教育画劇　2005年5月

バッタ（ピョン）
なつのくさむらのつちのなかからうまれてなかまたちとちじょうにでてきたとのさまバッタ　「とべ！とのさまバッタ」　得田之久脚本・画　童心社（よいこの12か月）　1989年7月

ばったさん
おひるねしているかぶとむしさんのせなかでやすんだばったさん　「むしさんのおさんぽ」　得田之久脚本;ペドロ山下絵　童心社　2007年6月

はっちゃん
みんなできらいなものをはなしていたときにまんじゅうがこわいといったおとこのこ　「まんじゅうこわい」　多田ヒロシ文・画　教育画劇　2002年5月

ハッティ
むらのおがわにかかったまるたばしをわからないようにのこぎりできったいたずら2人ぐみのおとこのこ　「いたずら2人ぐみ」　堀尾青史脚本;おぼまこと画　童心社（げんきななかまシリーズ）　1992年11月

バット
科学少年探偵　「ダイヤのひかり3 少女ミチルの巻」　加太こうじ作・絵　童心社（連続冒険空想科学大活劇）　1986年11月

バット
科学探偵少年　「ダイヤのひかり1 空とぶジゴマの巻」　加太こうじ作・絵　童心社（連続冒険空想科学大活劇）　1986年9月

バット
科学探偵少年　「ダイヤのひかり2 科学探偵少年バットの巻」　加太こうじ作・絵　童心社（連続冒険空想科学大活劇）　1986年9月

はな

はっぱ
もりのなかの木からおちて五まいいっしょになっていろいろなものにへんしんしたはっぱたち 「はっぱのぼうけん」 坂本清脚本;月田孝吉画 童心社(よいこの十二か月) 1978年8月

ハッパ
たんぼのかみさまにはこぶおそなえのおもちをしょってはたけをよこぎるかえるたちをわらったどいこんのはっぱたち 「ぴょんぴょんにょきにょき」 荒木文子脚本;山口マオ絵 童心社 2008年10月

はと
おおきなもりでどろぼうたちにおそわれそうになったむすめをたすけたことばがはなせるはと 「まほうのくびかざり」 グリム原作;堀尾青史脚本;かみやしん画 童心社(こわいこわーいおはなし) 1991年5月

はと(ポポ)
きつねのコンがとりのまねをしてそらをとぼうとしていたところにとんできたはと 「くるりんコンでとりになる－鳥は、どうしてとべるの？」 小春久一郎作;椎野利一画 教育画劇(はてな?なぜかしら??) 1989年4月

パトカー
みんなのまちをまもるのがしごとのパトカー 「はしれ！とびだせ！まちのくるま」 小賀野実写真・案 教育画劇 2003年5月

パトカー
ゆうびんしゃからてがみのまいごをひきうけたパトカー 「てがみのまいご」 小春久一郎作;島田明美画 教育画劇(おはなしランド) 1985年9月

ハートちゃん
けんちゃんのかわったおともだち3にんのひとりでいつもにこにこのおんなのこ 「なきむしくん」 宮本えつよし作・画 教育画劇 2004年5月

ハトポッポ
クーちゃんが手からはなしておそらにあがってしまったふうせんをもってきてくれたハトポッポ 「あんあんふうせん」 古寺伸竹作;西村達馬画 教育画劇(ポッポシリーズ) 1985年6月

パトラッシェ
フランダースというむらのむらはずれのみちばたにたおれていたところをネルロという男の子とおじいさんにたすけられたいぬ 「フランダースのいぬ(前編)(後編)」 ウィーダ原作;宗方あゆむ文;森やすじ;伊藤主計画 教育画劇(おはなしきかせて) 1989年1月

バドルールひめ
かがやくつきのようにうつくしいおひめさま 「アラジンとまほうのランプ－原作アラビアン・ナイトより」 若山甲介脚本;中村景児画 童心社(世界の名作第3集) 1999年5月

はな
ある朝ロダーリさんのかおからにげだしてあかいハンカチをマントにしてまどのそとへとんでいったはな 「はながにげた！」 ロダーリ原作;安藤美紀夫訳;堀尾青史脚本;長島克夫画 童心社(美しい心シリーズ) 1984年10月

はな

ハナ
おかあさんぐまのるすにあなをでてすみやきのおじいさんのいえの女の子からひなあられをもらった二ひきのこぐまの一ぴき 「やまのひなまつり」 柴野民三作；こせきはるみ画 教育画劇 1974年3月

花　はな
おばあさんがしんでひとりぼっちになったおじいさんにこえをかけたかれたはちうえの花 「おじいさんの花」 中村ルミ子脚本；夏目尚吾絵 童心社（ともだちだいすき） 2002年3月

はなこ
くるまにひかれてうしろあしがたたなくなったがくるまいすをつけてはしれるようになったいぬ 「はしれ！くるまいすのいぬはなこ」 坂井ひろ子文；岡本美子画 教育画劇 2002年12月

はな子　はなこ
あたたかいタイというくにからさむいほっかいどうのどうぶつえんにきてびょうきになってしまった子どものぞう 「はな子さん」 堀尾青史作；二俣英五郎画 童心社（日本の動物記シリーズ） 1987年6月

花子　はなこ
うらしまたろうのえほんをよんでいてあっというまにえほんのなかにとびこんできがつくとうみのなかにいた女の子 「うらしまたろうをおいかけろ！」 浅川じゅん作；土屋富士夫画 教育画劇（紙芝居へんてこ日本むかしばなし） 1995年5月

ハナ子さん　はなこさん
七五三の日におかあさんとお宮におまいりにいった七さいのぞうの女の子 「七五三おめでとう」 安田浩作；チト・イトー画 教育画劇（あたらしい行事紙芝居） 1993年9月

はなさかじいさん（おじいさん）
ざるのはいをまいてかれきにはなをさかせてとおりかかったおとのさまからごほうびをもらったおじいさん 「はなさかじいさん」 高橋五山作；久保雅勇画 童心社（家庭版かみしばい） 1988年7月

はなさかじいさん（おじいさん）
ぱっぱとはいをまいてかれきにはなをさかせてとおりかかったとのさまからごほうびをたくさんもらったおじいさん 「はなさかじいさん」 与田凖一脚本；岡野和画 童心社（日本名作おとぎばなし・むかしむかしあったとさ） 1986年9月

花さかじいさん（正直じいさん）　はなさかじいさん（しょうじきじいさん）
ふしぎなはいをまいてかれ木にたくさん花をさかせておとのさまからごほうびをもらった正直じいさん 「花さかじいさん」 石山透文；瀬戸口昌子画 NHKソフトウェア（日本むかしばなし） 1996年1月

はなさかじじい（おじいさん）
きにのぼってはいをまいてかれきにはなをさかせてとのさまからごほうびをもらったやさしいおじいさん 「はなさかじじい」 瀬名恵子脚本・絵 ほるぷ出版（ほるぷの紙芝居–日本昔ばなしシリーズ） 1983年4月

花さかじじい（おじいさん）　はなさかじじい（おじいさん）
木の上にのぼってはいをまいてかれ木に花をさかせてとのさまからごほうびをもらったおじいさん　「はなさかじじい」浜田広介文；黒崎義介画　教育画劇（紙芝居むかしばなし）1983年3月

はなたれこぞうさま
たきぎうりのおじいさんが川にたきぎをなげこんでくれたごほうびにりゅうぐうのかみさまがさしあげたなんでもねがいをかなえてくれるきたならしい子　「はなたれこぞうさま」安田浩文；若菜珪画　教育画劇　1993年12月；教育画劇　1987年12月

はなちゃん
さるのもんくんたちときけんなこうじげんばやすなやまであそんだぶた　「うさぎおばけのパトロール」山本省三作・絵　教育画劇　2007年5月

はなちゃん
だいすきなはるののはらへともだちをみつけにいったおんなのこ　「ともだちいっぱい！」千世まゆ子脚本；梅田俊作絵　童心社（ともだちだいすき）2008年4月

はなちゃん
ひろばできらいなものをはなしていたこどもたちのひとり　「まんじゅうこわい」多田ヒロシ文・画　教育画劇　2002年5月

バナナンひめ
バナナのだいすきなケンちゃんがたすけにいったバナナのくにのおんなの子　「バナナのくにのバナナンひめ」加藤晃作・画　教育画劇　1991年9月

花びら　はなびら
あるのはらにさいていたがえだからちってたびをして大きな川の川口ちかくまでながれてきた一まいのさくらの花びら　「花びらのたび」浜田広介作；長崎源之助脚色；岩本康之亮画　教育画劇（ひろすけ童話紙芝居全集）1981年7月

はなよのひめ
むかしある山ざとにすんでいたきよらかでうつくしいひめでかあさんがいきをひきとるまえにかぶせた大きなはちがすいついてとれなくなってしまったむすめ　「はちかつぎひめ」木村次郎作；池田仙三郎画　童心社　1987年6月

バニラ
りすのチョコがりんごのりんごちゃんをつれておみまいにいったびょうきのうさぎのこ　「りんごちゃん」服部幸應作；太田裕子画　教育画劇　2005年4月

はぬきし
あるときふかーいやまみちにはいってじごくけんぶつにいった三人ぐみのひとりのはぬきし　「じごくけんぶつ」水谷章三脚本；藤田勝治画　童心社（日本民話かみしばい選・わらいばなしがいっぱい）1984年9月

ハヌマン
おしろをでてもりでくらさなければならなくなったラーマおうじをたすけたさる　「ラーマおうじとシーダひめ（前編）（後編）」上地ちづ子脚本；伊藤昭画　童心社　1983年1月

ぱぱ

パパ
海のある町へ引っこしてきて日曜日にはじめてトンちゃんと二人で海でおよいでパンツをながされてしまったパパ 「にちようびのパンツ」 筒井敬介原作・脚色；井上洋介画 NHKサービスセンター(名作民話おはなし広場) 1984年1月

ばばさま
やまみちでけがをしたたびのおじいさんをひとばんとめてあげたおれいにおひなさまをつくってもらったばばさま 「おひなさまのないしょばなし－ひなまつり」 ゆうきえみ文；鈴木幸枝画 教育画劇 1998年8月

バーバちゃん
うさぎのウサコちゃんのところへおみまいにいくとちゅうでふうせんをかいすぎて空たかくまいあがってしまったあひる 「バーバちゃんのおみまい」 神沢利子脚本；山本まつ子画 童心社(神沢利子＝メルヘンかみしばい) 1985年4月

パパねこ（ねこ）
あさもまだくらいうちからおきてかぞくにたべさせるさかなをつりにいったパパねこ 「パパねこつりへ」 堀尾青史脚本；和歌山静子画 童心社(堀尾青史・幼年創作かみしばい集) 1980年4月

パパねこ（ねこ）
ねずみのラッキーとハムどろぼうのはんにんさがしをしたパパねこ 「パパねこのたんてい」 堀尾青史作；和歌山静子画 童心社 1985年5月

ばばらんこ（ぶらんこ）
みどりえんにあったすわるところが木でできたちいさいふるいおばあさんのぶらんこ 「ばばらんこ」 松野正子脚本；篠原良隆画 童心社(よいこの12カ月) 1986年9月

バビー
おおきなかごをもってもりへヒッコリーのきのみをひろいにいったりす 「ヒッコリーのきのみ」 香山美子脚本；安和子画 童心社 1986年10月

パピー
かいぬしのおとこの子テディがたべものをやりすぎて犬のような大きさになってしまったハムスター 「ハムスターのパピーちゃん」 福島のり子作；岩本圭永子画 教育画劇(パピーちゃんシリーズ) 1977年3月

パピイ
しまりすのタックといっしょにクリスマスのうたをうたっていたしろうさぎ 「クリスマスなんかだいっきらい！」 山崎陽子作；大和田美鈴画 教育画劇(四季の行事シリーズ) 1992年11月

パピ・プペ・ポー
スイカばたけにすんでいるスイカのだいすきなみつごのおばけ 「みつごのおばけパピ・プペ・ポー」 宮西達也作・画 教育画劇 1991年9月

パピン
さかなつりにいったときにカエルさんが道路に飛び出すのをみたうさぎのおとこのこ 「パピンとチロルのさかなつり」 内閣府政策統括官監修 全日本交通安全協会(こうつうあんぜんかみしばい) 2003年4月

パピン
サッカー星からやってきたピッポーといっしょにサッカーをやっていてピッポーが道路に飛び出すのをみたうさぎのおとこのこ 「パピンとサッカー」 内閣府政策統括官監修 全日本交通安全協会(こうつうあんぜんかみしばい) 2004年4月

はぶくん
おきなわにおきゃくがやってきたのでかんげいのおどりカチャーシーをおどるどくへびのはぶ 「カチャーシーをおどろうよ」 真栄城栄子脚本;まついのりこ絵 童心社(まついのりこ・かみしばい ひろがるせかい) 1989年6月

はブラシ
かおもてもあらわずはもみがかないごろうちゃんからにげだしてせんたくやをはじめたはブラシ 「のはらのせんたくやさん」 神沢利子作;高橋由為子画 童心社 1986年5月

ハボンス
トルコのくににいたてじなしでしんでしまった子どもをいきかえらせてくれるようにまほうつかいにたのみにいったおとこ 「ハボンスのしゃぼん玉」 豊島与志雄原作;稲庭桂子脚本;桜井誠画 童心社(童心社のベスト紙芝居) 1985年1月

浜口 儀兵衛　はまぐち・ぎへえ
つなみにおそわれた村の人たちをすくったしょうや 「いなむらの火」 川崎大治脚本;福田庄助画 童心社(紙しばい日本人の力シリーズ) 1976年11月

はまぐりひめ
ある日おやこうこうなわかものがうみでつったはまぐりの中にすわっていたきれいなおひめさま 「はまぐりひめ」 熊田勇作・画 教育画劇(日本昔話アニメかみしばい) 1987年9月

はまひるがお
とうだいのあるみさきのとっぱなにたったひとつさいていて岩のくぼみの水たまりにきたさかなとともだちになったはまひるがお 「はまひるがおのちいさなうみ」 今西祐行作;小谷野半二画 教育画劇(夢のふくらむシリーズ2集) 1972年8月

はみがきさん
まいあさおひさまでるときにやってくるてんしのはみがきさん 「はみがきさん」 瀬名恵子文・絵 教育画劇(わたしのはじめてのかみしばい こんにちは) 1987年2月

はみがきまん
あたらしいはぶらしをみんなにとどけるはみがきまん 「アンパンマンとはみがきまん」 やなせたかし作・絵 フレーベル館

ハムスター(コロ)
ひろいところであそびたくなってきょうだいのミミといっしょにかごをぬけだしたハムスターのおとこのこ 「ハムスターのぼうけん」 夏目尚吾脚本・絵 童心社(どうぶつの飼い方ふれあい方) 2000年8月

ハムスター(パピー)
かいぬしのおとこの子テディがたべものをやりすぎて犬のような大きさになってしまったハムスター 「ハムスターのパピーちゃん」 福島のり子作;岩本圭永子画 教育画劇(パピーちゃんシリーズ) 1977年3月

はむす

ハムスター（ハムちゃん）
ゴシゴシたいそうがとくいでほっぺたがすごーくふくらむハムスター 「ハムちゃんとあそぼっ！」 内山晟写真；宗方あゆむ文　教育画劇　2005年5月

ハムスター（ミミ）
ひろいところであそびたくなってきょうだいのコロといっしょにかごをぬけだしたハムスターのおんなのこ 「ハムスターのぼうけん」 夏目尚吾脚本・絵　童心社（どうぶつの飼い方ふれあい方）　2000年8月

ハムちゃん
ゴシゴシたいそうがとくいでほっぺたがすごーくふくらむハムスター 「ハムちゃんとあそぼっ！」 内山晟写真；宗方あゆむ文　教育画劇　2005年5月

はやとくん
おばあちゃんからむかしむかしのてるてるぼうずのおはなしをきかせてもらったおとこのこ 「てるてるてんきになあれ-てるてるぼうずのはじまり」 岡信子作；西村達馬画　教育画劇　1991年5月

はやとくん
なぞねこゴロンニャとなぞなぞでしょうぶをしたなぞなぞめいじんのおとこのこ 「なぞなぞだいぼうけん」 このみひかる作；大竹豊画　教育画劇　1997年4月

はやとり（くすのき）
ひるもよるもぐんぐんのびて村むらを日かげにするようになったので切りたおされてはやとりとよばれるふねになったくすのき 「はやとり-日本民話より」 国分一太郎文；野々口重画　教育画劇（幼児童話傑作選第2集）　1965年9月

はらたろう
あまいおかしがだいすきなあまたろうくんのおなかのなかではたらいているおとこのこ 「ぐるぐるおなかのあまたろう」 しばはらち作・画　教育画劇　2004年5月

ハリネズミ
まいごになったママをきつねのめいたんていこん・ぴゅうたろうにさがしてもらったハリネズミのこども 「めいたんていこん・ぴゅうたろう-きえたハリネズミの巻」 多田ヒロシ脚本・画　童心社（しかけ紙しばい）　1987年9月

はりねずみ（ハンフ）
あるばんよるの森へひとりでぼうけんにでかけたはりねずみのぼうや 「はりねずみハンフのぼうけん」 足沢良子作；木村まどか画　教育画劇（パンダちゃんシリーズ）　1984年11月

はりねずみくん
みんなのあそびのじゃまをするきつねのこんすけのおしりをはりでさしてやったはりねずみ 「わりこみこんすけ」 なかえよしを作；上野紀子画　教育画劇（おはなしプレゼント）　1986年5月

バルー
つりをしていたとうさんをかわにひきずりこんだドラゴンをやっつけにいったおとこのこ 「おどるドラゴン-アフリカ民話より」 渡辺享子脚本・画　童心社　1987年10月

バルー
むかしおうさまとこくみんが3にんだけのちいさなくににみなみのくにのおうさまからぞうのジャンボといっしょにおくられてきたぞうつかい 「ちいさなジャンボ」 やなせたかし作・絵 フレーベル館

ハルオ
かいじゅうのドンキチくんのともだちのうさぎ 「ちょっとまって！ドンキチくん－省エネ」 藤本ともひこ作・画 教育画劇(かんきょうかみしばい みんなでまもろうネ!ちきゅうくん) 1999年5月

はるかちゃん
おにいちゃんとおふろばからかわをとおってうみへいきよごれたみずのせいでびょうきになったさかなたちとあったおんなのこ 「さかなたちとのおやくそく－水の大切さ」 間所ひさこ作;おぐらひろかず画 教育画劇(かんきょうかみしばい みんなでまもろうネ!ちきゅうくん) 1999年5月

パルくん
いろいろなのりものにばけるのがとくいなおばけ 「のりものおばけのパルくん」 毛利綾作・画 教育画劇(はじめまして!おばけです) 1998年1月

はるこ
せんそうちゅうにおくにのめいれいではたけのはなをぬきすてられたすいせんのたまをとうちゃんといっしょにうらのやまにうめたおんなのこ 「よみがえったすいせん」 望月新三郎脚本;渡辺享子画 童心社(ゆたかなこころシリーズ) 1991年3月

はる
にほんがせんそうをしていたころのとうきょうでなかよしのあこちゃんうちのいぬがへいたいさんにつれていかれてしまってふたりでかえしてくださいといったおんなのこ 「マアをかえしてください」 わしおとしこ脚本;おぼまこと画 童心社(ゆたかなこころシリーズ) 1995年3月

バルタンせいじん
ちきゅうをせいふくしようとしているかいじゅう 「ウルトラ戦士VS.怪獣軍団」 円谷プロダクション監修 永岡書店 1990年1月

バルトー
ジフテリアのくすりをつんでアラスカのノームというまちまでふぶきのなかをいぬぞりをひいていったちからづよいいぬ 「はしれ！バルトー」 渡辺享子脚本・画 童心社(美しい心シリーズ) 1990年3月

バレリーナ
おとこの子のおもちゃたちの中で一ぽんあしのすずのへいたいとふたりじっとみつめあっていたきれいなバレリーナ 「すずのへいたい」 アンデルセン原作;足沢良子文;後藤英雄画 教育画劇(おはなしきかせて) 1988年10月

パワーショベル(ぴか)
こうじげんばでダンプカーのぷんにもんくをいわれてなががわるくなったパワーショベル 「ぷんぷんダンプとぴかぴかショベル」 山本省三作・画 教育画劇(のりものだいすき) 1991年11月

はんか

ハンカチ
よっちゃんのポケットからおちてまいごになってしまったハンカチ 「わたしはまいご」 清水えみ子脚本;長島克夫画 童心社(きちんとするのだいすき) 1981年9月

パンケーキ
子どもたちにたべられそうになってフライパンからとびあがってにげだしたパンケーキ 「にげだしたパンケーキ-ノルウェー民話」 やなぎやけいこ文;高橋透画 教育画劇(民話どっこいしょ) 1984年9月

ばんじ
むかしやまでらというところにおったたいそうかりがじょうずなおとこ 「しろいしか」 江口文四郎原作;佐々木悦脚本;岡野和画 童心社 1978年1月

パンジャ
ジャングルのえいゆうだったライオン、レオのおとうさん 「ジャングル大帝1 レオ誕生のまき」 手塚治虫原作;手塚プロダクション脚本・画 童心社 1999年5月

ハンス
おなかをすかせてそんげんにやってきてこひつじを一ぴきつかまえていったぬすびと 「ぬすびととこひつじ」 新美南吉原作;千世まゆ子脚本;藤田勝治画 童心社(ほのぼの新美南吉ランド) 1994年5月

ハンス
ごしゅじんのところで七ねんかんもはたらいてきゅうきんをもらっていなかにかえることになったわかもの 「ハンスのしあわせ」 堀尾青史脚本;篠原勝之画 童心社(グリム童話傑作選) 1985年9月

ハンス
はたらくのがきらいでまいにちひなたぼっこばかりしていておっかさんにいえをおいだされたわかもの 「まほうのぼうがとんできた!?-ドイツ民話より」 東川洋子文;新堂渓子画 教育画劇 1994年8月

ハンス(カラバこうしゃく)
びんぼうなこなひきやのおとうさんがなくなってねこを一ぴきもらったーばん下のおとうと、カラバこうしゃくはねこが主人をよんだ名前 「ながぐつをはいたねこ-フランス名作童話」 ペロー作;安田浩文;野々口重画 教育画劇(世界名作童話紙芝居全集第1集) 1991年7月

パンダ
おさんぽにいったがなんだかすこしさびしくなってきたパンダのこ 「おかあさんといっしょ!」 内山晟写真;中村翔子文 教育画劇 2005年5月

パンダ
お山のおくのささやぶにあるおうちで生まれたパンダの赤ちゃん 「かわいいパンダちゃん」 福島のり子作;高橋宏幸画 教育画劇(パンダちゃんシリーズ) 1986年9月

パンダ(タンタン)
とってもなかよしのテンテンといつもいっしょのパンダのこ 「タンタンテンテンいっしょにごあいさつ」 よだくみこ作;伊東美貴絵 教育画劇 2004年1月

パンダ(テンテン)
とってもなかよしのタンタンといつもいっしょのパンダのこ 「タンタンテンテンいっしょにごあいさつ」 よだくみこ作;伊東美貴絵 教育画劇 2004年1月

パンチ
もうどうけんにはなれなかったけれどかんちゃんのうちのいぬになったレトリーバー 「ぼくだってレトリーバー」 夏目尚吾脚本・画 童心社(ゆたかなこころシリーズ) 1991年11月

パンツくん
ものほしざおからにげだしてかぜにのって町からうみまでいったパンツ 「にげだしたパンツくん」 高木あき子作;こせきはるみ画 教育画劇 1974年4月

ハンフ
あるばんよるの森へひとりでぼうけんにでかけたはりねずみのぼうや 「はりねずみハンフのぼうけん」 足沢良子作;木村まどか画 教育画劇(パンダちゃんシリーズ) 1984年11月

パンプくん
ごみあつめのくるまがおとしていったのをねずみのきっくとたっくがひろったいばりんぼのきいろいたね 「いばりんぼのパンプくん」 中村美佐子作;田中秀幸画 教育画劇 1994年11月

【ひ】

ピー
みなみのちいさなしまにすむおとこのこココとなかよしのイルカ 「イルカのピー」 渡辺享子脚本・絵 童心社(ともだちだいすき) 2006年8月

ピアナ
山の木の実をとりにでかけてあなにおちてしまいそこにあったくまのけがわをかぶってそとへでていったインディアンのむすめ 「くまになったピアナ」 さねとうあきら脚本;スズキコージ画 童心社(こわいこわーいおはなし) 1991年5月

ぴいちゃん
そらとぶえんばんからそとにでてまいごになったふしぎなかたちのみどりいろのこども 「アンパンマンとまいごのうちゅうじん」 やなせたかし作・絵 フレーベル館

ぴいちゃん
むかしむかしりっぱなおかあさんとかげとよばれるきょうりゅうマイアサウラのルルからうまれたかわいいあかちゃん 「マイアサウラのぴいちゃん」 矢崎節夫作;中村淳一絵 教育画劇 2008年5月

ひいちゃん(あめつぶ)
からからにかわいたむぎばたけでおとうさんとおかあさんとおとこのこがあめをふらせてください といっているこえをきいてそらからしたにおりていってあげた男の子のあめつぶ 「あめつぶさん」 新井早苗脚本;高橋久子画 童心社(よいこの12か月) 1986年6月

ひいひ

ぴいぴい
いっしょにたまごのからをやぶってうまれてきたひよこのぴっぴとそろってさんぽにでかけたあひるのあかちゃん 「あひるのぴいぴいとひよこのぴっぴ」 ステーエフ原作；小林純一脚本　童心社（ひよこシリーズ）　1971年5月

ぴいぴいくん
アンパンマンがあるひみつけてあいさつのことばをおしえてあげたあかちゃんどり 「アンパンマンとぴいぴいくん」 やなせたかし作・絵　フレーベル館

ヒイヒイちゃん
ないてばかりいるふたりの子のひとり 「オンオンちゃんとヒイヒイちゃん」 米川みちこ作；山内恵美子画　教育画劇（かわいい八つのおはなし）　1992年11月

ピエリノ
おじいさんにひよこを一わかってもらいアルビナとなまえをつけたおとこのこ 「げんきなアルビナ」 アントネラ・ボリゲール＝サベリ作；八木田宜子脚本　ほるぷ出版（ほるぷの紙芝居－海外秀作シリーズ）　1982年9月

ぴか
こうじげんばでダンプカーのぷんにもんくをいわれてなかがわるくなったパワーショベル 「ぷんぷんダンプとぴかぴかショベル」 山本省三作・画　教育画劇（のりものだいすき）　1991年11月

ピカタ
アイヌの国に向かって強い風を送っていたずらをした風の女神 「いたずらめがみかぜのピカタ」 松岡励子脚色；井上洋介画　NHKサービスセンター（NHK小学校国語紙芝居教材日本の民話Ⅱ）　1980年1月

ひかりのこびと
エミちゃんのうちのきんぎょばちのよこにできたにじのなかからでてきた七にんぐみのひかりのこびと 「いろのふしぎ」 岡野薫子脚本・画　童心社（よいこの12か月）　1981年2月

ひかりのせい
あおいとりをさがしにいったチルチルとミチルのきょうだいのたびのなかま 「あおいとり（前編）（後編）」 メーテルリンク作；泉さち子文；高橋透画　教育画劇（おはなしチルチル）　1986年1月

ひかるくん
はるやすみにおかあさんと九しゅうのおじいちゃんのうちにいくことになってはじめてしんかんせんにのったおとこのこ 「わくわくどきどきしんかんせん」 高木あきこ作；津田光郎画　教育画劇　1991年11月

ヒギンスさん
とけいがまだめずらしいころのことじぶんのうちのどのとけいのじこくがただしいのかわからなくなってしまった人 「ヒギンスさんととけい」 パット・ハッチンス作；八木田宜子脚本　ほるぷ出版（ほるぷの紙芝居－海外秀作シリーズ）　1982年9月

ヴィクス
きずっつらというあだなのとしよりぎつねのにょうぼう 「スプリングフィールドのきつね」 アーネスト・T.シートン原作；石川球太絵・文　ほるぷ出版　1976年5月

ひーくん
あまいものをたべてはみがきをしないでねてしまったのでむしばきんたちにはにあなをあけられてしまったおとこのこ 「むしばきんがねらってる」 山末やすえ作；西村郁雄画 教育画劇（四季の行事シリーズ むしば） 1998年5月

ひげ
あるばんいばりんぼのおうさまのはなの下からはなれておしろをぬけだしていったひげ 「おうさまのひげ」 横笛太郎作・画 童心社（美しい心シリーズ） 1978年7月

ひげのおとこ（おとこ）
せかいいちさむいまちにやってきてうたのこおりをかったひげのおとこ 「うたうこおり-ロシアのむかしばなしから」 鶴見正夫作；岸田耕造画 教育画劇（たのしい民話民話でてこい） 1985年3月

ピーコ
おにわであそんでいておかあさんとはなれてしまったひよこ 「おかあさんみーつけた」 加藤晃作・画 教育画劇（みんなもいっしょにね） 1994年1月

ひこいち
いたずらだぬきのごんろくをだましたとんち名人 「たぬきとひこいち」 長崎源之助文；西村達馬画 教育画劇（ぽんぽこシリーズ） 1983年9月

ひこいち
とんちの名人 「ふしぎなはこ-ひこいちとんちばなし」 関七美文；中村千尋画 教育画劇（とんちばなし） 1992年7月

ひこいち
わらわないびょうきにかかったしょうやのむすめをわらわせてほしいとたのまれたとんちのうまいこども 「あっぷっぷー」 柴野民三文；水野二郎画 教育画劇（健康とユーモアぺろぺろんシリーズ） 1982年6月

ひこいち
山のおくにすんでいたてんぐをだましてじぶんのすがたをけすことができるてんぐのかくれみのをてにいれたおとこ 「てんぐのかくれみの」 花井巴意；安井康二画 教育画劇（おはなしランド） 1987年3月

ひこいちどん
あるときまちかどでかさやさんをはじめたとんちもののおとこ 「ひこいちどんのかさやさん」 水谷章三脚本；小川陽画 童心社（日本民話かみしばい選・なぞむかしがいっぱい） 1985年9月

彦ーどん　ひこいちどん
てんぐどんをだましてかくれみのを取りあげてやった男 「てんぐのかくれみの」 水谷章三脚色；富永秀夫画 NHKサービスセンター（NHK小学校国語紙芝居教材 日本の民話Ⅱ） 1980年1月

ピコくん
もりのおくからでてきたおばけとスパゲッティのたべくらべをしたこぶた 「おばけのスパゲッティ」 小沢正作；古川タク画 教育画劇（ゆかいなたべもののおはなし） 1991年3月

ひこそ

彦蔵　ひこぞう
明治七年大八といっしょに埼玉県のいなかの村から東京見物にやってきた若者「陸蒸気と小学校」山下國幸作；江口準次絵　汐文社（紙芝居日本の歴史21）　1988年12月

ひこたろう
なかよしのしんのすけといっしょにてらこやへかようおさむらいのこども「ぞうりはどこへ」多田ヒロシ文・画　教育画劇（おさむらいさんのはなし紙芝居）　2003年9月

彦太郎　ひこたろう
奈良の興福寺への借金のちょうけしを求める一揆に勝った四か郷の百姓たちの記念のことばを大岩にきざんだ石工「百姓の勝ちどき」山下國幸作；小島直絵　汐文社（紙芝居 日本の歴史13）　1987年12月

ぴこたん
おたんじょうびにパパやママといっしょにレストランへいってなぞなぞごっこをしたこうさぎ「ぴこたんのなぞなぞレストラン」このみひかる作；筒井和歌子画　教育画劇　1988年9月

ぴこたん
えんのなぞなぞうんどうかいにでたうさぎのおんなのこ「ぴこたんのなぞなぞうんどうかい」このみひかる作；筒井和歌子画　教育画劇（かみしばいなぞなぞだいすき）　1988年9月

ひこぼし
あまのがわのひだりのほうでうしをひいてはたけをたがやすしごとをしていてなかよしのはたおりぼしといっしょにくらすようになったほし「はたおりぼしとひこぼし」堀尾青史脚本；金沢佑光画　童心社（たのしい季節の行事 きらきら・夏のまき）　1988年4月

ひこぼし
あまのがわのむこうぎしにすむはたおりのおりひめとけっこんしたうしかいのわかもの「たなばたのおはなし」北田伸脚本；降矢洋子絵　童心社（ともだちだいすき）　2008年7月

ひこぼし
てんのかみさまのうしのせわをするおとこ「なぜ、七夕にささかざりをするの？」若山甲介脚本；藤田ひおこ絵　童心社（なぜ？どうして？たのしい行事）　2001年9月

ひこぼし
よめのおりひめとあそんでばかりいたのでてんのかみさまからあまのがわをはさんでわかれてくらすようにいわれたうしかい「たなばたものがたり」北田伸脚本；三谷靱彦画　童心社（童心社の紙芝居 たなばたシリーズ）　1980年7月

ひさこちゃん
うちのベランダのうえきばちのみかんのはにうみつけられたたまごからアゲハチョウがそだっていくのをみたおんなのこ「ベランダのアゲハチョウ」高家博成脚本；横内襄画　童心社　1995年6月

ひさしくん
すきなものしかたべないしうんどうするのもきらいでとってもふとっているおとこのこ「だってだってさん」清水えみ子脚本；おかべりか画　童心社（よいこの12か月）　1980年6月

ヒシバッタ
テントウムシにオニになってもらってともだちとみんなでかくれんぼきょうそうをしたかくれるのがじょうずなむし 「むしたちのかくれんぼ」 得田之久脚本・絵 童心社(ともだちだいすき) 2000年5月

ひしゃく
だいどころで水をのもうとしてバケツの水の中でおぼれそうになったねずみをたすけてやったやさしいひしゃく 「ねずみとバケツのはなし」 小川未明原作;菱田かづこ脚色;高橋透画 教育画劇 1986年3月

ひしゃく
家のだいどころにあったバケツの水をのもうとしておぼれそうになった小さなねずみをたすけたひしゃく 「ねずみとバケツのはなし」 小川未明原作;菱田かづこ脚色;高橋透画 教育画劇(小川未明童話紙芝居全集) 1986年3月

ピーター
まほうつかいのまま母にいもうとのアンナとふたりいえをおいだされて子ジカにかえられたおとこのこ 「まほうつかいとやさしいおんなのこ(前編)(後編)-グリム童話原作」 堀尾青史脚本;箕田源二郎画 童心社 1990年1月

ピーターパン
ネバーランドというゆめとぼうけんのしまにすんでいるおとこの子 「ピーターパンの冒険-ゆめの島ネバーランドへ」 日本アニメ企画絵画 童心社(家庭版かみしばい・世界名作劇場) 1989年11月

ビタリスおじいさん
さると三びきのいぬをつれてしばいをしながらいろんな町をたびしていくおじいさん 「家なき子(前編)(中編)(後編)」 エクトル・マロ原作;高木あきこ文;ながよしかよ画 教育画劇 1988年1月

ひだりてくん
みぎてくんといっしょにくれよんをもってがようしにえをかいたひだりてくん 「みぎてくんとひだりてくん」 金城多真子脚本・画 童心社 1985年10月

ピッカリー
だいすきなあまいおかしをたべすぎておなかがいたくなったあまたろうくんをたすけにいったほし 「ぐるぐるおなかのあまたろう」 しばはらち作・画 教育画劇 2004年5月

ピッカリくん
おひるねをしていたらロケットがとんできてびっくりしてそらからおちてしまったほしの子 「ピッカリくん-星は、どうして夜しか見えないの?」 塩田守男作・画 教育画劇(はてな?なぜかしら??) 1989年4月

ビッキー
いつもひとりぽっちでともだちがほしいかえる 「かえるのビッキー」 平井貴子作・画 教育画劇(ぽんぽこシリーズ) 1983年5月

ひつき

びっき（かえる）
はすのうわっているいけにすみつきぼうさまになりたいもんだとおもってはすのはっぱでてらたててまいにちおきょうをあげていたびっき 「びっきのぼうさま」 小浦享子脚本・画　童心社（とんとむかしがたり）　1995年9月

ぴっく
こねこのみーやがおかあさんにかってもらったかさにいれてもらったねずみ 「あめふりぼうず」 小春久一郎作；田中恒子画　教育画劇（ユーモアだいすき）　1988年6月

ピック
どうぶつむらのなつまつりのひにおかあさんといもうとのピッチといっしょにむらのおみやにでかけたうさぎのおとこのこ 「おどれおどれドドンガドン」 上地ちづ子脚本；長島克夫画　童心社（たのしい季節の行事 きらきら・夏のまき）　1988年4月

ビックリ
子どもおばけのカチンのともだち 「おばけのカチンくん」 鈴木美也子作；カタ倫画　教育画劇（健康とユーモアぺろぺろんシリーズ）　1982年4月

ヒッコロ
なぞなぞごっこが大すきなおばけのピッチのともだち 「なぞなぞおばけピッチ」 このみひかる作；岩田くみ子画　教育画劇　1989年4月

ひつじ
ぬすびとのハンスにつかまえられてころされそうになったときにハンスをみあげてかわいいこえでないたこひつじ 「ぬすびととこひつじ」 新美南吉原作；千世まゆ子脚本；藤田勝治画　童心社（ほのぼの新美南吉ランド）　1994年5月

ひつじ（ジェイミ）
ぼくじょうのこひつじたちのなかでいちばんよわむしのこひつじ 「かめのトートじいさんは150さい－ながいき」 瀬尾七重作；岩井田治行画　教育画劇　1997年8月

ひつじ（チリン）
おおかみにころされたおかあさんとおとうさんのかたきをうつためにおおかみのウォーのでしになったこひつじ 「チリンのすず」 やなせたかし作・絵　フレーベル館（やなせたかし傑作集）

ひつじ（フリスカ）
ちいさいのでなかまたちからちびとばかにされてかなしくてたまらないひつじ 「ちいさなひつじ、フリスカ」 ロブ・ルイス作；八木田宜子脚本　ほるぷ出版（世界のおはなしシリーズ）　1998年9月

ひつじかい
ある村にいたこどものひつじかいで「おおかみが来たよう!」とさけんではおひゃくしょうさんたちをだましていたひつじかい 「おおかみとひつじかい」 松岡励子文；大沢節子画　NHKサービスセンター（外国むかしばなし）　1977年1月

ひつじさん
そよかぜのはらのいりぐちでしたてやさんをはじめたひつじさん 「ひつじのしたてやさん」 尾崎真吾画；蟹瀬令子文　教育画劇（ユーモアひろば）　1992年11月

ひてく

ヒツジさん
まるくてしかくくってさんかくなかっこうのどろぼうにえをぬすまれたヒツジさん 「ニャンコたんていのまる?さんかく?しかく?」 田沢梨枝子作・画 教育画劇 1981年9月

ヒツジさん
もうすぐふゆなので大きなけいとだまでセーターをあんでいたヒツジさん 「ヒツジさんのけいと」 田沢梨枝子作・画 教育画劇(げんまんシリーズ) 1984年11月

ピッチ
どうぶつむらのなつまつりのひにおかあさんとおにいちゃんのピックといっしょにむらのおみやにでかけたうさぎのおんなのこ 「おどれおどれドドンガドン」 上地ちづ子脚本;長島克夫画 童心社(たのしい季節の行事 きらきら・夏のまき) 1988年4月

ピッチ
ともだちのヒッコロとなぞなぞごっこをするのが大すきなおばけ 「なぞなぞおばけピッチ」 このみひかる作;岩田くみ子画 教育画劇 1989年4月

ビットくん
うさぎのおんなのこラビちゃんととてもなかよしでいつでもどこでもいっしょのうさぎのおとこのこ 「ラビちゃんのおたんじょうび」 ふりやかよこ作・画 教育画劇 1991年9月

ぴっぴ
いっしょにたまごのからをやぶってうまれてきたあひるのぴいぴいとそろってさんぽにでかけたにわとりのひよこ 「あひるのぴいぴいとひよこのぴっぴ」 ステーエフ原作;小林純一脚本 童心社(ひよこシリーズ) 1971年5月

ピッポ
森のなかで青い花がひらいてなかからうまれたちいさい羽のついたちいさい子ども 「ひーらいたひーらいた」 まついのりこ脚本・画 童心社 1999年6月

ひでおくん
あたらしいえんにはいったこうちゃんのあたらしいともだち 「げんきなこうちゃん1 あたらしいともだち」 堀尾青史脚本;久保雅勇画 童心社(げんきななかまシリーズ) 1990年5月

ひでおくん
こうちゃんのえんのともだちでふざけんぼのおとこのこ 「げんきなこうちゃん2 たのしいな!すなあそび」 堀尾青史脚本;久保雅勇画 童心社(げんきななかまシリーズ) 1990年7月

ひでおくん
こうちゃんのえんのともだちでふざけんぼのおとこのこ 「げんきなこうちゃん3 ともだちばんざい」 堀尾青史脚本;久保雅勇画 童心社(げんきななかまシリーズ) 1990年10月

ひでおくん
こうちゃんのえんのともだちでふざけんぼのおとこのこ 「げんきなこうちゃん4 みんなでげきあそび」 堀尾青史脚本;久保雅勇画 童心社(げんきななかまシリーズ) 1991年1月

秀くん　ひでくん
転校生の筋肉の病気で足が不自由な勇くんと友だちになった二年生の男の子 「がんばれ!勇くん」 長沢秀比古原案;上地ちづ子脚本;長野ヒデ子絵 汐文社(紙芝居日本国憲法4) 1990年3月

ひとし

ひとし
おねえさんとおとうさんがせんたくをしているところにかえってきてなんだかわからないうちにあわだらけになった男の子 「みんなピッカピッカ」うすいしゅん作・画 教育画劇（おはなしワクワク） 1984年8月

ひとしくん
きょうはおやすみようちえんでいろんなめがねをつくってあそんだおとこのこ 「ぼくのめがね」うすいしゅん作・画 教育画劇（じゃんけんシリーズ） 1983年7月

一つ目こぞう　ひとつめこぞう
かしやをかりたおじいさんをいえからおいだそうとしてでてきたおばけ 「おじいさんとおばけ」堀尾青史脚本；瀬名恵子画 童心社（ゆかいなおばけシリーズ） 1987年7月

ヒトデくん
あるおうちのすいそうのなかでかわれていたがおともだちがほしくてうみへいってみたヒトデくん 「さびしんぼうのヒトデくん-ヒトデ」宮本つよし作・画 教育画劇 2001年5月

ひとみちゃん
えんではじめてじしんのひなんくんれんをしたおんなのこ 「はじめてのひなんくんれん-園での避難訓練」木暮正夫作；篠原良隆画 教育画劇 1995年8月

ヒナタちゃん
オヒサマがてっているあつい日ににわにうめたコイシをさがしていてたおれてしまったおんなのこ 「ネッチュウショウにごようじん！」こがしわかおり作・絵 教育画劇（びょうきのシグナルわかる?健康紙芝居） 2008年9月

ピノキオ
ひとりぐらしのゼペットじいさんがかわいい子どもがほしくてつくったくちをきくあやつりにんぎょう 「ピノキオ」コロディー原作；関修一作・画 教育画劇（世界名作アニメかみしばい） 1990年5月

火のとり　ひのとり
おうさまがだいじにしているきんのりんごをくいあらす火のとり 「火のとり（前編）（後編）」アファナーシェフ原作；堀尾青史脚本；箕田源二郎画 童心社 1986年5月

火のとり　ひのとり
むかしどうどの山にすんでいたおそろしいもので山にきたまえがみたろうというおとこの子にたのみごとをした火のとり 「まえがみたろう」松谷みよ子脚本；箕田源二郎画 童心社（紙芝居セレクションむかしむかし） 2003年5月

ビビ
うみべでみつけた大きなたまごのなかからでてきたきょうりゅうのあかちゃんのママのかわりになってあげたのうさぎ 「びっくりだいすききょうりゅうくん」木村裕一作・画 教育画劇（いってみたいなこんなくに） 1989年1月

ぴぴ
きたのくにからあたたかなにっぽんへはじめてのりょこうをすることになったちびのつぐみ 「ちちとぴぴのりょこう」神沢利子原作；北野万平画 教育画劇（幼児童話傑作選第2集） 1965年9月

ピピ
おおきなとりにたべられそうになったがチューリップのはなにかくれたちょうちょ 「チューリップさんありがとう」 奥田怜子作・画 教育画劇(おはなしなーに) 1991年3月

ピピ
トムじいさんのおうちのそばにおちてきたながれぼしロケットのパイロット 「おつきさまのともだち」 磯田和一作・画 教育画劇(へんてこなくにのおはなし) 1991年5月

ぴぴい
ももいろのえのぐのびんをひっくりかえしてえのぐだらけのももいろひよこになってしまったいたずらひよこ 「ひよこのぴぴい」 鶴見正夫作;黒井健画 教育画劇(おはなしなーに) 1991年3月

ピピン
きょうりゅうトゲトゲのくちのなかにはいってはぶらしではをみがいてあげたやさしいはいしゃさんのうさぎ 「マコがおちたほらあな」 わしおとしこ作;仲川道子画 童心社(たのしい季節の行事 きらきら・夏のまき) 1988年4月

ピピン
ひとりぼっちでおかあさんをまっているときにきつねにたべられそうになったこうさぎ 「げんきなこうさぎピピン」 わしおとしこ脚本;山本まつ子画 童心社(だいすき!ちいさないきもの) 1997年9月

ピポ
ある日草原にしずむお日さまをたべてしまったくいしんぼうのカバの子 「くいしんぼうのカバ」 小出保子作・画 教育画劇(ぱくぱくぱっくんシリーズ) 1981年12月

ヒポちゃん
ケーキがだーいすきでたんじょうびにもりのみんなに大きな大きなケーキをつくってもらったかば 「ヒポちゃんのおたんじょうびケーキ」 間瀬なおかた作・画 教育画劇 1990年3月

ヒポポくん
アフリカでうまれたあかちゃんカバ 「げんきなカバのあかちゃん」 わしおとしこ脚本;藤本四郎画 童心社(にこにこどうぶつえん) 1998年5月

ヒポポくん
くちがあかないびょうきにかかってしまったどうぶつえんのカバ 「くちのあかないかばヒポポくん」 わしおとしこ脚本;田畑精一画 童心社(童心社のベスト紙芝居) 1993年1月

ピーマン
のんちゃんといっしょにおじいちゃんちヘカレーをつくってもらいにいったピーマン 「やさいだいすき」 土田義晴脚本・画 童心社 1998年6月

ピーマン
ばいきんまんにおべんとうをたべられてしまったみんなのところになまのピーマンをもってきたピーマン 「ピーマンとニンジンさん」 やなせたかし作・絵 フレーベル館

ひゃく

101ちゃん　ひゃくいっちゃん
いちべえぬまのかえるのうちに百一ぴきもうまれたおたまじゃくしのなかでまいごになったかわいいぼうや　「おたまじゃくしの101ちゃん」　かこさとし作;仲川道子画　童心社(家庭版かみしばい)　1987年11月;童心社(小さな生物のせかい)　1978年5月

百姓　ひゃくしょう
南部藩の悪政に困って一揆を起こした村むらの百姓　「小○の旗」　後藤竜二作;穂積肇絵　汐文社(紙芝居 日本の歴史19)　1987年12月

ぴゅうたろう
いなりだいみょうじんのかんぬしさんからおさいせんばこのおかねがなくなったとのそうさいらいがあっためいたんていのきつね　「めいたんてい こん・ぴゅうたろう2 なくなったおさいせんのまき」　多田ヒロシ作　童心社(かみしばい・わらいとユーモア大行進)　1982年4月

ぴゅうたろう
はすいけにすむあひるのおかあさんからだいじなたまごがなくなったとのそうさいらいがあったきつねのめいたんてい　「めいたんてい こん・ぴゅうたろう1 きえたたまごのまき」　多田ヒロシ作　童心社(かみしばい・わらいとユーモア大行進)　1982年4月

ぴゅうたろう
ハリネズミのこどものまいごになったママをさがしてやったきつねのめいたんてい　「めいたんていこん・ぴゅうたろう-きえたハリネズミの巻」　多田ヒロシ脚本・画　童心社(しかけ紙しばい)　1987年9月

ピューマ(ビリー)
サボテンむらのへいわをまもるのがしごとのほあんかんのピューマ　「おてがらピューマの大ジャンプ」　ゆきのゆみこ作;秋里信子画　教育画劇(教育画劇のかみしばい どうぶつなるほど世界)　1997年8月

ピューマ(ビリー)
サボテンむらのへいわをまもるほあんかんのピューマ　「おてがらピューマの大ジャンプ」　ゆきのゆみこ作;秋里信子画　教育画劇　1997年8月

ヒョウ
じぶんとハイエナのどちらが悪いのかライオンのところへさいばんをしてもらいに出かけていったヒョウ　「どうぶつむらのさいばん-「アフリカの民話」より」　筒井敬介脚本;富永秀夫画　NHKサービスセンター(NHK小学校国語紙芝居教材 外国の名作)　1979年1月

ヒョウ(オセボ・ヒョウ)
アナンシがそらのかみさまからはなしのだいきんとしてもってくるようにめいじられたするどいはをしたヒョウ　「おはなしおはなし」　ゲイル・E.ヘイリー作;八木田宜子脚本　ほるぷ出版(ほるぷの紙芝居-世界のおはなしシリーズ)　1989年6月

ヒョウ(オセボ・ヒョウ)
そらのかみさまニヤメがアナンシにおはなしのだいきんとしてもってくるようにめいじたするどいはをしたヒョウ　「おはなしおはなし」　ゲイル・E.ヘイリー作;八木田宜子脚本　ほるぷ出版(ほるぷの紙芝居-世界のおはなしシリーズ)　1989年6月

ひょうくん
らいおんくんとふたりさむいのがだいきらいなひょうくん 「さむいときにはね」 伊東美貴作・画　教育画劇　1996年1月

兵十　ひょうじゅう
おっかあがしんでしまってひとりぼっちになったむらびと 「ごんぎつね」 新美南吉原作；清水たみ子脚本；長野ヒデ子画　童心社(ほのぼの新美南吉ランド)　1994年5月

ひよこ
いっしょにさんぽにいったカエルにおよげないのをばかにされたのでともだちのネズミやアリたちとちいさなふねをつくったひよこ 「ちいさなちいさなふね」 ステーエフ原作；松谷さやか訳・脚本　童心社(ともだちだいすき)　2005年4月

ひよこ
くらーいやみよをたんけんしにいったひよこたち 「ぴよぴよたんけんたい」 とよたかずひこ脚本・絵　童心社　2005年5月

ひよこ
たまごからうまれてきたばかりなのにみちにまよった三びきのこぐまのきょうだいのいえがどこだかしっていたひよこ 「三びきのこぐまとひよこ」 村山籌子原作；村山亜土脚本；村山知義絵　童心社(村山籌子幼年かみしばい)　2002年5月

ひよこ
つよいわかどりのまねをしようとしてみずたまりへしりもちをついてしまったちっちゃいひよこ 「ひよこちゃん」 チュコフスキー原作；小林純一脚本；二俣英五郎画　童心社(童心社のベスト紙芝居)　1987年3月

ひよこ
はらぺこきつねがふとらせてからくおうとかんがえてうちにつれてかえってかみさまみたいにせわをしたひよこ 「きつねのおきゃくさま」 あまんきみこ原作；水谷章三脚本；ヒロナガシンイチ画　童心社(童心社のげんきななかまシリーズ)　1995年10月

ピョコ
あさになってもまだぐうぐうねていたかえるのこ 「おねぼうチュピ」 わしおとしこ作；土田義晴画　教育画劇　2004年5月

ひよこ(キッキ)
おとうとのクックをつれておつかいにいったひよこ 「クックとおねえちゃんのおつかい」 内閣府政策統括官監修　全日本交通安全協会(こうつうあんぜんかみしばい)　2008年4月

ひよこ(クック)
おねえちゃんのキッキといっしょにおつかいにいったひよこ 「クックとおねえちゃんのおつかい」 内閣府政策統括官監修　全日本交通安全協会(こうつうあんぜんかみしばい)　2008年4月

ひよこ(クック)
ママといっしょに気球にのって空中散歩にでかけたひよこ 「へんしんクックママ」 内閣府政策統括官監修　全日本交通安全協会(こうつうあんぜんかみしばい)　2007年4月

ひよこ

ひよこ(クック・ドゥードゥルドゥー)
おともだちのポーとたからさがしにいって道路に飛び出しそうになったひよこ 「クック・ドゥードゥルドゥーのたからさがし」 内閣府政策統括官監修　全日本交通安全協会(こうつうあんぜんかみしばい)　2006年5月

ひよこ(クック・ドゥードゥルドゥー)
クックママとお買い物にいって道路に飛び出しそうになったひよこ 「クック・ドゥードゥルドゥーのおかいもの」 内閣府政策統括官監修　全日本交通安全協会(こうつうあんぜんかみしばい)　2005年4月

ひよこ(ピーコ)
おにわであそんでいておかあさんとはなれてしまったひよこ 「おかあさんみーつけた」 加藤晃作・画　教育画劇(みんなもいっしょにね)　1994年1月

ひよこ(ぴっぴ)
いっしょにたまごのからをやぶってうまれてきたあひるのぴいぴいとそろってさんぽにでかけたにわとりのひよこ 「あひるのぴいぴいとひよこのぴっぴ」 ステーエフ原作;小林純一脚本　童心社(ひよこシリーズ)　1971年5月

ひよこ(ぴぴい)
ももいろのえのぐのびんをひっくりかえしてえのぐだらけのももいろひよこになってしまったいたずらひよこ 「ひよこのぴぴい」 鶴見正夫作;黒井健画　教育画劇(おはなしなーに)　1991年3月

ひよこ(ろくちゃん)
ろくぞうじいさんがかっているにわとりからうまれた6わのひよこのなかでいちばんいたずらなひよこ 「ひよこのろくちゃん」 かこさとし作;瀬名恵子絵　童心社(かこさとし紙芝居傑作選)　1975年3月

ひよこちゃん
おべんとうはいちごの 「おべんとうなあに」 仲川道子作・画　教育画劇　2001年1月

ひよこちゃん
こいぬのチビちゃんたちとかくれんぼしていたひよこ 「もういいかい」 川島美子作;遠竹弘幸画　童心社(うさちゃんシリーズ)　1979年9月

ひよこちゃん
やまのひろばにあつまってみんなでおべんとうをたべたひよこちゃん 「くいしんぼうはだあれ？」 清水えみ子脚本;鈴木幸枝画　童心社　1989年5月

ピョコちゃん
かえるのピョンくんのなかよしでなつがおわりにぎやかなせみがいなくなってさびしそうなかえる 「にぎやかなあきさがそう」 中村美佐子作;小出保子画　教育画劇(しぜんといきもの)　1980年9月

ヒヨドン
むかし韓国のむらでおばさんとくらしていたこどもであるひ山であった仙人につれられて仙人のいえにいったおとこの子 「仙人のおくりもの」 渡辺享子脚本・絵　童心社(ともだちだいすき)　2008年8月

ぴょん

ぴょん
ぶたのぶうとくつもぼうしもぼうしもようふくももってるものもなにからなにまでおんなじのうさぎ 「おんなじおんなじ」 多田ヒロシ作・画 童心社(うさちゃんシリーズ) 1972年3月

ピョン
あらしがすぎさったあさかたっぽのあおいゴムのながぐつをひろってもなにつかうものなのかわからなかったうさぎ 「うさぎとながぐつ」 柴野民三作;西村達馬画 教育画劇 1981年7月

ピョン
しりとりをしながらハイキングをしたうさぎのおやこのこども 「しりとりハイキング」 椎野利一作・画 教育画劇 1994年5月

ピョン
なつのくさむらのつちのなかからうまれてなかまたちとちじょうにでてきたとのさまバッタ 「とべ!とのさまバッタ」 得田之久脚本・画 童心社(よいこの12か月) 1989年7月

ピョンきちくん
アンパンマンやくるまのクーペおじさんたちといっしょにみちをわたるれんしゅうをしたうさぎのおとこのこ 「クーペおじさんとセダンくん」 やなせたかし原作 フレーベル館

ピョンくん
おかたづけが大きらいなうさぎのおとこのこ 「おかたづけ大すき?」 チト・イトー作・画 教育画劇(じゃんけんシリーズ) 1990年3月

ピョンくん
なつがおわってさびしそうななかよしのピョコちゃんをよろこばせてあげようとのはらへにぎやかなものをさがしにいったかえる 「にぎやかなあきさがそう」 中村美佐子作;小出保子画 教育画劇(しぜんといきもの) 1980年9月

ぴょんこ
雪がふるころになるとオオカミなんかにつかまりにくいようにちゃいろの毛がわが白くかわった野ウサギ 「クマさんのふゆごもり」 佐藤義美原案;稗田宰子脚色;椎野利一画 教育画劇(しぜんといきもの) 1985年7月

ぴょんこ
土のなかのたまごからうまれてきておおきくなったトノサマバッタ 「トノサマバッタのぴょんこ」 江川多喜雄脚本;篠崎三朗画 童心社(だいすき!ちいさないきもの第2集) 1999年9

ぴょんすけくん
きつねのつんたのともだちのうさぎ 「ぼくのひなまつり」 やすいすえこ作;鈴木幸枝画 教育画劇(四季の行事シリーズ ひなまつり) 1993年1月

ぴょんた
おもちゃやどうぐをかたづけなかったのであそびどうぐがみつからなくてないてしまったうさぎのおとこのこ 「ぴょんたくんのおかたづけ」 川島美子脚本;白川三雄画 童心社(かみしばい・きちんとするのだいすき) 1988年4月

ぴょん

ぴょんた
かわのなかでとびあがりのれんしゅうをしていたのにとべなくてつりびとにつりあげられてしまったふなのこ 「ふなのこぴょんた」 関七美脚本；金沢佑光画 童心社(美しい心シリーズ) 1979年6月

ぴょんた
雪がふるころになるとオオカミなんかにつかまりにくいようにちゃいろの毛がわが白くかわった野ウサギ 「クマさんのふゆごもり」 佐藤義美原案；稗田宰子脚色；椎野利一画 教育画劇(しぜんといきもの) 1985年7月

ピョンタ
あめのひにともだちにあいにむこうの池までいったアマガエルの子 「あめふりともだち」 島津和子脚本・絵 童心社(年少向けおひさまこんにちは) 2005年6月

ぴょんちゃん
おかあさんとスーパーへおかいものにいってほしいものがいっぱいあっておおきなこえでなきだしたうさぎのおんなのこ 「ほしいものいっぱい」 伊藤たまき脚本；鈴木幸枝画 童心社(2・3歳児しつけかみしばい・みんなは、できるかな?) 1993年5月

ぴょんちゃん
犬のわんちゃんとふたりでじてんしゃにのってうみをみにいったうさぎ 「わんちゃんぴょんちゃん」 石川光男作；石川雅也画 教育画劇(よいこの交通安全) 1991年11月

ピョンちゃん
おくりものでもらったチョコレートをきつねのコンちゃんがもらったこづつみととりかえっこされてしまったうさぎのこ 「ふたつのこづつみ」 岩崎京子作；和歌山静子画 童心社(童心社のベスト紙芝居第4集) 1993年1月

ピョンちゃん
こぶたのブーちゃんといっしょにとおりへでてかけだしていったあわてんぼうのこうさぎ 「あおだよ、ごー」 堀尾青史脚本；久保雅勇画 童心社(よいこの12カ月) 1975年4月

ピョンちゃん
はいいろくびののがもとなかよしのうさぎ 「はいいろくびののがも」 川崎大治作；安泰画 童心社(紙しばい名作選) 1988年2月

ピョンちゃん
まきをもやしてはしるきかんしゃにのせてもらったどうぶつたちのうさぎ 「がんばれきかんしゃ」 内山安二作・画 教育画劇(コンスケくんシリーズ) 1981年10月

ピョンちゃん
十五夜さんにおそなえするために育てたおいもをいたずらぎつねのコン吉にとられてしまったうさぎのこ 「十五夜さんのおいも」 久保雅勇脚本・画 童心社(よいこの12か月) 1982年9月

ピョンちゃん
大きなじしんがあってどうぶつたちみんなとはらっぱににげてきたうさぎ 「あっ、けむりがみえる」 鶴見正夫作；柿本幸造画 教育画劇(よいこの地震紙芝居ぐらぐら) 1981年4月

ピョンちゃん
大どおりのむこうにわたろうとしてぴょーんととびだしてくるまにはねられそうになったうさぎ
のおとこのこ「うさぎのとびだし」中村悦子作;西村達馬画　教育画劇(こども交通安全紙
芝居)　1974年1月

ピョンピョン
からすのカアカアのひっこしのにもつをぶたやさるたちともってきてくれたうさぎ「カアカア
のひっこし」村山桂子作;可児久子画　教育画劇(げんまんシリーズ)　1984年5月

平野 長靖　ひらの・ながやす
おぜにくらしおぜのいきものやしぜんをまもるためにどうろをつくるのをやめさせるうったえを
つづけたおじさん「いわつばめとおぜのおじさん」渡辺享子脚本・画　童心社(美しい心
シリーズ)　1986年6月

ビリー
あしをけがしてしまっておじさんやおばさんたちがたまごやリンゴやミルクをもってきてくれた
のに「そんなのいらない」といったこぐま「そんなのいらない」リンデルト・クロムハウト脚本;
福田岩緒絵;野坂悦子訳　童心社　2003年11月

ビリー
サボテンむらのへいわをまもるのがしごとのほあんかんのピューマ「おてがらピューマの大
ジャンプ」ゆきのゆみこ作;秋里信子画　教育画劇(教育画劇のかみしばい どうぶつなる
ほど世界)　1997年8月

ビリー
サボテンむらのへいわをまもるほあんかんのピューマ「おてがらピューマの大ジャンプ」
ゆきのゆみこ作;秋里信子画　教育画劇　1997年8月

ヒロ
あしたの日ようびはちちの日でえんでおとうさんのえをかいたおとこのこ「パパ、だいすき
さ！」宇野克彦作;西川おさむ画　教育画劇　1987年6月

ひろくん
あめがふったひにへいのうえに一ぴきのかたつむりをみつけたおとこのこ「かたつむりさん
こんにちは」高家博成脚本;横内襄画　童心社(童心社の紙芝居 げんきななかまシリー
ズ)　1994年7月

ひろくん
おかあさんにあおいけいとでてぶくろをつくってもらったおとこのこ「てぶくろくん」間所ひ
さこ作;木曽秀夫画　教育画劇(おはなしワクワク)　1984年2月

ひろくん
おとうとのよっちゃんがなんでママのおっぱいしかのまないのかふしぎにおもったおとこのこ
「おっぱいはごちそう」細谷亮太脚本・監修;磯みゆき絵　童心社(かみしばい からだっ
てすごい！)　2003年8月

ひろくん
かぜをひいてずっとおうちにいてたいくつなのでかべにたくさんらくがきをしたおとこのこ
「らくがきくん」としたかひろ作・画　教育画劇(ミミちゃんシリーズ)　1982年7月

ひろく

ヒロくん
おかあさんからじしんがおきたときのためのリュックのなかのものをみせてもらったおとこのこ 「じしんなんかにまけないぞ！-地震に備えて」 山本省三作・画 教育画劇 1995年8月

ひろ子　ひろこ
たんじょう日のまえの日にきょうだいみんなでかみとはこで大きいケーキをつくった12人きょうだいのひとりの女の子 「せかい一大きなケーキ」 古田足日作;田畑精一画 童心社(紙芝居ベストセレクション第2集) 2000年5月

ひろこちゃん
かぜがふいてきてぼうしをとばされてしまったおんなのこ 「わたしのぼうし」 加藤晃作・画 教育画劇(かみしばいだいすき) 1993年7月

ひろし
ゆうきのクラスにいる自閉症のおとこのこ 「ひろしとひまわり」 西村由紀子原作;やべみつのり作　童心社(バリアフリーの紙しばい) 2001年3月

ひろし
戦争中にアメリカ軍が上陸した沖縄でねえさんのみつ子といっしょに大きな洞くつに逃げこんだ男の子 「白旗をかかげて」 渡辺享子作・絵 汐文社(平和紙芝居 私たちの声をきいて4) 1994年2月

ひろしくん
お正月におとうさんのいなかへいった二年生の男の子 「おめでとうお正月さん」 西本鶏介作;ふりやかよこ画 教育画劇 1992年4月

ひろしくん
ペットがほしくてまねきねこにおねがいしてやさいペットをかったやおやのおとこのこ 「やさいペット」 宮本えつよし作・画 教育画劇 1994年11月

ひろしくん
日よう日のあさにいえでかぞくとごはんをたべようとしていたときにとつぜんじしんにあった男の子 「じしんのあった日よう日」 木暮正夫作;西村達馬画 教育画劇(地震火災安全紙芝居) 1991年7月

ひろし君　ひろしくん
クラスの野球試合のかえりに地しんにあいひなんしていくとちゅうでかんばんの下になったおじいさんをたすけようとした男の子 「ひろし君がんばれ」 福島のり子作;小谷野半二画 教育画劇(地震火災安全紙芝居) 1991年7月

ひろしちゃん
けんちゃんたちとはらっぱでやきゅうをしていたらじしんにあったおとこの子 「たすかったジョン」 田口俊雄作;水沢研画 教育画劇(よいこの地震紙芝居ぐらぐら) 1981年4月

ひろしぼうや
はいしゃさんからにげだしておまわりさんのよしださんにつかまえられた三さいのぼうや 「はのいたいおまわりさん」 松野正子脚本;渡辺有一画 童心社(むしばシリーズ) 1986年4月

ひろみせんせい
キャンプのひのよるにおばけにあうのがこわかったみゆきちゃんのようちえんのせんせい
「おばけなんかこわくない」長崎源之助脚本;長野ヒデ子画　童心社(たのしい季節の行事　きらきら・夏のまき)　1988年4月

ひろゆき
おとうさんとにわにやさいをつくることになっておねえちゃんと二人きゅうりのかかりになったおとこの子　「ぼくたちきゅうりのかかりです」高橋由為子脚本・画　童心社(かみしばい・子どもの生活ひろば)　1990年9月

ピンキー
けんたくんやかおりちゃんとタイムマシンにのってきょうりゅうのいたころにつれていってもらった犬　「がんばれ！きょうりゅうステゴサウルス」伊東章夫作・画　教育画劇　1996年5月

ぴんく
ちっぷとだっちと三びきでやさしいけれどさびしがりやのおばあさんのうちへいったおばけのこども　「おばけのすてきなまほう」ふじしまあおとし作・画　教育画劇(年少向　はじめまして！おばけです)　2001年8月

ピンクちゃん
こびとのもりのこびと　「こびとのりんご」しばはらち作・画　教育画劇　1991年9月

ぴんくまちゃん
おかあさんのとめるのもきかないでひとりであめをかいにいってオートバイにぶつかってあんよがとれてしまったおもちゃのくま　「くまちゃんのあんよ」稲庭桂子作;瀬名恵子きり絵　童心社(こりすシリーズ)　1974年5月

びんぼうがみ
まいにちだらだらくらしておった村のわかもののいえにすみついてしまったびんぼうがみ　「びんぼうがみとふくのかみ」鈴木敏子脚本;二俣英五郎画　童心社(とんとむかしがたり)　1995年9月

びんぼうがみ
むかしあるむらにひとりですんでおったびんぼうなわかいおとこのいえのてんじょううらにすみつくようになったびんぼうがみ　「びんぼうがみとふくのかみ」冨田博之文;西村達馬画　教育画劇(おはなしランド)　1985年12月

びんぼうがみ
むらいちばんびんぼうなおとうとおかあのいえにすみついていたちいさなやせたじいさま　「ふしぎなおきゃくさま」桜井信夫脚本;藤本四郎画　童心社(たのしい季節の行事　わくわく・冬のまき)　1988年9月

びんぼう神　びんぼうがみ
なんともかともびんぼうなむこさまとよめさまの家の神だなのうらにずうっとむかしからかくれてすんでおったびんぼう神　「びんぼう神」水谷章三文;西岡たかし画　NHKサービスセンター(日本むかしばなし)　1977年1月

ひんほ

びんぼうじい
あるところにかねもちじいととなりあわせにすんでおったびんぼうじい 「となりのはなはいたかった」 望月新三郎脚本;梅田俊作画 童心社(日本民話かみしばい選・なぞむかしがいっぱい) 1985年9月

びんぼうな男(男)　びんぼうなおとこ(おとこ)
かんのんさまからのたまわりもののわらしべー本をみかんやたんものや馬につぎつぎとかえてちょうじゃになったびんぼうな男 「わらしべちょうじゃ」 松岡励子脚色;清水耕蔵画 NHKサービスセンター(名作民話おはなし広場) 1984年1月

【ふ】

プー
あるあさ目のびょうきでかたほうの目があかなくなってしまったモモちゃんのうちのねこ 「モモちゃんとかた目のプー」 松谷みよ子脚本;鈴木未央子画 童心社(松谷みよ子かみしばい・ちいさいモモちゃん6) 1974年10月

プー
モモちゃんとだいのなかよしのねこ 「モモちゃん「あかちゃんのうち」へ」 松谷みよ子原作;相星真由美脚本;土田義晴画 童心社 1997年4月

プー
モモちゃんとだいのなかよしのまっくろくろけのくまちゃんみたいなねこ 「モモちゃんちにきたぞうさん」 松谷みよ子脚本;土田義晴画 童心社 1995年4月

プー
モモちゃんのうちのしろいはがながくのびてぬけてしまったねこ 「はのいたいモモちゃん」 松谷みよ子脚本;鈴木未央子画 童心社(松谷みよ子かみしばい・ちいさいモモちゃん2) 1972年6月

プー
モモちゃんのうちのねこ 「よるですよう―ちいさいモモちゃん」 松谷みよ子脚本;つちだよしはる画 童心社 1989年5月

ふぁーくん　ふぁーくん
ママにはなでぶーらんぶーらんしてもらったぞう 「ぶーらんぶーらんたのしいね」 山本省三作;笹沼香画 教育画劇 2001年1月

ファーさん
ハロウィンにつくったパンプキン・パイをぬすまれたオバケたちのいえのしろいシーツのようなオバケ 「ぬすまれたパンプキンパイ」 田沢梨枝子作・画 教育画劇 1991年11月

ファティマ
アフリカのむらにかあさんとすんでいたむすめで川にながされたかあさんのイコカ(しゃもじ)をおって川ぞこの精霊たちのいえへいったむすめ 「かあさんのイコカ」 降矢洋子脚本・絵 童心社(ともだちだいすき) 2004年1月

フィリップ
おとうさんがおとなりからおかねをかりたおれいににわとりをとなりへあずけることにしたびんぼうな家の男の子 「たまごはだれのもの」 安田浩文；小谷野半二画 教育画劇 1973年9月

ぶう
うさぎのぴょんとくつもぼうしもようふくももってるものもなにからなにまでおんなじのぶた 「おんなじおんなじ」 多田ヒロシ作・画 童心社（うさちゃんシリーズ） 1972年3月

ふうくん
こうさてんでおばあさんとこねこがじどうしゃにひきにげされるのをみたきょうだいのおとこのこ 「おやねここねこおばけねこ」 北川幸比古作；西村達馬画 教育画劇（おばけだぞ〜） 1988年4月

風神の子ども　ふうじんのこども
ふうじんのくもに小太郎をのせていっしょにばけものたいじにいった風神の子ども 「小太郎のばけものたいじ」 桐澤久美脚本；岡野和絵 童心社（ともだちだいすき） 2008年11月

ふうた
れんげばたけでにんげんのこどもたちがれんげのはなかんむりをつくっているのをみてうらやましくなったこぎつね 「ふうたのはなまつり」 あまんきみこ原作；水谷章三脚本；梅田俊作画 童心社（ゆたかなこころシリーズ） 1993年4月

ぷうた
おかあさんと町へかいものにきてじしんにあった子ブタ 「空からばらばら」 高木あきこ作；加藤晃画 教育画劇 1981年4月

ぶうたくん
いもうとのぷうちゃんやねこのにゃあくんたちとでんしゃにのってぶどうがりにいったぶた 「ぶどうだいすきぱくんちゅるん！」 こわせたまみ作；鈴木幸枝画 教育画劇 1991年9月

ふうちゃん
いつもまっくろのべたべたでねてばかりいるこぶたちゃんをおたんじょうびによんだおんなのこ 「ふうちゃんのおたんじょうび」 松谷みよ子原作；長谷川知子画；水谷章三脚色 童心社（美しい心シリーズ） 1975年5月

ふうちゃん
ちいさなそりにひとりでのっていてたにそこにおちてしまったおんなのこ 「ふうちゃんのそり」 神沢利子脚本；梅田俊作画 童心社（紙芝居ベストセレクション第1集） 1998年6月

ふうちゃん
まだおおきなめをあけてねないこ 「ねないこだあれ」 松谷みよ子脚本；村上康成絵 童心社 2000年4月

ぶうちゃん
おかあさんとたのしいピクニックにいったぶたのおとこのこ 「はらぺこぶうちゃんのワクワクピクニック」 クリハラヤスト；山田花菜作・絵 教育画劇 2005年1月

ふうち

ぶうちゃん
みんなともうちゃんのうちへえんそくに行った子ぶた 「みんなげんき」 町山充弘文・絵 全国牛乳普及協会 1980年12月

ふうふ
中国のみなみのまちでふたりのきょうだいがかせいだおかねをあずかってぬすんだふうふ 「たいこのひみつ（中国・タイ族の民話）」 ジイン訳；水谷章三脚本；藤田勝治画 童心社 1989年6月

ふえふき男　ふえふきおとこ
ドイツのハメルンの町にやってきたへんなぼうしをかぶりヒラヒラのふくをきたわかいふえふき男 「ハメルンのふえふき-ドイツ昔話」 木戸陽子脚色；山口みねやす画 NHKサービスセンター（名作民話おはなし広場） 1984年1月

プー王さま　ぷーおうさま
ブーブー国のたいへんたいへんおかしがすきな王さま 「おかしだいすきくいしんぼ王さま」 飯島敏子作；相沢るつ子画 教育画劇 1989年10月

フォックスおくさま
すてきなだんなさまがなくなられてないてばかりいるわかくてきれいなキツネのおくさま 「フォックスおくさまのむこえらび」 コリン夫妻文；エロール・ル・カイン絵；林克美脚本 ほるぷ出版（世界のおはなしシリーズ） 1998年9月

ブーカちゃん
にちようびのおやつのじかんにおとうさんをへやによびにいったまんまもどってこなかったぶたのきょうだいのおねえさん 「はるのにちようび」 香山美子脚本；若山憲画 童心社（げんきななかまシリーズ） 1993年4月

プカリ
ミズクラゲのフワリとふわふわなみにゆられていっしょにおどったクラゲ 「クラゲのフワリ」 わしおとしこ作；佳代吉永画 教育画劇（教育画劇のかみしばい うみべのちいさないきもの） 2001年5月

プク
もりへあそびにいってきつつきやさぎのまねをしたこぶたのきょうだい 「まねっここぶたプクとポコ」 中村美佐子作；可児久子画 教育画劇（ぽんぽこシリーズ） 1983年5月

福沢 諭吉　ふくざわ・ゆきち
徳川幕府の軍艦咸臨丸に乗組んではじめて太平洋横断をしたわかもの 「咸臨丸太平洋横断」 堀尾青史脚本；油野誠一画 童心社（紙しばい日本人の力シリーズ） 1986年8月

ふくちゃん
せつぶんのひにひとりでおるすばんをしていてうちのなかにはいってきたおににおへそをたべられそうになったおとこのこ 「ふくちゃんはおうち」 水谷章三脚本；まえだけん画 童心社（たのしい季節の行事 わくわく・冬のまき） 1988年9月

フクちゃん
うさぎのウサコのおともだちのふくろう 「なぜ、おひなさまをかざるの？」 三谷亮子脚本；川上尚子絵 童心社（なぜ?どうして?たのしい行事） 2001年9月

ふくろ

ふくのかみ
びんぼうがみがすみついていたむらのわかいふうふのいえにしょうがつになるとやってきたふくのかみ 「びんぼうがみとふくのかみ」 冨田博之文;西村達馬画 教育画劇(おはなしランド) 1985年12月

ふくのかみ
びんぼうがみがすみついていた村のわかもののいえによめっこがきてふうふでよくはたらくものだからやってきたふくのかみ 「びんぼうがみとふくのかみ」 鈴木敏子脚本;二俣英五郎画 童心社(とんとむかしがたり) 1995年9月

ふくのかみ
二つのやまにはさまれたちいさなむらのむらびとにあたたかいかぜをおくってくれるはるやまのふくのかみ 「おにとふくのかみ」 千田一彦脚本;福田庄助画 童心社 1981年2月

ぷくぷく
ちいさなどうぶつたちをいじめるさるのサブをやっつけたふしぎなちからがあるちいさないきもの 「ごめんねぷくぷく」 岩村和朗作・画 教育画劇(民話と名作シリーズ) 1980年6月

ふくろう
てんのかみさまにおゆるしをもらってやってきたとりたちをそれぞれすきないろにそめてやったそめものやのふくろう 「ふくろうのそめものやさん」 水谷章三脚本;下田昌克絵 童心社(ともだちだいすき) 2003年12月

ふくろう
ねむりたくない子があつまるねむらぬくにのかしらの大ふくろう 「ねむらぬくに」 稲庭桂子脚本;石川雅也画 童心社(輝く厚生文部大臣賞シリーズ) 1986年11月

ふくろう
むかしかみさまが鳥たちをつくってまもないころまっ白だったカラスをまっ黒な色にそめた森のそめものやのふくろう 「ふくろうのそめものや」 若林一郎文;奈良坂智子画 NHKサービスセンター(日本むかしばなし) 1977年1月

ふくろう
むかしむかしお日さまのうちにいってだいじなものがはいっているこばこをにわとりといたずらしたふくろう 「にわとりなぜなぜあさなくの」 しばはらち作・画 教育画劇(ゆかいな由来ばなし) 1992年4月

ふくろう(フクちゃん)
うさぎのウサコのおともだちのふくろう 「なぜ、おひなさまをかざるの?」 三谷亮子脚本;川上尚子絵 童心社(なぜ?どうして?たのしい行事) 2001年9月

フクロウじいさん
もりの子どもミーシャをはらぺこオオカミからたすけたフクロウじいさん 「ミーシャのエプロン」 うすいしゅん作・画 教育画劇(おはなしランド) 1985年10月

フクロウかあさん
えかきのおじいさんがどうぶつたちのためにおおきなこいのぼりをつくるのをよるのうちにできあがるようにとてつだったフクロウのかあさん 「よあけのこいのぼり」 古山広子脚本;遠山繁年画 童心社(たのしい季節の行事 ぽかぽか・春のまき) 1990年1月

ふくろ

フクロウはかせ
何でも知っている森のフクロウはかせ「どちらがえらい」後藤楢根作;西村達馬画 教育画劇 1978年3月

ブーくん
なかよし幼稚園のぶたのおとこの子「しょくじのじかんですよ」四方国恵ほか作;福田京二画 ぎょうせい(健康・安全シリーズ紙芝居) 1989年5月

ブーくん
ひなまつりもちかいある日おひなさまをかざったうさこちゃんのいえへあそびにいった子ぶた「ブールくんのおひなさま」小沢正作;加藤晃画 教育画劇 1990年12月

ブーくん
森にアイスクリームのおみせを出したのにうりもののアイスクリームをたくさんたべておなかがいたくなってしまった子ブタ「ブーくんのおみせやさん」安田浩作;チト・イトー画 教育画劇 1984年10月

ブーくん
一ねんせいになってしょうがっこうへいったアキちゃんのクラスにいたぞうのおとこのこ「一ねんせいってどんなかな？」なかえよしを作;上野紀子画 教育画劇(びっくりこどきりんこ) 1989年3月

プクン
クリスマスに山にいるなかよしのくまのトボンにあつぃスープをプレゼントしたまちのくまちゃん「トボンとプクンのクリスマス」野村るり子原作;堀尾青史脚本;金沢佑光画 童心社(よいこの十二か月) 1985年11月

藤原 秀郷　ふじわらの・ひでさと
千年ほど昔坂東と呼ばれていた関東地方の各国に勢力を広げ坂東の新しい帝になろうとした平将門を討ちとった下野国のつわもの「平将門」真鍋和子作;小島直絵 汐文社(紙芝居日本の歴史8) 1987年4月

藤原 秀康　ふじわらの・ひでやす
京都の朝廷方の総大将「いざ鎌倉」志村毅一案;上地ちづ子作;こさかしげる絵 汐文社(紙芝居 日本の歴史11) 1987年12月

ぶーた
あかやあおやきいろのえのぐをはなにぬってようふくにはなのはんこをぺったんぴったんつけてはなもようにしたこぶた「はなもよう」木曽秀夫作・画 教育画劇(おはなしチャチャチャ) 1991年6月

ぶた
あさごはんをたべておせんたくをしてさんぽにいったげんきなこぶたのきょうだい「こぶたのきょうだいブーブーブー」長野ヒデ子脚本・画 童心社 2004年4月

ぶた
あるひおかあさんぶたから「もうおおきくなったんだからじぶんでおうちをつくってくらしなさい」といわれた三びきのこぶた「三びきのこぶた」関修一作・画 教育画劇(家庭版名作アニメかみしばい) 1997年10月

ぶた
いっしょにうまれた五ひきのぶたの子 「ぶたのいつつご」 高橋五山作・はり絵 童心社（童心社紙芝居傑作選） 1968年5月

ぶた
いつもまっくろのべたべたなのにふうちゃんのおたんじょうびによばれたのでおしゃれをしてでかけたこぶた 「ふうちゃんのおたんじょうび」 松谷みよ子原作；長谷川知子画；水谷章三脚色 童心社（美しい心シリーズ） 1975年5月

ぶた
うさぎから「こんやもりのひろばできつねがどんどんきらきらをやる」ときいてくまのところへいったぶた 「どんどんきらきら」 森山京脚本；かさいまり絵 童心社 2004年8月

ぶた
おおきなぞうさんとおともだちのぶた 「おおきなおともだち」 中原収一作・画 教育画劇（おおきくなあれ） 1992年1月

ぶた
かわのそばのほそいほそいいっぽんみちでであってけんかをはじめたもりのこぶたとむらのこぶた 「こぶたのけんか」 高橋五山作；赤坂三好画 童心社（ひよこシリーズ） 1971年5月

ぶた
こねこととってもなかよしのこぶた 「おしゃべりこねこ」 中原収一作・画 教育画劇 2004年5月

ぶた
こやでうまれてはじめておもてへでたこぶたちゃん 「こぶたのとことこ」 浜田広介原作；堀尾青史脚本；鈴木寿雄画 童心社 1988年1月

ぶた
ぶたのジュースやさん 「ジュースちょうだい」 木曽秀夫作・画 教育画劇 1994年1月

ブータ
かげんぼうとだいのなかよしでどこへいくのもいつもいっしょのぶた 「ブータとあべこべかげんぼう」 木曽秀夫作・画 教育画劇（いってみたいなこんなくに） 1989年1月

ブータ
だれが大きくてかっこいいふとっちょチャンピオンかをきめるぶたのコンテストにでるぶた 「ブータはふとっちょチャンピオン」 しばはらち作・画 教育画劇（ともだちシリーズ） 1985年11月

プータ
木いちごをつみにいきたいのにかあさんがねむたがっていっしょにいってくれないのでひとりでくろもりまでいこうとしたこぐま 「やっぱりだいすき！おかあさん」 鬼塚りつ子脚本；わかやまけん画 童心社（かみしばい・たのしい季節の行事） 1990年1月

ふた

ぶた(大ぶた)　ぶた(おおぶた)
おかあさんからじぶんでおうちをたてるようにいわれてわらでおうちをたてたなまけものの子ぶた　「三びきのこぶた」　川崎大治脚本；鈴木寿雄画　童心社(世界五大ばなし)　1980年6月

ぶた(大ぶた)　ぶた(おおぶた)
おかあさんからじぶんでおうちをたてるようにいわれてわらでおうちをたてたなまけものの子ぶた　「三びきのこぶた-原作イギリス民話」　川崎大治脚本；福田岩緒画　童心社(世界の名作・第1集)　1986年4月

ぶた(ころすけ)
きつねのぱんやさんでうさぎぱんをかってたべてうさぎになったこぶた　「ぱんをぱくぱく」　小沢正作；梅田俊作画　教育画劇(ぱくぱくぱっくんシリーズ)　1985年2月

ぶた(ころちゃん)
あめのなかようちえんへげんきにでかけていったこぶた　「こぶたのころちゃん」　内山安二作・画　教育画劇(かわいい八つのおはなし)　1992年11月

ぶた(コロちゃん)
ねこのニャンたんとうーんととおくへいってみたこぶた　「とおくへいったよ」　内山安二作・画　教育画劇(おはなしチャチャチャ)　1991年6月

ぶた(たく)
やまのぼりをしたみつごのぶたのひとり　「ちくたくてくのやまのぼり」　与田凖一脚本；瀬名恵子画　童心社　1981年4月

ぶた(タプ)
よりかかるのがだいすきでごはんやおやつをたべるときもほんをよむときもおかあさんによりかかってばかりいたこぶた　「よりかかりのタプ」　岡信子作；津田直美画　教育画劇(おはなしプレゼント)　1986年4月

ブタ(ダンプ)
ドンちゃんのともだちのブタ　「おめでとうドンちゃん」　前川かずお作・画　童心社(童心社の紙芝居 たのしいお正月シリーズ)　1987年11月

ぶた(ちいぶた)
おかあさんからじぶんでおうちをたてるようにいわれてレンガのおうちをこしらえたはたらきものの子ぶた　「三びきのこぶた」　川崎大治脚本；鈴木寿雄画　童心社(世界五大ばなし)　1980年6月

ぶた(ちいぶた)
おかあさんからじぶんでおうちをたてるようにいわれてレンガのおうちをこしらえたはたらきものの子ぶた　「三びきのこぶた-原作イギリス民話」　川崎大治脚本；福田岩緒画　童心社(世界の名作・第1集)　1986年4月

ぶた(ちく)
やまのぼりをしたみつごのぶたのひとり　「ちくたくてくのやまのぼり」　与田凖一脚本；瀬名恵子画　童心社　1981年4月

ぶた(チッチ)
おかあさんぶたに大きくなったんだから自分の家を作るようにいわれた三びきのこぶたのいちばん下のちびさん「三びきのこぶた」若林一郎文;中村美幸画 NHKソフトウェア(世界むかしばなし) 1996年1月

ぶた(中ぶた) ぶた(ちゅうぶた)
おかあさんからじぶんでおうちをたてるようにいわれて木のいたでおうちをたてた子ぶた「三びきのこぶた」川崎大治脚本;鈴木寿雄画 童心社(世界五大ばなし) 1980年6月

ぶた(中ぶた) ぶた(ちゅうぶた)
おかあさんからじぶんでおうちをたてるようにいわれて木のいたでおうちをたてた子ぶた「三びきのこぶた-原作イギリス民話」川崎大治脚本;福田岩緒画 童心社(世界の名作・第1集) 1986年4月

ぶた(ちょはっかい)
さんぞうほうしのおともをするながいたびのとちゅうできんかくぎんかくというきょうだいのまものにたべられそうになったちょはっかい「そんごくう 金角銀角のまき」呉承恩原作;上地ちづ子脚本;夏目尚吾画 童心社(ゆたかなこころシリーズ) 1995年1月;童心社(大長編かみしばい そんごくう3・4) 1995年1月;童心社(童心社紙芝居傑作選) 1995年1月

ぶた(ちょはっかい)
そんごくうといっしょにさんぞうほうしのたびのおともをするぶたのばけもの「そんごくう 火炎山をこえるのまき」呉承恩原作;上地ちづ子脚本;夏目尚吾画 童心社(ゆたかなこころシリーズ) 1992年8月;童心社(大長編かみしばい そんごくう5・6) 1992年8月;童心社(童心社紙芝居傑作選) 1992年8月

ぶた(ちょはっかい)
そんごくうにまかされていっしょにさんぞうほうしのおともをすることになったぶたのばけもの「そんごくう たびだちのまき」呉承恩原作;上地ちづ子脚本;夏目尚吾画 童心社(ゆたかなこころシリーズ) 1993年9月;童心社(大長編かみしばい そんごくう1・2) 1993年8月;童心社(童心社紙芝居傑作選) 1993年9月

ぶた(ちょはっかい)
ながいたびをつづけててんじくのくににについたひのよるようかいにまぐわをぬすまれたちょはっかい「そんごくう たびのおわりのまき」呉承恩原作;上地ちづ子脚本;夏目尚吾画 童心社(ゆたかなこころシリーズ) 1995年11月;童心社(大長編かみしばい そんごくう7) 1995年11月;童心社(童心社紙芝居傑作選) 1995年11月

ぶた(ちょハかい) ぶた(ちょはっかい)
てんじくのくにをめざしてたびをしていた三ぞうほうしのおともをすることになったぶたのかいぶつ「そんごくう」福島のり子脚色;鈴木信一作・画 教育画劇(家庭版名作アニメかみしばい) 1995年9月

ぶた(てく)
やまのぼりをしたみつごのぶたのひとり「ちくたくてくのやまのぼり」与田準一脚本;瀬名恵子画 童心社 1981年4月

ぶた

ぶた(とん子) ぶた(とんこ)
ひるとよるのながさがおなじ日の秋分の日にごせんぞさまのおはかまいりにいったぶた 「ひるとよるがはんぶんずつの日」 小春久一郎作;長島克夫画　教育画劇(あたらしい行事紙芝居)　1994年12月

ぶた(トンちゃん)
おとうさんがおうちをつくるだいくさんのしごとをしているこぶた 「はたらいているみなさんありがとう！」 にへいたもつ作;新井洋行絵　教育画劇(きんろうかんしゃの日 由来紙芝居)　2007年9月

ぶた(とんちゃん)
パパからたいこをもらっておおよろこびでたいこをたたきながらおうちのそとにでていったこぶた 「とんちゃんとたいこ」 間所ひさこ作;にしおかたかし画　教育画劇(おはなしチルチル)　1985年7月

ぶた(トンちゃん)
ぶたのブータンのおにいちゃん 「おにいちゃんになりたい」 チト・イトー作・画　教育画劇(コアラちゃんシリーズ)　1985年5月

ぶた(トンちゃん)
まきをもやしてはしるきかんしゃにのせてもらったどうぶつたちのこぶた 「がんばれきかんしゃ」 内山安二作・画　教育画劇(コンスケくんシリーズ)　1981年10月

ぶた(トント)
こぶたのポーのなかよし 「いつもパクパクこぶたのポー」 宮西達也作・画　教育画劇(四季の行事シリーズ むしば)　1993年5月

ぶた(トントン)
いつももりのみずうみにうつるじぶんのすがたをみてはためいきをついていたこぶた 「みればみるほどへんなトントン！」 井上あきむ作・画　教育画劇(おはなしバラエティ)　1984年12月

ぶた(トンペイちゃん)
がっこうのおべんとうのじかんのあとにすぐにともだちとあばれておなかがいたくなったぶた 「おおきくなるには」 堀尾青史作;前川かずお画　童心社(よいこの保健・安全シリーズ)　1984年9月

ぶた(はなちゃん)
さるのもんくんたちときけんなこうじげんばやすなやまであそんだぶた 「うさぎおばけのパトロール」 山本省三作・絵　教育画劇　2007年5月

ぶた(ピコくん)
もりのおくからでてきたおばけとスパゲッティのたべくらべをしたこぶた 「おばけのスパゲッティ」 小沢正作;古川タク画　教育画劇(ゆかいなたべもののおはなし)　1991年3月

ぶた(ぶう)
うさぎのぴょんとくつもぼうしもようふくももってるものもなにからなにまでおんなじのぶた 「おんなじおんなじ」 多田ヒロシ作・画　童心社(うさちゃんシリーズ)　1972年3月

ブタ(ぷうた)
おかあさんと町へかいものにきてじしんにあった子ブタ 「空からばらばら」 高木あきこ作；加藤晃画　教育画劇　1981年4月

ぶた(ぶうたくん)
いもうとのぷうちゃんやねこのにゃあくんたちとでんしゃにのってぶどうがりにいったぶた 「ぶどうだいすきぱくんちゅるん！」 こわせたまみ作；鈴木幸枝画　教育画劇　1991年9月

ぶた(ぶうちゃん)
おかあさんとたのしいピクニックにいったぶたのおとこのこ 「はらぺこぶうちゃんのワクワクピクニック」 クリハラヤスト；山田花菜作・絵　教育画劇　2005年1月

ぶた(ブーカちゃん)
にちようびのおやつのじかんにおとうさんをへやによびにいったまんまもどってこなかったぶたのきょうだいのおねえさん 「はるのにちようび」 香山美子脚本；若山憲画　童心社(げんきななかまシリーズ)　1993年4月

ぶた(プク)
もりへあそびにいってきつつきやさぎのまねをしたこぶたのきょうだい 「まねっここぶたプクとポコ」 中村美佐子作；可児久子画　教育画劇(ぽんぽこシリーズ)　1983年5月

ぶた(ブーくん)
なかよし幼稚園のぶたのおとこの子 「しょくじのじかんですよ」 四方国恵ほか作；福田京二画　ぎょうせい(健康・安全シリーズ紙芝居)　1989年5月

ぶた(ブーくん)
ひなまつりもちかいある日おひなさまをかざったうさこちゃんのいえへあそびにいった子ぶた 「ブールくんのおひなさま」 小沢正作；加藤晃画　教育画劇　1990年12月

ブタ(ブーくん)
森にアイスクリームのおみせを出したのにうりもののアイスクリームをたくさんたべておなかがいたくなってしまった子ブタ 「ブーくんのおみせやさん」 安田浩作；チト・イトー画　教育画劇　1984年10月

ぶた(ブータ)
かげんぼうとだいのなかよしでどこへいくのもいつもいっしょのぶた 「ブータとあべこべかげんぼう」 木曽秀夫作・画　教育画劇(いってみたいなこんなくに)　1989年1月

ぶた(ブータ)
だれが大きくてかっこいいふとっちょチャンピオンかをきめるぶたのコンテストにでるぶた 「ブータはふとっちょチャンピオン」 しばはらち作・画　教育画劇(ともだちシリーズ)　1985年11月

ぶた(ブータちゃん)
にちようびのおやつのじかんにおとうさんをへやによびにいったまんまもどってこなかったぶたのきょうだいのいちばんちいさいこ 「はるのにちようび」 香山美子脚本；若山憲画　童心社(げんきななかまシリーズ)　1993年4月

ふた

ぶた(ブタローさん)
おむすびをつまみぐいしたくいしんぼうおばけのパックンをつかまえようとしたぶた「くいしんぼうおばけ」なかむらとおる作;いけだたづこ画　教育画劇　1998年1月

ぶた(ブータン)
あかちゃんがほしくなったぶたのおとこのこ「おにいちゃんになりたい」チト・イトー作・画　教育画劇(コアラちゃんシリーズ)　1985年5月

ぶた(ブータン)
うさぎのミミちゃんのいえにいくとちゅうでじめんにあいていたあなからもぐらのまちにおちたこぶた「モグラのまちのこうつうあんぜん-交通安全のマーク」ゆきのゆみこ作;間瀬なおかた画　教育画劇　2000年1月

ぶた(ブタンカ)
ねこのきかんしゃにとびのった三にんのわるもののぶた「ねこのきかんしゃしゅっぱつしんこう」田沢梨枝子作・画　教育画劇　1989年10月

ぶた(ブーちゃん)
こうさぎのピョンちゃんといっしょにとおりへでてもきょろきょろしていたぶたのおとこのこ「あおだよ、ごー」堀尾青史脚本;久保雅勇画　童心社(よいこの12カ月)　1975年4月

ぶた(ブッタ)
ころんでひざをすりむいたタッくんのところにとんできたかさぶたブッタというぶた「かさぶたブッター かさぶた」なかむらとおる作;中村陽子画　教育画劇(すごいぞ!からだのふしぎ)　2002年12月

ぶた(ブッチ)
おかあさんぶたに大きくなったんだから自分の家を作るようにいわれた三びきのこぶたのいちばん上のにいさん「三びきのこぶた」若林一郎文;中村美幸画　NHKソフトウェア(世界むかしばなし)　1996年1月

ぶた(プッチ)
おかあさんぶたに大きくなったんだから自分の家を作るようにいわれた三びきのこぶたのつぎのにいさん「三びきのこぶた」若林一郎文;中村美幸画　NHKソフトウェア(世界むかしばなし)　1996年1月

ぶた(ブーフ)
ハラペコきつねにだまされてきょうしつからつれだされたこぶた「こぶたのブーフ、ききいっぱつ!」よだくみこ作;おざきしんご画　教育画劇　2004年5月

ぶた(ブブリン)
りすのキキロンととてもなかよしでいつもにこにこしているぶた「いじわるなんかするからさ」柴野民三作;椎野利一画　教育画劇(あたらしいしつけ紙芝居)　1988年6月

ぶた(ブーヤくん)
にちようびのおやつのじかんにおとうさんをへやによびにいったまんまもどってこなかったぶたのきょうだいのおとうと「はるのにちようび」香山美子脚本;若山憲画　童心社(げんきななかまシリーズ)　1993年4月

ぶた(プワワさん)
まいにちあさからいそがしい20ぴきものこぶたのおかあさん 「ぶたのおかあさんはこどもがいっぱい-子だくさん」 山本和子作;きよしげのぶゆき画 教育画劇 1997年8月

ぶた(ポー)
いつもなにかたべていてむしばになったこぶた 「いつもパクパクこぶたのポー」 宮西達也作・画 教育画劇(四季の行事シリーズ むしば) 1993年5月

ぶた(ポコ)
もりへあそびにいってきつつきやさぎのまねをしたこぶたのきょうだい 「まねっここぶたプクとポコ」 中村美佐子作;可児久子画 教育画劇(ぽんぽこシリーズ) 1983年5月

ぶた(るー)
ラッパのけいこがきらいでとうさんの大きなラッパのなかにかくれたぶたのこども 「こぶたのまーち」 村山桂子作;堀内誠一画 童心社(ぴよぴよ5) 1977年3月

ぶたくん
あめがあがったのでうさぎちゃんやわにくんたちとみんなでどろんこあそびをしてあそんだぶたくん 「どろどろどろんこおばけ」 仲川道子脚本・画 童心社(げんきななかまシリーズ) 1994年8月

ぶたくん
くまさんのおやまのともだち 「かいじゅうがぼがぼ」 内山安二作・画 教育画劇(みんなもいっしょにね) 1994年1月

ぶたさん
エビフライをつくりたくなってフライパンをもってうみにエビをとりにいったコックのぶたさん 「みんななかよくエビフライ」 木村研作・画 教育画劇(ゆかいなたべもののおはなし) 1985年9月

ぶたさん
おはなはどーこ?ときかれてじぶんのおはなをゆびさしたぶたさん 「ワンワンワン」 とよたかずひこ脚本・絵 童心社(あかちゃんかみしばい ぱちぱちにっこり) 2006年9月

ぶたさん
ホランダア国のピッグスキー王さまからしょうたいされてかいがいりょこうにいったぶたさん 「ぶたさんおでかけ」 堀尾青史脚本;西村繁男画 童心社 1980年5月

ブタさん
ウサギさんとゾウさんとならんですんでいたそうじがだいきらいなブタさん 「ひっこし-中国の昔話より」 夏目尚吾脚色・画 教育画劇 1991年3月

ブタサンタ
どうぶつサンタむらのチョコレートこうじょうでチョコをつくるブタのサンタ 「サンタサンタサンタ」 つちだよしはる脚本・絵 童心社 2007年12月

ブータちゃん
にちようびのおやつのじかんにおとうさんをへやによびにいったまんまもどってこなかったぶたのきょうだいのいちばんちいさいこ 「はるのにちようび」 香山美子脚本;若山憲画 童心社(げんきななかまシリーズ) 1993年4月

ふたに

ブタニシキ
空とぶ大どろぼうのジゴマをおいかけてきた横綱 「ダイヤのひかり2 科学探偵少年バットの巻」 加太こうじ作・絵　童心社(連続冒険空想科学大活劇)　1986年9月

ブタニシキ
空とぶ大どろぼうのジゴマをおいかけてきた横綱 「ダイヤのひかり3 少女ミチルの巻」 加太こうじ作・絵　童心社(連続冒険空想科学大活劇)　1986年11月

ブタニシキ
力が十六人まえの横綱 「ダイヤのひかり1 空とぶジゴマの巻」 加太こうじ作・絵　童心社(連続冒険空想科学大活劇)　1986年9月

ブタのおじさん
しあわせ村へ行くとくべつ列車しあわせごうにのっていたブタのおじさん 「しあわせごうゴーゴー」 堀尾青史作;若林一郎文;黒井健画　NHKサービスセンター(創作童話)　1977年1月

ぶたのジュースやさん
きょうもおきゃくさんがつぎからつぎといそがしいぶたのジュースやさん 「ジュースちょうだい」 木曽秀夫作・画　教育画劇　1994年1月

ふたりのおとこ
きもののすきなおうさまのごてんによばれたきものをこしらえる名人だというふたりのおとこ 「はだかのおうさま」 アンデルセン原作;川崎大治脚本;夏目尚吾画　童心社(世界の名作・第1集)　1986年4月

ふたりの男　ふたりのおとこ
おしゃれな王さまのおしろにやって来てわるい心の人には見えないキレでふくを作るといって王さまをだましたいかさましのふたりの男 「はだかのおうさま」 石山透文;伊東美貴画　NHKソフトウェア(世界むかしばなし)　1996年1月

ふたりの男(うそつき男)　ふたりのおとこ(うそつきおとこ)
あるとき王さまのごてんにやってきて自分たちはせかい一のしたてやで美しいふしぎなきものをつくることができるといったふたりのうそつき男 「はだかの王さま」 アンデルセン原作;安田浩文;清水祐幸画　教育画劇　1991年2月

ふたりのしんし(しんし)
山おくにあったかんばんに山ねこけんとかいてある料理店にはいったてっぽううちのふたりのしんし 「注文の多い料理店」 宮沢賢治原作;堀尾青史脚本;北田卓史画　童心社(かみしばい宮沢賢治童話名作集)　1966年3月

ブタローさん
おむすびをつまみぐいしたくいしんぼうおばけのパックンをつかまえようとしたぶた 「くいしんぼうおばけ」 なかむらとおる作;いけだたづこ画　教育画劇　1998年1月

ブータン
あかちゃんがほしくなったぶたのおとこのこ 「おにいちゃんになりたい」 チト・イトー作・画　教育画劇(コアラちゃんシリーズ)　1985年5月

ブータン
うさぎのミミちゃんのいえにいくとちゅうでじめんにあいていたあなからもぐらのまちにおちたこぶた 「モグラのまちのこうつうあんぜん-交通安全のマーク」 ゆきのゆみこ作;間瀬なおかた画 教育画劇 2000年1月

ブタンカ
ねこのきかんしゃにとびのった三にんのわるもののぶた 「ねこのきかんしゃしゅっぱつしんこう」 田沢梨枝子作・画 教育画劇 1989年10月

ブチ
おおたさんのうちのまぬけな犬クロのともだちののら犬 「まぬけな犬クロ」 古田足日原作;今関信子脚本;岡本順画 童心社 1997年9月

ふーちゃん
たべもののすききらいがおおすぎてバレエきょうしつでげんきがでなくなってふらふらしたおんなのこ 「ふらふらふーちゃんおたすけメニュー!」 宗方あゆむ作;森川百合香絵 教育画劇 2005年4月

フーちゃん
はやしのなかのたかいきのえだのさきでふゆをこす二ひきのミノムシのはっぱのミノをきているメス 「ブランコみのむし」 高家博成作;かみやしん画 童心社 1999年10月

ブーちゃん
こうさぎのピョンちゃんといっしょにとおりへでてもきょろきょろしていたぶたのおとこのこ 「あおだよ、ごー」 堀尾青史脚本;久保雅勇画 童心社(よいこの12カ月) 1975年4月

ブーツ
おかあさんとふたりでくらしていた子どもできたかぜからごちそうのでるテーブルかけやお金をだすひつじをもらったおとこの子 「きたかぜのくれたテーブルかけ-ノルウェーのお話より」 川崎大治脚本;桜井誠画 童心社(紙芝居ベストセレクション第1集) 1998年6月

ブッタ
ころんでひざをすりむいたタッくんのところにとんできたかさぶたブッタというぶた 「かさぶたブッターかさぶた」 なかむらとおる作;中村陽子画 教育画劇(すごいぞ!からだのふしぎ) 2002年12月

ぷっち
ともだちと三びきでいえのにわでたけざおにつながれてそらをゆうゆうとおよいでいるおおきなさかなをとりにいったねこ 「ねこのさかなとり」 小出保子作・画 教育画劇(ユーモアだいすき) 1988年5月

ブッチ
おかあさんぶたに大きくなったんだから自分の家を作るようにいわれた三びきのこぶたのいちばん上のにいさん 「三びきのこぶた」 若林一郎文;中村美幸画 NHKソフトウェア(世界むかしばなし) 1996年1月

プッチ
おかあさんぶたに大きくなったんだから自分の家を作るようにいわれた三びきのこぶたのつぎのにいさん 「三びきのこぶた」 若林一郎文;中村美幸画 NHKソフトウェア(世界むかしばなし) 1996年1月

ぷつぷ

プップくん
きょうはえんそくでおかあさんあひるに大きなおにぎりをつくってもらったあひる「プップくんのえんそく」飯島敏子作;黒岩明人画　教育画劇（おはなしチルチル）　1985年5月

ふとしくん
はっぱをたくさんたべてじめんのなかでたくさんうんちをしているふとみみず「みみずっておもしろい」せなけいこ脚本・絵　童心社（ともだちだいすき）　2002年7月

フトチョ
こどもトカゲのチョロリがともだちになったトカゲのおんなのこ「トカゲのチョロリ」わしおとしこ脚本;小林ひろみ絵　童心社（ともだちだいすき）　2005年8月

ブドリ
イーハトーブの大きな森の中でうまれたがたびかさなるききんでおとうさんとおかあさんをうしないいもうとのネリともわかれわかれになった男の子「グスコーブドリの伝記（前編）」宮沢賢治原作;堀尾青史脚本;滝平二郎画　童心社（かみしばい宮沢賢治童話名作集）　1966年3月

ブドリ
人びとをくるしめるききんをなくすみちはないかとかんがえてべんきょうするためにイーハートーブ市のクーボーはかせをたずねた男の子「グスコーブドリの伝記（後編）」宮沢賢治原作;堀尾青史脚本;滝平二郎画　童心社（かみしばい宮沢賢治童話名作集）　1968年3月

ふな（うっかりや）
さむい北の国の小川にすんでいてなかよしのふなといっしょにあたたかい南の国へひっこしをしようといったふな「三びきのふな」久保喬文;黒崎義介画　教育画劇（幼児童話傑作選第2集）　1966年4月

ふな（のんびりや）
さむい北の国の小川にすんでいてうっかりやとよばれているふなについていって南の国へいこうとしたふな「三びきのふな」久保喬文;黒崎義介画　教育画劇（幼児童話傑作選第2集）　1966年4月

ふな（ぴょんた）
かわのなかでとびあがりのれんしゅうをしていたのにとべなくてつりびとにつりあげられてしまったふなのこ「ふなのこぴょんた」関七美脚本;金沢佑光画　童心社（美しい心シリーズ）　1979年6月

ふな（ようじんや）
さむい北の国の小川にすんでいて南のほうへでかけていくなかよしのふなについていってやったりこうなふな「三びきのふな」久保喬文;黒崎義介画　教育画劇（幼児童話傑作選第2集）　1966年4月

ふなたろう
ふかい山の中の一けんやの子どもが木のきれはしでこしらえて川にうかべたおもちゃのふね「おもちゃのおふね」石川光男作;高橋宏幸画　教育画劇（パピーちゃんシリーズ）　1977年3月

ふね
みなとの小さなゆうらんせんでひろいうみにいってみたくてあるばんみなとをぬけだしてあらしにしにあいバナナンとうについたふね 「ゆうらんせんしまへいく」 仲倉眉子作;中村景児画 教育画劇(のりものだいすき) 1986年1月

フビライ
日本を攻めてきたモンゴル三代めの元の国の皇帝 「元と戦う」 志村毅一案;上地ちづ子作;金沢佑光絵 汐文社(紙芝居 日本の歴史12) 1987年12月

ブーフ
ハラペコきつねにだまされてきょうしつからつれだされたこぶた 「こぶたのブーフ、ききいっぱつ!」 よだくみこ作;おざきしんご画 教育画劇 2004年5月

ブブ
レオがいなくなってからジャングルのボスになったらんぼうもののライオン 「ジャングル大帝3 白い女神のまき」 手塚治虫原作;手塚プロダクション脚本・画 童心社 1999年7月

ブブリン
りすのキキロンととてもなかよしでいつもにこにこしているぶた 「いじわるなんかするからさ」 柴野民三作;椎野利一画 教育画劇(あたらしいしつけ紙芝居) 1988年6月

ププル
むれからはなれてしまってライオンにおそわれそうになったアフリカゾウのこども 「ふたごのゾウ ポプルとププル」 若山甲介脚本;鈴木幸枝画 童心社(にこにこどうぶつえん) 1998年5月

フミくん
あしのうらがたいらでつちふまずができていなかったのでよくあるくことにしたおとこのこ 「ぼくのあしあとおかしいな」 上地ちづ子脚本;長島克夫画 童心社(健康紙芝居・げんきなこども) 1983年10月

ふみこ
おにいちゃんのだいちゃんといっしょにけいこおばちゃんにつれられてピクニックにいったおんなのこ 「だいちゃんのピクニック」 堀尾青史脚本;前川かずお画 童心社(かみしばい・きちんとするのだいすき) 1981年9月

ふみちゃん
かぜをひいてねつがあるのにママのいうことをきかないであそびにいってかぜがひどくなってしまったおんなのこ 「ふみちゃんだいしっぱい」 今村洋子作 童心社(かみしばい・わらいとユーモア大行進) 1982年4月

ブーム
パパがしんでママとふたりぐらしのおとこのこのうちにかわれているいぬ 「ごめんね、ブーム」 オセーエワ原作;関谷三佐子訳・脚本;安和子画 童心社 1989年10月

ブーヤくん
にちようびのおやつのじかんにおとうさんをへやによびにいったまんまもどってこなかったぶたのきょうだいのおとうと 「はるのにちようび」 香山美子脚本;若山憲画 童心社(げんきななかまシリーズ) 1993年4月

ふゆし

冬じいさん　ふゆじいさん
森のおくにすみ子どもたちからクリスマスのモミの木をくださいというてがみをもらった冬のおじいさん　「クリスマスのてがみ」ステーエフ原作；小林純一脚色；高橋透画　童心社（童心社の紙芝居 クリスマスものがたり）　1988年11月

ふらいぱん
おだいどころでガスのひにかけられたおなべとやかんといばりあって声をたててけんかをはじめたふらいぱん　「おなべとやかんとふらいぱん」村山籌子原作；堀尾青史脚本；田畑精一画　童心社（ひよこシリーズ）　1971年5月

プラスくん
どうぶつもにんげんもなかよくくらせるふしぎなくにのたしざんのくににいたたしざんのにがてなおとこのこ　「まけないぞ！まほうのたしざん」宮本えつよし作・画　教育画劇（家庭版かみしばい）　1990年10月

フラッグ
ひとりぼっちでいたふゆのもりでめすのりすのシルバーにあったはいいろりす　「りすのもりにはるがきた」シートン原作；北田伸脚本；武部本一郎画　童心社（童心社のベスト紙芝居）　1993年1月

ブラッピ
おおむかしちきゅうでくらしていたおおきなそうしょくきょうりゅうのこども　「ブラキオサウルスのかぞく-おおきなきょうりゅう」教育画劇文・制作；月本佳代美絵　教育画劇（まるでほんもの！きょうりゅうCGかみしばい）　2008年5月

ブラッピ
おおむかしにこのちきゅうでくらしていたそうしょくきょうりゅうブラキオサウルスのかぞくのこども　「ブラキオサウルスのかぞく」月本佳代美絵　教育画劇　2008年5月

フララ
うみのそこのちんぼつせんをこわそうとしたダイバーたちをさかなたちといっしょにおいはらったうみぼうず　「うみぼうずフララ」前川かずお作・画　童心社（美しい心シリーズ）　1978年8月

フランケン
怪物フランケンみたいにでっかくて電車の中でふらふらあるきまわるので子どもたちにこわがられていた養護学校に通う中学生の男の子　「事件だ！新聞部」船橋秀彦原作；丘修三脚本；福田岩緒画　汐文社（紙芝居 障害者といっしょに4）　1995年3月

フランケンシュタイン
したいのからだのいちぶからあたらしいにんげんをつくることをおもいつきみにくいかいぶつをつくってしまったかがくしゃ　「フランケンシュタイン」岩倉千春脚本；福田岩緒画　童心社（こわいぞ！世界のモンスター）　1997年5月

ぶらんこ
みどりえんにあったすわるところが木でできたちいさいふるいおばあさんのぶらんこ　「ばばらんこ」松野正子脚本；篠原良隆画　童心社（よいこの12カ月）　1986年9月

フーリー
たかいいわ山にすみ村の人たちをくるしめていた巨大でおそろしいとり「ふしぎないしのおの」 安藤美紀夫原作；渡辺泰子脚本；伊藤和子絵　童心社(紙芝居セレクションむかしむかし)　2003年5月

プリオ
おかあさんのたんじょう日になにをプレゼントしたらいいか山のものしりぐまさんにききにいった男の子「ふとっちょプリオのプレゼント」マージョリー・フラック原作；木島始訳；福島のり子脚色；遠竹弘幸画　教育画劇（健康とユーモアぺろぺろんシリーズ）　1977年5月

ブリキのきこり
オズのおしろへむかうドロシーについてきたブリキのきこり「オズのまほうつかい(前編)(後編)」岡上鈴江文；長島克夫画　教育画劇　1987年4月

フリスカ
ちいさいのでなかまたちからちびとばかにされてかなしくてたまらないひつじ「ちいさなひつじ、フリスカ」ロブ・ルイス作；八木田宜子脚本　ほるぷ出版(世界のおはなしシリーズ)　1998年9月

フリーデル
まほうをならってみたくなってふかいもりのおくへとはいっていったげんきなおとこのこ「まほうつかいのリースヘン」ルードヴィヒ・ベヒシュタイン原作；水谷章三脚本；おぼまこと画　童心社　1991年8月

ブール
こざるのキッキにときどきいじわるをされるのろまなこぐま「げんまんげんまん」高橋宏幸作；鈴木博子画　教育画劇(じゃんけんシリーズ)　1983年8月

ブル
ひこうじょうでひこうきをひくのがやくめでにもつはこびのルルたちにいばっていたおおきなトーイングカー「ちいさなトーイングカー」池田善朗作；津田光郎画　童心社(よいこの12か月)　1980年10月

プルガ
ちびっこカムをせなかにのせてひのやまへいっしょにいったトナカイ「ちびっこカムのぼうけん(前編)(中編)(後編)」神沢利子原作；中川美登利脚本；小関俊之画　童心社　1990年9月

ブルくん
やまでつちをけずってたいらにするしごとをしているブルドーザー「ブルドーザーのブルくん！」小賀野実写真・案　教育画劇　2003年5月

ブルーセ
ある日のことおそろしいトロルがすんでいるはしをわたって山へ草を食べに行こうとしたおなじ名まえの三びきのやぎのきょうだい「三びきのヤギ」水谷章三脚色；渡辺和行画　NHKサービスセンター(NHKかみしばい 世界の昔ばなし)　1982年1月

ブルブル
お母さんがわりのめすいぬのムクムクに育てられてやがてサーカスの人気者になったやさしいライオン「やさしいライオン」やなせたかし作・画　フレーベル館

ふるま

ブル丸　ぶるまる
うさぎのぴこたんのおたんじょうびにいっしょにレストランへいってなぞなぞごっこをしたこいぬ　「ぴこたんのなぞなぞレストラン」　このみひかる作；筒井和歌子画　教育画劇　1988年9月

プルル
どうぶつアパートのネコさんのへやのストーブの火がしんぱいになってふいてけしてあげようとしたちいさな風の子　「プルルのしっぱい」　安田浩作；岸田耕造画　教育画劇（交通安全紙芝居）　1990年3月

フレップ
なんどかおかあさんとかりのべんきょうをしてからじぶんでえさをとってくらしていかなければならなくなったキタキツネのこ　「さよなら、おかあさん（キタキツネ）」　瀬尾七重作；渡辺あきお画　教育画劇　1992年5月

フローレンス・ナイチンゲール（ナイチンゲール）
クリミア戦争の従軍かんごふとして戦場にむかい世界の人びとからクリミアのあいの天使としたわれた人　「ナイチンゲール」　福島のり子脚色；小谷野半二画　教育画劇（紙芝居・伝記シリーズ）　1995年6月

プロン
なかまからはなれてしまってアロサウルスにたべられそうになったわかいプロントサウルスというきょうりゅう　「まいごのきょうりゅう」　北田伸脚本；藤沢友一画　童心社　1982年10月

フワリ
いたずらっ子にいじわるされておばけの町にきたかえるやせみの子をみんなおばけにしてやったおばけ　「おばけのふわり」　鈴木美也子作；中村有希画　教育画劇（心をはぐくむシリーズ）　1971年10月

フワリ
きれいなうみがすきできょうもふわふわなみにゆられておどっているミズクラゲ　「クラゲのフワリ」　わしおとしこ作；佳代吉永画　教育画劇（教育画劇のかみしばい　うみべのちいさないきもの）　2001年5月

プワワさん
まいにちあさからいそがしい20ぴきものこぶたのおかあさん　「ぶたのおかあさんはこどもがいっぱい－子だくさん」　山本和子作；きよしげのぶゆき画　教育画劇　1997年8月

ブーン
なにをするのでもみんなよりのろいのでみんなからのろとかのろすけとかよばれていたカナブン　「のろまじゃなかったブーン」　やなぎやけいこ作；椎野利一画　教育画劇（おはなしいっぱい）　1987年6月

ぷん
こうじげんばでパワーショベルのぴかにもんくをいってなかがわるくなったダンプカー　「ぷんぷんダンプとぴかぴかショベル」　山本省三作・画　教育画劇（のりものだいすき）　1991年11月

ブンがえる
ゴムぐつを手に入れたカンがえるがうらやましくてゴムぐつをめちゃくちゃにしてやった二ひきのかえるの一ぴき 「かえるのゴムぐつ」 宮沢賢治原作；立原えりか脚色；深沢省三画　NHKサービスセンター（名作民話おはなし広場）　1984年1月

ぶんきちくん
しんはつめいのべんりなじどうちらかしきを買おうかなって考えている家の男の子 「しんはつめいじどうちらかしき」 北川幸比古作・文；高畠純画　NHKサービスセンター（創作童話）　1977年1月

プンくん
けんちゃんのかわったおともだち3にんのひとりでちょっとおこりんぼのおとこのこ 「なきむしくん」 宮本えつよし作・画　教育画劇　2004年5月

ぶんた
ちからのつよいりっぱなかぶとむし 「かぶとむしのぶんた」 鶴見正夫作；椎野利一画　教育画劇（しぜんといきもの）　1981年1月

ブンタ
自分がとんとこ森でいちばん力が強くていちばんえらいと思っているクマ 「とんとこもりのやくそく」 浅沼とおる作・絵　教育画劇　2007年9月

プンタ
ふねみたいなかたちのこおりにのってこおりのくにからあついしまのはまべまでいったペンギンのこども 「ペンギンちゃんのかいすいよく」 仲川道子脚本・画　童心社（げんきななかまシリーズ）　1999年8月

ブンにいちゃん
ありたちのなかでまだこどものタアぼうと二ひきなかよしだったもういちにんまえのあり 「かわをわたったあり」 長谷川玲子脚本；田島敬之画　童心社　1981年10月

ぶんぶん
えんのせんせいのいうことをきかずにひとりでかってにとびまわっていてくものすにひっかかってしまったみつばちのこども 「みつばちぶんぶん」 小林純一脚本；久保雅勇画　童心社（よいこの12か月）　1982年4月

ぶんぼうぐ
らんぼうなたかしちゃんにつかわれてきずだらけになったえんぴつやクレヨンなどのぶんぼうぐたち 「学用品のないしょ話」 吉野弘子作；作田忠一画　教育画劇（1年の道徳紙芝居）　1995年6月

【へ】

へいじ
けんじゅうがつくったすぎのはやしをひごろからばかにしていたとなりのおとこ 「けんじゅうこうえんりん（虔十公園林）」 宮沢賢治原作；水谷章三脚本；藤田勝治画　童心社（宮沢賢治かみしばいの森）　1996年5月

へいた

へいたい
山のいただきの二つの国の国ざかいのまもりについていた大きな国の年をとったへいたいと小さな国のわかいへいたい 「のばら」 小川未明原作;堀尾青史脚本 桜井誠画 童心社 1987年7月

ベオウルフ
おいのクロムウェルとわるだくみしてカメのクレオパトラをひのついたなべのなかにとびこませてスープにしてたべようとしたワニ 「クレオパトラのそりすべり」 アンドレ・オデール文;トミー・ウンゲラー絵;八木田宜子脚本 ほるぷ出版(ほるぷの紙芝居-世界のおはなしシリーズ) 1989年6月

ベジ太くん　べじたくん
やさいといういみのベジタブルのすごいあかちゃん 「スーパーベイビーベジ太くん」 はたよしこ作・画 教育画劇 1994年11月

ペス
かわにおちたぬいぐるみのくまちゃんをたすけてあげたいぬ 「わたしのくまちゃん」 アレクサンドローワ原作;小林純一脚本;山本まつ子画 童心社(うさちゃんシリーズ) 1986年11月

ペスくん
かいぬしのたろうくんにとこやさんにつれていってもらったおりこうないぬ 「ガラスの中のおばけ」 関英雄原作;平沼七美脚色;水沢研画 教育画劇(パンダちゃんシリーズ) 1985年2月

ペーター
アルプスのふもとのまずしいいえのやぎかいの男の子 「アルプスのしょうじょ(前編)(後編)」 ヨハンナ・スピリ作;神戸淳吉脚色;森やすじ;千葉みどり画 教育画劇(おはなしランド) 1987年1月

ペータ(もじゃもじゃペータ)
かおや手をあらうのがきらいでおふろへはいるのなんかだーいきらいなかみのけはもじゃもじゃのきたない男の子 「なかまはずれのペータ」 多田ヒロシ作・画 童心社(基本的生活習慣を育てるよいこのしつけシリーズ) 1966年9月

ペチ
みちにちょろちょろとでてきてけんちゃんにひろわれたとってもちいさなこいぬ 「こいぬのペチ」 川田百合子作;金沢佑光画 童心社(よいこの12か月) 1984年10月

へちまばあさん(おばあさん)
りほがもっていたへちまのなえをとりあげてうえてあげるといってりほのうちのにわへはいってきたしらないおばあさん 「へちまばあさん」 山口節子脚本;大和田美鈴絵 童心社(バリアフリーの紙しばい) 2001年3月

ベッキー
トムのガールフレンド 「トム・ソーヤのぼうけん(前編)(後編)」 マーク・トウェイン原作;宗方あゆむ文;藤本四郎画 教育画劇 1990年1月

へっこきよめさま(よめさま)
ばあさまがそらたかくとばされてやまのふもとのにんじんばたけにおちたほどでっこいへをこいたよめさま 「へっこきよめさま」 水谷章三脚本;藤田勝治絵 童心社(ともだちだいすき) 2005年9月

ベッシー
ある町のふしぎなくすりやさんがつくったボンボンを口に入れてたちまちピアノがひきたくなった女の人 「マジックボンボン」 ライマン・フランク・バウム作;岡上鈴江訳;長島克夫画 教育画劇 1977年6月

ベッティ
むらのおがわにかかったまるたばしをわからないようにのこぎりできったいたずら2人ぐみのおんなのこ 「いたずら2人ぐみ」 堀尾青史脚本;おぼまこと画 童心社(げんきななかまシリーズ) 1992年11月

ペーテルおじさん
あしをけがしてしまったこぐまのビリーにミルクをもってきてくれたうしのおじさん 「そんなのいらない」 リンデルト・クロムハウト脚本;福田岩緒絵;野坂悦子訳 童心社 2003年11月

ベトちゃん
ベトナム戦争の時アメリカがまいた枯葉剤のせいで体がくっついて生まれた双子 「ベトちゃん・ドクちゃん」 谷田川和夫原作;渡辺泰子脚本;相沢るつ子絵 汐文社(平和紙芝居 私たちの声をきいて2) 1994年2月

ペドロ
クリスマスの日にイエスさまへのおくりもののまきをもってまちのきょうかいへいったふたりのきょうだいのおにいさん 「クリスマスのかねのおと」 R.M.オールデン原作;宗方あゆむ脚色;藤田ひおこ画 教育画劇(四季の行事シリーズ) 1992年11月

紅ばら べにばら
むかし白ばらと紅ばらの二本のきれいなばらのはながさいていた小さないえにすんでいた女の人の二人の女の子の一人 「白ばらと紅ばら-グリム童話(前編)(後編)」 安田浩文;峰村亮而画 教育画劇(民話と名作シリーズ) 1994年2月;教育画劇 1988年6月

へのへのもへじごう
ともくんがつくったいばりんぼのかみひこうき 「いばりんぼのかみひこうき」 高木あきこ作;高瀬のぶえ画 教育画劇(おはなしランド) 1985年7月

へび
チンフーを背中にのせて大きな川をわたしてくれた白へび 「幸せさがし」 瀬戸内寂聴文;はたこうしろう絵 講談社(寂聴おはなし紙芝居) 2007年11月

へび
むかしおとうとおかあとすんでおった三にんのむすめのだれぞひとりをおよめさんにほしいといってきたへび 「りゅうになったおむこさん-滋賀県の民話より」 今関信子脚色;西村達馬画 教育画劇(四季の行事シリーズ たなばた) 1993年5月

へび
りゅうになろうとおもってながいながいあいだしゅぎょうをしてきたへび 「りゅうになりたかったへび」 松谷みよ子原作;水谷章三脚本;藤田勝治画 童心社 1987年9月

へひ

へび
韓国の山おくの森できじのたまごをねらっていてきこりにころされたへび 「キジのおんがえし」 須藤出穂脚色;井上洋介画　NHKサービスセンター(NHKかみしばい 世界の昔ばなし) 1982年1月

へび
夜になるとわかもののすがたになってちょうじゃのいえのむすめをたずねてきただいじゃのむすこ 「なぜ、おふろにしょうぶをいれるの?」 常光徹脚本;伊藤秀男絵　童心社(なぜ?どうして?たのしい行事) 2001年9月

ヘビ
あめあがりにさんぽにでかけていろいろないろをみたチビヘビ 「あめあがりのさんぽ」 こじまあやこ作;中村有希画　教育画劇(おはなしワクワク) 1983年6月

ヘビ
きしゅうのとまがしまにすむかいぶつのヘビ 「とまがしま」 桂文我脚本;田島征三絵　童心社(紙芝居おおわらい落語劇場) 2004年3月

ヘビ(ぺろちゃん)
だれかとともだちになりたくてあるきながらしたをだすのをやめたかわいいヘビの女の子 「ぺろぺろん」 筒井敬介作;チト・イトー画　教育画劇 1982年10月

へび(やまたのおろち)
まいとしむらにあらわれていけにえのむすめをさらっていく八つのあたまと八つのしっぽをもっただいじゃ 「やまたのおろち(前編)(後編)」 川崎大治脚本;田島征彦画　童心社 1990年2月

へびくん
うさぎちゃんのボールでみんなといっしょにあそんでいてボールをのみこんでしまったへびくん 「ボールぽん!」 仲川道子作・画　教育画劇(おおきくなあれ) 1992年1月

へびくん
わにちゃんのボールをたまごとまちがえてのんでしまってかばせんせいにとってもらおうとしたへび 「ゆかいなかばせんせい1 ボールあそびのまき」 仲川道子脚本・画　童心社(よいこの12カ月) 1989年4月

へびちゃん
わにちゃんがにわにだしたプールでみんなといっしょにみずあそびをしてあそんだへび 「みずあそびのまき」 仲川道子脚本・画　童心社(ゆかいなかばせんせい3) 1989年8月

ヘビラー
トドのかいじゅうトドラのぼうやトットコをひとのみにしようとしたヘビのかいじゅう 「かいじゅうトドラ・トットコ」 半沢一枝作;仲川道子画　童心社(童心社のベスト紙芝居) 1973年11月

ベーブ・ルース(ジョージ・ルース)
アメリカの有名なプロ野球選手 「ベーブ・ルース」 森田健脚色;中村まさあき画　教育画劇(紙芝居・伝記シリーズ) 1995年6月

ペペ
さなぎからでてきたばかりのアゲハチョウのラララといっしょにはらっぱをさんぽしたねこ 「はらっぱでみつけたよ」 わしおとしこ作;あきくさあい絵 教育画劇 2006年9月

ペペ
たからさがしにでかけて木という字や山という字をみつけたまほうつかいのこども 「たからさがし」 まついのりこ脚本・画 童心社(とびだすせかい) 1985年10月

ヘラ
らんぼうもののオリオンをこらしめようとしためがみ 「さそりにさされたあばれんぼう-ギリシャ神話」 武井直紀脚色;鈴木信一作・画 教育画劇 1990年5月

へらこいぎつね
ごんべえだぬきとばけくらべをすることになりまんじゅうにばけてたぬきのばけたよめいりぎょうれつのまえにころがったきつね 「ばけくらべ」 松谷みよ子作;亀井三恵子画 童心社(かみしばい日本むかしむかし) 1979年11月

ペリー
沖縄の那覇みなとにきたアメリカ艦隊の黒船の司令長官 「沖縄にきた黒船」 山下國幸作;渡辺皓司絵 汐文社(紙芝居 日本の歴史20) 1987年12月

ペリカン
まいとしおとうさんとおかあさんとうみべでなつやすみのキャンプをするターちゃんのともだちのペリカン 「ターちゃんとペリカン」 ドン・フリーマン作;八木田宜子脚本 ほるぷ出版(ほるぷの紙芝居-世界のおはなしシリーズ) 1989年6月

ペリカン(ユリー)
みずうみのきしべでおばあさんがひろったたまごからかえりおばあさんといっしょにテレビにでてにんきものになったペリカン 「おばあさんとペリカン」 村山桂子作;かみやしん画 童心社(美しい心シリーズ) 1979年4月

ペリカンさん
きゅうなようじででかけなければならなくなったあひるさんのたまごをあずかってくれたペリカンさん 「ペリカンさんのゆりかご」 中村美佐子作;ながよしかよ画 教育画劇 1989年5月

ベル
おかねもちのしょうにんのたいへんなきりょうよしだった三にんのむすめたちのなかでもとびぬけてうつくしかったすえむすめ 「美女と野獣(前編)(後編)」 ボーモン原作;藤田勝治脚本・画 童心社 1999年1月

ペール
おとうさんとおかあさんがびょうきでしんでしまってよくばりな二人のおにいさんからなわしかもらえなかったおとこの子 「みずうみをしばるはなし-北欧民話より」 横田章文;黒井健画 教育画劇(とんちばなし) 1992年7月

ペルセウス
はねのあるうまにのったいさましいわかもの 「くさりにつながれたおひめさま-ギリシャ神話」 高木あきこ脚色;村田耕一作画 教育画劇 1990年5月

へるた

ベルタ
めのみえないおかあさんいしづかさんのめのかわりになってはたらくもうどうけん 「もうどうけんベルタ」 こわせたまみ文；藤本四郎画　教育画劇　2002年12月

ベルナルド
むかしスペインのくににいたお百しょうのむすこたちでそれぞれぼうけんのたびにでることになった四人きょうだいのすえっこ 「4人きょうだいのぼうけん-スペイン」　東川洋子脚色；きよしげのぶゆき画　教育画劇　1990年11月

ヘルム署長　へるむしょちょう
ムーミンたちの住んでいる平和な村の署長 「ムーミンとおはなのくにのおまつり」 トーベ・ヤンソン原作；内閣府政策統括官監修　全日本交通安全協会　2002年4月

ヘレン
ギリシャのくにへおよめにいったがトロイの王子さまにさらわれてしまったとてもきれいなおひめさま 「トロイのもくば」　石川光男作；帆足次郎画　教育画劇　1978年5月

ヘレン・ケラー
病気のねつのために目が見えず耳がきこえずものもいえないというたいそう不自由な体になってしまったアメリカの女の子 「ヘレン・ケラー」　神戸淳吉脚色；輪島みなみ画　教育画劇（紙芝居・伝記シリーズ）　1978年2月

ぺろちゃん
だれかとともだちになりたくてあるきながらしたをだすのをやめたかわいいヘビの女の子 「ぺろぺろん」　筒井敬介作；チト・イトー画　教育画劇　1982年10月

ペロちゃん
きょうもなかよしのみんなとようちえんにいったおばけ 「おばけのペロちゃんいまなんじ？」　なかがわみちこ作・画　教育画劇（家庭版かみしばい）　1995年3月

ペロちゃん
たぬきのぽんちゃんといっしょにライオンにばけてあそんだばけるのがとてもじょうずなおばけ 「ペロちゃんとぽんちゃんのばけばけライオン」　仲川道子作・画　教育画劇（はじめまして！おばけです）　1998年1月

ベンがえる
ゴムぐつを手に入れたカンがえるがうらやましくてゴムぐつをめちゃくちゃにしてやった二ひきのかえるの一ぴき 「かえるのゴムぐつ」　宮沢賢治原作；立原えりか脚色；深沢省三画　NHKサービスセンター（名作民話おはなし広場）　1984年1月

ベン・ガン
シルバーたちかいぞくのなかまだったがしまにおきざりにされてかいぶつみたいなすがたになってしまったおとこ 「たからじま」　スティーブンスン原作；紙芝居研究会脚本；伊藤展安画　童心社　1984年1月

ペンギン
ターぼうがれいぞうこのドアをあけてみたらなかでないていたペンギンのこども 「なんでもこおらせペンギン」　肥田美代子作；岡村好文画　教育画劇（びっくりこどきりんこ）　1989年2月

ペンギン(プンタ)
ふねみたいなかたちのこおりにのってこおりのくにからあついしまのはまべまでいったペンギンのこども 「ペンギンちゃんのかいすいよく」 仲川道子脚本・画 童心社(げんきななかまシリーズ) 1999年8月

ペンギン(ペンタ)
ふねみたいなかたちのこおりにのってこおりのくにからあついしまのはまべまでいったペンギンのこども 「ペンギンちゃんのかいすいよく」 仲川道子脚本・画 童心社(げんきななかまシリーズ) 1999年8月

ペンギン(ペンペン)
かぜさんやなみさんがあそびにさそってもねてばかりいるペンギン 「ペンギンのペンペン」 まるはま作・絵 教育画劇 2005年1月

ペンギン(ポンタ)
ふねみたいなかたちのこおりにのってこおりのくにからあついしまのはまべまでいったペンギンのこども 「ペンギンちゃんのかいすいよく」 仲川道子脚本・画 童心社(げんきななかまシリーズ) 1999年8月

ペンギン(ルン)
とうさんとかあさんがごはんをとりにうみへいくのでペンギンのこどもたちのためのえんへいったこどもペンギン 「ペンギンルンのながいいちにち」 やなぎやけいこ作;新堂渓子画 教育画劇 1992年5月

べんけい
きょうとのまちの五じょうの大はしではしをわたるもののかたなをかたっぱしからとりあげていたおにのような大おとこ 「うしわかまる」 西本鶏介脚色;白梅進作・画 教育画劇(日本昔話アニメかみしばい) 1987年9月

ヘンシンマン
ある日ムーミンたちのまえに現れた何にでも変身できるいきもの 「ムーミンとヘンシンマン」 総務庁交通安全対策室監修 全日本交通安全協会 1999年9月

ヘンゼル
あたらしくきたにどめのおかあさんにもりにすてられたふたりのきょうだいのおとこのこ 「ヘンゼルとグレーテル」 グリム原作;鶴見正夫脚本;こさかしげる画 童心社(世界の名作・第2集) 1992年5月

ヘンゼル
ある大きなもりのいりぐちにすんでいたまずしいきこりの二人のこどものにいさん 「ヘンゼルとグレーテル-グリム童話より」 関修一作・画 教育画劇(家庭版名作アニメかみしばい) 1994年6月

ペンタ
ふねみたいなかたちのこおりにのってこおりのくにからあついしまのはまべまでいったペンギンのこども 「ペンギンちゃんのかいすいよく」 仲川道子脚本・画 童心社(げんきななかまシリーズ) 1999年8月

ぺんね

ペンネンナーム
クーボーはかせがグスコーブドリにしょうかいしてくれた火山局の技師 「グスコーブドリの伝記(後編)」宮沢賢治原作;堀尾青史脚本;滝平二郎画 童心社(かみしばい宮沢賢治童話名作集) 1968年3月

ペンペン
かぜさんやなみさんがあそびにさそってもねてばかりいるペンギン 「ペンギンのペンペン」 まるはま作・絵 教育画劇 2005年1月

【ほ】

ホー
うまれてはじめてのふゆもおわろうとするある日たべものをさがしにとびたったうぐいすの子 「うぐいすのホー」 杉浦宏脚本;松成真理子絵 童心社(ともだちだいすき) 2005年3月

ポー
いつもなにかたべていてむしばになったこぶた 「いつもパクパクこぶたのポー」 宮西達也作・画 教育画劇(四季の行事シリーズ むしば) 1993年5月

ポインくん
ユーカリの木からおちてきたみたこともないあかちゃんのおかあさんをさがしてあげたいぬ 「コアラくんおきて！」 田沢梨枝子作・画 教育画劇(コアラちゃんシリーズ) 1985年4月

ほうきぼし
ふたごのほしのチュンセとポウセをだましてうみへおとしたほうきぼし 「ふたごのほし」 宮沢賢治原作;堀尾青史脚本;ユノセイイチ画 童心社(宮沢賢治かみしばいの森) 1996年5月

ぼうさま
あるむらはずれにあったばけものがでるというふるいおてらにとまったひとりのたびのぼうさま 「ばけものでら」 水谷章三脚本;宮本忠夫画 童心社(日本民話かみしばい選・おばけがいっぱい) 1982年1月

ぼうさま
どろぼうがしのびこんだむらはずれのびんぼうなおてらでたけとんぼをつくっていたぼうさま 「たけとんぼがひとつ」 菊地正脚本;金沢佑光画 童心社 1988年11月

ぼうさま
やまのなかのじぞうどうのまえでせんとくのかねとかいてあってこばんが一まいはいったさいふをひろったたびのぼうさま 「せんとくのおかね」 佐々木悦脚本;箕田源二郎画 童心社(とんとむかしがたり) 1995年9月

ぼうさま
十五やさまのひにぼろをまとってやってきてむら一ばんのびんぼうなじさまといっしょにおつきみをしたたびのぼうさま 「十五夜さま」 渋谷勲脚本;藤田勝治画 童心社(たのしい季節の行事 のびのび・秋のまき) 1989年6月

坊さま(神さま)　ぼうさま(かみさま)
ある年こしの夜のことやどをもとめて東の長者の家と西のじいさまとばあさまの家にやってきた神さまの坊さま 「なぜ、かがみもちをかざるの？」 千世まゆ子脚本；鈴木びんこ絵　童心社(なぜ?どうして?たのしい行事) 2001年9月

ぼうさん
しゅぎょうのたびのとちゅうでとまった村のあき寺にでたばけものをたいじしたぼうさん 「あき寺のばけもの」 西本鶏介原作；諸橋精光脚本・画　童心社(日本の妖怪ぞろーり) 1994年9月

法師　ほうし
信濃の国のおおきないけのそばでいけのぬしの竜にきょくをきかせてやったかわりにふもとのさとがもうすぐこうずいになるというひみつをきかされたびわ法師 「池にうかんだびわ」 川崎大治脚本；小谷野半二画　童心社(童心社のベスト紙芝居) 1985年1月

ぼうし
ぼうしをかぶるのがきらいなけんちゃんにかきねのうえにおいてかれてだれかかぶってくれるひとをさがしにいったぼうし 「けんちゃんのぼうし」 篠塚かをり原作；後藤楢根脚色；こせきはるみ画　教育画劇(わたしのはじめてのかみしばい こんにちは) 1990年1月

北条 政子　ほうじょう・まさこ
鎌倉幕府の亡き源頼朝の妻 「いざ鎌倉」 志村毅一案；上地ちづ子作；こさかしげる絵　汐文社(紙芝居 日本の歴史11) 1987年12月

北条 泰時　ほうじょう・やすとき
京都へ攻めのぼった鎌倉方の総大将、義時の嫡男 「いざ鎌倉」 志村毅一案；上地ちづ子作；こさかしげる絵　汐文社(紙芝居 日本の歴史11) 1987年12月

北条 義時　ほうじょう・よしとき
鎌倉幕府の武将 「いざ鎌倉」 志村毅一案；上地ちづ子作；こさかしげる絵　汐文社(紙芝居 日本の歴史11) 1987年12月

ポウセ
あまのがわのきしべのすいしょうでできたおみやでひとばんじゅうふえをふいているふたごのほし 「ふたごのほし」 宮沢賢治原作；堀尾青史脚本；ユノセイイチ画　童心社(宮沢賢治かみしばいの森) 1996年5月

ほうせん(仙人)　ほうせん(せんにん)
むかし韓国のむらでおばさんとくらしていたヒョドンというこどもを山の上のいえにつれていきはなのたねをおみやげにもたせてやった仙人 「仙人のおくりもの」 渡辺享子脚本・絵　童心社(ともだちだいすき) 2008年8月

ポコ
もりへあそびにいってきつつきやさぎのまねをしたこぶたのきょうだい 「まねっここぶたプクとポコ」 中村美佐子作；可児久子画　教育画劇(ぽんぽこシリーズ) 1983年5月

ポコおじさん
まんまるくて赤いものがふわふわと行ってしまうのをおひさまがにげて行くのかとおもっておいかけたたぬきのおじさん 「おひさまがにげていく」 小池タミ子原作・脚色；伊東美貴画　NHKサービスセンター(NHK創作童話集) 1979年1月

ほこち

ボコちゃん
大きなじしんがあってうさぎのピョンちゃんたちとはらっぱににげてきたたぬき 「あっ、けむりがみえる」 鶴見正夫作；柿本幸造画 教育画劇（よいこの地震紙芝居ぐらぐら） 1981年4月

ボサツ様（うずら）　ぼさつさま（うずら）
うずらに生まれかわって何千ばといううずらのかしらとなって森の中に住んでいたボサツ様 「りょうしとうずら-インド昔話」 たなべまもる脚色；西村達馬画 NHKサービスセンター（NHK小学校国語紙芝居教材 外国の名作） 1979年1月

ポーさん
なつのよるにカエルのおばさんがなくしたくびかざりをいっしょにさがしてあげておんがくかいにしょうたいされたゲンジボタル 「すてきなおんがくかい-ホタルのはなし」 古味正康作・画 教育画劇（ちいさな虫のなかまたち） 1991年5月

ほし
あまの川のちかくにおなじころに生まれてならんでいた赤いほしと青いほしといちばん小さくてよわいひかりの三つめのほしの三つのほし 「ひかりの星」 浜田広介作；浜田留美脚色；遠竹弘幸画 教育画劇（新版 浜田ひろすけ紙芝居全集） 2007年1月；教育画劇 1981年7月

ほし（チュンセ）
あまのがわのきしべのすいしょうでできたおみやでひとばんじゅうふえをふいているふたごのほし 「ふたごのほし」 宮沢賢治原作；堀尾青史脚本；ユノセイイチ画 童心社（宮沢賢治かみしばいの森） 1996年5月

ほし（ポウセ）
あまのがわのきしべのすいしょうでできたおみやでひとばんじゅうふえをふいているふたごのほし 「ふたごのほし」 宮沢賢治原作；堀尾青史脚本；ユノセイイチ画 童心社（宮沢賢治かみしばいの森） 1996年5月

星のおひめさま　ほしのおひめさま
高い空でじゃんけんとびをしてあそんでいて空のしきいをふみはずし地面の上におちてしまった五人きょうだいの末の星のおひめさま 「ほしのおひめさま」 石井桃子作；小谷野半二画 童心社（輝く文部厚生大臣賞シリーズ） 1986年11月

ポストマニ
むかしインドのくにのまほうつかいのおじいさんにかわいがられていたちいさなねずみであるひまほうでねこにかえてもらったねずみ 「こねずみポストマニ-インド民話より」 瀬名恵子脚本・画 童心社（童心社の紙芝居 げんきななかまシリーズ） 1995年3月

ポタモガーレ
みずにすむどうぶつですんでいるかわがゴミですっかりよごれてしまったのでひっこしをすることにしたポタモガーレ 「ポタモガーレのおひっこし」 等門じん作；津田直美画 教育画劇 1994年5月

ホタル（ゲンちゃん）
かわのきれいなみずのちかくにすんでいるゲンジボタル 「ゲンジボタルのゲンちゃん」 今森光彦写真・作 教育画劇 2006年5月

ホタル（ポーさん）
なつのよるにカエルのおばさんがなくしたくびかざりをいっしょにさがしてあげておんがくかいにしょうたいされたゲンジボタル 「すてきなおんがくかい－ホタルのはなし」 古味正康作・画　教育画劇（ちいさな虫のなかまたち）　1991年5月

ボタンこびと
うわぎやズボンについているボタンがだいすきでこどもたちがおとすのをまっていてさっとひろってしまうこびと 「ボタンこびと」 香山美子作；チト・イトー画　教育画劇（シャボン玉シリーズ）　1981年11月

ボタンちゃん
けんちゃんがボタンをとめようとしているのににげてばかりいたいたずらぼうずのボタン 「ボタンちゃん」 高橋道子脚本；仲川道子画　童心社（ひまわりシリーズ）　1983年4月

ポチ
あかリボンちゃんのうちのいぬ 「あかリボンちゃんきをつけて」 中村徹作；中村陽子絵　教育画劇　2007年5月

ポチ
クーちゃんのかわいがっているいぬ 「あんあんふうせん」 古寺伸竹作；西村達馬画　教育画劇（ポッポシリーズ）　1985年6月

ポチ
なかよしのクロちゃんのおうちへあそびにいくとちゅうでみちにあかいたまがころがっているのをみつけたこいぬ 「けんかだま」 高橋五山作・画　ほるぷ出版（ほるぷの紙芝居-黄金期名作選）　1984年5月

ポチ
よしこちゃんにつれられてかわらへさんぽにいってからだにたくさんのたねをつけてきたいぬ 「いろいろなたね」 矢野亮脚本；高橋透画　童心社（ゆたかなこころシリーズ）　1991年10月

ポチ
りっぱなばん犬になろうとにわのお花ばたけのみつをぬすんでいるはちやちょうちょをおいはらおうとした犬 「花のともだち」 奈街三郎作；西村達馬画　教育画劇　1976年3月

ポッキー
おかあさんとデパートにやってきてまいごになってしまったこうさぎ 「まいごうさぎのポッキー」 矢崎節夫作；鴨下潤絵　教育画劇　2007年5月

ポッケ
おにいちゃんのおてつだいをしてげんこつのようなクッキーをつくったうさぎのおとこのこ 「きょうのおやつはげんこつクッキー」 茂市久美子作；沢田あきこ画　教育画劇　1993年11

ぽったん
うんちのまちでうんちのパトロールをしているうんちのおまわりさん 「ももちゃんとうんちのポッタン-うんち」 山本和子文；鈴木博子画　教育画劇（すごいぞ！からだのふしぎ）　2002年12月

ぽっち

ポッチィ
ある日おばあちゃんちにあそびにいくことにしたとってもくいしんぼうのいぬ 「ポッチィはくいしんぼう」 木村裕一作・画　教育画劇(みんなもいっしょにね)　1994年1月

ポッチィ
おばけがでるといううわさのゾクゾクもりへこねこのミッケとさるのモンモンと三人でいったこいぬ 「おばけかな、ほんとかな？」 木村裕一作・画　教育画劇　1989年7月

ポットちゃん
のんでものんでもおいしいコーヒーがわいてくるふしぎなポットのポットちゃん 「アンパンマンとポットちゃん」 やなせたかし作・絵　フレーベル館

ポップ
たべてねてばかりいるでぶのかえる 「ポップ・トップ・チッピ」 福田和作;石川雅也画　童心社(基本的生活習慣を育てるよいこのしつけシリーズ)　1981年11月

ポップくん
はしるのがだいすきなちいさいじどうしゃ 「げんきなポップくん」 こもりまこと脚本・絵　童心社　2000年5月

ぽっぽ
いろんなしっぽをみてうさぎのしっぽはなんのやくにたつのかなとかんがえたうさぎのこ 「ぽっぷのしっぽ」 神沢利子脚本;駒井啓子画　童心社(神沢利子メルヘンかみしばい)　1985年4月

ホネホネ
バラバラになったほねほねマンをつなぎあわせるほね犬 「ほねほねマン」 ときわひろみ脚本;やべみつのり絵　童心社　2005年2月

ホネホネ
ほねほねマンとさかなつりにいったほね犬 「ほねほねマンのさかなつり」 ときわひろみ脚本;やべみつのり絵　童心社　2006年10月

ホネホネおじさん
ハロウィンにつくったパンプキン・パイをぬすまれたオバケたちのいえのガイコツのオバケ 「ぬすまれたパンプキンパイ」 田沢梨枝子作・画　教育画劇　1991年11月

ほねほねマン
うみにさかなつりにいったほねほねマン 「ほねほねマンのさかなつり」 ときわひろみ脚本;やべみつのり絵　童心社　2006年10月

ほねほねマン
ほねばかりでもジャンプやさかだちやいろんなことができるほねほねマン 「ほねほねマン」 ときわひろみ脚本;やべみつのり絵　童心社　2005年2月

ボビー
子どもたちのてがみをもって森のおくの冬じいさんのところへいくゆきだるまをあんないするといったいぬ 「クリスマスのてがみ」 ステーエフ原作;小林純一脚色;高橋透画　童心社(童心社の紙芝居 クリスマスものがたり)　1988年11月

ボビーちゃん
みー子ちゃんといっしょにこうえんにしゃせいにいったおとこのこ 「ボビーちゃんのえかきやさん」 はやしたかし文;野々口重画　教育画劇　1966年9月

ポポ
きつねのコンがとりのまねをしてそらをとぼうとしていたところにとんできたはと 「くるりんコンでとりになる-鳥は、どうしてとべるの？」 小春久一郎作;椎野利一画　教育画劇(はてな?なぜかしら??)　1989年4月

ポポ
やぎのメルばあちゃんがびょうきになったのでおはなをもっていこうとしたたぬきのおとこのこ 「ポポのおみまい」 福田岩緒脚本・絵　童心社(ともだちだいすき)　2007年10月

ポポ
森のどうぶつたちみんなに「ゆきだるまコンクールをやらないかい」といったてんし 「とけたゆきだるま」 安田浩作;西村郁雄画　教育画劇(シャボン玉シリーズ)　1982年2月

ポポル
むれからはなれてしまってライオンにおそわれそうになったアフリカゾウのこども 「ふたごのゾウ ポポルとププル」 若山甲介脚本;鈴木幸枝画　童心社(にこにこどうぶつえん)　1998年5月

ホモイ
川におぼれたひばりの子をたすけてやったおれいにとりの王さまからたからものの貝の火というたまをもらった子うさぎ 「貝の火」 宮沢賢治原作;川崎大治脚本;久保雅勇画　童心社(かみしばい宮沢賢治童話名作集)　1966年3月

ポリちゃん
オンボロ機関車君と横丁のごみあつめの囲いを抜け出して遊園地へ出かけて行ったごみぶくろ 「マジックポリちゃん」 高見映作;枝常弘画　日本環境協会　1993年5月

ボール
おおかぜがふいてきてころころころがっていってとちゅうでこいぬやこねこやひよこにあったボール 「ボールころころ」 レエトーワ原作;宮川やすえ訳・脚本;三井小夜子画　童心社　1990年6月

ポール
うまれたばかりのいもうとのアンナにいたずらをしようとしたのをお月さまにみられていた男の子 「お月さまいくつ」 アンデルセン原作;稲庭桂子脚本　童心社(いわさきちひろ画・紙芝居選)　1976年3月

ボールくん
クラスのみんなからボールくんとよばれる人気者だったのに花だんにほっぽりだされて教室に帰れなくなったサッカーボール 「いなくなったボールくん-小学生の道徳1年」 大野哲郎作;鈴木幸枝画　教育画劇　1996年4月

ホレおばさん
たいそうはたらきもののままむすめをかわいがってくれたくちにきばのようなおおきなはがはえたおばさん 「ホレおばさん-ドイツ民話」 松谷みよ子脚本;二俣英五郎画　童心社　1997年10月

ほわぴ

ホワピェン
むかし中国の山おくの村でうつくしいもようの花ぬのをおっていたはたおりのじょうずなむすめ 「花ぬのむすめ」 ときありえ脚本;尾崎曜子絵 童心社（ともだちだいすき） 2003年8月

ポン
いっしょにあそぶともだちがほしくてともだちをさがしにいったこだぬき 「こぎつねコンとこだぬきポン（前編）（後編）」 松野正子脚本;二俣英五郎画 童心社 1989年7月

ポン
やまのきつねのこコンとふたりでにんげんのこにばけてパンやさんちにうまれたあかちゃんをみにいったたぬきのこ 「コンとポンとあかちゃん」 松谷みよ子脚本;福田岩緒画 童心社（ゆたかなこころシリーズ） 1999年4月

ポン吉じいさん　ぽんきちじいさん
しんちゃんととんとこ森へ行って文化の日ってどんな日か教えてあげた森で一番の物知りのタヌキ 「とんとこもりのやくそく」 浅沼とおる作・絵 教育画劇 2007年9月

ぽんた
からすにやられていたところをこうくんとじゅんくんのふたりにたすけられたたぬきのこども 「たぬきのぽんたげんきでやれよう」 今関信子作;西村達馬画 教育画劇 1994年5月

ポンタ
きつねのコンキチとうさぎのミミとこうえんでボールあそびをしたたぬき 「コンキチのゆびきりげんまん-水の事故防止」 本田カヨ子作;岡村好文画 教育画劇（安全紙芝居 あぶない!そのときどうする?） 1996年8月

ポンタ
ふねみたいなかたちのこおりにのってこおりのくにからあついしまのはまべまでいったペンギンのこども 「ペンギンちゃんのかいすいよく」 仲川道子脚本・画 童心社（げんきななかまシリーズ） 1999年8月

ポンタ
むらのこどもらにつかまったがうまかたどんにたすけてもらったおんがえしにおてつだいさんになったこだぬき 「うまかたどんとたぬきのポンタ」 菊地ただし文;塩田守男画 教育画劇 1997年4月

ポンタ
山のうんどうかいがあるがかけっこが大きらいでいつもびりだからうんどうかいにでたくないたぬき 「ポンタとコスモスのうんどうかい」 加藤晃作・画 教育画劇（きれいな花いっぱい） 1990年9月

ぽんちゃん
あしたまこちゃんといっしょにきらきらえんにいくぼうし 「まこちゃんといっしょ」 新沢としひこ脚本;長谷川義史絵 童心社 2007年4月

ぽんちゃん
おばけのペロちゃんといっしょにライオンにばけてあそんだばけるのがじょうずなたぬき 「ペロちゃんとぽんちゃんのばけばけライオン」 仲川道子作・画 教育画劇（はじめまして!おばけです） 1998年1月

ぽんちゃん
クリスマスにサンタさんがこなかったのでしんぱいしてどうぶつむらのこどもたちみんなとおみまいにいったたぬき 「サンタクマーズがこないわけ」 塩田守男作・画 教育画劇(四季の行事シリーズ) 1992年11月

ぽんちゃん
やまへあそびにきたみどりえんのこどもたちをみつけたおさるのもんちゃんといっしょにそばへいってみたたぬき 「みつけたみつけた」 久保雅勇作・画 童心社(よいこの12か月) 1981年9月

ポンちゃん
えんのみんなとあそんでころんでばかりいてばんそうこうだらけになってしまったたぬき 「ばんそうこうポンちゃん」 清水えみ子脚本;たじまじろう画 童心社(健康紙芝居・げんきなこども) 1983年10月

ポンちゃん
おたんじょうびにかってもらったサッカーボールをもってにげたきつねのコンキチをおいかけてどうろへいったたぬきのこ 「ポンちゃんのボール」 おのいづみ脚本・画 童心社(交通安全かみしばい・あぶないっ!きをつけて!) 1993年9月

ポンちゃん
おもちゃのあとかたづけがきらいな男の子 「ねえさんはまほうつかい」 森比左志原作・脚色;西川おさむ画 NHKサービスセンター(NHK創作童話集) 1978年1月

ポンちゃん
まきをもやしてはしるきかんしゃにのせてもらったどうぶつたちのたぬき 「がんばれきかんしゃ」 内山安二作・画 教育画劇(コンスケくんシリーズ) 1981年10月

ポンちゃん
十五夜さんにおそなえするために育てたおいもをいたずらぎつねのコン吉にとられてしまったたぬきのこ 「十五夜さんのおいも」 久保雅勇脚本・画 童心社(よいこの12か月) 1982年9月

ぽんぽ
ゆきがつもったらパパとママにはないしょでともだちのさるときつねにおこしてもらうやくそくをしたくまのおとこのこ 「ないしょのゆきあそび」 すとうあさえ脚本;松成真理子絵 童心社(ともだちだいすき) 2007年2月

ポンポコ
あるおうちにいっしょにかわれていてまいごになったなかよしのねこのシマゾウをさがしだしたいぬ 「まいごのねこはどこだワン?」 手島悠介作;末崎茂樹画 教育画劇(おはなしドキドキ) 1986年7月

ポンポコ
にんげんをだますのにとんがりやまのこぎつねのコンコンとくむことになったまんまるやまのこだぬき 「たぬきのきつね」 内田麟太郎作;夏目尚吾画 童心社 1987年3月

ぽんぽ

ポンポン
ぶたのブブリンとりすのキキロンがとてもなかよしなのがしゃくにさわってきつねのコンコンといじわるをしたたぬき「いじわるなんかするからさ」柴野民三作；椎野利一画　教育画劇（あたらしいしつけ紙芝居）　1988年6月

【ま】

マア
にほんがせんそうをしていたころのとうきょうではるこのなかよしのあこちゃんのうちでかっていたいぬ「マアをかえしてください」わしおとしこ脚本；おぼまこと画　童心社（ゆたかなころシリーズ）　1995年3月

まあおばあさん
こんもりやまにあきがきたのにむすめさんをおよめにだしてげんきをなくしてしまったおばあさん「まあおばあさんありがとう」今関信子脚本；長野ヒデ子画　童心社（たのしい季節の行事 のびのび・秋のまき）　1989年6月

まあくん
あさねぼうをしてあさごはんをのこしておもてへあそびにいったくまのおとこのこ「おいしいね」伴弘子脚本；ヒロナガシンイチ画　童心社（2・3歳児しつけかみしばい・みんなは、できるかな？）　1993年5月

まあくん
どうぶつえんでみんなでしりとりしながらどうぶつをみていったおとこのこ「しりとりどうぶつえん」しばはらち作・画　教育画劇（家庭版かみしばい）　1995年3月

マアくん
クリスマスにこうえんでおっちょこちょいのサンタさんにあったおとこのこ「サンタはおっちょこちょい」肥田美代子作；多田ヒロシ画　教育画劇（民話とんとむかし）　1987年12月

まあちゃん
にわのすみにかきのたねをうめたおんなのこ「はやくめをだせ」林原玉枝作；山内恵美子画　教育画劇（おはなしバラエティ）　1985年3月

マイケル
ウェンディのおとうと「ピーターパンの冒険-ゆめの島ネバーランドへ」日本アニメ企画絵画　童心社（家庭版かみしばい・世界名作劇場）　1989年11月

マイケル
まん月のよるのお月さまのひかりにあたるとへんしんしちゃうオオカミおとこの子「オオカミおとこはかわいそう」菊池俊作；田中秀幸画　教育画劇　1991年11月

マイケル
空からおちてきた星のおひめさまをひろった牛かいの男の子「ほしのおひめさま」石井桃子作；小谷野半二画　童心社（輝く文部厚生大臣賞シリーズ）　1986年11月

まいこちゃん
おかあさんにえきまでおばあちゃんのおむかえをたのまれてちいさなおとうとといっしょにいったおんなのこ 「おねえちゃんとおむかえ」 宮﨑二美枝脚本;藤枝つう画 童心社 1991年9月

マイダス
ぴかぴかひかるたからものをながめてもっともっと金がほしいとおもっていたとてもよくばりな王さま 「よくばり王さま」 ナサニエル・ホーソン原作;岡上鈴江文;中村まさあき画 教育画劇 1983年3月

まいちゃん
びょうきでしんでしまったメスのうさぎシロのかわりにあかちゃんうさぎのせわをしたおんなのこ 「うさぎがうまれたよ」 藤本四郎脚本・絵 童心社(ともだちだいすき) 2001年7月

マイちゃん
ほいくえんのおむかえをまつあいだにおともだちと五にんでおにわのこやのうしろへおばけたいじにいったおんなのこ 「おむつかえをまつあいだ」 長島浩脚本・画 童心社(童心社の紙芝居 げんきななかまシリーズ) 1994年9月

マイナーちゃん
たしざんのにがてなプラスくんのともだちでまほうつかいにさらわれたおんなのこ 「まけないぞ!まほうのたしざん」 宮本えつよし作・画 教育画劇(家庭版かみしばい) 1990年10月

マイマイ
うみのそこにあったうちをおにひとでにこわされてまいごになってしまったかいのこどもたち 「アンパンマンとまいごのマイマイ」 やなせたかし作・絵 フレーベル館

まえがみたろう(たろう)
むかしどうどの山のふもとの村にすんでいた子で山のものといわれていた火のとりにたのまれていのちの水をさがしにいったおとこの子 「まえがみたろう」 松谷みよ子脚本;箕田源二郎画 童心社(紙芝居セレクションむかしむかし) 2003年5月

前野 達 まえの・たつ
中津藩の医師前野良沢の息子 「蘭学の夜明け」 本多公栄作;梶鮎太絵 汐文社(紙芝居 日本の歴史18) 1987年12月

前野 良沢 まえの・りょうたく
オランダ語の医書「ターヘル・アナトミア」を医師仲間の杉田玄白らと訳して「解体新書」を出版した中津藩の医師 「蘭学の夜明け」 本多公栄作;梶鮎太絵 汐文社(紙芝居 日本の歴史18) 1987年12月

マカローニ
ちょっぴりむかしイタリアにいたおかねもうけがうまいふたりのしょうにんのひとりでとびっきりのきまえよしだったおとこ 「ぼろぼろじまのたからもの-イタリア」 本田カヨ子脚色;草間真之介キャラクター;石渡俊和背景 教育画劇 1990年11月

まきげちゃん
もりでみちにまよって3びきのくまのおうちへはいっていったおんなのこ 「3びきのくま」 トルストイ原作;千世まゆ子脚本;福田岩緒画 童心社(げんきななかまシリーズ) 1998年3月

まきす

まきずし
おにぎりとおいなりさんとサンドイッチと四人いっしょにえんそくにでかけたまきずし 「おべんとうのえんそく」 矢玉四郎作・画 教育画劇(ゆかいなたべもののおはなし) 1988年11月

まきちゃん
てをつないだときギュッとにぎってくれるパパのおやゆびがおきにいりのおんなのこ 「おきにいりなあに?」 清水えみ子脚本;山本まつ子画 童心社 2000年3月

マキちゃん
せなかからでるあまいみつをアリのクロちゃんにあげてクロちゃんにてきからまもってもらっているアリマキ 「がんばれアリのクロちゃん」 矢野亮脚本;近藤周平画 童心社 1999年7月

牧野 富太郎　まきの・とみたろう
土佐の国(いまの高知県)の佐川という町に生まれた偉大な植物学者 「がんばれ土佐っぽ」 安田浩文;小島快画 教育画劇(道徳紙芝居総集編) 1982年8月

まーくん
おかあさんへのたんじょうびのおくりものにするきんいろのキラキラをおともだちのねずみとさがしにいったこぐま 「きんいろのおくりもの」 植垣歩子作・絵 教育画劇 2006年1月

まーくん
かいものにいったおかあさんをまっているうちにおなかがぺこぺこになってきらいなおでんをたべてみたおとこのこ 「もう、まてないくん」 清水えみ子脚本;徳田徳志芸画 童心社 1981年11月

まーくん
さくらほいくえんのみんなとガラクタでロボットをつくったおとこのこ 「さよならガラクタ・ロボット」 北川幸比古脚本;金沢佑光画 童心社 1986年3月

まーくん
六つのおてんきマークがついたさいころをころがしておてんきをかえたおとこのこ 「まーくんのてんきよほう-家の中でみるマーク」 山末やすえ作;田沢春美画 教育画劇 2000年1月

マーくん
おひるごはんのまえに手をあらわなかったのでバイキンオーにさらわれそうになったおとこのこ 「ありがとうセッケンマン-手洗い」 田中秀幸作・画 教育画劇(保健衛生かみしばい けんこういちばんじょうぶなこ) 1996年10月

マーくん
ののじをかいていてはみだしたところをせんろにしていたらカイジューのいるくににいってしまったおとこのこ 「マーくんのらくがき」 香山美子作;野々口重画 教育画劇(心をはぐくむシリーズ4) 1974年11月

マーくん
はじめてミツあつめにいってまいごになったミツバチのハチコをうちまでおくってくれたこぐま 「のんびりハチコがんばる-ミツバチのはなし」 相沢るつ子作・画 教育画劇(ちいさな虫のなかまたち) 1991年5月

マーくんとフーちゃん
ホットケーキをたべたおとこのことおんなのこ 「おくちをあーん」 伊東美貴作・画 教育画劇 1999年8月

マーコ
はるのある日オオカマキリのたまごからうまれてくさはらにおりていったカマキリのこども 「カマキリのぼうけん」 江川多喜雄脚本;藤本四郎画 童心社(だいすきーちいさないきもの) 1997年9月

マコ
とげとげやまにのぼろうとしてきょうりゅうトゲトゲのくちのなかにおちてしまったおんなのこ 「マコがおちたほらあな」 わしおとしこ作;仲川道子画 童心社(たのしい季節の行事 きらきら・夏のまき) 1988年4月

まごすけ
ひとりぐらしのさびしいじいさまがやまのかんのんさまにおすがりしたらさずかったひょうたんからでてきたふたりのこどものひとり 「たからのひょうたん」 水谷章三脚本;篠崎三朗画 童心社(ゆたかなこころシリーズ) 2000年1月

まこちゃん
あしたきらきらえんににゅうえんするおんなのこ 「まこちゃんといっしょ」 新沢としひこ脚本;長谷川義史絵 童心社 2007年4月

まこちゃん
おかあさんにだいすきなシチューをつくってもらっていぬのポチねこのタマとめんどりといっしょにたくさんたべたおんなのこ 「まこちゃんごはんですよ」 カプチキャン原作;小林純一脚本;久保雅勇画 童心社(ひよこシリーズ) 1971年5月

まこと
でっかいざりがにをつかまえてマッカチンというなまえをつけたおとこのこ 「ざりがにマッカチン」 高橋道子脚本;高橋透画 童心社(童心社のベスト紙芝居) 1993年1月

マコト
パパに「きょうりゅうえほん」をかってもらったおとこのこ 「きょうりゅうチャンピオンはティラノサウルス-ティラノサウルスのおはなし」 松原秀行作;安中哲司画 教育画劇 1996年5月

まことくん
じてんしゃがのれるようになってともだちと三人でとおりをはしったおとこの子 「まことくんのじてんしゃ」 亀村五郎作;水沢研画 童心社(かみしばい交通安全シリーズ) 1985年6月

マコトくん
ともだちのアカネちゃんといっしょにほいくえんのおひるねのじかんにはらっぱへいっておさじさんにあったおとこのこ 「アカネちゃんのうでどけい」 松谷みよ子脚本;土田義晴画 童心社 1990年4月

まさお
かぞくみんなでおしょうがつをむかえるためにいなかのおばあちゃんのところへやってきたおとこのこ 「としがみさまとおもち-お正月」 小野和子作;西村達馬画 教育画劇 2002年7月

まさお

まさお
まちにもりのように木がたくさんあったころやさしい木のおばけザワザワといっしょにあそんだおとこのこ 「木のおばけザワザワ」 秋元美奈子脚本;鈴木博子画 童心社(たのしい季節の行事 ぽかぽか・春のまき) 1990年1月

まさお
学校の給食のじかんに地しんがおきたときかってに先生のそばをはなれてしまった男の子 「まさちゃんがいない」 安田浩作;輪島みなみ画 教育画劇(地震火災安全紙芝居) 1985年12月

まさおさん
ねるのがきらいな子をおむかえにきたほしの小人につれられて子どもたちがよるでもあそんでいるねむらぬくにへいった男の子 「ねむらぬくに」 稲庭桂子脚本;石川雅也画 童心社(輝く厚生文部大臣賞シリーズ) 1986年11月

まさき
しょうにがんというおもいびょうきでにゅういんしていておなじびょうしつのしんやといつもまどのそとのまつの木をみていたおとこのこ 「まつの木のプレゼント」 竹田佳代原作;土田義晴作 童心社(バリアフリーの紙しばい) 2001年3月

まさちゃん
けんちゃんにあたらしいじてんしゃをかしてくれたなかよしのおとこの子 「まさちゃんのじてんしゃ」 高橋系吾作;和田義三画 教育画劇(交通安全紙芝居) 1990年3月

まさと
えんのおべんとうの日のことをおかあさんにいうのをわすれていてじぶんでおべんとうをつくっていったおとこのこ 「おべんとうの日」 伊藤たまき脚本;夏目尚吾画 童心社 1989年3月

マサトくん
おおきなじしんにあったときどうしたらいいかおとうさんにはなしてもらったおとこのこ 「じしんがきたら…」 山下文男脚本;伊東章夫画 童心社(防災紙芝居・じしんだ!かじだ!) 1992年9月

まさる
おまつりですくったきんぎょたちになまえをつけて大きくしてやったおとこのこ 「まさるのきんぎょ」 杉浦宏脚本;やべみつのり画 童心社 1983年8月

マサル
八十一歳のおじいちゃんに憲法ができる前の話から戦争中や新憲法ができた時までの百年もの話をいっぺんに聞いた男の子 「憲法のあゆみ」 谷田川和夫原案;渡辺泰子脚本;江口準次絵 汐文社(紙芝居日本国憲法1) 1990年3月

まさるくん
こうえんでひとりでいるときにしらないおにいさんにデパートへいこうといわれたおとこのこ 「ひゃっと3にんぐみ」 阿部明子脚本;宮下森画 童心社(かみしばいこんなとききをつけようネ!) 1991年9月

マジカちゃん
ほうきのかわりになんでもすいこめるまほうのそうじきにのっていてアンパンマンをすいこんでみせたこどものまじょ 「アンパンマンとマジカちゃん」 やなせたかし作・画 フレーベル館

マーシャ
村のおんなの子たちときのこをとりにいって森のおくふかくまよいこんでしまいくまの家にはいってしまったおんなの子 「マーシャとくま－ロシア」 鬼塚りつ子脚色;二本柳泉画 教育画劇(世界のユーモア民話) 1994年5月

マーシャ
朝ねぼうのちらかしやさんでくつしたもようふくもくつもなかなかみつけられなかった女の子 「ちらかしちゃん」 ボロンコーワ原作;宮川やすえ訳・脚本;岡本武紫画 童心社(よいこの12か月) 1983年5月

マシューさん
おとうさんもおかあさんもびょうきでなくなったアンをもらってくれたむらのおじさん 「赤毛のアン よろこびの白いこみち」 日本アニメ企画絵 童心社(家庭版かみしばい 世界名作劇場) 1989年11月

マシュマロちゃん
おかしなおかしのくにのチョコケーキ大王にさらわれたショートケーキちゃんをたすけにいったなかよし 「おかしなおかしのだいじけん」 しばはらち作・画 教育画劇(いってみたいなこんなくに) 1989年1月

まじょ
アンパンマンととらをまほうでちいさくしてつぼのなかにいれたまじょ 「アンパンマンまじょのくにへ」 やなせたかし作・絵 フレーベル館

まじょ
アンパンマンととらをまほうでちいさくしてつぼのなかにいれたまじょ 「アンパンマンまじょのくにへ」 やなせたかし作・絵 フレーベル館(ワイド版アンパンマンかみしばい)

まじょ
アンパンマンととらをまほうでちいさくしてつぼのなかにいれたまじょ 「アンパンマンまじょのくにへ」 やなせたかし作・絵 フレーベル館(家庭版幼児かみしばい)

まじょ
だいせいどうをたてるお金をつかいはたしてしまったおうさまにおうさまのしんぞうとひきかえにだいせいどうをたててやろうといったまじょ 「まじょ」 滝本つみき脚本;篠崎三朗画 童心社(こわいぞ!世界のモンスター) 1997年5月

まじょ
たったひとりでまほうのべんきょうをしていたおかのうえの一けんの家にやってきたちいさなおんなの子といっしょにあそんだまじょ 「まじょさんまたあした」 小野寺悦子作;山口みねやす画 教育画劇 1991年11月

まじょ
ちっともはたらかないなまけものでいじのわるいまじょ 「なまけもののまじょ－イギリス民話」 宗方あゆむ文;島田コージ画 教育画劇 1994年8月

ましょ

まじょ
とてもおこりんぼの王さまにおしろをおいだされた王女さまをたすけたまじょ「王女さまをたすけたまじょ-ドイツ民話より」高木あきこ文;奥田怜子画 教育画劇 1994年8月

まじょ
なまけもののハンスがたべるものがほしくてでだすけすることになったまじょ「まほうのぼうがとんできた!?-ドイツ民話より」東川洋子文;新堂渓子画 教育画劇 1994年8月

まじょ
ヘンゼルとグレーテルのきょうだいがもりのなかでみつけたおかしのいえのおそろしいまじょだったおばあさん「ヘンゼルとグレーテル」グリム原作;鶴見正夫脚本;こさかしげる画 童心社(世界の名作・第2集) 1992年5月

まじょ
まほうをならってみたくなってふかいもりのおくにはいってきたフリーデルをたべようとしたおばあさんのまじょ「まほうつかいのリースヘン」ルードヴィヒ・ベヒシュタイン原作;水谷章三脚本;おぼまこと画 童心社 1991年8月

魔女 まじょ
クリスマスのころにメアリーをおどかしにいった魔女「なぜ、クリスマスツリーをかざるの？」岩倉千春脚本;アリマジュンコ絵 童心社(なぜ?どうして?たのしい行事) 2001年9月

ますみちゃん
どうぶつえんのさる山でこいのぼりをもってかんがえこんでいるへんなおさるさんをみたおんなのこ「おさるのこいのぼり」長崎源之助作;高雄頼春画 教育画劇 1980年2月

マチア
レミがたびのとちゅうであった子でとてもバイオリンがじょうずなおとこの子「家なき子(前編)(中編)(後編)」エクトル・マロ原作;高木あきこ文;ながよしかよ画 教育画劇 1988年1

まちこ
そつえんしきのひにねんちょうぐみのいっぺいくんからおどうぐばこをプレゼントしてもらったねんしょうぐみのおんなのこ「そつえんしきのプレゼント」伊藤たまき脚本;夏目尚吾画 童心社(たのしい季節の行事 ぽかぽか・春のまき) 1990年1月

町ねずみ(ねずみ) まちねずみ(ねずみ)
いなかにすんでいる野ねずみを町へつれていった町ねずみ「いなかねずみとまちねずみ」イソップ原作;西内ミナミ脚色;小野かおる画 NHKサービスセンター(名作民話おはなし広場) 1984年1月

まーちゃん
けんちゃんとかたっぽずつになったくつしたで人形をつくってあそんだとなりの女の子「くつしたげきじょうはじまりはじまり」相沢るつ子作・画 教育画劇 1992年4月

マーちゃん
おかあさんといっしょにデパートにいっておにいちゃんのクーちゃんとのぼってくるエスカレーターをはんたいにおりてしまったくま「しょくどうは8かい」上地ちづ子脚本;倉石琢也画 童心社(かみしばい安全教育シリーズ) 1977年5月

マーちゃん
ひっこしてきたばかりでもともだちができたきのぼりがじょうずなくまのおんなのこ 「くまのクーちゃん」 上地ちづ子脚本；久保雅勇画　童心社（健康紙芝居・げんきなこども）　1983年10月

マチルデ
あしたはママのおたんじょう日でパパにたのまれて花やさんにひみつのおつかいをした女の子 「おたんじょう日のひみつ」 岡上鈴江作；野々口重画　教育画劇　1975年3月

マツ
ひとりっ子のかずおのうちに秋田からもらわれてきたほんとうの秋田犬ではない犬 「マツとおばあちゃん」 戸川幸夫原作；渡辺泰子脚本；田代三善画　童心社（日本の動物記シリーズ）　1987年6月

まついさん
はやしのそばのほそみちでおかあさんと五にんのこどもをのせてようちえんまでいったタクシーのうんてんしゅさん 「はるのおきゃくさん」 あまんきみこ原作；堀尾青史脚本　童心社（ともだちだいすき）　2004年4月；童心社（うれしい入園シリーズ）　1991年10月

松金　まつがに
沖縄の那覇みなとの若者 「沖縄にきた黒船」 山下國幸作；渡辺皓司絵　汐文社（紙芝居日本の歴史20）　1987年12月

松木　主人　まつき・もんど
さむらいの小山三郎太が何年もさがしもとめている兄のかたき 「かたきうちの話」 新美南吉原作；堀尾青史脚色；輪島清隆画　童心社（紙しばい日本児童文学名作選）　1977年4月

マック
うさぎのミミのおうちでみんなといっしょにデコレーションケーキをつくったくま 「みんなでつくろうデコレーションケーキ」 山崎陽子作；秋里信子画　教育画劇　1993年11月

マック
せっせとつくったテーブルをだれかにあげようとおもっていたのにりすの木のみやさんたちのなかまいりをしてテーブルのうりやさんになったくま 「クマのマックのプレゼント」 香山美子作；藤井寿画　教育画劇　1975年12月

マッチうりのしょうじょ（おんなのこ）
クリスマスのまえのゆきのふるさむい日にまちのなかをはだしでマッチをうっていたおんなのこ 「マッチうりのしょうじょ」 アンデルセン原作；川崎大治脚本；藤沢友一画　童心社（世界の名作・第2集）　1992年5月

マッチうりの少女（女の子）　まっちうりのしょうじょ（おんなのこ）
ゆきのふる大みそかのさむい日にマッチをまえかけにつつんでまちのとおりをはだしのままうりあるいていたまずしい女の子 「マッチうりの少女」 アンデルセン原作；角田光男文；輪島みなみ画　教育画劇　1991年2月

まつち

マッチうりの少女(女の子)　まっちうりのしょうじょ(おんなのこ)
大みそかのゆきのふるよるにだあれもいないがらーんとしたひろいみちをはだしであるいていたマッチうりの女の子　「マッチうりのしょうじょ-アンデルセン童話より」桜井美知代作・画　教育画劇　1996年5月

マッチ売りの少女(少女)　まっちうりのしょうじょ(しょうじょ)
雪がしんしんとふるさむいさむい大みそかの夜に町かどに立ってマッチを売っていたまずしい少女　「マッチ売りの少女」松岡励子文;水上喜与志画　NHKサービスセンター(外国むかしばなし)　1977年1月

マッツ
まちにきてニルスがともだちになったきょうだいのおとこのこ　「ニルスのふしぎなたび(前編)(後編)」ラーゲルレーヴ原作;上地ちづ子脚本;ユノセイイチ画　童心社　1991年5月

まつむし
たまむしひめがかまきりに食べられそうになった時にたすけに来てくれたやさしいまつむし　「たまむしひめ」若林一郎文;瀬戸口昌子画　NHKサービスセンター(日本むかしばなし)　1977年1月

マツムシ
あきのよるにコオロギとスズムシとクツワムシといっしょにうたをうたったマツムシ　「ぼくらはむしのがっしょうだん」今森光彦写真・作　教育画劇　2006年5月

まなちゃん
おばあちゃんといっしょにおにぎりをにぎったおんなのこ　「おにぎりおにぎり」長野ヒデ子脚本・絵　童心社　2008年9月

まなぶくん
年中組のあきらくんのともだち　「うんどうかいってたのしいな」いしばししずこ作;石橋三宣画　教育画劇(あたらしい行事紙芝居)　1993年9月

マヒコ
ヤマトの大王の墓づくりの人夫として村を出て百舌鳥野の丘へいき何年も働きつづけた若者　「大王の墓」後藤竜二作;きくちひでお絵　汐文社(紙芝居日本の歴史4)　1987年4月

真人　まひと
若狭国大飯浜で都の政府へのみつぎものとして納める塩をつくるために働く若者　「みつぎの塩」山下國幸作;小島直絵　汐文社(紙芝居日本の歴史6)　1987年4月

マーぼう
東京大空襲でタケシとおなじ浮浪児になった小さな男の子　「リンゴの歌」志村毅一案;上地ちづ子作;渡辺享子絵　汐文社(紙芝居日本の歴史29)　1988年12月

まほうつかい
「あ」のじのつくものにまほうをかけてつぎつぎに「あ」のじにへんしんさせてしまったまほうつかい　「あのじのまほうつかい」井出村由江脚本;中根明貴子画　童心社(童心社の紙芝居 げんきななかまシリーズ)　1992年1月

まほう

まほうつかい
アラジンというわかものをだましてほらあなに入れまほうのランプをとって来させたまほうつかいの男 「アラジンとまほうのランプ」 こわせたまみ文；日向進画 NHKサービスセンター（外国むかしばなし） 1977年1月

まほうつかい
ある日のこときつねのクリーニングやに大きなふるぼけたマントのせんたくをたのんだまほうつかい 「きつねのクリーニングやとまほうのマント」 三田村信行作；黒岩明人画 教育画劇（へんてこなくにのおはなし） 1984年9月

まほうつかい
おおきなもりのなかにすみわかものをはとにしてしまったわるいまほうつかい 「まほうのくびかざり」 グリム原作；堀尾青史脚本；かみやしん画 童心社（こわいこわーいおはなし） 1991年5月

まほうつかい
クリスマス・イブのよるにまっくろ森にひとりでいるのがわびしくてサンタにばけて町へいったまほうつかい 「ふたりのサンタ」 西内ミナミ脚本；むかいながまさ画 童心社（たのしい季節の行事 わくわく・冬のまき） 1988年9月

まほうつかい
げんきなおとこのこアラジンをだましてあなのなかにまほうのランプをとりにいかせたまほうつかい 「アラジンとまほうのランプ-原作アラビアン・ナイトより」 若山甲介脚本；中村景児画 童心社（世界の名作第3集） 1999年5月

まほうつかい
せかい一きれいなおひめさまにのろいをかけたいじわるなまほうつかい 「ねむりひめ」 ペロー原作；稲庭桂子脚本；武部本一郎画 童心社（童心社の家庭版かみしばい） 1987年7月

まほうつかい
ピーターとアンナのふたりのきょうだいをいえからおいだしてピーターを子ジカにかえたまほうつかいのまま母 「まほうつかいとやさしいおんなのこ（前編）（後編）-グリム童話原作」 堀尾青史脚本；箕田源二郎画 童心社 1990年1月

まほうつかい
まほうにかけられた古いおしろにいたまほうつかい 「こわいことをならうために旅する男」 石山透文；谷田光司画 NHKサービスセンター（外国むかしばなし） 1977年1月

まほうつかい
まほうのつえをつかってとなえたことばとはんたいのものをだすことができるはんたいのまほうつかい 「はんたいのまほうつかい」 井出村由江脚本；中根明貴子画 童心社 1995年8月

まほうつかい
まほうのつえをつかってまほうをかけたものをさかさのものにすることができるさかさのまほうつかい 「さかさのまほうつかい」 井出村由江脚本；中根明貴子画 童心社 1996年10月

まほう

まほうつかい
まほうをおぼえたかしこい男の子とばけくらべをしたとてもけちでいじわるなまほうつかい 「まほうでばけくらべ-ポルトガル」 高木あきこ脚色;村田耕一作・画 教育画劇(民話せかいのたび) 1990年11月

まほうつかい
むかしあるくにににいたたいへんなかのよいわかものとむすめのけっこんのじゃまをしにきたまほうつかい 「ほしでつくったはし-フィンランドの民話」 宗方あゆむ脚色;河内日出夫作・画 教育画劇 1990年5月

まほうつかい
むかし中国のある町にいたアラジンという男の子をだましてあなのおくにおいてあるふるいランプをもってこさせたまほうつかい 「アラジンとふしぎなランプ(前編)(後編)」 福島のり子文;中村まさあき画 教育画劇 1986年11月

まほうつかい
西のくにの目だまが一つしかないわるいまほうつかい 「オズのまほうつかい(前編)(後編)」 岡上鈴江文;長島克夫画 教育画劇 1987年4月

まほうつかいのおばあさん
町の子どもたちをおどろかすために森のどうぶつたちをけしゴムにしてぶんぼうぐやにおいてくることにしたまほうつかいのおばあさん 「しくじったまほうつかい」 鈴木美也子作;西村達馬画 教育画劇 1975年11月

ままむすめ(むすめ)
あるところにかあさんとくらしていたふたりのむすめのうえのたいそうはたらきものだったままこのむすめ 「ホレおばさん-ドイツ民話」 松谷みよ子脚本;二俣英五郎画 童心社 1997年10月

まみ
雨の日にかおりやきぬよたちをよんでいえであそんでいた女の子 「いまのかおりがとてもすき-小学生の道徳1年」 今関信子作;尾崎曜子画 教育画劇 1996年4月

まみちゃん
おとうさんとおかあさんとどうぶつえんにいってたくさんのどうぶつにあえたおんなのこ 「まみちゃんのどうぶつ1・2・3」 わらべきみか作・画;斉藤ひろみ文 教育画劇(家庭版かみしばい) 1995年3月

豆吉どん　まめきちどん
むかしあるところにおったふたりのわかい男のひとりでまほうのこなぐすりを手にいれたしょうじきなはたらきもの 「まほうのこなぐすり」 小野和子脚色;西村郁雄絵 教育画劇(日本のユーモア民話) 1993年8月

まめた
けんちゃんのうちへいくとちゅうでこわいねこにつかまえられそうになったアマガエル 「アマガエルまめた」 わしおとしこ脚本;遠山繁年絵 童心社(ともだちだいすき) 2004年6月

豆太　まめた
もう五つにもなったのに夜中に爺さまについていってもらわないと小便もできないおくびょうな男の子 「モチモチの木」 斎藤隆介作;諸橋精光脚本・画 鈴木出版 2001年7月

豆っ子太郎　まめっこたろう
子どもがなかったじいさまとばあさまがさずかった豆つぶほどの小さな小さな男の子　「豆っ子太郎」川崎大治作;岡野和画　童心社(かみしばい日本むかしむかし)　1985年9月

まめまる
やまのなかのにんじゃえんのえんちょうせんせいのたんじょうびにとくいのにんぽうをみせたこどもたちのひとり　「ちんげんさいせんせいのおたんじょうび」なかむらとおる作;中村陽子画　教育画劇　1997年11月

マーヤ
うまれてはじめてすのそとへでたみつばち　「みつばちマーヤのぼうけん」ボンゼルス原作;堀尾青史脚本;わかやまけん画　童心社(家庭版かみしばい)　1984年10月

マーヤ
せわがかりのはちの手をはなれてやっといちにんまえのはたらきばちになってはじめてそとへ出たみつばち　「みつばちマーヤのぼうけん(前編)(後編)」W.ボンゼルス作;福島のり子脚色;横井大侑画　教育画劇　1986年12月

まゆちゃん
いつもガミガミキャアキャアいうおかあさんがうるさいとおもっているおんなのこ　「がみがみおかあさん」堀尾青史脚本;水沢研画　童心社(堀尾青史・幼年創作かみしばい集)　1984年10月

まゆちゃん
えんからおうちにかえるとちゅうにあるいけにいるザリガニをまいにちみているふたごのおんなのこ　「ひみつのザリガニ」杉浦宏脚本;黒川光広画　童心社(だいすき!ちいさないきもの)　1997年9月

まゆちゃん(あかちゃん)
おとうさんやおかあさんにたいせつにされてそだって一さいになったあかちゃん　「はじめてのたんじょうび」島本一男脚本;山本まつ子絵　童心社(ともだちだいすき)　2001年3月

まゆみ
ほいくえんのにわにふったゆきをきょうねつがでてやすんだおとうとのおみやげにしたおんなのこ　「ゆきのひのおみやげ」伊藤たまき脚本;夏目尚吾画　童心社　1991年2月

マリー
クリスマスにおじさんからくるみのからをわるくるみわりにんぎょうをもらった女の子　「くるみわりにんぎょう(前編・後編)」ホフマン原作;鶴見正夫文;若菜珪画　教育画劇　1992年4月

マリー
ミツバチのはたらきバチのしまいのちょうじょ　「ミツバチのごちそう」今森光彦写真・作　教育画劇(教育画劇のかみしばい　今森光彦のふしぎがいっぱい!むしのせかい)　2006年5月

マリアン
シャーウッドの森のなかまの女の子　「ロビン・フッドのぼうけん2 やってきた大男-イギリス伝説より」北田伸脚本;篠崎三朗画　童心社　1996年2月

まりあ

マリアン
ゆみのめいじんロビン・フッドをシャーウッドの森のなかまたちのところへつれていった女の子 「ロビン・フッドのぼうけん1 ロビンと森のなかまたち-イギリス伝説より」 北田伸脚本；篠崎三朗画　童心社　1996年1月

マリアン
ロビン・フッドのなかまの女の子 「ロビン・フッドのぼうけん3 ひびけ、つのぶえ-イギリス伝説より」 北田伸脚本；篠崎三朗画　童心社　1996年3月

マリーおばあさん
マリリンのおばあさんでまちのおかしやさん 「いちばんはじめのクリスマスケーキ」 矢部美智代作；秋里信子画　教育画劇(教育画劇のかみしばい 行事たべものの由来紙芝居) 2002年7月

まりこ
いつもはたけではたらいてりょうりもつくってくれるばあちゃんがだいすきなおんなのこ 「ばあちゃんのちゃいろいて」 よこみちけいこ脚本・絵　童心社(ともだちだいすき)　2008年3月

まりこ
おにいちゃんとやきいもをやいているときにきゅうにおおきくふくれたひにおそわれそうになったおんなのこ 「たきびかいじゅうきえとくれ！-たき火の注意」 高木あきこ作；岡本美子画　教育画劇(かじだ！そのときどうする？)　1997年1月

マリコちゃん
おかあさんからなにをいわれても「いやーっ！」というだけのおんなのこ 「いや・いや・いやのいや！」 山中恒作；高見八重子画　教育画劇(タンバリン・シリーズ)　1980年4月

まりちゃん
いぬにおそわれそうになっていたまだくちばしのきいろいこすずめをたすけてうちにつれてかえったおんなのこ 「まりちゃんとこすずめ」 藤本四郎脚本・画　童心社　1986年12月

まりちゃん
えんのだいーかいそつえんせいのおばあさんがこどものころふたばからだいじにそだてたシイの木であそんだおんなのこ 「おばあさんの木」 堀尾青史脚本；安井淡画　童心社　1984年6月

まりちゃん
おかあさんイルカにつれられていりえにはいってきたあかちゃんイルカのルカとなかよしになったおんなのこ 「イルカのルカ」 杉浦宏脚本；福田岩緒画　童心社　1992年7月

まりちゃん
おじいちゃんのにわでかくれんぼのめいじんのイモムシをみつけてかうことにしたおんなのこ 「かくれんぼイモムシ」 高家博成脚本；横内襄画　童心社　1997年5月

まりちゃん
おりがみをのりでつなげておひなさまのきものをつくってあげたおんなのこ 「まりちゃんのじゅうにひとえ-ひなまつり」 古山広子脚本；鈴木幸枝画　童心社(げんきななかまシリーズ)　1997年3月

まる

まりちゃん
すっぱいあじのうめぼしおにぎりをたべたおんなのこ 「どんなあじ?」 ひろかわさえこ脚本・絵 童心社(あかちゃんからの食育かみしばい ぱくぱくもぐもぐ) 2008年9月

まりちゃん
だまりんぼうだからってくみのみんなにいじめられるおとなしいおんなのこ 「ごめんねだまりんちゃん」 梅田智江脚本;水沢研画 童心社 1979年8月

まりちゃん
だれかとあそびたかったのにこねこにひっかかれたりこいぬにけとばされたりしてにげだしたまり 「まりのまりちゃん」 上地ちづ子作;笠原八重子画 童心社(こりすシリーズ) 1974年5月

マリちゃん
クリスマスのまえのばんにいえのまえでちいさなゆきだるまをつくったおんなのこ 「ゆきだるまのクリスマス」 堀尾青史脚本;鈴木琢磨画 童心社(よいこの12か月) 1988年12月

まりちゃん(だまりんちゃん)
おとなしくてだまりんぼうでみんなからびりっかすといわれているおんなのこ 「だまりんちゃんだいかつやく」 梅田智江作;水沢研画 童心社 1980年2月

マリヤ
いまから二せんねんむかしのことナザレのまちにすんでいたこころのきよいむすめ 「メリークリスマスってなんのこと」 池上摩里子脚本;若山憲画 童心社(童心社の紙芝居 クリスマスものがたり) 1988年11月

マーリャン
むかし中国にいたえをかくことがだいすきなこどもであるとき仙人から人をしあわせにするふでをもらったおとこのこ 「まほうのふで-中国民話原話」 川崎大治脚本;二俣英五郎画 童心社(かみしばい世界むかしばなし) 1990年2月

マリラ
おとうさんもおかあさんもびょうきでなくなったアンをもらってくれたマシューさんのいもうと 「赤毛のアン よろこびの白いこみち」 日本アニメ企画絵 童心社(家庭版かみしばい 世界名作劇場) 1989年11月

マリリン
むかしクリスマスにみんなにげんきなちからをくれたもりのまるたのかわりにまるたのかたちのケーキをつくってもらったおんなのこ 「いちばんはじめのクリスマスケーキ」 矢部美智代作;秋里信子画 教育画劇(教育画劇のかみしばい 行事たべものの由来紙芝居) 2002年7月

〇 まる
ねずみがつみきばこからつれていったつみきを△(さんかく)と□(しかく)と三人でたすけにいった〇(まる)のつみき 「〇△□(まるさんかくしかく)」 矢崎節夫文;高畠純画 NHKサービスセンター(なぜなぜ童話) 1977年1月

まーる
じぶんとおなじかたちのなかまをさがしにいったまる 「まーるのなかまさがし」 松井エイコ脚本・絵 童心社(かずとかたちのファンタジー) 2002年3月

まるか

丸かげ　まるかげ
かげのもりこくりというにんじゃのえらいせんせいの弟子 「ねこのちゃわんで大さわぎ」 宇野克彦作；中沢正人画　教育画劇　1997年11月

マルコ
とおいがいこくへでかせぎにいったおかあさんをたずねていったイタリアのこども 「母をたずねて」 アミーチス原作；堀尾青史脚本；武部本一郎画　童心社(長編紙芝居劇場) 1983年2月

まるちゃん
きゅるきゅるというとはしりだすふしぎなくるまにこびとさんをのせてあげたこども 「ふしぎなくるま」 まついのりこ脚本・絵　童心社(ともだちだいすき)　2000年4月

まるちゃん
ともだちのさんかくくんやながしかくちゃんとさんぽにいったまるいすがたのまるちゃん 「まるちゃんのともだち」 ボアワン作・画　汐文社(アジアの紙芝居 ラオスの紙芝居)　1998年4月

まるちゃん
ひろばできらいなものをはなしていたこどもたちのひとり 「まんじゅうこわい」 多田ヒロシ文・画　教育画劇　2002年5月

まるぱん
おばあさんがおいたまどのところにじっとしているのがつまらなくてころころところげていったまるぱん 「まるぱんころころ」 川崎大治作；鈴木寿雄画　童心社(童心社のベスト紙芝居) 1987年1月；童心社(美しい心シリーズ) 1969年4月

まるぽちゃさん
おもながさんのおくさんでねこのミーコのたんじょうびのおいわいをしようとしたひと 「みんなのたんじょうび」 村山桂子脚本；長野ヒデ子画　童心社(げんきななかまシリーズ)　1993年12月

マロンおうじ
きらいなたべものはぜったいにたべないでとくにぶたにくがきらいなとってもやせっぽちのマカロンおうこくのおうじ 「マロンおうじのぼうけん」 三田村信行作・構成；のりぶう絵　教育画劇　2005年4月

マンガラン・グリーン・ベクー
みなみのしまでひとりぼっちでいるのがさびしくて川で水あびをしていたぼうやをおとうさんにばけてつれていこうとしたまもの 「おとうさん-スマトラの民話より」 与田準一脚本；田畑精一画　童心社(紙芝居ベストセレクション第1集)　1998年6月

まんじゅうや
わがままなとのさまに大きな大きなおまんじゅうをちゅうもんされてんぐにもらったうちわをつかってちいさなおまんじゅうを大きくしたまんじゅうや 「おまんじゅうのすきなとのさま」 日下部由美子脚本；篠崎三朗画　童心社(とんとむかしがたり)　1995年9月

まんまるおに(オレンジ)
くいしんぼうの3にんのまんまるおにのオレンジいろのまんまるおに 「くいしんぼうのまんまるおに」 松井エイコ脚本・絵　童心社(かずとかたちのファンタジー)　2002年3月

まんまるおに(みどり)
くいしんぼうの3にんのまんまるおにのみどりいろのまんまるおに 「くいしんぼうのまんまる
おに」 松井エイコ脚本・絵 童心社(かずとかたちのファンタジー) 2002年3月

まんまるおに(むらさき)
くいしんぼうの3にんのまんまるおにのむらさきいろのまんまるおに 「くいしんぼうのまんまる
おに」 松井エイコ脚本・絵 童心社(かずとかたちのファンタジー) 2002年3月

マンマルおばさん
ぞうさんおやこにてぶくろとくつしたをあんでプレゼントしてあげたおばさん 「マンマルおば
さんのプレゼント」 塩田守男作・画 教育画劇 1995年1月

【み】

ミー
とっこちゃんとこぐまのムクとでんぐりこしたこねこ 「もっとできるよでんぐりこ」 礒みゆき作・
画 教育画劇 1996年1月

ミー
ムーミンのなかまでとてもおシャマな子 「ムーミンとおはなのくにのおまつり」 トーベ・ヤン
ソン原作;内閣府政策統括官監修 全日本交通安全協会 2002年4月

ミー
もうすぐこねこがうまれるのでのぶちゃんのおきにいりのタオルをとってしまったねこ 「タオ
ルちゃん」 宮崎二美枝脚本;高橋由為子画 童心社(童心社の紙芝居 げんきななかまシ
リーズ) 1994年11月

ミー
もりのなかのいえにてもかおもあらわないグレータという女の子とすんでいたきれいずきなね
こ 「キタナイちゃん-バイキンなんかにまけないぞ!」 川崎大治脚本;水沢研画 童心社
1996年9月

みいこ
おやつのまえにどろんこあそびをしたてをあらわなかったねこ 「おやつのまえに」 高橋道
子脚本;いそけんじ画 童心社(2・3歳児しつけかみしばい・みんなは、できるかな?) 1993
年5月

みいちゃん
おてふきタオルがだいのおきにいりのおんなのこ 「おきにいりなあに?」 清水えみ子脚
本;山本まつ子画 童心社 2000年3月

みいちゃん
かぜにとばされていったせんたくものをおいかけてのはらへいったおんなのこ 「これなあ
に」 神沢利子作;佐野洋子画 童心社(こりすシリーズ) 1974年5月

みいち

みいちゃん
かべにおおきなかみをはってもらってかいた木がてんじょうをつきやぶってのびていったのでのぼっていったおんなのこ 「みいちゃん木にのぼる」 岩崎京子作;駒井啓子画 童心社(美しい心シリーズ) 1977年5月

ミイラ
おしろのおひめさまがさびしいとうのなかでみつけたもうなん年もながいねむりについていたミイラ 「ミイラをみつけたおひめさま」 東川洋子作;きよしげのぶゆき画 教育画劇 1991年11月

ミイラ男　みいらおとこ
エジプトの王さまのはかからはこびだされたあとによみがえりおられたてをさがしまわるようになったミイラ 「ミイラ男」 上地ちづ子脚本;ヒロナガシンイチ画 童心社(こわいぞ!世界のモンスター) 1997年5月

ミウミウ
きのうからいなくなったかわいいウミウシのこ 「ウミウシめいたんてい」 井上よう子作;岡村好文画 教育画劇 2001年5月

みえないまん
ほうたいでからだをぐるぐるまきにしたかいぶつみえないまんになったばいきんまん 「アンパンマンとみえないまん」 やなせたかし作・絵 フレーベル館(ワイド版アンパンマンかみしばい)

みかづきまん
パンづくりがだいすきなおうさまのいるクロワッサンぼしにいたみかづきがたのひと 「アンパンマンとみかづきまん」 やなせたかし作・絵 フレーベル館(フレーベル館のかみしばい)

みかちゃん
どうぶつえんでみんなでしりとりしながらどうぶつをみていったおんなのこ 「しりとりどうぶつえん」 しばはらち作・画 教育画劇(家庭版かみしばい) 1995年3月

みかちゃん
のうせいまひというびょうきであるくことやはなすことがうまくできないおんなのこ 「ゆっくりゆっくり」 岡田なおこ脚本;尾崎曜子絵 童心社(バリアフリーの紙しばい) 2001年3月

みかちゃん
森のなかのうちにたった一人ですんでいたおばあさんのまごむすめ 「きつねのおきゃくさま」 村山桂子作;おくやまれいこ画 教育画劇(シャボン玉シリーズ) 1981年12月

みきおくん
どうぶつえんのさる山でこいのぼりをもってかんがえこんでいるへんなおさるさんをみたおとこのこ 「おさるのこいのぼり」 長崎源之助作;高雄頼春画 教育画劇 1980年2月

みきくん
おとうとのようくんときつねになりきってこんもりもりへいってほんもののきつねといっしょにもりをたんけんしたおとこのこ 「もりはみんなのたからもの-森の話」 山末やすえ作;鈴木幸枝画 教育画劇(かんきょうかみしばい みんなでまもろうネ!ちきゅうくん) 1999年5月

みぎてくん
ひだりてくんといっしょにくれよんをもってがようしにえをかいたみぎてくん 「みぎてくんとひだりてくん」 金城多真子脚本・画 童心社 1985年10月

みーくん
まだねずみをしらないのにねずみをつかまえにいったこねこ 「あわてんぼうのこねこちゃん」 石原仁美作;瀬名恵子はりえ 童心社(童心社のベスト紙芝居) 1987年2月

みけ
ひとりぐらしのおばあさんをおはなみにつれていってあげたねこ 「ねこのおはなみ」 八木田宜子脚本;小沢良吉画 童心社 1988年3月

ミケ
へやのなかでいつもねてばかりいるねこ 「ミケとちゅうたとちゅうちゅ」 矢崎節夫作;久本直子画 教育画劇 2006年9月

ミケ
みーちゃんのようちえんでかわれていたモルモット 「みーちゃんとモルモット」 中川美穂子脚本;藤本四郎画 童心社(どうぶつの飼い方ふれあい方) 2000年8月

ミケちゃん
たべものクイズにねこのシマくんといっしょにこたえたねこ 「たべものクイズ」 北川幸比古脚本;駒井啓子画 童心社(かみしばい・たべるのだいすき!) 1989年3月

ミーコ
タッくんのうちのねこニャータのとなりのねこ 「おおきなボール」 村山桂子作;きよしげのぶゆき画 教育画劇 1994年1月

ミーコ
まるぽちゃさんというおくさんにかわれているねこ 「みんなのたんじょうび」 村山桂子脚本;長野ヒデ子画 童心社(げんきななかまシリーズ) 1993年12月

みー子ちゃん　みーこちゃん
ボビーちゃんといっしょにこうえんにしゃせいにいったおんなのこ 「ボビーちゃんのえかきやさん」 はやしたかし文;野々口重画 教育画劇 1966年9月

みこちゃん
きれいなかさをかってもらったのでにゅうどうぐもがゆうだちをふらせてもへいきだったおんなのこ 「にゅうどうぐも」 安藤美紀夫原作;北田伸脚本;八木康夫画 童心社(よいこの十二か月) 1976年7月

みこちゃん
ジュンちゃんたちとようちえんにおくれないようにいそいであるいていたおんなの子 「いなくなったジュンちゃん-あぶないよ、きをつけて」 近藤恵作;高雄頼春画 日本交通安全教育普及協会 1978年2月

みこちゃん
一ねんに一どのもものせっくの日におひなさまをだすのをたのしみにしているおんなのこ 「一ねんに一どは」 福島のり子作;奥田怜子画 教育画劇(おにごっこシリーズ) 1987年6月

みこち

ミーコちゃん
いつもよごれているねこのシロくんとあそんであげなかったとてもきれいなみけねこ 「ミーコちゃんとあそぼう」 小林純一作;鈴木なお子画　童心社(よいこの保健・安全シリーズ) 1981年8月

ミーシカ
ちきゅうのきたのはてのほっきょくでうまれたふたごのほっきょくぐまのいたずらっこのこぐま 「ほっきょくのムーシカ・ミーシカ(前編)(後編)」 いぬいとみこ作;椎野利一画　童心社 1979年12月

ミーシャ
どうぶつたちとおはなしができるもりの子ども 「ミーシャのエプロン」 うすいしゅん作・画　教育画劇(おはなしランド)　1985年10月

みづき
なつきのいもうと 「おかあさんのいないよる」 宮西いづみ作;岡本美子画　教育画劇 1992年4月

ミス・キャット
わかくてきれいなきつねのフォックスおくさまのメイドのねこ 「フォックスおくさまのむこえらび」 コリン夫妻文;エロール・ル・カイン絵;林克美脚本　ほるぷ出版(世界のおはなしシリーズ)　1998年9月

みそさざい
やまがらくんのおたんじょう日に森の小とりたちがだれもうちへ行ってあげないのでひとりでおいわいに行ったみそさざい 「二わの小とり」 久保喬原作;角田光男脚色;加藤晃画　教育画劇(1年の道徳紙芝居)　1995年6月

みーたん
おかあさんにしっぽでぶーらんぶーらんしてもらったねずみ 「ぶーらんぶーらんたのしいね」 山本省三作;笹沼香画　教育画劇　2001年1月

みち子　みちこ
ようちえんのすなばにあるトンネルをしげるたちとくぐってひみつのたんけんをしたおんなの子 「トンネルくぐって」 中村悦子;中臣浩子;河原場美喜子作;富永秀夫画　教育画劇(ちょうちょシリーズ)　1976年4月

みちこちゃん
つみきあそびがだいすきでなかよしのけんいちくんとふたりでつみきのかたづけをしたおんなのこ 「ひとりでぜんぶやらせてね」 清水えみ子脚本;鈴木幸枝画　童心社(げんきななかまシリーズ)　1994年5月

みちづくり
クモのアナンシの6ぴきのむすこの二ばんめでどんなところにでもたちまちみちをつくってしまうむすこ 「アナンシと6ぴきのむすこ-アフリカの民話」 ジェラルド・マクダーモット作;八木田宜子脚本　ほるぷ出版(ほるぷの紙芝居-世界昔ばなしシリーズ)　1983年4月

みちる

みーちゃん
おともだちとあまりあそべなかったけれどようちえんでかっていたモルモットのミケをかわいがっていたおんなのこ 「みーちゃんとモルモット」 中川美穂子脚本;藤本四郎画　童心社(どうぶつの飼い方ふれあい方)　2000年8月

ミーちゃん
いぬのワンくんといっしょにシチューをゆっくりかんでたべたねこのおんなのこ 「もぐもぐごっくん」 宮﨑二美枝脚本;久住卓也絵　童心社　2007年5月

ミーちゃん
うさぎのピョンくんのおともだち 「おかたづけ大すき?」 チト・イトー作・画　教育画劇(じゃんけんシリーズ)　1990年3月

ミーちゃん
おかあさんとこうえんにあそびにいってひとりでみんなからはなれていってしまったねこ 「いかのおすし」 にへいたもつ作;たんじあきこ絵　教育画劇(防犯標語かみしばい)　2007年5月

ミーちゃん
おじいちゃんからむしめがねをかりてにわにでていろいろなものをみたねこのおんなのこ 「ミーちゃんこんにちは」 仲川道子脚本・画　童心社　1997年6月

ミーちゃん
おたんじょうびなのにみんなにあそんでもらえなかったふたごのねずみのおんなのこ 「ふたごのねずみネズくん!ミーちゃん!おたんじょう会」 冬野いちこ作・画　教育画劇(年少版はじめての行事シリーズ)　2003年1月

ミーちゃん
ひなまつりのひににわとりかあさんからたまごをもらっておひなさまをつくったねずみのおんなのこ 「おひなさまがうまれたよ!」 冬野いちこ作・画　教育画劇(年少版はじめての行事かみしばい)　2003年1月

みちよちゃん
こうえんであそんでいてしらないおじさんにみちをきかれたおんなのこ 「しらないおじさん」 清水えみ子脚本;鈴木幸枝画　童心社(かみしばい こんなとききをつけようネ!)　1991年9月

ミチル
しあわせをはこぶあおいとりをさがしにいったきょうだいのいもうと 「あおいとり(前編)(後編)」 メーテルリンク作;泉さち子文;高橋透画　教育画劇(おはなしチルチル)　1986年1月

ミチル
空とぶ大どろぼうのジゴマにひとじちにされた女の子 「ダイヤのひかり2　科学探偵少年バットの巻」 加太こうじ作・絵　童心社(連続冒険空想科学大活劇)　1986年9月

ミチル
空とぶ大どろぼうのジゴマにひとじちにされた女の子 「ダイヤのひかり3　少女ミチルの巻」 加太こうじ作・絵　童心社(連続冒険空想科学大活劇)　1986年11月

みつお

みつお
あかちゃんはどうしてねてばかりいるのかなとかどうしておこめがごはんになるのかなどいろんなことをふしぎにおもうおとこのこ 「どうしてどうしてぼうや」 清水えみ子脚本;仲川道子画 童心社 1991年3月

みつおくん(みっちゃん)
だいすきなブロックでジェットきをつくっていっぱいしっぱいしたけどなんどもやってみたおとこのこ 「いっぱいしっぱいしたけどね」 清水えみ子脚本;鈴木幸枝画 童心社 1995年12月

ミッケ
おばけがでるといううわさのゾクゾクもりへこいぬのポッチィとさるのモンモンと三人でいったこねこ 「おばけかな、ほんとかな？」 木村裕一作・画 教育画劇 1989年7月

みつ子　みつこ
戦争中にアメリカ軍が上陸した沖縄で弟のひろしをつれて大きな洞くつに逃げこんだ女の子 「白旗をかかげて」 渡辺享子作・絵 汐文社(平和紙芝居 私たちの声をきいて4) 1994年2月

ミツコ
だれもかれもクラス委員になりたがらないのを怒っていた六年生の女の子 「クラス委員はだれだ？」 谷田川和夫原案;渡辺泰子脚本;西村達馬絵 汐文社(紙芝居日本国憲法3) 1990年3月

みっこちゃん
ひるごはんのあとだれもいないこうえんにいってひとりであそんだおんなのこ 「だれかきてくれませんか」 三保みずえ作;渡辺和行画 教育画劇(じゃんけんシリーズ) 1983年6月

みっちゃん
うちのたんぼにいるかかしさんのかおをかいてあげたおんなのこ 「みっちゃんのかかし」 須藤克三作;菊地隆知画 童心社(よいこの十二か月) 1974年10月

みっちゃん
じぶんひとりでズボンをはいてえんへでかけたおとこのこ 「ひとりではいたら」 清水えみ子作;山本まつ子画 童心社(こぐまシリーズ) 1973年5月

みっちゃん
だいすきなブロックでジェットきをつくっていっぱいしっぱいしたけどなんどもやってみたおとこのこ 「いっぱいしっぱいしたけどね」 清水えみ子脚本;鈴木幸枝画 童心社 1995年12月

みっちゃん
みちをあるいていておかしなまいごのたっくんにあったおんなのこ 「たんたんたっくんのぼうけん」 若山甲介脚本;久住卓也画 童心社(ゆたかなこころシリーズ) 1998年12月

三つのほし(ほし)　みっつのほし(ほし)
あまの川のちかくにおなじころに生まれてならんでいた赤いほしと青いほしと一ばん小さくてよわいひかりの三つめのほしの三つのほし 「ひかりの星」 浜田広介作;浜田留美脚色;遠竹弘幸画 教育画劇(新版 浜田ひろすけ紙芝居全集) 2007年1月;教育画劇 1981年7月

ミツバチ(サリー)
ミツバチのはたらきバチのしまいのすえっこ 「ミツバチのごちそう」 今森光彦写真・作 教育画劇(教育画劇のかみしばい 今森光彦のふしぎがいっぱい!むしのせかい) 2006年5月

ミツバチ(ハチコ)
おねえさんたちのあとをおいかけていってはじめてミツあつめをしたのんびりやのミツバチ 「のんびりハチコがんばる-ミツバチのはなし」 相沢るつ子作・画 教育画劇(ちいさな虫のなかまたち) 1991年5月

みつばち(ハチミさん)
アイスクリームのアイスくんにめうしのチッチーさんとにわとりのコケコさんとさんにんでいもうとをつくってあげたみつばち 「アイスくん」 山福朱実作・絵 教育画劇 2006年1月

みつばち(ぶんぶん)
えんのせんせいのいうことをきかずにひとりでかってにとびまわっていてくものすにひっかかってしまったみつばちのこども 「みつばちぶんぶん」 小林純一脚本;久保雅勇画 童心社(よいこの12か月) 1982年4月

みつばち(マーヤ)
うまれてはじめてすのそとへでたみつばち 「みつばちマーヤのぼうけん」 ボンゼルス原作;堀尾青史脚本;わかやまけん画 童心社(家庭版かみしばい) 1984年10月

みつばち(マーヤ)
せわがかりのはちの手をはなれてやっといちにんまえのはたらきばちになってはじめてそとへ出たみつばち 「みつばちマーヤのぼうけん(前編)(後編)」 W.ボンゼルス作;福島のり子脚色;横井大侑画 教育画劇 1986年12月

ミツバチ(マリー)
ミツバチのはたらきバチのしまいのちょうじょ 「ミツバチのごちそう」 今森光彦写真・作 教育画劇(教育画劇のかみしばい 今森光彦のふしぎがいっぱい!むしのせかい) 2006年5月

ミツバチ(リリー)
ミツバチのはたらきバチのしまいのじじょ 「ミツバチのごちそう」 今森光彦写真・作 教育画劇(教育画劇のかみしばい 今森光彦のふしぎがいっぱい!むしのせかい) 2006年5月

ミッフィー
おうちのなかをあんないするうさぎのおんなのこ 「ミッフィーのおうち」 ディック・ブルーナ作;かどのえいこ訳 講談社(ブルーナのちいさなかみしばい) 1998年1月

ミッフィー
おにわにテントをはってもらってあそんだうさぎのおんなのこ 「ミッフィーどうしたの?」 ディック・ブルーナ作;かどのえいこ訳 講談社(ブルーナのちいさなかみしばい) 1998年9

ミッフィー
きのうのよるおばあちゃんがしんでしまってとてもかなしいうさぎのこ 「ミッフィーのおばあちゃん」 ディック・ブルーナ作;かどのえいこ訳 講談社(ブルーナのちいさなかみしばい4) 1998年11月

みつふ

ミッフィー
ぬいぐるみのくまちゃんがみつからなくなってないてしまったうさぎのおんなのこ 「ミッフィーのたのしいテント」 ディック・ブルーナ作;かどのえいこ訳 講談社(ブルーナのちいさなかみしばい) 1998年9月

みつるくん
一ばん小さい組の黄組の男の子 「いばりんぼたかしくん」 いしばししずこ作;高橋透画 教育画劇(あたらしいしつけ紙芝居) 1988年6月

御堂こ太郎　みどうこたろう
力だめしの旅に出た力太郎の家来になった赤いおどうをせなかにかついだ大男 「ちからたろう」 伊藤海彦脚色;福田庄助画 NHKサービスセンター(NHK小学校国語紙芝居教材 日本の民話Ⅰ) 1979年1月

みどっこたろう
ちからくらべのたびにでたちからたろうがでおうたでっかーいおどうをかついだでっかーいおとこ 「ちからたろう」 川崎大治脚本;滝平二郎画 童心社(童心社のベスト紙芝居第1集) 1969年1月

みどり
おとうさんとおかあさんといっしょにスーパーにでかけてちゅうしゃじょうやひじょうぐちのマークをおぼえたおんなのこ 「マークにきをつけて-スーパーでみるマーク」 小野寺悦子作;岡村好文画 教育画劇 2000年1月

みどり
くいしんぼうの3にんのまんまるおにのみどりいろのまんまるおに 「くいしんぼうのまんまるおに」 松井エイコ脚本・絵 童心社(かずとかたちのファンタジー) 2002年3月

みどりいろのバス(バス)
もうふるくなってくたびれていてそれいじょうははしれなかったのでもりのなかにおいてかれたみどりいろのバス 「みどりいろのバス」 ジョン・シャロン作;八木田宜子脚本 ほるぷ出版(ほるぷの紙芝居-世界のおはなしシリーズ) 1989年6月

みどりちゃん
こびとのもりのこびと 「こびとのりんご」 しばはらち作・画 教育画劇 1991年9月

みどりちゃん
さーくんたちとおやつえんそくにいったともだちのおんなのこ 「へっちゃらさーくんのおやつえんそく-食品衛生」 相沢るつ子作・画 教育画劇(保健衛生かみしばい) 1996年10月

みどりちゃん
なつやすみにおにいちゃんといなかのおじいちゃんのいえにやってきてむかしのまちがきたなかったころのしゃしんをみたおんなのこ 「おじいちゃんとふるいしゃしん-地球温暖化」 木暮正夫作;藤本四郎画 教育画劇(かんきょうかみしばい みんなでまもろうネ!ちきゅうくん) 1999年5月

みなこ
おかあさんがるすのあいだにせんたくをすることになったがおとうさんがこなせっけんを入れすぎてあわだらけになった女の子 「みんなピッカピッカ」 うすいしゅん作・画 教育画劇(おはなしワクワク) 1984年8月

みなこ
こうえんでひとりでいるときにしらないおにいさんにデパートへいこうといわれたおんなのこ「ひゃっと3にんぐみ」阿部明子脚本;宮下森画 童心社(かみしばいこんなときをつけようネ!) 1991年9月

みなみかぜのあんにゃ
むらのこどもたちをしっぽにのせてあそびにつれていってくれたかぜのかみさま「かぜのかみとこども」渋谷勲脚本;わかやまけん画 童心社(童心社のベスト紙芝居第6集おもしろ民話選) 1990年2月

みなもとの よしつね
へいけとたたかってまけたげんじの大しょうの子ども「うしわかまる」西本鶏介脚色;白梅進作・画 教育画劇(日本昔話アニメかみしばい) 1987年9月

源 義経 みなもとの・よしつね
兄頼朝の旗上げを聞き奥州平泉からかけつけた源氏の武士「源平の戦い」山下國幸作;伊藤和子絵 汐文社(紙芝居日本の歴史10) 1987年4月

源 義仲 みなもとの・よしなか
木曽で兵を起こし越中・加賀の国ざかいの砺波山で平維盛率いる大軍に勝った源氏の武士「源平の戦い」山下國幸作;伊藤和子絵 汐文社(紙芝居日本の歴史10) 1987年4月

源 頼朝 みなもとの・よりとも
一一八〇年伊豆で平氏を討つのろしを上げた源氏の武士「源平の戦い」山下國幸作;伊藤和子絵 汐文社(紙芝居日本の歴史10) 1987年4月

みなもとの らいこう
おおえやまのおにたちをたいじしにいったごうけつ「おおえやまのおに(前編)(中編)(後編)」関きよし脚本;須々木博画 童心社(長編紙芝居劇場) 1978年3月

ミニカー
お日さまがかんかんてってあついのでこうえんからにげだしたたあちゃんのミニカー「にげだしたミニカー」篠塚かをり作;高橋透画 教育画劇(タンバリン・シリーズ) 1980年8月

ミネ
飛騨の山あいの貧しい村から野麦峠を越えて信州の製糸工場に働きに行った娘「野麦峠をこえて」志村毅一案;上地ちづ子作;渡辺皓司絵 汐文社(紙芝居日本の歴史23) 1988年12月

みねこちゃん
おにいちゃんののぞむちゃんとおうちのにわにあるさくらの木の下にむしのびょういんをつくった女の子「むしのびょういん」成本和子作;山本まつ子画 教育画劇(コンスケくんシリーズ) 1987年3月

みのきち
あるふゆのふぶきのばんにやまごやでゆきおんながしろいいきをおとうにふきかけているのをみたわかいかりゅうど「ゆきおんな」桜井信夫脚本;箕田源二郎画 童心社(日本民話かみしばい選・おばけがいっぱい) 1982年9月

みのき

みのきち
ある冬のさむいばんのこともさくというおじいさんと山へしごとに行った帰り道におそろしいゆきおんなを見た木こりのわかもの 「ゆきおんな」 こわせたまみ文；いもとようこ画 NHKサービスセンター（日本むかしばなし） 1977年1月

みのきち
ある冬のふぶきのばんに山小屋でゆきおんながとうさんの命をとるのを見たりょうし 「ゆきおんな」 立原えりか脚色；石倉欣二画 NHKサービスセンター（NHK小学校国語紙芝居教材 日本の民話Ⅰ） 1979年1月

ミノくん
はやしのなかのたかいきのえだのさきでふゆをこす二ひきのミノムシのこえだでできたミノをきているオス 「ブランコみのむし」 高家博成作；かみやしん画 童心社 1999年10月

ミノムシ（フーちゃん）
はやしのなかのたかいきのえだのさきでふゆをこす二ひきのミノムシのはっぱのミノをきているメス 「ブランコみのむし」 高家博成作；かみやしん画 童心社 1999年10月

ミノムシ（ミノくん）
はやしのなかのたかいきのえだのさきでふゆをこす二ひきのミノムシのこえだでできたミノをきているオス 「ブランコみのむし」 高家博成作；かみやしん画 童心社 1999年10月

みのむしさん
おちばでぼうしやふくをつくってうるしたてやさんをはじめたどんぐりばやしのみのむしさん 「おちばのようふくくださいな」 仲倉眉子作；渡辺あきお画 教育画劇 1989年11月

みのるくん
おとうさんとザリガニつりにいったおとこのこ 「ザリガニつり」 島本一男脚本；やべみつのり絵 童心社 2000年8月

ミーボ
さっちゃんがぬいぐるみのパンダとばかりあそんでちっともかまってくれないからパンダにへんそうしたねこ 「ねこパンダ」 磯田和一作・画 教育画劇（おはなしチルチル） 1986年3月

みほちゃん
おばあちゃんにお正月の神さまのはなしをしてもらった女の子 「なぜ、かがみもちをかざるの？」 千世まゆ子脚本；鈴木びんこ絵 童心社（なぜ？どうして？たのしい行事） 2001年9月

みほちゃん
はさみでえほんをじょきじょききりぬいたおんなのこ 「はさみでじょきじょき」 久地良作；後藤楢根脚色；石川雅也画 教育画劇（ちょうちょシリーズ） 1976年5月

ミーミ
こいぬのコロととってもなかよしのこねこ 「ミーミとコロ なかよしなんだもん」 内山晟写真；山本和子文 教育画劇 2002年9月

ミミ
あるひじょおうアリにいわれてあかちゃんにのませるあまい水をさがしにでかけたはたらきアリ 「あまいみずってどこにあるの？」 得田之久脚本・絵　童心社（ともだちだいすき）　2003年6月

ミミ
ある町でイヌのロロとネコのキキとなかよくいっしょにくらしていたのにけんかをしてしまったおどりがじょうずなウサギ 「ロロとミミとキキ」 柴野民三作；岸田耕造画　教育画劇（夢のふくらむシリーズ3集）　1973年11月

ミミ
おうちでみんなといっしょにデコレーションケーキをつくったうさぎ 「みんなでつくろうデコレーションケーキ」 山崎陽子作；秋里信子画　教育画劇　1993年11月

ミミ
おんがくをきくのが大すきでいつもおばあさんがかけてくれるレコードをきいているねこ 「ミミとおつきさま」 安田浩作；おくやまれいこ画　教育画劇（おはなしワクワク）　1984年9月

ミミ
きつねのコンキチとたぬきのポンタとこうえんでボールあそびをしたうさぎ 「コンキチのゆびきりげんまん-水の事故防止」 本田カヨ子作；岡村好文画　教育画劇（安全紙芝居 あぶない！そのときどうする？）　1996年8月

ミミ
きゅうにどうろにとびだして車にひかれそうになったねこ 「おててやあんよは売ってない」 岡上鈴江作；西村達馬画　教育画劇（よいこの交通安全）　1991年10月

ミミ
くまの子ウーフやきつねのツネタたちとうみへいったうさぎ 「くまの子ウーフのかいすいよく」 神沢利子脚本；井上洋介画　童心社（神沢利子・メルヘンかみしばい）　1985年4月

ミミ
こぎつねコンコのなかまのうさぎ 「コンコちゃんとなかまたち」 すとうあさえ脚本；福田岩緒絵　童心社（ともだちだいすき）　2004年12月

ミミ
こぎつねのコンとゆびきりしてもういじめっこしないってやくそくしてもらったこうさぎ 「ゆびきりげんまん」 小春久一郎作；ながよしかよ画　教育画劇（げんまんシリーズ）　1984年4月

ミミ
しりとりをしながらハイキングをしたうさぎのおやこのこども 「しりとりハイキング」 椎野利一作・画　教育画劇　1994年5月

ミミ
どうぶつようちえんににゅうえんしたいたずらっ子でえをかくのがとてもすきなぞう 「ミミのまほう」 花岡大学作；ながよしかよ画　教育画劇（ミミちゃんシリーズ）　1982年4月

みみ

ミミ
ひろいところであそびたくなってきょうだいのコロといっしょにかごをぬけだしたハムスターのおんなのこ 「ハムスターのぼうけん」 夏目尚吾脚本・絵　童心社(どうぶつの飼い方ふれあい方)　2000年8月

みみこ
ゆうちゃんのからだからとれてゆうちゃんにみみのたいせつさをはなしてくれたひだりのみみ 「みぎのいい耳ひだりのかわいい耳‒耳のびょうきのおはなし」 南部和也作;いとうみき絵　教育画劇(びょうきのシグナルわかる?健康紙芝居)　2008年9月

ミミコ
おとうさんとはたけにいってにんじんをたくさんとってたまねぎやじゃがいもとかえっこをしたウサギのおんなのこ 「うさぎのミミコにんじんがいっぱい」 宮西達也作・画　教育画劇(かみしばいだいすき)　1990年1月

ミミ子先生　みみこせんせい
なかよし幼稚園のうさぎの先生 「しょくじのじかんですよ」 四方国恵ほか作;福田京二画　ぎょうせい(健康・安全シリーズ紙芝居)　1989年5月

みみこちゃん
のはらでちょうちょたちとなわとびをしてあそんだうさぎ 「ちょうちょとなわとび」 大熊義和作;津田直美画　教育画劇(おはなしチャチャチャ)　1985年1月

ミミコちゃん
うさぎのポッケが三じのおやつによんだなかよしのうさぎのおんなのこ 「きょうのおやつはげんこつクッキー」 茂市久美子作;沢田あきこ画　教育画劇　1993年11月

ミミコちゃん
きつねのコンスケくんのおたんじょうかいにいなりずしをプレゼントにもっていったうさぎ 「コンスケくんのおたんじょうかい」 斉藤瑶子作;いもとようこ画　教育画劇(コンスケくんシリーズ)　1990年9月

みみず(しまおくん)
ふとみみずのふとしくんのともだちのしまみみず 「みみずっておもしろい」 せなけいこ脚本・絵　童心社(ともだちだいすき)　2002年7月

みみず(ふとしくん)
はっぱをたくさんたべてじめんのなかでたくさんうんちをしているふとみみず 「みみずっておもしろい」 せなけいこ脚本・絵　童心社(ともだちだいすき)　2002年7月

みみずく
むかし雑司が谷のもりにあった鬼子母神というおどうにすんでいた一ぴきのみみずく 「すすきみみずく」 豊島親子読書会著　豊島区立中央図書館　1979年12月

みみずく
夜になると目が生き生きとかがやいてくるのでひとばんじゅう森のみはりをしているみみずく 「ぷっぷみみずく」 赤星亮衛原作・脚色・画　NHKサービスセンター(NHK創作童話集)　1979年1月

みみたろう
ゆうちゃんのからだからとれてゆうちゃんにみみのたいせつさをはなしてくれたみぎのみみ 「みぎのいい耳 ひだりのかわいい耳-耳のびょうきのおはなし」 南部和也作 ; いとうみき絵 教育画劇 (びょうきのシグナルわかる?健康紙芝居) 2008年9月

ミミたんてい
ねこさんがなくしてしまったてぶくろをさがしてあげたうさぎのたんていさん 「あるくてぶくろ」 飯島敏子作 ; 末崎茂樹画 教育画劇 (おはなしバラエティ) 1983年1月

みみちゃん
おとうさんとおかあさんとおとうととでんしゃでおでかけしたかえりにどうしてもタクシーでおうちにかえりたいといったうさぎのおんなのこ 「みみちゃんとタクシー」 小林純一原作 ; 上地ちづ子脚本 ; 田代知子画 童心社 (よいこの12か月) 1989年10月

みみちゃん
おにいちゃんといっしょにたなばたかざりをつくったうさぎのおんなのこ 「うさぎのみみちゃん たなばたまつり」 間所ひさこ作 ; 新野めぐみ画 教育画劇 (年少版はじめての行事かみしばい) 2003年1月

みみちゃん
せつぶんのよるにおうちのそとにいたおにたちにまめをまいたうさぎのおんなのこ 「うさぎのみみちゃん おにはそとー!」 間所ひさこ作 ; 新野めぐみ画 教育画劇 (年少版はじめての行事かみしばい) 2003年1月

ミミちゃん
きつねのコンコンのお山のなかよしのうさぎ 「コンコンのかさ」 篠塚かをり作 ; 福島のり子脚色 ; 鈴木幸枝画 教育画劇 (たんぽぽシリーズ) 1979年5月

ミミちゃん
どうぶつむらのみんなでそだてたさつまいもでいぬのタローくんとねこのチャトラくんとスイートポテトをつくったうさぎ 「わくわくスイートポテト」 高科正信作 ; 黒岩章人画 教育画劇 1993年11月

ミミちゃん
ねこのニャンたんとうーんととおくへいってみたこうさぎ 「とおくへいったよ」 内山安二作・画 教育画劇 (おはなしチャチャチャ) 1991年6月

ミミちゃん
まほうのぼうしをかぶってまほうのうさぎのつきまるといっしょにつきみだんごのなぞをたんけんしにいったおんなのこ 「つみきだんごとまほうのぼうし」 山本和子作 ; 菊地清美画 教育画劇 2002年7月

ミミちゃん
みんなからおみみがねんねしてるといじわるをいわれていっしょにあそんでもらえないうさぎのおんなのこ 「ミミちゃんのおみみ」 チト・イトー作・画 教育画劇 (げんまんシリーズ) 1984年6月

みーや
おかあさんにかってもらったかさをさしてあるきたくてあめふりぼうずをつくったこねこ 「あめふりぼうず」 小春久一郎作 ; 田中恒子画 教育画劇 (ユーモアだいすき) 1988年6月

みや

ミーヤ
ねずみのチュータといっしょにこうえんのベンチでみつけたあかいふわふわしたものをひっぱっていとのかたまりにしてしまったねずみのおんなのこ 「あかいてぶくろ」 白根厚子脚本；中村有希画　童心社（ひまわりシリーズ）　1983年4月

ミーヤ
ママがいなくなってさがしにいったこねこ 「ママ、どこかしら」 林原玉枝作；内海博画　教育画劇　1999年8月

ミャオ
あるひこいぬといっしょにおかあさんいぬのおちちをのんでいたねこのこ 「ミャオはねこのこ」 こわせたまみ作；オームラトモコ絵　教育画劇　2005年9月

宮沢 賢治　みやざわ・けんじ
岩手県の花巻町で生まれ農学校の先生を経て農民たちの相談相手をつとめながら病に倒れ床の中で「雨ニモマケズ」の詩を書いた作家 「雨ニモマケズ」 山下國幸作；箕田源二郎絵　汐文社（紙芝居日本の歴史25）　1988年12月

宮沢 賢治　みやざわ・けんじ
岩手県花巻市に生まれた人で「雨ニモマケズ」の詩をつくった人 「雨ニモマケズ」 稲庭桂子脚本；吉井忠画　童心社（紙しばい日本人の力シリーズ）　1986年8月

みやもと むさし　みやもと・むさし
ちちのかたきをうつためにけんのしゅぎょうをしたきちのすけのけんのせんせい 「あっぱれ！チビッコむさし」 菊地ただし文；毛利将範画　教育画劇　2003年9月

ミャンタ
クリスマスにこねこといっしょにサンタさんがごちそうをもってきてくれるのをまってあげたねこ 「サンタのすず」 古山広子脚本；鈴木琢磨画　童心社　1987年11月

ミュウ
えっちゃんといっしょにスキップしたこねこ 「スキップスキップ」 あまんきみこ脚本；梅田俊作絵　童心社　2007年11月

みゆきちゃん
なつのよるにえんでキャンプをしたときにおばけたいかいでおばけにあうのがこわかったおんなのこ 「おばけなんかこわくない」 長崎源之助脚本；長野ヒデ子画　童心社（たのしい季節の行事 きらきら・夏のまき）　1988年4月

ミュラ
おおきなくちもみみのかたちもあしのながさもみんなそっくりなふたごのまじょ 「ふたごのまじょチュラとミュラ」 山本和子作；毛利将範画　教育画劇　1994年8月

美代子さん　みよこさん
おばあさんが町でこいを売るおじいさんから大きなこいを買ってたべさせたいとおもったびょうきのまごむすめ 「千代紙の春」 小川未明原作；菱田かづこ脚色；水野二郎画　教育画劇（小川未明童話紙芝居全集）　1986年3月

みよ子ちゃん　みよこちゃん
うらのお山へあそびにいったかえりにおかあさんにおぶわれてかたいっぽうのくつをおとしてしまったおんなの子「おくつがどんぶりこ」伊東挙位作;高瀬のぶえ画　教育画劇(おはなしおもちゃばこ)　1978年6月

みよちゃん
おにわのすなばであそんでいてころんでけがをしてしまってバイキンがきずのなかにはいったおんなのこ「みよちゃんとバイキン」清水えみ子脚本;長島克夫画　童心社(かみしばい安全教育シリーズ)　1977年1月

みよちゃん
スカートのアップリケのうさちゃんとおそろいのうさちゃんのついたハンカチをもっていたおんなのこ「わたしはまいご」清水えみ子脚本;長島克夫画　童心社(きちんとするのだいすき)　1981年9月

みよちゃん
せんそうちゅうの三月十日のばんにくうしゅうでもえあがったまちでひにつつまれてしんだおんなのこ「みよちゃんのあかいぼっくり」渡辺享子脚本・画　童心社(美しい心シリーズ)　1989年3月

ミルドレッド
せんそうの始まるずっと前にアメリカから来て新潟の柏崎小学校のお友だちにむかえられた青い目の人形「あおいめのにんぎょう」野村昇司原作・脚色;伊東美貴画　NHKサービスセンター(NHK小学校国語紙芝居教材 創作童話)　1980年1月

ミンチンせんせい
セーラがべんきょうすることになったがっこうのこうちょうせんせい「小公女セーラ-セーラのたんじょう日」日本アニメ企画絵画　童心社(家庭版かみしばい・世界名作劇場)　1989年11月

みんみちゃん
みんなでおままごとをしてあそんだうさぎ「すてきなおままごと」寮美千子作;冬野いちこ画　教育画劇　1996年1月

みんみんぜみ(せみ)
まつの木のねもとの土の中で八ねんもくらしてじめんの上にでてきて町の中にきてしまったみんみんぜみ「みんみんぜみのうた」西山敏夫作;小谷野半二画　教育画劇　1973年9月

【む】

ムー
おおきなくまになったのでひとりですむところをさがしにいったくま「このくまさんはおきゃくさん?」香山美子脚本;長野ヒデ子画　童心社　1990年4月

ムウ
川にいきるかわうそのおやこのこども「かわうそのぼうけん-「金色の川」より(前編)(後編)」椋鳩十原作;堀尾青史脚色;田代三善画　童心社　1989年1月

むかで

むかで
むかしあるはらっぱでむしたちがあそんでいたときにいなごがはらいたをおこしていしゃをよびにいくことになったむかで 「むかでのおつかい」 吉田タキノ文;原田ヒロミ画 教育画劇 1997年4月

むかで
りゅうおうのむすめをよこせといってりゅうぐうをあらしにきていたみかみやまの大むかで 「むかでたいじ」 川崎大治脚本;金沢佑光画 童心社(美しい心シリーズ) 1976年8月

ムク
こねこのミーととっこちゃんとでんぐりこしたこぐま 「もっとできるよでんぐりこ」 磯みゆき作・画 教育画劇 1996年1月

ムク
たんぽぽえんにいる白いムクムクのけをしためすうさぎ 「たんぽぽえんにはうさぎが二ひき」 いしばししずこ作;峰村亮而画 教育画劇(たんぽぽシリーズ) 1982年4月

むくどり
くりのきのほらあなにとうさんどりとすんでいてもうこのよにいなくなっていたかあさんどりのかえりをまっていたむくどりのこ 「むくどりのゆめ」 浜田ひろすけ作;さとうめぐみ絵 教育画劇 2007年1月

むくどり
くりの木のほらあなにとうさんどりとすんでいてもうこのよにいなくなっていたかあさんどりのかえりをまっていたむくどりの子 「むく鳥のゆめ」 浜田広介作;大川秀夫脚色;伊藤悌夫画 教育画劇(ひろすけ童話紙芝居全集) 1981年7月

ムクムク
みなしごのライオンブルブルをお母さんがわりになってそだてたやさしいめすいぬ 「やさしいライオン」 やなせたかし作・画 フレーベル館

むこさまとよめさま(よめさまとむこさま)
むかしあるところにあったはたらいてもはたらいてもどういうわけかびんぼうつづきのむこさまとよめさま 「びんぼう神」 水谷章三文;西岡たかし画 NHKサービスセンター(日本むかしばなし) 1977年1月

むこさん
ある日よめさんのおやのところではじめてだんごというものをごちそうになったとってもものわすれのひどいむこさん 「だんごひょいひょい」 水谷章三脚本;宮本忠夫画 童心社 1989年9月

むこさん
ある日よめさんのおやのところへはじめてあそびにでかけたとってもものわすれのひどいむこさん 「だんごひょいひょい」 水谷章三脚本;宮本忠夫画 童心社(童心社のベスト紙芝居第6集) 1989年9月

むし
ぞうきばやしでくらしているたくさんのむしたち 「ぞうきばやしのむしたち」 今森光彦写真・作 教育画劇 2006年5月

むし
なつのくぬぎのもりにあまいみつをのみにきたむしたち 「くぬぎのもりのしょくどう」 得田之久脚本・画 童心社(自然観察紙芝居ふしぎなむしのせかい) 1984年4月

むし
ポテトサラダが大すきな王さまのじゃがいもをかじっていたむし 「ポテトサラダのすきな王さま」 仲倉眉子作;エム・ナマエ画 教育画劇(ゆかいなたべもののおはなし) 1991年3月

むし
もりのなかの「かしのきホテル」にとまっているおきゃくのいろんなむしたち 「かしのきホテル」 久保喬作;高橋透画 教育画劇 1974年9月

むし(スイッチョせんせい)
すすきのしげったくさはらのかげにあったむしたちのかるかやバレーがっこうのせんせい 「かるかやバレーがっこう」 こさかしげる画 童心社(かこさとし紙芝居傑作選) 1975年3月

ムーシカ
ちきゅうのきたのはてのほっきょくでうまれたふたごのほっきょくぐまのしりたがりやのこぐま 「ほっきょくのムーシカ・ミーシカ(前編)(後編)」 いぬいとみこ作;椎野利一画 童心社 1979年12月

むしばきん
よるひーくんがねむってからくちのなかのよごれているところにあなをあけたむしばきんたち 「むしばきんがねらってる」 山末やすえ作;西村郁雄画 教育画劇(四季の行事シリーズむしば) 1998年5月

ムシババイキン
おかしのすきなさっちゃんのくちにはいったきたないはがだーいすきなムシババイキン 「ムシババイキン」 仲川道子脚本・画 童心社 1996年6月

ムシバーマン
はをみがかなかったおとこのこの口の中にすみおかしをたべてげんきにはにあなをあけていったムシバーマンたち 「ムシバーマンがんばる」 上地ちづ子脚本;長島克夫画 童心社(よいこの12か月) 1985年6月

虫麻呂　むしまろ
若狭国の山の中の佐分郷から都で進められている大仏づくりの人夫として召しだされた若者 「みつぎの塩」 山下國幸作;小島直絵 汐文社(紙芝居日本の歴史6) 1987年4月

むすこ
ある日あみにかかった赤い魚をにがしてやった心のやさしいりょうしのむすこ 「赤い魚」 松岡励子脚色;三谷昇画 NHKサービスセンター(NHKかみしばい 世界の昔ばなし) 1982年1月

むすめ
あるところにかあさんとくらしていたふたりのむすめのうえのたいそうはたらきものだったままこのむすめ 「ホレおばさん-ドイツ民話」 松谷みよ子脚本;二俣英五郎画 童心社 1997年10月

むすめ

むすめ
おとうさんがびょうきになってなまけもののまじょのいえではたらかせてもらうことになったむすめ 「なまけもののまじょ-イギリス民話」 宗方あゆむ文;島田コージ画 教育画劇 1994年8月

むすめ
おにに山にさらわれたむすめ 「鬼がわらった」 須藤出穂脚色;田木宗太画 NHKサービスセンター(NHKかみしばい 日本の昔ばなし) 1982年1月

むすめ
きこりのおとうさんにべんとうをもっていくとちゅうもりのなかでまいごになってしまいしらがのおじいさんのいえにとめてもらった三にんのむすめ 「森のいえ(前編)(後編)」 グリム原作;八木田宜子脚本;篠崎三朗画 童心社 1998年1月

むすめ
じいさんが山ざるにはたけのごぼうをぬいてもらったかわりにさるのよめコに行くことになった三番むすめ 「さるのおむこさん」 松岡励子文;山口今日画 NHKサービスセンター(日本むかしばなし) 1977年1月

むすめ
ふゆのさなかにいちごがたべたくなったいもうとむすめのためにままかあさんから山へいっていちごをとってくるようにいわれたあねむすめ 「六月のむすこ」 松谷みよ子脚本;石倉欣二画 童心社(松谷みよ子民話珠玉選第二集) 1998年8月

むすめ
むかしおとうとおかあとすんでおった三にんのむすめのだれぞひとりをおよめさんにほしいといってきたへびのおよめさんになったちいさいむすめ 「りゅうになったおむこさん-滋賀県の民話より」 今関信子脚色;西村達馬画 教育画劇(四季の行事シリーズ たなばた) 1993年5月

むすめ(おばあさん)
讃岐の国のある村のしょうやさんの一番下のむすめで家を出て古いずきんをかぶってふろたきのおばあさんになっていた美しいむすめ 「おばあさんのずきん」 立原えりか脚色;福田庄助画 NHKサービスセンター(NHK小学校国語紙芝居教材 日本の民話Ⅱ) 1980年1月

むすめ(むらびと)
おきなわのむらにやってきたやくにんにきりたおされたふくぎの木からせんりょうをとりだしおりものをおりあげたむすめとむらびとたち 「とんとんからりとんからり」 鎌田佐多子脚本;仲地のぶひで画 童心社(沖縄かみしばい劇場) 1989年6月

むすめさん
うみで水あびをしていておとこにきものをぬすまれていえにつれていかれおよめさんになったきれいなむすめさん 「たなばたのおはなし」 西本鶏介作;工藤市郎画 教育画劇(あたらしい行事紙芝居) 1989年9月

むすめさん
とうげのむらのアカアカぬまのばけものカッパからアオアオぬまのともだちにてがみをとどけてほしいとたのまれたむすめさん 「かっぱのてがみ-日本民話より」 菊地ただし脚色;中沢正人画 教育画劇(日本のおばけ) 1992年8月

むすめさん
まちはずれのものおきごやにひとりぼっちですんでいたむすめさん 「うさぎサンタさんのプレゼント」武鹿悦子作;田頭よしたか画 教育画劇(きれいな花いっぱい) 1990年9月

ムック
あきらのおうちがひっこしすることになっていっしょにトラックにのったかいいぬ 「ムックのひっこし」今関信子脚本;高橋透画 童心社 1999年3月

むっくん
はやしのなかにあったおおきなエノキの木のはっぱのうえにならんでいたちいさなたまごからでてきたオオムラサキのちょうちょのぼうや 「オオムラサキのむっくん」渡辺享子脚本・画 童心社 1996年7月

ムツ子ちゃん　むつこちゃん
昭和20年原子爆弾が落とされた長崎の爆心地に近い浜口町にいて焼けて骨もなくなっていた一年生の女の子 「雲になってきえた」坂口便原作;古村覚脚色;村上新一郎画 あらき書店(長崎原爆紙芝居Ⅱ) 1984年8月

むほっほはかせ
こわいものがなんにもなくなるコワイモノナシーンというきかいをはつめいしたはかせ 「むほっほはかせのだいはつめい」川北亮司脚本;多田ヒロシ画 童心社(たのしい季節の行事 のびのび・秋のまき) 1989年6月

ムーミン
ある日とつぜん現れたヘンシンマンに自動車に変身してもらってみんなでドライブをしたムーミン 「ムーミンとヘンシンマン」総務庁交通安全対策室監修 全日本交通安全協会 1999年9月

ムーミン
スナフキンのクルマにのってお花の国のおまつりに行ったおとこの子 「ムーミンとおはなのくにのおまつり」トーベ・ヤンソン原作;内閣府政策統括官監修 全日本交通安全協会 2002年4月

むらさき
くいしんぼうの3にんのまんまるおにのむらさきいろのまんまるおに 「くいしんぼうのまんまるおに」松井エイコ脚本・絵 童心社(かずとかたちのファンタジー) 2002年3月

むらさきちゃん
こびとのもりのこびと 「こびとのりんご」しばはらち作・画 教育画劇 1991年9月

むらびと
あずきとぎばばがあらわれるやまのあれでらにあつまったむらびとたち 「あずきとぎ-日本民話より」桜井信夫脚色;ヒサクニヒコ画 教育画劇(日本のおばけ) 1992年8月

むらびと
おきなわのむらにやってきたやくにんにきりたおされたふくぎの木からせんりょうをとりだしおりものをおりあげたむすめとむらびとたち 「とんとんからりとんからり」鎌田佐多子脚本;仲地のぶひで画 童心社(沖縄かみしばい劇場) 1989年6月

むるし

ムルジャーナ
アリ・ババのいえにきていたかしこいはたらきもの 「ひらけ、ごま（前編）（後編）」 堀尾青史脚本；徳田徳志芸画 童心社 1982年2月

ムンボロ・クマンバチ
アナンシがそらのかみさまからはなしのだいきんとしてもってくるようにめいじられたさされたらひのようにいたいクマンバチ 「おはなしおはなし」 ゲイル・E.ヘイリー作；八木田宜子脚本 ほるぷ出版（ほるぷの紙芝居-世界のおはなしシリーズ） 1989年6月

ムンボロ・クマンバチ
そらのかみさまニヤメがアナンシにおはなしのだいきんとしてもってくるようにめいじたさされたらひのようにいたいハチ 「おはなしおはなし」 ゲイル・E.ヘイリー作；八木田宜子脚本 ほるぷ出版（ほるぷの紙芝居-世界のおはなしシリーズ） 1989年6月

【め】

メアリー
クリスマスのころに魔ものたちがおどかしにいった女の子 「なぜ、クリスマスツリーをかざるの？」 岩倉千春脚本；アリマジュンコ絵 童心社（なぜ？どうして？たのしい行事） 2001年9月

めいけんチーズ（チーズ）
アンパンマンたちせいぎのなかまのおてつだいをするいぬ 「アンパンマンとうみのあくま」 やなせたかし作・絵 フレーベル館

めいけんチーズ（チーズ）
アンパンマンたちせいぎのなかまのおてつだいをするいぬ 「アンパンマンとうみのあくま」 やなせたかし作・絵 フレーベル館（家庭版幼児かみしばい）

めいけんチーズ（チーズ）
アンパンマンたちせいぎのなかまのおてつだいをするいぬ 「アンパンマンとドドのしま」 やなせたかし作・絵 フレーベル館

メイ子ちゃん　めいこちゃん
みんなみたいにとんだりはしったりするのがきらいなのでうんどうかいがだいきらいなやぎのおんなの子 「とんではしって」 福島のり子作；西村達馬画 教育画劇（兄弟愛と自然きょうだいシリーズ） 1977年10月

命助　めいすけ
南部藩の悪政に困って一揆を起こした栗林村の百姓の代表 「小〇の旗」 後藤竜二作；穂積肇絵 汐文社（紙芝居 日本の歴史19） 1987年12月

メウシ
もりのいえにしらがのおじいさんとくらしていたぶちのメウシ 「森のいえ（前編）（後編）」 グリム原作；八木田宜子脚本；篠崎三朗画 童心社 1998年1月

めがねうり
つきよのばんにおばあさんがたったひとりですんでいたむらはずれの小さないえにきためがねうり 「つきよとめがね」 小川未明原作;堀尾青史脚本;桜井誠画　童心社(家庭版かみしばい)　1978年10月

めがねくん
ともだちがほしくてさんぽにでかけてきりんさんのあたまのうえにのせてもらっためがね 「めがねくんのさんぽ」 村上鞆世脚本・画　童心社(げんきななかまシリーズ)　1993年11月

めがみさま
しょうじきなきこりが川の中へおのをおとすと金のおのをもってあらわれたれたうつくしい水のめがみさま 「しょうじきなきこり」 イソップ原作;奈街三郎脚本;小坂茂画　童心社(紙しばい名作選)　1994年9月

めがみさま
ずるいきつねとねこにだまされて木につるされたピノキオをたすけてくれためがみさま 「ピノキオ」 コロディー原作;関修一作・画　教育画劇(世界名作アニメかみしばい)　1990年5月

めぐみ
もりのなかにいるおともだちをさがしたおんなのこ　「おともだちどこ？」　土田義晴脚本・画　童心社(みんなであそぼ)　1996年9月

めぐみちゃん
えんのたんにんのせんせいのかわりにきたおねえさんせんせいにおひなさまのつくりかたをおしえてもらったおんなのこ 「わかったかな？わかんない」 阿部明子脚本;水谷基子画　童心社　1983年3月

メーさん
ねこのニャンコちゃんとねずみのチュースケくんがあつめたどうぶつむらのこどもたちのふるいセーターをあみなおしてくれたやぎ 「ぞうのあかちゃんへのプレゼントーリサイクル」 宗方あゆむ作;毛利将範画　教育画劇(かんきょうかみしばい みんなでまもろうネ!ちきゅうくん)　1999年5月

めしつかい
黒人のくにでひとりだけ白いはだをしていたおひめさまにまいにちいじわるされていためしつかいのむすめ 「なかよくおなじに」 石川光男作;細梅久弥画　教育画劇(名作の花束みつばちシリーズ)　1976年8月

めだか
とんぼになってちきゅうをひとまわりしためだか 「めだかがちきゅうをひとまわり」 曳田宏脚本・作詞・作曲;長島克夫画　童心社(2・3歳児かみしばい・いちごシリーズ)　1990年6月

めだらけ
ある村の山おくにすんでいたのっぺらぼうのばけものでにんげんやどうぶつの目をとってじぶんのからだにうめこんで目だらけになったばけもの 「めだらけ」 滝本つみき脚本;吉本宗画　童心社(日本の妖怪ぞろーり)　1994年9月

めつか

メッカの花　めっかのはな
みなしごのソードの馬でペルシャの王さまにかわれて「メッカの花」という名をもらった馬　「メッカの花」　浜田広介作；福島のり子脚色；輪島清隆画　教育画劇（ひろすけ童話紙芝居全集）　1981年7月

滅田切蔵　めったきりぞう
木の葉の剣をつかう正太郎がかよう道場にやってきた道場やぶりの男　「がんばれ木の葉の剣」　岡田ゆたか脚本・画　童心社（ゆたかなこころシリーズ）　1992年11月

めめくん
かぞく四にんでおでかけしたかえりにおとうさんとおねえさんのみみちゃんがタクシーでかえることになったのにおかあさんとあるいてかえることになったうさぎのおとこのこ　「みみちゃんとタクシー」　小林純一原作；上地ちづ子脚本；田代知子画　童心社（よいこの12か月）　1989年10月

めめくん
シャボン玉あそびが大すきなおとこの子　「シャボン玉ゆらゆら」　上沢謙二作；花井巴意文；ながよしかよ画　教育画劇（シャボン玉シリーズ）　1981年9月

メリーさん
ある町のふしぎなくすりやさんにピアノやうたがじょうずになる五つぶのボンボンをつくってもらった女の人　「マジックボンボン」　ライマン・フランク・バウム作；岡上鈴江訳；長島克夫画　教育画劇　1977年6月

メル
アフリカのそうげんでおかあさんライオンからまだおちちをのんでいた三とうのライオンのこどもの一とう　「わんぱくライオン」　国松俊英脚本；和歌山静子画　童心社（にこにこどうぶつえん）　1998年5月

メルばあちゃん
びょうきになってたぬきのポポやきつねのニッキたちみんなからおはなをもらったやぎのおばあちゃん　「ポポのおみまい」　福田岩緒脚本・絵　童心社（ともだちだいすき）　2007年10月

メロンパンナ
ジャムおじさんにおねえちゃんのロールパンナちゃんをつくってもらったおんなのこ　「アンパンマンとロールパンナ」　やなせたかし作・絵　フレーベル館

メロンパンナ
やまのおくにおねえちゃんのロールパンナのすきなしろいはなのかだんをつくっていたおんなのこ　「メロンパンナとひみつのはなぞの」　やなせたかし作・絵　フレーベル館（ワイド版アンパンマンかみしばい）

メンドリ
もりのいえにしらがのおじいさんとくらしていたメンドリ　「森のいえ（前編）（後編）」　グリム原作；八木田宜子脚本；篠崎三朗画　童心社　1998年1月

めんどりかあさん（にわとり）
たまごをたべようとしたどらねこにとびかかってけとばしたつよいかあさんのめんどり　「いやいやたまご」　竹下文子脚本；ましませつこ絵　童心社（ともだちだいすき）　2007年4月

【も】

モアチアようせい
そらのかみさまニヤメがアナンシにおはなしのだいきんとしてもってくるようにめいじたにんげんのめにはみえないようせい 「おはなしおはなし」 ゲイル・E.ヘイリー作;八木田宜子脚本　ほるぷ出版(ほるぷの紙芝居−世界のおはなしシリーズ) 1989年6月

モアチアようせい(ようせい)
アナンシがそらのかみさまからはなしのだいきんとしてもってくるようにめいじられたにんげんのめにはみえないようせい 「おはなしおはなし」 ゲイル・E.ヘイリー作;八木田宜子脚本　ほるぷ出版(ほるぷの紙芝居−世界のおはなしシリーズ) 1989年6月

もうちゃん
みんながえんそくに行ったぼくじょうの子うし 「みんなげんき」 町山充弘文・絵　全国牛乳普及協会 1980年12月

もうどうけん(ベルタ)
めのみえないおかあさんいしづかさんのめのかわりになってはたらくもうどうけん 「もうどうけんベルタ」 こわせたまみ文;藤本四郎画　教育画劇 2002年12月

もえこ
おとうさんとにわにやさいをつくることになっておとうと二人きゅうりのかかりになったおんなの子 「ぼくたちきゅうりのかかりです」 高橋由為子脚本・画　童心社(かみしばい・子どもの生活ひろば) 1990年9月

茂吉　もきち
むかしあるところにいたてっぽううちでとほうもないさけのみでよめさまのきてもなくこねこ一ぴきをはなしあいてにしていたおとこ 「茂吉のねこ(前編)(後編)」 松谷みよ子原作;諸橋精光脚本・画　童心社(ゆたかなこころシリーズ) 1994年8月

もぐはかせ
きょうこちゃんとりゅうたくんがこうえんであそんでいてすとんとおちたあなのそこであったきょうりゅうはかせのもぐら 「もぐはかせのきょうりゅうってなあに？−きょうりゅうってほんとうにいたの？」 山本省三作・画　教育画劇 1996年5月

もぐら
かわうそのおかあさんが川へさかなをとりにいくあいだにあずかったあかんぼうをじべたにおとしてしまったもぐらのおばさん 「かわうそのあかんぼう」 浜田広介作;石川雅也画　教育画劇 1980年4月

もぐら
山かじのときやさしい子ざるがいっしょにつれていってあげた目がみえない子どものもぐら 「子ざるのぶらんこ」 浜田広介作;長崎源之助脚色;石川雅也画　教育画劇 1984年11月

もぐら
山のてっぺんにふった雨さんがどこに行ったのかあらまあおばさんにおしえてくれたもぐら 「あらまあおばさんのかさ」 矢崎節夫文;葉祥明画　NHKサービスセンター(なぜなぜ童話) 1977年1月

もぐら

もぐら(もぐはかせ)
きょうこちゃんとりゅうたくんがこうえんであそんでいてすとんとおちたあなのそこであったきょうりゅうはかせのもぐら 「もぐはかせのきょうりゅうってなあに?-きょうりゅうってほんとうにいたの?」 山本省三作・画 教育画劇 1996年5月

もぐら(モーグル)
じめんのあなからもぐらのまちにおちてきたぶたのブータンときつねのコンタをあんないしてくれたもぐら 「モグラのまちのこうつうあんぜん-交通安全のマーク」 ゆきのゆみこ作;間瀬なおかた画 教育画劇 2000年1月

もぐら(モック)
おかあさんのもとをはなれてトンネルをほってじぶんのちかしつをつくったもぐら 「もぐらのモック」 岡野薫子脚本・画 童心社(よいこの12か月) 1979年10月

もぐら(モール)
ネコにおいかけられてもぐらのトンネルににげこんできたアカネズミのアーヤになかをみせてあげたもぐら 「もぐらのトンネル」 高家博成脚本;仲川道子絵 童心社(ともだちだいすき) 2004年7月

もぐらくん
雨上がりの春の朝たくちゃんの家の庭の土の下からひょこり顔を出したもぐらくん 「ドロンドロンコー」 宇夫方隆士原作;岡信子脚色;林蘭画 NHKサービスセンター(NHK創作童話集) 1978年1月

モグラくん
バナナがいっぽんおちていたのはらにやってきたモグラくん 「バナナがいっぽん」 山本省三作・画 教育画劇(かみしばいだいすき) 1993年7月

もぐらごう
たいふうのひもやすまずにやまとうみにはさまれたトンネルつづきのせんろをはしるでんしゃ 「たいふうともぐらごう」 堀尾青史脚本;津田光朗画 童心社(よいこの十二か月) 1976年9月

もぐらのおばさん
トマト騎士につかまったたまねぎこぞうのチポリーノをたすけてくれたもぐらのおばさん 「チポリーノのぼうけん(前編)(後編)」 ジャンニ・ロダーリ原作;木村次郎脚本;岡本武紫画 童心社 1970年2月

モグラン
じめじめした土の中でくらしているのがいやになって土のそとへでていくことにしたもぐらによくにたかいじゅう 「がんばれモグラン」 川北亮司脚本;長島克夫画 童心社(美しい心シリーズ) 1980年11月

もぐりんがー
さいしんしきのロボットもぐりんがーになったばいきんまん 「アンパンマンとドドのしま」 やなせたかし作・絵 フレーベル館

モーグル
じめんのあなからもぐらのまちにおちてきたぶたのブータンときつねのコンタをあんないしてくれたもぐら 「モグラのまちのこうつうあんぜん-交通安全のマーク」 ゆきのゆみこ作;間瀬なおかた画　教育画劇　2000年1月

モコ
はるはどこからくるのかな?とおもってはるをさがしにゆきがとけてながれているかわへいったうさぎのおとこのこ 「みつけたはる」 神沢利子脚本;長野ヒデ子画　童心社(げんきななかまシリーズ)　1993年3月

もさく
むかしうまいものばかりたべたがってまいにちごろごろねころがってばかりいたわかもの 「うまいものやま」 佐々木悦脚本;箕田源二郎画　童心社(童心社のベスト紙芝居おもしろ民話選)　1989年9月

もさくじいさん
ある冬のさむいばんのことみのきちというわかものと山へしごとに行った帰り道にゆきおんなにころされた木こりのおじいさん 「ゆきおんな」 こわせたまみ文;いもとようこ画　NHKサービスセンター(日本むかしばなし)　1977年1月

もじゃもじゃのおばけ
クリスマスのころにメアリーをおどかしにいったもじゃもじゃのおばけ 「なぜ、クリスマスツリーをかざるの？」 岩倉千春脚本;アリマジュンコ絵　童心社(なぜ?どうして?たのしい行事)　2001年9月

もじゃもじゃペータ
かおや手をあらうのがきらいでおふろへはいるのなんかだーいきらいなかみのけはもじゃもじゃのきたない男の子 「なかまはずれのペータ」 多田ヒロシ作・画　童心社(基本的生活習慣を育てるよいこのしつけシリーズ)　1966年9月

もすけ
やまんばがともだちになりたくていったふもとのこやのこども 「やまんばの木」 甲木美帆原作;堀尾青史脚色;田代三善画　童心社(美しい心シリーズ)　1979年9月

モック
おかあさんのもとをはなれてトンネルをほってじぶんのちかしつをつくったもぐら 「もぐらのモック」 岡野薫子脚本・画　童心社(よいこの12か月)　1979年10月

もっくん
せまいすきまなんかにあみをはらないでみずのうえとかそらのうえにあみをはるげんきもののくも 「くもくんだいかつやく」 かみやしん脚本・画　童心社　1986年7月

ものぐさたろうひじかす
むかし信濃の国にいた「ああ、めんどうくさい」と言って何ひとつしないでただ道ばたにねころんでいるだけだった男 「ものぐさたろう」 筒井敬介脚色;水沢研画　NHKサービスセンター(NHK小学校国語紙芝居教材　日本の古典)　1979年1月

ものし

ものしりばんば
ちょうふく山のやまんばのところへふもとの村からもちをもっていった村一ばんのものしりばんば 「ちょうふく山のやまんば」 花井巴意文；井上あきむ画 教育画劇(たんぽぽシリーズ) 1982年12月

物部 守屋　もののべの・もりや
六世紀の末ごろ仏教を広めて政治をおこないヤマトの政府を強力なものにしようとする蘇我馬子に反対し蘇我氏の軍と戦った豪族 「馬子と聖徳太子」 後藤竜二作；箕田源二郎絵 汐文社(紙芝居日本の歴史5) 1987年4月

もへい
むかしあるまちのまちかどにあった一けんのあめやのしゅ人 「あめかいゆうれい」 安田浩文；清水耕蔵画 教育画劇(おばけだぞ〜) 1988年4月

もみの木　もみのき
ある森の中に立っていた早くほかの木のように大きくなりたくてたまらなかったもみの木 「もみのき」 アンデルセン原作；伊藤海彦脚色；伊東美貴画 NHKサービスセンター(NHK小学校国語紙芝居教材 外国の名作) 1979年1月

ももこちゃん
もものせっくのひにほしぐみにあそびにきたおとなにはみえないもものきのおんなのこ 「もものせっくのおきゃくさま」 堀内純子作；田沢春美画 教育画劇(四季の行事シリーズ) 1993年1月

モモ子ちゃん　ももこちゃん
やさいがだいっきらいでおかしばかりたべていたのでうんちがでなくなってしまったおんなのこ 「やさいなんてだいっきらい」 丘修三作；鈴木びんこ画 教育画劇(やさいとなかよしげんきなこ) 1994年11月

ももたろう
えんのももたろうのげきでえりせんせいがよんでいたえほんのなかからとびだしてきたももたろう 「とびだせ！ももたろう」 やすいすえこ作；中沢正人画 教育画劇(紙芝居へんてこ日本むかしばなし) 1995年5月

ももたろう
おばあさんがかわでせんたくをしているとながれてきたももからうまれたげんきなあかんぼうでおおきくなっておにたいじにいったおとこのこ 「ももたろう」 さねとうあきら脚本；石倉欣二画 童心社(日本名作おとぎばなし・むかしむかしあったとさ) 1986年9月

ももたろう
おばあさんが川でせんたくをしていると川かみからながれて来た大きなももから生まれた子である時おにがしまへおにたいじに行った男の子 「ももたろう」 若林一郎文；中村千尋画 NHKサービスセンター(日本むかしばなし) 1977年1月

ももたろう
おばあさんが川でせんたくをしとるとながれてきたももからうまれたこでにっぽんいちつよいこどもになっておにがしまのおにをたいじにいったおとこのこ 「ももたろう」 川崎大治作；二俣英五郎画 童心社(家庭版かみしばい) 1988年1月；童心社 1984年3月

ももたろう
クリスマスのよるにミドリえんでひらかれたパーティーによばれてえほんの中からでてきたももたろう 「えほんのパーティー」 安田浩作;岩本圭永子画　教育画劇　1977年12月

ももたろう
ばあさまがかわでせんたくをしているとながれてきたおおきなもものなかからうまれたこどもでおおきくなっておにがしまへおにたいじにいったおとこのこ 「ももたろう」 松谷みよ子脚本;二俣英五郎画　童心社(松谷みよ子民話珠玉選 第二集)　1998年8月

ももたろう
ばっさまが川でせんたくをしていたらばながれてきたももからうまれでたおとこのこでおおきくなっておにがしまへおにたいじにいったわかもの 「ももたろう」 代田昇脚本;箕田源二郎絵　ほるぷ出版(ほるぷの紙芝居 日本昔ばなしシリーズ)　1983年4月

ももたろう
むかしおばあさんが川でせんたくをしているとながれてきたももの中からうまれた子で大きくなってオニがしまへオニたいじにいった男の子 「ももたろう」 香山美子文;太賀正画　教育画劇(紙芝居むかしばなし)　1991年5月

ももちゃん
あるあさトイレにとびだしてきたうんちのおまわりさんのポッタンをおいかけてうんちのまちへいったおんなのこ 「ももちゃんとうんちのポッタン-うんち」 山本和子文;鈴木博子画　教育画劇(すごいぞ!からだのふしぎ)　2002年12月

ももちゃん
おじいちゃんにけいろうのひにかんけいのあるむかしばなしをしてもらったおんなのこ 「けいろうのひ」 いとうみき作・画　教育画劇　2007年9月

ももちゃん
かぜにとばされてしまったせんたくものをおいかけたおんなのこ 「まてまてせんたくもの」 笹本けい作・画　教育画劇(おはなしワクワク)　1984年7月

モモちゃん
おうちにぞうさんがあそびにきてだいじなおにんぎょうをつれていかれちゃったおんなのこ 「モモちゃんちにきたぞうさん」 松谷みよ子脚本;土田義晴画　童心社　1995年4月

モモちゃん
オギャーとうまれてきておなかをすかせてママのおっぱいをのんだおんなのこ 「モモちゃんがあかちゃんだったとき」 松谷みよ子脚本;鈴木未央子画　童心社(松谷みよ子かみしばい・ちいさいモモちゃん1)　1968年5月

モモちゃん
おるすばんをしているときにカーテンをしめてよるごっこをしてあそんだおんなの子 「よるですよう-ちいさいモモちゃん」 松谷みよ子脚本;つちだよしはる画　童心社　1989年5月

モモちゃん
なかよしのこうちゃんちにいたあかちゃんをみてあかちゃんをうってほしいといったおんなのこ 「モモちゃんのおみせやさん」 松谷みよ子脚本;鈴木未央子画　童心社(松谷みよ子かみしばい・ちいさいモモちゃん3)　1969年12月

ももち

モモちゃん
なかよしのコウちゃんといっしょにゆめのなかでどうぶつえんにいったおんなのこ 「モモちゃんどうぶつえんへいく」 松谷みよ子脚本;土田義晴画 童心社(げんきななかまシリーズ) 1993年10月

モモちゃん
ねこのプーに目ぐすりをつけてあげようとしてひっかかれてしまったおんなのこ 「モモちゃんとかた目のプー」 松谷みよ子脚本;鈴木未央子画 童心社(松谷みよ子かみしばい・ちいさいモモちゃん6) 1974年10月

モモちゃん
ママがおしごとをしているのでひるま「あかちゃんのうち」にあずかってもらうことになったおんなのこ 「モモちゃん「あかちゃんのうち」へ」 松谷みよ子原作;相星真由美脚本;土田義晴画 童心社 1997年4月

モモちゃん
ママにまっかなかさとまっかなながぐつをかってもらったのでおにわにでてカエルやカタツムリといっしょにあめふりごっこをしたおんなのこ 「あめこんこん」 松谷みよ子脚本;鈴木未央子画 童心社(松谷みよ子かみしばい・ちいさいモモちゃん5) 1970年1月

モモちゃん
みずぼうそうになっておいしゃさんにいったけれどちゅうしゃをされてもなかなかったおんなのこ 「ちゅうしゃにいったモモちゃん」 松谷みよ子脚本;鈴木未央子画 童心社(松谷みよ子かみしばい・ちいさいモモちゃん4) 1973年5月

モモちゃん
むしばになったのでくちのなかのわるいコビトをたいじするためにはいしゃさんにいったおんなのこ 「はのいたいモモちゃん」 松谷みよ子脚本;鈴木未央子画 童心社(松谷みよ子かみしばい・ちいさいモモちゃん2) 1972年6月

モモちゃん
三つになったのでミルクびんやガラガラやおしゃぶりをうばぐるまにいれてもりのどうぶつたちへあげにいったおんなのこ 「三つになったモモちゃん」 松谷みよ子脚本;つちだよしはる画 童心社 1991年5月

ももひめ
やまのなかのにんじゃえんのえんちょうせんせいのおたんじょうびにとくいのにんぽうをみせたこどもたちのひとり 「ちんげんさいせんせいのおたんじょうび」 なかむらとおる作;中村陽子画 教育画劇 1997年11月

モリウル
母の日におかあさんにハンバーグをつくってプレゼントしたこどもオバケたち 「おばけのハンバーグ」 等門じん作;山口みねやす画 教育画劇 1993年11月

ミリガンふじん
びょうきの子アーサーをつれてふねであちこちまわっているやさしいおんなの人 「家なき子(前編)(中編)(後編)」 エクトル・マロ原作;高木あきこ文;ながよしかよ画 教育画劇 1988年1月

モーリーさん
ずっとむかしからもりのひろばにたっているおおきな木でどうぶつたちがだいすきなとてもやさしい木 「モーリーさんのおおきなテーブル」 ふりやかよこ作・画　教育画劇　1994年5月

モール
ネコにおいかけられてもぐらのトンネルににげこんできたアカネズミのアーヤになかをみせてあげたもぐら 「もぐらのトンネル」 髙家博成脚本;仲川道子絵　童心社(ともだちだいすき)　2004年7月

モルギアナ
アリババの頭のいいめしつかい 「アリババと四十人のとうぞく-アラビアン・ナイト」 林たかし文;清水祐幸画　教育画劇(世界名作童話紙芝居全集第1集)　1983年5月

モルテン
ニルスのなかよしでニルスをせなかにのせていっしょにたびをしたガチョウ 「ニルスのふしぎなたび(前編)(後編)」 ラーゲルレーヴ原作;上地ちづ子脚本;ユノセイイチ画　童心社　1991年5月

モルモット(ミケ)
みーちゃんのようちえんでかわれていたモルモット 「みーちゃんとモルモット」 中川美穂子脚本;藤本四郎画　童心社(どうぶつの飼い方ふれあい方)　2000年8月

モレ
千三百年もの昔東北地方に住んでいたエミシと呼ばれていた人々がヤマトの政府と戦うためにつくった連合軍の総大将アテルイとともに戦った磐井の豪族の頭 「エミシのいかり」 後藤竜二作;高田三郎絵　汐文社(紙芝居日本の歴史7)　1987年4月

モンキチくん
うちのひとになにもいわずにそとにあそびにでてしまってしらないひとにこえをかけられたさるのぼうや 「しらないひとにきをつけて」 にへいたもつ作;川端理絵絵　教育画劇(防犯紙芝居)　2007年5月

もんきーちゃん
つめたい北風がふくとすぐにおへやのおこたのなかにもぐりこんでいた寒がりんぼのこざる 「うすぎになったもんきーちゃん」 大川秀夫作;渡辺加三画　教育画劇　1965年3月

モンキッキ
だれかがすてたバナナのかわですべったらどうなっちゃうかなあ？と考えたさる 「バナナのかわですべったら」 森比左志作・文;西川おさむ画　NHKサービスセンター(創作童話)　1977年1月

もんくん
ぶたのはなちゃんたちとけんなこうじげんばやすなやまであそんださる 「うさぎおばけのパトロール」 山本省三作・絵　教育画劇　2007年5月

もんた
おやつのまえにどろんこあそびをしたてをあらわなかったさる 「おやつのまえに」 高橋道子脚本;いそけんじ画　童心社(2・3歳児しつけかみしばい・みんなは、できるかな?)　1993年5月

もんた

モンタ
おかのふもとにあったどうぶつたちのさくらえんのそとあそびのじかんに大きなじしんがおきてけがをしたおサル 「けがをしたモンタ」 安田浩作;黒井健画 教育画劇(よいこの地震紙芝居ぐらぐら) 1981年4月

モンタ
ふもとの村のおまつりでうっていたピーピキぶえがほしくてたまらなくなった山のこざる 「おさるさんのふえ」 川崎大治作;まつやまふみお画 童心社(川崎大治名作紙芝居選) 1985年7月

もんちゃん
やまへあそびにきたみどりえんのこどもたちをみつけてそばへいってみたおさる 「みつけたみつけた」 久保雅勇作・画 童心社(よいこの12か月) 1981年9月

モンちゃん
デンデン山へかきをとりにいった二ひきのきょうだいざるのにいさんざる 「デンデン山のあまいかき」 柴野民三作;高橋透画 教育画劇(パンダちゃんシリーズ) 1978年10月

モンちゃん
なかよし幼稚園の野菜のきらいなさるのおとこの子 「しょくじのじかんですよ」 四方国恵ほか作;福田京二画 ぎょうせい(健康・安全シリーズ紙芝居) 1989年5月

モンちゃん
ライオンにしっぽをかみきられてしまってからずーっとうちにこもりきりになったさる 「しっぽのないさる」 藤昌秀原作;吉野弘子脚色;中村有希画 教育画劇(1年の道徳紙芝居) 1995年6月

モンちゃん
二かいのまどからおちそうになったげんきなさるのおとこのこ 「おっとあぶない！モンちゃんキーちゃん-高い場所での危険」 宗方あゆむ作;毛利将範画 教育画劇(安全紙芝居あぶない！そのときどうする?) 2003年12月

モンペイちゃん
あさおそくおきてあさごはんをたべないでえんにいったさるのこ 「ごはんですよーっ」 宮﨑二美枝脚本;長谷川知子絵 童心社(おいしくたべて、げんきな子) 2008年12月

モンモン
おばけがでるといううわさのゾクゾクもりへこいぬのポッチとこねこのミッケと三人でいったさる 「おばけかな、ほんとかな？」 木村裕一作・画 教育画劇 1989年7月

【や】

やえおばあちゃん
ほいくえんの子どもたちとなかよしになったにわに木や花がいっぱいうえてあるおうちのおばあちゃん 「おばあちゃんの花のたね」 阿部明子脚本;ふりやかよこ画 童心社 1995年9月

やかん
おだいどころでガスのひにかけられたおなべとふらいぱんといばりあって声をたててけんかをはじめたやかん 「おなべとやかんとふらいぱん」 村山籌子原作;堀尾青史脚本;田畑精一画 童心社(ひよこシリーズ) 1971年5月

やぎ
あるところにやぎのおかあさんといたかわいいかわいい七ひきの子やぎ 「おおかみと七ひきの子やぎ」 グリム原作;奈街三郎脚本;スズキコージ画 童心社(世界の名作・第2集) 1992年5月

やぎ
おかあさんやぎがそれはそれはかわいがっておりました7ひきのこやぎ 「おおかみと7ひきのこやぎ-グリム童話」 大木純脚色;加藤晃画 教育画劇 2000年2月

やぎ
むかしあるところにおかあさんやぎといた七ひきのこやぎ 「おおかみと7ひきのこやぎ-グリム童話より」 関修一作・画 教育画劇 1995年7月

やぎ(ブルーセ)
ある日のことおそろしいトロルがすんでいるはしをわたって山へ草を食べに行こうとしたおなじ名まえの三びきのやぎのきょうだい 「三びきのヤギ」 水谷章三脚色;渡辺和行画 NHKサービスセンター(NHKかみしばい 世界の昔ばなし) 1982年1月

やぎ(メイ子ちゃん)　やぎ(めいこちゃん)
みんなみたいにとんだりはしったりするのがきらいなのでうんどうかいがだいきらいなやぎのおんなの子 「とんではしって」 福島のり子作;西村達馬画 教育画劇(兄弟愛と自然きょうだいシリーズ) 1977年10月

やぎ(メーさん)
ねこのニャンコちゃんとねずみのチュースケくんがあつめたどうぶつむらのこどもたちのふるいセーターをあみなおしてくれたやぎ 「ぞうのあかちゃんへのプレゼント-リサイクル」 宗方あゆむ作;毛利将範画 教育画劇(かんきょうかみしばい みんなでまもろうネ!ちきゅうくん) 1999年5月

やぎ(メルばあちゃん)
びょうきになってたぬきのポポやきつねのニッキたちみんなからおはなをもらったやぎのおばあちゃん 「ポポのおみまい」 福田岩緒脚本・絵 童心社(ともだちだいすき) 2007年10月

やぎさん
あめがふっておへやでボールがみをあわせてすきなものを作ったえんのどうぶつたちのやぎさん 「にじのいろってどんないろ?」 古寺伸竹作;奥田怜子画 教育画劇(ちいさなちいさなおはなし) 1979年7月

やぎさん
こいぬのチビちゃんたちとかくれんぼしていたやぎさん 「もういいかい」 川島美子作;遠竹弘幸画 童心社(うさちゃんシリーズ) 1979年9月

やきさ

やぎさん
六さいになったのでがっこうへいったらしろいおひげがはえてるのがおかしいとみんなにわらわれてしまったかわいいやぎさん 「かわいいやぎさんのおひげ」村山籌子原作;村山亜土脚本;村山知義絵 童心社(村山籌子幼年かみしばい) 2002年5月

やぎじいさん
山のむこうのどうぶつむらへクリスマスのおいわいにバイオリンをひきにいくとちゅうでみちにまよっておおかみのうちへひっぱりこまれてしまったやぎ 「やぎじいさんのバイオリン」ハリス原作;堀尾青史脚本;岡野和画 童心社 1985年1月

やぎせんせい
おさんぽえんそくのひにげんきのないかばくんをしんぱいしたやぎせんせい 「あさごはんでもりもりげんき-あさごはんの大切さ」林ふみこ作;岡本美子画 教育画劇 1998年5月

やぎの植木屋さん　やぎのうえきやさん
まんまるくて赤いものがふわふわと行ってしまうのをおひさまがにげて行くのかとおもってたぬきのポコおじさんといっしょにおいかけたやぎの植木屋さん 「おひさまがにげていく」小池タミ子原作・脚色;伊東美貴画 NHKサービスセンター(NHK創作童話集) 1979年1月

ヤクザカマキリ(カマキリ)
うまおいのチーコちゃんをつかまえてたべようとしたヤクザっぽいカマキリ 「かるかやバレーがっこう」こさかしげる画 童心社(かこさとし紙芝居傑作選) 1975年3月

ヤゴ
ちいさないきものをたべておおきくせいちょうしてみずのうえにでてきたギンヤンマのヤゴ 「いけからでると」得田之久脚本・画 童心社(自然観察紙芝居ふしぎなむしのせかい) 1984年4月

ヤゴ(ヤン)
池の中ではじぶんが一ばんつよいんだといつもいばっていたトンボの子どものヤゴ 「トンボになったヤン」小春久一郎作;清水耕蔵画 教育画劇(しぜんといきもの) 1981年1月

弥五兵衛　やごへえ
南部藩の悪政に困って一揆を起こして殺された百姓の代表 「小○の旗」後藤竜二作;穂積肇絵 汐文社(紙芝居 日本の歴史19) 1987年12月

やさい
h 「やさいむらのうんどうかい」しばはらち作・画 教育画劇(ゆかいなたべもののおはなし) 1991年6月

やさい
さむがりやのおさむくんのからだをぽっかぽっかにしてあげようとしたやさいたち 「からだぽっかぽっかおうえんだん」尾崎曜子作・画 教育画劇(食育かみしばい) 2005年4月

やじさん
おかねもあまりないのにたびにでかけたのんきもののふたりぐみのふとったほう 「やじさんきたさん」十返舎一九原作;水谷章三脚本;前川かずお画 童心社 1991年2月

やじゅう
おおきなおしろにひとりですんでいたこのよにこんなみにくさがあろうかというようなやじゅう 「美女と野獣(前編)(後編)」ボーモン原作;藤田勝治脚本・画 童心社 1999年1月

やすけ
みやこから家来をつれてやってきた田村しょうぐんという人にありあけ山のおにたいじをたのまれたや村のゆみやの名人 「やむらのやすけ」石山透脚色;石倉欣二画 NHKサービスセンター(名作民話おはなし広場) 1984年1月

やすこちゃん
いもうとのななこちゃんがかぜをひいてしまったのでとしくんとうちのそとでおままごとのひなまつりをしたおんなのこ 「みんなでひなまつり」辻邦脚本;田沢梨枝子画 童心社(たのしい季節の行事 ぽかぽか・春のまき) 1990年1月

やすざえもん
日向の国の米良の里でうるしをあつめることをしごとにしていた二人のきょうだいのあに 「めらのうるし」長崎武昭脚色;斎藤博之画 NHKサービスセンター(名作民話おはなし広場) 1984年1月

ヤスシ
ともだちのチカコちゃんのかってもらったばかりのじてんしゃにだまってのった男の子 「ぼくにものせてよ」関七美作;山本まつ子画 教育画劇(あたらしいしつけ紙芝居) 1995年2月

安田さん　やすださん
1982年ニューヨークの国連本部で開かれた第二回国連特別軍縮総会に友だちの吉川先生と日本の代表として反核の署名簿をさし出した東京の学校の先生 「ノーモア=ヒバクシャ」吉村徳蔵作;四国五郎絵 汐文社(紙芝居日本の歴史30) 1988年12月

やっこだこ
いとがきれてとんでいったおみやの森の木のうえですずめたちやおほしさまとはなしをしたやっこだこ 「けいたくんのたこ」東京書籍編集委員会原作;水沢研画 教育画劇(幼児童話傑作選第2集) 1964年4月

やっちゃん
えんのみんなとうみへとまりにいったよるにおばけぼうやにあったおとこのこ 「おばけとやっちゃん」松野正子脚本;横内襄画 童心社(紙芝居ベストセレクション第2集) 2000年5月;童心社(美しい心シリーズ) 1981年7月

やっちゃん
おかあさんによばれてちゃんとおへんじができたおとこのこ 「おへんじ」奈街三郎作;久保雅勇画 童心社(2・3歳児かみしばい・うさちゃんシリーズ) 1986年11月

やっちゃん
おにわのすなばであそんでいてころんでけがをしてしまってバイキンがきずのなかにはいったおとこのこ 「みよちゃんとバイキン」清水えみ子脚本;長島克夫画 童心社(かみしばい安全教育シリーズ) 1977年1月

やつち

やっちゃん
おふろばにやってきたどうぶつたちといっしょにおふろにはいったおとこのこ 「おふろでプクプク」 高橋ゆいこ作 童心社(年少版かみしばい・ちいさいおともだち) 1987年5月

やっちゃん
なつのひうみべにできたひがたにでてきていろんなかにであったやまとおさがに 「かにがいっぱい」 国松俊英作;駒井啓子画 童心社 1981年7月

ヤドカリ
あさおきてからゆうがたねむるまでうみべやしおだまりでいろいろないきものにあったヤドカリ 「うみべのたんけん」 杉浦宏脚本;高橋透画 童心社(ゆたかなこころシリーズ) 1993年5月

ヤドカリ
たくさんのあかちゃんのなかからいきのこってあたらしいいえをさがしにでかけたヤドカリ 「ヤドカリのひっこしだいさくせん」 中村翔子作;伊東美貴画 教育画劇(うみべのちいさないきもの) 2001年5月

やどかりさん
ミニカーをみつけてさっそくひっこしたひっこしのだいすきなやどかりさん 「やどかりのひっこし」 山脇恭作;椎野利一画 教育画劇(おはなしプレゼント) 1986年7月

やど屋の主人　やどやのしゅじん
むかし鳥取の町に一けんのやど屋を店開きして古道具屋さんから古いふとんを買ってきた主人 「とっとりのふとん」 伊藤海彦脚色;深沢省三画 NHKサービスセンター(NHK小学校国語紙芝居教材 日本の民話Ⅱ) 1980年1月

ヤマアラシ
あるひコヨーテとスカンクといっしょににくをみつけていちばんいいゆめをみたものがにくをひとりじめすることにしようというきょうそうをしたヤマアラシ 「ゆめくらべ」 荒木文子脚本;下田昌克絵 童心社(ともだちだいすき) 2007年1月

山あり大王　やまありだいおう
あしのはの上にのって川をながされていたのをたすけてくれたあめやのリーさんにおんがえしをした山ありの大王 「ありのおんがえし」 中村小坡文;小島貝画 教育画劇(幼児童話傑作選第1集) 1965年9月

ヤマイヌ
しあわせ村へ行くとくべつ列車しあわせごうをオオカミとのっとったヤマイヌ 「しあわせごうゴーゴー」 堀尾青史作;若林一郎文;黒井健画 NHKサービスセンター(創作童話) 1977年1月

山犬　やまいぬ
大むかし人があなのすまいをしていて火というものがなかったとき火の山へ火をとりにいく少年がちえをかりにいった山犬 「犬と少年」 浜田広介作;福島のり子脚色;輪島清隆画 教育画劇(ひろすけ童話紙芝居全集) 1987年8月

やまいもさん
やまからころころじゃっぽーんしたやまいもさん 「ころころじゃっぽーん」 長野ヒデ子脚本・絵 童心社(あかちゃんかみしばい ぱちぱちにっこり) 2006年9月

山男　やまおとこ
山の神さまのまつりのばんにりょうじがみたひとえのきものにみのみたいなものをきたがっしりした山男　「まつりのばん」　宮沢賢治原作;川崎大治脚本;福田庄助画　童心社(かみしばい宮沢賢治童話名作集)　1966年3月

山県　昌景　やまがた・まさかげ
甲斐の武田勝頼軍の騎馬武者　「長篠の戦い」　山下國幸作;江口準次絵　汐文社(日本の歴史14)　1987年12月

やまがら
おたんじょう日に森のおくの木のあなのうちで小とりたちみんながおいわいにきてくれるのをまっていたやまがら　「二わの小とり」　久保喬原作;角田光男脚色;加藤晃画　教育画劇(1年の道徳紙芝居)　1995年6月

山幸　やまさち
遠いむかしにいたとうとい神様の子どもであるふたりの兄弟の弟で山でかりをしてくらしていたわかもの　「うみさちやまさち」　たなべまもる脚色;田代三善画　NHKサービスセンター(NHK小学校国語紙芝居教材 日本の古典)　1979年1月

やまたのおろち
まいとしむらにあらわれていけにえのむすめをさらっていく八つのあたまと八つのしっぽをもっただいじゃ　「やまたのおろち(前編)(後編)」　川崎大治脚本;田島征彦画　童心社　1990年2月

ヤマタノオロチ
出雲の国のむすめたちをつぎつぎに食べてしまう頭が八つもある大きなオロチ　「やまたのおろち」　須藤出穂脚色;沼野正子画　NHKサービスセンター(NHK小学校国語紙芝居教材 日本の古典)　1979年1月

山鳥　やまどり
や村のゆみやの名人やすけがわなから外してにがしてやった山鳥　「やむらのやすけ」　石山透脚色;石倉欣二画　NHKサービスセンター(名作民話おはなし広場)　1984年1月

ヤマネ
つきよのさんぽがだーいすきなくいしんぼうのヤマネ　「つきよのヤマネ」　千世まゆ子脚本;ひろかわさえこ絵　童心社　2006年7月

やまねこ
いちろうにめんどうなさいばんをたのんだやまねこ　「どんぐりとやまねこ」　宮沢賢治原作;堀尾青史脚本;渡辺有一画　童心社(宮沢賢治かみしばいの森)　1996年5月

やまねこのおばあさん
もりのはずれにひとりですんでいるやまねこのおばあさん　「おひなさまをクリーニング」　三田村信行作;黒岩章人画　教育画劇(きつねのクリーニングや4)　1989年3月

山の木(木)　やまのき(き)
さむくなってもはやどんぐりをおとさないようにがんばっている山の木たち　「りすさんのどんぐりさがし」　花澤慎一作;田沢梨枝子画　教育画劇(しぜんといきもの)　1985年7月

やまひ

やまひこ
とおいむかしあにのうみひことふたりでやまでけものをとってくらしていたおとこ 「うみひこやまひこ」 紙芝居研究会脚本;田代三善画 童心社(美しい心シリーズ) 1984年7月

やまぶし
あるときふかーいやまみちにはいってじごくけんぶつにいった三人ぐみのひとりのやまぶし 「じごくけんぶつ」 水谷章三脚本;藤田勝治画 童心社(日本民話かみしばい選・わらいばなしがいっぱい) 1984年9月

やまぶし
なくなったちちが火の山にうめたというたからをとりにいったこたろうをたびたびたすけてくれたやまぶし 「ゆくぞこたろうあらしをこえて(前編)(後編)」 堀尾青史脚本;田代三善画 童心社 1978年12月

やまぶし
むらびとたちがおそれるたきのぬしとたたかってのろいによっていしにかわったやまぶし 「やまぶし石ものがたり(前編)(後編)」 諸橋精光脚本・画 童心社 1989年11月

山本さん　やまもとさん
三年二組の学級文庫の図書のかかりの女の子 「あわれなアフリカぞう」 足沢良子作;小谷野半二画 教育画劇(道徳紙芝居総集編) 1982年7月

やまんば
あたまのしらみをとってくれたこめんぶくにほしいものがなんでもでてくるたからばこをあげたやまんば 「こめんぶくあわんぶく」 水谷章三脚本;渡辺有一画 童心社(ゆたかなこころシリーズ) 1998年5月

やまんば
あるとき「おらめしくわねえではたらく」っていってけちんぼなおとこのよめこになったやまんば 「くわず女房」 松谷みよ子脚本;長野ヒデ子画 童心社(松谷みよ子民話珠玉選第2集) 1998年8月

やまんば
ある日のことお母さんが山のふもとの町まで出かけると子どもたちを食べに家に来たやまんば 「おそばのくきがあかいのは」 石山透脚色;岡本武紫画 NHKサービスセンター(名作民話おはなし広場) 1984年1月

やまんば
おそろしいなりをしていたがけものやひとをくえないのでほかのやまんばからばかにされてくりやまにひとりっきりでくらしていたやまんば 「めしをくわないやまんば」 小熊雅子脚本;福田岩緒画 童心社(ゆたかなこころシリーズ) 1994年3月

やまんば
たくさんのしおさばをうしのせなかにつんでうりにでかけたうしかたがとおった山みちにでてきたやまんば 「うしかたとやまんば」 坪田譲治作;福田庄助画 童心社(童心社のベスト紙芝居) 1985年1月

やまんば
ひとりのうしかたがうしのせなかにしおじゃけをつんで山の中を歩いて来たら出て来た山のおばけ「うしかたとやまんば」若林一郎文;岡村好文画 NHKサービスセンター（日本むかしばなし） 1977年1月

やまんば
むかしあるところにあったちょうふく山という高い山にすんでいたおそろしいやまんば「ちょうふくやまのやまんば」能勢紘也脚色;村上豊画 NHKサービスセンター（名作民話おはなし広場） 1984年1月

やまんば
むかしあるやまおくのいえでるすばんをしていた三人のきょうだいをおかあにばけてくおうとしたやまんば「やまんばと三人きょうだい」水谷章三脚本;伊藤秀男絵 童心社（ともだちだいすき） 2006年12月

やまんば
むかしちょうふく山というたっかい山にすんでおったこわーいやまんば「ちょうふく山のやまんば」花井巴意文;井上あきむ画 教育画劇（たんぽぽシリーズ） 1982年12月

やまんば
やまでいちばんものしりのやまんば「なぜ、おひなさまをかざるの？」三谷亮子脚本;川上尚子絵 童心社（なぜ?どうして?たのしい行事） 2001年9月

やまんば
やまでのひとりぐらしがさびしくてにんげんのこどもとともだちになりたくてふもとのこやへいったやまんば「やまんばの木」甲木美帆原作;堀尾青史脚色;田代三善画 童心社（美しい心シリーズ） 1979年9月

やまんば
やまんなかにすむちいさないきものをまほうでだましこんではぱっくりとたべていたこわーいまほうつかい「やまんばのしっぱい」木曽秀夫作・画 教育画劇（まほうのくにへようこそ） 1987年1月

やまんば
山にくりひろいにきたおてらのこぞうをくおうとしておいかけたやまんば「たべられたやまんば」松谷みよ子作;二俣英五郎画 童心社 1992年1月;童心社（童心社のベスト紙芝居） 1984年2月

やまんば
山にくりをひろいにきたおてらのこぞうさんをつかまえてたべようとしたこわいやまんば「やまんばと三まいのおふだ（前編）（後編）」花井巴意文;福田岩緒画 教育画劇 1987年8月

やまんば
山のふもとの村にいたおそろしくけちな男に「わしはめしをくわぬ女じゃ」といってにょうぼうになったやまんば「くわずにょうぼう」須藤出穂脚色;及川正画 NHKサービスセンター（NHKかみしばい 日本の昔ばなし） 1982年1月

やまん

やまんば
山へ花をつみにきた村の子どもたちをつかまえて食べようとしたやまんば 「三まいのおふだ」 長崎武昭脚色;杵渕やすお画 NHKサービスセンター(名作民話おはなし広場) 1984年1月

やまんば
子どもをうんだでもちをついてこいとふもとのむらびとにいったちょうふく山のやまんば 「やまんばのにしき」 松谷みよ子作;井口文秀画 童心社 1973年12月

山んば　やまんば
あるばんむすめのすがたでむらのわかものをたずねてきて「おらめしくわねぇでようはたらきますで」といってよめさまになった山んば 「めしくわぬよめさま」 東川洋子文;岡本武紫画 教育画劇(おばけだぞ〜) 1988年4月

やもり
うんわるく家のおじいさんがはめいたにうちつけたくぎにさされておとうさんやもりがみうごきできなくなったやもりのかぞく 「五ひきのやもり」 浜田広介作;富永秀夫画 教育画劇(かみしばい児童文学館) 1983年3月

ヤン
おおきなおじかをおいつづけたわかいかりうど 「ヤンとおじか」 アーネスト・T.シートン原作;松岡達英文;松岡洋子絵 ほるぷ出版(ほるぷの紙芝居) 1976年5月

ヤン
池の中ではじぶんが一ばんつよいんだといつもいばっていたトンボの子どものヤゴ 「トンボになったヤン」 小春久一郎作;清水耕蔵画 教育画劇(しぜんといきもの) 1981年1月

ヤンくん
あいちゃんとベトナム人のツイちゃんと三人でお月見をした中国人の男の子 「なぜ、お月さまにおそなえをするの?」 渡辺享子脚本・絵 童心社(なぜ?どうして?たのしい行事) 2001年9月

やんちゃひめ
おおそうじをしていておとのさまがだいじにされていたつぼをわってしまったやんちゃひめ 「やんちゃひめ-おおいそがしのまき」 上地ちづ子脚本;徳田徳志芸画 童心社 1987年12月

やんまる
やんちゃひめのいぬ 「やんちゃひめ-おおいそがしのまき」 上地ちづ子脚本;徳田徳志芸画 童心社 1987年12月

【ゆ】

ゆい
せいじんのひにゆめでうさぎといっしょにおおむかしのせいじんのひをみにいったおんなのこ 「ゆいちゃんとせいじんのひ」 新井悦子文;剣持晶子絵 教育画劇 2007年9月

ゆうく

ユイチー
チャンジャという村にいたことばを話すことができないとてもすなおな娘 「幸せさがし」 瀬戸内寂聴文;はたこうしろう絵 講談社(寂聴おはなし紙芝居) 2007年11月

ゆうき
クラスにいる自閉症の子のひろしのことがわかるようになったおとこのこ 「ひろしとひまわり」 西村由紀子原作;やべみつのり作 童心社(バリアフリーの紙しばい) 2001年3月

ゆうき
たけしのともだち 「にんじゃがやってきた」 今村幸介作;山口みねやす画 教育画劇(教育画劇のかみしばい) 1997年11月

ゆうき
とうちゃんがしごとでのっているおおきなトラックにのせてもらいたいおとこのこ 「とうちゃんありがとう」 鶴見正夫作;藤本四郎画 童心社(たのしい季節の行事 きらきら・夏のまき) 1988年4月

ゆうきち
あるむらにすんでいたちょうじゃさんがひとりむすめのむこをさがしているといううわさをきいてたずねてきたたびのわかもの 「はかばへいくむすめ」 にへいたもつ文;川端理絵絵 教育画劇(教育画劇のかみしばい ブルッとふるえる!こわい日本の民話) 2008年1月

ゆうくん
おかあさんとデパートでおかいものをしていてじしんにあったおとこのこ 「こわかったおかいもの-外出先(デパート)での地震」 宗方あゆむ作;藤本四郎画 教育画劇 1995年8月

ゆうくん
おじいちゃんにけいろうのひにかんけいのあるむかしばなしをしてもらったおとこのこ 「けいろうのひ」 いとうみき作・画 教育画劇 2007年9月

ゆうくん
すべりだいのマシンにのって百ねんまえのせいぎのみかたウルトラかめんにあいにいったみらいのせかいのおとこのこ 「ウルトラゆうくん」 矢崎節夫作;奥田怜子画 教育画劇(いってみたいなこんなくに) 1989年1月

ゆうくん
チューリップこうえんでこうすけくんといっしょにあそんだきんじょの二年生あきこちゃんのおとうと 「チューリップこうえんへあつまれ!」 いしばししずこ作;高橋透画 教育画劇 1992年4月

ゆうくん
どうぶつえんでみんなでしりとりしながらどうぶつをみていったおとこのこ 「しりとりどうぶつえん」 しばはらち作・画 教育画劇(家庭版かみしばい) 1995年3月

ゆうくん
としがみさまがいとがきれてたかくとんでしまったたこをとどけてあげたおとこのこ 「としがみさまとおしょうがつ」 やすいすえこ作;鈴木博子画 教育画劇 1995年11月

ゆうく

ゆうくん
ひとりでバスにのってまいごになってしまったおとこのこ 「ゆうくんどこいくの?」 わしおとしこ脚本;多田ヒロシ画 童心社(こんなときぎをつけようネ!) 1991年9月

ゆうくん
ひなまつりの日にえんでみんなとおゆうぎをしたおとこのこ 「もものの木のしたのおひなさま」 西本鶏介作;岡本美子画 教育画劇(きれいな花いっぱい) 1990年9月

ゆうくん
学校からの帰り道にサンタさんからもらったはこにはいっていたぷわぷわのみがなるたねを二年三組のみんなと校庭にまいた男の子 「ぷわぷわのみ」 中村美佐子作;田中秀幸画 教育画劇 1992年4月

ユウくん
テーブルのうえのフォークとスプーンとおさらがへんしんしたキリンとわにとかばのさんびきとひまわりいっぱいののはらであそんだおとこのこ 「ひまわりおひさますてきだね」 矢崎節夫作;浅沼とおる画 教育画劇(きれいな花いっぱい) 1990年9月

勇くん　ゆうくん
二年生の秀くんのクラスに転校してきた筋肉の病気で足が不自由な男の子 「がんばれ!勇くん」 長沢秀比古原案;上地ちづ子脚本;長野ヒデ子絵 汐文社(紙芝居日本国憲法4) 1990年3月

ゆうこ
クリスマスにあたらしいおにんぎょうがほしくてだだをこねたおんなのこ 「ゆうことクリスマス」 松野正子作;鎌田暢子画 童心社 1998年12月

ゆうこちゃん
あさよっちゃんといっしょにえんにいったおんなのこ 「おはようさん」 中臣浩子作;西村達馬画 教育画劇 1979年12月

ゆう子ちゃん　ゆうこちゃん
おうちが火事になった子ども、大ちゃんのいもうと 「あっ、おうちがもえている」 森田健作;清水祐幸画 教育画劇(地震火災安全紙芝居) 1991年7月

ゆう子ちゃん　ゆうこちゃん
おかあさんとおにいちゃんと三人でデパートへおかいものにいったら火事になってひなんした女の子 「がんばれしょうぼうしゃ」 森田健作;野々口重画 教育画劇(地震火災安全紙芝居) 1985年12月

ゆうさく
からだがよわいおとうとのためにいもうとのおさきとげんきになるかしわのはっぱをさがしにいってはっぱにもちをくるんでたべさせたおとこのこ 「げんきがでるよかしわもち-こどもの日」 山本省三作・画 教育画劇 2002年7月

ゆうじ
おるすばんをしているとうちの中にどろぼうにはいってこられたおとこの子 「ゆうじとありじ」 西内ミナミ作;なかのひろたか画 教育画劇(おはなしワクワク) 1989年10月

ゆうじ
学校のうらがわにあるあさひ山をこえて学校にかよってくる男の子 「はっぱどりとんだ!」 椎野利一作・画 教育画劇(1年の生活科) 1992年4月

佑介　ゆうすけ
駅で困っているときに五年生の圭太からお金をかしてもらったろう学校に通う男の子 「ぼくたち友だち」 難波江由紀子原案;上地ちづ子脚本;夏目尚吾画 汐文社(紙芝居 障害者といっしょに3) 1995年3月

ゆうた
えんのうらにわでだんごむしをいっぱいみつけてみんなにみせてあげようとおもったおとこのこ 「ゆうたのだんごむし」 伊藤たまき脚本;夏目尚吾画 童心社 1987年10月

ゆうたくん
はるののはらではなちゃんとともだちになったおとこのこ 「ともだちいっぱい!」 千世まゆ子脚本;梅田俊作絵 童心社(ともだちだいすき) 2008年4月

ゆうちゃん
えんのおゆうぎでスキップができなくておかあさんとれんしゅうしたおんなのこ 「おかあさんとスキップ」 阿部明子脚本;長島克夫画 童心社 1989年2月

ゆうちゃん
おともだちのみみのそばでおおきなこえをだしてせんせいにおこられたおとこのこ 「みぎのいい耳ひだりのかわいい耳-耳のびょうきのおはなし」 南部和也作;いとうみき絵 教育画劇(びょうきのシグナルわかる?健康紙芝居) 2008年9月

ゆうちゃん
さむいさむいふゆのあさにマフラーつけててぶくろはめてしゅんちゃんとあそんだおんなのこ 「ぽっかぽか」 長谷川知子脚本・絵 童心社 2007年1月

ゆうちゃん
にがいあじのおくすりをのんだおとこのこ 「どんなあじ?」 ひろかわさえこ脚本・絵 童心社(あかちゃんからの食育かみしばい ぱくぱくもぐもぐ) 2008年9月

ゆうちゃん
ママが「パンツをはきましょう」「おもちゃをしまいましょう」といってもすたこらさっさとにげだしたおとこのこ 「こらまてこらまて」 今井和子脚本;鎌田暢子絵 童心社(2・3歳児かみしばい・いちごシリーズ) 1990年6月

ユウちゃん
お気に入りの小さい手帳にえだをひろげたふしぎなかっこうの木をかいた男の子 「ポケットの中の木」 伊藤海彦原作・脚色;高畠純画 NHKサービスセンター(NHK創作童話集) 1978年1月

ユウちゃん
五さいのオランウータンのおんなのこウータンをあかちゃんのときからかっていたおんなのこ 「ジャングルへかえったオランウータン」 杉浦宏脚本;福田岩緒画 童心社(ゆたかなこころシリーズ) 1994年10月

ゆうひ

ゆうびんしゃ
こうさぎのららからあてなのないてがみをたのまれてしまったゆうびんしゃ 「てがみのまいご」 小春久一郎作;島田明美画　教育画劇(おはなしランド)　1985年9月

ゆうびんしゃ
みんなのだいじなおてがみをはこぶのがしごとのゆうびんしゃ 「はしれ！とびだせ！まちのくるま」 小賀野実写真・案　教育画劇　2003年5月

ゆうびんやさん
もりのポストがいつもからっぽなのにおこってポストのあたまをたたいたゆうびんやさん 「もりのポスト」 花井巴意作;ながよしかよ画　教育画劇(ユーモアだいすき)　1988年11月

ゆうびんやさん
やまのふもとにあっててがみをいれるひともほとんどないポストにまいにちきていたゆうびんやさん 「たぬきのてがみ」 宮﨑二美枝脚本;長谷川知子絵　童心社(ともだちだいすき)　2003年11月

ゆうや
なつにえんのにわでおとうさんとおやこキャンプをしたおとこのこ 「おとうさんってゆかいだな」 髙橋道子脚本;平野哲雄画　童心社　1986年8月

ゆうやくん
おとうさんおかあさんおにいちゃんといっしょにいったやまでかわいいいぬにあったおとこのこ 「あたらしいともだち」 古山広子脚本;鈴木幸枝絵　童心社(ともだちだいすき)　2004年11月

ゆうらんまる(ふね)
みなとの小さなゆうらんせんでひろいうみにいってみたくてあるばんみなとをぬけだしてあらしにあいバナナンとうについたふね 「ゆうらんせんしまへいく」 仲倉眉子作;中村景児画　教育画劇(のりものだいすき)　1986年1月

ゆうれい
あらしにあってうみにほうりだされふないたにしがみついてただよっていたりょうしのじんすけのそばにあらわれたなかま四にんのゆうれい 「あらしのうみのゆうれい－原作小泉八雲「漂流」より」 諸橋精光脚本・画　童心社(こわいこわーいおはなし)　1991年5月

ゆうれい
じぶんがしんだあとはかばでうまれたあかんぼうのためにまいばんあめやにあめをかいにきたおんなのゆうれい 「子そだてゆうれい」 桜井信夫脚本;須々木博画　童心社(こわいこわーいおはなし)　1991年5月

ゆうれい
まちはずれにあるきつねのクリーニングやさんにまよなかにせんたくものをあずけにきたおんなのひとのゆうれい 「ゆうれいのおきゃくさま」 三田村信行作;黒岩章人画　教育画劇(ユーモアだいすき)　1988年7月

ゆうれい
山でらのはかのなかでうまれたあかんぼうにあめをたべさせようとまい日まよなかにあめやにあめをかいにきたわかいおんなのゆうれい 「あめかいゆうれい」 安田浩文;清水耕蔵画　教育画劇(おばけだぞ～)　1988年4月

ゆうれい(ばけもの)
むかし中国のある村にいたなかのいい兄弟がくらい道を歩いていた時にでたゆうれい 「おばけをてんぷらにしてたべた兄弟」 松岡励子作・文;岡村好文画 NHKサービスセンター(創作童話) 1987年1月

ゆかちゃん
おかあさんといなかのおばあちゃんのうちへいってのはらで花かんむりをつくってあそんだおんなのこ 「ゆかちゃんの花かんむり」 中平順子脚本;宮崎耕平画 童心社 1990年9月

ゆかりさん
学校にかわれているうさぎのしいくいいんの六年生の女の子 「かわいいみんなのコロスケ」 手島悠介作;鈴木幸枝画 教育画劇 1985年12月

ゆかりちゃん
ごあいさつのれんしゅうをしたかばのおんなのこ 「なんていうのかな」 高橋由為子脚本・画 童心社(2・3歳児しつけかみしばい・みんなは、できるかな!) 1993年5月

ゆき
ある冬のふぶきのばんにりょうしのみのきちの家にやってきてみのきちのおよめになったわかいむすめ 「ゆきおんな」 立原えりか脚色;石倉欣二画 NHKサービスセンター(NHK小学校国語紙芝居教材 日本の民話Ⅰ) 1979年1月

ユキ
12月24日のクリスマスイブの日がおたんじょうびのおんなのこ 「おたんじょうびはクリスマス」 立原えりか作;きよしげのぶゆき画 教育画劇(四季の行事シリーズ) 1992年11月

ゆきおくん
おねえちゃんがバスのしゃしょうさんになってはじめてバスにのる日におにいちゃんといっしょにバスにのりにいったおとこのこ 「おねえちゃんはしゃしょうさん」 長崎源之助作;こせきはるみ画 教育画劇 1980年4月

雪女　ゆきおんな
北国のふかい山やまのおなじ山のふもとにいた黒いきこりと白いきこりのふたりのきこりの小屋にやってきた雪女 「黒いきこりと白いきこり」 浜田広介作;中村太郎脚色;吉崎正己画 教育画劇(ひろすけ童話紙芝居全集) 1987年8月

ゆきおんな(おゆき)
あるふゆのふぶきのばんにわかいかりゅうどのみのきちのいえにやってきてみのきちのよめさんになってしもうたゆきおんな 「ゆきおんな」 桜井信夫脚本;箕田源二郎画 童心社(日本民話かみしばい選・おばけがいっぱい) 1982年9月

ゆきおんな(おゆき)
ある冬のさむいばんのこと木こりのみのきちがもさくじいさんと山へしごとに行った帰り道に見たおそろしいゆきおんな 「ゆきおんな」 こわせたまみ文;いもとようこ画 NHKサービスセンター(日本むかしばなし) 1977年1月

ゆきこ
去年の夏「この子たちの夏」というお芝居を見て原爆が落ちたヒロシマにお母さんとやってきた六年生の女の子 「ヒロシマに行って-ゆきこの夏休みレポート」 谷田川和夫原案;渡辺泰子脚本;宮本忠夫絵 汐文社(紙芝居「日本国憲法」2) 1990年3月

ゆきこ

ゆきこ
小学校六年生の夏にお母さんとヒロシマの原爆資料館へ行った女の子 「ヒロシマへ行って」 谷田川和夫原案;渡辺泰子脚本;宮本忠夫絵 汐文社(紙芝居日本国憲法2) 1990年3月

ユキコ
コウタたちと村ではしばらくやってないオサイドという火まつりをすることにした女の子 「火まつりのおか」 佐々木悦脚本;久米宏一画 童心社 1990年5月

ゆきだるま
うさぎやぶたやぞうやきりんのゆきだるま 「ゆきだるま」 八木田宜子脚本;大野隆司画 童心社 2001年12月

ゆきだるま
クリスマスのまえのばんにマリちゃんがいえのまえにつくったちいさなゆきだるま 「ゆきだるまのクリスマス」 堀尾青史脚本;鈴木琢磨画 童心社(よいこの12か月) 1988年12月

ゆきだるま
さむいばんにだれもみていないのでいさむちゃんからかしてもらったハーモニカをふいてみたゆきだるま 「ゆきだるまとおほしさま」 小川未明原作;岡上鈴江文;中村景児画 教育画劇(おはなしバラエティ) 1985年1月

ゆきだるま
ひとりぼっちでいるのがさびしくておでかけをしてもっこらやまのゆきだるまたちといっしょにあそんだゆきだるま 「ひとりぼっちのゆきだるま」 佐々木悦脚本;菊池道子画 童心社(美しい心シリーズ) 1979年12月

ゆきだるま
よるにぽつーんとひとりでのこされてどうやったらあたたかくなるのかなとあれこれかんがえていたさむがりやのゆきだるま 「さむがりやのゆきだるま」 やべみつのり脚本・画 童心社(たのしい季節の行事 わくわく・冬のまき) 1988年9月

ゆきだるま
りんごのぼたんをはらぺこのきつねにたべられてしまったゆきだるま 「ゆきだるまのぼたん」 やすいすえこ脚本;渡辺有一絵 童心社 2008年2月

ゆきだるま
子どもたちのてがみをもっていぬのボビーといっしょに冬じいさんのところへモミの木をもらいにでかけたゆきだるま 「クリスマスのてがみ」 ステーエフ原作;小林純一脚色;高橋透画 童心社(童心社の紙芝居 クリスマスものがたり) 1988年11月

ゆきちゃん
いろんなおとをさせておひるごはんをたべたおんなのこ 「つるつるシャキシャキもーぐもぐ」 荒木文子脚本;夏目尚吾画 童心社(おいしくたべて、げんきな子食育) 2008年12月

ゆきちゃん
おおきなくちをあけるどうぶつえんのカバのヒポポくんがだいすきな女の子 「くちのあかないかばヒポポくん」 わしおとしこ脚本;田畑精一画 童心社(童心社のベスト紙芝居) 1993年1月

ゆきちゃん
こわがりやさんのおとうとのたけちゃんとふたりだけでおばあちゃんのところにいったおんなのこ 「おばけだいじょうぶ-町なかでみるマーク」 冬野いちこ作・画 教育画劇 2000年1月

ゆきちゃん
どうぶつえんにいったらカンガルーがいておなかにあかちゃんのはいるポケットがあるのをみてびっくりしたおんなのこ 「ポケットポケット」 わしおとしこ脚本;和歌山静子画 童心社(年少版かみしばい・ちいさいおともだち) 1987年5月

ゆきちゃん
ひなまつりになかよしのけいこちゃんやおとなりのおばあちゃんとてづくりのおひなさまをかざったおんなのこ 「ゆきちゃんのひなまつり」 久保雅勇脚本・画 童心社 1984年3月

ゆきちゃん
めめくんといっしょにシャボン玉あそびをしたおんなの子 「シャボン玉ゆらゆら」 上沢謙二作;花井巴意文;ながよしかよ画 教育画劇(シャボン玉シリーズ) 1981年9月

ユキちゃん
くうしゅうにあわないようにとうきょうからかぞくでヒロシマのまちにそかいしたおんなのこ 「コスモス」 渡辺享子脚本・画 童心社(ゆたかなこころシリーズ) 1993年7月

ゆきの子　ゆきのこ
ゆきがふった日の夜タカシくんのうちのまどのそとにいた女の子 「つもれつもれはつゆきさん」 福島のり子作;牧村慶子画 教育画劇 1980年1月

雪の女王　ゆきのじょおう
雪のけがわをきておそろしいあくまのちからをもっていてみんなこおりのかたまりにしてしまうという女王 「雪の女王」 アンデルセン原作;稲庭桂子脚本;いわさきちひろ画 童心社(いわさきちひろ画・紙芝居選) 1976年3月

ゆきむすめ
むかしロシアのあるむらにいたおじいさんとおばあさんがゆきでつくったかわいいむすめ 「ゆきむすめ-ロシア民話」 島原落穂訳・脚本;金井塚道栄画 童心社(よいこの12か月) 1980年12月

ゆたか
おとうとのたけしのロボットをこわして「おまえはうちの子じゃないよ」といったおにいちゃん 「たけくんどこの子?」 岡信子作;西村達馬画 教育画劇 1992年4月

ゆたかくん
なつやすみにいもうとといなかのおじいちゃんのいえにやってきてむかしのまちがきたなかったころのしゃしんをみたおとこのこ 「おじいちゃんとふるいしゃしん-地球温暖化」 木暮正夫作;藤本四郎画 教育画劇(かんきょうかみしばい みんなでまもろうネ!ちきゅうくん) 1999年5月

ユッコ
おうちでみんなでグラタンをつくってたべたおんなのこ 「おうちでレストラン」 上地ちづ子脚本;高橋由為子画 童心社(かみしばい・たべるのだいすき!) 1989年3月

ゆひわ

ゆびわの精　ゆびわのせい
アラジンがまほうつかいからかりたゆびわをこするとあらわれた大男のゆびわの精 「アラジンとふしぎなランプ(前編)(後編)」福島のり子文;中村まさあき画　教育画劇　1986年11月

ゆまくん
おおきなじどうしゃをかってもらったのでウサギくんやねこちゃんたちをちいさなじどうしゃにのせてひっぱってあげてドライブをしたおとこのこ 「ゆまくんのドライブ」木村裕一脚本・絵　童心社(ともだちだいすき)　2003年5月

ゆみ
えんのともだちのしんちゃんといっしょにこいぬのチビやねこのタマのはみがきをしてあげようとしたおんなのこ 「はみがきやさんですよ」伊藤たまき脚本;多田ヒロシ画　童心社(げんきななかまシリーズ)　1994年6月

ゆみこ
おとうさんもおかあさんもとおいまちにはたらきにいっていないのでたなばたのたんざくにひみつのねがいごとをかいたおんなのこ 「ひみつのたんざく」上地ちづ子脚本;金沢佑光画　童心社(たなばたシリーズ)　1986年5月

ゆみこ
おひなさまたちがすわりっぱなしであしがいたいといっているゆめをみたのでようちえんのひなまつりでにほんあしのおひなさまをつくったおんなのこ 「ななじゅうまるのおひなさま」きたはらかずみ脚本;福田岩緒画　童心社(ひなまつりシリーズ)　1989年1月

ゆみこ
草原でつかまえた虫のことをしげるとけんいちと三人で図書館へいってしらべてみた女の子 「この虫なんだろう?」山崎哲男脚本;藤本四郎画　童心社　1996年4月

ゆみ子さん　ゆみこさん
あるひのゆうがたはしの上でうたっていただいすきなうたをおとしてしまったおんなのこ 「はるのうた」奈街三郎作;岸田耕蔵画　教育画劇(夢のふくらむシリーズ3集)　1973年4月

ゆみ子ちゃん　ゆみこちゃん
日よう日のあさにいえでかぞくとごはんをたべようとしていたときにじしんにあった女の子 「じしんのあった日よう日」木暮正夫作;西村達馬画　教育画劇(地震火災安全紙芝居)　1991年7月

ゆみちゃん
ねるときこっそりネコヤナギの花をふとんの中へもってはいった女の子 「ネコちゃんの花」今西祐行作;宮川ひろ脚色;工藤市郎画　教育画劇　1980年4月

ゆみちゃん
はをぜんぜんみがかなかったのでむしばになったおんなのこ 「はぶらしシュシュシュッ」カタ倫作・画　教育画劇(あたらしい行事紙芝居)　1995年3月

ゆみちゃん
びょうきになってしまってともだちの大ちゃんとふたりでおりがみのくにへいったおんなのこ 「おりがみのくに」林たかし作;牧村慶子画　教育画劇　1980年3月

ゆみちゃん
ろうかをあるいていてものすごいいきおいではしってきた六年生のおとこの子とぶつかってしまったおんなの子 「こんなときどうする」阿久津福栄作；若山憲画　童心社(かみしばい交通安全シリーズ)　1985年6月

ゆみちゃん
先生がしょくいんしつにいっていないときにじしんがきたさくらぐみの女の子 「ぐらぐらくんれんーうまくやれたよ・後編」阿部恵作；高橋透画　教育画劇(よいこの地震紙芝居ぐらぐら)　1981年4月

ユミちゃん
ケンちゃんのともだちのおんなの子 「ふとんやまトンネル」那須正幹作；長野ヒデ子画　教育画劇(ユーモアひろば)　1986年5月

ユミちゃん
目がよくみえないかわむらさんというひとにおりがみでおったものをプレゼントするようになったおんなのこ 「すてきなプレゼント」森内直美脚本；やべみつのり絵　童心社(ともだちだいすき)　2001年11月

ゆめみこぞう(こぞう)
しょうがつのあさにみたすてきなはつゆめをだれにもはなそうとしなかったのではらをたてたとのさまにはこづめにされてうみへながされてしまったこぞう 「ゆめみこぞう」若林一郎脚本；藤田勝治画　童心社(紙芝居セレクションむかしむかし)　2003年5月；童心社(美しい心シリーズ)　1986年12月

ユーリ
ほっきょくぐまのふたごのこぐまのムーシカがほっきょくぎつねからたすけてあげたはくちょうの子 「ほっきょくのムーシカ・ミーシカ(前編)(後編)」いぬいとみこ作；椎野利一画　童心社　1979年12月

ユリー
みずうみのきしべでおばあさんがひろったたまごからかえりおばあさんといっしょにテレビにでてにんきものになったペリカン 「おばあさんとペリカン」村山桂子作；かみやしん画　童心社(美しい心シリーズ)　1979年4月

ゆり子さん　ゆりこさん
なかよしのぜんちゃんがお友だちとしていたお店やさんごっこに入れてもらおうとしたのにちょっぴりいじわるされた女の子 「やさしいゆり子さん」奈街三郎作；高瀬のぶえ画　教育画劇(1年の道徳紙芝居)　1995年6月

ゆりちゃん
おうちの近くの林でおにいちゃんとあそんでいていつのまにかあまのじゃくの森にまよいこんだ女の子 「あまのじゃくのもり」清水たみ子作；西村達馬画　教育画劇　1981年9月

ゆりちゃん
かぞくがお父さんとおばあちゃんとじぶんだけなので母の日なんてだいきらいなおんなのこ 「母の日のおばあちゃん」宮﨑二美枝脚本；藤本四郎画　童心社　1995年5月

ゆりち

ゆりちゃん
しんちゃんといろがみできりえあそびをしたおんなの子 「きりえあそび」 大熊義和作;中村有希画 教育画劇(おはなしワクワク) 1984年4月

ユリちゃん
なかよし三人ぐみのタッちゃんとコウちゃんとでんしゃごっこをしてあそんだおんなの子 「はっしゃオーライ」 大熊義和作;夏目尚吾画 教育画劇(ミミちゃんシリーズ) 1982年8月

ゆりわか
おしろにいってそうだいしょうとなってとなりのくにへせめのぼったゆみのめいじん 「ゆりわかものがたり(前編)(後編)」 さねとうあきら脚本;藤田勝治画 童心社 1986年2月

【よ】

ようかい
てんじくについたそんごくうたちからにょいぼうやまぐわをぬすんだ九つのあたまをもつししのようかい 「そんごくう たびのおわりのまき」 呉承恩原作;上地ちづ子脚本;夏目尚吾画 童心社(ゆたかなこころシリーズ) 1995年11月;童心社(大長編かみしばい そんごくう7) 1995年11月;童心社(童心社紙芝居傑作選) 1995年11月

ようくん
おにいちゃんのみきくんときつねになりきってこんもりもりへいってほんもののきつねといっしょにもりをたんけんしたおとこのこ 「もりはみんなのたからもの-森の話」 山末やすえ作;鈴木幸枝画 教育画劇(かんきょうかみしばい みんなでまもろうネ!ちきゅうくん) 1999年5

ようこ
たけしとふたりであきばこでロボットをつくったおんなのこ 「ロボット・カミイ おみせやさんごっこのまき」 古田足日作;田畑精一画 童心社 1987年4月

ようこ
たけしとふたりであきばこでロボットをつくったおんなのこ 「ロボット・カミイ げきあそびのまき」 古田足日作;田畑精一画 童心社(美しい心シリーズ) 1971年12月

ようこ
たけしとふたりであきばこでロボットをつくったおんなのこ 「ロボット・カミイ ちびぞうのまき」 古田足日作;田畑精一画 童心社 1987年4月;童心社(家庭版かみしばい) 1986年10月

ようこ
たけしとふたりであきばこでロボットをつくったおんなのこ 「ロボット・カミイ ロボットのくにへかえるのまき」 古田足日作;田畑精一画 童心社(よいこの十二か月) 1974年3月

ようこさん
まっさらぴんの一年生のただしとけんいちの学校の六年生 「おもしろ学校めぐり」 高科正信作;黒岩章人画 教育画劇 1992年4月

ようこちゃん
おだいどころでガスのひにかけられたおなべとやかんとふらいぱんがさわぎだしてけんかをするのをみていたおんなのこ 「おなべとやかんとふらいぱん」 村山籌子原作;堀尾青史脚本;田畑精一画 童心社(ひよこシリーズ) 1971年5月

ようじんや
さむい北の国の小川にすんでいて南のほうへでかけていくなかよしのふなについていってやったりこうなふな 「三びきのふな」 久保喬文;黒崎義介画 教育画劇(幼児童話傑作選第2集) 1966年4月

ようせい
アナンシがそらのかみさまからはなしのだいきんとしてもってくるようにめいじられたにんげんのめにはみえないようせい 「おはなしおはなし」 ゲイル・E.ヘイリー作;八木田宜子脚本 ほるぷ出版(ほるぷの紙芝居-世界のおはなしシリーズ) 1989年6月

ようせい(モアチアようせい)
そらのかみさまニヤメがアナンシにおはなしのだいきんとしてもってくるようにめいじたにんげんのめにはみえないようせい 「おはなしおはなし」 ゲイル・E.ヘイリー作;八木田宜子脚本 ほるぷ出版(ほるぷの紙芝居-世界のおはなしシリーズ) 1989年6月

よきち
むかしあるところにいたたいへんななまけものでてんぐをだましてたからもののはうちわをうばったわかもの 「てんぐのはうちわ」 角田光男文;工藤市郎画 教育画劇 1993年11月

よくばりくん
あんぱんをたくさんかってきたがだれにもわけてあげないよくばりな男の子 「あんぱん」 瀬名恵子作・画 教育画劇(ちょうちょシリーズ) 1976年7月

よざえもんさん
白いへびになってあそんでいたりゅうぐうのおとひめをたすけてやったおれいにりゅうぐうじょうへつれていってもらいおみやげに水のたねをもらった人 「みずのたね」 須藤出穂脚色;松本修一画 NHKサービスセンター(名作民話おはなし広場) 1984年1月

与作 よさく
わらしべ一本がミカンやたんものやうまにかわってとうとうおおがねもちになったわかもの 「わらしべちょうじゃ」 吉野弘子作;木佐森隆平画 教育画劇(かみしばい宝石ばこ) 1991年2月

よさくどん
山おくでいわにはさまれたたぬきをたすけてやったおれいにたぬきがよめこになりにきたひゃくしょう 「よさくどんのおよめさん」 秋元美奈子脚本;水野二郎画 童心社 1986年5

よしおくん
きんじょのはらっぱであそんでいてそらにえがかけるまほうのクレヨンをみつけたおとこのこ 「まほうのクレヨン」 なかえよしを作;福田寛子画 教育画劇(まほうのくにへようこそ) 1991年5月

よしお

よしおくん
てをあらわずにおべんとうをたべたのでしょくちゅうどくにかかってしまったおとこのこ 「おなかをこわしたよしおくん」 浅沼とおる作・絵 教育画劇(びょうきのシグナルわかる?健康紙芝居) 2008年9月

吉川さん　よしかわさん
1982年ニューヨークの国連本部で開かれた第二回国連特別軍縮総会に友だちの安田先生と日本の代表として反核の署名簿をさし出した東京の学校の先生 「ノーモア=ヒバクシャ」 吉村徳蔵作;四国五郎絵 汐文社(紙芝居日本の歴史30) 1988年12月

よし子さん　よしこさん
十五夜さんにおばあさんにお月さんとうさぎさんのおはなしをしてもらったなかよし三人の女の子 「おつきさまとうさぎ-十五夜の夜話」 菱田かづこ作;いもとようこ画 教育画劇(あたらしい行事紙芝居) 1995年3月

よしこちゃん
えんのどうぶつたちになまえをよんであげなかったのでしらんかおされたおんなのこ 「なまえよんでくれた」 清水えみ子脚本;久保雅勇画 童心社(よいこの12か月) 1986年4月

よしこちゃん
おとうさんといぬのポチをつれてさんぽにいっていろいろなたねをさがしたおんなのこ 「いろいろなたね」 矢野亮脚本;高橋透画 童心社(ゆたかなこころシリーズ) 1991年10月

よし子ちゃん　よしこちゃん
おかあさんからあかちゃんのおもりをたのまれたのにあかちゃんをおいてきぼりにしておにんぎょうさんごっこをしてあそんだ女の子 「いきているおにんぎょう」 岡上鈴江作;野々口重画 教育画劇(夢のふくらむシリーズ) 1974年5月

よし子ちゃん　よしこちゃん
おにんぎょうさんがいっぱいあるのでおとうさんにせいりしなさいといわれたおんなのこ 「おにんぎょさんいっぱい」 藤昌秀作;岩本圭永子画 教育画劇 1975年11月

よしださん
はいしゃがこわくてはいしゃにいかなかったのであるひはがいたくておっそろしいかおになってしまったおまわりさん 「はのいたいおまわりさん」 松野正子脚本;渡辺有一画 童心社(むしばシリーズ) 1986年4月

よしのは鳥(鳥)　よしのはどり(とり)
村のじゅうきちくんが風のはげしい日に道ばたにおちていたのをたすけてあげたよしのは鳥といううたをうたうふしぎな小鳥 「よしのは鳥」 浜田広介作;蓑田正治脚色;輪島みなみ画 教育画劇(ひろすけ童話紙芝居全集) 1974年2月

ヨシぼう
昭和20年原子爆弾が落とされた長崎の爆心地に近い浜口町にいて焼けて死んだ二年生の男の子 「雲になってきえた」 坂口便原作;古村覚脚色;村上新一郎画 あらき書店(長崎原爆紙芝居Ⅱ) 1984年8月

よすけ
むかしひゅうがの国の山おくの村におったわかもので杉の木にのこされたせみのぬけがらのような鬼がらをかぶって村びとをおどかした男 「鬼がら」たかしよいち作;古寺伸竹脚色;輪島清隆画　教育画劇　1978年1月

ヨセフ
いまから二せんねんむかしのことナザレのまちにすんでいたこころのきよいむすめマリヤとけっこんしたおとこ 「メリークリスマスってなんのこと」池上摩里子脚本;若山憲画　童心社（童心社の紙芝居 クリスマスものがたり）　1988年11月

ヨゼファ
とおいがいこくへでかせぎにいったマルコのおかあさん 「母をたずねて」アミーチス原作;堀尾青史脚本;武部本一郎画　童心社（長編紙芝居劇場）　1983年2月

よだか
かおはまだらでくちばしはみみまでさけているじつにみにくいとり 「よだかの星」宮沢賢治原作;国松俊英脚本;篠崎三朗画　童心社（宮沢賢治かみしばいの森）　1996年5月

よっちゃん
あかちゃんのおとうとがうまれておかあさんがいそがしそうなのがきにいらなかったおとこのこ 「ちいさなおとうと」岡上鈴江作;輪島みなみ画　教育画劇（おたんじょう日のかみしばい）　1975年3月

よっちゃん
あき地であそんでいておかあさんからきゅうにどうろにとびだしてはいけないといわれたおとこの子 「おててやあんよは売ってない」岡上鈴江作;西村達馬画　教育画劇（よいこの交通安全）　1991年10月

よっちゃん
いぬのえのついたハンカチをだいじにしていたのに遊んでいるとちゅうでおとしてしまったおとこのこ 「わたしはまいご」清水えみ子脚本;長島克夫画　童心社（きちんとするのだいすき）　1981年9月

よっちゃん
うんちがだいすきでどうぶつえんにいってもどうぶつのうんちばかりみていた4さいのおとこのこ 「よっちゃんはうんちはかせ」今井和子脚本;わかやまけん画　童心社（げんきななかまシリーズ）　1991年10月

よっちゃん
えをかくのが大すきだがあかいいろが大きらいでまだ一どもあかいクレヨンをつかったことがないおとこの子 「クレヨンのアカくん」安田浩作;横井大侑画　教育画劇（コアラちゃんシリーズ）　1985年6月

よっちゃん
えんの赤ぐみのみんなでスキップをしたが一人だけうまくできなかったおとこの子 「よっちゃんのスキップ」いしばししずこ作;石橋三宣画　教育画劇（ぼくにもできたよ）　1979年4

よつち

よっちゃん
ご主人にいなかのまちのアパートにおいていかれたくろねこくんをかわいがってくれたおとこの子 「ぼくはくろねこくん」 岡上鈴江作;西村達馬画 教育画劇(パンダちゃんシリーズ) 1985年3月

よっちゃん
どうろにきゅうにとびだしてバイクにはねとばされた三人ぐみのおとこの子 「あぶないあそび」 高瀬慶子作;小谷野半二画 童心社(かみしばい交通安全シリーズ) 1985年6月

よっちゃん
ひろくんにうまれたおとうとでまいにちママのおっぱいをのんでるあかちゃん 「おっぱいはごちそう」 細谷亮太脚本・監修;磯みゆき絵 童心社(かみしばい からだってすごい!) 2003年8月

よっちゃん
ライオンとキリンににているどうぶつライリンをつくったえんのなかよしグループのおとこのこ 「こんなのできた-空とぶライリン」 中村悦子;中臣浩子;河原場美喜子作 教育画劇(健康とユーモアぺろぺろんシリーズ) 1982年7月

よっちゃん
年長ぐみになって小さいくみの女の子や男の子とあそんであげた男の子 「大きくなあれ」 中村悦子作;小谷野半二画 教育画劇 1975年4月

ヨッちゃん
いもうとのナナちゃんとふたりでジュースをかいにいってそとでじしんにあったおとこのこ 「ナナちゃん、ヨッちゃん、おちついて!-屋外(住宅地)での地震」 本田カヨ子作;田中秀幸画 教育画劇 1995年8月

ヨッちゃん
おねしょをしてしまったこども 「おねしょマン」 平石洋子作・画 教育画劇(タンバリン・シリーズ) 1980年12月

よっちゃん
あさおかあさんとえんにでかけたおとこのこ 「おはようさん」 中臣浩子作;西村達馬画 教育画劇 1979年12月

ヨッホさん
とてもぽーっとしたひとだったのでそとをあるくときはいつもろばにのってであるくことにしたおひゃくしょうさん 「おひゃくしょうさんとろばースイス」 宗方あゆむ脚色;ささやすゆき画 教育画劇(世界のユーモア民話) 1994年5月

四人きょうだい(きょうだい)　よにんきょうだい(きょうだい)
むかしスペインのくににいたお百しょうのむすこたちでそれぞれぼうけんのたびにでることになった四人のきょうだい 「4人きょうだいのぼうけん-スペイン」 東川洋子脚色;きよしげのぶゆき画 教育画劇 1990年11月

四にんのわかもの　よにんのわかもの
むかしベトナムのくににいたおうさまのうつくしいひめとけっこんしたいとなのりでた四人のわかもの 「しあわせの花-ベトナム民話より」 ダン・ミン・ヒエン作・絵 童心社(ともだちだいすき) 2000年10月

よへい
にんげんにばけてさとへおりてきたくりやまのやまんばをよめさまにしたおひとよしのむらびと 「めしをくわないやまんば」 小熊雅子脚本;福田岩緒画　童心社(ゆたかなこころシリーズ)　1994年3月

よめさま
ばあさまがそらたかくとばされてやまのふもとのにんじんばたけにおちたほどでっこいへをこいたよめさま 「へっこきよめさま」 水谷章三脚本;藤田勝治絵　童心社(ともだちだいすき)　2005年9月

よめさま
びんぼうなたこやのたこざえもんのよめになってくれたしっかりもののよめさま 「たこやたこざえもん」 水谷章三脚本;藤田勝治画　童心社(日本民話かみしばい選・なぞむかしがいっぱい)　1985年9月

よめさまとむこさま
むかしあるところにあったはたらいてもはたらいてもどういうわけかびんぼうつづきのむこさまとよめさま 「びんぼう神」 水谷章三文;西岡たかし画　NHKサービスセンター(日本むかしばなし)　1977年1月

よめさん
お百しょうのごんべえさんが自分の顔ばかり見てはたけしごともろくにしなかったので絵かきさんに自分のすがたをかいてもらったよめさん 「えすがた女房」 松岡励子文;西岡たかし画　NHKソフトウェア(日本むかしばなし)　1996年1月;NHKサービスセンター(日本むかしばなし)　1977年1月

よめさん
たけいっぽのうんしかないわかだんなのしおいっしょうのうんがあるよめさん 「たけいっぽんしおいっしょう」 若林一郎脚本;西山三郎画　童心社(日本民話かみしばい選・なぞむかしがいっぱい)　1985年9月

よめさん
ばあさんがるすのあいだにぼたもちをみつけてぜんぶたべてしまったよめさん 「ぼたもちばあさん」 国松俊英脚本;川端誠画　童心社　1996年5月

よめさん
よめさんのことがきになって一にちのうちなんかいもよめさんをみにかえってくるわかものにじぶんのかおえをもたせたよめさん 「ももうりとのさま」 津谷タズ子脚本;西山三郎画　童心社　1988年9月

【ら】

ライオン
いじめっこたちにまけないようにつよくなりたいとおもったタケシが草むらのむこうのジャングルのなかであったライオン 「ジャングルにいくぞ」 上地ちづ子脚本;宮本忠夫画　童心社(よいこの12か月)　1987年1月

ライオン
オズのおしろへむかうドロシーについてきたよわむしのライオン 「オズのまほうつかい(前編)(後編)」 岡上鈴江文;長島克夫画 教育画劇 1987年4月

ライオン
ハイエナとヒョウがどちらが悪いのかさいばんをしてもらったライオン 「どうぶつむらのさいばん-「アフリカの民話」より」 筒井敬介脚本;富永秀夫画 NHKサービスセンター(NHK小学校国語紙芝居教材 外国の名作) 1979年1月

ライオン
三日もおちてたあなからたすけ出してくれたたびびとをたべようとしたおんしらずのライオン 「あなの中のライオン」 関七美文;椎野利一画 教育画劇(たのしい民話民話でてこい) 1992年5月

ライオン
森からおおあわてでけものたちがにげだすのをみてどういうわけでにげまわっているのかみんなにたずねたライオン 「おくびょうなうさぎ-原作インド童話より」 川崎大治脚本;若山憲画 童心社(紙しばい名作選) 1994年9月

ライオン
森のなかよしのさるとうさぎの三びきで生まれてはじめてにんげんのすんでいる村へ出かけることになったライオン 「おさかなへんだよ」 鈴木美也子作;チト・イトー画 教育画劇(パンダちゃんシリーズ) 1986年12月

ライオン
動物の国の力が強くてやさしいライオンの王さまで年をとって目が見えなくなったが人間からもらっためがねをかけてげんきになったライオン 「ライオンのめがね-フランス名作童話(前編)(後編)」 ビルドラック作;田付たつ子訳;福島のり子文;加東てい象画 教育画劇(世界名作童話紙芝居全集) 1991年7月

ライオン
二人のきょうだいのびんぼうだがしょうじきなおとうとがねがいをかけると口から金をはき出した石のライオン 「石のライオン」 奈街三郎文;前田松男画 教育画劇(名作の花束みつばちシリーズ) 1976年11月

ライオン
本日かいてんのかにのとこやさんにやってきたむらいちばんのあばれんぼうでいばりんぼうのライオン 「ぶくぶくチョッキンとこやさん」 長島克夫原案;東川洋子文;長島克夫画 教育画劇(どうぶつむらのおみせやさん) 1986年4月

ライオン(タラ)
アフリカのそうげんでおかあさんライオンからまだおちちをのんでいた三とうのライオンのこどもの一とう 「わんぱくライオン」 国松俊英脚本;和歌山静子画 童心社(にこにこどうぶつえん) 1998年5月

ライオン(パンジャ)
ジャングルのえいゆうだったライオン、レオのおとうさん 「ジャングル大帝1 レオ誕生のまき」 手塚治虫原作;手塚プロダクション脚本・画 童心社 1999年5月

ライオン(ブブ)
レオがいなくなってからジャングルのボスになったらんぼうもののライオン 「ジャングル大帝3 白い女神のまき」 手塚治虫原作;手塚プロダクション脚本・画 童心社 1999年7月

ライオン(ブルブル)
お母さんがわりのめすいぬのムクムクに育てられてやがてサーカスの人気者になったやさしいライオン 「やさしいライオン」 やなせたかし作・画 フレーベル館

ライオン(メル)
アフリカのそうげんでおかあさんライオンからまだおちちをのんでいた三とうのライオンのこどもの一とう 「わんぱくライオン」 国松俊英脚本;和歌山静子画 童心社(にこにこどうぶつえん) 1998年5月

ライオン(ライタ)
はじめてさんぽにでかけたライオンのこども 「おおきくてもやさしいんだぞう」 中村翔子作;鈴木博子画 教育画劇 1997年8月

ライオン(ライヤ)
ジャングル大帝レオがたすけたまいごのメスライオン 「ジャングル大帝3 白い女神のまき」 手塚治虫原作;手塚プロダクション脚本・画 童心社 1999年7月

ライオン(リョーナ)
むらのまもり神のライオンでジャングル大帝レオのいとこ 「ジャングル大帝3 白い女神のまき」 手塚治虫原作;手塚プロダクション脚本・画 童心社 1999年7月

ライオン(レオ)
あたらしくアフリカのジャングル大帝になったライオン 「ジャングル大帝3 白い女神のまき」 手塚治虫原作;手塚プロダクション脚本・画 童心社 1999年7月

ライオン(レオ)
アフリカのジャングルのえいゆうだったライオンのパンジャのむすこ 「ジャングル大帝2 パンジャの森へのまき」 手塚治虫原作;手塚プロダクション脚本・画 童心社 1999年6月

ライオン(レオ)
ジャングルのえいゆうだったライオンのパンジャのむすこ 「ジャングル大帝1 レオ誕生のまき」 手塚治虫原作;手塚プロダクション脚本・画 童心社 1999年5月

ライオン(ローズ)
アフリカのそうげんでおかあさんライオンからまだおちちをのんでいた三とうのライオンのこどもの一とう 「わんぱくライオン」 国松俊英脚本;和歌山静子画 童心社(にこにこどうぶつえん) 1998年5月

ライオン王さま　らいおんおうさま
遠い南の島のどうぶつの国で国中のみんなから電話を取り上げたよくばりでいばりんぼのライオンの王さま 「ライオン王さまとでんわ」 こわせたまみ原作・脚色;奈良坂智子画 NHKサービスセンター(NHK創作童話集) 1978年1月

らいおんくん
ひょうくんとふたりさむいのがだいきらいならいおんくん 「さむいときにはね」 伊東美貴作・画 教育画劇 1996年1月

らいお

ライオンくん
たまごはかせのじょしゅ 「たまごはかせともじゃもじゃ」 矢崎節夫作;長島克夫画 教育画劇(ゆかいなたべもののおはなし) 1977年5月

ライオンくん
なんでもひろっちゃう女の子けいこちゃんにキラキラ小石のしっぽの星をひろわれたライオン星座のライオンくん 「しっぽのほし」 ぐんじすずこ文;高谷りん画 NHKサービスセンター(なぜなぜ童話) 1977年1月

ライオンさん
おはなばたけでわらっていたのにハチさんにさされてないてしまったライオンさん 「わらってるないてる」 多田ヒロシ脚本・画 童心社(ひまわりシリーズ) 1983年4月

らいおんの王さま　らいおんのおうさま
ともだちのとらの王さまとぞうの王さまと三びきでこしょうのこなをすいこんでせきとくしゃみとしゃっくりがとまらなくなったらいおんの王さま 「せきとくしゃみとしゃっくりと」 早野洋子作;田沢梨枝子画 教育画劇(たのしい民話民話でてこい) 1984年5月

ライオンの王さま　らいおんのおうさま
どうぶつたちの王さまのライオン 「あわてんぼうウサギ-インド」 瀬尾七重脚色;中沢正人画 教育画劇(世界のユーモア民話) 1994年5月

ライタ
はじめてさんぽにでかけたライオンのこども 「おおきくてもやさしいんだぞう」 中村翔子作;鈴木博子画 教育画劇 1997年8月

ライトきょうだい
アメリカというくににいたふたりのなかのいいきょうだいではじめてひこうきをとばしたひとたち 「とんだ!とんだ!ひこうきがとんだ!-ひこうきのはじまり」 菊地正作;西村郁雄画 教育画劇 1991年5月

ライトきょうだい(ウィルとオーブ)
ひこうきをつくってせかいではじめてそらをとんだきょうだい 「そらをとぶゆめ-子どものころのライト兄弟」 上地ちづ子脚本;むかいながまさ画 童心社 1990年7月

ライブラリーくん
みんなを図書館にあんないしたおとこの子 「こんにちはとしょかん」 依田逸夫脚本;やべみつのり画 童心社(ようこそ図書館へ) 1996年4月

ライヤ
ジャングル大帝レオがたすけたまいごのメスライオン 「ジャングル大帝3 白い女神のまき」 手塚治虫原作;手塚プロダクション脚本・画 童心社 1999年7月

ライリン
えんのよっちゃんたちなかよしグループがつくったライオンとキリンににているどうぶつ 「こんなのできた-空とぶライリン」 中村悦子;中臣浩子;河原場美喜子作 教育画劇(健康とユーモアぺろぺろんシリーズ) 1982年7月

ラク
むかしまだらくだにこぶがなかったころふたりのこどもをのせてさばくをあるいた二ひきのらくだのおにいさんらくだ 「らくだなぜなぜこぶがある」 内山安二作・画 教育画劇(ゆかいな由来ばなし) 1992年4月

らくがきこぞう
あかいふでをもってみんなのかおにらくがきをするおばけ 「アンパンマンとらくがきこぞう」 やなせたかし作・絵 フレーベル館

らくがきこぞう
あかいふでをもってみんなのかおにらくがきをするおばけ 「アンパンマンとらくがきこぞう」 やなせたかし作・絵 フレーベル館(ワイド版アンパンマンかみしばい)

らくがきこぞう
あかいふでをもってみんなのかおにらくがきをするおばけ 「アンパンマンとらくがきこぞう」 やなせたかし作・絵 フレーベル館(家庭版幼児かみしばい)

らくだ(クダ)
むかしまだらくだにこぶがなかったころふたりのこどもをのせてさばくをあるいた二ひきのらくだのおとうとらくだ 「らくだなぜなぜこぶがある」 内山安二作・画 教育画劇(ゆかいな由来ばなし) 1992年4月

らくだ(ラク)
むかしまだらくだにこぶがなかったころふたりのこどもをのせてさばくをあるいた二ひきのらくだのおにいさんらくだ 「らくだなぜなぜこぶがある」 内山安二作・画 教育画劇(ゆかいな由来ばなし) 1992年4月

らせつじょ
かえんざんをもやしておもしろがっていたばしょうどうにすむまじょ 「そんごくう 火炎山をこえるのまき」 呉承恩原作;上地ちづ子脚本;夏目尚吾画 童心社(ゆたかなこころシリーズ) 1992年8月;童心社(大長編かみしばい そんごくう5・6) 1992年8月;童心社(童心社紙芝居傑作選) 1992年8月

羅刹女　らせつじょ
火をけせるまほうのうちわをもっているま女 「そんごくう大あばれのまき」 若林一郎文;中村千尋画 NHKサービスセンター(外国むかしばなし) 1987年1月

ラッキー
パパねことハムどろぼうのはんにんさがしをしたねずみ 「パパねこのたんてい」 堀尾青史作;和歌山静子画 童心社 1985年5月

ラッコ(クルン)
きたのうみでうまれたラッコのあかちゃん 「がんばれラッコのクルン」 宮西いづみ作;鈴木幸枝画 教育画劇 1992年5月

ラッコ(ララ)
きたのうみでうまれたラッコのあかちゃんクルンのおねえさん 「がんばれラッコのクルン」 宮西いづみ作;鈴木幸枝画 教育画劇 1992年5月

らつこ

ラッコ（ルッケちゃん）
ごちそうをさがしにとおくのうみにいったとってもくいしんぼうのラッコ 「ラッコのルッケ」 片平直樹文；サイトウナツコ絵　教育画劇　2005年9月

ラッコのあかちゃん
ほっかいどうよりもっときたのさむいアラスカのうみでうまれたラッコのあかちゃん 「ラッコのあかちゃん」 岡野薫子脚本・画　童心社　1985年8月

ラノおじいさん
そらをとぶきょうりゅうプテラノドンのかぞくの3びきのきょうだいのおじいさん 「おじいちゃんはすごいね」 中村文人作；福岡昭二絵　教育画劇　2008年5月

ラーバナ
おしろをでてもりでくらさなければならなくなったラーマおうじのきさきシータひめをさらったまもののおう 「ラーマおうじとシーダひめ（前編）（後編）」 上地ちづ子脚本；伊藤昭画　童心社　1983年1月

ラビちゃん
うさぎのおとこのこビットくんととてもなかよしでいつでもどこでもいっしょのうさぎのおんなのこ 「ラビちゃんのおたんじょうび」 ふりやかよこ作・画　教育画劇　1991年9月

ラビちゃん
うんどうのにがてなやぎのメイ子ちゃんをはげましたともだちのうさぎのおんなの子 「とんではしって」 福島のり子作；西村達馬画　教育画劇（兄弟愛と自然きょうだいシリーズ）　1977年10月

ラビちゃん
ゆうべおそくまでおきていたのであさごはんもたべないでがっこうにきたうさぎ 「おおきくなるには」 堀尾青史作；前川かずお画　童心社（よいこの保健・安全シリーズ）　1984年9月

ラフシュマナ
おしろをでてもりでくらさなければならなくなったラーマおうじといっしょにいったおとうとのおうじ 「ラーマおうじとシーダひめ（前編）（後編）」 上地ちづ子脚本；伊藤昭画　童心社　1983年1月

ラプンツェル
まほうつかいのばあさまにもりのおくのとうにとじこめられてしまったながいかみのうつくしいむすめ 「ながいかみのラプンツェル（前編）（後編）」 グリム原作；桜井信夫脚本；伊藤悌夫画　童心社　1994年1月

ラーマおうじ
むかしのインドというくにでおしろをでてもりでくらさなければならなくなりまもののおうラーバナにきさきのシータひめをさらわれたおうじ 「ラーマおうじとシーダひめ（前編）（後編）」 上地ちづ子脚本；伊藤昭画　童心社　1983年1月

らら
おばあちゃまにてがみをかいてゆうびんしゃにわたしたこうさぎ 「てがみのまいご」 小春久一郎作；島田明美画　教育画劇（おはなしランド）　1985年9月

ララ
おおきなとりにたべられそうになったがチューリップのはなにかくれたちょうちょ 「チューリップさんありがとう」 奥田怜子作・画　教育画劇(おはなしなーに)　1991年3月

ララ
きたのうみでうまれたラッコのあかちゃんクルンのおねえさん 「がんばれラッコのクルン」 宮西いづみ作;鈴木幸枝画　教育画劇　1992年5月

ララ
たなばたになかよしのさるのキータとふたりでたんざくにねがいごとをかいてささにかざったくま 「ねがいごとはないしょのひみつ」 山本和子作;尾崎曜子画　教育画劇(四季の行事シリーズ たなばた)　1993年5月

ららら
こねこのみーやがおかあさんにかってもらったかさにいれてもらったうさぎ 「あめふりぼうず」 小春久一郎作;田中恒子画　教育画劇(ユーモアだいすき)　1988年6月

ラララ
ねこのぺぺがはらっぱをさんぽしているとさなぎからでてきたアゲハチョウ 「はらっぱでみつけたよ」 わしおとしこ作;あきくさあい絵　教育画劇　2006年9月

ラル
ともだちをさがしてもりをでてすべりだいであそんでいる子たちのなかにはいってならばないですべろうとしたこぎつね 「ラルくんならんで」 わしおとしこ脚本;藤枝つう画　童心社(2・3歳児しつけかみしばい・みんなは、できるかな?)　1993年5月

ラルス
北きょくけんに近い寒いスエーデンの北ノルランド地方で旅人の馬そりを駅舎から駅舎までひく駅伝夫の少年 「少年駅伝夫」 鈴木三重吉原作;角田光男脚本;箕田源二郎画　童心社(紙しばい日本児童文学名作選)　1977年4月

ランガくん
おたんじょう日にいただいたすてきなボールをけあげて村の中にころがしてどうぶつたちをおどろかせてしまったおとこのこ 「ポンポンボール」 柴野民三作;和田義三画　教育画劇(おたんじょう日のかみしばい)　1975年3月

ランフィアスさん
うみべのまちにすんでルピナスのはなをたくさんうえてよのなかをうつくしくしたおばあさん 「ルピナスさん」 バーバラ・クーニー作;八木田宜子脚本　ほるぷ出版(ほるぷの紙芝居-世界のおはなしシリーズ)　1989年6月

ランプの精　らんぷのせい
ふしぎなランプをもっている人のちゅうじつなめしつかいの大男のランプの精 「アラジンとふしぎなランプ(前編)(後編)」 福島のり子文;中村まさあき画　教育画劇　1986年11月

らんぼうや
きかんしゃのSLマンをおいかけてけとばした4ほん足のらんぼうなこども 「アンパンマンとらんぼうや」 やなせたかし作・絵　フレーベル館

【り】

リコちゃん
おとうさんもおかあさんもびょうきでしんでしまって五人の大おとこたちと一しょにたびをした女の子 「リコちゃんと5にんの大おとこ」 福島のり子作;石川雅也画 教育画劇 1976年2月

リサ
ぬいぐるみのくまのコーちゃんをせんたくやさんにつれていったおんなのこ 「コーちゃんのポケット」 ドン・フリーマン作;八木田宜子脚本 ほるぷ出版(世界のおはなしシリーズ) 1998年9月

リーさん
わたしぶねにのっていたときにあしのはの上にのって川をながされていた山ありをみつけてたすけてやったあめやの男の人 「ありのおんがえし」 中村小坡文;小島貝画 教育画劇 (幼児童話傑作選第1集) 1965年9月

りす
あるやまのはたけでひろったたまごからかえったひなにカッコウというなまえをつけてかわいがったりす 「よぶこどり」 浜田ひろすけ作;あきくさあい絵 教育画劇 2007年1月

りす
ある山のはたけでみつけた小さなとりのたまごからかえったひなをだいじにそだててカッコウというなをつけたりす 「よぶこどり」 浜田広介作;福島のり子脚色;輪島みなみ画 教育画劇 1975年10月

りす
クリスマスのばんに七ひきのりすのきょうだいがいるおうちにとめてもらったおおきなバスケットをもったおじいさんりす 「十ぴきのりすとクリスマス」 高橋五山脚本;久保雅勇画 童心社(家庭版かみしばい) 1989年10月

りす
げんきのないまあおばあさんのためにおいしいあきのものをあつめてプレゼントしたこんもりやまのこりす 「まあおばあさんありがとう」 今関信子脚本;長野ヒデ子画 童心社(たのしい季節の行事 のびのび・秋のまき) 1989年6月

りす
さんぽのとちゅうのおんなのことおじいさんがどんぐりでやじろべえをつくっているのを見てやじろべえをつくった二ひきのこりす 「こりすがつくったやじろべえ」 椎野利一作・画 教育画劇 1989年10月

りす
はるになったのでそとへあそびにいったこりす 「こまったりす」 小林純一脚本;富永秀夫画 童心社(美しい心シリーズ) 1978年4月

りす
学校ごっこが大好きなさる先生のお話をきいておかあさんのことが心配になったこりす「こりすのおかあさん」 浜田広介作;簑田正治脚色;西村達馬画 教育画劇(ひろすけ童話紙芝居全集) 1987年8月

りす
山のなかでしっぽのさきを木の枝にはさまれてもがいていたところを太郎さんにたすけられた小りす「ふしぎな山のおじいさん」 浜田広介作;福島のり子脚色;野々口重画 教育画劇(ひろすけ童話紙芝居全集) 1974年2月

リス
はらっぱでみつけたくりのみをすぐにたべないでさんねんかけておおきなきにそだてることにしたリス「でっかいぞでっかいぞ」 内田麟太郎脚本;田島征三絵 童心社(ともだちだいすき) 2004年10月

リズ
どうぶつたちみんなとたんぽぽ村のはずれにあるのはらまでえんそくにいったりす「みんなでえんそく」 教育出版国語編集部原案;関七美脚色;いもとようこ画 教育画劇(ちいさなちいさなおはなし) 1990年9月

りす(キキ)
子ぐまのウーフのあとからうさぎのミミの家に水をもらいにやってきたりす「くま一ぴきぶんはねずみ百ぴきぶんか」 神沢利子作;井上洋介絵 ポプラ社(くまの子ウーフ2) 2004年11月

りす(キキロン)
ぶたのブブリンととてもなかよしでいつもにこにこしているりす「いじわるなんかするからさ」 柴野民三作;椎野利一画 教育画劇(あたらしいしつけ紙芝居) 1988年6月

りす(コリ)
どんぐりをさがしにいったおかあさんをひとりぼっちでながいことまっていたこりす「おかあさんまだかな…」 福田岩緒脚本・絵 童心社(ともだちだいすき) 2001年5月

りす(シルバー)
ふゆのもりでひとりぼっちだったはいいろりすのフラッグがあったかすのりす「りすのもりにはるがきた」 シートン原作;北田伸脚本;武部本一郎画 童心社(童心社のベスト紙芝居) 1993年1月

リス(スーとクー)
うさぎのミミのおうちでみんなといっしょにデコレーションケーキをつくったリスのきょうだい「みんなでつくろうデコレーションケーキ」 山崎陽子作;秋里信子画 教育画劇 1993年11月

りす(タック)
しろうさぎのパピイといっしょにクリスマスのうたをうたっていたしまりす「クリスマスなんかだいっきらい!」 山崎陽子作;大和田美鈴画 教育画劇(四季の行事シリーズ) 1992年11月

りす

りす(チョコ)
びょうきのともだちのおみまいにりんごのりんごちゃんをつれていったりすのこ 「りんごちゃん」 服部幸應作;太田裕子画 教育画劇 2005年4月

りす(ちょろきち)
くまどんの木のみのくらのばんをしていたしまりす 「ふしぎなはこ-ひこいちとんちばなし」 関七美文;中村千尋画 教育画劇(とんちばなし) 1992年7月

りす(チロちゃん)
たんじょうびにこびとから一まいで一つのねがいがかなう五まいのはなびらをもらったりす 「おたんじょうびうれしいな」 斎田喬脚本;若山憲画 童心社 1983年2月

りす(チロロ)
いたずらぎつねのゴンがもりのこみちでみつけたあかいえりまきをさきにひろったしまりす 「あかいえりまき」 村山桂子作;鈴木幸枝画 教育画劇(おはなしバラエティ) 1984年12月

りす(バビー)
おおきなかごをもってもりへヒッコリーのきのみをひろいにいったりす 「ヒッコリーのきのみ」 香山美子脚本;安和子画 童心社 1986年10月

りす(フラッグ)
ひとりぼっちでいたふゆのもりでめすのりすのシルバーにあったはいいろりす 「りすのもりにはるがきた」 シートン原作;北田伸脚本;武部本一郎画 童心社(童心社のベスト紙芝居) 1993年1月

りす(リズ)
どうぶつたちみんなとたんぽぽ村のはずれにあるのはらまでえんそくにいったりす 「みんなでえんそく」 教育出版国語編集部原案;関七美脚色;いもとようこ画 教育画劇(ちいさなちいさなおはなし) 1990年9月

りす(りすけくん)
もりのみんなとてがみをかいてもりのポストをてがみでいっぱいにしてあげたりす 「もりのポスト」 花井巴意作;ながよしかよ画 教育画劇(ユーモアだいすき) 1988年11月

りす(リリー)
山ぐみの子どものりす 「いちばんがすきなサンちゃん」 金明悦子作;中村有希画 教育画劇(あたらしいしつけ紙芝居) 1995年2月

りすくん
みんなですきなコップをえらんでいちごジュースをついでもらってだれのがおおいかくらべっこしたりすくん 「いちごジュースでくらべっこ」 西内久典原案;西内ミナミ脚本;和歌山静子画 童心社 1990年5月

りすけくん
もりのみんなとてがみをかいてもりのポストをてがみでいっぱいにしてあげたりす 「もりのポスト」 花井巴意作;ながよしかよ画 教育画劇(ユーモアだいすき) 1988年11月

りすさん
いけにおちたかさをひろってくれたさかなさんたちをみんなでかさのいけにいれてそとにだしてあげたりすさん 「ゆうらゆらかさのいけ-魚は、どうして水の中で生きられるの？」 中村美佐子作；西村達馬画　教育画劇（はてな？なぜかしら??）　1989年4月

りすさん
タンバリンをならしていたじゅんちゃんといっしょにカスタネットをがっそうしたりすさん 「たんばりんじゃじゃん」 八木田宜子作；和歌山静子画　童心社（こぶたシリーズ）　1976年8月

りすさん
絵をかくのがとってもすきで赤いクレヨンでおいしそうなりんごをかいたりすさん 「ぼくのりんごたべちゃだめ！」 浅沼とおる原作・脚色・画　NHKサービスセンター（NHK創作童話集）　1979年1月

りすせんせい
森のけもののむしばをみてあげているはいしゃのりす 「りすせんせいははいしゃさん」 神戸淳吉脚本；西村達馬画　童心社（むしばシリーズ）　1986年5月

りすのおやこ
さむくなってきたので山でどんぐりさがしをしたりすのおやこ 「りすさんのどんぐりさがし」 花澤慎一作；田沢梨枝子画　教育画劇（しぜんといきもの）　1985年7月

りすのこ
クリスマスのばんにおおきなバスケットをもったおじいさんりすがとめてもらったおうちの七ひきのりすのこたち 「十ぴきのりすとクリスマス」 高橋五山脚本；久保雅勇画　童心社（家庭版かみしばい）　1989年10月

りすのゆうびんやさん
だいじなてがみをいけにおとしてじがにじんでしまってだれにきたてがみなのかわからなくなってしまったりすのゆうびんやさん 「はーい、ゆうびんでーす！」 あべはじめ作・画　教育画劇　1989年4月

リースヘン
こどものころまじょにさらわれてむりやりまほうをならわされていたうつくしいむすめ 「まほうつかいのリースヘン」 ルードヴィヒ・ベヒシュタイン原作；水谷章三脚本；おぼまこと画　童心社　1991年8月

リタ
インドのハラナという町にやってきた馬商人のつれていた馬がうんだ子馬でひとりぼっちでくらすおばあさんにもらわれたかしこい馬 「おばあさんの馬」 瀬戸内寂聴文；小林豊絵　講談社（寂聴おはなし紙芝居）　2008年3月

リノー
アマサギのイビスとともだちになったうまれたばかりのインドサイのおとこのこ 「サイのおともだち」 高家博成脚本；どいかや画　童心社（にこにこどうぶつえん）　1998年5月

リブシーせんせい
ジムたちとふねにのってたからじまへたからさがしのぼうけんにいったいしゃ 「たからじま」 スティーブンスン原作；紙芝居研究会脚本；伊藤展安画　童心社　1984年1月

りほ

りほ
へちまのなえをもっているときにしらないおばあさんにはなしかけられたおんなのこ 「へちまばあさん」 山口節子脚本;大和田美鈴絵 童心社(バリアフリーの紙しばい) 2001年3月

りゅう
おきなわのうみであそびつかれてねむっているうちにみみにムカデがはいってしまいにわとりにとってもらったりゅう 「りゅうとにわとり」 沖縄子どもの文化研究会企画;平田恵美子脚本;友利恭子画 童心社 1997年11月

りゅう
きりふかいやまのウルシがたまっているふかいふちのそこにすんでいたりゅう 「竜のふち」 篠崎三朗文・絵 教育画劇 2008年1月

りゅう
にんげんたちにきらわれてやまのかげにひとりぼっちでかくれていたりゅう 「りゅうのめのなみだ」 浜田ひろすけ作;陣崎草子画 教育画劇 2007年1月

りゅう
にんげんたちにきらわれて山のかげにひとりぼっちでかくれていたりゅう 「りゅうの目のなみだ」 浜田広介作;浜田留美脚色;輪島清隆画 教育画劇 1985年2月

りゅう
人間からおそれられきらわれて山のかげにかくれていたりゅう 「りゅうの目のなみだ」 浜田広介原作;川崎大治脚本;川本哲夫画 童心社(紙しばい日本児童文学名作選) 1967年9月

竜　りゅう
信濃の国のおおきないけにやってきてきょくをひいてくれたびわ法師にふもとのさとがもうすぐこうずいになるというひみつをおしえたいけのぬしの竜 「池にうかんだびわ」 川崎大治脚本;小谷野半二画 童心社(童心社のベスト紙芝居) 1985年1月

りゅうくん
のうさぎのビビがうみべでみつけた大きなたまごのなかからでてきたきょうりゅうのあかちゃん 「びっくりだいすききょうりゅうくん」 木村裕一作・画 教育画劇(いってみたいなこんなくに) 1989年1月

リュウさん
一九四四年のある朝中国山東省の農村柴溝村で日本軍にとらえられ北海道の炭鉱へつれていかれた中国人の男の人 「雪山に生きぬく十三年」 山下國幸作;高田三郎絵 汐文社(紙芝居日本の歴史27) 1988年12月

りゅうじいさん
年はとってもまい日げんきにはたけしごとをしていたいへんちえのあるおひゃくしょう 「おひゃくしょうとえんまさま」 君島久子再話;堀尾青史脚本;二俣英五郎画 童心社(紙芝居ベストセレクション第2集) 2000年5月

隆太　りゅうた
ゲンが出会った死んだ弟そっくりの原爆孤児の少年 「はだしのゲン第四巻」 中沢啓治作・絵 汐文社 1991年4月

隆太　りゅうた
原爆で地獄と化した広島の街でゲンとともに生き抜く孤児の少年　「はだしのゲン第五巻」
中沢啓治作・絵　汐文社　1991年4月

隆太　りゅうた
広島で原爆をうけてゲンとともに生き抜く少年　「はだしのゲン」　中沢啓治作・絵　汐文社
1991年4月

りゅうたくん
おばあちゃんちにいくのにすすきをもってゆうやけののはらをあるいていったおとこのこ
「おつきみのはら」　土田義晴脚本・絵　童心社　2005年9月

りゅうたくん
きょうこちゃんとこうえんであそんでいてすとんとおちたあなのそこできょうりゅうはかせのもぐ
らにあったおとこのこ　「もぐはかせのきょうりゅうってなに？-きょうりゅうってほんとうにいた
の？」　山本省三作・画　教育画劇　1996年5月

りゅうちゃん
おふろにやってきたいぬやねこやおばけもいっしょにいれてあげたおとこのこ　「おふろに
いれて」　瀬名恵子文・絵　教育画劇（こんにちは）　1980年9月

リョウ
おにいちゃんがサイクリングにいくのについていったおとこのこ　「はじめてのサイクリング」
上地ちづ子脚本；高橋透画　童心社（交通安全かみしばい・あぶないっ！きをつけて！）
1993年9月

リョウ
盲学校のサッカー・チームと試合をすることになった第三小学校のサッカー・チームのキャプ
テンの五年生の男の子　「いつかVゴール」　上地ちづ子脚本；相沢るつ子画　汐文社（紙
芝居　障害者といっしょに2）　1995年3月

りょうかんさま
村の子どもたちとかくれんぼをしていてわらたばの中にかくれているうちにねむってしまった
おぼうさま　「りょうかんさま」　川崎大治脚本；須々木博画　童心社（美しい心シリーズ）
1979年3月

りょうくん
お正月にうちにあそびにきたかみさまの子どものカーミとなかよしになった男の子　「たのし
いおしょうがつ」　高木あきこ作；勝又進画　教育画劇（あたらしい行事紙芝居）　1982年9月

りょうし
森へうずらをつかまえにやって来たりょうし　「りょうしとうずら－インド昔話」　たなべまもる脚
色；西村達馬画　NHKサービスセンター（NHK小学校国語紙芝居教材　外国の名作）　1979
年1月

りょうし
大むかしインドの草原にすんでいたなん百なん千のうずらたちをまい日あみにかけてつか
まえていたりょうし　「りょうしとうずら」　足沢良子脚色；横溝英一画　教育画劇（2年の道徳紙
芝居）　1993年2月

りよう

りょうじ
山の神さまのまつりのばんにひとえのきものにみのみたいなものをきたがっしりした山男をみた男の子 「まつりのばん」 宮沢賢治原作;川崎大治脚本;福田庄助画 童心社(かみしばい宮沢賢治童話名作集) 1966年3月

りょうた
でかせぎにいってどんどやきにはかえってくるとうちゃんをまっていたおとこのこ 「どんどやきにはかえってきてね」 市川信夫作;三上友也画 童心社 1986年1月

リョーナ
むらのまもり神のライオンでジャングル大帝レオのいとこ 「ジャングル大帝3 白い女神のまき」 手塚治虫原作;手塚プロダクション脚本・画 童心社 1999年7月

リリー
ミツバチのはたらきバチのしまいのじじょ 「ミツバチのごちそう」 今森光彦写真・作 教育画劇(教育画劇のかみしばい 今森光彦のふしぎがいっぱい!むしのせかい) 2006年5月

リリー
山ぐみの子どものりす 「いちばんがすきなサンちゃん」 金明悦子作;中村有希画 教育画劇(あたらしいしつけ紙芝居) 1995年2月

りりこちゃん
テーブルのうえにサンドイッチやぶどうパンやチョコレートパンをみつけてぱんやさんのおねえさんになったおんなのこ 「りりこちゃんのぱんやさん」 太田裕子作・画 教育画劇 1996年1月

リンカーン(エーブ)
アメリカが独立してまだ五十年のころの開拓者の子で、のちの第十六代目の大統領 「リンカーン」 桜井信夫脚色;伊藤展安画 教育画劇(紙芝居・伝記シリーズ) 1978年2月

りんごくん
じぶんのおうちをさがしてコロコロころがっていったりんご 「りんごくんのおうちはどこ?」 とよたかずひこ脚本・絵 童心社 2008年4月

りんごちゃん
くだものたちのかくれんぼでおにになったりんご 「かくれんぼ」 瀬名恵子脚本・画 童心社(ひまわりシリーズ) 1983年4月

りんごちゃん
りすのチョコがびょうきのともだちのおみまいにつれていったりんご 「りんごちゃん」 服部幸應作;太田裕子画 教育画劇 2005年4月

りんごの木　りんごのき
なまけもののまじょのいえのたくさん実がなっておもくてうんうんうなっていたりんごの木 「なまけもののまじょ—イギリス民話」 宗方あゆむ文;島田コージ画 教育画劇 1994年8月

りんちゃん
パパにくびでぶーらんぶーらんしてもらったきりん 「ぶーらんぶーらんたのしいね」 山本省三作;笹沼香画 教育画劇 2001年1月

【る】

るー
ラッパのけいこがきらいでとうさんの大きなラッパのなかにかくれたぶたのこども 「こぶたのまーち」 村山桂子作;堀内誠一画 童心社(ぴよぴよ5) 1977年3月

ルー
けいろうの日におばあさんぐまにかたたたきけんをプレゼントしたこぐま 「おばあちゃんありがとう」 村山桂子原作;教育画劇編集部脚色;柿本幸造画 教育画劇(あたらしい行事紙芝居) 1991年3月

るい
おにいちゃんのじゅんといっしょにゆうびんきょくまでおつかいにいったおんなのこ 「おつかいどんとこい」 今関信子脚本;岡本順画 童心社 1996年8月

ルイ
とうきょうへひっこしていったのぼるくんとまゆちゃんきょうだいのにおいをかぎわけてあとをおいかけていったいぬ 「ルイ・すばらしいいぬ」 堀尾青史脚本;箕田源二郎画 童心社(堀尾青史・幼年創作かみしばい集) 1980年4月

るうちゃん
おかあさんとおさんぽして「おかあさんはすき?」ときかれたこ 「ぎゅうっとだっこ」 いそみゆき作・画 教育画劇 2001年1月

ルカ
おかあさんイルカにつれられていりえにはいってきてまりちゃんというおんなのことなかよしになったあかちゃんイルカ 「イルカのルカ」 杉浦宏脚本;福田岩緒画 童心社 1992年7月

ルッケちゃん
ごちそうをさがしにとおくのうみにいったとってもくいしんぼうのラッコ 「ラッコのルッケ」 片平直樹文;サイトウナツコ絵 教育画劇 2005年9月

ルピナスさん(ランフィアスさん)
うみべのまちにすんでルピナスのはなをたくさんうえてよのなかをうつくしくしたおばあさん 「ルピナスさん」 バーバラ・クーニー作;八木田宜子脚本 ほるぷ出版(ほるぷの紙芝居−世界のおはなしシリーズ) 1989年6月

ルミ
おたがいにまけるもんかとおもっているトムとジムのふたりとなかよしの女の子 「トムとジム」 大石真作;水沢研画 教育画劇(名作の花束みつばちシリーズ) 1976年10月

ルミちゃん
だれかとあそびたくてころがっていたまりのまりちゃんをみつけてまりつきをしてあげたおんなのこ 「まりのまりちゃん」 上地ちづ子作;笠原八重子画 童心社(こりすシリーズ) 1974年5月

るらか

ルラがえる
おむこさんをさがしにきたきれいなかえるのむすめ 「かえるのゴムぐつ」 宮沢賢治原作；立原えりか脚色；深沢省三画 NHKサービスセンター（名作民話おはなし広場） 1984年1月

るる
かさににたかたちをしているうちにすんでいたのにかぜにとばされてうみまでいったかさ 「るるのおうち」 まついのりこ脚本・画 童心社（とびだすせかい） 1985年10月

るる
ゆうがたこっそりおかあさんのふくろからぬけだしてオーストラリアのひろいくさはらをたんけんしたカンガルーのあかちゃん 「やっぱりふくろのなかがいい（カンガルー）」 中村美佐子作；花之内雅吉画 教育画劇 1992年5月

ルル
なずなのはっぱをたべて大きくなりあおむしからちょうになったすじぐろしろちょう 「すじぐろルルのぼうけん」 甲斐信枝作・画 童心社（美しい心シリーズ） 1976年6月

ルル
ひこうじょうでまいにちにもつばかりはこんでいるのがつまらなくていちどはひこうきをひいてみたいとおもっていたちいさなトーイングカー 「ちいさなトーイングカー」 池田善朗作；津田光郎画 童心社（よいこの12か月） 1980年10月

ルル
むかしむかしはじめてあかちゃんをうんだりっぱなおかあさんとかげとよばれるきょうりゅうマイアサウラ 「マイアサウラのぴいちゃん」 矢崎節夫作；中村淳一絵 教育画劇 2008年5月

るるこ
三月三日のひなまつりにはしかっていうびょうきになってしまったおんなのこ 「るることおひなさま」 林原玉枝作；鈴木博子画 教育画劇（四季の行事シリーズ ひなまつり） 1993年1月

るるちゃん
もりのどうぶつみんなにセーターをあんであげたおんなのこ 「あたしがあんであげる」 瀬名恵子脚本・画 童心社（げんきななかまシリーズ） 2000年1月

ルルちゃん
あついひにおおきなおおきなきのしたでねこちゃんやわんちゃんやことりさんたちとみんなですずんでおひさまをなかまはずれにしたおんなのこ 「おおきなおおきなき」 瀬名恵子作・画 童心社（2・3歳児かみしばい・こぶたシリーズ） 1987年6月；童心社（こぶたシリーズ） 1976年8月

ルルちゃん
かぜをひいてセーターをきてもマスクをかけてもくしゃみがとまらないおんなのこ 「はーくしょい」 瀬名恵子文・絵 教育画劇（わたしのはじめてのかみしばい こんにちは） 1991年12月

ルルル
まだゆきでまっしろな山ではるをよぶハーモニカをふいたはるかぜ 「はるをよぶハーモニカ」 安田浩作；山本まつ子画 教育画劇（おはなしバラエティ） 1985年3月

ルン
あおむしからさなぎになってあげはちょうになったむし 「あげはのルン」 得田之久脚本・画　童心社(得田之久かみしばい虫たちのふしぎなせかい)　2001年6月;童心社(自然観察紙芝居ふしぎなむしのせかい)　1967年4月

ルン
とうさんとかあさんがごはんをとりにうみへいくのでペンギンのこどもたちのためのえんへいったこどもペンギン 「ペンギンルンのながいいちにち」 やなぎやけいこ作;新堂渓子画　教育画劇　1992年5月

【れ】

レオ
あたらしくアフリカのジャングル大帝になったライオン 「ジャングル大帝3 白い女神のまき」 手塚治虫原作;手塚プロダクション脚本・画　童心社　1999年7月

レオ
アフリカのジャングルのえいゆうだったライオンのパンジャのむすこ 「ジャングル大帝2 パンジャの森へのまき」 手塚治虫原作;手塚プロダクション脚本・画　童心社　1999年6月

レオ
ジャングルのえいゆうだったライオンのパンジャのむすこ 「ジャングル大帝1 レオ誕生のまき」 手塚治虫原作;手塚プロダクション脚本・画　童心社　1999年5月

レックス
きょうりゅうトロオドンがぬすんだたまごをとりもどしにいったきょうりゅうティラノサウルスのこども 「レックスのだいぼうけん」 中村文人作;福岡昭二絵　教育画劇　2008年5月

レティコ
むかしギリシャのくにでひとりの女の人がおひさまにおいのりしてさずかったかわいい女の子 「おひさまのこども-ギリシャ」 宗方あゆむ脚色;河内日出夫作・画　教育画劇　1990年11月

レミ
ふうがわりなおじいさんとさると三びきのいぬといっしょにしばいをしながら町をたびしていったすて子のおとこの子 「家なき子(前編)(中編)(後編)」 エクトル・マロ原作;高木あきこ文;ながよしかよ画　教育画劇　1988年1月

レミちゃん
ママにしかられるのでどろんこあそびがきらいなねこのおんなのこ 「どろんこばしゃん！」 白根厚子脚本;多田ヒロシ画　童心社(健康紙芝居げんきなこども)　1988年3月

レモン大公　れもんたいこう
イタリヤのやさいのくにのいばりんぼうのおとのさま 「チポリーノのぼうけん(前編)(後編)」 ジャンニ・ロダーリ原作;木村次郎脚本;岡本武紫画　童心社　1970年2月

【ろ】

ロアルト・アムンゼン(アムンゼン)
北極と南極の両方をたんけんしてせかいの人びとをおどろかせたノルウェーのたんけんか 「アムンゼン」 鈴鹿洋子作;津田光郎画 教育画劇(紙芝居・伝記シリーズ) 1995年6月

六月のむすこ　ろくがつのむすこ
ふゆのさなかにままかあさんからいちごをとってくるようにいわれたあねむすめが雪山であったじいさまの十二人のむすこたちのうちの六月のむすこ 「六月のむすこ」 松谷みよ子脚本;石倉欣二画　童心社(松谷みよ子民話珠玉選第二集) 1998年8月

ろくがつろくちゃん(ろくちゃん)
あまえんぼうでなきみそだったのでしわくちゃのおばあさんに弱虫の国へつれられていってほかのこどもたちといっしょにおりのなかへいれられてしまったおとこのこ 「6がつ6ちゃんはっはっは」 かこさとし作・画　童心社(よいこの十二か月) 1978年6月

ろくちゃん
あまえんぼうでなきみそだったのでしわくちゃのおばあさんに弱虫の国へつれられていってほかのこどもたちといっしょにおりのなかへいれられてしまったおとこのこ 「6がつ6ちゃんはっはっは」 かこさとし作・画　童心社(よいこの十二か月) 1978年6月

ろくちゃん
ろくぞうじいさんがかっているにわとりからうまれた6わのひよこのなかでいちばんいたずらなひよこ 「ひよこのろくちゃん」 かこさとし作;瀬名恵子絵　童心社(かこさとし紙芝居傑作選) 1975年3月

ろくろちゃん
おばけのくにのはげはげ山にすんでいた一つ目おばけのどろろんちゃんのなかよし 「おばけのくにのどろろんちゃん」 しばはらち作・画　教育画劇(へんてこなくにのおはなし) 1984年9月

ろくろっくび
かしやをかりたおじいさんをいえからおいだそうとしてでてきたおばけ 「おじいさんとおばけ」 堀尾青史脚本;瀬名恵子画　童心社(ゆかいなおばけシリーズ) 1987年7月

ローズ
アフリカのそうげんでおかあさんライオンからまだおちちをのんでいた三とうのライオンのこどもの一とう 「わんぱくライオン」 国松俊英脚本;和歌山静子画　童心社(にこにこどうぶつえん) 1998年5月

ロダーリさん
じまんのりっぱなはなはなにある朝にげられてしまっておいかけていった男の人 「はながにげた!」 ロダーリ原作;安藤美紀夫訳;堀尾青史脚本;長島克夫画　童心社(美しい心シリーズ) 1984年10月

ロック
ふゆごもりのためにえさをあつめていたときにきたかぜにふきとばされてまいごになってしまったくろおおありのこども 「ありのふゆごもり」 得田之久脚本・画 童心社(よいこの12か月) 1987年11月

ロックどり
コーカサスのやまにすむかいちょう 「アラジンとまほうのランプ－原作アラビアン・ナイトより」 若山甲介脚本;中村景児画 童心社(世界の名作第3集) 1999年5月

ロッティ
セーラがべんきょうすることになったがっこうでいちばんちいさな四さいのおんなの子 「小公女セーラ－セーラのたんじょう日」 日本アニメ企画絵画 童心社(家庭版かみしばい・世界名作劇場) 1989年11月

ロッテンマイヤー
小さなハイジがはたらきにいったフランクフルトという大きなまちのおやしきのめしつかい 「アルプスのしょうじょ(前編)(後編)」 ヨハンナ・スピリ作;神戸淳吉脚色;森やすじ;千葉みどり画 教育画劇(おはなしランド) 1987年1月

ろば
いぬとねことおんどりと四ひきでブレーメンのまちへいっておんがくたいにいれてもらおうとしたろば 「ブレーメンのおんがくたい－グリム童話より」 福島のり子脚色;関修一作・画 教育画劇(家庭版名作アニメかみしばい) 1995年2月

ろば
いぬとねことにわとりといっしょにブレーメンのまちへいっておんがくたいをやろうとしたろば 「ブレーメンのおんがくたい」 グリム原作;川崎大治脚本;宮本忠夫画 童心社(世界の名作・第2集) 1992年5月

ろば
いぬとねことにわとりといっしょにブレーメンのまちへいっておんがくたいをやろうとしたろば 「ブレーメンのおんがくたい」 川崎大治脚本;宮本忠夫画 童心社(世界の名作第2集) 1992年5月

ろば
いぬとねことにわとりとみんなでブレーメンのまちへいっておんがくたいをやろとしたろば 「ブレーメンのおんがくたい」 川崎大治脚本;井口文秀画 童心社(家庭版かみしばい) 1992年1月

ろば
こなやの男の子エメリヤンがまちへいくとちゅうであったきれいなけなみのきんのろば 「エメリヤンとたいこ」 トルストイ原作;高橋五山脚本;小谷野半二絵 童心社(紙芝居セレクションむかしむかし) 2003年5月

ろば
とてもぽーっとしたおひゃくしょうのヨッホさんがそとをであるくときはいつものることにしたろば 「おひゃくしょうさんとろば－スイス」 宗方あゆむ脚色;ささやすゆき画 教育画劇(世界のユーモア民話) 1994年5月

ろは

ロバ
イヌとネコとオンドリといっしょにブレーメンの町へ行って音楽隊に入ろうとしたロバ 「ブレーメンの音楽隊」 若林一郎文;岡村好文画 NHKソフトウェア(世界むかしばなし) 1996年1月

ロバくん
かくれんぼがだいすきでおうちでもおかあさんとかくれんぼしたロバくん 「しまロバくん」 中川ひろたか脚本;長野ヒデ子絵 童心社 2001年8月

ロバさん
うさぎさんが山のひろばにおいた"どうぞ"のいすにどんぐりのかごをおいてひと休みしたロバさん 「どうぞのいす」 香山美子作;岩本圭永子画 教育画劇(ちょうちょシリーズ) 1984年4月

ロバさん
ニンジンがたべたかったロバさん 「たべたいのなーに?」 穂高順也脚本;山本祐司絵 童心社(あかちゃんからの食育かみしばい ぱくぱくもぐもぐ) 2008年9月

ロビン・フッド
シャーウッドの森のなかまたちのかしらにえらばれたゆみのめいじん 「ロビン・フッドのぼうけん2 やってきた大男−イギリス伝説より」 北田伸脚本;篠崎三朗画 童心社 1996年2月

ロビン・フッド
シャーウッドの森のなかまのたいちょうでゆみのめいじん 「ロビン・フッドのぼうけん3 ひびけ、つのぶえ−イギリス伝説より」 北田伸脚本;篠崎三朗画 童心社 1996年3月

ロビン・フッド
わるいだいかんをにくんでいるシャーウッドの森のなかまたちにくわわったたゆみのめいじん 「ロビン・フッドのぼうけん1 ロビンと森のなかまたち−イギリス伝説より」 北田伸脚本;篠崎三朗画 童心社 1996年1月

ロボ
テレビをみるのがだいすきですこしもうんどうしなかったのでてもあしもうちがわからさびてきたロボットのこども 「ロボット・ロボののぼりぼう」 古田足日作;田畑精一画 童心社(よいこの保健・安全シリーズ) 1986年8月

ロボット
エフはかせがつくったロボット 「はかせとロボット」 星新一原作;たなべまもる脚色;横川康夫画 NHKサービスセンター(NHK小学校国語紙芝居教材 創作童話) 1980年1月

ロボット
タッちゃんがみちでひろったおもちゃでかたっぽうのあしがとれているけれどしゃべりだしたロボット 「ロボットたいちょう」 香山美子作;山田哲也画 教育画劇 1975年7月

ロボット
のぶちゃんのおじさんがつくったおおきなロボットでいばってまちをあるいていて車にひかれてしまったロボット 「みぎむけホイ ひだりむけホイ」 畑佐新次郎脚本;月田孝吉画 童心社(よいこの12か月) 1979年11月

ロボット
みんなで「ぽん!」とてをたたくとやってきたロボット「みんなでぽん！」まついのりこ脚本・画　童心社（年少版かみしばい・ちいさいおともだち）1987年3月

ロールパンナ
メロンパンナのおねえちゃんでばいきんまんにバイキンジュースをいれられてよいこころとわるいこころをもってうまれたパンのおんなのこ「アンパンマンとロールパンナ」やなせたかし作・絵　フレーベル館

ロロ
ある町でウサギのミミとネコのキキとなかよくいっしょにくらしていたのにけんかをしてしまったちからのつよいイヌ「ロロとミミとキキ」柴野民三作；岸田耕造画　教育画劇（夢のふくらむシリーズ3集）1973年11月

ろんちゃん
ボタンがだいすきなボタンこびとにシャツのぶらぶらボタンをねらわれたおとこのこ「ボタンこびと」香山美子作；チト・イトー画　教育画劇（シャボン玉シリーズ）1981年11月

ろんろ
あめのなかかさもささないでどろんこあそびをしていたいぬ「あめふりぼうず」小春久一郎作；田中恒子画　教育画劇（ユーモアだいすき）1988年6月

ロンロン
だいちとおなじアパートにちゅうごくからひっこしてきておなじえんにはいったおとこのこ「ニイハオロンロン」高橋道子脚本；高橋透画　童心社（ゆたかなこころシリーズ）1994年11月

【わ】

ワウケワ
ある日山でけがをしてるわしの子を見つけてたすけてあげたインディアンの子ども「ワウケワとわし」J.バッカム原作；矢玉四郎脚色；勝又進画　教育画劇（おはなしバラエティ）1984年11月

わかだんな
しおいっしょうのうんがあるとなりのうちのむすめをよめにしたたけいっぽんのうんしかないわかだんな「たけいっぽんしおいっしょう」若林一郎脚本；西山三郎画　童心社（日本民話かみしばい選・なぞむかしがいっぱい）1985年9月

わかもの
あるばんいえをたずねてきて「おらめしくわねぇでようはたらきますで」といったむすめをよめさまにしたむらのわかもの「めしくわぬよめさま」東川洋子文；岡本武紫画　教育画劇（おばけだぞ〜）1988年4月

わかもの
ある日うみでかいの中にきれいなおひめさまがすわっていたはまぐりをつったおやこうこうなわかもの「はまぐりひめ」熊田勇作・画　教育画劇（日本昔話アニメかみしばい）1987年9月

わかも

わかもの
ある日のこと海で水あびをしていた天人のむすめのはごろもをかくしてよめさまにしたりょうしのわかもの 「天人のよめさま」 水谷章三脚色;北島新平画 NHKサービスセンター（NHKかみしばい 日本の昔ばなし） 1982年1月

わかもの
うじがみさまからそれをかぶると鳥のことばがわかる一まいの赤いずきんをもらった正直もののわかもの 「ききみみずきん」 松岡励子文;伊藤正未知画 NHKサービスセンター（日本むかしばなし） 1977年1月

わかもの
お花ばたけでひろったラッパをもってせんそうに行きラッパ手になっててがらを立てたいとおもったわかもの 「ひろったラッパ」 新美南吉原作;須藤出穂脚色;片山健画 NHKサービスセンター（名作民話おはなし広場） 1984年1月

わかもの
ばあさまと二人してひっそりすんでいたある日のことこいをたすけて池にはなしてやったびんぼうなわかもの 「こいのおんがえし」 水谷章三脚色;黒谷太郎画 NHKサービスセンター（名作民話おはなし広場） 1984年1月

わかもの
まいとしむらにあらわれていけにえのむすめをさらっていくおそろしいやまたのおろちをたいじしたわかもの 「やまたのおろち（前編）（後編）」 川崎大治脚本;田島征彦画 童心社 1990年2月

わかもの
むかしやまのなかでばあさまにばけたぬまのぬしからてがみをあずかったひとりのわかもの 「ぬまのぬしからのてがみ」 望月新三郎脚本;田代三善画 童心社（日本の妖怪ぞろ〜り） 1994年9月

わかもの
むらのちょうじゃのめんこいひとりむすめのむこどんになりたくてやってきたひとりのわかもの 「なぞなぞむこどん」 佐藤義則脚本;久米宏一画 童心社（童心社のベスト紙芝居第8集 たのしい日本の民話） 1980年9月

わかもの
やどやにかざってあったゆみやをいじっていてやがてからはなれどろぼうのしりをいぬいたひゃくしょうのわかもの 「しりやのめいじん」 望月新三郎脚本;金沢佑光画 童心社（日本民話かみしばい選・わらいばなしがいっぱい） 1984年9月

わかもの
よめさんのことがきになって一にちのうちなんかいもよめさんをみにかえるのでよめさんにかおえをもたせられたわかもの 「ももうりとのさま」 津谷タズ子脚本;西山三郎画 童心社 1988年9月

わかもの
わらしべいっぽんもってあるきはじめてわらしべをなしやたんものやうまややしきにつぎつぎとかえてちょうじゃになったわかもの 「わらしべ長者」 水谷章三脚本;二俣英五郎絵 童心社（ともだちだいすき） 2001年1月

わかもの
一文なしになってしまって空とぶカバンにのってトルコの国までとんで行ったのんきなわかもの 「空とぶカバン」 若林一郎文;奥田怜子画 NHKサービスセンター(外国むかしばなし) 1977年1月

わかもの
山からとってきた花をりゅうじんさまにあげたのでりゅうぐうにまねかれてりゅうじんさまのむすめをおよめさんにもらった花うりのわかもの 「りゅうぐうのおよめさん」 松谷みよ子脚本;遠藤てるよ画 童心社(松谷みよ子民話珠玉選) 1984年5月

わかもの
山でこびとにパンをはんぶんわけてやったおれいにきんのがちょうをもらったこころのやさしいわかもの 「きんのがちょう」 川崎大治脚本;田中武紫画 童心社(グリム童話傑作選) 1985年9月

わし
インディアンの子どものワウケワが山ですからおちてけがをしていたのをたすけてあげたわしの子 「ワウケワとわし」 J.バッカム原作;矢玉四郎脚色;勝又進画 教育画劇(おはなしバラエティ) 1984年11月

わし
せかい一の大きさくらべのたびにでたわし 「せかい一大きいはなし」 柴野民三文;安井康二画 教育画劇(たのしい民話民話でてこい) 1984年9月

ワシ
むらのおんなのこチャピナをさらってそだてた大ワシ 「ちびっこカムのぼうけん(前編)(中編)(後編)」 神沢利子原作;中川美登利脚本;小関俊之画 童心社 1990年9月

わしのおかあさん
たまごからかえったひなどりにおいしいえさをたべさせようとさかなをさがしてうみのうえをなんどもとびまわるわしのおかあさん 「わしのおかあさん-トルストイの作より」 堀尾青史脚本;田代三善画 童心社 1982年5月

わたなべの つな　わたなべの・つな
ごうけつみなもとのらいこうの一のけらい 「おおえやまのおに(前編)(中編)(後編)」 関きよし脚本;須々木博画 童心社(長編紙芝居劇場) 1978年3月

わたるくん
おかあさんがてんぷらをあげているとちゅうででんわにでたのでうちがかじになってしまったぞうのおとこのこ 「おれさまは、カジノモト！」 高橋由為子脚本・画 童心社(防災紙芝居・じしんだ!かじだ!) 1992年9月

わに
かばがあったナイルがわにうかんだわに 「おおきくてもちいさくても‥‥」 マリア・エンリカ・アゴスティネリ絵;エリザベス・ボルヒェルス原作;八木田宜子脚本 ほるぷ出版(ほるぷの紙芝居-海外秀作シリーズ) 1987年9月

わに
かわのなかでさるをせなかにのせてあげてたべようとしたわに 「さるとわに-ジャータカ物語より」 ポール・ガルドン作;八木田宜子脚本 ほるぷ出版(海外秀作シリーズ) 1982年1月

わに

わに
みちのとちゅうでばったりであったぞうのおくさんとずっと「どうぞ」のゆずり合いをしてみちをふさいでいたわにのおくさん「とおせんぼだあれ」香山美子作;高井佐和子画　童心社(こぶたシリーズ)　1984年6月

わに
みなみのあるしまにすんでいた4ひきのよくばりのいばりやのどうぶつの1ぴきのわに「おかしなかいじゅうじま」木曽秀夫作・画　教育画劇(へんてこなくにのおはなし)　1991年5月

わに
ユウくんのうちのテーブルのうえにあったスプーンがへんしんしたわに「ひまわりおひさますてきだね」矢崎節夫作;浅沼とおる画　教育画劇(きれいな花いっぱい)　1990年9月

ワニ
アメリカのミシシッピーというところにすみとうさんワニといっしょにすをつくってたまごをうんだワニのおかあさん「やさしいワニのおかあさん」杉浦宏脚本;多田ヒロシ画　童心社(にこにこどうぶつえん)　1998年5月

ワニ
どうぶつたちがわろうとしてわれなかったたまごからうまれてきたちいさなワニ「それでもたまごはわれません」ジェラルド・ローズ作;八木田宜子脚本　ほるぷ出版(ほるぷの紙芝居-海外秀作シリーズ)　1982年9月

ワニ(クロムウェル)
おじさんのベオウルフとわるだくみしてカメのクレオパトラをひのついたなべのなかにとびこませてスープにしてたべようとしたワニ「クレオパトラのそりすべり」アンドレ・オデール文;トミー・ウンゲラー絵;八木田宜子脚本　ほるぷ出版(ほるぷの紙芝居-世界のおはなしシリーズ)　1989年6月

わに(ちびわにちゃん)
ぷくぷくいけのほとりのバナナのきになったおいしそうなバナナをたべたくてしかたないちびわにちゃん「ぷくぷくいけのちびわにちゃん」仲川道子作　童心社(年少版かみしばい・ちいさいおともだち)　1987年3月

ワニ(ベオウルフ)
おいのクロムウェルとわるだくみしてカメのクレオパトラをひのついたなべのなかにとびこませてスープにしてたべようとしたワニ「クレオパトラのそりすべり」アンドレ・オデール文;トミー・ウンゲラー絵;八木田宜子脚本　ほるぷ出版(ほるぷの紙芝居-世界のおはなしシリーズ)　1989年6月

わにくん
あめがあがったのでうさぎちゃんやぶたくんたちとみんなでどろんこあそびをしてあそんだわにくん「どろどろどろんこおばけ」仲川道子脚本・画　童心社(げんきななかまシリーズ)　1994年8月

わにこちゃん
おやつをたべてはみがきをしないでねてしまったのではににげられてしまったわにのおんなのこ「は、にげちゃった」山本省三作・画　教育画劇(四季の行事シリーズ　むしば)　1993年5月

わにちゃん
にわにプールをだしてみんなとみずあそびをしてあそんだわに 「みずあそびのまき」 仲川道子脚本・画　童心社(ゆかいなかばせんせい3)　1989年8月

わら
すみといっしょにもやされそうになってなべからこぼれおちてきたそらまめと三人でいろりばたからにげだしたわら 「まめとわらとすみ」 奈街三郎文;こせきはるみ画　教育画劇(夢のふくらむシリーズ4集)　1974年8月

わんきちたんてい
こじかくんのあたまにこぶを二つこしらえたはんにんをさがしたいぬのたんてい 「こじかくんのこぶじけん-ぼくはわんきちたんてい」 田口俊雄作;加藤晃画　教育画劇(ぞうさんシリーズ)　1981年1月

わんくん
たのしいおさんぽにでかけたこいぬ 「おさんぽわんくん」 しばはらち作・画　教育画劇　1994年1月

ワンくん
こぐまのゴンちゃんのなかよし 「おもちゃどろぼう」 しばはらち作・画　教育画劇(おはなしドキドキ)　1987年1月

ワンくん
ねこのミーちゃんといっしょにシチューをゆっくりかんでたべたいぬのおとこのこ 「もぐもぐごっくん」 宮﨑二美枝脚本;久住卓也絵　童心社　2007年5月

ワンタ
なぞなぞまおうにゆうかいされたなかよしのねこのニャンコをかえるのケロッパとたすけにいったいぬ 「なぞなぞまおうをやっつけて」 大高ゆきお文;尾崎眞吾絵　教育画劇　2004年1月

わんたくん
いしころをつかっておかあさんやともだちといろんなあそびをしたこいぬ 「こんなあそびができちゃった」 清水えみ子脚本;藤本四郎画　童心社(童心社の紙芝居 げんきななかまシリーズ)　1993年7月

ワンダくん
おかあさんにつくってもらったしょうぼうしのふくをきてあおぞらえんのぼうかくんれんをみにいった子いぬ 「ワンダくんのしょうぼうし」 小沢正作;水野二郎画　教育画劇(あたらしい行事紙芝居)　1982年9月

わんちゃん
うさぎのぴょんちゃんとふたりでじてんしゃにのってうみをみにいった犬 「わんちゃんぴょんちゃん」 石川光男作;石川雅也画　教育画劇(よいこの交通安全)　1991年11月

わんちゃん
みんなともうちゃんのうちへえんそくに行った子いぬ 「みんなげんき」 町山充弘文・絵　全国牛乳普及協会　1980年12月

わんぱ

わんぱくしずく(しずく)
のはらからそらにあがっていってにゅうどうぐもになったしずく「むくむくぽっかりほんわりこ」 まついのりこ脚本・画　童心社(とびだすせかい)　1986年9月

ワンリー
太平洋戦争のおわりごろ上野動物園でなかまのジョンとトンキーといっしょにころされることになったぞう「かわいそうなぞう」　土家由岐雄脚本;久保雅勇画　童心社(愛と平和シリーズ)　1985年11月

わんわんちゃん(いぬ)
おとこのこになまえをつけてもらっていっしょにあそんだかわいいこいぬ「わんわんちゃん」 堀尾青史作;久保雅勇画　童心社(こぐまシリーズ)　1973年5月

紙芝居登場人物索引

2009年9月25日 初版第一刷発行

発行者/河西雄二
編集・発行/株式会社DBジャパン

〒221-0052 神奈川県横浜市神奈川区栄町13-11-203

電話(045)453-1335　FAX(045)453-1347

http://www.db-japan.co.jp/

E-mail:dbjapan@cello.ocn.ne.jp

表紙デザイン/中村丈夫

電算漢字処理/DBジャパン

印刷・製本/株式会社平河工業社

不許複製・禁無断転載≪日本板紙(株)中性紙琥珀使用≫

〈落丁・乱丁本はお取替えいたします〉

ISBN978-4-86140-013-1　Printed in Japan,2009